本书出版的支持单位

汉语海外传播河南省协同创新中心

河南省汉语国际推广汉字文化基地

安阳师范学院汉字文化研究中心

安阳师范学院文学院中国语言文学河南省重点学科

甲骨文信息处理河南省特色骨干学科建设学科（群）

河南浚县方言俗语志

李 琳 ◎ 著

中国社会科学出版社

图书在版编目（CIP）数据

河南浚县方言俗语志 / 李琳著. —北京：中国社会科学出版社，2020.12
ISBN 978-7-5203-7510-8

Ⅰ.①河⋯　Ⅱ.①李⋯　Ⅲ.①北方方言–俗语–浚县　Ⅳ.①H172.1

中国版本图书馆 CIP 数据核字（2020）第 229744 号

出 版 人	赵剑英
责任编辑	周慧敏　任　明
责任校对	韩天炜
责任印制	郝美娜

出　　版	中国社会科学出版社
社　　址	北京鼓楼西大街甲 158 号
邮　　编	100720
网　　址	http://www.csspw.cn
发 行 部	010-84083685
门 市 部	010-84029450
经　　销	新华书店及其他书店

印刷装订	北京君升印刷有限公司
版　　次	2020 年 12 月第 1 版
印　　次	2020 年 12 月第 1 次印刷

开　　本	710×1000　1/16
印　　张	26
插　　页	2
字　　数	460 千字
定　　价	158.00 元

凡购买中国社会科学出版社图书，如有质量问题请与本社营销中心联系调换
电话：010-84083683
版权所有　侵权必究

序

俗语是人们日常生活中口头流传的通俗、定型的语句，具有通俗性、地域性和形象性等特点。俗语包括谚语、俚语、惯用语、歇后语、固定构式等等，是广大劳动人民生活经验和人生智慧的结晶，饱含了一定的客观事理和真知灼见，具有很好的教育意义和形象丰富的语言表现力。俗语去雅取俗，通俗易懂，口传面授，广布民间，是"令逸文不坠于世，奇言不绝于今"的宝贵财富。

浚县位于豫北平原，历史久远，人杰地灵，文化底蕴深厚。境内有多处仰韶文化、龙山文化和商周文化遗址，曾经是黄河和大运河的流经之地。浚县方言俗语承载了本地区深厚的历史文化底蕴，体现了劳动人民的聪明才智。为了全面深入调查记录浚县方言俗语，李琳博士历时数载，多次深入民间田野，精耕细作，历经艰辛却其志不移。天道酬勤，终于收获了《河南浚县方言俗语志》这份沉甸甸的成果，令人佩服！作为一个从事方言研究的浚县人，我有幸在出版之前细致阅读了李琳博士的大作，有如下三点突出的感受：

其一，收录广泛，特色鲜明。 全书共收录了3476个条目，其中包含惯用语（俚语）、歇后语、谚语以及固定构式等，内容涉及日常生活、生产经验、气象规律以及人生志趣、价值追求、道德情操等方方面面。所收条目绝大多数都具有独特鲜明的浚县方言色彩，例如：

恼皮儿恼不^{H}瓢儿

扁^{D}圆^{D}圆^{D}扁^D

瓜秧^{Z}缠^{D}豆秧^{Z}上——纠缠不清

见^{D}丈母娘叫大嫂——没事儿找事儿

街坊辈儿，胡闹事儿，都是年下那一会儿。

活$^{D-0}$争^{D}恁，死^{D}坑^{D}恁，不死不活提溜^{D}恁。

如此等等，都是浚县方言特有的，其他方言很少见到。不作深入调查，断做不到这种"原汁原味"的呈现。作者所付出的努力，由此可见一斑。

其二，注释清楚，解释到位。 这一点突出表现在谚语部分。每一个条目都用普通话进行了注释。有很多条目，不仅进行了通释，讲解了条目的整体含义，还对条目中的一些疑难字词进行了分注。例如：

大车拉黄米粽——馇（差）嘞太多

指距离目标或要求差得太远。馇：熬东西时边煮边搅。

孩^Z嘞屎，娘嘞酱^Z，抹抹霍霍到^D嘴上。

指母亲抚育儿女，不怕脏，不嫌累，任劳任怨。抹抹霍霍：不经意地抹。到^D：到了，动词变韵表完成义。

此外，书中还对有些离开语境不太容易理解的条目给出了具体的例句，这样可以更好地帮助读者透彻理解所收条目的语义和用法。例如：

二四^H不在乎

指不当回事，丝毫不放在心上：甭管多大嘞事儿，他都～，你有啥法儿？四^H："四个"的合音。

喇儿不喇儿搋儿不搋儿

喻指人貌似言行无状，实际上心里有数；有戏谑的意味：瞧^D他成天～嘞，还怪会处理事儿嘞。

其三，标音准确，符合实际。对所收条目全部都标注了国际音标，且标音准确，符合方言实际，使读者在了解每个条目具体含义的同时也识得了该条目的读音。这不仅增强了书稿的实用性、可读性，同时还提高了书稿的科学性和研究价值。更令人欣喜的是，书中还对涉及的特殊音变现象一一做了标注，并说明了该音变所表示的语法意义，反映出作者扎实的语言调查功底和较高的语言研究素养。例如：

鼻^Z底^H没长^D嘴

piau^{42} tiɛ^{55} mu^{42} tʂæŋ$^{55|42}$ tsuei^{55}

喻指人不善言谈、怯于询问：你～哟，你不会给^D老师说说哟。底^H：又音 tia^{55}，"底下"的合音。长^D：长着，动词变韵表持续义。

骡^Z马不能一直拴^D恁门儿上。

luau^{42} ma^{55} pu^{24} nəŋ^0 i$^{24|42}$ tʂɿ^0 ʂuæ^{24} nən^{55} mər^{42} ʂaŋ^0

喻指贫困家庭也定有改变面貌之日。拴^D：拴到，动词变韵表终点义。

方言俗语是地方语汇的重要组成部分，是当地人民群众智慧的结晶，是中华民族十分宝贵的非物质文化遗产。《河南浚县方言俗语志》一书无论是在收录范围还是在释义表音方面都具有一定的创新意义。希望有更多像《河南浚县方言俗语志》这样的著作出版问世。

是为序。

辛永芬于开封武夷寓所
2020 年 7 月 8 日

凡　例

一、立目

1. 本书共收录浚县方言惯用语 719 条、歇后语 545 条、谚语 2212 条（均含副条）。

2. 主条选用常用的形式，副条用"又作"表示。

3. 各条目的编排体例均为"条目——注音——释义"。条目使用小四号黑体字，注音使用 Times New Roman 五号字母，释义使用五号宋体字，例句使用五号楷体字。

二、排序

惯用语、歇后语、谚语条目分别按首字音序排列（见条目首字音序目录）。几点说明：

1. 首字声韵相同而声调不同的，按阴平、阳平、上声、去声的顺序排列。首字是同一个音节的，按第二个字、第三个字的音序排列，依此类推。

2. 首字声韵调相同而字形不同的，以笔画多少为序，笔画少者在前，多者在后；笔画相同的，按第二字、第三字的笔画多少排序，依此类推。

3. 首字变韵的，一律排在原韵母之后。

三、注音

1. 注音一律采用国际音标；为节省篇幅，音标外不再加[ ]。

2. 浚县话零声母在音节中不予标注，如：味 uei^{213}。

3. 声调标注采用调值标记法。轻声调值标作 0，如：秋分 tɕ'iou^{24} fən^{0}。变调标注在原调之后，中间用"∣"隔开，如：一个 i$^{24∣42}$ k'ə^{213}。

4. 用上标"D"表示动词、形容词、介词和地名变韵，如：去 ^{D}tɕ'yɛ^{213}；用上标"D-0"表示零形式的 D 变韵，如：咧 $^{D-0}$liɛ^{55}。其中，动词、形容词变韵的语法意义逐一随文解释；介词变韵、地名变韵在浚县方言中为凝固性的，不表语法意义，不再作解释。

5. 用上标"Z"表示子变韵，如：竿 ^{Z}kæ^{24}；用上标"Z-0"表示零形式的子变韵，如：秃 $^{Z-0}$t'u^{24}。浚县方言中作 Z 变韵的均相当于普通话的"子尾词"，不作一一解释。

6. 用上标"H"表示词语合音，如：底 ^{H}，"底下"的合音。

四、释义

1. 释义分"通释"和"分注"。通释主要针对每个条目的引申义、比喻义进行解释，提示词分别使用"指""喻指"；不止一个意思的，用"也指""也喻指"表示。"分注"主要针对浚县话中较为难懂的词、当地风土人情及历法中的节气词等进行解释。

2. 对惯用语的理解需要一定的语境，因此，"惯用语"在释义之后，再举出一个例句；例句中的变韵、合音等一律不再解释说明。

3. "歇后语"字面表意明确的，不再释义；字面表意不明的，对其实际含义进行解释。另外，凡谐音歇后语，一律在谐音成分之后加括号注明其实指成分。

4. "谚语"逐条进行释义。

五、其他

1. 条目用字尽量选用本字，但按实际发音标注读音，如：半掩门 $pan^{213} iɛ^0 mən^{42}$。本字不详或无从考证的，用同音字代替（凡同音字一律下加波浪线，如：说话加滋盐儿）。如果没有同音字，则用□表示其书写形式，用国际音标标注其实际读音。

2. 条目内重现的内容以"～"代替。但是，惯用语的扩展形式不用"～"代替。

3. 对于重复出现的各类词语，一般只在其首次出现的条目中进行解释，不再一一解释。

4. 为便于理解，正文前附有"浚县方言声韵调系统""浚县方言变韵系统"及"浚县方言常用词语例释"。

5. 为检索方便，正文后附有《条目首字笔画索引》。

目 录

浚县方言声韵调系统……………………………………………1
浚县方言变韵系统………………………………………………4
浚县方言常用词语例释…………………………………………7

惯用语

A

腌……………（9）

B

八……………（9）
扒……………（9）
拔……………（10）
把……………（10）
掰……………（10）
百……………（10）
摆……………（10）
板……………（10）
办……………（10）
半……………（11）
棒……………（11）
抱……………（11）
蹦……………（11）
逼……………（11）
鼻……………（11）
鞭……………（12）
扁……………（12）
不……………（12）

卜……………（15）

C

擦……………（16）
财……………（16）
踩……………（16）
插……………（16）
缠……………（16）
长……………（16）
肠……………（16）
唱……………（16）
抻……………（17）
沉……………（17）
趁……………（17）
撑……………（17）
成……………（17）
吃……………（18）
翅……………（19）
充……………（19）
重……………（19）
出……………（19）
杵……………（19）
穿……………（20）

船……………（20）
吹……………（20）
戳……………（20）
从……………（20）
窜……………（21）

D

打……………（21）
大……………（22）
逮……………（23）
带……………（23）
戴……………（24）
当……………（24）
捣……………（24）
倒……………（24）
道……………（24）
得……………（24）
蹬……………（24）
等……………（25）
掂……………（25）
点……………（25）
掉……………（25）
丢……………（25）

东 …………（26）	观 …………（32）	交 …………（36）
肚 …………（26）	管 …………（32）	浇 …………（37）
对 …………（26）	灌 …………（32）	嚼 …………（37）
蹲 …………（27）	过 …………（32）	脚 …………（37）
E	**H**	搅 …………（37）
屙 …………（27）	憨 …………（33）	揭 …………（37）
摁 …………（27）	孩 …………（33）	结 …………（37）
耳 …………（27）	好 …………（33）	解 …………（37）
二 …………（27）	喝 …………（33）	精 …………（37）
F	黑 …………（33）	揪 …………（38）
发 …………（28）	横 …………（34）	酒 …………（38）
翻 …………（28）	红 …………（34）	就 …………（38）
放 …………（29）	哄 …………（34）	卷 …………（38）
风 …………（29）	囫 …………（34）	**K**
逢 …………（29）	胡 …………（34）	开 …………（38）
扶 …………（29）	糊 …………（34）	看 …………（38）
G	划 …………（35）	坷 …………（38）
旮 …………（29）	怀 …………（35）	瞌 …………（38）
干 …………（30）	换 …………（35）	空 …………（39）
肝 …………（30）	慌 …………（35）	抠 …………（39）
赶 …………（30）	灰 …………（35）	哭 …………（39）
高 …………（30）	混 …………（35）	裤 …………（39）
胳 …………（30）	和 …………（35）	**L**
搁 …………（30）	**J**	拉 …………（39）
隔 …………（30）	鸡 …………（35）	喇 …………（39）
各 …………（31）	急 …………（35）	拦 …………（39）
给 …………（31）	挤 …………（36）	捞 …………（39）
拱 …………（31）	记 …………（36）	老 …………（40）
狗 …………（31）	夹 …………（36）	勒 …………（41）
够 …………（31）	家 …………（36）	冷 …………（41）
顾 …………（31）	尖 …………（36）	愣 …………（41）
拐 …………（32）	捡 …………（36）	俩 …………（41）
	江 …………（36）	连 …………（41）

脸………（42）	孬………（49）	桥………（53）
燎………（42）	挠………（49）	翘………（54）
撂………（42）	恼………（49）	穷………（54）
邻………（43）	能………（49）	求………（54）
临………（43）	撵………（49）	去………（54）
零………（43）	尿………（49）	蜷………（54）
领………（43）	捏………（50）	
溜………（43）	拧………（50）	**R**
留………（43）	扭………（50）	让………（54）
琉………（43）	弄………（50）	惹………（54）
露………（43）	搦………（51）	热………（55）
驴………（44）		人………（55）
捋………（44）	**P**	肉………（55）
乱………（44）	拍………（51）	
论………（44）	喷………（51）	**S**
落………（44）	盆………（51）	仨………（56）
	碰………（51）	撒………（56）
M	披………（51）	扫………（56）
马………（45）	皮………（52）	杀………（56）
麦………（45）	屁………（52）	山………（56）
卖………（45）	谝………（52）	闪………（56）
满………（45）	泼………（52）	上………（56）
猫………（45）	破………（52）	烧………（57）
没………（46）		少………（57）
门………（47）	**Q**	神………（57）
闷………（47）	七………（52）	生………（57）
迷………（47）	骑………（52）	省………（57）
面………（48）	乞………（53）	十………（57）
摸………（48）	起………（53）	时………（58）
抹………（48）	气………（53）	识………（58）
木………（48）	千………（53）	拾………（58）
	前………（53）	使………（58）
N	呛………（53）	试………（58）
拿………（48）	戗………（53）	手………（58）
哪………（49）	炝………（53）	受………（59）

耍 …………（59）	窝 …………（65）	硬 …………（72）
涮 …………（59）	五 …………（65）	油 …………（72）
顺 …………（59）	**X**	有 …………（72）
说 …………（59）	细 …………（66）	冤 …………（73）
撕 …………（61）	瞎 …………（66）	匀 …………（74）
死 …………（62）	下 …………（66）	**Z**
四 …………（62）	闲 …………（66）	栽 …………（74）
T	咸 …………（66）	在 …………（74）
胎 …………（62）	现 …………（66）	赃 …………（74）
蹚 …………（63）	想 …………（66）	枣 …………（74）
躺 …………（63）	像 …………（67）	择 …………（74）
烫 …………（63）	橡 …………（67）	占 …………（74）
提 …………（63）	小 …………（67）	张 …………（75）
天 …………（63）	笑 …………（67）	招 …………（75）
添 …………（63）	心 …………（67）	找 …………（75）
甜 …………（63）	削 …………（68）	这 …………（75）
铁 …………（63）	靪 …………（68）	争 …………（75）
听 …………（63）	**Y**	睁 …………（75）
捅 …………（64）	压 …………（68）	支 …………（75）
头 …………（64）	牙 …………（68）	治 …………（75）
土 …………（64）	盐 …………（68）	抓 …………（76）
托 …………（64）	眼 …………（68）	装 …………（76）
脱 …………（64）	咬 …………（69）	走 …………（76）
W	要 …………（69）	钻 …………（76）
歪 …………（65）	夜 …………（69）	嘴 …………（77）
玩 …………（65）	一 …………（69）	坐 …………（77）
晚 …………（65）	阴 …………（72）	做 …………（78）
喂 …………（65）	应 …………（72）	□tʂ'ɛ^{42} …………（20）
稳 …………（65）	蝇 …………（72）	□kuai^{42} …………（32）
		□tɕ'yə^{24} …………（54）

歇后语

A
按 …………（79）
鏊 …………（79）

B
八 …………（79）
疤 …………（80）
把 …………（80）
白 …………（80）
搬 …………（80）
板 …………（80）
半 …………（80）
包 …………（81）
抱 …………（81）
背 …………（81）
鼻 …………（81）
笔 …………（82）
算 …………（82）
鳖 …………（82）
不 …………（82）
布 …………（82）

C
擦 …………（82）
裁 …………（83）
菜 …………（83）
草 …………（83）
茶 …………（83）
柴 …………（83）
产 …………（83）
长 …………（83）
唱 …………（84）

炒 …………（84）
秤 …………（84）
厨 …………（84）
蜍 …………（84）
床 …………（84）
吹 …………（84）
崔 …………（85）
搓 …………（85）

D
打 …………（85）
大 …………（85）
当 …………（86）
刀 …………（86）
得 …………（86）
电 …………（86）
吊 …………（86）
碟 …………（86）
东 …………（86）
兜 …………（86）
豆 …………（87）
独 …………（87）
对 …………（87）
钝 …………（87）

E
屙 …………（87）
恶 …………（88）
儿 …………（88）
二 …………（88）

F
反 …………（88）

放 …………（89）
飞 …………（89）
肥 …………（89）
粪 …………（89）

G
盖 …………（89）
赶 …………（90）
钢 …………（90）
高 …………（90）
胳 …………（90）
割 …………（90）
隔 …………（90）
公 …………（91）
狗 …………（91）
谷 …………（92）
骨 …………（92）
瓜 …………（92）
刮 …………（92）
关 …………（93）
罐 …………（93）
光 …………（93）
裹 …………（93）
过 …………（93）

H
哈 …………（93）
蛤 …………（94）
害 …………（94）
憨 …………（94）
旱 …………（94）
喝 …………（94）
和 …………（94）

河 …… （95）	烂 …… （100）	鲶 …… （109）
猴 …… （95）	老 …… （100）	攮 …… （109）
后 …… （95）	李 …… （103）	尿 …… （109）
囫 …… （96）	俩 …… （103）	**P**
花 …… （96）	刘 …… （104）	排 …… （109）
画 …… （96）	六 …… （104）	螃 …… （109）
黄 …… （96）	龙 …… （104）	赔 …… （109）
皇 …… （97）	聋 …… （104）	彭 …… （110）
J	搂 …… （104）	砒 …… （110）
鸡 …… （97）	漏 …… （104）	屁 …… （110）
见 …… （98）	鲁 …… （105）	笸 …… （110）
将 …… （98）	驴 …… （105）	破 …… （110）
脚 …… （98）	罗 …… （105）	**Q**
叫 …… （98）	骡 …… （105）	七 …… （110）
靳 …… （98）	**M**	淇 …… （110）
井 …… （98）	麻 …… （105）	骑 …… （111）
镜 …… （98）	马 …… （106）	墙 …… （111）
九 …… （98）	蚂 …… （106）	荞 …… （111）
撅 …… （99）	麦 …… （106）	巧 …… （111）
K	卖 …… （106）	跷 …… （111）
开 …… （99）	漫 …… （107）	切 …… （112）
砍 …… （99）	牤 …… （107）	秋 …… （112）
坷 …… （99）	没 …… （107）	瘸 …… （112）
磕 …… （99）	蒙 …… （108）	**R**
嗑 …… （99）	棉 …… （108）	染 …… （112）
坑 …… （99）	庙 …… （108）	热 …… （112）
孔 …… （99）	摸 …… （108）	肉 …… （112）
裤 …… （99）	母 …… （108）	**S**
L	木 …… （108）	仨 …… （112）
拉 …… （100）	**N**	三 …… （113）
喇 …… （100）	拿 …… （108）	扫 …… （113）
辣 …… （100）	纳 …… （109）	
	南 …… （109）	

目 录

涩……………（113）	唾……………（119）	阎……………（125）
杀……………（113）		羊……………（125）
沙……………（114）	**W**	杨……………（126）
傻……………（114）	挖……………（119）	腰……………（126）
山……………（114）	瓦……………（119）	要……………（126）
扇……………（114）	歪……………（119）	一……………（126）
上……………（114）	弯……………（119）	医……………（127）
神……………（114）	玩……………（120）	油……………（127）
生……………（114）	王……………（120）	鱼……………（128）
十……………（114）	围……………（120）	雨……………（128）
石……………（115）	卫……………（121）	玉……………（128）
拾……………（115）	魏……………（121）	
屎……………（115）	蚊……………（121）	**Z**
熟……………（116）	瓮……………（121）	赃……………（128）
属……………（116）	五……………（121）	枣……………（128）
霜……………（116）	武……………（121）	灶……………（128）
水……………（116）		贼……………（128）
说……………（116）	**X**	张……………（128）
死……………（116）	西……………（121）	赵……………（129）
寺……………（117）	稀……………（122）	针……………（129）
	洗……………（122）	正……………（129）
T	瞎……………（122）	睁……………（129）
抬……………（117）	下……………（123）	周……………（129）
唐……………（117）	掀……………（123）	猪……………（129）
躺……………（117）	线……………（123）	竹……………（129）
掏……………（117）	小……………（123）	煮……………（130）
提……………（117）	歇……………（124）	砖……………（130）
剃……………（117）	鞋……………（124）	锥……………（130）
铁……………（118）	心……………（124）	桌……………（130）
秃……………（118）	新……………（124）	子……………（130）
土……………（118）	雪……………（125）	走……………（130）
推……………（118）		嘴……………（130）
腿……………（118）	**Y**	坐……………（131）
屯……………（119）	哑……………（125）	做……………（131）
脱……………（119）	亚……………（125）	

谚　语

A
矮…………（132）
熬…………（132）

B
八…………（132）
扒…………（133）
拔…………（133）
白…………（133）
百…………（134）
斑…………（135）
半…………（135）
帮…………（135）
包…………（135）
褒…………（135）
饱…………（136）
报…………（136）
北…………（136）
背…………（137）
锛…………（137）
本…………（137）
甭…………（138）
鼻…………（138）
秕…………（138）
扁…………（138）
冰…………（138）
饼…………（138）
病…………（138）
脖…………（139）
不…………（139）
步…………（146）

C
财…………（146）
菜…………（146）
蚕…………（146）
苍…………（146）
草…………（146）
长…………（147）
常…………（147）
场…………（147）
唱…………（147）
车…………（148）
抻…………（148）
沉…………（148）
趁…………（148）
撑…………（148）
成…………（149）
秤…………（149）
吃…………（149）
重…………（153）
稠…………（153）
愁…………（153）
丑…………（153）
出…………（154）
初…………（155）
除…………（155）
厨…………（155）
锄…………（155）
处…………（156）
穿…………（156）
船…………（156）
疮…………（156）
床…………（157）

吹…………（157）
炊…………（157）
春…………（157）
椿…………（158）
此…………（159）
葱…………（159）
从…………（159）
催…………（160）
村…………（160）
寸…………（160）

D
打…………（160）
大…………（162）
逮…………（165）
胆…………（166）
当…………（166）
刀…………（167）
倒…………（168）
得…………（168）
灯…………（168）
低…………（168）
籴…………（169）
地…………（169）
弟…………（169）
点…………（169）
店…………（169）
钓…………（170）
爹…………（170）
叮…………（170）
丢…………（171）
东…………（171）
冬…………（172）

动……（173）	父……（181）	鬼……（192）
冻……（173）	富……（181）	贵……（192）
都……（173）	**G**	棍……（193）
豆……（174)		锅……（193）
独……（174）	该……（181）	过……（193）
读……（174）	干……（182）	**H**
端……（174）	甘……（183）	
短……（175）	赶……（183）	还……（194）
囤……（175）	感……（183）	孩……（194）
砘……（175）	干……（183）	海……（195）
多……（175）	钢……（183）	害……（195）
躲……（176）	高……（184）	憨……（196）
E	胳……（184）	寒……（196）
	割……（184）	喊……（196）
屙……（176）	隔……（184）	旱……（196）
恶……（176）	各……（185）	好……（196）
饿……（176）	给……（185）	河……（201）
恩……（177）	根……（185）	黑……（201）
儿……（177）	跟……（185）	红……（202）
二……（177）	工……（185）	囫……（202）
F	公……（185）	狐……（202）
	狗……（186）	胡……（202）
翻……（178）	够……（187）	糊……（202）
凡……（178）	孤……（187）	花……（203）
犯……（178）	姑……（187）	滑……（203）
饭……（179）	谷……（188）	划……（203）
房……（179）	骨……（189）	画……（203）
放……（179）	瓜……（189）	话……（204）
非……（179）	寡……（189）	槐……（204）
肥……（179）	关……（189）	坏……（204）
粉……（179）	官……（190）	患……（204）
丰……（180）	管……（190）	皇……（205）
风……（180）	光……（191）	黄……（205）
夫……（180）	咣……（192）	回……（206）
伏……（180）	闺……（192）	会……（206）

活……………（207）	近……………（217）	懒……………（224）
火……………（207）	经……………（217）	烂……………（224）
货……………（207）	惊……………（217）	狼……………（224）
	精……………（217）	老……………（225）
J	井……………（217）	姥……………（228）
饥……………（208）	敬……………（217）	嘞……………（228）
鸡……………（208）	镜……………（217）	雷……………（228）
急……………（209）	鸠……………（217）	冷……………（228）
季……………（209）	九……………（218）	离……………（229）
既……………（209）	久……………（218）	犁……………（229）
家……………（209）	酒……………（218）	黎……………（229）
假……………（211）	旧……………（219）	礼……………（229）
嫁……………（211）	救……………（220）	里……………（229）
肩……………（211）	锯……………（220）	理……………（229）
拣……………（212）	君……………（220）	鲤……………（230）
捡……………（212）		力……………（230）
见……………（212）	**K**	立……………（230）
贱……………（213）	开……………（220）	俩……………（231）
姜……………（213）	看……………（221）	连……………（232）
糨……………（213）	靠……………（222）	脸……………（232）
虹……………（213）	瞌……………（222）	两……………（232）
将……………（213）	可……………（222）	亮……………（232）
浇……………（213）	渴……………（222）	量……………（232）
娇……………（214）	刻……………（222）	林……………（233）
胶……………（214）	客……………（222）	临……………（233）
饺……………（214）	空……………（222）	零……………（233）
叫……………（214）	口……………（222）	领……………（233）
街……………（214）	枯……………（223）	琉……………（233）
节……………（214）	哭……………（223）	柳……………（233）
芥……………（215）	窟……………（223）	六……………（233）
疥……………（215）	捆……………（223）	龙……………（234）
借……………（215）		楼……………（234）
今……………（215）	**L**	卤……………（234）
金……………（216）	腊……………（223）	路……………（234）
紧……………（216）	来……………（223）	露……………（235）

目　录

驴……………（235）	木……………（247）	碰……………（261）
乱……………（235）		劈……………（261）
论……………（236）	**N**	偏……………（261）
萝……………（236）	哪……………（247）	便……………（261）
骡……………（236）	奶……………（248）	贫……………（261）
落……………（237）	男……………（248）	平……………（262）
	南……………（250）	婆……………（262）
M	难……………（251）	破……………（262）
马……………（237）	孬……………（251）	
蚂……………（237）	脑……………（251）	**Q**
买……………（238）	能……………（251）	七……………（262）
麦……………（239）	妮……………（253）	妻……………（264）
卖……………（241）	你……………（254）	骑……………（264）
瞒……………（241）	年……………（254）	起……………（264）
满……………（241）	娘……………（255）	气……………（265）
慢……………（241）	鸟……………（255）	千……………（265）
芒……………（242）	恁……………（256）	牵……………（266）
猫……………（242）	宁……………（256）	谦……………（266）
毛……………（242）	牛……………（258）	前……………（266）
卯……………（242）	弄……………（258）	钱……………（267）
没……………（242）	女……………（258）	强……………（268）
眉……………（244）	挪……………（259）	墙……………（268）
媒……………（244）		敲……………（268）
煤……………（244）	**O**	荞……………（268）
门……………（244）	沤……………（259）	瞧……………（269）
蠓……………（245）		巧……………（270）
梦……………（245）	**P**	亲……………（270）
蜜……………（245）	怕……………（259）	秦……………（271）
棉……………（245）	拍……………（259）	勤……………（271）
面……………（246）	牌……………（259）	青……………（272）
庙……………（246）	胖……………（260）	清……………（272）
明……………（246）	刨……………（260）	赌……………（273）
命……………（246）	跑……………（260）	亲……………（273）
磨……………（247）	彭……………（260）	穷……………（274）
母……………（247）	捧……………（261）	秋……………（275）

求 ………… (276)	生 ………… (299)	**T**
娶 ………… (276)	牲 ………… (300)	
劝 ………… (276)	圣 ………… (300)	他 ………… (311)
缺 ………… (277)	师 ………… (301)	太 ………… (312)
R	虱 ………… (301)	贪 ………… (312)
	湿 ………… (301)	桃 ………… (312)
染 ………… (277)	十 ………… (301)	套 ………… (312)
惹 ………… (277)	识 ………… (302)	天 ………… (313)
热 ………… (277)	拾 ………… (303)	添 ………… (315)
人 ………… (277)	食 ………… (303)	甜 ………… (315)
忍 ………… (288)	屎 ………… (303)	挑 ………… (315)
任 ………… (288)	世 ………… (303)	跳 ………… (315)
扔 ………… (288)	事 ………… (303)	铁 ………… (316)
日 ………… (288)	是 ………… (304)	听 ………… (316)
肉 ………… (289)	收 ………… (305)	同 ………… (316)
软 ………… (289)	手 ………… (305)	偷 ………… (317)
S	受 ………… (305)	头 ………… (317)
	瘦 ………… (306)	秃 ………… (318)
仨 ………… (289)	输 ………… (306)	图 ………… (318)
三 ………… (290)	熟 ………… (306)	吐 ………… (318)
杀 ………… (294)	数 ………… (306)	兔 ………… (318)
沙 ………… (294)	树 ………… (306)	推 ………… (319)
啥 ………… (294)	双 ………… (307)	唾 ………… (319)
山 ………… (294)	霜 ………… (307)	**W**
扇 ………… (295)	水 ………… (307)	
伤 ………… (295)	睡 ………… (308)	洼 ………… (319)
上 ………… (295)	说 ………… (308)	娃 ………… (319)
梢 ………… (296)	私 ………… (310)	瓦 ………… (319)
少 ………… (296)	死 ………… (310)	歪 ………… (319)
舌 ………… (296)	四 ………… (310)	外 ………… (320)
谁 ………… (296)	酸 ………… (311)	剜 ………… (320)
身 ………… (299)	算 ………… (311)	玩 ………… (320)
深 ………… (299)	孙 ………… (311)	晚 ………… (321)
神 ………… (299)		万 ………… (321)
婶 ………… (299)		王 ………… (321)

望……(322)	心……(334)	姨……(353)
卫……(322)	新……(335)	以……(353)
为……(322)	信……(335)	艺……(354)
未……(322)	星……(335)	阴……(354)
喂……(322)	行……(336)	鹦……(354)
文……(322)	性……(336)	迎……(354)
问……(322)	兄……(336)	赢……(354)
我……(322)	秀……(336)	庸……(355)
乌……(323)	许……(336)	用……(355)
屋……(323)	选……(337)	游……(355)
无……(323)	学……(337)	有……(355)
五……(324)	浚……(337)	鱼……(363)
		榆……(363)
X	**Y**	与……(363)
西……(324)	牙……(338)	雨……(363)
稀……(324)	烟……(338)	玉……(363)
媳……(325)	淹……(338)	遇……(364)
细……(325)	盐……(339)	冤……(364)
虾……(325)	阎……(339)	原……(364)
瞎……(325)	眼……(339)	远……(364)
下……(325)	宴……(340)	愿……(365)
夏……(326)	雁……(340)	月……(365)
先……(326)	燕……(340)	越……(366)
闲……(328)	羊……(341)	云……(366)
县……(328)	阳……(341)	
相……(328)	杨……(341)	**Z**
响……(328)	仰……(341)	栽……(367)
想……(328)	养……(341)	再……(367)
相……(329)	痒……(342)	在……(367)
小……(329)	咬……(342)	咱……(368)
笑……(334)	药……(342)	糟……(368)
歇……(334)	要……(342)	早……(368)
斜……(334)	夜……(344)	枣……(369)
鞋……(334)	一……(344)	灶……(370)
囟……(334)	衣……(353)	贼……(370)

瞻……（371）	侄……（374）	庄……（378）
斩……（371）	只……（374）	捉……（378）
占……（371）	纸……（375）	子……（379）
站……（371）	治……（375）	自……（379）
张……（371）	置……（375）	纵……（379）
长……（371）	中……（375）	走……（379）
丈……（371）	种……（375）	嘴……（380）
账……（372）	众……（376）	左……（381）
照……（372）	种……（376）	坐……（381）
这……（372）	重……（377）	□tɕ'iæŋ^{24}…（273）
针……（372）	妯……（377）	□ʐou^{24}……（288）
真……（373）	猪……（377）	□iæ^{42}……（338）
正……（373）	主……（377）	□tʂʯə^{24}……（378）
芝……（373）	煮……（377）	□tsʅ^{213}……（379）
知……（373）	抓……（378）	

条目首字笔画索引…………………………………………382
主要参考文献………………………………………………393
后记…………………………………………………………394

浚县方言声韵调系统[①]

浚县位于河南省北部,地处太行山东麓与华北平原的过渡地带。东邻滑县,南接延津、卫辉,西临淇县,北与汤阴、内黄、鹤壁市搭界。浚县现属河南省鹤壁市。

浚县的北部、西部、西南部都与豫北的晋语区搭界。根据《中国语言地图集》[②]的划分,浚县方言属于中原官话的郑开片。本书所记语音为县城所在地城关镇的情况。

一、声母(22个,包括零声母)

p 帮别板笨	p' 泼盆捧盼	m 眯门满卖	f 发防粉凤	
t 担敌等断	t' 偷停题痛	n 纳泥哪弄		l 辣炉李令
ts 栽砸枣罪	ts' 猜藏草蹭		s 桑随嫂散	
tʂ 扎轴指正	tʂ' 撑尝炒唱		ʂ 伤熟闪晒	ʐ 扔人染肉
tɕ 街急饺借	tɕ' 漆瞧起欠		ɕ 吸闲险像	
k 沟搁[③]赶共	k' 糠魁抠扣		x 喝航好后	
∅ 月云伟问				

说明:

①所有声母一律按实际读音标注。

②每一声母分别按阴阳上去举出例字。

③辛永芬(2006)认为浚县方言中还有一个 ɣ 声母;我们认为老派发音人浊音色彩比较明显,新派发音人大部分都读成零声母了,这里记为零声母。

---

① 浚县方言声韵调系统均参照辛永芬《浚县方言的动词变韵》,《中国语文》2006 年第 1 期;根据方言实际,稍有调整。

② 中国社会科学院语言研究所等:《中国语言地图集》(第 2 版),商务印书馆 2012 年版。

③ 如:搁不住 kə⁴² pu⁰ tʂu⁰。

二、韵母（42个）

ɿ 资词死字		i 踢敌抵地	u 谷湖鼓肚	y 虚徐铝婿
ʅ 支迟屎日	ʅə 车蛇这撤			
a 八爬喇大		ia 夹牙恰下	ua 瓜滑瓦注	
ə 割河哥个			uə 坡活裹过	yə 药学
ər 儿耳二				
ɛ 麦白奶		iɛ 接爷解卸	uɛ 国或	yɛ 靴掘□①倔
ʮ 猪除主树	ʮə 说			
ai 开来改盖			uai 乖怀拐快	
ei 笔赔给睡			uei 堆随嘴对	
au 冇潮早报		iau 消条搅尿		
ou 殴猴耦豆		iou 秋求柳救		
an 担寒伞站		ian 间衔显现	uan 川环暖断	yan 圈全选劝
ən 根人疹趁		in 心邻紧信	uən 昏纯准顺	yn 晕云旬训
aŋ 桑旁挡放		iaŋ 姜墙想向	uaŋ 光床闯框	
əŋ 庚赢捧更		iŋ 星灵请硬	uəŋ 东红桶洞	yŋ 凶穷窘用

说明：

①后元音 ɑ 记作 a；ə 在 ɛə / ʮə 中的实际音值是 ɵ，本书统一记作 ə；其他韵母按实际读音标注。

②每一韵母分别按阴阳上去举出例字；空格说明该音节不存在；□表示此处有音无字。

③辛永芬（2006）认为，yən / iəŋ 里的 ə 只是一个过渡的流音，yəŋ 里的 ə 实际音值是 ɯ，故 yən / iəŋ / yəŋ 上表分别记作 yn/ iŋ/ yŋ。

④uɛ 韵母辖字很少，仅有"国""或""惑"等少数音节。

三、浚县话与普通话声调对照表

调　类	阴平	阳平	上声	去声
普通话调值	55	35	214	51
浚县话调值	24	42	55	213
例　字	立 li^{24}	梨 li^{42}	理 li^{55}	利 li^{213}

---

① 如：□tɕ'yɛ^{55}，用力使折断。

四、主要变调规则及标注示例

规　　则	示　　例
55+55——42+55	打鼓 ta$^{55\mid 42}$ ku^{55}　　满脸 man$^{55\mid 42}$ lian^{55}
55+0——42+0	指头 tʂʅ$^{55\mid 42}$ tʻou^{0}　　老鼠 lau$^{55\mid 42}$ ʂʅ^{0}
"一/三/八/七"在 213 前变 42	一步 i$^{24\mid 42}$ pu^{213}　　三句 san$^{24\mid 42}$ tɕy^{213} 七岁 tɕʻi$^{24\mid 42}$ suei^{213}　　八遍 pa$^{24\mid 42}$ pian^{213}
"都/不/光"在 213 前变 42	都是 tou$^{24\mid 42}$ ʂʅ^{213}　　不会 pu$^{24\mid 42}$ xuei^{213} 光大儿嘞 kuaŋ$^{24\mid 42}$ tɚr^{213} lɛ^{0}
"出 H"在语流中变 55 或 0	练不出 H　lian^{213} pu^{0} tʂʻuai$^{24\mid 55}$ 说出 H　ʂuə^{24} tʂʻuai^{0}

浚县方言变韵系统

在实际语言运用中，浚县方言的名词、动词、形容词等可以通过变韵来表示某种语法意义，例如儿化韵、Z 变韵和 D 变韵，它们都是由基本韵变来的，并且与基本韵之间有成系统的整齐的对应关系。

一、儿化韵

基本韵母	儿化韵母	例字	基本韵母	儿化韵母	例字
a	ɐr	把儿 pɐr²¹³	ɿ		籽儿 tsər⁵⁵
aŋ		岗儿 kɐr⁵⁵	ʅ		事儿 ʂər²¹³
ɛ		黑儿 xor²⁴	ei	ər	辈儿 pər²¹³
ai	or	孩儿 xor⁴²	ou		头儿 tʻər⁴²
au		膏儿 kor²⁴	ən		门儿 mər⁴²
an		摊儿 tʻor²⁴	əŋ		风儿 fər²⁴
ə	ɣr	蛾儿 ɣr⁴²	u		路儿 luər²¹³
ɤ	ɿɣr	车儿 tʂʻɿɣr²⁴	ʮ		猪儿 tʂuər²⁴
i		皮儿 pʻiər⁴²①	uei	uər	味儿 uər²¹³
iou	iər	球儿 tɕʻiər⁴²	uən		棍儿 kuər²¹³
in		劲儿 tɕiər²¹³	uəŋ		种儿 tʂuər⁵⁵
iŋ		影儿 iər⁵⁵	ʮɤ	ʮɤr	小说儿 ʂʮɤr²⁴
ia	iɐr	架儿 tɕiɐr²¹³	uə	uɣr	锅儿 kuɣr²⁴
iaŋ		想儿 ɕiɐr⁵⁵	ua	uɐr	洼儿 uɐr²¹³
iɛ	iɣr	叶儿 iɣr²⁴	uaŋ		筐儿 kʻuɐr²⁴
iau	ior	苗儿 mior⁴²	uai	uor	块儿 kʻuor²¹³
ian		烟儿 ior²⁴	uan		弯儿 uor²⁴

---

① "皮儿"又音 pʻir⁴²。

续表

基本韵母	儿化韵母	例字	基本韵母	儿化韵母	例字
y	yər	曲儿① tɕ'yər²⁴	yɛ	yyr	月儿 yyr²⁴
yn		裙儿 tɕ'yər⁴²	yə		药儿 yyr²⁴
yŋ		熊儿 ɕyər⁴²	yan	yor	圈儿 tɕ'yor²⁴

说明：

①ər/uɛ没有儿化韵。

②不变韵母和可变韵母经过整合形成了一个独立的儿化韵系统，韵母由原来的42个变为19个（含ər/uɛ）。

二、Z 变韵②

基本韵母	Z 变韵母	例字	基本韵母	Z 变韵母	例字
a	æu	渣 tʂæu²⁴	ə	ɣau	鸽 kɣau²⁴
au		帽 mæu²¹³	uə	uau	桌 tʂuau²⁴
ɿ	ɿau	丝 sɿau²⁴	uan	uæ	橡 tʂ'uæ⁴²
ʅ	ʅau	虱 ʂʅau²⁴	uaŋ	uæŋ	筐 k'uæŋ²⁴
ɿə	ɿau	车 tʂ'ɿau²⁴	i	i:au	鸡 tɕi:au²⁴
ʮ	ʮau	黍 ʂʮau⁵⁵	iɛ		茄 tɕ'i:au⁴²
ɛ	ɛau	塞 sɛau²⁴	ia	iæu	架 tɕiæu²¹³
ai		带 tɛau²¹³	iau		瓢 p'iæu⁴²
ei		痱 fɛau²¹³	ian	iæ	钳 tɕ'iæ⁴²
an	æ	憨 xæ²⁴	iaŋ	iæŋ	酱 tɕiæŋ²¹³
aŋ	æŋ	鞋帮 pæŋ²⁴	yan	yæ	院 yæ²¹³
ua	uæu	刷 ʂuæu²⁴	yɛ	yau	瘸 tɕ'yau⁴²
uai	uɛau	筷 k'uɛau²¹³	yə		角 tɕyau²⁴
uei		穗 suɛau²¹³			

说明：

①u/y/ə/ɿɛ/ou/iou/ən/in/uən/uɛ/yn/iŋ/uaŋ/yŋ 等 15 个韵母③，或没有 Z 变韵形式，或作零形式 Z 变韵（即 Z 变韵母与原韵母形式相同），表内未列变韵形式及例字。

②Z 变韵母的读音主要以原韵母为条件。

---

① "曲儿"又音 tɕ'yyr²⁴。

② 参看辛永芬《河南浚县方言的子变韵》，《方言》2006 年第 3 期；根据方言实际，稍有变动。

③ y 韵母的 z 变韵形式我们仅发现一例（絮ɕyau²¹³），表内未列。

三、D 变韵[1]

基本韵母	D 变韵母	例字	基本韵母	D 变韵母	例字
i	iɛ	急 ᴰ tɕiɛ⁴²	uai	uɛ	坏 ᴰ xuɛ²¹³
in		聘 ᴰ p'iɛ²¹³	uei		碎 ᴰ suɛ²¹³
u	uə	扶 ᴰ fuə⁴²	uən		顺 ᴰ ʂuɛ²¹³
ɿ	ɿə	死 ᴰ sɿə⁵⁵	an	æ	慢 ᴰ mæ²¹³
ʅ	ʅə	吃 ᴰ tʂʅə²⁴	ian	iæ	扁 ᴰ piæ⁵⁵
ʮ	ʮə	除 ᴰ tʂ'ʮə⁴²	uan	uæ	晚 ᴰ uæ⁵⁵
ai	ɛ	盖 ᴰ kɛ²¹³	yan	yæ	全 ᴰ tɕ'yæ⁴²
ei		给 ᴰ kɛ⁵⁵	y	yɛ	锯 ᴰ tɕyɛ²¹³
ən		跟 ᴰ kɛ²⁴	yn		训 ᴰ ɕyɛ²¹³
au	o	饱 ᴰ po⁵⁵	aŋ	æŋ	当 ᴰ tæŋ²⁴
ou		守 ᴰ ʂo⁵⁵	iaŋ	iæŋ	想 ᴰ ɕiæŋ⁵⁵
əŋ		坑 ᴰ k'o²⁴	uaŋ	uæŋ	慌 ᴰ xuæŋ²⁴
iau	io	漂 ᴰ p'io²⁴	uəŋ	uo	红 ᴰ xuo⁴²
iou		丢 ᴰ tio²⁴	yŋ	yo	用 ᴰ yo²¹³
iŋ		听 ᴰ t'io²⁴			

说明：

①a/ə/ɛ/ɿə/ʮə/ər/ia/iɛ/ua/uə/yɛ/yə/uɛ 等 13 个韵母，或没有 D 变韵形式，或作零形式 D 变韵（即 D 变韵母与原韵母形式相同），表内未列变韵形式及例字。

②D 变韵母的读音主要以原韵母为条件。

③D 变韵适用的对象主要是谓词，同时包括小地名中的姓氏名词、个别介词等。谓词变韵是动态的，同一个谓词的 D 变韵形式在不同的句法格式中可以表示多种语法意义；而介词变韵、地名变韵是静态的（固定的），没有语法意义。

---

[1] 参看辛永芬《河南浚县方言的动词变韵》，《中国语文》2006 年第 1 期；根据方言实际，稍有变动。

浚县方言常用词语例释

□tsʅə²¹³：人称代词，疑为"自个儿"／"自家"的合音，待详考。

□iæ⁴²：人称代词，人家、别人。

恁 nən⁵⁵：人称代词，你、你们。

没 mu⁴²：①否定副词、动词，没有；②不能用在句末，不能单独回答问题，但能在句中作状语或动语（此时可与"冇 mau²⁴"互换）。

冇 mau²⁴：①否定副词、动词，相当于普通话中的"没有"；②可以用在句末，可以单独回答问题。

没冇 mu⁴² mau²⁴：又音 mu⁴² mau⁰；①否定副词、动词，相当于普通话中的"没有"；②一般不用在句末，但可以单独回答问题；③大多数时候可与"没 mu⁴²""冇 mau²⁴"自由替换；④使用频率远远低于"冇 mau²⁴""没 mu⁴²"，仅见于老年人口语中。

做 tsu²¹³：动词。

在 kai²¹³：①动词，又音 tai²¹³ 或 tsai²¹³；②介词，又音 kɛ²¹³ 或 kei²¹³。

得 tɛ²⁴：①能愿动词，必须，应该。②形容词，满意、舒服。

都 tou²⁴：①副词，就；②副词，全。

就 tɕiou²¹³：副词，又音 tou²¹³。

光 kuaŋ²⁴：副词，只、单、仅。

着 tʂʅ⁰：助词。

嘞 lɛ：结构助词、语气词，相当于普通话的"的、地、得、呢、哪"等；其读音受前一音节的影响而发生音变，当前一音节的韵尾是"n"时，变读为 nɛ。

里 ᴴliou⁵⁵："里头"的合音；有时也作"里ᴴ头"。

起 ᴴtɕ'iai⁵⁵："起来"的合音。

出 ᴴtʂ'uai²⁴："出来"的合音。

知 ᴴtʂo²⁴："知道"的合音。

不递①pu²⁴⁻⁴² ti²¹³：不如，可与"不胜"自由替换。

---

① 递：推测本字应为"抵"或"敌"，待考。

不胜 pu²⁴⁻⁴² ʂəŋ²¹³：不如，可与"不递"自由替换。

夜个 iɛ²¹³ kə⁰：昨天；也作"夜儿个 ior²¹³ kə⁰"。

今 ᴰ 个 tɕiɛ²⁴ kə⁰：今天；也作"今儿个 tɕiər²⁴ kə⁰"。

明 ᴰ 个 mɛ⁴² kə⁰：明天；也作"明个 miŋ⁴² kə⁰"。

黑价 xɛ²⁴ tɕia⁰：夜里；又音 xɛ²⁴ tɕiɛ⁰。

白日儿 pɛ⁴² iər⁰：白天。

□ᴰ①tɕʻiæŋ²⁴：早晨；也作"□ᴰ 起 ᴴ tɕʻiæŋ²⁴ tɕʻiɛ⁵⁵"。

□ᴰ②xo²¹³：晚上；也作"□ᴰ 黑 xo²¹³ xɛ²⁴"。

晌 ᴰ 午 ʂæŋ²¹³ u⁰：上午、中午。

后半儿 xou²¹³ por⁰：下午。

傍黑儿 paŋ²⁴ xor²⁴：傍晚；也作"落黑儿 luə²⁴ xor⁰"。

将将儿 tɕiaŋ²⁴ tɕiɐr⁴²：刚刚。

---

① 究竟是变韵还是合音，待详考；本书暂且记作 D 变韵。
② 究竟是变韵还是合音，待详考；本书暂且记作 D 变韵。

惯 用 语

(712 条)

A

腌臜菜
a^{24} tsa^0 ts'ai^{213}
喻指粗俗鄙陋、不通情理的人：二林真是个～，一点儿理都不讲。

腌臜人
a^{24} tsa^0 zən^{42}
指讽刺挖苦、污辱戏弄人：哎呀，你甭搁那儿～中不中！

腌臜人不打草稿儿
a^{24} tsa^0 zən^{42} pu^{24} ta^{55} ts'au$^{55\,|\,42}$ kor^{55}
指恣意污辱、耍弄人：他把二林说嘞一钱不值，真是～！

B

八竿 ^{Z} 打不着
pa^{24} kæ^{24} ta^{55} pu^{24} tʂuə^{42}
喻指关系非常疏远，甚至毫无关系：我跟^{D}他～，我不会借给^{D}他钱。
着：用于动词之后表示达到目的或有了结果。

八九不离十儿
pa^{24} tɕiou^{55} pu$^{24\,|\,42}$ li^{213} ʂər^{42}
指与实际情况差不多、非常接近：虽说没亲眼见，不过我能猜个～。

扒高儿上低
pa^{24} kor^{24} ʂaŋ^{213} ti^{24}
指小孩子淘气：这个小孩儿天天儿～嘞，一会儿也不时闲儿。

拔气米筋儿

pa⁴² tɕʻi²¹³ mi⁰ tɕiər²⁴

喻指泄别人的气：你光拔二林嘞气米筋儿。气米筋儿：气门芯儿。

拔头喝血

pa⁴² tʻou⁴² xə²⁴ ɕiɛ²⁴

喻指仇怨很深：他俩一见面儿都恨不得～。

把头扎裤裆里 ᴴ

pa²¹³ tʻou⁴² tʂa²⁴ kʻu²¹³ taŋ²⁴ liou⁰

喻指做了丢人事、亏心事而难以面对、无地自容；用作骂人之语：你做这事儿还有啥脸说嘞，赶紧～吧！里 ᴴ："里头"的合音。

把□嘞孩 ᶻ 扔 ᴰ 井里 ᴴ 了

pa²¹³ iæ⁴² lɛ⁰ xɛau⁴² ʐo²⁴ tɕiŋ⁵⁵ liou⁰ lə⁰

喻指人做了亏心事、不可饶恕的事而遭到了报应；多用于说明遭受不幸的理由：我也不知 ᴴ 哪一辈 ᶻ ～，倒霉事儿都叫我遇着了。□：人家、别人。扔 ᴰ：扔到，动词变韵表终点义。

掰开 ᴰ 揉碎 ᴰ

pɛ²⁴ kʻɛ²⁴ ʐou⁴² suæ²¹³

喻指作细致的、多方面的解说，以使人能更好地理解：咱把这个事儿～，好好儿说说。开 ᴰ、碎 ᴰ：开了、碎了，动词变韵均表完成义。

百爪儿挠心

pɛ²⁴ tʂuɐr⁵⁵ nau⁴² ɕin²⁴

喻指心神不宁、忐忑不安：孩 ᶻ 嘞亲事儿定不下来，急嘞她～。

摆活嘴儿（吃）

pai⁵⁵ xuə⁰ tsuər⁵⁵ (tʂʻʅ⁰)

指变着花样做好吃的饭菜：她妈退休了，天天儿在家～。摆活：摆弄。

摆架儿

pai⁵⁵ tɕiər²¹³

指为显示身份而装腔作势：就他好～，其实谁还不知 ᴴ 谁哟？

板岔儿

pan⁵⁵ tʂʻɐr²¹³

指出现小差错：夜个他又板 ᴰ 个岔儿。

办不了仨钱嘞事

pan²¹³ pu⁰ liau⁰ sa²⁴ tɕian⁴² nɛ⁰ ʂʅ²¹³

喻指不起多大作用：指望你这点东西，～。又作"不办仨钱嘞事"。

半生不熟
pan²¹³ ʂəŋ²⁴ pu²⁴ ʂu⁴²

喻指人品行差，不通情理，说话不着边际：二林～嘞，谁惹他谁倒霉。

半时捞晌
pan²¹³ ʂʅ⁴² lau²⁴ ʂaŋ⁵⁵

指时间不合适，非正时正点：这～嘞，叫我往哪儿去给 ᴰ你买饭嘞？又作"半时不晌"。

半掩门
pan²¹³ iɛ⁰ mən⁴²

指不检点、乱搞男女关系的女人：谁都知 ᴴ她是个～。"掩"读音特殊。

半桩 ᶻ厎
pan²¹³ tʂuæn²⁴ suŋ⁴²

指男孩子七八岁至十几岁，正处于叛逆、招人不待见的时期：牛牛小嘞时儿多好，这会儿是～，正是烦人嘞时儿。半桩 ᶻ：半大不小的男孩子。

棒槌支着牙
paŋ²¹³ tʂ'uei⁰ tʂʅ²⁴ tʂʅ⁰ ia⁴²

喻指空想、妄想，难以实现：他光想 ᴰ赇现成儿，～，等 ᴰ吧！

抱 ᴰ老粗腿
puə²¹³ lau⁵⁵ ts'u²⁴ t'uei⁵⁵

喻指攀附有权势的人，以获得利益或尊重；含贬义：要不是抱 ᴰ他姐夫嘞老粗腿，他早都混不下去了。抱 ᴰ：抱着，动词变韵表持续义。

蹦塌天
pəŋ²¹³ t'a²⁴ t'ian²⁴

喻指非常蛮横、无理取闹：玲玲叫她爸惯坏了，惹住她她能给 ᴰ你～。

逼着哑巴说话
pi²⁴ tʂʅ⁰ ia⁵⁵ pa⁰ ʂuə²⁴ xua²¹³

指强人所难、逼人太甚，让人不得不说、不得不为：我都不想 ᴰ吭你，你非得～嘞呀！

鼻 ᶻ不是鼻 ᶻ脸不是脸
piːau⁴² pu²⁴⁻⁴² ʂʅ²¹³ piːau⁴² lian⁵⁵ pu²⁴⁻⁴² ʂʅ²¹³ lian⁵⁵

喻指不留一点儿情面：上午叫王主任～嘞训 ᴰ我一顿，到这会儿还没缓过来劲儿嘞。

鼻 ᶻ底 ᴴ没长 ᴰ嘴
piːau⁴² tiɛ⁵⁵ mu²⁴ tʂæn⁵⁵⁻⁴² tsuei⁵⁵

喻指人不善言谈、怯于询问：你～哟，你不会给 ᴰ老师说说哟？底 ᴴ：

又音 tia^{55}，"底下"的合音。长^D：长着，动词变韵表持续义。

鞭打病牛
pian^{24} ta^{55} piŋ^{213} niou^{42}

喻指矫枉过正，效果会适得其反：医生说这是～，这个药甭再吃了。

扁^{D}圆^{D}圆^{D}扁^D
piæ^{55} yæ^{42} yæ^{42} piæ^{55}

指不能明确区分横竖正反、是非曲直：一家^{Z}人，～，说不清嘞理儿。

扁^D、圆^D：形容词变韵均表完成义，可分别替换为"扁了""圆了"。

不打实
pu^{24} ta^{55} ʂʅ^{42}

①指人品不好：那个人最～了，你都没打听打听？②指说话难听：你甭光说那～话中不中？

不对调^Z
pu$^{24|42}$ tuei^{213} tiæu^{213}

指因脾气、性格不合而彼此看不惯：他弟儿俩从小儿都死活～。

不对号儿
pu$^{24|42}$ tuei^{213} xor^{213}

指想法说法等不一致、不吻合：恁俩说嘞根本都～，叫我信谁嘞嘞？

不对劲儿
pu$^{24|42}$ tuei^{213} tɕiər^{213}

①指不和睦：他俩早都～，一时半会儿恐怕说不下来。②指人精神、行为等不正常：前一段儿我都发现他～，赶紧给他^{D}老婆说说吧。

不对路儿
pu$^{24|42}$ tuei^{213} luər^{213}

指认识、方法等存在偏差或错误：你弄这都～，经理咋能答应你嘞？

不返个儿
pu^{24} fan^{55} kɤr^{213}

指不作挣扎、没有丝毫还手之力：他哥打嘞他都～。

不分眉眼儿
pu^{24} fən^{24} mei^{42} ior^{0}

喻指不通情理、不辨是非：她家那个媳妇儿真是～，天天儿找事儿。

不够塞牙缝儿
pu$^{24|42}$ kou^{213} sɛ^{24} ia^{42} fər^{213}

喻指微不足道：指望他给那点儿东西，还～嘞。

不够数儿
pu²⁴⁻⁴² kou²¹³ ʂuər²¹³

指缺心眼儿：三妮 ᶻ 都～，不好找婆 ᶻ 家。

不吭不哈儿
pu²⁴ k'əŋ²⁴ pu²⁴ xɐr²⁴

指人少言寡语、平淡低调：瞧 ᴰ 他天天儿～嘞，还怪能倒腾嘞。

不离缝儿
pu²⁴⁻⁴² li²¹³ fər²¹³

①喻指不可理喻：她心里 ᴴ 根本都～，说也白说。②指在某方面一窍不通：数学他都～，没法补。此语肯定形式"离 ᴰ 缝儿了"也比较常用。

不尿……那一套
pu²⁴⁻⁴² niau²¹³　na²¹³ i²⁴⁻⁴² t'au²¹³

指对……非常鄙视：甭瞧 ᴰ 他是个经理，谁都不尿他那一套。

不品门儿
pu²⁴ p'in⁵⁵ mər⁴²

指大手大脚，丝毫不犹豫、不节制：谁敢跟 ᴰ 她比呀，她花钱都～。

不起眼儿
pu²⁴ tɕ'i⁵⁵⁻⁴² ior⁵⁵

指不引人注意、不被重视：甭瞧 ᴰ 那个桌 ᶻ ～，还真是祖传嘞宝贝嘞。

不瓤杆儿
pu²⁴ zaŋ⁴² kor⁵⁵

指比较出色，或在某方面高人一等：恁妮 ᶻ ～啊，年轻轻儿嘞都当 ᴰ 医生了。瓤：软弱。

不人物
pu²⁴ zən⁴² u⁰

指不讲义气，名声不好：他最～了，六亲不认，谁都敢骗。

不上道儿
pu²⁴⁻⁴² ʂaŋ²¹³ tor²¹³

指人的悟性差，不入门或学不会：不管咋教他都～，我有啥办法儿？

不识好人歹
pu²⁴ ʂɻ⁴² xau⁵⁵ zən⁴² tai⁵⁵

指分不清好歹：他都～，甭管他了。好人歹：好歹。

不识马别腿儿①

pu²⁴ ʂʅ⁴² ma⁵⁵ piɛ²¹³ tʻuər⁵⁵

喻指不懂基本常识，不通基本情理：你说也白说，她根本都～。

不识马号儿

pu²⁴ ʂʅ⁴² ma⁵⁵ xor⁰

同"不识马别腿儿"。

不识玩儿

pu²⁴ ʂʅ⁴² uor⁴²

指不懂风趣幽默，不能容忍别人与自己开玩笑：玲玲一点儿也～，恁甭随便给ᴅ她开玩笑啊！

不是个儿

pu²⁴⁻⁴² ʂʅ²¹³ kɤr²¹³

指与对方实力悬殊太大，不足以成为其对手：要是论打架，你还真～。

不是啥好鸟儿

pu²⁴⁻⁴² ʂʅ²¹³ ʂa⁵⁵ xau⁵⁵⁻⁴² nior⁵⁵

喻指人的品行很差、口碑不好：二林～，可甭招惹他啊。

不是说话儿嘞

pu²⁴⁻⁴² ʂʅ²¹³ ʂyə²⁴ xuɐr²¹³ lɛ⁰

指不像嘴上说的那么容易：想ᴅ找个好工作可～。

不疼不痒

pu²⁴ tʻəŋ⁴² pu²⁴ iaŋ⁵⁵

喻指无关紧要、不能解决任何问题：光说那～嘞话，没一点儿用。

不透气儿

pu²⁴⁻⁴² tʻou²¹³ tɕʻiər²¹³

同"不识马别腿儿"。

不吐不咽

pu²⁴ tʻu⁵⁵ pu²⁴⁻⁴² ian²¹³

指说话吞吞吐吐，不置可否：你一直～嘞能中啊？又作"半吐不咽"。

不显山不露水儿

pu²⁴ ɕian⁵⁵ ʂan²⁴ pu²⁴⁻⁴² lou²¹³ ʂuər⁵⁵

喻指不动声色、不留痕迹：你赶紧把东西送回去，～嘞，谁也不知ᴴ。

---

① 马别腿儿：语出中国象棋规则；"马走日"，即棋子"马"只能沿着"日"字形的八条对角线走，可进可退，故有"马有八面威风"之说；但是，当与"马"紧邻的交叉点上有其他棋子时，"马"就不能跳过去，俗称"马别腿儿"。

惯 用 语

不咋的
pu^{24} tsa^{55} ti^{42}
指人的名声不好或物品质量不高：那个人～。/这个手表～。

不沾板
pu^{24} tṣan^{24} pan^{55}
指距目标、要求等差距很大：他那成绩想 ^{D} 考大学，根本都～。

不沾闲
pu^{24} tṣan^{24} ɕian^{42}
同"不打实"。

不沾找
pu^{24} tṣan^{24} tṣau^{55}
指轻而易举、不在话下：这个孩 ^{Z} 是真能吃，仨馍根本～。

不知 ^{H} 眉眼高低
pu^{24} tṣo^{24} mei^{42} ian^0 kau^{24} ti^{24}
喻指不看对象、不分场合，更看不出别人的心理状态和真实用意，说话、做事很随意：二林都～，你叫他去说能中啊？知 ^{H}："知道"的合音。

不知 ^{H} 深浅
pu^{24} tṣo^{24} tṣ'ən^{24} tɕ'ian^{55}
喻指不懂事情的利害：他都～，啥话都说。"深"读音特殊。

不知 ^{H} 天高地厚
pu^{24} tṣo^{24} t'ian^{24} kau^{24} ti^{213} xou^{213}
指见识短浅，狂妄自大：～嘞人，谁都不待 ^{D} 见。

不照道 ^{Z}
pu$^{24|42}$ tṣau^{213} tæu^{213}
指不干正经事：二林都不～，你甭叫他蒙一下 ^{Z} 啊！又作"不照道儿"。

不支事
pu^{24} tṣʅ^{24} ʂʅ^{213}
指缺少能力，没有担当：二林不支一点儿事，啥都甭指望他。

不值个地□^{Z} 钱
pu^{24} tṣʅ^{42} kə^0 ti^{213} li:au^{42} tɕ'ian^0
指没有一点儿长处、不值得一提：他把他兄弟说嘞都～。地□^{Z}：疑指庄稼地里的害虫（如蝼蛄），待详考。又作"不值个尿泥钱儿"。

卜喃嘴儿
pu^{24} nan^0 tsuər^{55}
指无话可说，或有口难言：一说起 ^{H} 这事儿，他光～。卜喃嘴：咂嘴。

C

擦屁股

ts'a²⁴ p'i²¹³ ku⁰

喻指替别人处理没有做完的事或遗留的问题（多指比较棘手的事）；含贬义：叫你干一点儿活儿，都得替 ᴰ 你～。

财迷转向

ts'ai⁴² mi⁴² tṣuan²¹³ ɕiaŋ²¹³

喻指人极为爱财：她真是～了，啥都争，啥都要。

踩二道门槛 ᶻ

ts'ai⁵⁵ ər²¹³ tau²¹³ mən⁴² tɕ'iæ²¹³

喻指妇女改嫁：有一点儿法儿，她也不会～。

插一杠 ᶻ

tṣ'a²⁴ i⁰ kæŋ²¹³

指中途参与并横加干涉，致使事情不能顺利进行：没想到他又～，这事儿才不好办嘞。

缠磨头

tṣ'an⁴² muə⁰ t'ou⁴²

喻指不容商量、胡搅蛮缠的人：他真是个～，咋说也说不通。

长舌头

tṣ'aŋ⁴² ʂʅə⁴² t'ou⁰

喻指议论他人、搬弄是非：～嘞人最烦人了。

肠 ᶻ 肚抪郎鼓

tṣ'æŋ⁴² tu⁵⁵ pu²⁴ laŋ⁰ ku⁵⁵

指动物内脏：二林杀了个鸡 ᶻ，把那～都扔了。抪郎鼓：货郎沿街叫卖时手中摇动的小鼓；疑为拟动物内脏之形，待考。

唱白脸儿

tṣ'aŋ²¹³ pɛ⁴² lior⁵⁵

喻指调解矛盾或教育孩子时，粗暴严厉、苛责严惩，充当"硬"角色：管小孩 ᶻ 嘞时儿咱俩不能都～。又作"唱黑脸儿"。此语反义形式"唱红脸儿"也很常用。

唱反调儿

tṣ'aŋ²¹³ fan⁵⁵ tior²¹³

喻指有不同态度、持不同观点：他俩早都有矛盾，开会嘞时儿光～。

唱嘞哪一出儿
tṣʻaŋ²¹³ lɛ⁰ na⁵⁵ i⁰ tṣʻuɤr²⁴

喻指言行让人难以理解：大夏天嘞买 ᴰ 这么多棉衣裳，你这是～啊？

唱主角儿
tṣʻaŋ²¹³ tṣʮ⁵⁵ tɕyɤr²⁴

喻指担任主要职位，起主要作用：这几年东大街嘞事儿都是他～。

抻手蜷手耷拉手
tṣʻən²⁴ ʂou⁵⁵ tɕʻyan⁴² ʂou⁵⁵ ta⁵⁵ la⁰ ʂou⁵⁵

指没有得到别人的东西反而受了奚落，自讨没趣：你想要她嘞东西，叫你～，好受了吧你？

抻出 ᴴ 脖 ᶻ 等 ᴰ 嘞
tṣʻən²⁴ tṣʻuai⁰ pau⁴² to⁵⁵ lɛ⁰

喻指做好了最坏的打算，随时接受一切处置或结果：你想 ᴰ 咋就咋吧，反正我是～。出 ᴴ："出来"的合音。等 ᴰ：等着，动词变韵表持续义。

抻 ᴰ……嘞斗儿量
tṣʻɛ²⁴ lɛ⁰ tər⁵⁵ liaŋ⁴²

指对……无原则地迁就、容忍：农村娶个媳妇儿不容易，婆 ᶻ 都是抻媳妇儿嘞斗儿量。抻 ᴰ：尽力、达到最大可能；动词变韵表持续义，可替换为"抻着"。

沉住气儿
tṣʻən⁴² tṣʮ⁰ tɕʻiər²¹³

指情况紧急或感情激动时能够保持镇静：你得～，千万不能慌。又作"存住气儿"。其否定形式"沉不住气儿/存不住气儿"也很常用。

趁 ᴰ 热闹儿搋
tṣʻɛ²¹³ zɹə²⁴ nor⁰ ua⁵⁵

喻指越在别人危急、困难的时刻，越给对方添乱：他都快急死了，你都甭～了。趁 ᴰ：利用……机会。搋：舀。

撑不起 ᴴ 门楼头
tṣʻəŋ²⁴ pu⁰ tɕʻiai⁵⁵ mən⁴² lou⁰ tʻou⁴²

喻指人能力不强，承担不起家庭的责任：多指男性：他太老实，都～。起 ᴴ："起来"的合音。门楼头：庭院的大门。

成年 ᶻ 论辈 ᶻ
tṣʻəŋ⁴² niæ⁴² luən²¹³ pɛau²¹³

指很长时间、频率极低，有夸张意味：她孙儿～都不来瞧她一回。

吃不开
tʂʻʅ²⁴ puº kʻai²⁴

指不讨人喜欢，不被赏识、不被器重：他在领导那儿一点儿也～。

吃不完嘞嘟噜核
tʂʻʅ²⁴ puº uan⁴² nɛº tu²⁴ luº xu⁴²

指备受埋怨和指责：天天儿吃不完你嘞嘟噜核，我都不愿意进这个家！

吃大户儿
tʂʻʅ²⁴ ta²¹³ xuər²¹³

指借故贪取经济富裕的单位或个人的财物：他发财了，街坊都想 ᴅ～。

吃大桌
tʂʻʅ²⁴ ta²¹³ tsuə²⁴

指参加红白喜事、吃宴席；多指喜事：一进腊月，差不多天天儿～。

吃独食
tʂʻʅ²⁴ tu⁴² ʂʅ⁴²

①指一人独享食物：不能养成小孩儿～嘞习惯。②喻指独占利益：活儿是咱一齐儿干嘞，分钱儿嘞时儿你不能～。

吃个秤锤都不沉底儿
tʂʻʅ²⁴ kəº tʂʻəŋ²¹³ tʂʻuei⁴² touº pu²⁴ tʂʻən⁴² tiər⁵⁵

喻指身体健壮、禁得住折腾；多用于形容不受待见的孩子，含贬义：三妮 ᶻ～，甭管她。

吃老本儿
tʂʻʅ²⁴ lau⁵⁵⁻⁴² pər⁵⁵

①指没有收入，靠原有的积蓄生活：他早都不做生意了，这几年一直～。②喻指依仗过去的成绩立足，不思进取：恁还年轻嘞，不能～啊！

吃粮不管闲事儿
tʂʻʅ²⁴ liaŋ⁴² pu²⁴ kuan⁵⁵ ɕian⁴² ʂər²¹³

指只取报酬不做实事、不负责任：他快退休了，在单位～。

吃软不吃硬
tʂʻʅ²⁴ zuan⁵⁵ pu²⁴ tʂʻʅ²⁴ iŋ²¹³

指能听从好言者相劝，但遇强则更强，绝不屈从于强硬者的苛责和威胁：二林～，你好好儿劝劝他，越给 ᴅ 他急越不中。

吃香嘞喝辣嘞
tʂʻʅ²⁴ ɕiaŋ²⁴ lɛº xə²⁴ la²⁴ lɛº

喻指比较优越的生活水平和生活方式：你长大有出息了，天天儿～。

吃哑巴亏（儿）
tʂ'ɿ²⁴ ia⁵⁵ pa⁰ k'uei²⁴

喻指受了委屈、吃了亏，又不愿或不便明说：就这吧，吃个哑巴亏吧。

吃 ᴰ 豆腐谝渣
tʂ'ɚ²⁴ tou²¹³ fu⁰ p'ian⁵⁵ tʂa²⁴

喻指自己得到了好处，故意向没有得到好处的人炫耀：你真是～，光给 ᴰ 我找麻烦。吃 ᴰ：吃了，动词变韵表完成义。

吃 ᴰ 憨娘奶了
tʂ'ɚ²⁴ xan²⁴ niaŋ⁴² nai⁵⁵ lə⁰

喻指人认识水平低、办事能力差：他真是～，这点儿小事儿都弄不成。

吃 ᴰ 花椒闷 ᴰ 气了
tʂ'ɚ²⁴ xua²⁴ tɕiau⁰ mɛ²⁴ tɕ'i²¹³ lə⁰

指因闹情绪而对他人不理不睬；有挖苦、斥责的意味：你～，问 ᴰ 你好几遍都不吭声？吃 ᴰ、闷 ᴰ：吃了、闷了，动词变韵均表完成义。

翅膀 ᶻ 硬
tʂ'ɿ²¹³ pæŋ⁰ iŋ²¹³

喻指人具备了一定的能力，开始独立行动或不服从别人的管教；多用于训诫忘恩的人：你长 ᴰ 本事了，～了，忘了我是咋对你嘞了？

充大头蒜
tʂ'uəŋ²⁴ ta²¹³ t'ou⁴² suan²¹³

喻指故意在别人面前做样子，以引人注意或吓唬人；含贬义：她俩嘞事儿叫她俩说吧，你甭搁那儿～了。

重打鼓另筛锣①
tʂ'uəŋ⁴² ta⁵⁵ ⁴² ku⁵⁵ liŋ²¹³ ʂai²⁴ luə⁴²

喻指一切从头开始：咱～，以前嘞事儿不再提了。

出斶气
tʂ'ʉ²⁴ tu⁴² tɕ'i²¹³

指故意以某种言行发泄委屈、不满情绪，有赌气的意思：我咽不下去这口气，得叫我出出斶气。斶：怨言。

杵口杵涝口涝
tʂ'ʉ⁵⁵ tər⁰ tʂ'ʉ⁵⁵ lau²¹³ tər⁰ lau²¹³

指做小动作；多用于指偷偷摸摸给予某人钱财，有故意开玩笑的意思：

---

① 锣：用铜制成的打击乐器，形状像盘子，用锣锤敲打，发出声响；打鼓敲锣为戏剧表演开场的标志，故有此说。

恁爷儿俩天天儿～，当我没瞧见哪？

穿 ᴰ 裤连 ᴰ 裆
tʂ'uæ²⁴ k'u²¹³ liæ⁴² taŋ²⁴

指双方关系十分密切，不分彼此：他俩～嘞，整天形影不离。穿ᴰ、连ᴰ：动词变韵均表持续义，可分别替换为"穿着""连着"。

船到码头车到站
tʂ'uan⁴² tau²¹³ ma⁵⁵ t'ou⁰ tʂ'ə²⁴ tau²¹³ tʂan²¹³

喻指因离职、退休等而懈怠、不思进取：我已经～了，啥也不想做了。

吹大气
tʂ'uei²⁴ ta²¹³ tɕ'i²¹³

指吹牛、说大话：二林就会～，其实这些年他啥事儿也没干成。

吹灯拔蜡
tʂ'uei²⁴ təŋ²⁴ pa⁴² la²⁴

喻指事情已经彻底了结：那个事儿早都～，你是不是还想ᴰ嘞哟？

吹嘞溜ᴰ溜ᴰ嘞
tʂ'uei²⁴ lɛ⁰ lio²¹³ lio²¹³ lɛ⁰

指说大话却丝毫不心虚；有夸张意味：他天天儿～，也没见他干成啥呀。溜ᴰ溜ᴰ：形容词重叠、变韵均表程度夸张。

吹嘞五门六路
tʂ'uei²⁴ lɛ⁰ u⁵⁵ mən⁴² liou²¹³ lu²¹³

指吹牛，说话不着边际：她平常～嘞，这点儿小事儿还能难住她哟？

吹牛屄
tʂ'uei²⁴ niou⁴² pi²⁴

同"吹大气"。

戳窟窿
tʂ'uə⁴² k'u²⁴ luəŋ⁰

喻指招惹是非：你咋不长记性，又戳ᴰ⁻⁰个大窟窿。又作"捅窟窿"。

□出去
tʂ'ɛ⁴² tʂ'ʅ⁰ tɕ'y⁰

指将人赶出家门，或迫使人脱离某一团体或组织：把他～，省嘞他再找事儿。□：用铁锨把地上的东西移到另一处。

从屎坡儿挪ᴰ⁻⁰尿坡儿
ts'uəŋ⁴² ʂʅ⁵⁵ p'ɤr²⁴ nuə⁴² niau²¹³ p'ɤr²⁴

喻指情况没有变化、没有好转，只是从一个不利的地方挪到另一个不利的地方：你这不是～啊？坡儿：床铺；推测当为"铺儿"。挪$^{D--0}$：挪到，动词变韵表终点义。

从小儿一齐儿玩儿尿泥

ts'uəŋ^{42} ɕior^{55} i^{24} tɕ'iər^{42} uor^{42} niau^{213} ni^{42}

喻指交往时间长、感情深厚：他俩～，好嘞跟^{D}一个人儿样嘞。小儿：小时候。一齐儿：一块儿。

蹿脖红脸

ts'uan^{24} muə^{55} xuəŋ^{42} lian^{55}

指因发急、发怒、激动、嫉妒等而面部颈部红涨：一说叫她赔钱，她～嘞吵吵开了。"脖"读音特殊。

D

打保票

ta^{55} pau^{55} p'iau^{213}

指立下承诺，保证一定兑现：放心吧，这个事儿我管^{D}给^{D}你～。

打不热

ta^{55} pu^0 ʐə^{24}

指对……不感兴趣：我跟^{D}凉粉～，轻易都不吃一回。

打差脚尥二脚

ta^{55} tʂ'ai^{24} tɕyə^0 liau^{213} ər^{213} tɕyə^0

指动静很大、精神十足，多用于指男孩子费力劳神：他家这个小孩儿天天儿～嘞，一会儿也不老实。打差脚：脚尽力向上踢的同时，用手触打脚面。尥二脚：同"打差脚"。

打打尖

ta$^{55|42}$ ta^0 tɕian^{24}

指因不能按时吃饭，为避免过分饥饿，先随意吃些食物：中午晚一会儿吃饭，谁饿了，先～。（提示：没有"打尖"之说。）

打哈哈儿

ta^{55} xa^{24} xɤr^0

指故意转移话题，不作回答或答语含糊：你甭光～，今儿个必须得给我个囫囵话儿。

打□涝儿
ta^{55} xɛ^{42} lor^0

指故意找碴儿，引起口舌之争：你是来买东西嘞，还是来～嘞？

打讥谎
ta^{55} tɕi^{24} xuaŋ^0

指故意捣乱，有开玩笑的意思：他正忙^{D}嘞，你甭给^{D}他～了。

打劳晌
ta^{55} lau^{42} ʂaŋ^0

指不能按时结束、延长工作时间：上午嘞活儿太多，说不定还得～。

打嘞……满地找牙
ta^{55} lɛ^0　man^{55} ti^{213} tʂau^{55} ia^{42}

喻指非常厉害地惩治人，带有夸张、威胁的意味：哪一天恁哥真急了，非打嘞你满地找牙不中。

打麻羼
ta^{55} ma^{42} tʂ'an^0

同"打核涝儿"。

打死^{D}卖盐嘞
ta^{55} sɿə^0 mai^{213} ian^{42} nɛ^0

指饭菜做得太咸：这菜真咸，～了？死^D：动词变韵表加强肯定语气。

打坠肚旗
ta^{55} tʂuei^{213} tu^{24} tɕ'i^{42}

指名次排居末位或比较靠后：哪一回都是恁几^{H}人～。坠肚：指屁股向后坠，向前行走的速度很慢。

打嘴官司
ta^{55} tsuei^{55} kuan^{24} sɿ^0

指因纠纷而引起的双方或多方之间的辩论、争吵：谁有啥想法儿当面说，省嘞以后再～。

打$^{D-0}$灯篓难找
ta^{55} təŋ^{24} lou^0 nan^{42} tʂau^{55}

指（品行好的人）很难得，有羡慕的意味：小芹那个女婿，真是～。打$^{D-0}$：打着，动词变韵表持续义。灯篓：灯笼。

大差不差
ta^{213} tʂ'a^{24} pu^{24} tʂ'a^{24}

指差不多、差异不大：账不能算嘞太细，～都妥了。

大老粗儿
ta²¹³ lau⁵⁵ ts'uər²⁴

喻指文化程度不高、豪迈热情但不拘小节的人；多用作谦辞：我是个～啊，哪一句话说嘞不合适恁多担待。

大片儿汤
ta²¹³ p'ior²¹³ t'aŋ²⁴

喻指没有计划，不会量入为出而导致生活拮据的人；多指女性：他家那娘ᶻ们就是个～，过今ᴰ个不说明ᴰ个。

大破鞋
ta²¹³ p'uə²¹³ ɕiɛ⁴²

同"半掖门"。

大上岗ᶻ
ta²¹³ ʂaŋ²¹³ kæŋ⁵⁵

指在宴席上坐主位的人：出嫁恁侄女，她叔你可是～啊！

大舍本儿
ta²¹³ ʂʅə⁵⁵⁽⁴²⁾ pər⁵⁵

指为达到目的而不计成本、不惜代价：这一回他～，非要弄成ᴰ不中。

大眼瞪小眼
ta²¹³ ian⁵⁵ təŋ²¹³ ɕiau⁵⁵⁽⁴²⁾ ian⁵⁵

喻指因懒惰、无聊、无奈等而无事可做、无话可说、无计可施：俩人啥事儿也不干，天天儿～，有啥意思么？

大账不搁
ta²¹³ tʂaŋ²¹³ pu²⁴ kə²⁴

指算不清账、不会算账：你甭叫他去算账啊，他根本都～。

大字儿不识一个
ta²¹³ tsər²¹³ pu²⁴ ʂʅ⁴² i²⁴⁽⁴²⁾ kə²¹³

喻指文化水平低，多用于自嘲或开玩笑：甭瞧ᴰ俺家老太太～，说话都是一串儿一串儿嘞。又作"斗大嘞字儿不识一升"。

逮巧儿
tai⁵⁵⁽⁴²⁾ tɕ'ior⁵⁵

指巧占便宜、得到好处：这一回他又逮ᴰ个巧儿。

带把儿
tai²¹³ pər²¹³

指说话带脏字：他好～，都不想ᴰ搭理他。

戴愁帽 ᶻ
tai²¹³ tʂ'ou⁴² mæu²¹³
喻指承担令人担心、发愁的事：你又给 ᴰ 我戴 ᴰ 上个愁帽 ᶻ。

当密孩儿
taŋ²⁴ mi²⁴ xor⁰
指受人雇佣：他当 ᴰ 几十年密孩儿。密孩儿：被雇佣的人。

当头棒 ᶻ
taŋ²⁴ t'ou⁴² pæŋ²¹³
喻指遭受突然的、严重的打击，让人猝不及防：他正高兴嘞，挨 ᴰ 个～。

当蔫 ᶻ 头
taŋ²⁴ iæ⁵⁵ t'ou⁴²
指甘心受人欺负：出门儿在外，咱得～。蔫 ᶻ 头：任人欺负的人。

当真不当假
taŋ²¹³ tʂən²⁴ pu²⁴⁻⁴² taŋ²¹³ tɕia⁵⁵
指半真半假、虚虚实实，有开玩笑之意：你～嘞说这话，算数儿不算？

捣包虫
tau⁵⁵ pau²⁴ tʂ'uəŋ⁴²
喻指调皮捣蛋的小孩子：俺那个孩 ᶻ 是个～，我天天儿气嘞没法儿。

倒嬲毛
tau²¹³ niau⁵⁵ mau⁴²
指不仅不接受对方的指责、不偿还对方的债务，反过来又指责或讹诈对方：欠我嘞钱不给不说，他还想 ᴰ 弄个～嘞。嬲：缠绕；纠缠。

道道 ᶻ 多
tau²¹³ tæu⁰ tuə²⁴
指（不合情理的）想法儿多，含贬义：就她嘞～，都甭搭理她都妥了。

得咋都咋
tɛ²⁴ tsa⁵⁵ tou⁰ tsa⁵⁵
指（为达目的而）不计方式、不择手段：只要能得点儿好处，她是～。得：能。咋：怎么。都：就。

蹬鼻 ᶻ 上脸
təŋ²⁴ pi:au⁴² ʂaŋ²¹³ lian⁵⁵
喻指己方已做出让步，对方却得寸进尺：俺让他一步，没想到他～。

蹬 ᴰ 腿儿了
to²⁴ t'uər⁵⁵ lə⁰
指去世；多含贬义：他哥不干正事儿，早好几年都～了。蹬 ᴰ：动词变韵表完成义，可替换为"蹬了"。

等 ᴰ 老鸹往嘴里 ᴴ 屙
to⁵⁵ lau⁵⁵⁻⁴² kua⁰ uaŋ⁵⁵ tsuei⁵⁵ liou⁰ ə²⁴

喻指人非常懒惰，只想坐享其成；含贬义：你天天儿啥也不干，真～嘞？等 ᴰ：等着，动词变韵表持续义。

掂掂□有几斤几两
tian²⁴ tian⁰ tsʅə²¹³ iou⁵⁵ tɕi⁵⁵ tɕin²⁴ tɕi⁵⁵⁻⁴² liaŋ⁵⁵

喻指不能盲目自大，要正确评价自己的水平、作用和影响力等：人都不能瞎逞能，都得～。掂：掂量。□：自己。

点儿多
tior⁵⁵ tuə²⁴

指人有心计，多用于描述小孩子聪明、机灵：甭瞧 ᴰ 他人儿小，～嘞很 ᴰ 嘞。点儿：点子。又作"点 ᶻ 多"，此时略带贬义。

点眼儿都过
tian⁵⁵⁻⁴² ior⁵⁵ tou⁰ kuə²¹³

指聪明机灵、反应敏捷，善于领悟别人的意图：小赵～，是个当办公室主任嘞料儿。点眼儿：一眨眼的工夫。

掉不了地 ᴴ
tiau²¹³ pu⁰ liau⁰ tiɛ²¹³

喻指不会因疏忽、怠慢等而耽误事情：放心吧，这个事儿肯定～。地 ᴴ：又音 tia²¹³，"地下"的合音。

掉两眼儿
tiau²¹³ liaŋ⁵⁵⁻⁴² ior⁵⁵

指无声地流泪：老师吵他了，回到家还～嘞。两眼儿：几滴泪珠儿。

掉 ᴰ 坑里 ᴴ 了
tio²¹³ kʻəŋ²⁴ liou⁰ lə⁰

喻指被人欺骗、遭人暗算：卖黑茶嘞人都～。掉 ᴰ：动词变韵表终点义，可替换为"掉到"。

掉 ᴰ 钱眼儿里 ᴴ 了
tio²¹³ tɕʻian⁴² ior⁵⁵ liou⁰ lə⁰

喻指把钱财看得很重：这几年他～。掉 ᴰ：掉到，动词变韵表终点义。

丢皮松儿
tiou²⁴ pʻi⁴² suər²⁴

指人慢性脾气、办事拖拉：他太～了，啥活儿都得拖到最后。

丢人丧气打家伙
tiou^{24} zən^{42} saŋ^{213} tɕ'i^{213} ta^{55} tɕia^{24} xuə^0

喻指做了不光彩的事，又公之于众，失了面子：他做这事儿真是～。打家伙：敲锣打鼓，喻昭告众人；"家伙"代指锣鼓。

丢失闪
tiou^{24} ʂʅ^{24} ʂan^0

指出现差错：办啥事儿都得仔细，不能～。失闪：闪失。

丢^{D}耙儿拿扫帚
tio^{24} p'ɐr^{42} na^{42} sau^{213} tʂ'ʅ^0

喻指人十分勤快：他老婆^Z～嘞，一会儿也不舍嘞歇。丢^D：动词变韵表完成义，可替换为"丢了"。"扫帚"读音特殊。

东家长西家短
tuəŋ^{24} tɕia^0 tʂ'aŋ^{42} ɕi^{24} tɕia^0 tuan^{55}

喻指漫无目的地闲聊，多含贬义：恁甭一天到晚～嘞乱说中不中？

东一榔头西一棒槌
tuəŋ^{24} i^0 laŋ^{42} t'ou^0 ɕi^{24} i^0 paŋ^{213} tʂ'uei^0

①喻指做事没有全局规划，只作局部应付：你这～嘞乱弄，能弄好^{D}哟？②喻指说话没有条理，不能自圆其说：他～嘞，听不懂他说嘞啥。

肚饱眼睛饥
tu^{213} pau^{55} ian^{55} tɕiŋ^0 tɕi^{24}

①本义指人贪吃，吃饱了还想吃：知^{H}你都吃不下去了，你是～。②喻指人贪得无厌：你真是～，要这么多门票，啥时儿能用完^{D}呀？

肚里^{H}有水儿
tu^{213} liou^0 iou^{55} |^{42} ʂuɐr^{55}

喻指人具有一定的文化知识水平：不管啥东西，他一瞧都会，还是～嘞事儿。此语否定形式"肚里^{H}没水儿"也比较常用。

对不上号儿
tuei^{213} pu^0 ʂaŋ^{213} xor^{213}

同"不对号儿"。其肯定形式"对^{D}上号儿了"也很常用。

对^{D}把仁了
tuɛ^{213} pa^{55} sa^{24} lə^0

指脾气性格相仿、趣味相投：他俩真是～了，要干啥都干啥。对^D：对了，动词变韵表完成义。又作"对^{D}把了"。

蹲 ᴰ 铙镲①**上了**

tuɛ²⁴ nau⁴² tʂ'a⁰ ʂaŋ⁰ lə⁰

喻指善意为别人调解纠纷，不仅没有劝住，反而受到其中一方或多方的斥责和埋怨，自讨没趣：不叫你管他俩家 ᶻ嘞事儿，你非得管，～了吧！

蹲 ᴰ：蹲到，动词变韵表终点义。

E

屙……眼里 ᴴ 了

ə²⁴　ian⁵⁵ liou⁰ lə⁰

喻指让……非常厌恶：他算是屙王主任眼里 ᴴ 了。

摁鼻 ᶻ 摁脸

ən²¹³ piːau⁴² ən²¹³ lian⁵⁵

同"鼻 ᶻ 不是鼻 ᶻ 脸不是脸"。

耳朵儿②**根软**

ər⁵⁵ tor⁰ kən²⁴ ʐuan⁵⁵

喻指没有主见，轻信人言：她嘞耳朵儿根太软，架不住三句好话哄。

二把□ᶻ

ər²¹³ pa⁰ tsʻæu²¹³

指对某种技艺不熟练，似懂非懂：他才学会打麻将，还是个～嘞。又作"半□ᶻ"。

二半吊 ᶻ

ər²¹³ pan²¹³ tiæu²¹³

①指态度蛮横、行为鲁莽的人：他是个～，你招惹他干啥嘞？②喻指人不讲情理、做事莽撞：他～嘞很 ᴰ 嘞，千万甭惹他。

二鬼不照面儿

ər²¹³ kuei⁵⁵ pu²⁴⁻⁴² tʂau²¹³ mior²¹³

喻指极易产生小矛盾的人（如夫妻），因不常见面而免于产生纠纷：他两口经常～，想生气儿也没机会。

---

① 铙：又称钲或执钟，铜制圆形打击乐器，以两片为一副，相击发声。镲，又称铜钹、铜盘，铜制圆形打击乐器，每副两片，相击发声。铙和镲的区别在于：铙的碗部较小，发音较响亮，余音较长；镲的碗部较大，发音较浑厚，余音较短。铙和镲常配合使用，用于民间吹打乐和戏曲伴奏。

② 浚县方言"耳朵"音为"ər⁵⁵ tau⁰"，儿化音变为"ər⁵⁵ tor⁰"。

二虎头小 ᶻ
ər²¹³ xu⁰ tʻou⁰ ɕiæu⁵⁵

指女孩子的长相、性格、打扮等酷似男孩子：那个小妮儿跟 ᴰ 个～样嘞。小 ᶻ：小子，指男孩子。

二婚头
ər²¹³ xuən²⁴ tʻou⁴²

指离过一次婚的人，多指男性：他是个～，找老婆 ᶻ 更难。

二气不接
ər²¹³ tɕʻi²¹³ pu²⁴ tɕiɛ²⁴

指因炎热、劳累等而呼吸急促、身心困乏：卸了一上午车，使嘞我～。

二伕货
ər²¹³ tɕʻiou⁴² xuə²¹³

指傻里傻气、愣头愣脑、粗鲁莽撞的人；用作骂人之语：他是个～，你可甭惹他啊！又作"二伕"。

二四 ᴴ 不在乎
ər²¹³ ʂʅə²¹³ pu²⁴⁻⁴² tsai²¹³ xu⁰

指不当回事，丝毫不放在心上：甭管多大嘞事儿，他都～，你有啥法儿？四 ᴴ："四个"的合音①。

二一添作五
ər²¹³ i²⁴ tʻian²⁴ tsuə²¹³ u⁵⁵

指双方各占二分之一：不偏不向，老人嘞地恁弟儿俩～。

F

发背悔
fa²⁴ pei²¹³ xuei⁰

指无原则地袒护自己的孩子：明明怨他嘞孩 ᶻ，他还搁哪儿～嘞。

翻不过来弯儿
fan²⁴ pu⁰ kuə⁰ lai⁰ uor²⁴

喻指弄不明白来龙去脉、想不清楚是非利害：这个事儿他高低～，咋

---

① 浚县方言中的个位数词与量词"个"常常合为一个音节；合音之后，除"两个"可以写作"俩"、"三个"可以写作"仨"之外，其他的都有音无字；主要有以下九个：

一个——□yə²⁴ 两个——俩 lia⁵⁵ 三个——仨 sa²⁴
四个——□ʂʅə²¹³ 五个——□ŋuo⁵⁵ 六个——□lio²¹³
七个——□tɕʻiɛ²⁴ 九个——□tɕio⁵⁵ 十个——□ʂʅə⁴²

说也不中。又作"转不过来弯儿"。

翻捗郎 ᶻ 打滚儿
fan²⁴ pu²⁴ læŋ⁰ ta⁵⁵⁻⁴² kuər⁵⁵

指因痛苦、撒泼而不停地翻滚身体：他疼嘞～。

翻饼秕 ᶻ①
fan²⁴ piŋ⁵⁵ pʻi:au²⁴

喻指说长道短、挑拨是非的人；多指女性：他老婆 ᶻ 是个～。

翻嘴扯舌
fan²⁴ tsuei⁵⁵ tʂʻʅə⁵⁵ ʂʅə⁴²

指搬弄是非，挑拨关系：二林嘞老婆 ᶻ 就好～，啥话也不能给 ᴅ 她说。

放不住个滴滴鸡 ᶻ
faŋ²¹³ pu⁰ tsʅ⁰ kə⁰ ti²⁴ ti⁰ tɕi:au²⁴

指（小孩子）藏不住任何东西、守不住任何秘密：你总～，买个新衣裳都赶紧穿 ᴅ。滴滴鸡 ᶻ：一种烟花，又叫电光花、呲哩花；彩色细长，不会炸，点燃后快速旋转。

风声儿紧
fəŋ²⁴ ʂər²⁴ tɕin⁵⁵

喻指局势紧张；多用于指形势对己方不利：这几天～，先甭干了。

逢年节下
fəŋ⁴² nian⁴² tɕiɛ²⁴ ɕia²¹³

指逢年过节：～她都回来看老人。

扶 ᴅ 上马再送一程
fuə⁴² ʂaŋ⁰ ma⁵⁵ tsai²¹³ suəŋ²¹³ i²⁴ tʂʻəŋ⁴²

喻指长辈对晚辈、上级对下级提携帮助：老领导对年轻人一定要～。
扶 ᴅ：动词变韵仅作为单趋式中的一个强制性形式成分，不表示实际意义。

G

旮旯儿缝眼儿
kɛ²⁴ lor⁰ fəŋ²¹³ ior⁵⁵

喻指方方面面，包括细微之处：为了孩 ᶻ 能出国留学，他把～嘞钱都拿出 ᴴ 了。"旮旯儿"读音特殊。

---

① 翻饼秕 ᶻ：一种竹制或铁制、很薄很窄、比较长、用于翻转烙饼的工具。故有此说。

干打呼雷不下雨
kan²⁴ ta⁵⁵ xu²⁴ luei⁰ pu²⁴⁻⁴² ɕia²¹³ y⁵⁵

喻指声势很大却不付诸实际行动：瞧他说嘞怪有劲，他是～，啥事儿也做不成。打呼雷：打雷。

干瞪眼
kan²⁴ təŋ²¹³ ian⁵⁵

喻指干着急而又无可奈何：她妮 ᶻ 非跟 ᴅ 小凡走，她管不住，只能～。

干急不出汗儿
kan²⁴ tɕi⁴² pu²⁴ tʂʅ²⁴ xor²¹³

同"干瞪眼"。

肝肠儿气断
kan²⁴ tʂʻɚr⁴² tɕʻi²¹³ tuan²¹³

喻指疲累到了极点，而致呼吸不畅：干 ᴅ 一天活儿，使嘞我～。

赶棱头儿
kan⁵⁵ ləŋ²¹³ tʻər⁴²

指在非常时期或关键时刻，因不守规则或出现失误而授人以柄：疫情期间不叫聚堆儿，咱也甭～了，好好儿在家坐着吧。

高不成低不就
kau²⁴ pu²⁴ tʂʻəŋ⁴² ti²⁴ pu²⁴⁻⁴² tɕiou²¹³

指横竖都不合适，找不到条件好者，对条件差者又不想迁就；多用以形容求职或婚姻上的两难处境：她小 ᶻ ～，都三十好几了还没结婚嘞。

胳膊腿儿朝外拐
kɛ⁴² puə⁰ tʻuər⁵⁵ tʂʻau⁴² uai²¹³ kuai⁵⁵

喻指不偏向自己人而偏向外人：他都是～。又作"胳膊腿儿往外撇"。

搁 ᴅ⁻⁰ 二架梁上
kə²⁴ ər²¹³ tɕia⁰ liaŋ⁴² ʂaŋ⁰

喻指被置于某种境地，进退两难：恁把我～，都不管了？搁 ᴅ⁻⁰：搁到，动词变韵表终点义。二架梁：砖木结构房屋，大梁与斜梁之间的横梁。

隔二片三
kɛ²⁴ ər⁰ pʻian²¹³ san²⁴

指时常、不间断：她娘～嘞就来瞧她一趟。

隔皮儿断骨
kɛ²⁴ pʻiər⁴² tuan²¹³ ku²⁴

①指猜测胎儿性别：现在只是～，不知 ᴴ 她肚里 ᴴ 到底是男是女。②喻指从表象预测事情的发展趋势或结果：这事儿现在只是～，谁也说不准。

各打五十大板
kə²⁴ ta⁵⁵ u⁵⁵ ʂʅ⁴² ta²¹³ pan⁵⁵

喻指因难分是非对错，给予双方相同的责罚：这事儿说不清了，～吧。

给个嘴儿齐
kei⁵⁵ kə⁰ tsuər⁵⁵ tɕ'i⁴²

指遭到对方即时的、毫不客气的反驳：我不劝她，怕她给我个嘴儿齐。

拱暄土
kuaŋ⁵⁵ ɕyan²⁴ t'u⁵⁵

①喻指偷懒、走捷径：恁都想 ᴅ～，剩下嘞叫谁干嘞？②抓住对方的弱点或漏洞，以使成功的把握更大：做事儿得会～。暄土：蓬松的泥土。

狗脸 ᶻ 人
kou⁵⁵⁻⁴² liæ⁵⁵⁻²¹³ zən⁴²

喻指情绪变化快、反复无常的人：他是个～，正说玩儿嘞都恼了。"脸"无规则变调。

狗炼蛋
kou⁵⁵ lian²¹³ tan²¹³

喻指男性（多指儿童）关系好、形影不离；用作戏谑语：他俩天天儿～样嘞，一会儿也离不开。炼蛋：动物交配。

狗咬狗
kou⁵⁵ iau⁵⁵⁻⁴² kou⁵⁵

喻指坏人、恶势力之间内讧、相互揭发：到了派出所，他们开始～了。

狗占八泡屎
kou⁵⁵ tʂan²¹³ pa²⁴ p'au²⁴ ʂʅ⁵⁵

喻指人很强势，连力所不能及的东西都要抢占；含贬义：二林是～。

够……喝一壶
kou²¹³ xə²⁴ i⁰ xu⁴²

喻指让人难以招架，有幸灾乐祸的意思：这一回真够他喝一壶嘞。

顾不住行李儿
ku²¹³ pu⁰ tʂʅ⁰ ɕiŋ⁴² liər⁰

喻指人思虑不周、丢三落四、招架不了：你甭指望他，他根本都～。

顾不严门儿
ku²¹³ pu⁰ ian⁴² mər⁴²

同"顾不住行李儿"。

顾不住□嘞十六两

ku²¹³ pu⁰ tʂʅ⁰ tsɿə²¹³ lɛ⁰ ʂʅ⁴² liou²¹³ liaŋ⁵⁵

喻指人不能自立：他还～嘞，甭说叫他养家了。□：自己。十六两：旧制一斤为十六两，这里喻指养命的基本条件。

□固点 ᶻ

kuai⁴² ku⁰ tiæ⁵⁵

指非同一般的想法、主意，含贬义：就他嘞～多。□固：弯曲。

拐弯儿抹角儿

kuai⁵⁵ uor²⁴ muə²¹³ tɕyɤr²⁴

喻指说话不直白、绕来绕去：你甭～了，到底想 ᴰ 弄啥嘞，直说吧！

拐弯儿时七

kuai⁵⁵ uor²⁴ ʂʅ⁴² tɕ'i²⁴

①指道路弯曲：去他村儿嘞路～嘞，不好找。②喻指说话绕弯子：你这～嘞，到底想 ᴰ 说啥嘞？

观麻衣相

kuan²⁴ ma⁴² i²⁴ ɕiaŋ²¹³

指品评别人的相貌，或揣摩别人的心思：恁姥姥最会～了。

管它三七二十一

kuan⁵⁵ ǀ ⁴² t'a⁰ san²⁴ tɕ'i²⁴ ər²¹³ ʂʅ⁴² i²⁴

喻指不顾一切，不问是非对错、不计前因后果：～嘞，先把东西要回来再说。又作"不管三七二十一"。

管住□嘞嘴

kuan⁵⁵ tʂʅ⁰ tsɿə²¹³ lɛ⁰ tsuei⁵⁵

指说话要谨慎，不能随便乱说：你得～，甭乱说。□：自己。

灌迷魂汤

kuan²¹³ mi⁴² xuən⁰ t'aŋ²⁴

指用花言巧语迷惑人：他给 ᴰ 你灌 ᴰ 啥迷魂汤了，你咋啥都听他嘞？

过 ᴰ⁻⁰ 今 ᴰ 个不说明 ᴰ 个

kuə²¹³ tɕiɛ²⁴ kə⁰ pu²⁴ ʂuə²⁴ mɛ⁴² kə⁰

指生活没有计划，只顾眼前而不计日后：咱不能～，还得想想以后咋弄。过 ᴰ⁻⁰：过了，动词变韵表完成义。今 ᴰ 个：今天。明 ᴰ 个：明天。

H

憨半瓜 ᶻ

xan²⁴ pan²¹³ kuæu²⁴

指愚笨而又不通事理的人：他是个～，你惹他干啥嘞？半：半吊子。

孩 ᶻ 生娘满月

xɛau⁴² ʂəŋ²⁴ niaŋ⁴² man⁵⁵ yɛ⁰

喻指时过境迁、为时已晚：你说嘞太晚了，早都～了。生：出生。

好屁股眼 ᶻ 嘴

xau⁵⁵ pʻi²¹³ kuº iæ⁵⁵⁻⁴² tsuei⁵⁵

喻指花言巧语，却不办实事、不办好事：他光个～，千万甭指望他。

好说不好听

xau⁵⁵ ʂʅə²⁴ pu²⁴ xau⁵⁵ tʻiŋ²⁴

指一些该说的、容易说出口的话，却会让听话者觉得别扭、不好接受：恁都自觉点儿吧，有嘞话～，甭逼我说出 ᴴ。

喝晕兔酒

xə²⁴ yn²⁴ tʻu²¹³ tɕiou⁵⁵

喻指在某事上犯傻、犯迷糊：你～了 ᴴ①，这是咋出牌嘞么？

黑白道儿不识

xɛ²⁴ pɛ⁴² tor²¹³ pu²⁴ ʂʅ⁴²

喻指人不通情理、不可理喻：她都～，你甭给 ᴅ 她说了。又作"不识黑白道儿"。

黑不提白不提

xɛ²⁴ pu²⁴ tʻi⁴² pɛ⁴² pu²⁴ tʻi⁴²

喻指态度暧昧，有意不提及对自己不利的事：俺借给 ᴅ 你嘞钱都好几年了，你～嘞，啥意思么？

黑心烂肚肠 ᶻ

xɛ²⁴ ɕin²⁴ lan²¹³ tu⁵⁵ tʂʻæŋ⁴²

喻指人心狠毒辣：～嘞人，不会有好下场。肚：动物的胃。

---

① 了 ᴴ：lio⁰ / liaº，"了哟" / "了呀"的合音。

横躺竖抄郎

xəŋ²¹³ t'aŋ⁵⁵ ʂu²¹³ pʰu²⁴ laŋ⁰

指人、物品纵横杂乱：人太多了，～嘞睡了一地。

红眼儿病

xuəŋ⁴² ior⁵⁵ piŋ²¹³

喻指因羡慕别人而心怀嫉妒：她是～，不能看见谁比 ᴰ 她强。

红 ᴰ 脸儿了

xuo⁴² lior⁵⁵ lə⁰

指生气、发怒（程度较轻）：他说话太难听，桂玲跟 ᴰ 他～。红 ᴰ：动词变韵表完成义，可替换为"红了"。

哄 ᴰ 你不瞌睡

xuo⁵⁵ ni⁰ pu²⁴ k'ə⁴² ʂei²¹³

喻指瞒哄、欺骗人：二林说那话是～，你还相信嘞哟？哄 ᴰ：哄着，动词变韵表持续义。

囫囵话（儿）

xu⁴² luən²¹³ xua²¹³

指完整的、明白的答语或说辞：这事儿到底中不中，你得给我个～。

胡㨂头

xu⁴² luə⁰ t'ou⁴²

喻指事情尚无结果，变化难以预测：这事儿还是个～嘞，你先甭给 ᴰ 别人说嘞。胡㨂：推测当为"活㨂"，摇摇晃晃、摇摆不定。

胡闹台

xu⁴² nau²¹³ t'ai⁴²

指胡闹：你敢在大会上顶撞经理，简直是～！

胡□六弄

xu⁴² tɕ'yə²⁴ liou²¹³ nəŋ²¹³

指投机钻营、坑蒙拐骗：他这一辈 ᶻ ～嘞。□：坑蒙拐骗。

胡跟 ᴰ 眉毛一齐儿抓

xu⁴² kɛ²⁴ mei⁴² mau⁰ i²⁴ tɕ'iər⁴² tʂua²⁴

喻指做事分不清主次缓急：做事儿千万不能～。胡：胡子。

糊涂嘞一盆儿浆 ᶻ

xu⁴² tu⁰ lɛ⁰ i²⁴ p'ər⁴² tɕiæŋ²¹³

喻指人神志不清或不明事理：她婆 ᶻ 真是～，好话孬话都说不通。

划不开道儿
xua²¹³ pu⁰ k'ai²⁴ tor²¹³

同"黑白道儿不识"。

怀里揣ᴰ个兔
xuai⁴² li⁰ tʂ'ue²⁴ kə⁰ t'u²¹³

喻指忐忑、惊恐不安：小孩儿一直不回来，他～样嘞。揣ᴰ：动词变韵表持续义，可替换为"揣着"。

换汤不换药
xuan²¹³ t'aŋ²⁴ pu²⁴⁺⁴² xuan²¹³ yə²⁴

喻指形式改变而实质未变：这个规定，实际上是～。

慌嘞小辫儿朝前
xuaŋ²⁴ lɛ⁰ ɕiau⁵⁵ pior²¹³ tʂ'au⁴² tɕ'ian⁴²

喻指对某人、某事过分热心；有戏谑之意：一听说老同学来了，他～。

灰头土脸
xuei²⁴ t'ou⁴² t'u⁵⁵⁺⁴² lian⁵⁵

喻指因办事不顺、受人奚落等而沮丧、消沉：我瞧见小亮～嘞回来了。

混生不混熟
xuən²¹³ ʂəŋ²⁴ pu²⁴⁺⁴² xuən²¹³ ʂu⁴²

指人的品行不佳或性格不好，不太了解的时候可能会与之交往，一旦了解了其为人，就不愿意与其交往了：他这个人～，时间长ᴰ你都知ᴴ了。生：陌生。熟：熟悉。又作"打生不打熟"。

和穿ᴰ一条裤
xuə⁵⁵ tʂ'uæ²⁴ i²⁴ t'iau⁴² k'u²¹³

同"穿ᴰ裤连ᴰ裆"。和：共同。穿ᴰ：穿着，动词变韵表持续义。

J

鸡飞狗跳
tɕi²⁴ fei²⁴ kou⁵⁵ t'iau²¹³

喻指因惊慌、嬉戏等而乱成一团：他俩人一放ᴰ学，这家里都～嘞。

急头怪脑
tɕi⁴² t'ou⁴² kuai²¹³ nau⁵⁵

指因着急、生气等而致情绪、行为异常：他这两天～嘞，谁惹他了？

挤扁 ᴰ 头
tɕi⁵⁵⁻²⁴ piæ⁵⁵ tʻou⁴²

喻指争先恐后、急不可待；有夸张意味：他仨～嘞想ᴰ去姥姥家。扁ᴰ：形容词变韵表加强肯定语气。"挤"无规则变调。

记吃不记打
tɕi²¹³ tʂʻʅ²⁴ pu²⁴⁻⁴² tɕi²¹³ ta⁵⁵

指不吸取教训、不长记性：你都上ᴰ他好几回当了，真是～！

夹生婆 ᶻ
tɕia²⁴ ʂən²⁴ pʻau⁴²

①指上有婆婆要侍奉、下有儿媳要忍让的女性：玲玲是～，婆ᶻ跟ᴰ（儿）媳妇儿都不能得罪。②喻指既管制人、又受制于人的单位或个人：副主任是～，不好当。

家底儿厚
tɕia²⁴ tiər⁵⁵ xou²¹³

指家庭比较富裕：他嘞～，几辈ᶻ都花不完嘞钱。

尖酸琉璃滑
tɕian²⁴ suan²⁴ liou⁴² li⁰ xua⁴²

指不实在、非常圆滑：她是个～嘞人，不好共事儿。

尖头少耳
tɕian²⁴ tʻou⁴² ʂau⁵⁵⁻⁴² ər⁵⁵

喻指人容貌丑陋：那个人长嘞～嘞，咋瞧都不像好人。

捡ᴰ稠嘞捞
tɕiæ⁵⁵ tʂʻou⁴² lɛ⁰ lau⁴²

喻指说话抓重点，做事抓要害：这个文件涉及的内容太多了，我只能～。捡ᴰ：捡着，动词变韵表持续义。

捡ᴰ软嘞捏
tɕiæ⁵⁵ zuan⁵⁵ nɛ⁰ niɛ²⁴

指专门欺负老实、软弱的人：哪一回都是叫我干，恁都是～嘞。

江抹头一般高儿
tɕiaŋ²⁴ muə⁰ tʻou⁴² i²⁴ pan²⁴⁻⁵⁵ kor²⁴

指亲戚或血缘关系的远近亲疏一样：他俩都是俺表弟，～。江抹头：推测应为"肩膀头"的讹变。一般：一样；"般"无规则变调。

交粮本儿
tɕiau²⁴ liaŋ⁴² pər⁵⁵

喻指人去世：这一回恁嫂是真危险，差一点儿交ᴰ粮本儿。粮本儿：

计划经济时代，城镇居民用以购买粮食的凭证。

浇 ᴅ……头上醋了
tɕio²⁴……tʻou⁴² ʂaŋ⁰ tsʻu²¹³ lə⁰

喻指犯了某人的大忌讳，使其非常抵触和着急：一说叫他去求人，都浇 ᴅ 他头上醋了。浇 ᴅ：浇到，动词变韵表终点义。

嚼舌根
tsuə⁴² ʂʅə⁴² kən²⁴

喻指说长道短、议论是非：最烦那乱～嘞人。

脚手不离地儿
tɕyə²⁴ ʂou⁵⁵ pu²⁴⁻⁴² li²¹³ tiər²¹³

喻指非常忙碌：我今 ᴅ 个一天忙嘞～。

脚踢手醭拉
tɕyə²⁴ tʻi²⁴ ʂou⁵⁵ pu⁴² la⁰

喻指轻而易举，不在话下：这点儿事她～都干了。醭拉：拨拉。

搅屎棍
tɕiau⁵⁵⁻⁴² ʂʅ⁵⁵ kuən²¹³

喻指惯于搬弄是非，让事情变得更糟糕甚至把好事搅成坏事的人：张三就是个～，只要他一来，保准得坏事儿。

揭老底儿
tɕiɛ²⁴ lau⁵⁵⁻⁴² tiər⁵⁵

指揭人底细、揭人短处：恁俩互相～，也不怕小孩儿们笑话？

揭秃疮疙疤儿
tɕiɛ²⁴ tʻu²⁴ tʂʻuaŋ⁰ kɛ²⁴ pɛr⁵⁵

喻指揭人隐私、揭人最忌讳的东西：你可不能光揭他嘞疮疙疤儿呀！

结亲戚
tɕiɛ²⁴ tɕʻin²⁴ tɕʻi⁰

指结成儿女亲家：没想到他俩家 ᶻ～了。

解疙瘩
tɕiɛ⁵⁵ kɛ²⁴ ta⁰

喻指化解矛盾和问题：必须得给 ᴅ 他俩家 ᶻ 解解疙瘩。

精喜伶俐打磨人
tɕiŋ²⁴ ɕi⁰ liŋ⁴² li⁰ ta⁵⁵ muə⁰ zən⁴²

指故意找碴儿、挑错儿：你一点儿也不糊涂，你就是～。打磨：出难题、找麻烦。

揪小辫儿
niou²⁴ ɕiau⁵⁵ pior²¹³

喻指找毛病或抓把柄：把活儿干好ᴰ，甭叫他们～。"揪"读音特殊。

酒阴阳儿
tɕiou⁵⁵ in²⁴ iɚ⁰

指小有酒瘾、经常找借口喝酒的人：小涛是个～，天天儿喝。

就高不就低
tɕiou²¹³ kau²⁴ pu²⁴⁻⁴² tɕiou²¹³ ti²⁴

指工资、津贴、福利等按某一范围内的最高标准执行：下半年嘞奖金～，都按高级工嘞标准发放。

就坡儿下驴
tɕiou²¹³ p'or²⁴ ɕia²¹³ ly⁴²

喻指为避免尴尬，抓住机会，顺势下台：甭再硬撑了，赶紧～吧！

卷铺盖
tɕyan⁵⁵ p'u²⁴ kai⁰

喻指被解雇或辞职：不好好儿干，二林还得～。铺盖：被褥。

K

开小灶儿
k'ai²⁴ ɕiau⁵⁵ tsor²¹³

喻指提供非同他人的、独有的待遇或条件；多指学习上的个别辅导：老师经常给ᴰ他～。

看人下菜
k'an²¹³ zən⁴² ɕia²¹³ ts'ai²¹³

喻指对不同的人区别对待；多用于指对上对下态度不一样，含贬义：恁给他俩上嘞礼钱不一样，这是～。

坷垃地
k'ɛ⁵⁵ la⁰ ti²¹³

喻指希望渺茫、一无所获的境遇：这一回又弄～了，肯定不中了。

瞌睡嘞掉头
k'ə⁴² ʂei⁰ lɛ⁰ tiau²¹³ t'ou⁴²

指非常困乏：我一夜没睡，这一会儿～。

空手套白狼
k'uəŋ²⁴ ʂou⁵⁵ t'au²¹³ pɛ⁴² laŋ⁴²

喻指没有任何付出而获取利益：你打牌一分钱都不带，光想 ᴰ～嘞。

抠屁股眼 ᶻ 唧指头
k'ou²⁴ p'i²¹³ ku⁰ iæ⁵⁵ suə²⁴ tʂʅ⁵⁵⁻⁴² t'ou⁰

喻指人十分抠门儿：二林～嘞，甭想 ᴰ 叫他多掏一分钱。

哭不 ᴴ 嘞笑不 ᴴ 嘞
k'u²⁴ puə⁰ lɛ⁰ ɕiau²¹³ puə⁰ lɛ⁰

指哭笑不得：瞧瞧恁弄这事儿，真叫人～。不 ᴴ："不了"合音。

哭都找不着门儿
k'u²⁴ tou⁰ tʂau⁵⁵ pu²⁴ tʂuə⁴² mər⁴²

喻指一旦失去机会，无论多么后悔多么伤心，永远也无法补救或挽回：还是叫孩 ᶻ 去上学吧，要不嘞你以后～。

裤腰带 ᶻ 松
k'u²¹³ iau²⁴ tɛau²¹³ suəŋ²⁴

指生活不检点、私生活混乱；多指女性：她～，一点儿都不顾脸面。

L

拉偏手儿
la²⁴ p'ian²⁴ ʂər⁵⁵

指劝架、评理时，偏袒其中一方：劝架不能～。又作"拉偏架"。

喇儿不喇儿搡儿不搡儿
lɛr⁵⁵ pu⁰ lɛr⁵⁵ sɚ⁵⁵ pu⁰ sɚ⁵⁵

喻指人貌似言行无状，实际上心里有数；有戏谑的意味：瞧 ᴰ 他成天～嘞，还怪会处理事儿嘞。

拦门妮 ᶻ
lan⁴² mən⁴² ni:au²⁴

①指女婴①：她嘞预产期都过好几天了，肯定是个～。②喻指极力维护娘家利益的女子；用作玩笑话：你真是个～，啥事儿都想着恁娘家。

捞外快
lau⁴² uai²¹³ k'uai²¹³

指挣取额外的钱财：你得捞点儿外快，要不攒不住钱。外快：外财。

---

① 一般认为，与男孩子相比，女孩子出生的时间往往会向后拖，故有此说。

捞油水儿
lau⁴² iou⁴² ʂuər⁰

喻指获取不当利益；含贬义：他光想 ᴰ 从老人那儿捞点儿油水儿。

老□瞪
lau⁵⁵ pən⁴² təŋ⁰

喻指老实本分、性格木讷的人：她公公是个～，老实嘞连句话都不会说。□瞪：老实、木讷。

老鳖一
lau⁵⁵ piɛ²⁴ i²⁴

喻指非常吝啬：他是个～，一分钱都不舍嘞花。此语来源及理据待考。

老长脸
lau⁵⁵⁽²⁴ tʂʻaŋ⁴² lian⁵⁵

喻指很没面子、非常尴尬：学生给 ᴰ 他弄 ᴰ 个～，好受了吧？

老尖包 ᶻ
lau⁵⁵ tɕian²⁴ pæu²⁴

同"老鳖一"。又作"老尖头"/"尖头棒 ᶻ"。

老婆儿嘴
lau⁵⁵⁽²⁴ pʻor⁴² tsuei⁵⁵

喻指好唠叨的人：你真是个～，烦不烦？

老肉头
lau⁵⁵ zou²¹³ tʻou⁴²

指被戴了绿帽子的人；用作骂人之语：他个～，不办一点儿好事儿。

老实□瞪费
lau⁵⁵ ʂʅ⁰ pən⁴² təŋ⁰ fei²¹³

指表面老实本分、性格木讷，实际上却费力劳神：你甭瞧 ᴰ 他不吭不哈儿嘞，他可是个～。□瞪：老实、木讷。

老实心□眼 ᶻ
lau⁵⁵⁽²⁴ ʂʅ⁴² ɕin²⁴ kʻai⁰ iæ⁵⁵

指人很实在、没有心计：他是个～，三句好话都哄住了。实：实在。

老乡□ ᶻ
lau⁵⁵ ɕiaŋ²⁴ kuæu²⁴

指具有或表现出乡下人特性的人：一瞧她穿嘞衣裳，都知 ᴴ 她是个～。

老样儿老
lau⁵⁵ iɐr²¹³ lau⁵⁵

指原物，或跟原物一模一样：俺要俺嘞~嘞，不要你这个。

老一调 ᶻ
lau⁵⁵ i⁰ tiæu²¹³

指陈旧的、毫无变化的习俗等：年年儿过年都是那~。又作"老一套"。

老油条 ᶻ①
lau⁵⁵ iou⁴² tʻiæu⁴²

喻指人世故、狡诈、练达：他是个~了，这点儿事儿不用替ᴰ他操心。

老糟头
lau⁵⁵ tsau²⁴ tʻou⁴²

喻指常常被欺负的人：他是个~，谁想ᴰ说他两句都说两句。

勒着裤腰带 ᶻ
lɛ²⁴ tʂʅ⁰ kʻu²¹³ iau²⁴ tɛau²¹³

喻指为度过困境而省吃俭用：那几年是真困难，俺~盖ᴰ这三间屋。

冷锅冷灶
ləŋ⁵⁵ kuə²⁴ ləŋ⁵⁵ tsau²¹³

喻指家里很冷清，让人感到寂寞孤独：你这~嘞，再找个老婆ᶻ吧。

愣头青
ləŋ²¹³ tʻou⁴² tɕʻiŋ²⁴

喻指莽撞冒失、易冲动好蛮干的人：他是个~，交给ᴰ他我不放心。

俩膀ᶻ抬个头
lia⁵⁵ˈ⁴² pæŋ⁵⁵ tʻai⁴² kə⁰ tʻou⁴²

指空着手，不带任何东西：他啥时儿回老家都是~。

俩眼一抹黑
lia⁵⁵ˈ⁴² ian⁵⁵ i²⁴ muə⁵⁵ xɛ²⁴

①喻指外行，看不出一点门道：这一行我是~，一点儿也不懂。②喻指对环境不熟悉或对情况一无所知：他才来ᴰ这儿两三天，~。

连屎带尿
lian⁴² ʂʅ⁵⁵ tai²¹³ niau²¹³

喻指好坏混杂；含贬义：红薯都烂了，你也不捡捡，~都往车上装。

---

① "老油条"即不新鲜的油条，或在油锅里炸的时间较久的油条；此语来源及理据待详考。

连汤带水
lian⁴² tʻaŋ²⁴ tai²¹³ ʂuei⁵⁵

喻指所有的都包括在内，没有遗漏：他给嘞东西，～也不值二百块钱。

连窝儿端
lian⁴² uor²⁴ tuan²⁴

指全部除掉或移走：那一班儿搞传销嘞叫～了。又作"连锅端"。

脸儿多
lior⁵⁵ tuə²⁴

指人情绪变化快、反复无常：她好～，你甭随便给ᴅ她说玩儿。

脸没地渣儿搁
lian⁵⁵ mu⁴² ti²¹³ tʂɚ⁰ kə²⁴

喻指非常难为情：恁说嘞他脸都没地渣儿搁了。地渣儿：地方。

脸皮儿薄
lian⁵⁵ pʻiər⁴² puə⁴²

指人非常爱面子、很羞怯：她嘞～，你替ᴅ她说吧。

脸皮厚
lian⁵⁵ pʻi⁴² xou²¹³

喻指泼辣、不羞怯，不在意他人的评价：她嘞脸皮真厚，啥都说。

脸上挂不住
lian⁵⁵ ʂaŋ⁰ kua²¹³ pu²⁴⁻⁴² tʂʅ²¹³

指因羞辱、恼怒等而难堪、难为情：老师说嘞我脸上一点儿也挂不住。

脸上能拧下来水
lian⁵⁵ ʂaŋ⁰ nəŋ⁴² niŋ⁴² ɕiɛ⁰ lai⁰ ʂuei⁵⁵

喻指因不满、生气等，脸色非常难看：他爹一说给ᴅ他要钱，他～。

燎锅底 ᶻ
liau⁵⁵ kuə²⁴ tiːau⁵⁵

指备礼为乔迁新居者表示祝贺：俺去给ᴅ小灿～了。

撩高腔儿
liau²¹³ kau²⁴ tɕʻiər²⁴

指故意说得意或气人的话：她老头儿当ᴅ官儿了，她又该～嘞。

撩摊儿
liau²¹³ tʻor²⁴

指因闹情绪而丢下应该做的工作：领导都怕他～。又作"撩挑儿"。

邻家百舍
lin⁴² tɕia⁰ pɛ²⁴ ʂʅə⁰

指街坊邻里：恁弟儿俩这样儿对待恁娘，都不怕～嘞笑话？

临明一阵黑
lin⁴² miŋ⁴² i²⁴ ⁴² tʂən²¹³ xɛ²⁴

喻指事情即将成功，却毁于一旦：这事儿眼看都说成了，没想到～。

零提溜
liŋ⁴² ti²⁴ liou⁰

指做事不干脆利落，而是化整为零、时断时续：就这点儿小活儿，你非得～，麻烦不麻烦？

领 ᴰ 茄 ᶻ 地了
lio⁵⁵ tɕ'i:au⁴² ti²¹³ lə⁰

指给予人错误的引导：早都说他也不在行，这一回恁都叫他～了吧？领 ᴰ：领到，动词变韵表终点义。又作"领 ᴰ 筏 ᶻ 地了"。

溜沟舔眼 ᶻ
liou²⁴ kou²⁴ t'ian⁵⁵ ⁴² iæ⁵⁵

指溜须拍马：有嘞人真会～，不服不中。眼 ᶻ：指肛门。

留话絮 ᶻ
liou⁴² xua²¹³ ɕyau²¹³

指言谈不当，为人留下话柄或成为他人日后言谈说笑的由头：说话得小心，想好 ᴰ 再说，甭～。又作"留话把儿"。

留一手儿
liou⁴² i⁰ ʂər⁵⁵

指有所保留、未全部展现出来：好啊，你还～嘞啊！

琉璃圪蹦①
liou⁴² li⁰ kɛ⁴² pəŋ⁰

喻指人或物品很脆弱，经不起折腾：她媳妇儿是个～，病娘娘儿样嘞。

露底话
lou²¹³ ti⁵⁵ xua²¹³

指智商不高、口无遮拦的人，有意无意说出不该说或不能说的话：他光说～，女方咋能相中他嘞？又作"掉底话"。

---

① 琉璃圪蹦：一种薄玻璃制成的响器，儿童玩具；头大，呈扁圆形，其身管状、细长，中接细长管，用嘴吹，极薄的玻璃在气流鼓动下能发出"圪蹦、圪蹦"的声音。

露一鼻 Z
lou²¹³ i²⁴ pi:au⁴²

指显示小本事、小计谋，有炫耀之意：他本来想 D～嘞，谁知 H 弄砸了。又作"露一手儿"。

露 D 玄虚
lo²¹³ ɕyan⁴² ɕy⁰

指无意间透露了隐秘的信息：她本来不想 D 叫别人知 H，没想到又～了。露 D：动词变韵表完成义，可替换为"露了"。

露 D 一嘴
lo²¹³ i²⁴ tsuei⁵⁵

指有意无意间透露了一点儿信息：光听她～，具体啥事儿我不清楚。露 D：动词变韵表完成义，可替换为"露了"。

驴头不对马嘴
ly⁴² t'ou⁴² pu²⁴⁻⁴² tuei²¹³ ma⁵⁵⁻⁴² tsuei⁵⁵

喻指答非所问，不相吻合或自相矛盾：你这～嘞说嘞啥么？

驴尾巴绑棒槌
ly⁴² i⁵⁵ pa⁰ paŋ⁵⁵ paŋ²¹³ tʂ'uei⁰

喻指关系复杂、非常疏远：你这～嘞亲戚也往家领，烦死了！

捋胳膊扁袖
ly²⁴ kɛ⁴² puə⁰ pian⁵⁵ ɕiou²¹³

①喻指热情很高、跃跃欲试：听说对外承包砖瓦窑嘞，村儿里 H 嘞人都是～嘞。②喻指在争执的过程中主动出击、故意挑衅：你～嘞，想 D 干啥嘞？扁：卷。

乱麻交枪
luan²¹³ ma⁰ tɕiau²⁴ tɕ'iaŋ²⁴

指混乱无序：你那床上弄嘞～嘞，都不能收拾收拾哟？

乱 D 码儿了
luæ²¹³ mɐr⁵⁵ lə⁰

指事情繁杂、秩序混乱、不可收拾：玲玲出差三天，她家都～。乱 D：乱了，动词变韵表完成义。

论堆儿
luən²¹³ tsuər²⁴

指不讲道理：她光～，你还有啥给 D 她说嘞？

落烧火臭
luə²⁴ ʂau²⁴ xuə⁰ tʂ'ou⁰

指遭人怀疑：咱爹到底给俺多儿钱，咱得当面儿说清 D，甭叫俺～。

M

马别腿儿

ma⁵⁵ piɛ²¹³ tʻuər⁵⁵

喻指有障碍、办事不顺：这个事还～嘞，不好办。

马后炮[①]

ma⁵⁵ xou²¹³ pʻau²¹³

喻指因时过境迁而失去作用的计策：你光弄得～，为啥不早说？

麦秸火性儿

mɛ²⁴ tɕiɛ⁰ xuə⁵⁵ ɕiər²¹³

喻指人急躁易怒，脾气就像麦秸点起来的火一样，燃起来快熄下去也快：你甭往心里 H 去，她就是个～，一会儿都好了。

卖老鼠药嘞

mai²¹³ lau⁵⁵⁻⁴² ʂʅ⁰ yə²⁴ lɛ⁰

喻指经常耍贫嘴的人：他上一辈 Z 是～，你能说过他哟？

卖嘴嘞

mai²¹³ tsuei⁵⁵ lɛ⁰

喻指能说会道、只讲空话却不干实事、不兑现承诺的人：他就是个～，他嘞话根本都不能信。

满脸官司

man⁵⁵⁻⁴² lian⁵⁵ kuan²⁴ sʅ⁰

喻指忧愁、悲伤、烦躁、无奈等复杂的面部表情：一进门儿我都瞧 D 她～。又作"一脸官司"。

猫盖屎儿

mau⁴² kai²¹³ ʂər⁵⁵

喻指做事敷衍、马虎应对：叫他干个事儿，他都是跟 D ～样嘞。

猫一阵儿狗一阵儿

mau⁴² i⁰ tʂər²¹³ kou⁵⁵ i⁰ tʂər²¹³

喻指小孩子情绪变化很快，反复无常、难以捉摸：小孩儿都是～嘞。又作"狗一天猫一天"。

[①] 语出中国象棋规则："当头炮，把马跳"是象棋的一种开局方法；"马后炮"是指对方已跳了"马"，己方才"当头炮"，错过了时机，为时已晚。

没鼻 ᶻ 没脸

mu⁴² piːau⁴² mu⁴² lian⁵⁵

①同"摁鼻ᶻ摁脸"。②喻指不顾忌自己的脸面：夜个领导说嘞他一分钱不值，今ᴰ个他～嘞又来了。

没材料 ᶻ

mu⁴² tsʻai⁴² liæu²¹³

①指人能力差：他都没一点儿材料ᶻ，干啥啥不成。②指人品行差：单位嘞人都知ᴴ他～，见ᴰ名儿都争，见ᴰ利儿都要。

没大没小儿

mu⁴² ta²¹³ mu⁴² ɕior⁵⁵

指言行不顾忌长幼尊卑之礼：你给ᴰ恁婶说话不能～啊！

没返个儿

mu⁴² fan⁵⁵ kɤr²¹³

①指一旦发生便难以改变：我嘞手气真背，这牌一下午都～。②指没有挣扎之力：一群人打嘞那个小偷儿都～，当场都死了。

没个来回趟儿

mu⁴² kə⁰ lai⁴² xuei⁰ tʻɐr²¹³

①指境况始终如一，没有变化：我这牌真背，一下午都～。②指不懂礼尚往来，来而不往：俺哪一年都去瞧她好几回，她都～。此语肯定形式"有个来回趟儿"也比较常用。

没窟窿儿孂蛆

mu⁴² kʻu²⁴ luər⁰ fan²¹³ tɕʻy²⁴

本义指苍蝇找不到产卵的地方；喻指人心气不顺，却找不到发泄的借口：他正搁那儿～嘞，你可甭惹他。孂：动物产卵。

没屁股眼ᶻ事

mu⁴² pʻi²¹³ ku⁰ iæ⁵⁵ ʂʅ²¹³

指非常缺德、损人不利己的事：那个人孬ᴰ嘞，光办～。

没汤儿喝

mu⁴² tʻɐr²⁴ xə²⁴

喻指没有收益或回报：瞧ᴰ他怪能，这一回没他嘞汤儿喝了。

没王 ᶻ 蜂

mu⁴² uæŋ⁴² fəŋ²⁴

喻指因无人管教而失去约束的人；多指小孩子：学校一放假，小孩儿都成ᴰ～了。王ᶻ：蜂王。

没星儿秤
mu⁴² ɕiər²⁴ tʂ'əŋ²¹³

喻指丢东忘西、丢三落四的人：我掉 ᴅ 好几回钥匙了，真成 ᴅ 个～了。星儿：用铜丝等嵌在秤杆上的标示重量的刻度。

没正形
mu⁴² tʂəŋ²¹³ ɕiŋ⁴²

指人言行无状、不求上进：他都没一点儿正形，你甭跟 ᴅ 他学啊！

没 ᴅ……嘞瓜皮啃
muə⁴² lɛ⁰ kua²⁴ p'i⁴² kən⁵⁵

喻指不能从某事中受益；有戏谑意味：这一回又没 ᴅ 他嘞瓜皮啃了。没 ᴅ：没了，动词变韵表完成义。

没 ᴅ① 戏了
mæ²⁴ ɕi²¹³ lə⁰

喻指事情难以进行下去或已经失败，没有成功的希望：那个事儿～。

门儿外汉
mər⁴² uai²¹³ xan²¹³

喻指外行人：这种事儿他是个～，问他也不管用。

门里 ᴴ 嘞□ᶻ
mən⁴² liou⁵⁵ lɛ⁰ kuæŋ²⁴

喻指只会在自己人面前逞强，在外人面前却很懦弱的人：甭瞧 ᴅ 他怪孬，他就是个～。里 ᴴ：里头、里边。□ᶻ：逞强的人。

门路宽
mən⁴² lu²¹³ k'uan²⁴

喻指人脉广、办法多：你嘞～，帮俺问问吧！

闷嘴儿葫芦
mən²¹³ tsuər⁵⁵ xu⁴² lu⁰

喻指不善言谈的人：他是个～，很少听见他说话。又作"闷葫芦"。

迷 ᴅ 这块地里 ᴴ 了
miɛ⁴² tʂə⁰ k'uai⁰ ti²¹³ liou⁰ lə⁰

喻指固执己见，不听劝、不回头：她是真～，谁说也不听。迷 ᴅ：迷到，动词变韵表终点义。"这"也作"那"。

---

① 没 ᴅ：音 mæ²⁴，其变韵来源待考；又音 muə⁴²，疑为"没了"的合音，待考。

面和心不和
mian²¹³ xə⁴² ɕin²⁴ pu²⁴ xə⁴²

指表面和气，内心却有较大的隔阂或矛盾：他弟儿俩～，谁也不管谁。

面子宽
mian²¹³ tsʅ⁰ kʻuan²⁴

喻指有权势、有威望，别人能给予一定的方便和照顾：还是你嘞～，换ᴰ别嘞根本弄不成。又作"面子大"。

摸不清鼻ᶻ眼儿
muə²⁴ pu⁰ tɕʻiŋ²⁴ piːau⁴² ior⁵⁵

喻指弄不清事情的来龙去脉、前因后果：我还～嘞，你叫我咋说嘞？

摸不清大头儿小尾儿
muə²⁴ pu⁰ tɕʻiŋ²⁴ ta²¹³ tʻər⁴² ɕiau⁵⁵⁺⁴² iər⁵⁵

同"摸不清鼻ᶻ眼儿"。

摸不着北
muə²⁴ pu⁰ tʂuə⁴² pei²⁴

喻指因着急、忙碌、兴奋等而不知所措：这几天他忙嘞都～了。

摸软肋
muə²⁴ zan⁵⁵ lɛ²⁴

喻指抓人的弱点或最不擅长的技艺，以战胜对方：你想ᴰ赢他，就得摸住他嘞软肋。软肋：人体最软的骨头。

抹不开脸儿
muə²¹³ pu⁰ kʻai²⁴ lior⁵⁵

指碍于情面，不能或不好意思拒绝：都是熟人儿，既然说出ᴴ了，真～。

木拉脸
mu²⁴ lə⁰ lian⁵⁵

指豁出去脸面：他一～，该说不该说嘞都说了。

N

拿鸡蛋碰石头
na⁴² tɕi²⁴ tan⁰ pʻəŋ²¹³ ʂʅ⁴² tʻou⁰

喻指与对方力量悬殊，必败无疑：你跟ᴰ他斗，这不是～啊？

哪条路儿近
na^{55} t'iau^{42} luər^{213} tɕin^{213}

喻指最有利、最有效的解决办法：你再仔细想想～，最好甭离婚。

哪一根筋搭错了
na^{55} i^0 kən^{24} tɕin^{24} ta^{24} ts'uə^{213} lə^0

喻指人言行反常、不可理喻：你这是～，又找事儿嘞不是？又作"哪一根筋不对了"。

孬把儿杵
nau^{24} pɐr^{213} tʂ'ʅ^{55}

喻指调皮、顽劣的孩子：这个小孩儿是个～，咱不跟^{D}他玩儿。

挠^{D}头了
no^{42} t'ou^{42} lə^0

喻指事情很麻烦、很棘手，难以解决和处理：这个事儿又叫他～。挠^D：挠了，动词变韵表完成义。

恼到骨头缝儿里
nau^{55} tau^0 ku^{42} t'ou^0 fər^{213} li^0

喻指十分恼恨：他做嘞这事儿叫我～了，一辈^{Z}都忘不了。

恼皮儿恼不^{H}瓤儿
nau^{55} p'iər^{42} nau^{55} puə^0 zɐr^{42}

喻指人与人之间看似会结仇结怨，实际上不可能：闺女跟^{D}娘叮几句嘴，～，根本都不用劝。不^H："不了"的合音。

能豆儿上天
nəŋ^{42} tər^{213} ʂaŋ^{213} t'ian^{24}

喻指人过于精明；含讥讽意味：他真是～！能豆儿：喻精明的人。

能折不弯
nəŋ^{42} ʂʐə^{42} pu^{24} uan^{24}

本义指钢板可以被折断，但绝不会弯曲变形；喻指人有骨气，不服输、不妥协：大丈夫～。折：断。

撵脚狗
nian^{55} tɕyə^{24} kou^{55}

喻指时常跟随他人；多用于指小孩子依恋父母或其他人：二宝是个～，一会儿也离不了他妈。

尿不到一个壶里^H
niau^{213} pu^0 tau^{213} i$^{24|42}$ kə^0 xu^{42} liou^0

喻指人的性格、爱好、认识等存在较大差异，话不投机、难以合作：

他俩人根本都～，不可能合伙做买卖。壶：尿壶。

尿嘞高
niau²¹³ lɛ⁰ kau²⁴

喻指人能力强、水平高；有讽刺挖苦的意味：就你～，别人都不行？

尿 ᴰ 醋了
nio²¹³ ts'u²¹³ lə⁰

喻指人因受到惊吓、刺激等而产生恐惧：一听说要罚他嘞，他随 ᴰ① 可～。尿 ᴰ：尿了，动词变韵表完成义。

捏着鼻 ᶻ
niɛ²⁴ tʂʯ⁰ piːau⁴²

喻指十分不情愿而又极度忍耐：为了孩 ᶻ，玲玲～跟 ᴰ 他过一年多。

拧鼻 ᶻ 薅耳朵儿
niŋ⁴² piːau⁴² xau²⁴ ər⁵⁵ tor⁰

喻指十分不情愿：叫他去干点儿活儿，都是～嘞。薅：拽、拔。

扭棍儿别棒
niou⁵⁵ kuər²¹³ piɛ²¹³ paŋ²¹³

①同"拧鼻 ᶻ 薅耳朵儿"。②喻指心里不痛快：一提这事儿她都～嘞。

扭屁股调腰
niou⁵⁵ p'i²¹³ ku⁰ tiau²¹³ iau²⁴

喻指坐不住、做事不踏实：他一上午～嘞，心都没在学习上。

弄不清里头嘞弯儿
nəŋ²¹³ pu⁰ tɕ'iŋ²⁴ li⁵⁵ t'ou⁰ lɛ⁰ uor²⁴

指不了解事情的真实细节：还～嘞，叫我先了解一下再说。又作"弄不清里头嘞弯儿弯儿拐儿拐儿"。

弄个大呼乱 ᶻ
nəŋ²¹³ kə⁰ ta²¹³ xu²⁴ luæ⁰

指惹出大麻烦，难以收拾：这一回你千万甭再～。呼乱 ᶻ：棘手的、难以理顺的事。

弄个半不□ᶻ
nəŋ²¹³ kə⁰ pan²¹³ pu²⁴⁽⁴²⁾ tʂ'æ²¹³

喻指造成没有结果、不好收拾、不易整顿的局面：你甭～，往那儿一扔不管了。半不□ᶻ：半途而废。

---

① 随 ᴰ：副词变韵表加强肯定语气。

搦把柄
nuə²⁴ pa⁵⁵⁴² piŋ⁵⁵

指抓住对方的缺点或漏洞，作为反击的筹码：千万甭叫他搦住巴柄！

搦刀把儿
nuə²⁴ tau²⁴ pɚ²¹³

指掌握主动权，处于主动地位：这一回他～嘞，瞧你能有啥办法儿。

搦死鸡 ᶻ
nuə²⁴ sʅ⁵⁵ tɕi:au²⁴

喻指不会变通，硬把好的、有用的东西留到最后，致使其失去了应有的作用和意义：二林打扑克好～，有好牌都不舍嘞出。

P

拍屁股打胯
p'iɛ²⁴ p'i²¹³ ku⁰ ta⁵⁵⁴² k'ua⁵⁵

喻指情绪非常激动，甚至失控；多指女性，含贬义：恁老婆 ᶻ～嘞吵了半天，能解决问题不能？"拍"读音特殊。

喷闲空儿
p'ən²⁴ ɕian⁴² k'uɚ²⁴

指漫无边际的闲聊：下雪天没法儿出门儿，一堆人都在他家～嘞。

盆儿盆儿蹅
p'ɚ⁴² p'ɚ⁰ tʂ'a⁵⁵

①同"大片儿汤"。②喻指把事情搞得一塌糊涂：叫他去解决问题嘞，结果弄 ᴰ 个～。

碰 ᴰ 一鼻 ᶻ 灰
p'o²¹³ i²⁴ pi:au⁴² xuei²⁴

喻指遭到别人的拒绝、奚落等，自讨没趣：我不去恁非叫去，结果叫我～。碰 ᴰ：动词变韵表完成义，可替换为"碰了"。

披 ᴰ 血布衫 ᶻ 干
p'ɛ²⁴ ɕiɛ²⁴ pu²¹³ ʂæ⁰ kan²¹³

喻指（替别人）做事不惜代价，十分卖力：他这几年跟住你，那真是～嘞！披 ᴰ：动词变韵表持续义，可替换为"披着"。

皮不理儿
p'i⁴² pu²⁴ liər⁵⁵

指对别人的劝说、责骂等毫不理会、无动于衷：甭管谁咋说，他都～。

屁股沉
p'i²¹³ ku⁰ tʂ'ən⁴²

①喻指人很懒惰：～嘞人不能用。②喻指人没有时间观念：你来 ᴰ 哪儿都～，叫我很等 ᴰ 你嘞。③喻指人不懂迎来送往之礼仪：～嘞人，不适合在办公室工作。

谝能鸡 ᶻ
p'an⁵⁵ nəŋ⁴² tɕi:au²⁴

喻指惯于在公开场合显摆自己、奉承他人的人；含贬义：他真是个～！

泼腌臢水
p'uə²⁴ a²⁴ tsa⁰ ʂuei⁵⁵

喻指造谣污蔑、恶意中伤：厂里 ᴴ 有人往他俩头上～嘞。

破家五鬼
p'uə²¹³ tɕiau⁰ u⁵⁵ ǀ ⁴² kuei⁰

指不爱惜财物、经常损坏东西的人：二林是个～，家里 ᴴ 嘞东西都叫他弄坏了。"家"读音特殊。五鬼：星命家所称的恶煞之一，二十八星宿中鬼宿的第五星。

Q

七姥娘八妗
tɕ'i²⁴ lau⁵⁵ niaŋ⁰ pa²⁴ ǀ ⁴² tɕin²¹³

指血缘较远、关系一般的亲戚：她家～嘞亲戚真多！又作"七大姑八大姨"。

七七八八
tɕ'i²⁴ tɕ'i²⁴ pa²⁴ pa²⁴

指与实际情况比较接近、百分之七八十：我能猜个～。

骑 ᴰ 驴找驴
tɕ'iɛ⁴² ly⁴² tʂau⁵⁵ ly⁴²

①喻指已经具有某种条件，但并不如意，伺机再找更好的：咱先买个小房，～，以后有 ᴰ 钱再换。②喻指忙乱中出错、犯糊涂：钥匙在手里拿着还到处找，～，你真是糊涂了！骑 ᴰ：骑着，动词变韵表持续义。

乞头蚂蚱[①]

tɕ'i²⁴ t'ou⁴² ma²⁴ tʂa⁰

喻指固执死板，不看别人眼色、不看行情而鲁莽行事的人：她就是个～，咋说也不行。又作"乞头蚂蚱碰蛋虫"。

起五更打黄昏

tɕ'i⁵⁵ u⁵⁵ kəŋ⁰ ta⁵⁵ xuaŋ⁴² xuən⁰

指做事十分努力、非常辛苦：他俩～嘞，一共攒[D]这十来万块钱。

气布袋

tɕ'i²¹³ pu²¹³ tai⁰

喻指经常惹事而给家庭带来麻烦的人：他那个孩[Z]从小儿都是个～。

千年破笤帚万年破扫帚

tɕ'ian²⁴ nian⁴² p'uə²¹³ t'iau⁴² tʂʅ⁰ uan²¹³ nian⁴² p'uə²¹³ sau²¹³ tʂʅ⁰

喻指无关紧要、毫无意义的陈年旧事：你光说得那～，谁愿意听啊？

前不着村儿后不着店儿

tɕ'ian⁴² pu²⁴ tʂuə⁴² ts'uər²⁴ xou²¹³ pu²⁴ tʂuə⁴² tior²¹³

①指荒郊野外：你瞧这～嘞，往哪儿去给[D]你找水喝嘞？②喻指无依无靠、处境艰难：老婆儿一走，把他丢嘞～嘞，怪可怜嘞。

呛人不当争啥儿

tɕ'iaŋ²⁴ zən⁴² pu²⁴⁻⁴² taŋ²¹³ tʂən²⁴ ʂər⁰

指明目张胆、毫不掩饰地欺负人：恁嘞车堵住俺嘞门口儿，真是～。呛：欺负。

戗不住门楼头

tɕ'iaŋ²¹³ pu⁰ tʂʅ⁰ mən⁴² lou⁰ t'ou⁴²

同"撑不起[H]门楼头"。戗：支撑。

炝[D]碴儿走

tɕ'iæŋ²¹³ tʂ'ɚ⁴² tsou⁵⁵

指故意斗气，使矛盾朝着不宜解决的方向发展：恁俩都是～嘞，咋能解决问题嘞？炝[D]：逆向；动词变韵表持续义，可替换为"炝着"。

桥归桥路归路

tɕ'iau⁴² kuei²⁴ tɕ'iau⁴² lu²¹³ kuei²⁴ lu²¹³

①喻指互不相干、形同陌路：从今往后咱～，各走各嘞，永不来往。②指不同性质的事情要划分清楚：～，有啥就是啥，甭往一块儿搅和。

---

① 我们推测"乞"当为"齐"；蚂蚱被"齐"掉头以后尚能乱蹦乱跳一阵，故有此说。

翘着舌头儿说话

tɕ'iau²¹³ tʂʅ⁰ ʂʅə⁴² t'ər⁰ ʂʅə²⁴ xua²¹³

指说话拿腔拿调，故作姿态或有意炫耀：仗 ᴅ 她男人嘞势，她都是～。

穷大手儿

tɕ'yŋ⁴² ta²¹³ ʂər⁵⁵

指经济状况不佳却出手大方的人：她是个～，多贵嘞衣裳都舍嘞买。

求爷爷告奶奶

tɕ'iou⁴² iɛ⁴² iɛ⁰ kau²¹³ nai⁵⁵ nai⁰

喻指为达目的而四处求人：他～，总算找 ᴅ 个工作。告：央求。又作"求儿告孙儿"。

去 ᴅ 咳嗽添 ᴅ 喘

tɕ'yɛ²¹³ k'ɛ⁴² sou⁰ t'iæ²⁴ tʂ'uan⁵⁵

喻指问题接二连三，解决一个又出现另一个：恁嘞电视～，甭修了。去 ᴅ、添 ᴅ：动词变韵均表完成义，可分别替换为"去了""添了"。

蜷 ᴅ 舌头说话

tɕ'yæ⁴² ʂʅə⁴² t'ou⁰ ʂʅə²⁴ xua²¹³

喻指不实话实说，说昧心话、违心话：俺嫂对老儿嘞真不赖，咱都不能～。蜷 ᴅ：动词变韵表持续义，可替换为"蜷着"。

□嘞欻欻实实

tɕ'yə²⁴ lə⁰ ɛ²⁴ ɛ⁰ ʂʅ⁰ ʂʅ⁰

指上当受骗，且后果比较严重：他这一回叫二林～，得好几年翻不过来身。□：欺骗。欻实：合适、妥当。又作"□嘞结结实实"。

R

让 ᴅ 你小孩儿吃麦麦

zæŋ²¹³ ni⁵⁵ ɕiau⁵⁵ xor⁴² tʂʅ⁴² mɛ²⁴ mɛ⁰

指迁就、忍让对方；用作戏谑语：中，这一回我～。麦麦：浚县方言对乳房的俗称。让 ᴅ：忍让；动词变韵表完成义，可替换为"让了"。

惹事□ᶻ

zʅə⁵⁵ ʂʅ²¹³ næ⁵⁵

喻指经常惹是生非的人：他那个孩ᶻ是个～，没少叫他生气。

惹糖挑 [Z]①

zʅə⁵⁵ tʻaŋ⁴² tʻiæu²⁴

喻指招惹不通情理、胡搅蛮缠的人而给自己带来麻烦：二林一点儿都不讲理，你可千万甭惹他这个糖挑 [Z]。

热脸贴□嘞冷屁股

zʅə²⁴ lian⁵⁵ tʻiɛ²⁴ iæ⁴² lɛ⁰ləŋ⁵⁵ pʻi²¹³ ku⁰

喻指以自己的热心却换来对方的冷漠、不领情，自讨没趣：咱这是～，何必嘞？□：人家。

人不人鬼不鬼

zʅən⁴² pu²⁴ zʅən⁴² kuei⁵⁵ pu²⁴ kuei⁵⁵

①指服装打扮另类怪异或衣冠不整：瞧她那～嘞样儿，咋出门儿嘞？
②指很落魄：瞧他那～嘞样儿，都知ᴴ他这几年混嘞不好。

人来疯

zʅən⁴² lai⁰ fəŋ²⁴

指喜欢热闹，人越多表现欲越强、甚至失态的人：这个小妮儿是个～。

人生地不熟

zʅən⁴² ʂəŋ²⁴ ti²¹³ pu²⁴ ʂu⁴²

指人很生疏，环境、习俗也不熟悉：出门儿在外，～嘞，甭乱说话。

人五人六儿

zʅən⁴² u⁵⁵ zʅən⁴² liər²¹³

喻指人不够角色而硬充角色、不够档次而硬充档次；含戏谑、讽刺意味：瞧ᴰ他也是装嘞～嘞，实际上都快混不下去了。

肉不疼骨头疼

zou²¹³ pu²⁴ tʻəŋ⁴² ku⁴² tʻou⁰ tʻəŋ⁴²

喻指尖酸刻薄的言语对情感的伤害很深，让人难以接受：那个老太太说话，真是叫人～。又作"皮不疼肉疼。"

肉喇叭

zou²¹³ la⁵⁵ pa⁰

喻指捕风捉影、说三道四的人：她是有名儿嘞～，啥话都敢说。

---

① 糖挑 [Z]：将糖放在铁锅内，加面粉熬制成软糊状，捏成各种小动物，挑着糖锅沿街叫卖；熬化的糖很黏手，能扯出糖丝。故有此语。

S

仨饱儿俩倒儿
sa^{24} por^{55} lia$^{55|42}$ tor^{55}

喻指人无所事事、虚度光阴：你成天～，干点活儿不中？倒儿：睡觉。

仨核桃俩枣
sa^{24} xɛ^{42} tʻau^{0} lia$^{55|42}$ tsau^{55}

喻指数量很少、分量很轻，不影响大局：给他～嘞，也解决不了问题呀！又作"仨瓜俩枣"。

撒泡尿照照□嘞影儿
sa^{55} pʻau^{24} niau^{213} tṣau^{213} tṣau^{0} tsʅə^{213} lɛ^{0} iər^{55}

喻指自己对自己作出审视和评价；含贬义：他也不～，真是癞蛤蟆光想吃天鹅肉。又作"撒泡尿照照□那个样儿"。

扫地出门
sau^{55} ti^{213} tṣʻʮ^{24} mən^{42}

①喻指被剥夺财产并赶出家门：二林不孝顺，叫他爹～了。②喻指将负面的东西彻底清除：学校必须把黄赌毒～。

杀鸡^{Z}叫猴看
ṣa^{24} tɕi:au^{24} tɕiau^{213} xou^{42} kʻan^{213}

喻指惩罚一人或一事，以此警示其他人：厂长开除了他，这是～！

山老闷儿
ṣan^{24} lau^{55} mər^{24}

喻指没见过大世面、古板守旧、没有远见的人；有戏谑意味：俺嘞主任是个～，根本没见过这阵势儿。

闪^{D}舌头
ṣæ^{55} ṣʅə^{42} tʻou^{0}

喻指因说了不该说的话而遭到报应：你说亏良心话都不怕～？闪^{D}：因动作过猛，使筋肉受伤而疼痛；动词变韵表完成义，可替换为"闪了"。

上不上下不下
ṣaŋ^{213} pu$^{24|42}$ ṣaŋ^{213} ɕia^{213} pu$^{24|42}$ ɕia^{213}

指陷入窘境，进退两难：你弄这事儿叫我～嘞，咋办嘞么？

上蹿下蹦
ṣaŋ^{213} tsʻuan^{24} ɕia^{213} pəŋ^{213}

喻指上下奔走，四处活动；含贬义：他～嘞，想^{D}当主任嘞么？

上眼白睖下眼翻
ʂaŋ²¹³ ian⁵⁵ pɛ⁴² ləŋ⁰ ɕia²¹³ ian⁵⁵ fan²⁴

喻指极度不满意、不待见：我一说话，你都～嘞，啥意思么？白睖：也作"白了 pɛ⁴² lə⁰"，睁大眼睛注视、斜视，以示不满或抗议。

烧 ᴰ 高香了
ʂo²⁴ kau²⁴ ɕiaŋ²⁴ lə⁰

喻指求之不得、非常幸运：只要你不找事儿，我都算～。烧 ᴰ：烧了，动词变韵表完成义。

烧 ᴰ 祖宗茆 ᶻ 了
ʂo²⁴ tsu⁵⁵ tsuəŋ⁰ mæu⁵⁵ lə⁰

指行为彻底结束、无可挽回：这一回算是～，玲玲再也不来找他了。烧 ᴰ：烧了，动词变韵表完成义。祖宗茆 ᶻ：本义待考。

少给 ᴰ 我里格儿嘚
ʂau⁵⁵ kɛ⁵⁵⁻²¹³ uə⁰ li⁵⁵ kɤr⁰ ləŋ²⁴

指对人极度蔑视、不屑一顾，不会接受其任何不合理的条件；用于告诫对方不要胡搅蛮缠：你～，耍赖也没用。

神毛眼儿费
ʂən⁴² mau⁰ ior⁵⁵ fei²¹³

指小孩子非常淘气：这个小孩儿～嘞，千万得看好。神毛眼儿：本义待考。费：费力劳神。

生麻秕 ᶻ
ʂəŋ²⁴ ma⁴² pʻi:au²⁴

喻指不通情理、不受约束、不服管教的人：他那俩孩 ᶻ 都是～。生：未经搓捻的（麻秕子）。

省油灯
ʂəŋ⁵⁵ iou⁴² təŋ²⁴

喻指安分守己、易于管教的人；多用于否定句：二林可不是个～。

十二能
ʂʅ⁴² ər²¹³ nəŋ⁴²

喻指人过于精明；含讥讽义：哼，咱都不中，她是～，叫她去弄吧。

十里八庄儿
ʂʅ⁴² li⁵⁵ pa²⁴ tʂuɐr²⁴

指周围或附近地区：你～打听打听二林人咋样儿。"庄"又作"村"。

十天半月
ʂʅ⁴² tʻian²⁴ pan²¹³ yɛ²⁴

指不经常：她家～都不吃一回肉。

十有八九
ʂʅ⁴² iou⁵⁵ pa²⁴ tɕiou⁵⁵

指可能性极大、百分之八九十：玲玲～是去上海了。

时嘞猛嘞
ʂʅ⁴² lɛ⁰ məŋ⁵⁵ lɛ⁰

指偶然、不经常：～吃一回咸菜，还怪好吃嘞！

时运头儿低
ʂʅ⁴² yn⁰ tʻər⁴² ti²⁴

指运气差：他嘞时运头儿真低，就差这几天，没赶ᴰ上村儿里分地。时运：运气。其反义形式"时运头儿高"也比较常用。

识□不识敬
ʂʅ⁴² tɕʻyə²⁴ pu²⁴ ʂʅ⁴² tɕiŋ²¹³

指与之商量得不到应允，而用欺骗的手段却能达到目的：他是～，咋求他都不答应，□他一下ᶻ倒中了。识：接受。□：欺骗。

拾ᴰ个棱儿
ʂʅə⁴² kə⁰ lər²¹³

指很幸运，凑巧捡了个便宜：他是～，要不他咋能当ᴰ校长嘞？拾ᴰ：拾了，动词变韵表完成义。棱儿：当为"漏儿"的讹变。又作"拾ᴰ个蹦枣儿"

使瀰气
ʂʅ⁵⁵ tu⁴² tɕʻi²¹³

指因委屈、不满而闹情绪：老师吵ᴰ她几句，她不服，又搁那儿～嘞。

使囊气
ʂʅ⁵⁵ naŋ⁴² tɕʻi²¹³

指赌气、任性（做某事）：我非得使点儿囊气，坚决把它弄好ᴰ。

试试水深浅
ʂʅ²¹³ ʂʅ⁰ ʂuei⁵⁵ tʂʻən²⁴ tɕʻian⁵⁵

指尝试、试探：你头一回少进点儿货，先～。"深"读音特殊。

手脚不干净
ʂou⁵⁵ tɕyə²⁴ pu²⁴ kan²⁴ tɕiŋ⁰

喻指有小偷小摸恶习。

惯 用 语

手头儿不宽绰
ṣou⁵⁵ tʻər⁴² pu²⁴ kʻuan²⁴ tṣʻau⁰

指经济拮据：这一段儿我～，停停再说吧。

手头儿紧
ṣou⁵⁵ tʻər⁴² tɕin⁵⁵

同"手头儿不宽绰"。

手指头□兒ᴰ漏嘞
ṣou⁵⁵ tṣʅ⁵⁵⁺⁴² tʻou⁰ xɛ⁴² læu⁰ lou²¹³ lɛ⁰

喻指钱财中极小的、可以忽略不计的部分；多用于说明人极其富有：他～都够你用一辈ᶻ了。□兒ᴰ：缝隙。

受气包ᶻ
ṣou²¹³ tɕʻi²¹³ pæu²⁴

喻指被别人当做抱怨或发泄对象的人：玲玲在家是个～。

受气嘞小媳妇儿
ṣou²¹³ tɕʻi²¹³ lɛ⁰ ɕiau⁵⁵ ɕi⁴² fər⁰

喻指不被尊重、受了委屈也只能忍气吞声的人：他在单位就是个～。

耍二杆ᶻ
ṣua⁵⁵ ər²¹³ kæ⁵⁵

喻指人态度蛮横、行为鲁莽：他又搁那儿～嘞。二杆ᶻ：蛮横、鲁莽的人。又作"耍二半吊ᶻ"/"耍二百五"。

涮皮ᶻ话
ṣuan²¹³ piːau⁴² xua²¹³

指无聊的话、玩笑话：他嘞～多嘞，跟ᴰ谁都开玩笑。

顺毛驴儿
ṣuən²¹³ mau⁴² lyər⁴²

喻指越被夸赞越肯卖力、越受指责越不接受、脾气倔强的人：二林是个～，只能哄，不能吵。驴：推测当为"捋"。

顺ᴰ竿儿爬
ṣuɛ²¹³ kor²⁴ pʻa⁴²

①喻指迎合他人心意，以获取好处：领导有这个想法，你就～吧！②喻指不知进退、得寸进尺：一说去疗养你赶紧～，也不想想能轮着你不能。

说不出ᴴ个鼻ᶻ眼儿
ṣuʅ²⁴ pu⁰ tṣʻuai²⁴⁺⁵⁵ kə⁰ piːau⁴² ior⁵⁵

指说不清事情的来龙去脉、前因后果，或说不出具体的想法和打算：

问 ᴅ 你半天，你也～。又作"说不出 ᴴ 个里儿表儿"。

说不打粮食嘞话
ʂuə²⁴ pu²⁴ ta⁵⁵ liaŋ⁴² ʂʅ⁰ lɛ⁰ xua²¹³

指说没有用、不耐听的话：你光会说那～，都不能说点儿好听嘞？

说不清嘞里儿表儿
ʂuə²⁴ pu⁰ tɕʻiŋ²⁴ lɛ⁰ liər⁵⁵⁺⁴² pior⁵⁵

指难以分清是非对错：恁俩嘞事儿，～，甭再争了。

说东家道西家
ʂuə²⁴ tuəŋ²⁴ tɕia⁰ tau²¹³ ɕi²⁴ tɕia⁰

指议论是非、随意乱说：你甭天天儿～，干点儿正事儿中不中？

说风凉话儿
ʂuə²⁴ fəŋ²⁴ liaŋ⁰ xuɐr⁰

指说讥讽、挖苦、嘲笑等令人不舒服的话：这一回她又该～嘞。

说个不了
ʂuə²⁴ kə⁰ pu²⁴ liau⁵⁵

指极力请求和劝说，终于使对方勉强接受；多用作插说语，表强调：单位嘞房很紧张，～，领导才同意让你先住一间。

说个小鸡儿叨米儿
ʂuə²⁴ kə⁰ ɕiau⁵⁵ tɕiər²⁴ tau²⁴ miər⁵⁵

喻指把话说得清清楚楚、明明白白：你今 ᴅ 个不～，都甭想 ᴅ 走。

说个"一"就是"一"
ʂuə²⁴ kə⁰ i²⁴ tɕiou²¹³ ʂʅ⁰ i²⁴

喻指很死板，丝毫不懂变通：你给 ᴅ 他～，一点儿都不会拐弯儿。

说话不打墙儿
ʂuə²⁴ xua²¹³ pu²⁴ ta⁵⁵ tɕʻiɐr⁴²

指说话无须遮掩：咱娘儿俩～，来 ᴅ 一团儿啥都说。

说话不嫌牙碜
ʂuə²⁴ xua²¹³ pu²⁴ ɕian⁴²⁺⁵⁵ ia⁴² tʂʻən⁵⁵

指人言语粗俗、吹大话、说谎话等，自己却不觉得难为情：他真是～，我都替 ᴅ 他脸红。"嫌"无规则变调。

说话加滋盐儿
ʂuə²⁴ xua²¹³ tɕia²⁴ tsʅ²⁴ ior⁰

喻指说话添枝加叶：那个老婆儿～，不能全信。滋盐儿：我们推测应为"字眼儿"或"枝叶儿"的讹变，待详考。

说话砍砖样
ʂuə²⁴ xua²¹³ kʻan⁵⁵ tʂuan²⁴ iaŋ⁵⁵

指说话不经过思考，信口开河、胡说八道：他～嘞，恁都甭理他。砍：投掷，把东西扔出去。样：象……一样/似的。

说话气粗
ʂuə²⁴ xua²¹³ tɕʻi²¹³ tsʻu²⁴

指依仗有权势，说话气势凌人：你真～，不过我不吃你那一套。

说句话儿
ʂuə²⁴ tɕy⁰ xuɐr⁰

指很快、很短时间内：你再催也不中，这都不是～能办成嘞事儿。

说嘞白籽白瓤儿
ʂuə²⁴ lɛ⁰ pɛ⁴² tsʅ⁵⁵ pɛ⁴² zɐr⁴²

喻指把不便或不能明说的话说得明明白白、直来直去：你把这事儿～嘞，也不怕人笑话？

说嘞有鼻ᶻ有眼儿
ʂuə²⁴ lɛ⁰ iou⁵⁵ pi:au⁴² iou⁵⁵⁺⁴² ior⁵⁵

喻指说得很细致，也符合情理，像真的一样：他～嘞，谁知ᴴ是假嘞哟？

说嘞血淋淋嘞
ʂuə²⁴ lɛ⁰ ɕiɛ²⁴ lin⁰ lin⁴² nɛ⁰

指发誓赌咒、斩钉截铁，极力使人相信：你～，这会儿又变ᴰ卦了？

说秃ᶻ⁻⁰对ᴰ瞎ᶻ
ʂuə²⁴ tʻu²⁴ tuɛ²¹³ ɕiæu²⁴

喻指总能找到狡辩的理由：他回回儿都是～，谁说也不听。对ᴰ：动词变韵表完成义，可替换为"对了"。

说一套做一套
ʂuə²⁴ i⁰ tʻau²¹³ tsuə²¹³ i⁰ tʻau²¹³

指言行不一：甭光听她说，她是～，对待她婆ᶻ差劲嘞很嘞。

说ᴰ⁻⁰不算ᴰ算ᴰ不说
ʂuə²⁴ pu²⁴⁺⁴² suæ²¹³ suæ²¹³ pu²⁴ ʂuə²⁴

指人言而无信、毫无诚意：他是～，甭信他那一套了。说ᴰ⁻⁰、算ᴰ：动词变韵均表完成义，可分别替换为"说了""算了"。

撕不烂嘞套ᶻ
sʅ²⁴ pu⁰ lan²¹³ nɛ⁰ tʻæu²¹³

喻指具有断不了的情分、扯不断的关系：他俩是～，他们嘞事儿外人都甭管。套 ᶻ：放在被子或棉衣里的旧棉花。

死麻尾鹊 ᶻ

sʅ⁵⁵ ma⁴² i⁰ tɕʻiæu²¹³

喻指非常固执、不会变通的人：他是个～，说个"一"就是"一"。麻尾鹊 ᶻ：喜鹊。

死肉鳖

sʅ⁵⁵ zou²¹³ piɛ²⁴

喻指很固执、认死理、不容商量的人：他～嘞很 ᴰ 嘞，谁劝也不听。

死心眼 ᶻ

sʅ⁵⁵ tɕʻin²⁴ iæ⁵⁵

喻指人固执、不识时务、不容商量：他太～了，谁也劝不住。

死牙烂嘴

sʅ⁵⁵ ia⁴² lan²¹³ tsuei⁵⁵

喻指人死活不肯认错而胡搅蛮缠、推脱责任：他把东西弄坏了，还～嘞不承认。

死眼皮 ᶻ

sʅ⁵⁵ ian⁵⁵ pʻiːau⁴²

喻指不机灵，不会察言观色：他太～，给 ᴰ 领导当司机肯定不中。

四两拨千斤

sʅ²¹³ liaŋ⁵⁵ puə²⁴ tɕʻian²⁴ tɕin²⁴

喻指举重若轻，利用巧妙的方法，以很小的力量、最少的付出解决很大的问题：李总就有～嘞本事，你不服不中。

四六不□

sʅ²¹³ liou²¹³ pu²⁴⁺⁴² tʻiŋ²¹³

指不接受他人意见，不受他人的干扰：这么多人劝他，他都～，谁也没办法儿。□：服气。

T

胎毛还没退

tʻai²⁴ mau⁴² xai⁴² mu⁴² tʻuei²¹³

喻指人微言轻，没有资格干涉、评价别人的言行；含轻蔑、斥责意味：你～嘞都想 ᴰ 管住我哟？

蹚浑水儿
t'aŋ²⁴ xuən⁴² ʂuər⁵⁵

喻指卷入是非或矛盾中：你千万甭去蹚那个浑水儿啊！

躺 ᴰ 地 ᴴ 了
t'æŋ⁵⁵ tiɛ²¹³ lə⁰

指因无计可施而破罐破摔、无所顾忌：他反正是～，咋说都不管用。

躺 ᴰ：躺到，动词变韵表终点义。地 ᴴ："地下"的合音。

烫剩饭
t'aŋ²¹³ ʂəŋ²¹³ fan²¹³

喻指重复旧套，毫无新意：老师上课不能光～啊。

提不起 ᴴ
t'i⁴² pu⁰ tɕ'iai⁵⁵

指人的品行、能力极差，别人都不愿说、不屑说：他那个人根本都～。

提 ᴰ 鞋也撵不上
t'iɛ⁴² ɕiɛ⁴² iɛ⁰ nian⁵⁵ pu⁰ ʂaŋ²¹³

指无论如何也比不上对方；有羡慕的意味：你嘞工资，俺～。提 ᴰ：动词变韵表持续义，可替换为"提着"。

天差地 ᴴ
t'ian²⁴ tʂ'a²⁴ t'iɛ²¹³

喻指名声、水平、实力等相差悬殊：英英跟 ᴰ 玲玲～。

添油加醋
t'ian²⁴ iou⁴² tɕia²⁴ ts'u²¹³

同"说话加滋盐儿"。

甜不梭嘞脸
t'ian⁴² pu⁰ suə²⁴ lɛ⁰ lian⁵⁵

指人嬉皮笑脸的样子：瞧见他那～我都烦！

铁嘴钢牙铜舌头
t'iɛ²⁴ tsuei⁵⁵ kaŋ²⁴ ia⁴² t'uəŋ⁴² ʂə⁴² t'ou⁰

喻指人善于狡辩，无理也能辩三分：他真是～，一般人都说不过他。

听话不听音儿
t'iŋ²⁴ xua²¹³ pu²⁴ t'iŋ²⁴ iər²⁴

指未听懂话语的真实意思：你是～，还没弄清咋回事儿嘞都开始嚷嚷。

捅烂 ᴰ 窗户纸儿

t'uəŋ⁵⁵ læ²¹³ tʂ'uaŋ²⁴ xu⁰ tʂər⁵⁵

喻指直言明讲，让当事人彻底明白：咱也甭绕来绕去了，～明说吧。

烂 ᴰ：烂了，形容词变韵表完成义。又作"捅破那层纸儿"。

头拱着

t'ou⁴² kuəŋ⁵⁵ tʂʯ⁰

指非常急迫、积极主动：是你～要去嘞，怨谁呀？

头叫驴踢了

t'ou⁴² tɕiau²¹³ ly⁴² t'i²⁴ lə⁰

喻指人犯糊涂，言行不合常理：你是不是～，咋能做这事嘞么？

头叫门儿挤了

t'ou⁴² tɕiau²¹³ mər⁴² tɕi⁵⁵ lə⁰

同"头叫驴踢了"。

头皮 ᶻ 麻

t'ou⁴² p'iːau⁴² ma⁴²

喻指极度恐惧或紧张：他嘞几句话叫厂长～。

土老帽儿

t'u⁵⁵ lau⁵⁵ mor²¹³

同"山老闷儿"。

土里 ᴴ 刨食儿

t'u⁵⁵ liou⁰ p'au⁴² ʂər⁴²

喻指以种地为生：他父母～供他上学，不容易呀！

托住嘴冒骨

t'uə²⁴ tʂʯ⁰ tsuei⁵⁵ mau⁰ ku²⁴

喻指被人当面奚落、斥责，却因理亏而无以反驳：他又叫玲玲～了。

嘴冒骨：下巴。又作"端住嘴冒骨"。

脱滑儿

t'uə⁴² xuɐr⁴²

指偷懒耍滑、借故溜走：叫他干点儿活儿，他光～。

W

歪三圪料四

uai²⁴ san²⁴ kɛ⁴² liau²¹³ sʅ²¹³

指弯曲、不平整：他画嘞线～嘞。圪料：不直、不平整。

玩儿心眼儿

uor⁴² ɕin²⁴ ior⁵⁵

指为达某种目的而动歪心思、暗用心机：他又想ᴰ～嘞，你得小心！

玩儿壳里空

uor⁴² kʻə²⁴ li⁰ kʻuəŋ²⁴

指哄骗人：他光说给就是不给，又给ᴰ我～嘞。

晚ᴰ二年儿八了

uæ⁵⁵ ər²¹³ nior⁴² pa²⁴ lə⁰

指已经迟了很久了：你说嘞都～。晚ᴰ：晚了，形容词变韵表完成义。

喂不熟嘞狗

uei²¹³ pu²⁴ ʂu⁴² lɛ⁰ kou⁵⁵

喻指不懂感恩、忘恩负义的人：我对他太好了，没想到他是个～。

稳坐钓鱼台

uən⁵⁵ tsuə²¹³ tiau²⁴ y⁴² tʻai⁴²

喻指遇事镇静、沉得住气：不管遇着啥事儿，她都～。"台"又作"船"。

窝窝菜

uə²⁴ uə⁰ tsʻai²¹³

喻指物品不规范、不整齐：你这衣裳～样嘞，咋穿嘞？

五嘟六气

u⁵⁵ tu⁴² liou²¹³ tɕʻi²¹³

指恼怒、怨恨、烦躁等情绪无处发泄：他心里ᴴ天天儿～嘞，肯定影响身体。嘟：怨言。

五迷三道

u⁵⁵ mi⁴² san²⁴ ⁱ⁴² tau²¹³

指说话云天雾地，做事难以琢磨：你说嘞～嘞，我越听越糊涂。

X

细磨石儿
çi²¹³ muə²¹³ ʂər⁰

喻指心思缜密、精打细算的人：二林是个～，把事儿交给他，放心吧！磨石儿：一说磨刀石，一说磨盘石。

瞎鼻 ᶻ 烂眼
çia²⁴ piːau⁴² lan²¹³ ian⁵⁵

喻指没有眼光、没有远见（而看错了人）：玲玲咋～嘞嫁给 ᴰ 他了？

瞎话篓
çia²⁴ xua⁰ lou⁵⁵

喻指惯于说谎的人：二林是个～，他嘞话不能信。瞎话：假话。

下二柜
çia²¹³ ər⁰ kuei²¹³

指不该获利的经手人、中间人，却扣下了钱物、获得了利益：恁姐叫你给 ᴰ 我捎嘞钱儿，咋又叫你～了？

下套儿
çia²¹³ tʻor²¹³

指施以计谋，引诱别人上当受骗：他最不人物了，给 ᴰ 朋友还～嘞。

下眼皮 ᶻ 肿
çia²¹³ ian⁵⁵ pʻiːau⁴² tʂuəŋ⁵⁵

喻指阿谀奉承，一心攀附有权势者：二林～，不跟 ᴰ 穷人共事儿。

闲嘞吱哇₁哇₂嘞
çian⁴² nɛ⁰ tʂʳ²⁴ ua⁵⁵ ua⁵⁵⁼⁴² lɛ⁰

指非常清闲：恁妈～，叫她替 ᴰ 恁照应孩 ᶻ 吧！"哇₂"无规则变调。

咸吃萝卜淡操心
çian⁴² tʂʻʳ²⁴ luo⁴² pu⁰ tan²¹³ tsʻau²⁴ çin²⁴

指操闲心、管闲事：他家嘞事儿用你管哟？你真是～！

现烧香现捏佛
çyan²¹³ ʂau²⁴ çiaŋ²⁴ çyan²¹³ niɛ²⁴ fu⁴²

喻指求人之时临时拉关系：你这～，中不中啊？"现"读音特殊。

想起 ᴴ 一出 ᶻ 是一出 ᶻ
çiaŋ⁵⁵ tɕʻiai⁰ i⁰ tʂʻuau²⁴ ʂʳ²¹³ i⁰ tʂʻuau²⁴

指做事毫无计划，漫无目的、随心随性：你得好好儿想想，不能～啊！

像他二大娘嘞走式儿
ɕiaŋ²¹³ t'a⁰ ər²¹³ ta²¹³ niaŋ⁰ lɛ⁰ tsou⁵⁵ ʂər⁰

指基本达到要求、基本符合情理：这一回他弄嘞～。

橡皮脸
ɕiaŋ²¹³ p'i⁴² lian⁵⁵

指心理承受力强，受人指责也不疼不痒、嘻嘻哈哈；多用作戏谑语：就老二那～，吵他两句跟 ᴰ 吃 ᴰ 个糖豆儿样嘞。

小得□ᶻ
ɕiau⁵⁵ tɛ²⁴ liːau²⁴

喻指为获取宠爱、获得好处而讨好别人的人；戏谑之语，多指小孩子：二林是他妈嘞～。又作"小狗腿儿"。

小气鬼儿
ɕiau⁵⁵ tɕ'i⁰ kuər⁵⁵

同"老尖包 ᶻ"。

笑掉大牙
ɕiau²¹³ tiau²¹³ ta²¹³ ia⁴²

指非常滑稽、可笑；用于讥讽不当的言行：你做嘞事儿叫人～了。

心放 ᴰ 肚里
ɕin²⁴ fæŋ²¹³ tu²¹³ li⁰

指彻底放心、一点儿不用担心：这一回你～吧，肯定没跑儿了。放 ᴰ：放到，动词变韵表终点义。

心坎 ᶻ 上嘞人儿
ɕin²⁴ k'æ⁵⁵ ʂaŋ⁰ lɛ⁰ zər⁴²

指最在意、最惦记、最看重的人：她那俩侄儿是她～。

心坎 ᶻ 上嘞事儿
ɕin²⁴ k'æ⁵⁵ ʂaŋ⁰ lɛ⁰ ʂər²¹³

指最心爱、最珍惜的物品：这个戒指儿是她娘留下来嘞，是她～。

心□眼 ᶻ 多
ɕin²⁴ k'ai⁰ iæ⁵⁵ tuə²⁴

指有心计、会算计：一大家 ᶻ 人，就数 ᴰ 她～嘞。心□眼 ᶻ：心眼儿。

心里 ᴴ 做活儿
ɕin²⁴ liou⁰ tsu²¹³ xuɤr⁴²

指表面温顺，却善用心计：瞧 ᴰ 他老实巴交嘞，谁知 ᴴ 他光～。

削尖 [D] 脑袋往里 [H] 钻
ɕyɛ²⁴ tɕiæ²⁴ nau⁵⁵ tai⁰ uaŋ⁵⁵ liou⁰ tsuan²⁴

喻指挖空心思、千方百计地投机钻营；含贬义：只要能有一点儿好处，他都~。尖 [D]：形容词变韵表程度夸张。

踅圈 [Z] 转
ɕyɛ⁴² tɕʻyæ²⁴ tʂuan²¹³

①指无所事事、游手好闲：他天天儿~，啥活儿都不干。②指因忙碌、焦急等而不知所措：一听说这个事儿，急嘞他~。踅：来来回回。

Y

压箱 [Z] 底儿
ia²⁴ ɕiæŋ²⁴ tiər⁵⁵

喻指非常宝贵、特别珍惜：恁婆 [Z] 对你真好，把~嘞东西都给 [D] 你了。

牙缝儿里 [H] 剔出 [H] 嘞
ia⁴² fər²¹³ liou⁰ tʻi²⁴ tʂʻuai⁰ lɛ⁰

喻指生活十分节俭，财物积攒不易：他爹那点儿钱，真是~。

盐打哪儿咸醋打哪儿酸
ian⁴² ta⁵⁵ nɐr⁵⁵ ɕian⁴² tsʻu²¹³ ta⁵⁵ nɐr⁵⁵ suan²⁴

喻指弄不清起因、不知道根底：你说翻脸都翻脸，我还没弄清~嘞。

眼里 [H] 不搁闲人
ian⁵⁵ liou⁰ pu²⁴ kə²⁴ ɕian⁴² zən⁴²

指不能容忍别人闲散、懒惰：明军~，他兄弟啥也不干，他快烦死了。

眼里 [H] 不揉沙
ian⁵⁵ liou⁰ pu²⁴ zou⁴² ʂa²⁴

喻指不能容忍不合理、不公平的事：二林~，恁谁都甭太过分啊！

眼里 [H] 糊 [D] 鸡屎嘞
ian⁵⁵ liou⁰ xuə²⁴ tɕi²⁴ ʂʅ⁰ lɛ⁰

喻指人糊涂，不能明辨是非：恁都光说那歪理儿，~哟？糊 [D]：糊着，动词变韵表持续义。

眼皮儿活
ian⁵⁵ pʻiər⁴² xuə⁴²

喻指人很机灵，会察言观色，能审时度势：强强嘞眼皮儿真活。

眼窝儿浅
ian⁵⁵ uor²⁴ tɕ'ian⁵⁵

①指容易动感情、好流泪：我嘞～，不敢瞧那可怜人。②喻指人为贪图小利而不顾大局：有嘞人真是～，只要能沾光，就啥都不顾了。

眼沾毛儿都是空嘞
ian⁵⁵ tṣan⁰ mor⁴² tou⁰ ʂʅ⁵⁵ k'uəŋ²⁴ lɛ⁰

喻指人过于精明、狡诈圆滑：二林～，你能哄住他呀？眼沾毛：睫毛。

咬牙印儿
iau⁵⁵ ia⁴² iər²¹³

喻指做出最终决定：到底该咋办，咱今ᴅ个得咬咬牙印儿！

咬着屎橛ᶻ打提溜
iau⁵⁵ tṣʅ⁰ ʂʅ⁵⁵ tɕyau⁴² ta⁵⁵ ti²⁴ liou⁰

喻指人固执己见，丝毫没有回旋的余地：你真是～，气死ᴅ我了。屎橛ᶻ：大便。

要好看儿
iau²¹³ xau⁵⁵ k'or²¹³

指闹尴尬、出丑、丢面子：要是叫交警查住，都要你嘞好看儿。

夜夜儿愁
iɛ²¹³ iɤr⁰ tʂ'ou⁴²

指非常发愁：不叫你买车你非得买，买ᴅ来成ᴅ个～了。

一把鼻ᶻ一把泪
i²⁴ pa⁵⁵ piːau⁴² i²⁴ pa⁵⁵ luei²¹³

喻指因委屈、伤心等而痛哭流涕：一提这个事儿，她都是～嘞。

一把抓儿
i²⁴ pa⁵⁵ tʂuer²⁴

喻指在极短时间内改变情形、解决问题：有病得慢慢儿治，不可能～。

一船摆
i²⁴ tʂ'uan⁴² pai⁵⁵

喻指目标一致，一起行动：恁几ᴴ人下午都是回浚县嘞，～吧。

一刀割不断
i²⁴ tau²⁴ kə²⁴ pu⁰ tuan²¹³

指血缘或亲戚关系非常密切、无法割舍：闺女跟ᴅ娘家是～嘞亲戚。

一递一答儿
i²⁴ ˈ⁴² ti²¹³ i²⁴ ter²⁴

指你一言我一语，谈话气氛融洽：他爷儿俩～，说了大半天了。

一点都着
i²⁴ tian⁵⁵ tou²⁴ tʂuə⁴²

喻指人脾气急躁,没有耐心:先甭跟ᴰ她说嘞,她是～。着:着火。

一肚坏水儿
i²⁴⁻⁴² tu²¹³ xuai²¹³ ʂuər⁵⁵

喻指人品行很差、诡计多端:二林～,千万甭招惹他。

一肚青菜屎
i²⁴⁻⁴² tu²¹³ tɕ'iŋ²⁴ ts'ai²¹³ ʂʅ⁵⁵

喻指人不学无术,没有任何能耐:二林～,啥都不会,啥都不懂。

一发不可收
i²⁴ fa²⁴ pu²⁴ k'ə⁵⁵ ʂou²⁴

指事情一经发生,就发展得十分顺利和迅速,并保持继续发展的态势:这几年玲玲搞客运赚ᴰ钱了,～,接连买了十几辆车。

一发不可收拾
i²⁴ fa²⁴ pu²⁴ k'ə⁵⁵ ʂou²⁴ ʂʅ⁰

指事情发展势头迅猛,难以控制、无法阻挡;含贬义:给工人退钱嘞事儿,你只要一开头儿,就会～。

一竿ᶻ插到底
i²⁴ kæ²⁴ tʂ'a²⁴ tau⁰ ti⁵⁵

喻指负责到底,彻底解决问题:这个事儿咱得～,不能再指望二林了。

一个鼻窟窿出气儿
i²⁴⁻⁴² kə⁰ pi⁴² ku⁰ luəŋ²⁴ tʂ'ʅ²⁴ tɕ'iər²¹³

喻指立场、观点等完全一致,趣味相投;含贬义:他弟儿俩～,都不想给ᴰ他爹娘摊钱儿。鼻窟窿:鼻孔;读音特殊。

一个锅里ᴴ搅马勺ᶻ
i²⁴⁻⁴² kə⁰ kuə²⁴ liou⁰ tɕiau⁵⁵⁻⁴² ma⁵⁵ ʂuau⁰

喻指因生活、工作关系等而经常打交道:咱都是～嘞,能分那么清啊?马勺:喂牲口用的勺子,比一般的勺子大。

一棍括八家
i²⁴⁻⁴² kuən²¹³ k'uə²⁴ pa²⁴ tɕia²⁴

喻指处理问题打击面太大,甚至牵连到了不该牵连的人或事:谁有毛病说谁,你也不能～呀!括:用棍子打。

一锅煮
i²⁴ kuə²⁴ tʂʅ⁵⁵

喻指不作区分,采用同样的办法一起处置:也弄不清怨谁了,只能把他仨人～了。

一唬眼打二唬眼
i²⁴ xu⁰ ian⁵⁵ ta⁵⁵ ər²¹³ xu⁰ ian⁵⁵

指马马虎虎、不过分计较：亲兄弟之间嘞事儿，只能～，分不了太清。

一会儿一个样儿
i²⁴⁼⁴² xuər²¹³ i²⁴⁼⁴² kə⁰ iɚ²¹³

①指经常改变主意和办法：她是～，不知ᴴ她到底想干啥嘞。②指发展变化很快：月ᶻ里ᴴ嘞小孩儿～，长嘞快ᴰ嘞。又作"一天儿一个样儿"。

一劳资本
i²⁴ lau⁴² tsʅ²⁴ pən⁵⁵

指有贡献，有威信，并享受着某种待遇：他叔在银行是～嘞。

一路勾儿
i²⁴⁼⁴² lu²¹³ kər²⁴

指十分之一、极小的比例：公司嘞股份只有他～。

一亩三分地儿
i²⁴ mu⁵⁵ san²⁴ fən²⁴ tiɚ²¹³

喻指某个特定的权力范围：甭争了，恁来ᴰ我这～了，听我安排吧！

一脑瓜ᶻ糨糊儿
i²⁴ nau⁵⁵ kuæu²⁴ tɕæŋ²¹³ xuər²⁴

喻指人脑子不灵活、犯糊涂，言行不合逻辑、不合常理；多用于批评说话、做事不用心的人：你真是～，也不想想这事儿能随便儿说不能。

一年到头儿
i²⁴ nian⁴² tau²¹³ tʻər⁴²

指整年、长期：玲玲开ᴰ个小饭馆儿，～都没空儿出去玩儿。

一掐一股水儿
i²⁴ tɕʻia²⁴ i²⁴ ku⁵⁵ ʂuər⁵⁵

喻指人比较年轻；用于形容年龄小却辈分高的人：瞧俺嘞年轻婶，～。

一时半会儿
i²⁴ ʂʅ⁴² pan²¹³ xuər²¹³

指较短时间内：我～也想不起ᴴ把东西搁哪儿了。

一式八节
i²⁴⁼⁴² ʂʅ²¹³ pa²⁴ tɕiɛ²⁴

①指物品摆放很零乱：你屋里ᴴ～嘞，收拾收拾吧！②指心神不宁：我这心里ᴴ～嘞，啥也做不成。

一条道儿走到黑
i²⁴ tʻiau⁴² tor²¹³ tsou⁵⁵ tau⁰ xɛ²⁴

喻指为达目的坚持到底，无论对错都绝不放弃：你再想想吧，不能～。

一头使 ᴰ 南墙
i²⁴ tʻou⁴² ʂʅ⁵⁵ nan⁴² tɕʻian⁴²

喻指不计后果一意孤行，丝毫没有商量的余地：她是～，谁劝也不中。使 ᴰ：碰、撞；动词变韵表终点义，可替换为"使到"。

一推六二五
i²⁴ tʻuei²⁴ liou²¹³ ər²¹³ u⁵⁵

指把原本与自己相关的事推脱得干干净净：本来该你去嘞，你能～？

一星半点儿
i²⁴ ɕiŋ²⁴ pan²¹³ tior⁵⁵

指数量极小，微不足道：救济他个～嘞，也解决不了问题。

阴沟里 ᴴ 翻船
in²⁴ kou²⁴ liou⁰ fan²⁴ tʂʻuan⁴²

喻指因忽视、低估某种情况，出现了不该出现的问题和失误，最终造成了严重的后果：他没想到会～，栽 ᴰ 一个小孩儿手里了。

应……也不……
iŋ²¹³⁼²⁴　iɛ⁵⁵ pu²⁴

指因赌气，本来想/本来应该……，却偏偏不……：他想 ᴰ 叫我走，我应走也不走。"应"无规则变调。

蝇弹 ᴰ 一蹽 ᶻ
iŋ⁴² tʻæ⁴² i²⁴ tʻiːau⁴²

喻指一点儿不理会、丝毫不在意，就像被蝇子弹了一下没有任何感觉一样：老师吵他，就跟 ᴰ ～样嘞。弹 ᴰ：弹了，动词变韵表完成义。

硬头鳖
iŋ²¹³ tʻou⁴² piɛ²⁴

喻指固执而又跛扈的人：还真有这～，你越叫他咋他越不咋。

油盐不进
iou⁴² ian⁴² pu²⁴⁼⁴² tɕin²¹³

喻指十分回执，丝毫听不进别人的劝说或意见：不管你说啥，她都～。

有个啥好歹儿
iou⁵⁵ kə⁰ ʂa⁵⁵ xau⁵⁵⁼⁴² tor⁵⁵⁼²¹³

指出现难以预料的危险情况：她嘞孩 ᶻ 在咱家，万一～，咱可担待不起。好歹儿：偏义词，不好的情况。"歹儿"无规则变调。

有咕咕喵儿
iou^{55} ku^{24} ku^{0} mior^{55}

指有说不清、不能或不愿明说的秘密：这里头是不是真有啥咕咕喵啊？

有两把刷 Z
iou^{55} liaŋ$^{55|42}$ pa^{55} ʂuæu^{24}

喻指人有点儿小本事、小技巧：甭小看明军，他还真～嘞！

有门儿
iou^{55} mər^{42}

①指具有可能性：听他这口气，这个事儿还真～嘞。 ②指有办法、有门路：他最～了，肯定能办成^{D}。此语否定形式"没门儿"也很常用。

有抹儿
iou$^{55|42}$ mor^{55}

指善于想办法、长于用计策：您甭怕，他最～了。抹儿：当为"谋儿"。

有年无日月
iou^{55} nian^{42} u^{42} ʐʅ^{213} yɛ^{24}

指遥遥无期、希望渺茫：叫他还你钱，～嘞，耐心等^{D}吧！

有死有活
iou$^{55|42}$ sʅ^{55} iou^{55} xuə^{42}

指豁出去、大闹一场：这个事儿你得说清^{D}，要不咱俩～。

有一疙瘩没一坨
iou^{55} i^{0} kɛ^{24} ta^{0} mu^{42} i^{0} tʻuə^{42}

喻指人常常会有出人意料的、不正常的言行：你是～嘞，半夜咋又想起^{H}吃冰糕了么？

有一腿
iou^{55} i^{0} tʻuei^{0}

喻指具有不正当的男女关系：厂里^{H}嘞人都知^{H}他俩～。

有 ^{D} 鼻 ^{Z} 眼儿了
io^{55} piːau^{42} ior^{55} lə^{0}

喻指事情有了眉目：听说那事儿～。有^{D}：有了，动词变韵表完成义。

冤嘞跟 ^{D} 豆沫儿①样
yan^{24} nɛ^{0} kɛ^{24} tou^{213} mor^{24} iaŋ^{55}

指非常委屈：他弄坏了，没等^{D}说他嘞，他还～嘞。样：象……一样。

---

① 豆沫儿：豫北特色小吃；将小米加水磨成糊状米汁，加入大豆、粉条、豆腐条、黑芝麻等，熬制而成的汤粥。此语来源及理据，有待进一步考证。

匀住劲儿

yn⁴² tʂʅ⁰ tɕiər²¹³

①指用力均匀：洗毛衣不能硬拽，～搓搓都中了。②指保持一定节奏、劳逸结合：割麦不能性儿急，得～。

Z

栽树栽 ᴰ 行儿里 ᴴ 了

tsai²⁴ ʂʅ²¹³ tsɛ²⁴ xɐr²¹³ liou⁰ lə⁰

喻指人会投胎、运气好，出生在有权有势、经济富裕的家庭：这个小妮儿算是～，谁敢跟 ᴰ 她比呀！栽 ᴰ：栽到，动词变韵表终点义。

在凉快地儿

kai²¹³ liaŋ⁴² kʻuai⁰ tiər²¹³

喻指因处于次要位置或事不关己，不用承担主要责任、不用面对现实困难：公司再大嘞困难你也不用发愁，你～嘞。

在口手底 ᴴ 喝露水儿

kai²¹³ iæ⁴² ʂou⁵⁵ˈ⁴² tiɛ⁵⁵ xə²⁴ lu⁴² ʂuər⁰

指受人恩惠而不得不受制于人：他～嘞，肯定得听口嘞。口：人家。底 ᴴ：又音"tia⁵⁵"，"底下"的合音。

赃扁 ᴰ 揉圆 ᴰ

tsaŋ²⁴ piæ⁵⁵ zou⁴² yæ⁴²

喻指专横霸道，为所欲为：他把我～，想 ᴰ 咋都咋。赃：砸。扁 ᴰ、圆 ᴰ：形容词变韵均表完成义，可分别替换为"扁了""圆了"。

枣木杠儿

tsau⁵⁵ mu²⁴ kɐr²¹³

喻指善于狡辩、必争到底而不服输的人：二林是个～，谁也说不过他。

择不清

tsɛ⁴² pu⁰ tɕʻiŋ²⁴

指说不清楚，容易使人误会：我不来你非叫我来，这一回我是～了。

占岗儿不足

tʂan²¹³ kɐr⁵⁵ pu²⁴ tɕy²⁴

指贪心不足：恁仁人都是～，亏叫谁吃嘞？占岗儿：占便宜。

占上风儿

tʂan²¹³ ʂaŋ²¹³ fər²⁴

指比较强势、占据优势：他们占 ᴰ 上风儿嘞，咱想 ᴰ 争过来比较难。

张不开嘴
tṣaŋ²⁴ pu⁰ k'ai²⁴ tsuei⁵⁵

喻指不好意思说出口：借钱嘞事儿我真是～，没法儿给ᴰ他说。

张ᴰ嘴没啥儿说
tṣæŋ²⁴ tsuei⁵⁵ mu⁴² ʂɚr²¹³ ʂuə²⁴

指因理亏、心虚、尴尬、不好意思等而无言以对：咱嘞孩ᶻ不争气，哪一回见ᴰ老师我都是～。张ᴰ：张着，动词变韵表持续义。

招不ᴴ嘞
tṣau²⁴ puə⁰ lɛ⁰

指招架不住、摸不得；多用于说明价钱昂贵、消费不起：那一家儿嘞衣裳贵嘞～。招：摸。不ᴴ："不了"或"不得"的合音。

找后账
tṣau⁵⁵ xou²¹³ tṣaŋ²¹³

指重提旧事、重算旧账：恁俩有啥话都当面说清ᴰ，以后谁也不能～。

这个耳朵进那个耳朵出
tṣʅə⁵⁵ kə⁰ ɚr⁵⁵ tau⁰ tɕin²¹³ na²¹³ kə⁰ ɚr⁵⁵ tau⁰ tʂ'ʅ²⁴

指一点儿也不在意别人说什么、丝毫听不进去别人的劝告：他说他嘞，你就～妥了吧。"耳朵"读音特殊。

争个米塞个豆
tṣəŋ²⁴ kə⁰ mi⁵⁵ sɛ²⁴ kə⁰ tou²¹³

喻指人贪心不足：逮住公家嘞东西，他是～。争：欠。

睁一只眼，挤一只眼
tṣəŋ²⁴ i⁰ tʂʅ²⁴ ian⁵⁵ tɕi⁵⁵ i⁰ tʂʅ²⁴ ian⁵⁵

喻指容忍迁就，不干预、不计较：他俩嘞事儿恁～，甭管那么多。

睁ᴰ⁻⁰眼儿瞎ᶻ
tṣəŋ²⁴ ior⁵⁵ ɕiæu²⁴

指文盲、不识字的人：她是个～。睁ᴰ⁻⁰：睁着，动词变韵表持续义。

支手垫脚儿
tʂʅ²⁴ ʂou⁵⁵ tian²¹³ tɕyr²⁴

喻指必要的帮助、帮衬：上岁数儿了，～嘞，有个闺女比ᴰ小ᶻ强。

治憋肚
tʂʅ²¹³ piɛ²⁴ tu⁰

①指（某种设施因设计不合理而）留下隐患，日后必出故障：恁家嘞下水管ᶻ太细了，早晚得～。②泛指事情因计划不周而出现问题：瞧你弄

这事儿，肯定得～。憋肚：肠道不通畅。

抓大头
tʂua²⁴ ta²¹³ tʻou⁴²

指以抓阄的方式确定出资方或各方分摊的份额，多用于熟人之间开玩笑：今 ᴰ 个中午咱～啊，抓住谁算谁，去饭店大吃一顿。

装嘞样儿样儿轰轰
tʂuaŋ²⁴ lɛ⁰ iɚ²¹³ iɚ⁰ xuəŋ²⁴ xuəŋ⁰

指故作姿态、摆架子；含嘲讽意味：你瞧 ᴰ 他～，实际上是个穷光蛋。"轰轰"又作"乎乎"。

装没事人儿
tʂuaŋ²⁴ mu⁴² ʂʅ²¹³ zəɹ⁴²

指若无其事，不动声色或漠不关心：都火烧眉毛了，他还搁那儿～嘞。

装洋蒜
tʂuaŋ²⁴ iaŋ⁴² suan²¹³

指装腔作势、装糊涂：有啥事儿你就直说吧，甭～了。

走近路儿
tsou⁵⁵ tɕin²¹³ luəɹ²¹³

喻指投机取巧，以尽快达到目的：得慢慢儿来，不能光想 ᴰ ～啊！

走马灯①
tsou⁵⁵⁻⁴² ma⁰ təŋ²⁴

喻指人员频繁移动或更换：俺嘞领导就像～，三年都换 ᴰ 好几 ᴴ 了。

走一步说一步
tsou⁵⁵ i⁰ pu²¹³ ʂɥə²⁴ i⁰ pu²¹³

指不作长远打算，视具体情况而及时作出调整：这事儿太难了，只能～。又作"走一步看一步"。

钻天拱地
tsuan²⁴ tʻian²⁴ kuəŋ⁵⁵ ti²¹³

①喻指尽最大努力、想尽一切办法：孩 ᶻ 要去留学，我～也得供应她。
②喻指为贪图私利而不择手段：只要是想要嘞东西，他～也得弄到手。

---

① 走马灯：一种供观赏的灯；用彩纸剪成各种人骑着马的形象，贴在一个能围绕中心转动的特制的轮子上，轮子因蜡烛火焰所造成的空气对流而转动，人马形象也一同转动，如同军马奔驰。

钻头不顾屁股
tsuan²⁴ t'ou⁴² pu²⁴⁻⁴² ku²¹³ p'i²¹³ ku⁰

喻指做事思虑不周，只顾眼前、不计后果：做事儿不能～。

嘴跟 ᴰ 刮风儿嘞样
tsuei⁵⁵ kɛ²⁴ kua²⁴ fər²⁴ lɛ⁰ iaŋ⁰

喻指说话信口开河、不着边际：二林～，说话没听儿。样：象……一样。又作"说话刮风儿嘞"。

嘴里 ᴴ 光大儿嘞没小儿嘞
tsuei⁵⁵ liou⁰ kuaŋ²⁴⁻⁴² tər²¹³ lɛ⁰ mu⁴² ɕior⁵⁵ lɛ⁰

指吹牛，说话夸大事实：我最烦听他说话，他～，见 ᴰ 谁都吹。

嘴咧 ᴰ⁻⁰ 裤裆上
tsuei⁵⁵ liɛ⁵⁵ k'u²¹³ taŋ²⁴ ʂaŋ⁰

喻指人极度高兴；有夸张意味，用于戏谑语：她孙儿考 ᴰ 上大学了，把她高兴嘞嘴都咧 ᴰ⁻⁰ 裤裆上了。咧 ᴰ⁻⁰：咧到，动词变韵表终点义。

嘴上没把门儿
tsuei⁵⁵ ʂaŋ⁰ mu⁴² pa⁵⁵ mər⁰

喻指口无遮拦，不计后果：她～，啥都敢说。"把门儿"读音特殊。

嘴上没准头儿
tsuei⁵⁵ ʂaŋ⁰ mu⁴² tʂuən⁵⁵ t'ər⁰

喻指说话的可信度不高：二林～，你不能光听 ᴰ 他说啊！

嘴甜心苦
tsuei⁵⁵ t'ian⁴² ɕin²⁴ k'u⁵⁵

喻指人说话很和善，却居心不良：二林～，千万甭给 ᴰ 他共事儿。

坐折板凳腿
tsuə²¹³ ʂʐ⁴² pan⁵⁵ təŋ⁰ t'uei⁵⁵

同"屁股沉"。板凳：木制的、没有扶手和靠背的长方形或正方形坐具；有些中间钻有圆孔。

坐小月 ᶻ
tsuə²¹³ ɕiau⁵⁵ yau⁰

①指妇女流产或引产：玲玲做个小月 ᶻ。②喻指事情出了差错，导致中途失败：他嘞事儿还是没弄成，又坐个小月 ᶻ。月 ᶻ：月子。

坐住大场
tsuə²¹³ tʂʅ⁰ ta²¹³ tʂ'aŋ⁵⁵

指遇事冷静、沉着：事儿既然已经出 ᴴ 了，你得～，千万甭急甭慌。

此语否定形式"坐不住大场"也很常用。

坐住阵
tsuə²¹³ tʂʅ⁰ tʂən²¹³

同"坐住大场"。其否定形式"坐不住阵"也很常用。

做妈妈饭儿
tsu²¹³ ma²⁴ ma⁰ fɔr²¹³

①指玩过家家游戏：几 ᴴ 小孩儿搁那儿～嘞。②喻指做事只讲形式不问实效、敷衍潦草：这事儿恁得认真，可不是～嘞啊！

做杂活儿
tsu²¹³ tsa⁴² xuɤr⁴²

指替别人收拾残局；有抱怨的意思：你要弄就弄好ᴰ，甭叫我给ᴰ你～！

歇 后 语

（532 条）

A

按下葫芦浮起 ᴴ瓢——顾 ᴰ这头儿顾不了那头儿
an²¹³ ɕia²¹³ xu⁴² lu⁰ fu⁴² tɕʻiai⁰ pʻiau⁴²　kuə²¹³ tʂɿ⁵⁵ tʻər⁴² ku²¹³ puʻ⁰ liau⁰ na²¹³ tʻər⁴²

喻指事情头绪繁杂，自顾不暇。顾 ᴰ：顾了，动词变韵表完成义。

鏊 ᶻ底 ᴴ嘞砖头——支等 ᴰ嘞
æu²¹³ tie⁵⁵ lɛ⁰ tʂuan²⁴ tʻou⁴²　tʂɿ²⁴ to⁵⁵ lɛ⁰

指不做其他的事情，专门等候。支等 ᴰ：支着架子等、专门等候；动词变韵表持续义，可替换为"等着"。

B

八卦楼①上抻胳膊——高手儿
pa²⁴⁻⁴² kua²¹³ lou⁴² ʂaŋ⁰ tʂʻən²⁴ kɛ⁴² puə⁰　kau²⁴ ʂər⁵⁵

喻指本领高强，技艺高超。八卦楼：又名太极宫，矗立于浚县大伾山顶，是大伾山的标志性建筑。

八十亩地一棵蒿 ᶻ——真主贵
pa²⁴ ʂɿ⁴² mu⁵⁵ ti²¹³ i²⁴ kʻuə²⁴ xæu²⁴　tʂən²⁴ tʂu⁵⁵⁻⁴² kuei²¹³

指因数量少而非常珍贵；多用于形容生活富裕、条件优越的家庭只有

---

① 八卦楼是一座八角攒尖楼阁式建筑，建于清康熙十六年（1677 年）；通高 33 米，3 层 8 面，每面宽 2.5 米，按八卦的方位依次排列，每面分别嵌有乾、坎、艮、震、离、巽、坤、兑八卦符号，故名"八卦楼"。

一个孩子，很娇贵。主贵：尊贵、娇贵、珍贵；"主"无规则变调。

八仙过海——各有各嘞法儿
pa²⁴ ɕian²⁴ kuə²¹³ xai⁵⁵　kə²⁴ iou⁵⁵ kə²⁴ lɛ⁰ fɚ²⁴

喻指人各有自己解决问题的办法和途径。又作"八仙过海——各谝手能"。

疤瘌眼照镜 ᶻ⁻⁰——自找难看
pa²⁴ la⁰ ian⁵⁵ tʂau²¹³ tɕiŋ²¹³　tsʅ²¹³ tʂau⁵⁵ nan⁴² kʻan²¹³

疤瘌眼：眼上有疤痕的人。

把"鸟"写成"乌"——还差一点儿
pa²¹³ niau⁵⁵ ɕiɛ⁵⁵ tʂʻəŋ⁰ u²⁴　xai⁴² tʂʻa²⁴ i⁰ tior⁰

指能力、技术、质量等达不到要求。

白蜡杆儿翻场①——独挑儿
pɛ⁴² la²⁴ kor⁵⁵ fan²⁴ tʂʻaŋ⁴²　tu⁴² tʻior⁵⁵

喻指单打独斗，势单力孤。白蜡杆：天然绿色灌木丛生植物，木樨科，坚而不硬，柔而不折。翻场：用工具翻晒晾在场里的谷物。

白眼儿狼戴礼帽儿——充好人儿
pɛ⁴² ior⁵⁵ laŋ⁴² tai²¹³ li⁵⁵ mor²¹³　tʂʻuən²⁴ xau⁵⁵ zɚ⁴²

充：冒充、假装。

搬着屁股亲嘴儿——不知ᴴ香臭
pan²⁴ tʂʅ⁰ pʻi²¹³ ku⁰ tɕʻin²⁴ tsuɚ⁵⁵　pu²⁴ tʂo²⁴ ɕiaŋ²⁴ tʂʻou²¹³

喻指辨不清是非，不知道好歹。

板凳上钉钉 ᶻ⁻⁰——有板儿有眼儿
pan⁵⁵ təŋ⁰ ʂaŋ⁰ tiŋ²¹³ tiŋ²⁴　iou⁵⁵⁺⁴² por⁵⁵ iou⁵⁵⁺⁴² ior⁵⁵

指说话、做事不紧不慢，有条不紊。板凳：见"坐折板凳腿"。

板儿上钉钉 ᶻ⁻⁰——没跑儿
por⁵⁵ ʂaŋ⁰ tiŋ²¹³ tiŋ²⁴　mu⁴² pʻor⁵⁵

指跑不掉，对事情很有把握。又作"板儿上钉钉 ᶻ⁻⁰——十拿九稳"。

半路儿掉ᴰ算盘ᶻ——失ᴰ算了
pan²¹³ luɚ²¹³ tio²¹³ suan²¹³ pʻæ⁰　ʂɚ²⁴ suan²¹³ lə⁰

指思虑不周，谋划不当。掉ᴰ、失ᴰ：动词变韵均表完成义，可分别替换为"掉了""失了"。

---

① 场：晾晒谷物的平整土地；读音特殊。

半夜黑价聊天儿——瞎说
pan²¹³ iɛ²¹³ xɛ²⁴ tɕia⁰ liau⁴² tʻior²⁴　ɕia²⁴ ʂuə²⁴
指不加思索，信口胡说。半夜黑价：半夜、夜里。

半夜黑价掐谷 [Z-0]——有 [D] 几穗（岁）儿了
pan²¹³ iɛ²¹³ xɛ²⁴ tɕia⁰ tɕʻia²⁴ ku²⁴　io⁵⁵ tɕi⁰ suər²¹³ lə⁰
指人上了岁数、年纪大。有 [D]：有了，动词变韵表完成义。

半夜鸡儿叫——乱 [D] 时辰了
pan²¹³ iɛ²¹³ tɕiər²⁴ tɕiau²¹³　luæ²¹³ ʂʅ⁴² tʂʻən⁰ lə⁰
指不按时，或时间顺序错乱。乱 [D]：乱了，动词变韵表完成义。

包子张嘴儿——露 [D] 馅儿了
pau²⁴ tsʅ⁰ tʂaŋ²⁴ tsuər⁵⁵　lo²¹³ ɕyor²¹³ lə⁰
喻指暴露了事情的真相。露 [D]：露了，动词变韵表完成义。

抱着茶壶喝水——嘴对嘴
pu²¹³ tʂʅ⁰ tʂʻa⁴² xu⁴² xə²⁴ ʂuei⁵⁵　tsuei⁵⁵ tuei²¹³ tsuei⁵⁵
喻指直截了当，面对面（把话说清楚）。"抱"读音特殊。

抱着香炉打嚏喷——弄 [D] 一鼻 [Z] 灰
pu²¹³ tʂʅ⁰ ɕiaŋ²⁴ lu⁰ ta⁵⁵ tʻi²¹³ fən⁰　no²¹³ i²⁴ pi:au⁴² xuei²⁴
喻指自讨没趣。嚏喷：喷嚏。弄 [D]：弄了，动词变韵表完成义。

背帮手儿尿尿——赖孙
pei²¹³ paŋ⁰ ʂər⁵⁵ niau²¹³ niau²¹³　lai²¹³ suən²⁴
指耍无赖的人；骂人之语。背帮手儿：背着手。

背帮手儿尿泡——不扶（服）
pei²¹³ paŋ⁰ ʂər⁵⁵ niau²¹³ pʻau²⁴　pu²⁴ fu⁴²
指不服气。尿泡：撒尿。

背 [D] 喇叭下乡——光等 [D] 找事儿嘞①
pɛ²⁴ la⁵⁵ pa⁰ ɕia²¹³ ɕiaŋ²⁴　kuaŋ²⁴ to⁵⁵ tʂau⁵⁵ ʂər²¹³ lɛ⁰
指专挑别人的毛病，无事生非，没事找事。背 [D]、等 [D]：动词变韵均表持续义，可分别替换为"背着""等着"。

鼻疙瘩儿上抹蜜——干舔够不着
pi⁴² kɛ⁰ tər²⁴ ʂaŋ⁰ muə⁵⁵ mi²⁴　kan²⁴ tʻian⁵⁵ kou²¹³ pu²⁴ tʂuə⁴²
喻指貌似唾手可得的好处，实际上却很难得到。鼻疙瘩儿：鼻尖儿；

---

① 以在丧礼或祭奠仪式上吹拉弹唱为生的"吹鼓手"，专门寻找红白喜"事"，而且越多越好。故有此语。

"疙瘩儿"读音特殊。干：徒然、徒劳。

鼻窟窿里 ᴴ 塞软枣——小柿（事）儿①

pi⁴² ku⁰ luəŋ²⁴ liou⁰ sɛ²⁴ zuan⁵⁵ tsau⁰ ɕiau⁵⁵ ʂər²¹³

指做事轻而易举，或事情微不足道。鼻窟窿：鼻孔，读音特殊。

鼻ᶻ流ᴰ嘴里ᴴ——□吃□嘞

pi:au⁴² lio⁴² tsuei⁵⁵ liou⁰　tsʅ²¹³ tʂʻʅ²⁴ tsʅ²¹³ lɛ⁰

指没有占到别人的便宜。鼻ᶻ：指鼻涕。流ᴰ：流到，动词变韵表终点义。□：自己。

笔杆儿吞ᴰ肚里ᴴ——胸有成竹②

pei²⁴ kor⁵⁵ tʻɛ²⁴ tu²¹³ liou⁰　ɕyŋ²⁴ iou⁵⁵ tʂʻəŋ⁴² tʂu²⁴

吞ᴰ：吞到，动词变韵表终点义。

箅ᶻ上拿窝窝——手到擒来

pi:au²¹³ ʂaŋ⁰ na⁴² uə²⁴ uə⁰　ʂou⁵⁵ tau²¹³ tɕʻin⁴² lai⁴²

喻指做事非常顺利，轻而易举。箅ᶻ：放在锅里蒸食物用的器具，有空隙，起间隔作用。窝窝：窝头。

鳖盖ᶻ掭米——啥升（声）儿

piɛ²⁴ kɛau²¹³ ua⁵⁵⁼⁴² mi⁵⁵　ʂa⁵⁵ ʂər²⁴

指人说话、唱歌的声音很难听。升：量粮食的器具。掭：舀。

不老盖ᶻ上钉掌儿——离蹄（题）太远

pu²⁴ lau⁵⁵ kɛau²¹³ ʂaŋ⁰ tiŋ²¹³ tʂər⁵⁵　li²¹³ tʻi⁴² tʻai²¹³ yan⁵⁵

不老盖ᶻ：膝盖儿。钉掌儿：给牲畜钉上蹄铁以利其行走。

布袋里ᴴ装牛梭ᶻ——里头有弯儿

pu²¹³ tai⁰ liou⁰ tʂuaŋ²⁴ ou⁴² suau²⁴　li⁵⁵ tʻou⁰ iou⁵⁵ uor²⁴

喻指事情有着不为人知的原因、情节、结果等。牛梭ᶻ：牛角制成的、用以织布的梭子；"牛"读音特殊。

C

擦包纸殴ᴰ个窟窿——腌臜透了

tsʻa²⁴ pau²⁴ tʂʅ⁵⁵ o²⁴ kə⁰ kʻu²⁴ luəŋ⁰　a²⁴ tsa⁰ tʻou²¹³ lə⁰

喻指人很无赖，或事情很糟糕、不可收拾。擦包：如厕后用纸擦屁股。

---

① 软枣：学名"君迁子"，别名"黑枣、野柿子、小柿子"等，柿科、柿属落叶乔木，果实近球形或椭圆形，直径1—2厘米，初熟时为淡黄色，成熟时变为蓝黑色，常带有白色薄蜡层。

② 竹：旧时毛笔杆儿都是用竹子做的，故有此语。

殴 ᴰ：抠、捅；动词变韵表完成义，可替换为"殴了"。

裁缝掉 ᴰ 剪 ᶻ——光剩 ᴰ 尺（吃）了

ts'ai⁴² fəŋ⁰ tio²¹³ tɕiæ⁵⁵　kuaŋ²⁴⁻⁴² ʂo²¹³ tʂʅ²⁴ lə⁰

掉 ᴰ、剩 ᴰ：动词变韵均表完成义，可分别替换为"掉了""剩了"。

菜瓜筛锣——就这一下 ᶻ

ts'ai²¹³ kua⁰ ʂai²⁴ luə⁴²　tɕiou²¹³ tʂəŋ⁵⁵ i²⁴⁻⁴² ɕiæu²¹³

喻指只顾眼前这一次，不管以后如何；就像用菜瓜敲锣只能敲一次一样；含贬义。菜瓜：葫芦科植物越瓜的果实，形状与黄瓜相似。筛：敲。

草上嘞露水——长不了

ts'au⁵⁵ ʂaŋ⁰ lɛ⁰ lu⁴² ʂuei⁰　tʂ'aŋ⁴² pu⁰ liau⁵⁵

喻指不会持续太久，就像草上的露水很快就会蒸发掉一样。

茶壶里 ᴴ 煮饺子——有嘴儿倒（道）不出 ᴴ

tʂ'a⁴² xu⁴² liou⁰ tʂʅ⁵⁵ tɕiau⁵⁵ tsʅ⁰　iou⁵⁵⁻⁴² tsuər²⁴ tau²¹³ pu⁰ tʂ'uai²⁴⁻⁵⁵

喻指不善言谈或说不出口。嘴儿：器具上形状或作用像嘴的东西。

茶壶没把儿——光剩 ᴰ 个嘴儿了

tʂ'a⁴² xu⁴² mu⁴² pɐr²¹³　kuaŋ²⁴⁻⁴² ʂo²¹³ kə⁰ tsuər⁵⁵ lə⁰

喻指人只会说好听话，不愿或不能付诸实际行动。嘴儿：喻指人之"嘴"，意为能说会道。剩 ᴰ：剩了，动词变韵表完成义。

柴火棍儿搭桥——难过

tʂ'ai⁴² xuə⁰ kuər²¹³ ta²⁴ tɕ'iau⁴²　nan⁴² kuə²¹³

指时日艰难，勉强维持。也指遭遇困难，很难过关。

产房报喜——生（升）了

tʂ'an⁵⁵ faŋ⁰ pau²¹³ ɕi⁵⁵　ʂəŋ²⁴ lə⁰

指职位提升或待遇提高。

长虫钻 ᴰ 鸟枪里 ᴴ——折不过来头儿了

tʂ'aŋ⁴² tʂ'uaŋ⁰ tsuæ²⁴ niau⁵⁵ tɕ'iaŋ⁰ liou⁰　tʂə²⁴ pu⁰ kuə⁰ lai⁰ t'ər⁴² lə⁰

喻指没有后路或无法挽回。长虫：蛇。钻 ᴰ：动词变韵表终点义，可替换为"钻到"。折：转。

长 ᴰ 村嘞不赶白寺嘞集①——守 ᴰ 县城（现成）嘞

tʂ'æŋ⁴² ts'uəŋ⁰ nɛ⁰ pu²⁴ kan⁵⁵ pɛ⁴² sʅ²¹³ lɛ⁰ tɕi⁴²　ʂo⁵⁵ ɕian²¹³ tʂ'əŋ⁴² lɛ⁰

指物品已齐备或条件已成熟。"长 ᴰ"为地名变韵。集：农村每年定期而成的集市。守 ᴰ：守着，动词变韵表持续义。

---

① 长村东距县城二三里，西距白寺镇十余里，长村人购物不会舍近求远，一般去县城而不去白寺。

唱戏嘞拿神戳 ᶻ——不是个凡人儿

tṣʻaŋ²¹³ ɕi²¹³ lɛ⁰ na⁴² ʂən⁴² tṣʻuau²⁴　pu²⁴⁺⁴² ʂʅ²¹³ kə⁰ fan⁴² zər⁴²

指人的能力、水平等非同一般；多含讥讽意味。神戳 ᶻ：戏剧中神仙手中所拿的道具，由兽毛、麻等扎成一束而成。凡人儿：凡间人，谐指"平凡人"。又作"唱戏嘞拿麻刷 ᶻ——不是凡人"。

炒熟嘞虾米——红仁（人）儿

tṣʻau⁵⁵ ʂu⁴² lɛ⁰ ɕia²⁴ mi⁰　xuəŋ⁴² zər⁴²

喻指被赏识、被器重的人。红：很吃香，被人高看。

秤砣打铁掀——成 ᴰ 片 ᶻ 了

tṣʻəŋ²¹³ tʻuə⁴² ta⁵⁵ tʻiɛ²⁴ ɕian⁰　tṣʻo⁴² pʻiæ²¹³ lə⁰

喻指事情乱成一团，不可收拾。成 ᴰ：成了，动词变韵表完成义。

厨屋嘞欻囊——鸡毛蒜皮 ᶻ

tṣʻu⁴² u²⁴ lɛ⁰ ɛ²⁴ naŋ⁰　tɕi²⁴ mau⁴² suan²¹³ pʻiːau⁴²

厨屋：厨房。欻囊：垃圾。

蜍□不咬蝼蛄——一块地里嘞虫儿

tṣʻʮ⁴² tṣʻuan⁰ pu²⁴ iau⁵⁵ lɛ²⁴ ku⁰　i²⁴⁺⁴² kʻuai²¹³ ti²¹³ li⁰ lɛ⁰ tṣʻuər⁴²

喻指有共同利害关系或志趣相投的人，不会互相伤害。蜍□：蚯蚓。又作"蚂蚱不咬蛐蛐儿——一块地里嘞虫儿"。

蜍□找它二大爷——叽溜拐弯儿

tṣʻʮ⁴² tṣʻuan⁰ tṣau⁵⁵⁺⁴² tʻaº ər²¹³ ta²¹³ iɛ⁰　tɕi⁴² liou⁰ kuai⁵⁵ uor²⁴

喻指字体、画线等歪歪扭扭，不平直、不端正。蜍□：蚯蚓。

床底 ᴴ 放风筝——起不来

tṣʻuaŋ⁴² tiɛ⁵⁵ faŋ²¹³ fəŋ²⁴ tṣəŋ⁰　tɕʻi⁵⁵ pu²⁴ lai⁴²

喻指没有提升、发展的空间。

吹鼓手下乡——没事儿找事儿①

tṣʻuei²⁴ ku⁰ ʂou⁰ ɕia²¹³ ɕiaŋ²⁴　mu⁴² ʂər²¹³ tṣau⁵⁵ ʂər²¹³

指寻衅滋事，惹是生非。

吹鼓手嘞妮 ᶻ——低哒

tṣʻuei²⁴ ku⁰ ʂou⁰ lɛ⁰ niːau²⁴　ti²⁴ tə⁰

指低人一等、不被尊重；因旧时"吹鼓手"属"下九流"，其女儿自然也会被轻看。

---

① 吹鼓手：以在丧礼或祭奠仪式上吹拉弹唱为生的人，专寻有红白喜"事"的地方走；故有此语。

崔^D堡人吃马肉①——人人有份儿

ts'uɛ²⁴ pər⁵⁵ zən⁰ tʂʅ²⁴ ma⁵⁵ zou⁰   zən⁴² zən⁴² iou⁵⁵ fər²¹³

崔^D堡：小河乡一行政村；"崔^D"作地名变韵，"堡"读音特殊。又作"崔^D堡人吃马肉——一人一份儿"。

搓麻绳儿嘞摆手儿——倒^D（到^D）劲儿了

ts'uə²⁴ ma⁴² ʂər⁴² lɛ⁰ pai⁵⁵ ⁱ⁴² ʂər⁵⁵   to²¹³ tɕiər²¹³ lə⁰

喻指已竭尽全力，达到极限。摆手儿：招手。倒：向相反的方向转动。到^D：到了，动词变韵表完成义。

D

打差脚放屁——掩护臭气

ta⁵⁵ tʂ'ai²⁴ tɕyə⁰ faŋ²¹³ p'i²¹³   ian⁵⁵ xu⁰ tʂ'ou²¹³ tɕ'i²¹³

喻指利用其他的行为来隐瞒、掩盖事实。打差脚：双脚尽力向上踢的同时，用手触打脚面。掩护：掩盖。

打肿^D脸充胖子——死要面子活受罪

ta⁵⁵ tʂuo⁵⁵ ⁱ⁴² lian⁵⁵ tʂ'uəŋ²⁴ p'aŋ²¹³ tsʅ⁰   sʅ⁵⁵ iau²¹³ mian²¹³ tsʅ⁰ xuə⁴² ʂou²¹³ tsuei²¹³

喻指人非常虚荣，虽境况很差，但为了面子宁愿舍弃该得的、非常必要的利益。肿^D：肿了，形容词变韵表完成义。

大车拉黄米粽——馇（差）嘞太多

ta²¹³ tʂʅ²⁴ la²⁴ xuaŋ⁴² mi⁵⁵ tɕyŋ²¹³   tʂ'a²⁴ lɛ⁰ t'ai²¹³ tuə²⁴

指距离目标或要求差得太远。馇：熬东西时边煮边搅。

大闺女摆手儿——招人儿

ta²¹³ kuei²⁴ ny⁰ pai⁵⁵ ⁱ⁴² ʂər⁵⁵   tʂau²⁴ zər⁴²

喻指采取某种方式以引人注意。摆手儿：招手。招：招引。

大闺女上轿——头一回

ta²¹³ kuei²⁴ ny⁰ ʂaŋ²¹³ tɕiau²¹³   t'ou⁴² i⁰ xuei⁰

指首次、第一次。大闺女：未婚女子。

---

① 传说崔堡村进士李升堂家死了一匹马，分肉给全村每家每户，人人有份。后来，李又买了一匹好马，让全村人摊钱，仍是人人有份。

大年三十儿拾 ᴅ 个兔——有它过年，没它也过年

ta²¹³ nian⁰ san²⁴ ʂər⁴² ʂʅ⁴² kə⁰ tʻu²¹³　iou⁵⁵⁻⁴² tʻa⁰ kuə²¹³ nian⁴²　mu⁴² tʻa⁰ iɛ⁵⁵ kuə²¹³ nian⁴²

指无关紧要、可有可无的意外收获。拾 ᴅ：拾了，动词变韵表完成义。

当兵嘞扛 ᴅ 腿——啥枪（腔）

taŋ²⁴ piŋ²⁴ lɛ⁰ kʻæŋ⁵⁵⁻⁴² tʻuei⁵⁵　ʂa⁵⁵ tɕʻiaŋ²⁴

喻指说话或唱腔声音不好听。扛 ᴅ：扛着，动词变韵表持续义。

刀子切豆腐——两面儿①光

tau²⁴ tsʅ⁰ tɕʻiɛ²⁴ tou²¹³ fu⁰　liaŋ⁵⁵ miɚ²¹³ kuaŋ²⁴

喻指为人圆滑，两面讨好。

得妞他爹哭得妞——得妞死了

tɛ²⁴ niou⁰ tʻa⁰ tiɛ²⁴ kʻu²⁴ tɛ²⁴ niou⁰　tɛ²⁴ niou⁰ sʅ⁰ lə⁰

指非常舒服、特别满意；有反话正说的意思。得妞：舒服、满意。

电线杆 ᶻ 上挂暖壶——高水瓶（平）

tian²¹³ ɕian²¹³ kæ²⁴ ʂaŋ⁰ kua²¹³ nuan⁵⁵ xu⁴²　kau²⁴ ʂuei⁵⁵ pʻiŋ⁰

暖壶：暖水瓶。又作"飞机上挂暖壶——高水瓶"。

吊死鬼搽粉——死要面子

tiau²¹³ sʅ⁰ kuei⁵⁵ tʂʻa⁴² fən⁵⁵　sʅ⁵⁵ iau²¹³ mian²¹³ tsʅ⁰

吊死鬼逮 ᴅ 三耳□ ᶻ——死活不要脸

tiau²¹³ sʅ⁰ kuei⁵⁵ tɛ⁵⁵ san²⁴ ər⁵⁵ pæu²⁴　sʅ⁵⁵ xuə⁴² pu²⁴⁻⁴² iau²¹³ lian⁵⁵

逮 ᴅ：掌掴；动词变韵表完成义，可替换为"逮了"。耳□ ᶻ：耳光。

碟 ᶻ 里 ᴴ 盛水——一眼看到底儿

tiːau⁴² liou⁰ tʂʻəŋ⁴² ʂuei⁵⁵　i²⁴ ian⁵⁵ kʻan²¹³ tau⁰ tiɚ⁵⁵

喻指事情刚开始，就能预知结果。也喻指极易猜透某人的想法或计谋。

东山 ᶻ 嘞睡爷爷——老石（实）人

tuəŋ²⁴ sæ²⁴ lɛ⁰ ʂei²¹³ iɛ⁴² iɛ⁰　lau⁵⁵ sʅ⁰ zən⁴²

东山 ᶻ：大伾山。睡爷爷：指大伾山西崖张仙洞中道教武当派创始人张三丰的石雕卧像。

兜兜里盛稀饭——装糊涂

tou²⁴ tou⁰ li⁰ tʂʻəŋ⁴² ɕi²⁴ fan²¹³　tʂuan²⁴ xu⁴² tu⁰

兜兜：口袋。浚县方言称玉米粥为"糊涂"，故有此语。

---

① 面儿：又音 miɚ²¹³。

豆腐掉 ᴰ 煤灰里——洗不净了
tou²¹³ fu⁰ tio²¹³ mei⁴² xuei²⁴ li⁰ ɕi⁵⁵ pu⁰ tɕiŋ²¹³ lə⁰

指蒙受冤枉却无可辩驳、难以澄清。掉 ᴰ：掉到，动词变韵表终点义。

豆腐渣贴门神——不粘板
tou²¹³ fu⁰ tʂa²⁴ t'iɛ²⁴ mən⁴² ʂən⁰ pu²⁴ tʂan²⁴ pan⁵⁵

指距离目标或要求相差很远。门神：春联。

豆芽儿上天——蹶尾巴儿能豆儿
tou²¹³ iɐr⁴² ʂaŋ²¹³ t'ian²⁴ tɕyɛ²⁴ i⁵⁵ pɐr⁰ nəŋ⁴² tər²¹³

喻指左右逢源、八面玲珑的人；含讥讽意味。

独木桥上见 ᴰ 仇人——冤家路窄
tu⁴² mu²⁴ tɕ'iau⁴² ʂaŋ⁰ tɕiæ²¹³ tʂ'ou⁴² zən⁴² yan²⁴ tɕia⁰ lu²¹³ tʂɛ²⁴

见 ᴰ：见了，动词变韵表完成义。

对杵对对杵窑 ᶻ①——□嘞
tuei²¹³ tʂ'ʯ⁰ tuei²¹³ tuei²¹³ tʂ'ʯ⁰ iæu⁴² tɕ'yə²⁴ lɛ⁰

指欺骗、玩弄。对杵：臼锤。对杵窑 ᶻ：这里指石臼。□：捣碎、砸烂；与"欺骗""玩弄"义的"□"同音，故有此语。

对杵窑 ᶻ□对——石打石（实打实）
tuei²¹³ tʂ'ʯ⁰ iæu⁴² tɕ'yə²⁴ tuei²¹³ ʂʅ⁴² ta⁰ ʂʅ⁴²

喻指真心实意、实实在在。□对：用臼锤在石臼里敲击。

钝刀切肉——生炬捋嘞
tuən²¹³ tau²⁴ tɕ'iɛ²⁴ zou²¹³ ʂəŋ²⁴ tɕy⁴² ly⁰ lɛ⁰

喻指勉强为之。生：生硬、勉强。炬捋：生硬撕扯。

E

屙屎屙出 ᴴ 个弹花锤——进退两难
ə²⁴ ʂʅ⁵⁵ ə²⁴ tʂ'uai²⁴⁻⁵⁵ kə⁰ t'an⁴² xua²⁴ tʂ'uei⁴² tɕin²¹³ t'uei²¹³ liaŋ⁵⁵ nan⁴²

弹花锤：传统弹花方式——"弹弓弹花"的主要工具之一，用硬木旋成，大小不一，形状都是两头粗中间细。

屙屎攥 ᴰ 拳头——暗使劲儿
ə²⁴ ʂʅ⁵⁵ tsuæ²¹³ tɕ'yan⁴² t'ou⁰ an²¹³ ʂʅ⁵⁵ tɕiər²¹³

喻指暗下功夫。攥 ᴰ：动词变韵表持续义，可替换为"攥着"。

---

① 对杵窑 ᶻ：由石臼和臼锤制成的、用以使豆子、谷物等脱皮或粉碎的工具。

恶心他爹哭恶心——恶心死了
ə²⁴ ɕin⁰ tʰa⁰ tiɛ²⁴ kʰu²⁴ ə²⁴ ɕin⁰　ə²⁴ ɕin⁰ sʅ⁰ lə⁰

儿媳妇儿背她老公公——挨压不落人
ər⁴² ɕi⁴² fər⁰ pei²⁴ tʰa⁰ lau⁵⁵ kuəŋ²⁴ kuəŋ⁰　ai⁴² ia²⁴ pu²⁴ luə²⁴ zən⁴²
指出力不讨好。

二大娘嘞针线筐 ᶻ——杂七杂八
ər²¹³ ta²¹³ niaŋ⁰ lɛ⁰ tʂən²⁴ ɕian²¹³ kʰuæŋ²⁴　tsa⁴² tɕʰi²⁴ tsa⁴² pa²⁴
喻指事情多而杂。

二大爷赶集——随便儿
ər²¹³ ta²¹³ iɛ⁰ kan⁵⁵ tɕi⁴²　suei⁴² pior²¹³
指丝毫不在乎，任由对方处置。

二大爷嘞牛——好妆样儿
ər²¹³ ta²¹³ iɛ⁰ lɛ⁰ ou⁴²　xau⁵⁵ tʂuaŋ²⁴ iɚ⁰
指人徒有其表，却素质不高、人品不佳、能力不强。"牛"读音特殊。

二郎庙 ᴰ 嘞狮 ᶻ——重来①
ər²¹³ lau⁰ mio²¹³ lɛ⁰ ʂau²⁴　tʂʰuəŋ⁴² lai⁴²
指重新开始、再来一次。二郎庙：今黎阳镇一行政村；读音特殊。

二十一天暖不出 ᴴ 鸡 ᶻ——坏蛋②
ər²¹³ sʅ⁰ i²⁴ tʰian²⁴ nuan⁵⁵ pu⁰ tʂʰuai²⁴⁻⁵⁵ tɕi:au²⁴　xuai²¹³ tan²¹³
暖：孵。出 ᴴ："出来"的合音。

二月嘞韭菜——头一茬儿
ər²¹³ yɛ⁰ lɛ⁰ tɕiou⁵⁵ tsʰai⁰　tʰou⁴² i⁰ tʂʰɚ⁴²
指从未有过，第一次经历。韭菜一般在农历二月割第一茬，故有此语。

F

反穿 ᴰ 皮袄上山——装羊（洋）嘞
fan²⁴ tʂʰuæ²⁴ pʰi⁴² au⁰ ʂaŋ²¹³ ʂan²⁴　tʂuaŋ²⁴ iaŋ⁴² lɛ⁰
指人故作姿态，装模作样。穿 ᴰ：穿着，动词变韵表持续义。皮袄：

---

① 据传，在浚县正月初九的社火玩会上，二郎庙村的狮子队在大伾山吕祖祠前表演"上山蹲刀"时出现失误，又重新表演一遍；自认为在吕祖爷面前丢了脸，无颜再上大伾山；自此之后，二郎庙村的狮子队只在正月十六上浮丘山。故传下此语。

② 鸡蛋孵小鸡，不管是人工孵化还是母鸡孵化，一般都是 21 天，前后相差不会超过一天；如果超过 21 天还未孵化成功，就一定是坏了。故有此说。

用兽皮毛（多为绵羊皮或羔羊皮）作里子缝制而成的短上衣，御寒性强。

反贴门神——不对脸儿
fan²⁴ t'iɛ²⁴ mən⁴² ʂən⁰　pu²⁴⁻⁴² tuei²¹³ lior⁵⁵

指人的脾气、性格等差异较大。门神：春联。

放屁拉抽斗——遮羞脸
faŋ²¹³ p'i²¹³ la²⁴ tʂ'ou²⁴ tou⁰　tʂʅə²⁴ ɕiou²⁴ lian⁵⁵

本义指用拉抽屉的声音来遮掩放屁的声音。喻指做了不光彩的事，用另一件事来遮掩，为自己的所作所为找借口。抽斗：抽屉。

飞机上吹喇叭——响（想）嘞不低
fei²⁴ tɕi²⁴ ʂaŋ⁰ tʂ'uei²⁴ la⁵⁵ pa⁰　ɕiaŋ⁵⁵ lɛ⁰ pu²⁴ ti²⁴

指期望值过高，与实际情况差距很大。又作"飞机上放屁——响（嘞）不低"。

飞机上点灯——高明
fei²⁴ tɕi²⁴ ʂaŋ⁰ tian⁵⁵ təŋ²⁴　kau²⁴ miŋ⁴²

指想法不凡，技巧高超。

飞机上放风筝——出手不低
fei²⁴ tɕi²⁴ ʂaŋ⁰ faŋ²¹³ fəŋ²⁴ tʂəŋ⁰　tʂ'ʅ²⁴ ʂou⁰ pu²⁴ ti²⁴

指水平不一般，出手不凡。

飞机上拉二胡——唱高调儿
fei²⁴ tɕi²⁴ ʂaŋ⁰ la²⁴ ər²¹³ xu⁴²　tʂ'aŋ²¹³ kau²⁴ tior²¹³

指只空谈漂亮话，却不付诸实际行动。

肥猪上屠宰场——挨刀嘞货
fei⁴² tʂʅ²⁴ ʂaŋ²¹³ t'u⁵⁵ tsai⁵⁵⁻⁴² tʂ'aŋ⁵⁵　ai⁴² tau²⁴ lɛ⁰ xuə²¹³

喻指难以逃脱，必定会受到打击或惩处。

粪堆上开花儿——臭美
fən²¹³ tsuei²⁴ ʂaŋ⁰ k'ai²⁴ xuɐr⁰　tʂ'ou²¹³ mei⁵⁵

喻指人故意显示、炫耀自己，事实上却并非如此；含讥讽意味。

G

盖的窝里ᴴ放屁——独吞
kai²¹³ ti⁰ uə²⁴ liou⁰ faŋ²¹³ p'i²¹³　tu⁴² t'ən²⁴

盖的窝：被窝。"吞"读音特殊。

盖的窝里 ᴴ 放屁——能闻（文）能捂（武）
　　kai²¹³ ti⁰ uə²⁴ liou⁰ faŋ²¹³ p'i²¹³　nəŋ⁴² uən⁴² nəŋ⁴² u⁵⁵

赶车不拿鞭 ᶻ⁻⁰——靠拍马
　　kan⁵⁵ tʂʻə²⁴ pu²⁴ na⁴² pian²⁴　k'au²¹³ p'ɛ²⁴ ma⁵⁵

钢盅锅里 ᴴ 炒菜——热嘞快冷嘞急
　　kaŋ²⁴ tʂuəŋ²⁴ kuə²⁴ liou⁰ tʂ'au⁵⁵ ts'ai²¹³　ʐə⁴² le⁰ k'uai²¹³ ləŋ⁵⁵ le⁰ tɕi⁴²

喻指人脾气急躁、易冲动，缺乏耐心和恒心。钢盅锅：钢精锅。

高粱秆儿当立柱——撑不起 ᴴ
　　kau²⁴ liaŋ⁰ kor⁵⁵ taŋ²⁴ li²⁴ tʂʅ²¹³　tʂ'əŋ²⁴ pu⁰ tɕ'iai⁵⁵

喻指难以胜任，不能承担相应的责任。起 ᴴ："起来"的合音。

高粱秆儿挑水——担不起 ᴴ
　　kau²⁴ liaŋ⁰ kor⁵⁵ t'iau²⁴ ʂuei⁵⁵　tan²⁴ pu⁰ tɕ'iai⁵⁵

同"高粱秆儿当柱子——撑不起 ᴴ"。

高射炮打蚊 ᶻ⁻⁰——大材小用
　　kau²⁴ ʂə²¹³ p'au²¹³ ta⁵⁵ uən⁴²　ta²¹³ ts'ai⁴² ɕiau⁵⁵ yŋ²¹³

又作"机关枪打蚊——大材小用"。

胳老肢里 ᴴ 夹小虫儿——假积极（唧唧）
　　kɛ²⁴ lau⁰ tʂʅ²⁴ liou⁰ tɕia²⁴ ɕiau⁵⁵ tʂ'uər⁰　tɕia⁵⁵ tɕi²⁴ tɕi⁰

胳老肢：腋窝。小虫儿：麻雀。

割鸡巴敬神——人也疼死了，神也得罪了
　　kə²⁴ tɕi²⁴ pa⁰ tɕiŋ²¹³ ʂən⁴²　ʐən⁴² ie⁰ t'əŋ⁴² sʅ⁰ lə⁰　ʂən⁴² ie⁰ tɛ²⁴ tsuei⁰ lə⁰

喻指损己不利人，自己付出了代价，别人也没有从中得到好处。鸡巴：男子阴茎。

隔 ᴰ⁻⁰ 算 ᶻ 拿馍——干瞧 ᴰ 够不着
　　kɛ²⁴ piːau²¹³ na⁴² muə⁴²　kan²⁴ tɕ'io⁴² kou²¹³ pu²⁴ tʂuə⁴²

同"鼻疙瘩儿上抹蜜——干舔够不着"。隔 ᴰ⁻⁰：隔着，动词变韵表状态义。干：徒然。瞧 ᴰ：瞧着，动词变韵表持续义。又作"隔算 ᶻ 拿馍——干不成嘞事儿"。

隔 ᴰ⁻⁰ 河作揖——承情不过
　　kɛ²⁴ xə⁴² tsuə²⁴ i²⁴　tʂ'əŋ⁴² tɕ'iŋ⁴² pu²⁴ ⁴² kuə²¹³

指感激不尽。不过：不了、不尽。隔 ᴰ⁻⁰：隔着，动词变韵表状态义。

隔 ᴰ⁻⁰ 门缝儿瞧人——把人看扁了
　　kɛ²⁴ mən⁴² fər²¹³ tɕ'iau⁴² ʐən⁴²　pa²¹³ ʐən⁴² k'an²¹³ pian⁵⁵ lə⁰

指看不起别人。隔 ᴰ⁻⁰：隔着，动词变韵表状态义。

隔 ᴰ⁻⁰ 墙撂帽 ᶻ——不对头
kɛ²⁴ tɕ'iaŋ⁴² liau²¹³ mæu²¹³　pu²⁴⁻⁴² tuei²¹³ t'ou⁴²

指不正常、不合适、不正确。隔 ᴰ⁻⁰：隔着，动词变韵表状态义。

隔 ᴰ⁻⁰ 墙撂兔——瞪 ᴰ 眼了
kɛ²⁴ tɕ'iaŋ⁴² liau²¹³ t'u²¹³　to²¹³ ian⁵⁵ lə⁰

喻指干着急而又无计可施。隔 ᴰ⁻⁰：隔着，动词变韵表状态义。瞪 ᴰ：瞪了，动词变韵表完成义。

公鸡下蛋——没那个事儿
kuəŋ²⁴ tɕi⁰ ɕia²¹³ tan²¹³　mu⁴² na⁰ kə⁰ ʂər²¹³

指肯定不是真的。下：动物产崽。又作"公鸡下蛋——没见过"。

狗吃豆腐脑儿——衔（闲）不住
kou⁵⁵ tʂ'ʅ²⁴ tou²¹³ fu⁰ nor⁵⁵　ɕian⁴² pu²⁴⁻⁴² tʂʅ²¹³

狗恶心干哕——满嘴胡吢
kou⁵⁵ ə²⁴ ɕin⁰ kan²⁴ yɛ⁰　man⁵⁵⁻⁴² tsuei⁵⁵ xu⁴² tɕ'in²¹³

喻指人胡说八道、胡言乱骂。干哕：干呕。吢：猫、狗呕吐。

狗黑 ᶻ 念书——囫囵麻越
kou⁵⁵ xɛau²⁴ nian²¹³ ʂʅ²¹³　xu⁴² luən⁰ ma⁴² yɛ²⁴

指不仔细、不较真儿。狗黑 ᶻ：懒惰、马虎的人。囫囵麻越：勉强、凑合、不求甚解。此语来源及理据待考。

狗□老鼠——多管闲事
kou⁵⁵ k'ɛ⁴² lau⁵⁵⁻⁴² ʂʅ⁰　tuə²⁴ kuan⁵⁵ ɕian⁴² ʂʅ²¹³

□：捉、逮。

狗啃麦根——装羊（洋）嘞
kou⁵⁵⁻⁴² k'ən⁵⁵ mɛ²⁴ kən²⁴　tsuaŋ²⁴ iaŋ⁴² lɛ⁰

同"反穿 ᴰ 皮袄上山——装羊（洋）嘞"。

狗撵扁嘴 ᶻ——呱₁呱₂叫
kou⁵⁵⁻⁴² nian⁵⁵ pian⁵⁵⁻⁴² tsuɛau⁰　kua²⁴ kua²⁴⁻⁴² tɕiau²¹³

指非常好、特别棒。扁嘴 ᶻ：鸭子。"扁""呱₂"无规则变调。

狗撵狼——两怕
kou⁵⁵ nian⁵⁵ laŋ⁴²　liaŋ⁵⁵ p'a²¹³

喻指争斗的双方，其实彼此相互惧怕。

狗撵兔——差一步
kou⁵⁵ nian⁵⁵ t'u²¹³　tʂ'a²⁴ i²⁴⁻⁴² pu²¹³

喻指因没赶上最佳时机而导致失败。

狗皮袜 ᶻ——没反正

kou⁵⁵ pʻi⁴² uæu²⁴   mu⁴² fan²⁴ tʂən²¹³

喻指说不清的理表、辨不清的是非，就像狗皮做的袜子，反穿正穿都一样保暖。也喻指关系密切，相互之间不分彼此。

狗舔磨盘——由 ᴰ 圈儿转

kou⁵⁵ ⁱ ⁴² tʻian⁵⁵ muə²¹³ pʻan⁴²   io⁴² tɕʻyor²⁴ tʂuan²¹³

指团团转，形容因忙碌、焦急、无聊等而不知所措。由 ᴰ：顺着。

狗掀门帘 ᶻ——全指 ᴰ 嘴嘞

kou⁵⁵ ⁱ ⁴² ɕian⁵⁵ mən⁴² liæ⁰   tɕʻyan⁴² tʂʅə⁵⁵ tsuei⁵⁵ lɛ⁰

指只空谈而没有实际行动。指 ᴰ：凭仗；动词变韵表持续义，可替换为"指着"。

狗咬刺猬——没法儿下嘴儿

kou⁵⁵ ⁱ ⁴² iau⁵⁵ tsʻʅ²¹³ xuei⁰   mu⁴² fɚ⁰ ɕia²¹³ tsuər⁵⁵

喻指事情很复杂、很棘手，毫无头绪，不知道该从哪里说起、做起。

狗咬尿脬——瞎喜欢

kou⁵⁵ ⁱ ⁴² iau⁵⁵ suei²⁴ pau⁰   ɕia²⁴ ɕi⁵⁵ xuan⁰

指空欢喜一场。尿脬：膀胱。

狗咬皮搂——没一点儿人味儿

kou⁵⁵ ⁱ ⁴² iau⁵⁵ pʻi⁴² lou²⁴   mu⁴² i²⁴ tior⁵⁵ zən⁴² uər²¹³

指人心歹毒，没有同情心。皮搂：皮影戏，一种以兽皮或纸板做成的人物剪影来表演故事的民间戏剧。

谷 ᶻ⁻⁰ 地爬 ᴰ⁻⁰ 豆地——老蛐（油）

ku²⁴ ti⁰ pʻa⁴² tou²¹³ ti⁰ lau⁵⁵ iou⁴²

喻指人很世故、非常圆滑。爬 ᴰ⁻⁰：爬到，动词变韵表终点义。蛐：蝈蝈，俗称蛐蛐儿。油：世故、圆滑。

骨璐锅嘞摇头——不敢钉（定）

ku⁴² lu⁰ kuə²⁴ lɛ⁰ iau⁴² tʻou⁴²   puʻ²⁴ kan⁵⁵ tiŋ²¹³

指尚未确定。骨璐锅：锔锅、补锅。

瓜秧 ᶻ 缠 ᴰ 豆秧 ᶻ 上——纠缠不清

kua²⁴ iæŋ²⁴ tʂʻæ⁴² tou²¹³ iæŋ²⁴ ʂaŋ⁰   tɕiou²⁴ tsʻan⁴² pu⁰ tɕʻiŋ²⁴

缠 ᴰ：缠到，动词变韵表终点义。

刮大风吃炒面——张不开嘴

kua²⁴ ta²¹³ fəŋ²⁴ tʂʻʅ²⁴ tʂʻau⁵⁵ mian⁰   tʂaŋ²⁴ pu⁰ kʻai²⁴ tsuei⁵⁵

喻指难为情，不好意思说出口。炒面：名词，炒熟的面粉，可作干粮。

关公门前耍大刀——不自量

kuan²⁴ kuəŋ⁰ mən⁴² tɕ'ian⁴² ʂua⁵⁵ ta²¹³ tau²⁴　pu²⁴⁼⁴² tsʅ²¹³ liaŋ²¹³

指过高估计自己的能力和水平。关公：东汉末年名将关羽，字云长。

罐 ᶻ 里 ᴴ 嘞鸡蛋——攒 ᴰ 嘞

kuæ²¹³ liou⁰ lɛ⁰ tɕi²⁴ tan⁰　tsæ⁵⁵ lɛ⁰

指积聚、储蓄。攒 ᴰ：攒着，动词变韵表持续义。

罐 ᶻ 里 ᴴ 嘞鸡蛋——攒（咱）嘞

kuæ²¹³ liou⁰ lɛ⁰ tɕi²⁴ tan⁰　tsan⁴² nɛ⁰

指物品、机会等属于自己。

光挂招牌不留客——假（贾）店

kuaŋ²⁴⁼⁴² kua²¹³ tʂau²⁴ p'ai⁰ pu²⁴ liou⁴² k'ɛ²⁴　tɕia⁵⁵ tian²¹³

光：只、仅。贾店：小河乡一行政村名。

光 ᴰ 屁股推磨——转 ᴰ 圈儿丢人

kuæŋ²⁴ p'i²¹³ ku⁰ t'uei²⁴ muə²¹³　tʂuæ²¹³ tɕ'yor²⁴ tiou²⁴ zən⁴²

喻指到处丢人现眼。光 ᴰ：光着，动词变韵表状态义。转 ᴰ：转着，动词变韵表持续义。

光 ᴰ 屁股做贼——大胆不要脸

kuæŋ²⁴ p'i²¹³ ku⁰ tsuə²¹³ tsei⁴²　ta²¹³ tan⁵⁵ pu²⁴⁼⁴² iau²¹³ lian⁵⁵

光 ᴰ：光着，动词变韵表状态义。

裹脚当围脖儿——臭 ᴰ 一圈 ᶻ

kuə⁵⁵ tɕyə⁰ taŋ²⁴ uei⁴² por⁴²　tʂ'o²¹³ i²⁴ tɕ'yæ²⁴

喻指人名声不好，臭名远扬。裹脚：旧时女性用于缠足的布带。围脖儿：长方形围巾。臭 ᴰ：臭了，形容词变韵表完成义。

过河嘞小卒——横竖都中①

kuə²¹³ xə⁴² lɛ⁰ ɕiau⁵⁵ tsu⁴²　xuəŋ²¹³ ʂʅ²¹³ tou²⁴ tʂuəŋ²⁴

指无论如何都接受。中：行、可以。"横"读音特殊。

H

哈巴狗儿撵兔——凭咬没嘴儿，凭跑没腿儿

xa²⁴ pa⁰ kər⁵⁵ nian⁵⁵ t'u²¹³　p'iŋ⁴² iau⁵⁵ mu⁴² tsuər⁵⁵　p'iŋ⁴² p'au⁵⁵ mu⁴² t'uər⁵⁵

喻指各方面能力都很差。又作"哈巴狗儿撵兔——凭跑凭咬都不中"。

---

① 语出象棋规则。中国象棋有"兵卒过河横竖走"之规则，即兵与卒的走法是一致的——每次只能走一格，没有过河只能前行，过河后可以向左向右或向前直行，但不能后退而行。

蛤蟆打灯篓——往坑里 ᴴ 领嘞

xɛ⁴² ma⁰ ta⁵⁵ təŋ²⁴ lou⁰　uaŋ⁵⁵ kʻəŋ²⁴ liou⁰ liŋ⁵⁵ lɛ⁰

喻指故意引人入歧途。灯篓：灯笼。领：带。

蛤蟆打哈欠——口气不小

xɛ⁴² ma⁰ ta⁵⁵ xa²⁴ tɕʻianº　kʻou⁵⁵ tɕʻi⁰ pu²⁴ ɕiau⁵⁵

指人说大话，自吹自擂。

蛤蟆支桌 ᶻ 腿儿——鼓 ᴰ 肚撑嘞

xɛ⁴² ma⁰ tʂɻ²⁴ tʂuau²⁴ tʻuər⁵⁵　kua⁵⁵ tu²¹³ tʂʻəŋ²⁴ lɛ⁰

指超出自身的承受力，勉强为之。鼓 ᴰ：鼓着，动词变韵表持续义。撑：支撑。

害眼吃秦椒——不会不瞎

xai²¹³ ian⁵⁵ tʂʻɻ²⁴ tɕʻin⁴² tɕiau⁰　pu²⁴⁺⁴² xuei²¹³ pu²⁴ ɕia²⁴

喻指明知有害，偏要为之，注定会受挫。害眼：患眼疾。秦椒：辣椒。

憨妮 ᶻ 拾柴火——沙也不沙（啥也不啥）

xan²⁴ niːau²⁴ ʂɻ⁴² tʂʻai⁴² xuə⁰　ʂa²¹³ iɛ⁵⁵ pu²⁴⁺⁴² ʂa²¹³

指什么也不是、什么也算不上；用于描述某种情形不起任何作用，没有任何收获。沙：动词，挑选、筛捡。

旱河里钓鱼——干等

xan²¹³ xə⁴² li⁰ tiau²⁴ y⁴²　kan²⁴ təŋ⁵⁵

指明知没希望，却无力或不想抗争，只有无奈地等待结果。干：徒然。

旱鸭子过河——摸不着深浅

xan²¹³ ia²⁴ tsɻ⁰ kuə²¹³ xə⁴²　muə²⁴ pu⁰ tʂuə⁴² ʂʻən²⁴ tɕʻian⁵⁵

喻指摸不清事情的来龙去脉，不了解事情的难易程度。

喝水拿 ᴰ⁻⁰ 筷 ᶻ——配搭儿

xə²⁴ ʂuei⁵⁵ na⁴² kʻuɛau²¹³　pʻei²¹³ tər⁰

指可有可无、不必要的陪衬。拿 ᴰ⁻⁰：拿着，动词变韵表持续义。

和尚打伞——无发（法）无天

xuə⁴² tʂʻæŋ⁰ ta⁵⁵⁺⁴² san⁵⁵　u⁴² fa²⁴ u⁴² tʻian²⁴

指无所顾忌，为所欲为。"和尚"读音特殊。

和尚化斋——白吃（痴）

xuə⁴² tʂʻæŋ⁰ xua²¹³ tʂai²⁴　pɛ⁴² tʂʻɻ²⁴

和尚嘞帽 ᶻ——平不沓

xuə⁴² tʂʻæŋ⁰ lɛ⁰ mæu²¹³　pʻiŋ⁴² pu⁰ tʻa²⁴

喻指不出色、不出众。平不沓：低矮、平平的样子。

和尚嘞木鱼——合不住嘴儿
xuə⁴² tʂ'æŋ⁰ lɛ⁰ mu²⁴ y⁴²　xə⁴² pu²⁴⁻⁴² tʂʅ⁰ tsuər⁵⁵

喻指人非常高兴。

和尚嘞屋 ᶻ——庙（妙）
xuə⁴² tʂ'æŋ⁰ lɛ⁰ u²⁴　miau²¹³

指正合适、很巧妙。

和尚念经——有口无心
xuə⁴² tʂ'æŋ⁰ nian²¹³ tɕiŋ²⁴　iou⁵⁵⁻⁴² k'ou⁵⁵ u⁴² ɕin²⁴

河里漂 ᴅ 个笊篱——鳖编嘞
xə⁴² li⁰ p'io²⁴ kə⁰ tsau²¹³ li⁰　piɛ²⁴ pian²⁴ nɛ⁰

指捏造事实、瞎编乱造；用作讥骂编造谣言之人。漂ᴅ：漂着，动词变韵表持续义。笊篱：金属或木制的、能漏水的勺子。编：编制、编造。

河里 ᴴ 尿泡——随大流（溜）儿
xə⁴² liou⁰ niau²¹³ p'au²⁴　suei⁴² ta²¹³ liər²¹³

喻指听从多数人的意见，跟随多数人行事。尿泡：撒尿。

河里 ᴴ 洗黄连——河（何）苦来
xə⁴² liou⁰ ɕi⁵⁵ xuaŋ⁴² lian⁴²　xə⁴² k'u⁵⁵ lai⁴²

来：当为语气词"嘞"。

河南跑 ᴅ 湖南——南上加南（难上加难）
xə⁴² nan⁴² p'o⁵⁵ xu⁴² nan⁴²　nan⁴² ʂaŋ⁰ tɕia²⁴ nan⁴²

跑ᴅ：动词变韵表终点义，可替换为"跑到"。

猴子戴礼帽 ᶻ——装人嘞
xou⁴² tsʅ⁰ tai²¹³ li⁵⁵ mæu²¹³　tsuaŋ²⁴ zən⁴² nɛ⁰

指假正经，充当好人。装：假装。

猴 ᶻ⁻⁰ 不上竿 ᶻ——多敲几下 ᶻ 锣
xou⁴² pu²⁴⁻⁴² ʂaŋ²¹³ kæ²⁴　tuə²⁴ tɕ'iau²⁴ tɕi⁵⁵ ɕiæu²¹³ luə⁴²

本义指猴子不肯做爬竿表演，是因为锣声催得不紧，多敲几下以催促之。喻指事情不成功，是措施不力、压力不够。

后茅 ᶻ 点灯——找屎（死）
xou²¹³ mæu⁴² tian⁵⁵ təŋ²⁴　tsau⁵⁵⁻⁴² ʂʅ⁵⁵

后茅ᶻ：厕所。

后茅 ᶻ 嘞石头——又臭又硬
xou²¹³ mæu⁴² lɛ⁰ ʂʅ⁴² t'ou⁰　iou²¹³ tʂ'ou²¹³ iou²¹³ iŋ²¹³

喻指人名声不好、能力不强，却又很顽固、很强势。又作"粪坑里 ᴴ

嘞石头——又臭又硬"。

后茅 ᶻ 里 ᴴ 玩撑杆儿跳——过粪（分）

xou²¹³ mæu⁴² liou⁰ uor⁴² tʂ'əŋ²⁴ kor²⁴ tʻiau²¹³ kuə²¹³ fən²¹³

后茅 ᶻ 失 ᴰ 火——屎（使）着了

xou²¹³ mæu⁴² ʂʅ²⁴ xuə⁵⁵ ʂʅ⁵⁵ tʂuə⁰ lə⁰

指由于偶然出现的有利条件，侥幸避免了不希望发生的后果。失 ᴰ：动词变韵表完成义，可替换为"失了"。

后娘打孩 ᶻ——一点儿不心疼

xou²¹³ niaŋ⁴² ta⁵⁵ xɛau⁴² i²⁴ tior⁵⁵ pu²⁴ ɕin²⁴ tʻəŋ⁰

又作"后娘打孩 ᶻ——脱不过这一顿。"

后娘打孩 ᶻ——又一顿

xou²¹³ niaŋ⁴² ta⁵⁵ xɛau⁴² iou²¹³ i⁰ tuən⁰

指又吃了一顿饭；用作吃完饭之后的俏皮话。

后娘嘞脸——说变都变

xou²¹³ niaŋ⁴² lɛ⁰ lian⁵⁵ ʂuə²⁴ pian²¹³ tou⁰ pian²¹³

都：就。又作"六月嘞天——说变都变"。

囫囵吞枣——不知 ᴴ 啥滋味儿

xu⁴² luən²¹³ tʻən²⁴ tsau⁵⁵ pu²⁴ tʂo²⁴ ʂa⁵⁵ tsʅ²⁴ uər⁰

喻指不能体会某种感受。知 ᴴ："知道"的合音。

花盖的不叫花盖的——叫点儿被（背）

xua²⁴ kai²¹³ ti⁰ pu²⁴⁻⁴² tɕiau²¹³ xua²⁴ kai²¹³ ti⁰ tɕiau²¹³ tior⁵⁵ pei²¹³

指打牌时手气不好；泛指运气不好。盖的：被子。

画匠不给 ᴰ 神磕头——知 ᴴ 你是哪坑里 ᴴ 嘞泥

xua⁴² tɕiaŋ⁰ pu²⁴⁻⁴² kɛ⁵⁵⁻²¹³ ʂən⁴² kʻə⁰ tʻou⁴² tʂo²⁴ ni⁵⁵ ʂʅ²¹³ na⁵⁵ kʻəŋ²⁴ liou⁰ lɛ⁰ ni⁴²

喻指非常了解对方的底细和水平。知 ᴴ："知道"的合音。"给 ᴰ"无规则变调。

黄泥掉 ᴰ 裤裆里 ᴴ——不是屎也是屎

xuaŋ⁴² ni⁴² tio²¹³ kʻu²¹³ taŋ²⁴ liou⁰ pu²⁴⁻⁴² ʂʅ²¹³ ʂʅ⁵⁵ iɛ⁵⁵ ʂʅ²¹³ ʂʅ⁵⁵

喻指遭人误解，难以申辩。掉 ᴰ：掉到，动词变韵表终点义。

黄鼠狼 ᶻ 吃鸡娃 ᶻ——不嫌瘦

xuai⁴² ʂu⁰ læŋ²⁴ tʂʅ²⁴ tɕi²⁴ uæu⁴² pu²⁴ ɕian⁴²⁻⁵⁵ ʂou²¹³

喻指人非常贪婪，不会放弃任何一个(哪怕微不足道的)捞取好处的机会。"黄"读音特殊。"嫌"无规则变调。

黄鼠狼 ᶻ 拉鸡 ᶻ——啥声儿

xuai⁴² sʅ⁰ læŋ²⁴ la²⁴ tɕiːau²⁴ ʂa⁵⁵ ʂər²⁴

指说话、叫喊、唱歌等声音很难听。声儿：声音。"黄"读音特殊。

黄鼠狼 ᶻ 屁股上绑鸡毛掸——装大尾巴狼嘞

xuai⁴² sʅ⁰ læŋ²⁴ pʻi²¹³ ku⁰ ʂaŋ⁰ paŋ⁵⁵ tɕi²⁴ mau⁴² tan⁵⁵ tʂuaŋ²⁴ ta²¹³ i⁵⁵ pa⁰ laŋ⁴² lɛ⁰

喻指人矫揉造作、故弄玄虚、不懂装懂等。

皇帝嘞老丈人——太师（湿）

xuaŋ⁴² ti²¹³ lɛ⁰ lau⁵⁵ tʂaŋ²¹³ zən⁰ tai²¹³ ʂʅ²⁴

皇帝嘞娘——太后（厚）

xuaŋ⁴² ti²¹³ lɛ⁰ niaŋ⁴² tai²¹³ xou²¹³

皇帝招驸马——专捡 ᴰ 好儿嘞挑

xuaŋ⁴² ti²¹³ tʂau²⁴ fu²¹³ ma⁵⁵ tʂuau²⁴ tɕiæ⁵⁵ xor⁵⁵ lɛ⁰ tʻiau²⁴

捡 ᴰ：捡着，动词变韵表持续义。

J

鸡蛋掉 ᴰ 油锅里——滑蛋

tɕi²⁴ tan⁰ tio²¹³ iou⁴² kuə²⁴ li⁰ xua⁴² tan²¹³

喻指人很世故、很圆滑。掉 ᴰ：掉到，动词变韵表终点义。

鸡蛋换盐——两不找钱

tɕi²⁴ tan⁰ xuan²¹³ ian⁴² liaŋ⁵⁵ pu⁰ tʂau⁵⁵ tɕʻian⁴²

喻指物物交换或以账抵账时，双方对等、持平，谁也不欠谁。

鸡蛋□□里发面——没多大个发头儿

tɕi²⁴ tan⁰ kʻɛ⁴² lou⁰ li⁰ fa²⁴ mian²¹³ mu⁴² tuə²⁴ ˩ ⁵⁵ ta²¹³ kə⁰ fa²⁴ tʻər⁰

喻指前景不好，没有发展、提升的空间。鸡蛋□□：鸡蛋壳。发面：用酵母等使面团发酵。

鸡蛋里挑骨头——没事儿找事儿

tɕi²⁴ tan⁰ li⁰ tʻiau²⁴ ku⁴² tʻou⁰ mu⁴² ʂər²¹³ tʂau⁵⁵ ʂər²¹³

指故意挑别人的毛病，并以此为借口，挑起事端。又作"鸡蛋里挑骨头——无中生有"。

鸡 ᶻ 笼里 ᴴ 抓鸡 ᶻ——一抓一个准儿

tɕiːau²⁴ luəŋ⁴² liou⁰ tʂua²⁴ tɕiːau²⁴ i²⁴ tʂua²⁴ i²⁴ ˩ ⁴² kə⁰ tʂuər⁵⁵

指很有把握，极易成功。又作"鸡 ᶻ 笼里 ᴴ 抓鸡 ᶻ——手到擒来"。

见 ᴰ 丈母娘叫大嫂——没话展叨话
tɕiæ²¹³ tʂaŋ²¹³ mu⁰ niaŋ⁴² tɕiau²¹³ ta²¹³ sau⁵⁵　mu⁴² xua²¹³ tʂan⁵⁵ tau⁰ xua²¹³

指故意给自己惹麻烦。见 ᴰ：见到，动词变韵表终点义。展叨：（临时）聚拢、拼凑。又作"见 ᴰ 丈母娘叫大嫂——没事儿找事儿"。/"见 ᴰ 老婆 ᶻ 叫大嫂——没话找话"。

将暖出 ᴴ 嘞小鸡儿——嘴硬腿软
tɕiaŋ²⁴ nuan⁵⁵ tʂʻuai⁰ lɛ⁰ ɕiau⁵⁵ tɕiər²⁴　tsuei⁵⁵ iŋ²¹³ tʻuei⁵⁵⁻⁴² ʐuan⁵⁵

指嘴上说的很强硬，其实内心很软弱。将：刚。暖：孵。

脚踩两只船——左右为难
tɕyə²⁴ tsʻai⁵⁵ liaŋ⁵⁵ tʂʅ²⁴ tʂʻuan⁴²　tsuə⁵⁵ iou²¹³ uei²¹³ nan⁴²

脚底板 ᶻ 抹油——溜了
tɕyə²⁴ ti⁵⁵ pæ⁵⁵ muə⁵⁵ iou⁴²　liou²⁴ lə⁰

指躲避、逃避，偷偷离开。

脚面水——平趟
tɕyə²⁴ mian²¹³ ʂuei⁵⁵　pʻiŋ⁴² tʻaŋ²⁴

指轻而易举、不在话下。脚面水：没过脚面的水。

叫黄鼠狼 ᶻ 看鸡 ᶻ ——越看越稀
tɕiau²¹³ xuai⁴² ʂʅ⁰ laŋ²⁴ kʻan²⁴ tɕi:au²⁴　yɛ²⁴ kʻan²⁴ yɛ²⁴ ɕi²⁴

喻指用人不当。"黄"读音特殊。看：照看。稀：少。

靳二嘞哥——靳（劲）大
tɕin²¹³ ər²¹³ lɛ⁰ kə⁵⁵　tɕin²¹³ ta²¹³

指人精力充沛，精神十足，耐受力强。

井里 ᴴ 嘞蛤蟆——没见过天多大儿
tɕiŋ⁵⁵ liou⁰ lɛ⁰ xɛ⁴² ma⁰　mu⁴² tɕian²¹³ kuə⁰ tʻian²⁴ tuə²⁴⁻⁵⁵ tər²¹³

喻指人眼界狭窄。又作"井里 ᴴ 嘞蛤蟆——没见过大海"。

井台 ᶻ 上卖水——现成嘞
tɕiŋ⁵⁵ tʻɛau⁴² ʂaŋ⁰ mai²¹³ ʂuei⁵⁵　ɕian²¹³ tʂʻəŋ⁴² lɛ⁰

同"长 ᴰ 村嘞不赶白寺嘞集——守 ᴰ 县城（现成）嘞"。

镜里 ᴴ 嘞烧饼——中看不中吃
tɕiŋ²¹³ liou⁰ lɛ⁰ ʂau²⁴ piŋ⁰　tʂuəŋ²⁴ kʻan²¹³ pu²⁴ tʂuəŋ²⁴ tʂʻʅ²⁴

喻指兑现不了的承诺或实现不了的空想，起不到任何实际作用。

九月嘞石榴——咧 ᴰ⁻⁰ 嘴儿了
tɕiou⁵⁵ yɛ⁰ lɛ⁰ ʂʅ⁴² liou⁰　liɛ⁵⁵⁻⁴² tsuər⁵⁵ lə⁰

喻指兴奋、喜悦。咧 ᴰ⁻⁰：咧（开）了，动词变韵表完成义。

蹶着屁股瞧天——有眼无珠

tɕyɛ²⁴ tʂʅ⁰ p'i²¹³ ku⁰ tɕ'iau⁴² t'ian²⁴　iou⁵⁵⁻⁴² ian⁵⁵ u⁴² tʂʅ²⁴

K

开闸嘞水——一泻而出

k'ai²⁴ tʂa⁵⁵ lɛ⁰ ʂuei⁵⁵　i²⁴⁻⁴² ɕiɛ²¹³ ər⁵⁵ tʂ'ʅ²⁴

砍 ᴰ 一斧，锯 ᴰ 一锯——不对碴 ᶻ

k'æ⁵⁵ i⁰ fu⁵⁵　tɕyɛ²¹³ i⁰ tɕy²¹³　pu²⁴⁻⁴² tuei²¹³ tʂ'æu⁴²

喻指彼此脾气、性格不合，话不投机。砍 ᴰ、锯 ᴰ：动词变韵均表完成义，可分别替换为"砍了""锯了"。不对：对不上。

坷垃擦包——光往里迷

k'ɛ⁵⁵ la⁰ ts'a²⁴ pau²⁴　kuaŋ²⁴ uaŋ⁵⁵ li⁵⁵ mi⁴²

喻指人自私自利，贪占小便宜。擦包：如厕后擦屁股。

坷垃地撵瘸 ᶻ——没跑儿

k'ɛ⁵⁵ la⁰ ti²¹³ nian⁵⁵ tɕ'yau⁴²　mu⁴² p'or⁵⁵

同"板儿上钉钉 ᶻ⁻⁰——没跑儿"。

磕 ᴰ⁻⁰ 一个头放 ᴰ 仨屁——行好没作恶多

k'ə⁵⁵ i²⁴⁻⁴² kə⁰ t'ou⁴² fæŋ²¹³ sa²⁴ p'i²¹³　ɕin⁴² xau⁵⁵ mu⁴² tsuə²⁴ ə²⁴ tuə²⁴

指看似做好事，实际却造成了不良后果；用于责骂假装行善、专做坏事的人。磕 ᴰ⁻⁰、放 ᴰ：动词变韵均表完成义，可分别替换为"磕了""放了"。"行"读音特殊。

嗑瓜子儿嗑出 ᴴ 个臭虫——啥仁（人）儿都有

k'ə²¹³ kua²⁴ tsər⁵⁵ k'ə²¹³ tʂ'uai⁰ kə⁰ tɕ'ou²¹³ tʂ'uəŋ⁰　ʂa⁵⁵ zər⁴² tou²⁴ iou⁵⁵

指形形色色、各种各样的人都有；多含贬义，专指坏人、品行差的人。又作"嗑瓜子儿嗑出 ᴴ 个臭虫——遇见孬仁（人）儿了"。

坑里 ᴴ 嘞泥鳅——掀不起 ᴴ 大浪

k'əŋ²⁴ liou⁰ lɛ⁰ ni⁴² tɕiou⁰　ɕian²⁴ pu⁰ tɕ'iai⁵⁵ ta²¹³ laŋ²¹³

喻指小人物无论如何闹腾，也干不成大事，不会影响大局。

孔夫子嘞徒弟——贤（闲）人

kuəŋ⁵⁵ fu²⁴ tsʅ⁰ lɛ⁰ t'u⁴² ti²¹³　ɕian⁴² zən⁴²

裤裆里 ᴴ 插对杵——捣蛋

k'u²¹³ taŋ²⁴ liou⁰ tʂ'a²⁴ tuei²¹³ tʂ'ʅ⁰　tau⁵⁵ tan²¹³

①指事情未按照正常的情况发展，出现了意外结果。②指人无理取闹、

扰乱破坏，存心找麻烦。对杵：臼锤。捣：击打。蛋：睾丸。

裤裆里 ᴴ 放屁——两岔了
k'u²¹³ taŋ²⁴ liou⁰ faŋ²¹³ p'i²¹³　liaŋ⁵⁵ tʂ'a²¹³ lə⁰

喻指出现了误会。岔：岔开、分开；浚县话中还有"差错"义。

L

拉磨断 ᴰ 客晃 ᶻ——白跑 ᴰ 一圈儿
la²⁴ muə²¹³ tuæ²¹³ k'ɛ²⁴ læu⁰　pɛ⁴² p'o⁵⁵ i⁰ tɕ'yor²⁴

指白费功夫，徒劳无功。断 ᴰ、跑 ᴰ：动词变韵均表完成义，可分别替换为"断了""跑了"。客晃 ᶻ：嵌在石磨上扇（转动磨盘）侧面的铁圆环，其作用是固定绳索，便于磨棍借助绳索而用力，以使磨盘转动。白：徒然。

喇叭上挂手巾——抹号①
la⁵⁵ pa⁰ ʂaŋ⁰ kua²¹³ ʂou⁵⁵ tɕin⁰　ma²⁴ xau²¹³

指取消资格或撤销职务。抹：擦。号：小号。

辣椒棵 ᶻ②上吊茄 ᶻ——红嘞发紫
la²⁴ tɕiau²⁴ k'uau⁰ ʂaŋ⁰ tiau²¹³ tɕ'i:au⁴²　xuəŋ⁴² lɛ⁰ fa²⁴ tsɿ⁵⁵

喻指人极受信任和赏识，境遇、待遇几乎好到了极致。

烂眼儿瞧飞机——撚眼儿都过
lan²¹³ ior⁵⁵ tɕ'iau⁴² fei²⁴ tɕi²⁴　tʂ'an⁵⁵⁻⁴² ior⁵⁵ tou⁰ kuə²¹³

指速度很快，转瞬即逝。撚：轻轻擦拭。

老公公背儿媳妇儿——掏力不落好儿
lau⁵⁵ kuəŋ²⁴ kuəŋ⁰ pei²⁴ ər⁴² ɕi⁴² fər⁰　t'au²⁴ li²⁴ pu²⁴ luə²⁴ xor⁵⁵

同"儿媳妇儿背她老公公——挨压不落人"。

老鸹趴 ᴰ⁻⁰ 猪身 ᴴ——瞧见□₁黑，瞧不见□₂黑
lau⁵⁵⁻⁴² kua⁰ p'a²⁴ tʂʮ²⁴ ʂæ⁰　tɕ'iau⁴² tɕian²¹³ iæ⁴² xɛ²⁴　tɕ'iau⁴² pu⁰ tɕian²¹³ tsɿə²¹³ xɛ²⁴

喻指只看到别人的毛病，意识不到自己也有同样的毛病。趴 ᴰ⁻⁰：趴到，动词变韵表终点义。身 ᴴ："身上"的合音。□₁：别人。□₂：自己。

老和尚变驴——早晚脱不过
lauᵉ⁵⁵⁻²⁴ xuə⁴² tʂ'æŋ⁰ pian²¹³ ly⁴²　tsau⁵⁵⁻⁴² uan⁵⁵ t'uə²⁴⁻⁴² pu⁰ kuə²¹³

指必须要面对的事情，迟早都躲避不掉。脱：逃离、躲避。

---

① "喇叭"又称"小号"，故有此语。浚县方言"抹号"为消资格之义；本字不明。

② 浚县话中"棵"的基本韵为 uo，z 变韵为 uau。

老虎不吃人——恶名在外
lau⁵⁵⁻⁴² xu⁰ pu²⁴ tʂʻʅ²⁴ zən⁴² ə²⁴ miŋ⁴² tsai²¹³ uai²¹³

指人被冤屈、误解，坏名声已经流传在外；就像老虎一样，即使不吃人，恶名也已经形成了。

老虎戴念珠儿——假充善人
lau⁵⁵⁻⁴² xu⁰ tai²¹³ nian²¹³ tʂuər²⁴　tɕia⁵⁵ tʂʻuaŋ²⁴ ʂan²¹³ zən⁰

念珠儿：佛教徒挂在胸前的佛珠，念经时计数的用具。

老虎头上蹭痒——胆儿不小
lau⁵⁵⁻⁴² xu⁰ tʻou⁴² ʂaŋ⁰ tsaŋ²¹³ iaŋ⁵⁵ ——tor⁵⁵ pu²⁴ ɕiau⁵⁵

蹭：摩擦；读音特殊。又作"老虎嘴上拔毛——胆儿不小"。

老黄瓜刷绿——装嫩
lau⁵⁵ xuaŋ⁴² kua⁰ ʂua²⁴ ly²⁴　tʂuaŋ²⁴ luən²¹³

指人的言行、举止、外貌故作年轻；有讥讽意味。"嫩"读音特殊。

老孔雀开屏——自作多情
lau⁵⁵⁻⁴² kʻuəŋ⁵⁵ tɕʻyə⁰ kʻai²⁴ pʻiŋ⁴²　tsʅ²¹³ tsuə²⁴ tuə²⁴ tɕʻiŋ⁴²

老母猪拱地——嘴劲儿不小
lau⁵⁵⁻²⁴ mu⁵⁵ tʂʅ²⁴ kuəŋ⁵⁵ ti²¹³　tsuei⁵⁵ tɕiər²¹³ pu²⁴ ɕiau⁵⁵

喻指只会空谈而不干实事。又作"老母猪拱地——光会用嘴"。

老母猪拱暄土——吃死食
lau⁵⁵⁻²⁴ mu⁵⁵ tʂʅ²⁴ kuəŋ⁵⁵ ɕyan²⁴ tʻu⁵⁵　tʂʻʅ²⁴ sʅ⁵⁵ sʅ⁴²

①喻指得惯了某种利益，坚决不撒手。②不懂变通，不做出任何改变。暄土：蓬松、易挖的泥土。

老奶大店门前嘞石板儿——出律滑儿
lau⁵⁵⁻²⁴ nɛ⁵⁵ ta²¹³ tian²¹³ mən⁴² tɕʻian⁴² nɛ⁰ ʂʅ⁴² por⁵⁵　tʂʻʅ²⁴ ly⁰ xuɐr⁴²

喻指（学习成绩、收入水平等）直线下降。老奶大店：浮丘山碧霞宫。出律滑儿：出溜下滑。

老牛拉破车——慢腾腾
lau⁵⁵⁻²⁴ niou⁴² la²⁴ puə²¹³ tʂʻə²⁴　man²¹³ tʻəŋ⁰ tʻəŋ⁰

老婆儿纺花——慢慢儿上劲儿
lau⁵⁵⁻²⁴ pʻor⁴² faŋ⁵⁵ xua²⁴　man²¹³ mor⁰ ʂaŋ²¹³ tɕiər²¹³

喻指事情都是渐变的过程，做事要稳扎稳打，不能操之过急；就像纺棉花一样，抽线必须用力均匀，不能太快太猛，否则线容易断。

老鼠放屁——呲猫（疵毛）
lau⁵⁵⁻⁴² ʂʅ⁰ faŋ²¹³ pʻi²¹³　tsʻʅ²⁴ mau⁴²

指物品质量差或人的品质差。呲：用气吹。疵毛：不好、很差。

老鼠跟 ᴰ 猫打架——练胆儿嘞
lau⁵⁵⁻⁴² ʂʅ⁰ kɛ²⁴ mau⁴² ta⁵⁵ tɕia²¹³　lian²¹³ tor⁵⁵ lɛ⁰
喻指人胆大妄为。

老鼠跟 ᴰ 猫打架——没好事儿
lau⁵⁵⁻⁴² ʂʅ⁰ kɛ²⁴ mau⁴² ta⁵⁵ tɕia²¹³　mu⁴² xau⁵⁵ ʂər²¹³
喻指可以预料，情况肯定很不好或结果肯定很糟糕。

老鼠拉木锨①——大头儿在后边
lau⁵⁵⁻⁴² ʂʅ⁰ la²⁴ mu²⁴ tɕian⁰　ta²¹³ t'ər⁴² kai²¹³ xou²¹³ pian⁰
喻指事情才刚刚开始，目前看到的仅仅是较小的前端，更重要、更关键、更严重的还在后面。

老鼠尾巴——挤不出 ᴴ 多少油
lau⁵⁵⁻⁴² ʂʅ⁰ i⁵⁵ pa⁰　tɕi⁵⁵ pu⁰ tʂ'uai²⁴⁻⁵⁵ tuə²⁴⁻⁴² ʂau⁰ iou⁴²
喻指没有油水可榨，能够捞取的利益不多。"多"无规则变调。又作"老鼠尾巴上长疮——挤不出 ᴴ 几两脓血"。

老鼠钻 ᴰ 风匣②里——两头儿受气
lau⁵⁵⁻⁴² ʂʅ⁰ tsuæ²⁴ faŋ²⁴ ɕiɛ⁰ li⁵　liaŋ⁵⁵ t'ər⁴² ʂou²¹³ tɕ'i²¹³
喻指两边不讨好，受到双方的指责或欺压。钻 ᴰ：钻到，动词变韵表终点义。又作"风匣里嘞老鼠——两头儿受气"。

老天爷放屁——神气
lau⁵⁵ t'ian²⁴ iɛ⁴² faŋ²¹³ p'i²¹³　ʂən⁴² tɕ'i²¹³

老天爷拄拐棍——一竿 ᶻ 插到底
lau⁵⁵ t'ian²⁴ iɛ⁴² tʂʅ⁵⁵ kuai⁵⁵ kuən⁰　i²⁴ kæ²⁴ tʂ'a²⁴ tau⁰ ti⁵⁵
喻指负责到底，彻底解决问题。拐棍：拐杖。

老头儿吃屁——得得儿嘞
lau⁵⁵⁻²⁴ t'ər⁴² tʂ'ʅ²⁴ p'i²¹³　tɛ²⁴ tor²⁴⁻⁴² lɛ⁰
指恰到好处，正合时宜、正合心意。得：适合、恰当。"得儿"无规则变调。此语来源及理据待考。

老头儿吃柿 ᶻ——腌臜胡了
lau⁵⁵⁻²⁴ t'ər⁴² tʂ'ʅ²⁴ ʂau²¹³　a²⁴ tsa⁰ xu⁴² lə⁰
喻指事与愿违，不称心、很糟糕；含贬义。胡：胡须。

---

① 木锨：农作物收获季节打场脱粒时必备的工具之一；由锨板和锨把两部分组成，形状跟铁锨相似；多用于谷物、小麦扬场，也用以铲粮食等轻而散的东西；随着现代农业的崛起，木锨渐渐淡出了人们的视野。

② 风匣：即风箱，一种木制炊具，由箱体、堵风板、推拉杆、风舌与出风嘴等部件套装组合而成。

老头儿吃柿 ^Z——专捡 ^D 软嘞捏
lau⁵⁵⁻²⁴ tʻər⁴² tʂʻʅ²⁴ ʂʅau²¹³　tʂuan²⁴ tɕiæ⁵⁵ ʐuan⁵⁵ nɛ⁰ niɛ²⁴
喻指人们往往惯于欺负弱小者。捡 ^D：捡着，动词变韵表持续义。

老万卖帽 ^Z——没亲没厚①
lau⁵⁵ uan²¹³ mai²¹³ mæu²¹³　mu⁴² tɕʻin²⁴ mu⁴² xou²¹³
指不分亲疏远近，一视同仁。老万：卫贤前公堂村周同然老人，号老万；旧时织帽卖帽为生；不论亲疏远近，帽价不二。

老榆木疙瘩——死不开窍
lau⁵⁵ y⁴² mu⁰ kɛ²⁴ ta⁰　sʅ⁵⁵ pu⁰ kʻai²⁴ tɕʻiau²¹³
喻指人头脑愚笨或思想顽固。又作"老榆木疙瘩——没心眼儿"。

老灶爷上天——有啥说啥
lau⁵⁵ tsau²¹³ iɛ⁰ ʂaŋ²¹³ tʻian²⁴　iou⁵⁵⁻⁴² ʂa⁵⁵ ʂuə²⁴ ʂa⁵⁵
指开诚布公，实话实说。老灶爷：也叫灶王、灶君、灶神、灶王爷等，掌管祸福财气，民间都将其供奉在锅灶附近。

老灶爷造反——胡闹锅（过）台
lau⁵⁵ tsau²¹³ iɛ⁰ tsau²¹³ fan⁵⁵　xu⁴² nau²¹³ kuə²⁴ tʻai⁴²
指人不守章法，做得太过分。

李新寨嘞铜器——响噹₁噹₂嘞
li⁵⁵ ɕin²⁴ tʂai⁰ lɛ⁰ tʻuəŋ⁴² tɕʻi²¹³　ɕiaŋ⁵⁵ taŋ²⁴ taŋ²⁴⁻⁴² lɛ⁰
指非常出色、很有名气。李新寨：王庄镇一行政村，传统产业铜器加工已有几百年的历史；主要生产铙、钗、锣等打击乐器；其产品声音洪亮，经久耐用，行销全国各地。"噹₂"无规则变调。

俩臭鸡蛋搁一团儿——一个味儿
lia⁵⁵ tʂʻou²¹³ tɕi²⁴ tan⁰ kə²⁴ i²⁴ tʻuor⁴²　i²⁴⁻⁴² kə⁰ uər²¹³
喻指分不出好坏优劣；含贬义。一团儿：一块儿。

俩老头儿亲嘴儿——对胡（对乎）
lia⁵⁵ lau⁵⁵⁻²⁴ tʻər⁴² tɕʻin²⁴ tsuər⁵⁵　tuei²¹³ xu⁴²
指说得过去，勉强可以接受。对乎：勉强、凑合。

俩兽医抬 ^D 个驴——没治儿
lia⁵⁵ ʂou²¹³ i²⁴ tʻɛ⁴² kə⁰ ly⁴²　mu⁴² tʂər²¹³
指难以救治，无可挽回。抬 ^D：抬着，动词变韵表持续义。

---

① 据传，有讨价还价者，老万一律拒之以"我这帽，没亲没厚，一个价儿。"故有此语。

俩外甥儿说话——咱舅（就）

lia⁵⁵ uai²¹³ ṣər⁰ ṣʅə²⁴ xua²¹³　tsan⁴² tɕiou²¹³

指就这样做，即认可对方，顺势而为。就：就这样。

刘备嘞爹——老备（背）

liou⁴² pei²¹³ lɛ⁰ tiɛ²⁴　lau⁵⁵ pei²¹³

指手气不佳，运气不好。背：不顺。

六ᴴ指头挠痒——多那一道 ᶻ

lio²¹³ tʂʅ⁵⁵⁻⁴² t'ou⁰ nau⁴² iaŋ⁵⁵　tuə²⁴ na⁰ i⁰ tæu²¹³

喻指违反常理。也喻指多管闲事。六ᴴ："六个"的合音。

龙洞①里ᴴ放火鞭——响里不响外

luəŋ⁴² tuəŋ²¹³ liou⁰ faŋ²¹³ xuɛ⁵⁵ pian²⁴　ɕiaŋ⁵⁵⁻⁴² li⁵⁵ pu²⁴ ɕiaŋ⁵⁵ uai²¹³

指在社会上可能不出名，但在家族或某一范围内的名气却很大。火鞭：鞭炮。又作"龙洞里ᴴ放火鞭——里响外不响"。

龙王搬家——离海（厉害）

luəŋ⁴² uaŋ⁰ pan²⁴ tɕia²⁴　li²¹³ xai⁰

龙王爷发兵讨伐河神——不认自家人

luəŋ⁴² uaŋ⁰ iɛ⁰ fa²⁴ piŋ²⁴ t'au⁴² fa⁴² xə⁴² ʂən⁴²　pu²⁴⁻⁴² zən²¹³ tsʅ²¹³ tɕia⁰ zən⁴²

①喻指不徇私情，一视同仁。②喻指本是一家人或像家人一样亲密，却因误会等而翻脸不相认，变成了路人或仇人。

聋 ᶻ⁻⁰嘞耳朵儿——摆设儿

luəŋ⁴² lɛ⁰ ər⁵⁵ tor⁰　pai⁵⁵ ʂɤr⁰

喻指物品中看不中用，徒有其表而实用价值不大。也喻指人在某一境况中没有起到一点儿作用。

搂草打兔——两不误

lou²⁴ ts'au⁵⁵ ta⁵⁵ t'u²¹³　liaŋ⁵⁵ pu²⁴⁻⁴² u²¹³

指两件事情可以兼顾。搂：用手或工具把东西聚集到一起。

漏盆里ᴴ洗澡——快活不长久

lou²¹³ p'ən⁴² liou⁰ ɕi⁵⁵⁻⁴² tsau⁵⁵　k'uai²¹³ xuə⁰ pu²⁴ tʂ'aŋ⁴² tɕiou⁵⁵

指好境况不会持续太久；用于提醒人不要高兴得太早，有讥讽意味。

---

① 龙洞：位于大伾山顶东北侧丰泽庙（现名龙洞）中；洞由山间罅隙构成，洞口直径约 1 米。据嘉庆《浚县志·金石录》中乾德五年（923 年）《西阳明洞记》载，在乾德五年前称为"龙窟"，乾德五年后曾称"西阳明洞"。在特殊天气条件下，会出现白云出岫的自然景观，当地人俗称为龙洞。"龙洞祥云"为浚县八景之一。

鲁班嘞斧——两面儿砍

lu⁵⁵ pan⁰ nε⁰ fu⁵⁵　liaŋ⁵⁵ miɐr²¹³ kʻan⁵⁵

喻指同时对双方进行处置。也喻指两件事情同时进行。

驴跟 ᴰ 牛牴头——光仗 ᴰ 脸上嘞①

ly⁴² kε²⁴ niou⁴² ti⁵⁵ tʻou⁴²　kuan²⁴ˈ⁴² tʂæŋ²¹³ lian⁵⁵ ʂaŋ²¹³ lε⁰

喻指丝毫不顾忌脸面。牴：牛、羊等动物用头或角相互触碰。仗 ᴰ：仗着，动词变韵表持续义。又作"驴跟 ᴰ 牛牴头——舍住脸上嘞"。

驴拉磨——任人摆布

ly⁴² la²⁴ muə²¹³　zən²¹³ zən⁴² pai⁵⁵ pu²¹³

罗锅儿上树——前（钱）紧

luə⁴² kuɣr⁰ ʂaŋ²¹³ ʂʅ²¹³　tɕʻian⁴² tɕin⁵⁵

骡 ᶻ 嘞屌——摆设儿

luau⁴² lε⁰ tiau⁵⁵　pai⁵⁵ ʂɣr⁰

同"聋 ᶻ⁻⁰ 嘞耳朵儿——摆设儿"。又作"骡 ᶻ 嘞鸡巴——余剩儿"。

M

麻□ᶻ上绣花儿——底儿太差

ma⁴² tʂæ⁰ ʂaŋ⁰ ɕiou²¹³ xuɐr²⁴　tɕiər⁵⁵ tʻai²¹³ tʂʻa²⁴

喻指基础或条件太差，难以成功。底儿：底子；基础。麻□ᶻ：麻袋。

麻□ᶻ做龙袍——不是这块料儿

ma⁴² tʂæ⁰ tsu²¹³ luəŋ⁴² pʻau⁴²　pu²⁴ˈ⁴² ʂʅ²¹³ tʂə⁵⁵ kʻuai²¹³ lior²¹³

喻指人不具备做某事的能力，或不适合做某项工作。麻□ᶻ：麻袋。

麻秆当大梁——不是这个材料儿

ma⁴² kan⁰ taŋ²⁴ ta²¹³ liaŋ⁴²　pu²⁴ˈ⁴² ʂʅ²¹³ tʂə⁵⁵ kə⁰ tsʻai⁴² lior⁰

同"麻袋做龙袍——不是这块料儿"。麻秆：蓖麻的茎。

麻子不叫麻子——叫坑人

ma⁴² tsʅ⁰ pu²⁴ˈ⁴² tɕiau²¹³ ma⁴² tsʅ⁰　tɕiau²¹³ kʻəŋ²⁴ zən⁴²

麻子：指生了天花以后，在身上脸上留下坑状疤痕的人。坑人："脸上有坑的人"，简称"坑人"，谐指"坑害人"。

麻子管事儿——点儿多

ma⁴² tsʅ⁰ kuan⁵⁵ ʂər²¹³　tior⁵⁵ tuə²⁴

指人脑子灵活，足智多谋。点儿：坑、点状疤痕，谐指"点子、办法"。

---

① 驴没有角，只能用头、脸去牴撞。故有此语。

麻子照相——脸儿不好看

ma⁴² tsʅ⁰ tʂau²¹³ ɕiaŋ²¹³　lior⁵⁵ pu²⁴ xau⁵⁵ kʻan²¹³

指有失体面和名誉。脸儿：指脸面。

麻籽搅黑豆——分不清谁是谁

ma⁴² tsʅ⁰ tɕiau⁵⁵ xɛ²⁴⁼⁴² tou²¹³　fən²⁴ pu⁰ tɕʻiŋ²⁴ ʂei⁴² ʂʅ²¹³ ʂei⁴²

指非常相似，难以分辨。麻籽：蓖麻的种子，呈黑色或棕色斑纹，椭圆形，壳皮较硬，有光泽。黑豆：又称橹豆，籽实表皮呈黑色的大豆。

马大哈当会计——都是糊涂账

ma⁵⁵ ta²¹³ xa²⁴ taŋ²⁴ kʻuai²¹³ tɕi²¹³　tou²⁴⁼⁴² ʂʅ²¹³ xu⁴² tu⁰ tʂaŋ²¹³

马尾穿豆腐——提不起 ᴴ

ma⁵⁵⁼⁴² i⁵⁵ tʂʻuan²⁴ tou²¹³ fu⁰　tʻi⁴² pu⁰ tɕʻiai⁵⁵

指人的品行很差，不屑一提。马尾：马尾巴上的毛。

蚂蚁尥蹶儿——不是小耍儿嘞

ma⁴² i⁰ liau²¹³ tɕyor⁴²　pu²⁴⁼⁴² ʂʅ²¹³ ɕiau⁵⁵⁼⁴² ʂuɐr⁵⁵ lɛ⁰

喻指虚张声势，不自量力。尥蹶儿：骡马等动物跳起来后腿向后踢。

蚂蚱打嚏喷——吓唬割草嘞

ma²⁴ tʂa⁰ ta⁵⁵ tʻi²¹³ fən⁰　ɕia²¹³ xu⁰ kə²⁴ tsʻau⁵⁵ lɛ⁰

喻指虚张声势吓唬人。又作"蚂蚱尥蹶儿——吓唬割草嘞"。

蚂蚱嘞屁股——硬茬 ᶻ

ma²⁴ tʂa⁰ lɛ⁰ pʻi²¹³ ku⁰　iŋ²¹³ tʂʻæu⁴²

喻指不好惹的人。

蚂蚱嘞眼——死嘞①

ma²⁴ tʂa⁰ lɛ⁰ ian⁵⁵　sʅ⁵⁵ lɛ⁰

喻指已成定局，无法改变。

麦秸莛儿里 ᴴ **睡觉——细人儿**

me²⁴ tɕiɛ⁰ tʻiər⁴² liou⁰ ʂei²¹³ tɕiau²¹³　ɕi²¹³ zər⁴²

喻指行事处世小心谨慎的人。麦秸莛儿：小麦茎秆。细：仔细、谨慎。

卖东西嘞不拿秤——论堆儿嘞

mai²¹³ tuaŋ²⁴ ɕi⁰ lɛ⁰ pu²⁴ na⁴² tʂʻəŋ²¹³　luən²¹³ tsuər²⁴ lɛ⁰

喻指人不讲情理，为达目的而耍赖。论：按照某种标准衡量。

卖豆腐嘞搭戏台——架儿不小

mai²¹³ tou²¹³ fu⁰ lɛ⁰ ta²⁴ ɕi²¹³ tʻai⁰　tɕiɚ²¹³ pu²⁴ ɕiau⁵⁵

指摆架子，为炫耀等而故作姿态。又作"卖豆腐嘞搭戏台——买卖不

---

① 蚂蚱的眼睛没有眼球和瞳孔，只能直视，不能上下左右转动，状如死眼。故有此语。

大，架子不小"。

卖梨糕①嘞盖 ᴰ 座楼——不是一会儿半会儿熬嘞
mai²¹³ li⁴² kau²⁴ lɛ⁰ kɛ²¹³ tsuə⁰ lou⁴² pu²⁴⁺⁴² ʂʅ²¹³ i²⁴⁺⁴² xuər²¹³ pan²¹³ xuər²¹³ au⁴² lɛ⁰

喻指财富来之不易，靠辛勤劳作、日积月累。盖ᴰ：动词变韵表完成义，可替换为"盖了"。

卖凉粉嘞搭戏台——来头儿不小
mai²¹³ liaŋ⁴² fən⁰ nɛ⁰ ta²⁴ ɕi²¹³ tʻai⁰ lai⁴² tʻər⁰ pu²⁴ ɕiau⁵⁵

喻指人有背景、有势力，不可小觑。

卖盆儿嘞进街——有两套
mai²¹³ pʻər⁴² lɛ⁰ tɕin²¹³ tɕiɛ²⁴ iou⁵⁵⁺⁴² liaŋ⁵⁵ tʻau²¹³

喻指人有点小本事，善于应变，善用小计谋。

卖 ᴰ 孩 ᶻ 买蒸笼——不蒸馒头蒸（争）口气
mɛ²¹³ xɛau⁴² mai⁵⁵ tʂəŋ²⁴ luəŋ⁴² pu²⁴ tʂəŋ²⁴ man⁴² tou⁰ tʂəŋ²⁴ kʻou⁵⁵ tɕʻi²¹³

喻指为赌气而逞强。卖ᴰ：动词变韵表完成义，可替换为"卖了"。

卖 ᴰ 亲儿招女婿——胡折腾
mɛ²¹³ tɕʻin²⁴ ər⁴² tʂau²⁴ ny⁵⁵ ɕy⁰ xu⁴² tʂʅ⁴² tʻəŋ⁰

指舍近求远，得不偿失。卖ᴰ：动词变韵表完成义，可替换为"卖了"。又作"卖ᴰ亲儿招女婿——舍近求远"。

漫地烤火——一面儿热
man²¹³ ti²¹³ kʻau⁵⁵⁺⁴² xuə⁵⁵ i²⁴⁺⁴² miər²¹³ ʐə²⁴

喻指一厢情愿，当事者中只有一方很热心。

漫地扔 ᴰ 个老鸹头——光个嘴
man²¹³ ti²¹³ ʐo²⁴ kə⁰ lau⁵⁵⁺⁴² kua⁴² tʻou⁴² kuaŋ⁴² kə⁰ tsuei⁵⁵

喻指人花言巧语，心口不一。扔ᴰ：扔着，动词变韵表持续义。

牤牛掉 ᴰ 井里 ᴴ——有劲儿没头儿使
maŋ²⁴ ou⁰ tio²¹³ tɕin⁵⁵ liou⁰ iou⁵⁵ tɕiər²¹³ mu⁴² tʻər⁰ ʂʅ⁵⁵

喻指人有本领却无法施展。牤牛：公牛；读音特殊。掉ᴰ：掉到，动词变韵表终点义。

没尾巴旗火②——乱窜
mu⁴² i⁵⁵ pa⁰ tɕʻi⁴² xuə⁰ luan²¹³ tsʻuan²⁴

指毫无目的地瞎跑乱撞。旗火：一种鞭炮。

---

① 梨糕：将白糖熬化，冷却到一定程度，切成一厘米左右的正方形，俗称"梨糕糖"。

② 旗火：又叫钻天猴、冲天炮；燃放时主体定向或旋转升空；长度约2—3寸，直径约3厘米，绑在一根三尺长短的苇杆上，点燃后能猛蹿上天空，伴随声响崩出火花。

蒙 ^D 眼拉磨——瞎转悠

mo⁴² ian⁵⁵ la²⁴ muə²¹³ ɕia²⁴ tʂuan²¹³ iou⁰

指毫无目的地随意闲逛。蒙 ^D：蒙着，动词变韵表持续义。转悠：闲逛。

棉花掉 ^D 井里 ^H——弹（谈）不成

mian⁴² xua⁰ tio²¹³ tɕiŋ⁵⁵ liou⁰   t'an⁴² pu⁰ tʂ'əŋ⁴²

指意见不一致，谈不拢。掉 ^D：掉到，动词变韵表终点义。

庙里 ^H 嘞和尚——无牵无挂

miau²¹³ liou⁰ lɛ⁰ xuə⁴² tʂ'æŋ⁰   u⁴² tɕ'ian²⁴ u⁴² kua²¹³

庙里 ^H 嘞尼姑——没夫（福）

miau²¹³ liou⁰ lɛ⁰ ni⁴² ku⁰   mu⁴² fu²⁴

指没有福气。

庙台上长草——荒 ^D（慌 ^D）神儿了

miau²¹³ t'ai⁴² ʂaŋ⁰ tʂaŋ⁵⁵⁺⁴² ts'au⁵⁵   xuæŋ²⁴ ʂər⁴² lə⁰

指十分慌张，手忙脚乱。慌 ^D：慌了，形容词变韵表完成义。

摸着石头过河——稳当

muə²⁴ tʂʅ⁰ ʂʅ⁴² t'ou⁰ kuə²¹³ xə⁴²   uən⁵⁵ taŋ⁰

母鸡打鸣儿——不出声儿

mu⁵⁵ tɕi⁰ ta⁵⁵ miər⁰   pu²⁴ tʂ'ʅ²⁴ ʂər²⁴

指保持沉默，不发表意见。

木匠吊线——睁一只眼，挤一只眼

mu²⁴ tɕiaŋ⁰ tiau²¹³ɕian²¹³   tʂəŋ²⁴ i⁰ tʂʅ²⁴ ian⁵⁵   tɕi⁵⁵ i⁰ tʂʅ²⁴ ian⁵⁵

吊线：用墨斗在木头上打线。

木匠嘞斧——一面儿砍

mu²⁴ tɕiaŋ⁰ lɛ⁰ fu⁵⁵   i²⁴⁺⁴² miər²¹³ k'an⁵⁵

喻指看问题很片面，只说一面之理。也喻指处理矛盾纠纷时不公正，偏袒其中一方。

N

拿鸡蛋碰石头——不自量力

na⁴² tɕi²⁴ tan⁰ p'əŋ²¹³ ʂʅ⁴² t'ou⁰   pu²⁴⁺⁴² tsʅ²¹³ liaŋ²¹³ li²⁴

拿鸡毛当令箭——小题大做

na⁴² tɕi²⁴ mau⁴² taŋ²⁴ liŋ²¹³ tɕian²¹³   ɕiau⁵⁵⁺⁴² t'i⁵⁵ ta²¹³ tsuə²¹³⁺²⁴

纳鞋底儿[①]**不用针锥**[Z]**——针（真）中**

na²⁴ ɕiɛ⁴² tiər⁵⁵ pu²⁴⁻⁴² yŋ²¹³ tʂən²⁴ tʂuɛau²⁴　tʂən²⁴ tʂuəŋ²⁴

指能力非常强。针锥[Z]：锥子，一头儿是较粗的钢针，另一头儿是锥把儿。中：行、好。又作"纳鞋底儿不用针锥[Z]——针（真）好"。

南山[Z]**嘞老奶——有求必应**

nan⁴² ʂæ²⁴ lɛ⁰ lau⁵⁵⁻²⁴ nɛ⁵⁵　iou⁵⁵ tɕ'iou⁴² pi⁵⁵ iŋ²¹³

南山[Z]：浮丘山，又称南山。老奶：指浮丘山碧霞宫的碧霞元君。

鲇鱼打嚏喷——吹须（嘘）

nian⁴² y⁰ ta⁵⁵ t'i²¹³ fən⁰　tʂ'uei²⁴ ɕy²⁴

鲇鱼：又名胡子鱼，周身无鳞，头扁口阔，显著特征是上下颌各有四条较长的胡须。嚏喷：喷嚏。须：胡须。

撵着汽车拾粪——白跑

nian⁵⁵ tʂʅ⁰ tɕ'i²¹³ tʂ'ʅ²⁴ ʂʅ⁴² fən²¹³　pɛ⁴² p'au⁵⁵

指劳而无功。白：徒劳。又作"撵着汽车拾粪——白耽误功夫"。

撵着汽车拾粪——没啥

nian⁵⁵ tʂʅ⁰ tɕ'i²¹³ tʂ'ʅ²⁴ ʂʅ⁴² fən²¹³　mu⁴² ʂa⁰

指没有什么（了不起的），不屑一顾。也指不值得一提，不会计较。

尿盆里[H]**长豆芽**[Z]**——腌臜菜**

niau²¹³ p'ən⁴² liou⁰ tʂaŋ⁵⁵ tou²¹³ iæu⁴²　a²⁴ tsa⁰ ts'ai²¹³

喻指不通情理、胡搅蛮缠、粗俗鄙陋的人。长：使生长。

P

排骨炖豆腐——有软有硬

p'ai⁴² ku²⁴ tuən²¹³ tou²¹³ fu⁰　iou⁵⁵⁻⁴² ʐuan⁵⁵ iou⁵⁵ iŋ²¹³

喻指软硬兼施。

螃蟹过街——横行霸道

p'aŋ⁴² ɕiɛ⁰ kuə²⁴ tɕiɛ²⁴　xuən²¹³ ɕiŋ⁴² pa²¹³ tau⁰

赔本儿赚[D]**吆喝——落个买卖人**

p'ei⁴² pər⁵⁵ tʂuæ²¹³ iau²⁴ xuə⁰　luə²⁴ kə⁰ mai⁵⁵ mai⁰ ʐən⁰

喻指做事吃亏受累，尽管没有收益，但也使自己有了一定的名气。赚：

---

① 纳鞋底儿：是传统制作布鞋鞋底的方法，即把若干层碎布用糨糊粘在一起，然后再用针线密密地缝一遍，以使其结实耐用。由于鞋底较厚，把做好的鞋帮和鞋底缝合到一起时，一般的针很难扎进去，需要先用锥子钻上小孔，以利穿针过线。故有此语。

赚了，动词变韵表完成义。

彭城嘞瓦盆儿——一套儿一套儿嘞①

p'əŋ⁴² tʂ'əŋ⁴² lɛ⁰ ua⁵⁵ p'ər⁴²　i²⁴⁺⁴² t'or²¹³ i²⁴⁺⁴² t'or²¹³ lɛ⁰

指人口齿伶俐，说话有条理。也指应对事情的办法多。

砒霜拌辣椒——毒辣

p'i⁴² ʂuaŋ⁰ pan²¹³ la²⁴ tɕiau²⁴　tu⁴² la²⁴

屁股后掖刀——吓唬胆小儿嘞

p'i²¹³ ku⁰ xou²¹³ iɛ²⁴ tau²⁴　ɕia²¹³ xu⁰ tor⁵⁵⁺⁴² ɕiau⁵⁵ lɛ⁰

掖：塞、插。

屁股后作揖——不领情

p'i²¹³ ku⁰ xou²¹³ tsuə²⁴ i²⁴　pu²⁴ liŋ⁵⁵ tɕ'iŋ⁴²

屁股上挂暖壶——有一腔（定）水平（瓶）

p'i²¹³ ku⁰ ʂaŋ⁰ kua²¹³ nuan⁵⁵ xu⁴²　iou⁵⁵ i²⁴⁺⁴² tiŋ²¹³ ʂuei⁵⁵ p'iŋ⁰

屁股上扎棘棘——坐不住

p'i²¹³ ku⁰ ʂaŋ⁰ tʂ'a²⁴ tɕi⁴² tɕi⁰　tsuə²¹³ pu⁰ tʂʅ²¹³

指人没有耐心，不能踏踏实实、安安生生做事。棘棘：蒺藜。

笸箩里ᴴ睡觉——抻不开腿儿

pu⁴² luə⁰ liou⁰ ʂei²¹³ tɕiau²¹³　tʂ'ən²⁴ pu⁰ k'ai²⁴ t'uər⁵⁵

喻指受制于人，就像人睡在笸箩里伸不开腿、只能蜷着腿一样。笸箩：柳条或篾条编成的长方形器物，用来盛放粮食、生活用品等。抻：伸。

破皮儿嘞饺子——露ᴰ馅儿了

p'uə²¹³ p'iər⁴² lɛ⁰ tɕiau⁵⁵ tsʅ⁰　lo²¹³ ɕyor²¹³ lə⁰

同"包子张嘴儿——露ᴰ馅儿了"。"馅儿"读音特殊。

Q

七窍通ᴰ六窍——一窍不通

tɕ'i²⁴⁺⁴² tɕ'iau²¹³ t'uo²⁴ liou²¹³ tɕ'iau²¹³　i²⁴⁺⁴² tɕ'iau²¹³ pu²⁴ t'uəŋ²⁴

通ᴰ：通了，动词变韵表完成义。

淇门南边儿——双鹅（合）头

tɕ'i⁴² mən⁰ nan⁴² pior⁰　ʂuaŋ²⁴ ə⁰ t'ou⁴²

指两相配合，成功对接。淇门：新镇行政村，位于浚县县城西南30

---

① 旧时卖瓦盆，多是大小搭配成套出售，故有此语。彭城：磁州（今河北邯郸峰峰矿区）的古称；北齐开始烧造瓷器（磁州窑），宋元时期发展为北方最大民间瓷窑，有"南有景德，北有彭城"之说。

千米处，因处淇河入卫河之口而得名。双鹅头：新镇行政村，在淇门南边。

骑马过独木桥——回头难
tɕ'i⁴² ma⁵⁵ kuə²¹³ tu⁴² mu²⁴ tɕ'iau⁴²　xuei⁴² t'ou⁴² nan⁴²

喻指事情一旦发生，便没有回旋的余地，难以挽回，不可反悔。

骑马不拿鞭 ᶻ⁻⁰——拍马屁
tɕ'i⁴² ma⁵⁵ pu²⁴ na⁴² pian²⁴　p'ɛ²⁴ ma⁵⁵ p'i⁰

骑 ᴰ 驴找驴——犯糊涂
tɕ'iɛ⁴² ly⁴² tʂau⁵⁵ ly⁴²　fan²¹³ xu⁴² tu⁰

骑 ᴰ：骑着，动词变韵表持续义。

墙上挂凉席——不像画（话）
tɕ'iaŋ⁴² ʂaŋ⁰ kua²¹³ liaŋ⁴² ɕi⁴²　pu²⁴⁺⁴² ɕiaŋ²¹³ xua²¹³

又作"墙上挂狗皮——不像画（话）"。

墙上挂门帘 ᶻ——没门儿
tɕ'iaŋ⁴² ʂaŋ⁰ kua²¹³ mən⁴² liæ⁰　mu⁴² mər⁴²

喻指没有解决问题的门路和办法。

墙头草——两面儿倒
tɕ'iaŋ⁴² t'ou⁴² ts'au⁵⁵　liaŋ⁵⁵ miər²¹³ tau⁵⁵

喻指人没有主见，见风使舵。

墙头跑马——没回头
tɕ'iaŋ⁴² t'ou⁴² p'au⁵⁵⁺⁴² ma⁵⁵　mu⁴² xuei⁴² t'ou⁴²

同"骑马过独木桥——回头难"。也作"墙头跑马——危险"。

荞麦皮打糨 ᶻ——八不粘
tɕ'iau⁴² mɛ²⁴ p'i⁴² ta⁵⁵ tɕiæŋ²¹³　pa²⁴ pu⁰ tʂan²⁴

喻指毫无关系。也喻指条件、水平等相差太远。糨 ᶻ：糨糊。

巧娘抱 ᴰ 巧妮 ᶻ——对 ᴰ 巧了
tɕ'iau⁵⁵ niaŋ⁴² puə²¹³ tɕ'iau⁵⁵ ni:au⁰　tuɛ²¹³ tɕ'iau⁵⁵ lə⁰

指非常凑巧。抱 ᴰ：抱着，动词变韵表持续义。对 ᴰ：动词变韵表完成义，可替换为"对了"。

跷着腿尿泡——作狗怪嘞①
tɕ'iau²⁴ tʂʅ⁰ t'uei⁵⁵ niau²¹³ p'au²⁴　tsuə²⁴ kou⁵⁵ kuai²¹³ lɛ⁰

指作怪，捣鬼、捣乱而起负面作用。跷：抬。尿泡：撒尿。

---

① 公狗撒尿时一般会抬起一条腿，故有此语。

切菜刀剃头——家伙儿不对

tɕ'iɛ²⁴ ts'ai²¹³ tau²⁴ t'i²¹³ t'ou⁴² tɕia²⁴ xuɣr⁰ pu²⁴⁺⁴² tuei²¹³

喻指思想、方法等不符合需要或不合乎要求。家伙儿：指工具。

切菜刀剃头——不是小耍儿嘞

tɕ'iɛ²⁴ ts'ai²¹³ tau²⁴ t'i²¹³ t'ou⁴² pu²⁴⁺⁴² ʂʅ²¹³ ɕiau⁵⁵⁺⁴² ʂuɐr⁵⁵ lɛ⁰

同"蚂蚁尥蹶儿——不是小耍儿嘞"。

秋天嘞棉桃ᶻ——合不住嘴儿

tɕ'iou²⁴ t'ian⁰ nɛ⁰ mian⁴² t'æu⁴² xə⁴² pu²⁴⁺⁴² tʂʅ⁰ tsuər⁵⁵

同"和尚嘞木鱼——合不住嘴儿"。

瘸ᶻ扶ᴰ瞎ᶻ走——两借力儿

tɕ'yau⁴² fuə⁴² ɕiæu²⁴ tsou⁵⁵ liaŋ⁵⁵ tɕiɛ²¹³ liər²⁴

指双方合作，互惠互利。扶ᴰ：扶着，动词变韵表持续义。

瘸ᶻ嘞屁股——邪门儿

tɕ'yau⁴² lɛ⁰ p'i²¹³ ku⁰ ɕiɛ⁴² mər⁴²

喻指违反常理，出乎意料。

R

染坊嘞捶布石——经过大棒槌

zan̩⁵⁵ faŋ⁰ lɛ⁰ tʂ'uei⁴² pu²¹³ ʂʅ⁴² ɕiŋ²⁴ kuə⁰ ta²¹³ paŋ²¹³ tʂ'uei⁰

喻指人见过大世面或经受过严峻考验。经：经历、经受。

热油锅里撒盐——炸开了

zʅə²⁴ iou⁴² kuə²⁴ li⁰ sa⁵⁵ ian⁴² tʂa²¹³ kai²⁴ lə⁰

指引起激烈的议论或争吵。

肉包子打狗——有去无回

zou²¹³ pau²⁴ tsʅ⁰ ta⁵⁵⁺⁴² kou⁵⁵ iou⁵⁵ tɕ'y²¹³ u⁴² xuei⁴²

S

仨钱儿摆ᴰ⁻⁰两摆——一是一，二是二

sa²⁴ tɕ'iɔr⁴² pai⁵⁵ liaŋ⁵⁵ luɣr²¹³ i²⁴ ʂʅ²¹³ i²⁴ ər²¹³ ʂʅ²¹³ ər²¹³

喻指经纬分明、毫不含糊。摆ᴰ⁻⁰：摆了，动词变韵表完成义。

三九天穿裤衩 ᶻ——抖起 ᴴ 了

san²⁴ tɕiou⁵⁵ tʻian²⁴ tʂʻuan²⁴ kʻu²¹³ tʂʻæu⁵⁵ tou⁵⁵ tɕʻiai⁰ lə⁰

喻指人很得意，张扬、显摆；含讥讽意味。抖：发抖；与口语中"得意、显摆"义的"抖"同音，故有此语。

三十儿晚上盼月亮——没指望

san²⁴ ʂɚr⁴² uan⁵⁵ ʂaŋ⁰ pʻan²¹³ yɛ²⁴ liaŋ⁰ mu⁴² tʂʅ⁵⁵ uaŋ⁰

指不可能达到目的，没有任何希望。

三眼枪①打兔——没准儿

san²⁴ ian⁵⁵ tɕʻiaŋ²⁴ ta⁵⁵ tʻu²¹³ mu⁴² tʂuɚ⁵⁵

喻指人不靠谱，说话、做事可信度不高。

扫帚顶门儿——杈（岔）儿多

sau²¹³ tʂʻʅ⁰ tiŋ⁵⁵ mɚr⁴² tʂʻɚr²¹³ tuə²⁴

喻意外频发，枝节横生。也作"扫帚顶门儿——净岔儿"。

扫帚疙瘩顶门——够呛 ᴰ

sau²¹³ tʂʻʅ⁰ kɛ²⁴ ta⁰ tiŋ⁵⁵ mən⁴² kou²¹³ tɕʻiæŋ²¹³

喻指抵挡不住，难以支撑。戗 ᴰ：支撑；动词变韵表加强肯定语气。

涩柿 ᶻ——中看不中吃

ʂɛ²⁴ ʂʅau²¹³ tʂuəŋ²⁴ kʻan²¹³ pu²⁴ tʂuəŋ²⁴ tʂʻʅ²⁴

喻指人或物品徒有其表而没有实际能力或作用。

杀人不用偿命——白死（寺）

ʂa²⁴ zən⁴² pu²⁴⁺⁴² yŋ²¹³ tʂʻaŋ⁴² miŋ²¹³ pɛ⁴² sʅ²¹³

白寺：浚县白寺乡一集镇名。

杀猪嘞徒弟——叫□逮腿

ʂa²⁴ tʂʅ²⁴ lɛ⁰ tʻu⁴² ti²¹³ tɕiau²¹³ iæ⁴² tai⁵⁵⁺⁴² tʻuei⁵⁵

喻指情势已失去控制，只好放手。□：人家。逮腿：杀猪时捉住猪腿，以防其乱踢；与口语中表"撒腿跑"义的"逮腿"同音，故有此语。

杀猪杀屁股——一个人一个杀法儿

ʂa²⁴ tʂʅ²⁴ ʂa²⁴ pʻi²¹³ kuʔ⁰ i²⁴⁺⁴² kə⁰ zən⁴² i²⁴⁺⁴² kə⁰ ʂa²⁴ fɚ⁰

喻指人各有不同的解决问题的思路和办法。杀屁股：从屁股上开刀。又作"杀猪杀屁股——各有各嘞杀法儿。"

---

① 三眼枪：即三眼铳，中国古代一种短火器，在民间留存至今；有三个枪眼，铳管内添加火药，最后装填钢球或铸铁块、碎铁砂等，多用作驱魔除邪的工具，类似鞭炮的作用。

沙地嘞牛——走走歇歇①

ʂa²⁴ ti⁰ lɛ⁰ ou⁴²　tsou⁵⁵ ｜ tsou⁰ ɕiɛ²⁴ ɕiɛ⁰

喻指偷懒耍滑。沙地：浚县黎阳镇一行政村，这里谐指"沙土地"。"牛"读音特殊。又作"沙地嘞牛——走着歇着"。

傻妮ᶻ泡茶——哪壶不开提哪壶

ʂa⁵⁵ ni:au²⁴ pʻau²¹³ tʂʻa⁴²　na⁵⁵ xu⁴² pu²⁴ kʻai²⁴ tʻi⁴² na⁵⁵ xu⁴²

傻妮ᶻ睡凉炕——全凭体格壮嘞

ʂa⁵⁵ ni:au²⁴ ʂei²¹³ lian⁴² kʻan²¹³　tɕʻyan⁴² pʻiŋ⁴² tʻi⁵⁵ kor⁰ tʂuan²¹³ lɛ⁰

喻指仅凭运气、热情而莽撞行事，成功的把握就不会太大。

山里ᴴ嘞核桃——满仁（人）儿

ʂan²⁴ liou⁰ lɛ⁰ xɛ⁴² tʻau⁰　man⁵⁵ zɚ⁴²

喻指人多而拥挤。满：到处。

山里ᴴ嘞老鸹——白脖ᶻ②

ʂan²⁴ liou⁰ lɛ⁰ lau⁵⁵ ｜ ⁴² kua⁰　pɛ⁴² puau⁴²

喻指外行，一窍不通。也喻指没见过大世面的人。老鸹：乌鸦。

扇着扇ᶻ聊天儿——谈笑风生

ʂan²⁴ tʂʅ⁰ ʂæ²¹³ liau⁴² tʻior²⁴　tʻan⁴² ɕiau²¹³ fəŋ²⁴ ʂəŋ²⁴

上嘴皮ᶻ挨ᴰ⁻⁰天，下嘴皮ᶻ挨ᴰ⁻⁰地——好大嘞口气

ʂaŋ²¹³ tsuei⁵⁵ pʻi:au⁴² ɛ²⁴ tʻian²⁴　ɕia²¹³ tsuei⁵⁵ pʻi:au⁴² ɛ²⁴ ti²¹³　xau⁵⁵ ta²¹³ lɛ⁰ kʻou⁵⁵ tɕʻi⁰

指说大话，或说话盛气凌人。挨ᴰ⁻⁰：挨到，动词变韵表终点义。

神仙放屁——不同凡响

ʂən⁴² ɕian⁰ faŋ²¹³ pʻi²¹³　pu²⁴ tʻuəŋ⁴² fan⁴² ɕiaŋ⁵⁵

生孩ᶻ不叫生孩ᶻ——下（吓）人

ʂəŋ²⁴ xɛau⁴² pu²⁴ ｜ tɕiau²¹³ ʂəŋ²⁴ xɛau⁴²　ɕia²¹³ zən⁴²

下：动物产崽。

十八亩地一棵谷——单根独苗儿

ʂʅ⁴² pa²⁴ mu⁵⁵ ti²¹³ i²⁴ kʻuə²⁴ ku²⁴　tan²⁴ kən²⁴ tu⁴² mior⁴²

喻指只有一个孩子；多指一家几代单传。

---

① 牛行走的速度比较慢，在沙土地行走速度会更慢，故有此语。

② 乌鸦一般都通身黑色，只有山里的乌鸦，脖子是白的；白脖ᶻ：与口语中"外行""没见过世面"义的"白脖ᶻ"同音，故有此语。

十八头牛拉一盘磨——大碾 ᶻ

ʂʅ⁴² pa²⁴ tʻou⁴² niou⁴² la²⁴ i²⁴ pʻan⁴² muə²¹³　ta²¹³ niæ²¹³

大碾 ᴰ：浚县小河乡一行政村，"碾"作地名变韵。碾 ᶻ：又叫"磨"，是麦黍、玉米等脱壳及碾碎的工具，由碾台、碾盘、碾滚和碾架等组成。

十五嘞月亮——圆满

ʂʅ⁴² u⁵⁵ lɛ⁰ yɛ²⁴ liaŋ⁰　yan⁴² man⁵⁵

十五 ᴴ 人喷闲空儿——七嘴八舌

ʂʅ⁴² ŋuə⁵⁵ zən⁴² pʻən²⁴ ɕian²⁴ kʻuər²⁴　tɕʻi²⁴ tsuei⁵⁵ pa²⁴ ʂʅə⁴²

五 ᴴ："五个"的合音。喷闲空儿：闲聊。

石冻腊月穿裙儿——抖起 ᴴ 了

ʂʅ⁴² tuəŋ²¹³ la²⁴ yɛ⁰ tʂʻuan²⁴ tɕʻyər⁴²　tou⁵⁵ tɕʻiai⁰ lə⁰

同"三九天穿裤衩 ᶻ——抖起 ᴴ 了"。

石灰里 ᴴ 搅墨汁儿——混淆黑白

ʂʅ⁴² xuei⁰ liou⁰ tɕiau⁵⁵ mei²⁴ tʂər²⁴　xuən⁴² iau⁴² xɛ²⁴ pɛ⁴²

石灰：用石头烧制而成的白灰。"墨""淆"读音特殊。

石狮 ᶻ 嘞屁股——没门儿

ʂʅ⁴² ʂʅau²⁴ lɛ⁰ pʻi²¹³ ku⁰　mu⁴² mər⁴²

同"墙上挂门帘 ᶻ——没门儿"。门儿：肛门。又作"石狮 ᶻ 嘞屁股——没眼儿"。

拾麦打烧饼——都赚嘞

ʂʅ⁴² mɛ²⁴ ta⁵⁵ ʂau²⁴ piŋ⁰　tou²⁴⁻⁴² tʂuan²¹³ nɛ⁰

指不付代价而获得利益。又作"拾麦打烧饼——净利儿"。

屎壳郎 ᶻ 搬家——滚蛋

ʂʅ⁵⁵ kʻə⁰ læŋ²⁴ pan²⁴ tɕia²⁴　kuan⁵⁵ tan²¹³

屎壳郎：蜣螂，一种昆虫，主要以动物粪便为食；常将粪便制成球状，滚动到可靠的地方藏起来，然后再慢慢吃掉。故有此说。

屎壳郎 ᶻ 打嚏喷——满嘴喷粪

ʂʅ⁵⁵ kʻə⁰ læŋ²⁴ ta⁵⁵ tʻi²¹³ fən⁰　man⁵⁵⁻⁴² tsuei⁵⁵ pʻən²⁴ fən²¹³

喻指人胡说八道，胡言乱语。

屎壳郎 ᶻ 戴花儿——臭美

ʂʅ̃⁵⁵ kʻə⁰ læŋ²⁴ tai²¹³ xuər²⁴　tʂʻou²¹³ mei⁵⁵

屎壳郎 ᶻ 趴到公路上——充吉普车嘞

ʂʅ⁵⁵ kʻə⁰ læŋ²⁴ pʻa²⁴ tau⁰ kuaŋ²⁴ lu²¹³ ʂaŋ⁰　tʂʻuəŋ²⁴ tɕi²⁴ pʻu⁵⁵ tʂʻʅ²⁴ lɛ⁰

喻指以假乱真，妄图蒙混过关。又作"屎壳郎 ᶻ 上公路——冒充装甲车嘞。"

屎壳郎 ᶻ 趴到煤堆上——显不出 ᴴ 你

ʂʅ⁵⁵ k'ə⁰ læŋ²⁴ p'a²⁴ tau⁰ mei⁴² tsuei²⁴ ʂaŋ⁰　ɕian⁵⁵ pu⁰ tʂ'uai²⁴⁻⁴² ni⁰

指人爱出风头，但水平、能力很一般；含讥讽义。

屎壳郎 ᶻ 趴到扫帚上——看你结个啥茧

ʂʅ⁵⁵ k'ə⁰ læŋ²⁴ p'a²⁴ tau⁰ sau²¹³ tʂ'ʅ⁰ ʂaŋ⁰　k'an²¹³ ni⁵⁵ tɕie²⁴ kə⁰ ʂa⁵⁵⁻⁴² tɕior⁵⁵

喻指人难成大事，不会有大出息；含讥讽义。

熟透嘞葚——红嘞发紫

ʂu⁴² t'ou²¹³ lɛ⁰ ʂən²¹³　xuəŋ⁴² lɛ⁰ fa²⁴ tsʅ⁵⁵

同"辣椒棵上吊茄子——红嘞发紫"。葚：桑葚。

属藕嘞——心眼儿多

ʂu⁵⁵⁻⁴² ou⁵⁵ lɛ⁰　ɕin²⁴ ior⁵⁵ tuə²⁴

属：属相，用十二属相记生年。藕：莲藕。

霜打嘞茄 ᶻ——圪蔫了

ʂuaŋ²⁴ ta⁵⁵ lɛ⁰ tɕ'iːau⁴²　kɤ²⁴ ian⁰ lə⁰

喻指人由于疲劳、疾病或遭受打击等，精神委靡不振。圪蔫：花木、水果等因失去所含的水分而萎缩。

水里捞月亮——没指望

ʂuei⁵⁵ li⁰ lau⁴² yɛ²⁴ liaŋ⁰　mu⁴² tʂʅ⁵⁵ uaŋ⁰

同"三十儿晚上盼月亮——没指望"。又作"水里捞月亮——一场空"。

水里 ᴴ 嘞泥鳅——滑嘞很

ʂuei⁵⁵ liou⁰ lɛ⁰ ni⁴² tɕiou⁰　xua⁴² lɛ⁰ xən⁵⁵

喻指人很圆滑。滑：光滑、油滑、圆滑。

水仙不开花儿——装蒜

ʂuei⁵⁵ ɕian²⁴ pu²⁴ k'ai²⁴ xuɐr²⁴　tʂuaŋ²⁴ suan²¹³

喻指人装腔作势、装糊涂。

说媒打兔——不缺跑嘞瞎路

ʂuə²⁴ mei⁴² ta⁵⁵ t'u²¹³　pu²⁴ tɕ'yɛ²⁴ p'au⁵⁵ lɛ⁰ ɕia²⁴ lu²¹³

指牵线说媒，成功率较很低；猎打野兔，能不能打着更没有把握。喻指事情成功的可能性很小，白费气力。

死鸭子——光剩 ᴰ 嘴硬了

sʅ⁵⁵ ia²⁴ tsʅ⁰　kuaŋ²⁴⁻⁴² ʂo²¹³ tsuei⁵⁵ iŋ²¹³ lə⁰

喻指明知不占理或已经失败，嘴上却还在逞强。光：只、仅。剩 ᴰ：剩了，动词变韵表完成义。

寺 ᴰ 庄嘞牛死了——吹嘞劲儿真大

sɿə²¹³ tʂuaŋ⁰ lɛ⁰ ou⁴² sɿ⁵⁵ lə⁰　tʂ'uei²⁴ lɛ⁰ tɕiər²¹³ tʂən²⁴ ta²¹³

指吹牛、说大话。寺 ᴰ 庄：黎阳镇一行政村，"寺"作地名变韵；该村特色熟制牛肉——铺儿牛肉（牛肉与汤汁在温度低于10℃时凝结而成的牛肉垛）远近闻名。又作"寺 ᴰ 庄嘞牛死了——吹死了/真能吹"。

T

抬杠 ᶻ 都是俩人——不怨一 ᴴ 儿

t'ai⁴² kæŋ²¹³ tou²⁴⁻⁴² sɿ⁰ lia⁵⁵ zən⁴²　pu²⁴⁻⁴² yan²¹³ yɤ²⁴

指双方都有责任。一 ᴴ 儿：一个儿（人）。

唐僧嘞书——一本正经

t'aŋ⁴² səŋ²⁴ lɛ⁰ ʂʅ²⁴　i²⁴ pən⁵⁵ tʂəŋ²¹³ tɕiŋ⁰

喻指态度庄重严肃，郑重其事；有时含讥讽意味。

躺 ᴰ 那儿说大话——抹不了腰

t'æŋ⁵⁵ nɐr⁰ ʂə²⁴ ta²¹³ xua²¹³　muə²¹³ pu⁰ liau⁰ iau²⁴

喻指说大话很容易。躺 ᴰ：躺到，动词变韵表终点义。抹：扭。

掏耳勺 ᶻ 里 ᴴ 炒芝麻——出不了几滴儿油

t'au²⁴ ər⁵⁵ ʂuau⁴² liou⁰ tʂ'au⁵⁵ tʂʅ²⁴ ma⁰　tʂ'ʅ²⁴ pu⁰ liau⁰ tɕi⁵⁵ tiər²⁴ iou⁴²

喻指能够获取的利益很小。

提 ᴰ 油条 ᶻ 看鬼——吓死人

t'iɛ⁴² iou⁴² t'iæu⁴² k'an²¹³ kuei⁵⁵　ɕia²¹³ sɿ⁰ zən⁴²

指非常恐慌、害怕；多用作受到惊吓时的俏皮话。提 ᴰ：提着，动词变韵表状态义。

剃头不用水——干刮

t'i²¹³ t'ou⁴² pu²⁴⁻⁴² yŋ²¹³ ʂuei⁵⁵　kan²⁴ kua⁵⁵

喻指不下任何本钱，硬要追求利润。刮：用刀贴着头皮，把头发去掉；谐音"搜刮"之"刮"。

剃头嘞扁担——不长儿

t'i²¹³ t'ou⁴² lɛ⁰ pian⁵⁵ tan⁰　pu²⁴ tʂ'ɚ⁴²

指不会太长久；因挑理发担子所用的扁担比一般的扁担短，故有此语。

剃头嘞刮脊梁 ᶻ——管嘞宽

t'i²¹³ t'ou⁴² lɛ⁰ kua⁵⁵ tɕi²⁴⁻⁴² niæŋ²¹³　kuan⁵⁵ nɛ⁰ k'uan²⁴

喻指多管闲事。"脊"无规则变调，"脊梁"读音特殊。

剃头嘞收摊 ^Z——没人理

t'i²¹³ t'ou⁴² lɛ⁰ ʂou²⁴ t'æ²⁴　mu⁴² zən⁴² li⁵⁵

指没人理会。收摊 ^Z：收拾摊子，指结束。理：理发，谐音"搭理"。

剃头挑 ^Z——一头儿热

t'i²¹³ t'ou⁴² t'iæu²⁴　i²⁴ t'ər⁴² ʐə²⁴

同"漫地烤火——一面儿热"。剃头挑 ^Z：旧时理发匠沿街串巷揽活时挑的挑子，一端是工具箱，另一端是小炉子烧热水；故有此语。

铁锤敲钟——响当当嘞

t'iɛ²⁴ tʂ'uei⁴² tɕ'iau²⁴ tʂuaŋ²⁴　ɕiaŋ⁵⁵ taŋ²⁴ taŋ²⁴⁻⁴² lɛ⁰

同"李新寨嘞铜器——响当当嘞"。

铁公鸡琉璃猫——一毛儿不拔

t'iɛ²⁴ kuəŋ²⁴ tɕi⁰ liou⁴² li⁰ mau⁴²　i²⁴ mor⁴² pu²⁴ pa⁴²

铁路上嘞警察——各管一段儿

t'iɛ²⁴ lu²¹³ ʂaŋ⁰ lɛ⁰ tɕiŋ²⁴ tʂ'a²⁴　kə²⁴ kuan⁵⁵ i²⁴⁻⁴² tuor²¹³

喻指各司其职、各干其事，彼此互不干预。

铁锨铸秤砣——成 ^D 蛋 ^Z 了

t'iɛ²⁴ ɕian⁰ tɕy²¹³ tʂ'əŋ²¹³ t'uə⁴²　tʂ'o⁴² tæ²¹³ lə⁰

同"秤砣打铁锨——成 ^D 片 ^Z 了"。"铸"读音特殊。成 ^D：成了，动词变韵表完成义。

秃 ^Z⁻⁰ 头上嘞虱 ^Z——明摆 ^D 嘞

t'u²⁴ t'ou⁴² ʂaŋ⁰ lɛ⁰ ʂau²⁴　miŋ⁴² pɛ⁵⁵ lɛ⁰

指显而易见，不言自明。摆 ^D：摆着，动词变韵表持续义。

土地爷拍胸脯——没心没肺

t'u⁵⁵ ti⁰ iɛ⁴² p'iɛ²⁴ ɕyŋ²⁴ p'u⁵⁵　mu⁴² ɕin²⁴ mu⁴² fei²¹³

土地爷：古代传说中负责掌管一方土地的鬼仙，是汉族民间信仰中的地方保护神。"拍"读音特殊。

推磨戴 ^D 花儿——浪嘞一圈儿一圈儿嘞

t'uei²⁴ muə²¹³ tɛ²¹³ xuɐr²⁴　laŋ²¹³ lɛ⁰ i²⁴ tɕ'yor²⁴ i²⁴ tɕ'yor²⁴ lɛ⁰

指女性言行放荡、举止轻佻。戴 ^D：戴着，动词变韵表持续义。浪：放荡、轻佻。

腿肚上攮 ^D 一刀——离心远 ^D 嘞

t'uei⁵⁵ tu²¹³ ʂaŋ⁰ næŋ⁵⁵ i⁰ tau²⁴　li²¹³ ɕin²⁴ yæ⁵⁵ lɛ⁰

喻指漠不关心、无动于衷。攮 ^D：扎；动词变韵表完成义，可替换为"攮了"。远 ^D：形容词变韵表程度夸张。

屯街嘞石狮 ᶻ——成双成对儿

t'uən⁴² tɕiɛ²⁴ lɛ⁰ ʂʅ⁴² ʂʅau²⁴　tʂˈəŋ⁴² ʂuaŋ²⁴ tʂˈəŋ⁴² tuər²¹³

屯街：指屯子镇，位于浚县西北部，距县城 12 千米，北与汤阴县接壤，西与鹤壁淇滨区为邻；靠近善化山，产石料，是浚县重要的工业大镇和历史文化艺术名镇。

脱 ᴰ⁻⁰ 裤放屁——多费事

t'uə²⁴ k'u²¹³ faŋ²¹³ p'i²¹³　tuə²⁴ fei²¹³ ʂʅ²¹³

脱 ᴰ⁻⁰：脱了，动词变韵表完成义。

唾沫吐 ᴰ 鼻 ᶻ 里 ᴴ——弯儿拐嘞太陡

t'u²¹³ muə⁰ t'uə⁵⁵ pi:au⁴² liou⁰　uor²⁴ kuai⁵⁵ lɛ⁰ t'ai²¹³ tou⁵⁵

喻指变化太快、太突然，出人意料。吐 ᴰ：吐到，动词变韵表终点义。

W

挖好肉补烂疮——犯不着

ua²⁴ xau⁵⁵ zou²¹³ pu⁵⁵ lan²¹³ tʂˈuan²⁴　fan²¹³ pu⁰ tʂuə⁴²

指做得不偿失的蠢事，不值得、不划算。

瓦渣 ᶻ 剃头——够呛 ᴰ

ua⁵⁵ⵧ⁴² tʂæu⁰ t'i²¹³ t'ou⁴²　kou²¹³ tɕ'iæŋ²¹³

同"扫帚疙瘩顶门——够呛 ᴰ"。瓦渣 ᶻ：瓦片。

歪嘴吹喇叭——邪劲儿不小

uai²⁴ tsuei⁵⁵ tʂˈuei²⁴ la⁵⁵ pa⁰　ɕiɛ⁴² tɕiər²¹³ pu²⁴ ɕiau⁵⁵

歪嘴和尚念经——没一句正经话

uai²⁴ tsuei⁵⁵ xuə⁴² tʂˈæŋ⁰ nian²¹³ tɕiŋ²⁴　mu⁴² i²⁴ⵧ⁴² tɕy²¹³ tʂəŋ²¹³ tɕiŋ⁰ xua²¹³

歪嘴骡 ᶻ 卖 ᴰ 个驴价钱——都坏 ᴰ 嘴上了

uai²⁴ tsuei⁵⁵ luau⁴² mɛ²¹³ kə⁰ ly⁴² tɕia²¹³ tɕ'ian⁰　tou²⁴ⵧ⁴² xuɛ²¹³ tsuei⁵⁵ ʂaŋ⁰ lə⁰

喻指人因没有口德而影响了名声。卖 ᴰ：卖了，动词变韵表完成义。坏 ᴰ：坏到，动词变韵表终点义。

弯刀对着瓢 ᶻ 切菜——正好儿

uan²⁴ tau²⁴ tuei²¹³ tʂu⁰ p'iæu⁴² tɕ'iɛ²⁴ ts'ai²¹³　tʂəŋ²¹³ xor⁵⁵

喻指彼此搭配很合适，非常合乎心意和要求。

弯 ᴰ 腰淋大雨——背湿（时）

uæ²⁴ iau²⁴ lyn⁴² ta²¹³ y⁵⁵　pei²¹³ ʂʅ⁴²

指运气不佳。弯 ᴰ：弯着，动词变韵表持续义。背：不顺。

玩把戏嘞躺 ᴰ 地 ᴴ——一点儿招儿也没了

uan⁴² pa⁵⁵ ɕi⁰ lɛ⁰ tʰæŋ⁵⁵ tiɛ²¹³　i²⁴ tior⁵⁵ tʂʻor²⁴ iɛ⁰ mau²⁴ lə⁰

指没有任何办法，难以应付。躺 ᴰ：躺到，动词变韵表终点义。地 ᴴ："地下"的合音。也作"玩把戏嘞躺 ᴰ 地 ᴴ——没法儿了"。

王八打官司——场儿场儿输

uaŋ⁴² pa⁰ ta⁵⁵ kuan²⁴ sʅ⁰　tʂʻɐr⁵⁵ tʂʻɐr⁵⁵ ʐʅ²⁴

指每次都以失败告终。"输"读音特殊。

王八看绿豆——对 ᴰ 眼儿了

uaŋ⁴² pa⁰ kʻan²¹³ ly²⁴ tou⁰　tuɛ²¹³ ior⁵⁵ lə⁰

喻指因臭味相投而相互认可、欣赏。对 ᴰ：对了，动词变韵表完成义。

王桥嘞豆腐——利利（离离）儿嘞①

uaŋ⁴² tɕʻiau⁰ lɛ⁰ tou²¹³ fu⁰　li²¹³ liɤr²⁴ lɛ⁰

①指走开，离得越远越好。②喻指做事干净利落。王桥：黎阳镇一行政村，生产手工卤水豆腐，历史悠久，名著浚县。"利利儿"读音特殊。

王越②嘞马——吃 ᴰ 哪儿算 ᴰ 哪儿

uaŋ⁴² yɛ²⁴ lɛ⁰ ma⁵⁵　tʂʻʅ²⁴ nɐr⁵⁵ suæ²¹³ nɐr⁵⁵

喻指随心所欲，不受任何约束。吃 ᴰ、算 ᴰ：动词变韵均表终点义，可分别替换为"吃到""算到"。

围着要饭嘞逗笑话儿——拿穷人开心

uei⁴² tʂʅ⁰ iau²¹³ fan²¹³ nɛ⁰ tou²¹³ ɕiau²¹³ xuɐr⁰　na⁴² tɕyŋ⁴² ʐən⁴² kʻai²⁴ ɕin²⁴

---

① 豆腐用酱油、香油、盐等凉拌，口感爽利，浚县方言口语中叫"利口"；"利""离"同音，故有此说。

② 王越（1426—1499），字世昌，谥号"襄敏"，大名府浚县（今浚县）人；明朝中期名将、诗人，有《王襄敏集》等传世，今人辑有《王越集》；《明史·七卿年表》记王越于成化十一年晋左都御史、封威宁伯，而《王越传》则载其于成化九年（1473）晋左都御史；后有人荐王越作兵部尚书，但只是进了个虚衔，并未实任，仍掌都察院事；据浚县人口耳相传，王越任由马跑出去吃草，吃到哪里哪里就成为他的牧马场，这些土地也就免了税粮。故有此语。

卫河①里漂 ᴰ 个秤锤——没那个事儿
uei²¹³ xə⁴² li⁰ p'io²⁴ kə⁰ tṣ'əŋ²¹³ tṣ'uei⁴²　mu⁴² na⁰ kə⁰ ṣər²¹³

指不可能是真的。漂 ᴰ：漂着，动词变韵表持续义。

魏老运嘞话——没听儿
uei²¹³ lau⁵⁵ yn²¹³ nɛ⁰ xua²¹³　mu⁴² t'iər²⁴

指说话不算数或说话毫无意义。魏老运：王庄乡小滩村乡绅，语多失信，远近皆知。

蚊 ᶻ⁻⁰ 打哈欠——好大嘞口气
uən⁴² ta⁵⁵ xa²⁴ tɕ'ian⁰　xau⁵⁵ ta²¹³ lɛ⁰ k'ou⁵⁵ tɕ'i⁰

瓮城嘞尿标——好嘴儿
uəŋ²¹³ tṣ'əŋ⁰ lɛ⁰ niau²¹³ piau²⁴　xau⁵⁵⁻⁴² tsuər⁵⁵

喻指人善于花言巧语。尿标：男性小便壶。瓮城：浚县小河乡一行政村，产陶盆。又作"瓮城嘞尿标——啥嘴儿"。

瓮城嘞瓦盆儿——一套儿一套儿嘞
uəŋ²¹³ tṣ'əŋ⁰ lɛ⁰ ua⁵⁵ p'ər⁴²　i⁰ t'or²¹³ i⁰ t'or²¹³ lɛ⁰

同"彭城嘞瓦盆儿——一套儿一套儿嘞"。

五百钱分两沓 ᶻ——二百五
u⁵⁵ pɛ²⁴ tɕ'ian⁴² fən²⁴ liaŋ⁵⁵ tər⁴²　ər²¹³ pɛ²⁴ u⁵⁵

五盒儿烟火——半封（疯）儿
u⁵⁵ xɤr⁴² ian²⁴ xuə⁵⁵　pan²¹³ fər²⁴

指人半痴半癫，言行无状、故作癫狂。烟火：火柴，十盒为"一封"。

武大郎盘杠 ᶻ——上下够不着
u⁵⁵ ta²¹³ laŋ⁴² p'an²¹³ kæŋ²¹³　ṣaŋ²¹³ ɕia²¹³ kou²¹³ pu²⁴ tṣuə⁴²

喻指难以应付，左右为难。盘：当为"攀"。

X

西北风儿刮棘棘——连风（讽）带刺
ɕi²⁴ pei⁰ fər²⁴ kua²⁴ tɕi⁴² tɕi⁰　lian⁴² fəŋ²⁴ tai²¹³ ts'ʅ²¹³

指说话尖酸刻薄，讥讽、嘲笑别人。棘棘：蒺藜。

---

① 卫河：海河的五大支流之一，发源于河南省博爱县皂南和辉县百泉，全长 347 千米，流域面积 555 平方千米；卫河浚县段总长 79.5 千米，自新镇乡双鹅头入境，流经新镇、小河、城关、城镇、屯子、王庄六个乡镇，至苏村北流入内黄；卫河是浚县主要的地表水资源，自东汉至清末的 1700 余年间，一直为漕运要道，对南北交通及浚县经济的发展起过重要作用。

西瓜皮钉鞋——不是那块儿料
çi²⁴ kua⁰ p'i⁴² tiŋ²¹³ çiɛ⁴²　pu²⁴⁻⁴² ʂʅ²¹³ na²¹³ k'uor²¹³ liau²¹³

同"麻□做龙袍——不是这块料儿"。

西红柿不叫西红柿——叫洋杏（洋性）
çi²⁴ xuəŋ⁴² ʂʅ²¹³ pu²⁴⁻⁴² tçiau²¹³ çi²⁴ xuəŋ⁴² ʂʅ²¹³　tçiau²¹³ iaŋ⁴² çiŋ²¹³

指故意显摆，或言行无状、得意忘形；有讥讽意味，也用作玩笑话。洋性：得瑟、得意忘形。

稀巴肚戴兜兜——丢人现眼
çi²⁴ pa⁰ tu²⁴ tai²¹³ tou²⁴ tou⁰　tiou²⁴ zən⁴² çian²¹³ ian⁵⁵

稀巴肚：赤身裸体。兜兜：兜肚。

稀肚打尿盆儿——干净利亮脆
çi²⁴ tu²⁴ ta⁵⁵ niau²¹³ p'ər⁴²　kan²⁴ tçiŋ⁰ li²¹³ liaŋ⁰ ts'uei²¹³

喻指人说话直截了当，办事干脆利落。稀肚：赤身裸体。

洗脸不擦脸——水脸
çi⁵⁵⁻⁴² lian⁵⁵ pu²⁴ ts'a²⁴ lian⁵⁵　ʂuei⁵⁵⁻⁴² lian⁰

指人不庄重、不严肃，乱开玩笑；多用作戏谑、玩笑之语。水脸：嘻嘻哈哈、言行无状。

洗脸盆里ᴴ扎猛——不知ᴴ深浅
çi⁵⁵ lian⁵⁵ p'ən⁴² liou⁰ tʂ'a²⁴ məŋ⁵⁵　pu²⁴ tʂo²⁴ tʂ'ən²⁴ tç'ian⁵⁵

扎猛：游泳时头朝下迅速钻到水里。知ᴴ："知道"的合音。

洗衣裳不拿棒槌——涮嘞
çi⁵⁵ i²⁴ ʂaŋ⁰ pu²⁴ na⁴² paŋ²¹³ tʂ'uei⁰　ʂuan²¹³ nɛ⁰

指没有付出代价，却得到了一定的好处。涮：白白讨要；本字不明。

瞎ᶻ剥蒜——乱扯皮
çiæu²⁴ puə²⁴ suan²¹³　luan²¹³ tʂ'ʅ⁵⁵ p'i⁴²

喻指争论纠缠，相互推诿。

瞎ᶻ逛街——眼里ᴴ没人
çiæu²⁴ kuaŋ²¹³ tçiɛ²⁴　ian⁵⁵ liou⁰ mu⁴² zən⁴²

指不把任何人放在眼里。

瞎ᶻ磨镰——快了
çiæu²⁴ muə⁴² lian⁴²　k'uai²¹³ lə⁰

指即将、不久。此语来源及理据待考。

瞎 ᶻ 踢毽儿——没一 ᴴ 儿

ɕiæu²⁴ t'i²⁴ tɕior²¹³　mu⁴² yyr²⁴

喻指没有任何收获，或一个也不剩；就像瞎子踢毽子一样，一个也踢不着。一 ᴴ 儿："一个儿"的合音。

瞎 ᶻ 学绣花儿——瞎逞能

ɕiæu²⁴ ɕyə⁴² ɕiou²¹³ xuɛr²⁴　ɕia²⁴ tʂ'əŋ²⁴ nəŋ⁴²

下雨不戴帽 ᶻ ——淋（临）头

ɕia²¹³ y⁵⁵ pu²⁴⁴² tai²¹³ mæu²¹³　lyn⁴² t'ou⁴²

指事已临头，形势紧迫，急待处理。

下雨跑 ᴰ 过道——淋（轮）不着

ɕia²¹³ y⁵⁵ p'o⁵⁵ kuə²¹³ tau⁰　lyn⁴² pu²⁴ tʂuə⁴²

指按照次序排，挨不上。跑 ᴰ：跑到，动词变韵表终点义。过道：作为庭院的大门、带有房顶的通道。

下雨天打孩 ᶻ ——闲 ᴰ 也是闲 ᴰ

ɕia²¹³ y⁵⁵ t'ian²⁴ ta⁵⁵ xɛau⁴²　ɕiæ⁴² iɛ⁰ ʂʅ⁰ ɕiæ⁴²

指因无聊、无所事事而没事找事。闲 ᴰ：闲着，形容词变韵表持续义。

掀开锅盖 ᶻ 放 ᴰ 里 ᴴ 个屁——不顶米，不当面

ɕian²⁴ kai²⁴ kuə²⁴ kɛau²¹³ fæŋ²¹³ liou⁰ kə⁰ p'i²¹³　pu²⁴ tiŋ⁵⁵⁴² mi⁵⁵　pu²⁴ taŋ²⁴ mian²¹³

喻指毫无意义。放 ᴰ：放到，动词变韵表终点义。

线穗 ᶻ 嘴——嘟噜不完

ɕian²¹³ suɛau²¹³ tsuei⁵⁵　tu²⁴ lu⁰ pu²⁴ uan⁴²

喻指说话啰唆，唠叨不完。线穗 ᶻ：棉花纺成的线穗子。嘟噜：唠叨。

小胡同儿里 ᴴ 撵猪——直来直去

ɕiau⁵⁵ xu⁴² t'uər⁰ liou⁰ nian⁵⁵ tʂʅ²⁴　tʂʅ⁴² lai⁴² tʂʅ⁴² tɕ'y²¹³

指真爽、坦率，说话不绕弯子。

小鸡儿尿尿——各有便道①

ɕiau⁵⁵ tɕiər²⁴ niau²¹³ niau²¹³　kə²⁴ iou⁵⁵ pian²¹³ tau²¹³

喻指办事的方式不是单一的、固定的，人各有自己处理问题的方式或获取信息的渠道。

---

① 鸡没有独立的排尿系统，排尿和排便是一个通道；虽与其他绝大多数动物不同，但鸡照样能生存。故有此语。

小鸡儿卧 ᴰ⁻⁰ 门槛 ᶻ 上——两面儿叨食儿

ɕiau⁵⁵ tɕiɚ²⁴ uə²¹³ mən⁴² tɕʻiæ⁰ ʂaŋ⁰ liaŋ⁵⁵ miɚ²¹³ tau²⁴ ʂɚ⁴²

喻指得到多方利益，占据多方优势。卧 ᴰ⁻⁰：卧到，动词变韵表终点义。又作"小鸡儿卧 ᴰ⁻⁰ 门槛 ᶻ 上——里外叨食儿"。

小秃 ᶻ⁻⁰ 当和尚——生就嘞料儿

ɕiau⁵⁵ tʻu²⁴ taŋ²⁴ xuə⁴² tʂʻæŋ⁰ ʂəŋ²⁴ tɕiou²¹³ lɛ⁰ lior²¹³

喻指人天生具有某方面的特长。生就嘞：天生的。料儿：材料。

小秃 ᶻ⁻⁰ 头上磨刀——玄乎

ɕiau⁵⁵ tʻu²⁴ tʻou⁴² ʂaŋ⁰ muə⁴² tau²⁴ ɕyan⁴² xu⁰

指事情难以预料，不可捉摸。玄：不可信、靠不住。

小秃 ᶻ⁻⁰ 枕着门槛 ᶻ 睡——明（名）头在外

ɕiau⁵⁵ tʻu²⁴ tʂən²¹³ tʂʅ⁰ mən⁴² tɕʻiæ⁰ sei²¹³ miŋ⁴² tʻou⁴² tsai²¹³ uai²¹³

指人在社会上很有名气；含戏谑或嘲讽意。

小媳妇儿受欺负——小看娘家没人儿

ɕiau⁵⁵ ɕi⁴² fɚ⁰ ʂou²¹³ tɕʻi²⁴ fu⁰ ɕiau⁵⁵ kʻan⁰ niaŋ⁰ tɕia⁰ mu⁰ zɚ⁴²

指过低估计他人的能量。

小小虫儿跟 ᴰ 掩面呼飞——有熬嘞眼儿，没打嘞食儿

ɕiau⁰ ɕiau⁵⁵ tʂʻuɚ⁰ kɛ²⁴ ian⁵⁵ mian⁰ xu²⁴ fei²⁴ iou⁵⁵ au⁴² lɛ⁰ iɚ⁵⁵ mu⁴² ta⁵⁵ lɛ⁰ ʂɚ⁴²

喻指盲目随从他人，徒劳而无功。小小虫儿：麻雀，多在白天觅食。跟 ᴰ：跟着，动词变韵表持续义。掩面呼：蝙蝠，多在夜间觅食。

歇虎猜枚——露一小手儿

ɕiɛ²⁴ xu⁰ tsʻai²⁴ mei⁴² lou²¹³ i⁰ ɕiau⁵⁵⸾⁴² ʂɚ⁵⁵

喻指显露某项技能；有炫耀的意思。歇虎：壁虎。猜枚：划拳行酒令。又作"歇虎撩门帘 ᶻ——露一小手儿"。

鞋里 ᴴ 长草——荒 ᴰ（慌）脚了

ɕiɛ⁴² liou⁰ tʂaŋ⁵⁵⸾⁴² tsʻau⁵⁵ xuæŋ²⁴ tɕyə²⁴ lə⁰

同"庙台上长草——荒（慌 ᴰ）神儿了"。

心口上挂钥匙——开心

ɕin²⁴ kʻou⁵⁵ ʂaŋ⁰ kua²¹³ yə²⁴ ʂʅ⁰ kai²⁴ ɕin²⁴

心口：前胸。

新媳妇儿放屁——零提溜儿

ɕin²⁴ ɕi⁴² fɚ⁰ faŋ²¹³ pʻi²¹³ liŋ⁴² tʻi²⁴ liɚ⁰

喻指因有所顾忌，说话或做事不连贯，化整为零、断断续续；含戏谑

或嘲讽意味。

雪里 [H] 埋小孩 [Z]——早晚得露尸首

ɕye²⁴ liou⁰ mai⁴² ɕiau⁰ xɛau⁴²　tsau⁵⁵⁻⁴² uan⁵⁵ tɛ²⁴ lou²¹³ ʂʅ²⁴ ʂou⁰

喻指真相终将彻底暴露。

Y

哑巴吃饺子——心里有数儿

ia⁵⁵ pa⁰ tʂʻʅ²⁴ tɕiau⁵⁵ tsʅ⁰　ɕin²⁴ li⁰ iou⁵⁵ ʂuər²¹³

指嘴上不说,但心里有主见。

哑巴进 [D] 庙里 [H]——多磕头少说话

ia⁵⁵ pa⁰ tɕiɛ²¹³ miau²¹³ liou⁰　tuə²⁴ kʻə²⁴ tʻou⁴² ʂau⁵⁵ ʂɥə²⁴ xua²¹³

指多做事而少说话,以免招惹是非。进 [D]:进到,动词变韵表终点义。

哑巴说话——指手画脚

ia⁵⁵ pa⁰ ʂɥə²⁴ xua²¹³　tʂʅ⁵⁵⁻⁴² ʂou⁵⁵ xua²¹³ tɕyə²⁴

亚亚儿葫芦不用勒——种儿嘞事儿

ia²¹³ iɐr⁰ xu⁴² lu⁰ pu²⁴⁻⁴² yŋ²¹³ lɛ²⁴　tʂuər⁵⁵ lɛ⁰ ʂər²¹³

喻指人的脾气性格、品行能力等天生如此,不是后天学来的。亚亚儿:亚腰儿。种儿:种子。嘞事儿:表原因的后置成分,相当于"……的原因"。

阎王爷贴告示——鬼话连篇

ian⁴² uaŋ⁰ iɛ⁴² tʻiɛ²⁴ kau²¹³ ʂʅ⁰　kuei⁵⁵ xua²¹³ lian⁴² pʻian²⁴

羊群里 [H] 跑出 [H] 个兔——数 [D] 它小嘞,数 [D] 它精嘞

iaŋ⁴² tɕʻyn⁴² liou⁰ pʻau⁵⁵ tʂʻuai⁰ kə⁰ tʻu²¹³　ʂuə⁵⁵ tʻa⁰ ɕiau⁵⁵ lɛ⁰, ʂuə⁵⁵ tʻa⁰ tɕiŋ²⁴ lɛ⁰

喻指人年龄不大,却很精明、很圆滑;含讥讽意味。数 [D]:动词变韵表加强肯定语气。

羊群里 [H] 跑 [D] 个骡 [Z] 驹儿——就显你个儿大

iaŋ⁴² tɕʻyn⁴² liou⁰ pʻo⁵⁵ kə⁰ luau⁴² tɕyər²⁴　tɕiou²¹³ ɕian⁵⁵ ni⁵⁵ kər²¹³ ta²¹³

指故意显示、炫耀自己的才干;含讥讽意味。跑 [D]:跑着,动词变韵表持续义。

羊屎蛋 [Z] 飞上天——能豆儿一个

iaŋ⁴² ʂʅ⁵⁵ tæ²¹³ fei²⁴ ʂaŋ⁰ tʻian²⁴　nəŋ⁴² tər²¹³ i²⁴⁻⁴² kə²¹³

喻指人很精明、很圆滑;含贬义。

杨玘屯嘞咕咕——没瓷（词）儿

iaŋ⁴² tɕi⁰ tʻuən⁴² nɛ⁰ ku⁵⁵ ku²⁴　mu⁴² tsʻər⁴²

喻指无话可说或不屑反驳。杨玘屯：浚县黎阳镇一行政村，泥塑工艺远近闻名。咕咕：泥塑制品的统称；由黄泥捏制而成，与"瓷"无关，故有此说。

腰里别 D-0 个玉蜀黍芯——没籽（子）儿

iau²⁴ li⁰ pie⁴² kə⁰ y²¹³ ʂʅ⁴² ʂʅ⁰ ɕin²¹³　mu⁴² tsər⁵⁵

喻指没有钱。别 D-0：别着，动词变韵表持续义。子儿：旧指铜钱。

要饭嘞不走——是个门儿

iau²¹³ fan²¹³ nɛ⁰ pu²⁴ tsou⁵⁵　ʂʅ²¹³ kə⁰ mər⁴²

喻指只要找到办法和门路，问题的解决就有一定的可能性。走：离开。门儿：门路。又作"要饭嘞不走——有门儿"。

要饭嘞趁车——到 D 哪儿都对路儿

iau²¹³ fan²¹³ nɛ⁰ tʂʻən²¹³ tʂʻʅ²⁴　to²¹³ nɐr⁵⁵ tou⁰ tuei²¹³ luər²¹³

喻指事情无论怎样处理都合乎需求。到 D：到了，动词变韵表完成义。

要饭嘞吃醋——一幅穷酸样儿

iau²¹³ fan²¹³ nɛ⁰ tʂʻʅ²⁴ tsʻu²¹³　i²⁴⁻⁴² fu²¹³ tɕʻyŋ⁴² suan²⁴ iɐr²¹³

要饭嘞看戏——穷开心

iau²¹³ fan²¹³ nɛ⁰ kʻan²¹³ ɕi²¹³　tɕʻyŋ⁴² kai²⁴ ɕin²⁴

指即使生活贫困，但少思无虑，也是一种简单的幸福。也指身处困境，强作欢乐。

要饭嘞牵 D 猴 Z-0——玩儿心不退

iau²¹³ fan²¹³ nɛ⁰ tɕʻiæ²⁴ xou⁴²　uor⁴² ɕin²⁴ pu²⁴⁻⁴² tʻuei²¹³

指处于困境之中、紧要时刻，还有心思玩耍；有埋怨、责怪的意思。牵 D：牵着，动词变韵表持续义。又作"要饭嘞牵 D 猴 Z-0——一律玩儿心"。

一巴掌打着个屁——巧了

i²⁴ pa²⁴ tʂaŋ⁰ ta⁵⁵ tʂʅ⁰ kə⁰ pʻi²¹³　tɕʻiau⁵⁵ lə⁰

指非常凑巧。

一把柴火不拾——穷烧

i²⁴ pa⁵⁵ tsʻai⁴² xuə⁰ pu²⁴ ʂʅ⁴²　tɕʻyŋ⁴² ʂau²⁴

喻指人没有一点儿资本，却到处炫耀。烧：使东西着火；与口语中"炫耀、得瑟"义的"烧"同音，故有此语。

一堆烂泥——扶不上墙

i²⁴ tsuei²⁴ lan²¹³ ni⁴² fu⁴² pu⁰ ʂaŋ⁰ tɕ'ian⁴²

喻指人能力太差，即使有他人相助，也上不了大场面，成不了大气候。

一个指头和面——捣嘞

i²⁴⁻⁴² kə⁰ tʂʅ⁵⁵⁻⁴² t'ou⁰ xuə⁵⁵ mian²¹³ tau⁵⁵ lɛ⁰

捣：捣乱、胡闹。

一根筷ᶻ吃藕——专挑眼儿嘞

i²⁴ kən²⁴ k'uɛau²¹³ tʂʅ²⁴ ou⁵⁵ tʂuan²⁴ t'iau²⁴ ior⁵⁵ lɛ⁰

喻指专挑别人的毛病。藕：莲藕。

一根绳儿上拴ᴰ俩蚂蚱——跑不了你，也跑不了他

i²⁴ kən²⁴ ʂər⁴² ʂaŋ⁰ ʂuæ²⁴ lia⁵⁵ ma²⁴ tʂa⁰ p'au⁵⁵ pu⁰ liau⁰ ni⁵⁵ iɛ⁵⁵ p'au⁵⁵ pu⁰ liau⁰ t'a⁵⁵

指涉事双方都脱不了干系。拴ᴰ：拴着，动词变韵表持续义。又作"一根绳儿上拴ᴰ俩蚂蚱——谁也跑不了"。

一连下了仨月雨——少情（晴）

i²⁴ lian⁴² ɕia²¹³ lə⁰ sa²⁴ yɛ²⁴ y⁵⁵ ʂau⁵⁵ tɕ'iŋ⁴²

一头扎ᴰ⁻⁰裤裆里ᴴ——没脸见人

i²⁴ t'ou⁴² tʂ'a²⁴ k'u²¹³ taŋ²⁴ liou⁰ mu⁴² lian⁵⁵ tɕian²¹³ ʐən⁴²

扎ᴰ⁻⁰：扎到，动词变韵表终点义。

一碗水泼ᴰ⁻⁰地ᴴ——收不起ᴴ了

i²⁴ uan⁵⁵⁻⁴² ʂuei⁵⁵ p'uə²⁴ tiɛ²¹³ ʂou²⁴ pu⁰ tɕ'iai⁵⁵ lə⁰

指既成事实，无法挽回。泼ᴰ⁻⁰：泼到，动词变韵表终点义。

一张纸画个鼻ᶻ——脸面不小

i²⁴ tʂaŋ²⁴ tʂʅ⁵⁵ xua²¹³ kə⁰ pi:au⁴² lian⁵⁵ mian⁰ pu²⁴ ɕiau⁵⁵

脸面：面子、情面。

一嘴吃ᴰ个鞋帮ᶻ——心里ᴴ有底儿

i²⁴ tsuei⁵⁵ tʂ'ʅ²⁴ kə⁰ ɕiɛ⁴² pæŋ²⁴ ɕin²⁴ liou⁰ iou⁵⁵⁻⁴² tiər⁵⁵

吃ᴰ：吃了，动词变韵表完成义。鞋帮ᶻ：鞋底、靴底以上的部分。

医生摆手儿——没ᴰ救了

i²¹³ ʂəŋ²⁴ pai⁵⁵⁻⁴² ʂər⁵⁵ mə⁴² tɕiou²¹³ lə⁰

同"俩兽医抬ᴰ个驴——没治儿"。没ᴰ：没了，动词变韵表完成义。

油瓶倒ᴰ都不扶——懒到家了

iou⁴² p'iŋ⁴² to⁵⁵ tou⁰ pu⁰ fu⁴² lan⁵⁵ tau⁰ tɕia²⁴ lə⁰

喻指人非常懒惰，所有的事情（多指家务事）一概不管不问。倒ᴰ：

倒了，动词变韵表完成义。

鱼嘴里 ᴴ嘞水——有进有出
y⁴² tsuei⁵⁵ liou⁰ lɛ⁰ ʂuei⁵⁵　iou⁵⁵ tɕin²¹³ iou⁵⁵ tʂʻʅ²⁴

指有收入，也有花销。

雨后送伞——虚情假意
y⁵⁵ xou²¹³ suəŋ²¹³ san⁵⁵　ɕy²⁴ tɕʻiŋ⁴² tɕia⁵⁵ i²¹³

玉蜀黍杆 ᶻ打狼——两怕
y²¹³ ʂʅ⁴² ʂʅ⁰ kæ⁵⁵ ta⁵⁵ laŋ⁴²　liaŋ⁵⁵ pʻa²¹³

同"狗撵狼——两怕"。玉蜀黍：玉米。

Z

赃核桃赃出 ᴴ个土鳖——啥仁（人）儿都有
tsaŋ²⁴ xɛ⁴² tʻau⁰ tsaŋ²⁴ tʂʻuai²⁴⁻⁵⁵ kə⁰ tʻu⁵⁵ piɛ²⁴　ʂa⁵⁵ zər⁴² tou²⁴ iou⁵⁵

同"嗑瓜子儿嗑出 ᴴ个臭虫——啥仁（人）儿都有"。赃：用锤子等将果壳、蒜瓣等砸开。

枣核截板儿——没几锯（句）儿
tsau⁵⁵ xu⁴² tɕiɛ⁴² por⁵⁵　mu⁴² tɕi⁵⁵ tɕyər²¹³

指篇幅短小，简明扼要。又作"枣核截板儿——一锯（句）儿"

灶火里 ᴴ嘞麦秸——抃出去
tsau²¹³ xuə⁰ liou⁰ lɛ⁰ mɛ²⁴ tɕiɛ⁰　tɕʻia²⁴ tʂʻʅ⁰ tɕy⁰

指被撵走、被撤职或取消资格。灶火：厨房。

贼跑了才上门儿——晚了
tsei⁴² pʻau⁵⁵ lə⁰ tsʻai⁴² ʂaŋ²¹³ mər⁴²　uan²⁴ nə⁰

上门儿：插上门闩。

张飞看刺猬——大眼瞪小眼
tʂaŋ²⁴ fei²⁴ kʻan²¹³ tsʻʅ²¹³ xuei⁰　ta²¹³ ian⁵⁵ təŋ²¹³ ɕiau⁵⁵⁻⁴² ian⁵⁵

喻指无计可施、无话可说、无事可做。

张飞绣花儿——粗中有细
tʂaŋ²⁴ fei²⁴ ɕiou²¹³ xuer²⁴　tsʻu²⁴ tʂuəŋ²⁴ iou⁵⁵ ɕi²¹³

张子白嘞字画儿——熟能生巧
tʂaŋ²⁴ tsʅ⁵⁵ pɛ⁴² lɛ⁰ tsʅ²¹³ xuer²¹³　ʂu⁴² nəŋ⁴² ʂəŋ²⁴ tɕʻiau⁵⁵

张子白：名晳，闻名一方的书画名家；浚县屯子乡张洼村人，明末清初书画家、医学家傅青主的弟子。据说，浚县文治阁南北券洞门上的"清环黎水""黛护伾岚"匾额就是张子白所书,《重修文治阁记》也是张子白的作品。

赵匡胤穿龙袍——改朝换代
tṣau²¹³ k'uaŋ⁵⁵ in²¹³ tṣ'uan²⁴ luəŋ⁴² p'au⁴²　kai⁵⁵ tṣ'au⁴² xuan²¹³ tai²¹³

赵匡胤：宋太祖（927—976年），北宋开国皇帝。

针尖儿对麦芒 ᶻ——瞧瞧谁尖
tṣən²⁴ tɕior²⁴ tuei²¹³ mɛ²⁴ uæŋ⁴²　tɕ'iau⁴² tɕ'iau⁰ ṣei⁴² tɕian²⁴

指双方都很尖薄。尖：尖薄、小气、吝啬。

正月十六儿贴门神——晚 ᴰ 二年儿八了
tṣən²⁴ yɛ⁰ ʂʅ⁴² liər²¹³ t'iɛ²⁴ mən⁴² ṣən⁰　uæ⁵⁵ ər²¹³ nior⁴² pa²⁴ lə⁰

指已经迟了很久了。门神：春联。晚 ᴰ：晚了，动词变韵表完成义。

睁 ᴰ 眼儿睡觉——醒 ᴰ（想 ᴰ）吧
tṣo²⁴ ior⁵⁵ ṣei²¹³ tɕiau²¹³　tɕio⁵⁵ pa⁰

指空想、妄想，不可能实现。睁 ᴰ、想 ᴰ：动词变韵均表持续义，可分别替换为"睁着""想着"。

周瑜摆手儿——都督（嘟嘟）叫
tṣou²⁴ y²¹³ pai⁵⁵⁺⁴² ṣər⁵⁵　tu²⁴ tu²⁴⁺⁴² tɕiau²¹³

喻指非常好、超级棒。摆手儿：招手。周瑜：字公瑾，人称"周郎"，东汉末年至三国时代名将、孙吴势力重要的统帅，与鲁肃、吕蒙和陆逊合称四大都督。

猪八戒不叫猪八戒——叫悟能（无能）
tṣʅ²⁴ pa⁰ tɕiɛ²¹³ pu²⁴⁺⁴² tɕiau²¹³ tṣʅ²⁴ pa⁰ tɕiɛ²¹³　tɕiau²¹³ u⁴² nəŋ⁴²

猪八戒喝泔水——各人对口味儿
tṣʅ²⁴ pa⁰ tɕiɛ²¹³ xə²⁴ kan²⁴ ṣuei⁰　kə²⁴ zən⁰ tuei²¹³ k'ou⁵⁵ uər⁰

喻指人各有所好。泔水：淘米、洗菜、洗刷餐具等用过的水。

猪八戒嘞脊梁 ᶻ——悟能之背（无能之辈）
tṣʅ²⁴ pa⁰ tɕiɛ²¹³ lɛ⁰ tɕi²⁴⁺⁴² niæŋ²¹³　u⁴² nəŋ⁴² tṣʅ²⁴ pei²¹³

"脊"无规则变调，"梁"读音特殊。

猪鼻 ᶻ 里插葱——装象（相）
tṣʅ²⁴ pi:au⁴² li⁰ tṣ'a²⁴ ts'uəŋ²⁴　tṣuaŋ²⁴ ɕiaŋ²¹³

指故作姿态，装模作样。

竹篮 ᶻ 打水——一场空
tṣu²⁴ læ⁴² ta⁵⁵⁺⁴² ṣuei⁵⁵　i²⁴ tṣ'aŋ⁵⁵⁺⁴² k'uəŋ²⁴

竹筒倒豆 ᶻ⁻⁰——一点儿不留

tʂu²⁴ tʻuəŋ⁵⁵ tau²¹³ tou²¹³　i²⁴ tior⁵⁵ pu²⁴ liou⁴²

又作"竹筒倒豆 ᶻ⁻⁰——干净利索"。

煮熟嘞扁嘴 ᶻ——光嘴硬

tʂʅ⁵⁵ ʂu⁴² lɛ⁰ pian⁵⁵⁺⁴² tsuɛau⁰　kuaŋ²⁴ tsuei⁵⁵ iŋ²¹³

指自知理亏或明知已败，口头上却不认错、不服输。扁嘴 ᶻ：鸭子。

砖城街吃狗肉——一人一份①

tʂuan²⁴ tʂʻəŋ⁴² tɕiɛ²⁴ tʂʻʅ²⁴ kou⁵⁵ zou⁰　i²⁴ zən⁴² i²⁴⁺⁴² fər²¹³

指利益均分或责任均担。砖城：卫贤镇一行政村，位于卫贤镇政府驻地东北 0.5 千米；据传，因村西南 1 千米处有汉以来砖城遗址而得名。

锥 ᶻ 上抹油——又尖又滑

tʂuɛau²⁴ ʂaŋ⁰ muɛ⁵⁵ iou⁴²　iou²¹³ tɕian²⁴ iou²¹³ xua⁴²

桌 ᶻ 底 ᴴ 打拳——出手不高

tʂuau²⁴ tiɛ⁵⁵ ta⁵⁵ tɕʻyan⁴²　tʂʻʅ²⁴ ʂou⁰ pu²⁴ kau²⁴

指基础差、底子薄，一开始做某事时所表现出的才能、本领很一般。

子贡②庙里盛粪堆——腌臜圣人

tsʅ⁵⁵ kuaŋ²¹³ miau²¹³ li⁰ tʂʻəŋ⁴² fən²¹³ tsuei²⁴　a²⁴ tsa⁰ ʂəŋ²¹³ zən⁰

喻指不尊重历史、文化，粗鲁野蛮。子贡庙：又名黎公祠，宋徽宗政和五年修建于浮丘山，明弘治十二年（1499），移建于今址（浚县古城南门内南大街路东）。

走 ᴰ⁻⁰ 路抈拉算盘 ᶻ——脚手都不闲 ᴰ

tsou⁵⁵ lu²¹³ pu²⁴ la⁰ suan²¹³ pʻæ⁰　tɕyə²⁴ ʂou⁵⁵ tou⁰ pu²⁴ ɕiæ⁴²

喻指非常忙碌、手忙脚乱。走 ᴰ⁻⁰：走着，动词变韵表持续义。抈拉：拨拉、拨动。闲 ᴰ：闲着，形容词变韵表持续义。

嘴片 ᶻ 上挂秤杆 ᶻ——说话有斤有两

tsuei⁵⁵ pʻiæ²¹³ ʂaŋ⁰ kua²¹³ tʂʻəŋ²¹³ kæ⁵⁵　ʂuə²⁴ xua²¹³ iou⁵⁵ tɕin²⁴ iou⁵⁵⁺⁴² liaŋ⁵⁵

喻指说话很有分寸。也喻指说话有分量，能起大作用。嘴片 ᶻ：嘴唇。

---

① 旧时，卫贤镇南边某村薛姓人在卫贤集上开了花行，赚了不少钱。有钱就有势，薛家在卫贤集上成了跺跺脚就四乡动颤的富豪之家。一天，薛家的狗跑到卫贤东边不远的砖城村，被村民打死后煮着吃了。薛家不依不饶，一定要主谋者为狗披麻戴孝送葬，且凡吃狗肉者都必须出一份葬礼钱。那时的砖城是个不大的村子，差不多每家每户都出了葬礼钱。自此便在卫贤镇一带留下了此歇后语。

② 子贡，姓端木，名赐，字子贡（前 520—前 456），是孔门七十二贤之一，春秋卫国黎（今浚县）人；春秋战国时期杰出的外交家、政治家，被后人奉为儒商始祖。

嘴片 ʐ 上挂油瓶——油嘴滑舌
tsuei⁵⁵ pʻiæ²¹³ ʂaŋ⁰ kua²¹³ iou⁴² pʻiŋ⁴²　iou⁴² tsuei⁵⁵ xua⁴² ʂɻə⁴²

嘴上抹石灰——白说
tsuei⁵⁵ ʂaŋ⁰ muə⁵⁵ ʂɻ⁴² xuei⁰　pɛ⁴² ʂɥə²⁴

坐飞机放屁——响（想）嘞不低
tsuə²¹³ fei²⁴ tɕi²⁴ faŋ²¹³ pʻi²¹³　ɕiaŋ⁵⁵ lɛ⁰ pu²⁴ ti²⁴

同"飞机上吹喇叭——响嘞不低（想）"。

做梦娶媳妇儿——光想好事儿
tsu²¹³ məŋ²¹³ tɕʻy⁵⁵ ɕi⁴² fər⁰　kuaŋ²⁴ ɕiaŋ⁵⁵ xau⁵⁵ ʂər²¹³

谚　语

（2186条）

A

矮人面前不说短话。
ai⁵⁵ zən⁴² mian²¹³ tɕʻian⁴² pu²⁴ ʂʯə²⁴ tuan⁵⁵ xua²¹³
喻指不能当面提及别人忌讳的事。又作：低个儿面前不说短话。

熬过去一年，又是一年。
au²⁴ kuə⁰ tɕʻy⁰ i²⁴ nian⁴²　iou²¹³ ʂʯ⁰ i²⁴ nian⁴²
指因贫困、痛苦等而度日艰难。熬：忍受。又作：熬一年又一年。

熬一天算一天。
au²⁴ i⁰ tʻian²⁴ suan²¹³ i⁰ tʻian²⁴
同"熬过去一年，又是一年"。又作：熬一天说一天。

B

八成熟，十成收；十成熟，八成收。
pa²⁴ tsʻən⁴² su⁴²　ʂʯ⁴² tsʻən⁴² sou²⁴　ʂʯ⁴² tsʻən⁴² su⁴²　pa²⁴ tsʻən⁴² sou²⁴
指小麦不能十分成熟时才收割，要适当提前收割；否则会因风吹日晒等造成麦粒脱落，影响产量。又作：八成熟，十成收；十成熟，一成丢。

八岁八，掉狗牙。
pa²⁴⁻⁴² suei²¹³ pa²⁴⁻⁴²　tiau²¹³ kou⁵⁵ ia⁴²
指儿童到了七八岁，正是换牙的年龄。

八月葱，使ᴰ粪壅。
pa²⁴ yɛ⁰ tsʻuəŋ²⁴　ʂʯ⁵⁵ fən²¹³ yŋ²⁴
指种植大葱宜多施肥。使：介词，用。壅：围、堵。

谚　语

八月打雷，遍地出贼。
pa²⁴ yɛ⁰ ta⁵⁵ luei⁴²　pian²¹³ ti²¹³ tʂʻʅ²⁴ tsei⁴²

指农历八月打雷是不祥之兆，会造成秋作物大量减产。又作：八月打雷，遍地都贼。

八月耕地一篓油，九月耕地半篓油，十月耕地没冇油。
pa²⁴ yɛ⁰ kəŋ²⁴ ti²¹³ i²⁴ lou⁵⁵ iou⁴²　tɕiou⁵⁵ yɛ⁰ kəŋ²⁴ ti²¹³ pan²¹³ lou⁵⁵ iou⁴² ʂʅ⁴² yɛ⁰ kəŋ²⁴ ti²¹³ mu⁴² mau⁰ iou⁴²

指农历八月是翻地的最佳时期，可以消灭病虫害、清除杂草，改善土壤环境；九月翻地效果不佳；十月翻地效果更差。没冇：没有。

八月冷，九月温，十月还有小阳春。
pa²⁴ yɛ⁰ ləŋ⁵⁵　tɕiou⁵⁵ yɛ⁰ uən²⁴　ʂʅ⁴² yɛ⁰ xai⁴² iou⁵⁵ ɕiau⁵⁵ iaŋ⁴² tʂʻuən²⁴

指农历八月气温明显下降，有了深秋的寒意；九月气温平稳，给人以温暖的感觉；进入十月，正午与早晚温差大，让人感觉像春天一样的反暖。

八月十五云遮日，正月十六雪打灯。
pa²⁴ yɛ⁰ ʂʅ⁴² u⁵⁵ yn⁴² tʂɤ²⁴ ʐʅ²¹³　tʂəŋ²⁴ yɛ⁰ ʂʅ⁴² liou²¹³ ɕyɛ²⁴ ta⁵⁵ təŋ²⁴

指如果农历八月十五是阴天，农历正月十六往往会下雪。又一解：如果八月十五是阴天，正月十六是雪天，预示着冬小麦的收成好。

八丈佛爷七丈楼，佛爷坐在坑里头。
pa²⁴⁻⁴² tʂaŋ²¹³ fu⁴² iɛ⁰ tɕʻi²⁴⁻⁴² tʂaŋ²¹³ lou⁴²　fu⁴² iɛ⁰ tsuə²¹³ tsai⁰ kʻəŋ²⁴ li⁰ tʻou⁰

指浚县大伾山天宁寺楼高七丈，而端坐于内的大石佛佛足位于地面以下一丈左右的深处，成为奇观；故有此说。

扒更起早，穷劲到老。
pa²⁴ kəŋ²⁴ tɕʻi⁵⁵⁻⁴² tsau⁵⁵　tɕʻyŋ⁴² tɕin²¹³ tau²¹³ lau⁵⁵

指习惯天不亮就起床的人，没有福气。

拔出ᴴ萝卜带出ᴴ泥。
pa⁴² tʂʻuai⁰ luə⁴² pu⁰ tai²¹³ tʂʻuai⁰ ni⁴²

喻指由此事牵扯出与之相关的其他事。也喻指事情处理不当，又招致其他的麻烦。

白给嘞东西甭嫌赖。
pɛ⁴² kei⁵⁵ lɛ⁰ tuəŋ²⁴ ɕi⁰ piŋ⁴² ɕian⁴²⁻⁵⁵ lai²¹³

指没有付出代价得到的好处，不宜再挑剔。白：无代价。赖：不好。"嫌"无规则变调。

白露晴天白云多，来年必定吃蒸馍。

pɛ⁴² lu²¹³ tɕʻiŋ⁴² tʻian²⁴ pɛ⁴² yn⁴² tuə²⁴ lai⁴² nian⁴² pi⁵⁵ tiŋ²¹³ tʂʻʅ²⁴ tʂən²⁴ muə⁰

指白露节气这一天如果是晴天，预示冬小麦会有好收成。白露：节气中的第 15 个（公历 9 月 7—9 日之间）。蒸馍：馒头。

白马犯青牛，羊子一断休。

pɛ⁴² ma⁵⁵ fan²¹³ tɕʻiŋ²⁴ niou⁴² iaŋ⁴² tsʅ⁵⁵ i²⁴⁼⁴² tuan²¹³ ɕiou²⁴

指迷信认为属马的与属牛的、属羊的与属鼠的，不宜结婚。犯：相克。子：老鼠。

白米细面，土里 ᴴ 提炼。

pɛ⁴² mi⁵⁵ ɕi²¹³ mian²¹³ tʻu⁵⁵ liou⁰ tʻi⁴² lian²¹³

喻指只有辛勤劳作，才能换来富裕的生活。细面：白面。

白瓦云，晒死人；石头云，等 ᴰ 挨淋。

pɛ⁴² ua⁵⁵ yn⁴² ʂai²¹³ sʅ⁰ zən⁴² ʂʅ⁴² tʻou⁰ yn⁴² to⁵⁵ ai⁴² lyn⁴²

指如果云彩呈白色的瓦片状（即气象学中的透光高积云），预示第二天是晴天；如果云彩呈黑色的石头状，预示第二天会下雨。等 ᴰ：等着，动词变韵表持续义。"石头云"又作"乌墨云"。

白日儿串四方，半夜点 ᴰ 灯补裤裆。

pɛ⁴² iər⁰ tʂʻuan²¹³ sʅ²¹³ faŋ²⁴ pan²¹³ iɛ²¹³ tiæ⁵⁵ təŋ²⁴ pu⁵⁵ kʻu²¹³ taŋ²⁴

指妇女好吃懒做，该做事时游手好闲，不该做事的时候又假装勤谨。白日儿：白天。点 ᴰ：点着，动词变韵表持续义。

百货对百客。

pɛ²⁴ xuə²¹³ tuei²¹³ pɛ²⁴ kʻɛ²⁴

指人各有不同的需要，各式各样的货物都可能卖出去。

百善孝为先，论心不论行，论行寒门无孝子。

pɛ²⁴ ʂan²¹³ ɕiau²¹³ uei²¹³ ɕian²⁴ luən²¹³ ɕin²⁴ pu²⁴⁼⁴² luən²¹³ ɕiŋ⁴² luən²¹³ ɕiŋ⁴² xan⁴² mən⁴² u⁴² ɕiau²¹³ tsʅ⁵⁵

指"孝"是一种心性，不能以行动论之；否则，贫困的家庭，孩子拿不出东西孝敬老人，便出不了"孝子"。

百闻不如一见，百说不如一干。

pɛ²⁴ uən⁴² pu²⁴ zʅ⁴² i²⁴⁼⁴² tɕian²¹³ pɛ²⁴ ʂuə⁴² pu²⁴ zʅ⁴² i²⁴⁼⁴² kan²¹³

指任何事情，只有通过实践才能真正地认识、理解、掌握。又作：百闻不如一见，百见不如一验。

谚　语　　　　　　　　　　　　　　135

斑鸠①哭，耩早谷。
pan²¹³ tɕiou⁰ k'u²⁴　tɕiaŋ⁵⁵ tsau⁵⁵ ku²⁴
指斑鸠鸣叫的季节，适宜播种谷子。哭：叫。

半路儿杀出ᴴ个程咬金②。
pan²¹³ luər²¹³ ʂa²⁴ tʂ'uai²⁴⁻⁵⁵ kə⁰ tʂ'əŋ⁴² iau⁰ tɕin²⁴
喻指突然发生了难以预料的事情，让人措手不及。

半夜听ᴰ鸡ᶻ叫，是个风雨兆。
pan²¹³ iɛ²¹³ t'io²⁴ tɕi:au²⁴ tɕiau²¹³　ʂʅ²¹³ kə⁰ fəŋ²⁴ y⁵⁵ tʂau²¹³
指半夜鸡叫，是刮风下雨的预兆。听ᴰ：听见了，动词变韵表完成义。

帮理不帮亲，向理不向人。
paŋ²⁴ li⁵⁵ pu²⁴ paŋ²⁴ tɕ'in²⁴　ɕiaŋ²¹³ li⁵⁵ pu²⁴⁻⁴² ɕiaŋ²¹³ zən⁴²
指要讲公理，公平对待每一个人；即使是自己的亲人，犯了错也不能偏袒。又作：帮理不帮亲，认理不认人。

帮人帮到底，送佛送ᴰ西天。
paŋ²⁴ zən⁴² paŋ²⁴ tau²¹³ ti⁵⁵　suəŋ²¹³ fu⁴² suo²¹³ ɕi²⁴ t'ian²⁴
喻指既然帮忙，就帮人彻底解决问题。送ᴰ：送到，动词变韵表终点义。前一个分句也可以单独用作谚语，意思与整句相同。又作：帮人帮到底，救人救个活。/帮人帮到底，送人送到家。

包产到户③，不用干部。
pau²⁴ tʂ'an⁵⁵ tau²¹³ xu²¹³　pu²⁴⁻⁴² yŋ²¹³ kan²¹³ pu²¹³
指农村实行"包产到户"生产责任制后，村干部的作用明显减弱。

包子有肉，不在皮儿上；人有本事，不在嘴上。
pau²⁴ tsʅ⁰ iou⁵⁵ zou²¹³　pu²⁴⁻⁴² kai²¹³ p'iər⁴² ʂaŋ⁰　zən⁴² iou⁵⁵ pən⁵⁵ ʂʅ⁰ pu²⁴⁻⁴² kai²¹³ tsuei⁵⁵ ʂaŋ⁰
喻指人有没有能耐不是凭嘴说的，即使真有本领也不该到处炫耀。

褒贬是买主儿。
pau⁵⁵⁻²⁴ pian⁰ ʂʅ²¹³ mai⁵⁵⁻⁴² tʂuər⁵⁵
指对商品进行仔细评价的，才是真正想买的人。又作：褒贬是买家儿。

---

① 斑鸠：一种鸟，身体灰褐色，颈后有白色或黄褐色斑点，嘴短，脚趾淡红色。栖息在山地、山麓或平原的林区。觅食高粱、麦种、稻谷等，有时也吃昆虫的幼虫。

② 程咬金：字义贞（589—665），济州东阿（今山东东平）人。唐朝开国名将，凌烟阁二十四功臣之一。

③ 包产到户：农户以家庭为单位向集体组织承包土地等生产资料和生产任务的农业生产责任制形式，自1982年1月1日，中共中央批转《全国农村工作会议纪要》后全面实施。

"褒"无规则变调。

饱备干粮晴备伞，丰年也要防歉年。

pau⁵⁵ pei²¹³ kan²⁴ liaŋ⁰ tɕ'iŋ⁴² pei²¹³ san⁵⁵ fəŋ²⁴ nian⁴² iɛ⁵⁵ iau²¹³ faŋ⁴² tɕ'ian²¹³ nian⁴²

喻指居安思危，有备无患。

饱汉不知饿汉饥，骑 ᴅ 马不知 ᴴ 步行难。

pau⁵⁵ xan²¹³ pu²⁴ tʂʅ²⁴ ə²¹³ xan²¹³ tɕi²⁴ tɕ'iɛ⁴² ma⁵⁵ pu²⁴ tʂo²⁴ pu²¹³ ɕiŋ⁴² nan⁴²

喻指生活条件优越的人，不能体会处于困境中的人的苦痛。也喻指局外人不知道当事人的苦衷。骑 ᴅ：骑着，动词变韵表持续义。前一个分句可以单独用作谚语，意思与整句相同。

饱汉一斗结仇人，饿汉一口是恩人。

pau⁵⁵ xan²¹³ i²⁴ tou⁵⁵ tɕiɛ²⁴ tʂ'ou⁴² zən⁴² ə²¹³ xan²¹³ i²⁴ k'ou⁵⁵ ʂʅ²¹³ ən²⁴ zən⁴²

指对不需要的人，再大的帮助也可能会招来抱怨；对需要的人，哪怕微不足道的给予也会让其感恩。

饱时儿给一斗，不胜饥时儿给一口。

pau⁵⁵ ʂər⁴² kei⁵⁵ i²⁴ tou⁵⁵ pu²⁴⁻⁴² ʂəŋ²¹³ tɕi²⁴ ʂər⁴² kei⁵⁵ i²⁴ k'ou⁵⁵

指人在困境中比在顺境中更需要帮助，给予人困境中的帮助更可贵。不胜：不如。又作：富嘞时儿给一斗，不胜穷嘞时儿给一口。

报喜不报忧。

pau²¹³ ɕi⁵⁵ pu²⁴⁻⁴² pau²¹³ iou²⁴

指好事往往愿意炫耀、与人分享，而坏事却不愿意让别人知道。也指别人的好事愿意代为转达，而坏事却不愿或不忍说出口。

北风虽冷天气晴。

pei²⁴ fəŋ²⁴ suei²⁴ ləŋ⁵⁵ t'ian²⁴ tɕ'i⁰ tɕ'iŋ⁴²

指冬季刮北风，虽然比较寒冷，但往往天气晴好，即所谓"晴冷"。

北风头大，南风腰粗。

pei²⁴ fəŋ²⁴ t'ou⁴² ta²¹³ nan⁴² fəŋ²⁴ iau²⁴ ts'u²⁴

指北风来势凶猛，却越刮越小；而南风则是中间风力最大。

北风性善，越刮越慢；南风姓孔，越刮越猛。

pei²⁴ fəŋ²⁴ ɕiŋ²¹³ san²¹³ yɛ²⁴ kua²⁴ yɛ²⁴ man²¹³ nan⁴² fəŋ²⁴ ɕiŋ⁴² k'uəŋ⁵⁵ yɛ²⁴ kua²⁴ yɛ²⁴ məŋ⁵⁵

同"北风头大，南风腰粗"。

北京到 ᴰ 南京，都不递浚县城①。
pei²⁴ tɕiŋ⁰ to²¹³ nan⁴² tɕiŋ⁰ tou²⁴ pu²⁴⁻⁴² ti²¹³ ɕyn²¹³ ɕian⁰ tsʻəŋ⁴²

指浚县古城墙闻名遐迩（城：指城墙）。也指浚县因正月庙会规模很大、热闹非凡，比北京、南京还有名气。到 ᴰ：动词变韵表加强肯定语气义。不递：不如。

背人没好话，好话不背人。
pei⁵⁵ zən⁴² mu⁴² xau⁵⁵ xua²¹³ xau⁵⁵ xua²¹³ pu²⁴ pei⁵⁵ zən⁴²

指难听话才会背着人说，而好听话往往都会当面说、公开讲。

背人没好事儿，好事儿不背人。
pei⁵⁵ zən⁴² mu⁴² xau⁵⁵ ʂər²¹³ xau⁵⁵ ʂər²¹³ pu²⁴ pei⁵⁵ zən⁴²

指不敢公开做的事肯定不是好事，光明正大的事往往不用隐瞒。

背 ᴰ 跟 ᴰ 扛 ᴰ 一般沉儿。
pɛ²⁴ kɛ²⁴ kʻæŋ⁵⁵ i²⁴ pan²⁴⁻⁵⁵ tʂʻər⁴²

喻指债务、责任等，即使变换一种形式，其分量仍然是一样的。背 ᴰ、扛 ᴰ：动词变韵均表状态义，可分别替换为"背着""扛着"。一般沉儿：重量相当。

锛喽头，凹屋眼，听见吃饭抢大碗。
pən²⁴ lou⁰ tʻou⁴² ua²¹³ u⁰ ian⁵⁵ tʻiŋ²⁴ tɕian⁰ tʂʻʅ²⁴ fan²¹³ tɕʻiaŋ⁵⁵ ta²¹³ uan⁵⁵

戏谑语，用于取笑前额突出、眼窝凹陷的人。又作：锛喽头，凹屋眼，刮风下雨不打伞。

本地姜不辣。
pən⁵⁵ ti²¹³ tɕiaŋ²⁴ pu²⁴ la²⁴

喻指见惯了周围的人或物，往往会看不到其长处，反而认为外地的一定比本地的好。也喻指本地的人或物往往容易被当地人忽视或轻视。

本儿小利儿薄，本儿大利儿宽。
pər⁵⁵⁻⁴² ɕiau⁵⁵ liər²¹³ puə⁴² pər⁵⁵ ta²¹³ liər²¹³ kʻuan²⁴

指投入与回报是相适应的，本钱小获利就少，本钱大获利就多。本儿：本钱。利儿：利润。

本是一家 ᶻ 人，关 ᴰ 门儿好说话。
pən⁵⁵ ʂʅ²¹³ i²⁴ tɕiæu²⁴ zən⁴² kuæ²⁴ mər⁴² xau⁵⁵ ʂʯə²⁴ xua²¹³

---

① 浚县城墙始建于明洪武三年，今仅存西城门北沿卫河一段，南北长约 70 米，有"观澜""允淑"两小门。

喻指自己人好沟通，内部问题容易解决。关 ᴰ：关着，动词变韵表状态义。又作：本是一家 ᶻ 人，关 ᴰ 门儿好做事儿。

甭在人前夸海口，强中自有强中手。

piŋ⁴² kai²¹³ zən⁴² tɕian⁴² k'ua²⁴ xai⁵⁵⁻⁴² k'ou⁵⁵ tɕian⁴² tʂuəŋ²⁴ tsɿ²¹³ iou⁵⁵ tɕ'ian⁴² tʂuəŋ²⁴ ʂou⁵⁵

指强手一定还会遇到比自己更强的对手；告诫世人技艺无止境，不能盲目自大。后一个分句可以单独用作谚语，意思与整句相同。

鼻 ᶻ 底 ᴴ 长 ᴰ 个嘴，用它少跑腿。

piːau⁴² tiɛ⁵⁵ tʂæŋ⁵⁵ kə⁰ tsuei⁵⁵ yŋ²¹³ t'a⁵⁵ ʂau⁵⁵ p'au⁵⁵⁻⁴² t'uei⁵⁵

指走路多打听，可以少走冤枉路。底 ᴴ：又音"tia⁵⁵"，"底下"的合音。长 ᴰ：长着，动词变韵表持续义。

秕谷碾不出 ᴴ 小米儿。

pi⁵⁵ ku²⁴ nian²¹³ pu⁰ tʂ'uai²⁴⁻⁵⁵ ɕiau⁵⁵⁻⁴² miər⁵⁵

喻指没有一定的能力和水平，就干不出有成就的事。秕：籽粒不饱满。

扁担是条龙，一生吃不穷。

pian⁵⁵ tan⁰ sɿ²¹³ t'iau⁴² lyŋ⁴² i²⁴ ʂəŋ²⁴ tʂ'ɿ²⁴ pu²⁴ tɕ'yŋ⁴²

指勤劳能致富。扁担：代指劳动工具。

冰凌响，萝卜长。

piŋ²⁴ liŋ⁰ ɕiaŋ⁵⁵ luə⁴² pu⁰ tʂaŋ⁵⁵

指萝卜耐寒，冰雪霜降的低温季节更有利于萝卜生长。

饼二十，馍十八，红薯三里粽 ᶻ⁻⁰ 五里，喝碗豆沫儿扭脸儿饥。

piŋ⁵⁵ ər²¹³ sɿ⁴² muə⁴² sɿ⁴² pa²⁴ xuəŋ⁴² ʂʅ⁰ san²⁴ li⁵⁵ tɕyŋ²¹³ u⁵⁵⁻⁴² li⁵⁵ xə²⁴ uan⁰ tou²¹³ mor²⁴ niou⁵⁵⁻⁴² lior⁵⁵ tɕi²⁴

指饼、馍、红薯、粽子、豆沫儿等五种食物，饼最抗饿，其次是馍、粽子、红薯，豆沫儿最不抗饿。二十：二十里。"粽"读音特殊。扭脸儿：转脸儿。

饼二十，馍十八，红薯只顶三里地。

piŋ⁵⁵ ər²¹³ sɿ⁴² muə⁴² sɿ⁴² pa²⁴ xuəŋ⁴² ʂʅ⁰ tʂɿ⁴² tiŋ⁵⁵ san²⁴ li⁵⁵ ti²¹³

见上条。

病急乱投医。

piŋ²¹³ tɕi⁴² luan²¹³ t'ou⁴² i²⁴

指人在病势沉重之时，就会到处看医生。喻指事情到了紧急的时候，就会到处求人或乱想办法。乱：任意、随便。

谚 语

病来似箭，病去如线。

piŋ²¹³ lai⁴² sʅ²¹³ tɕian²¹³　　piŋ²¹³ tɕ'y²¹³ zʅ⁴² ɕian²¹³

指得病容易，治愈病难。喻指人滋生缺点容易，而要改掉缺点则是一个缓慢的过程。

病没好病。

piŋ²¹³ mu⁴² xau⁵⁵ piŋ²¹³

指所有的疾病对人来说都是不利的。

脖ᶻ再长，高不过脑袋。

puau⁴² tsai²¹³ tʂ'aŋ⁴²　　kau²⁴ pu⁰ kuə⁰ nau⁵⁵ tai⁰

喻指很难改变居于人下的地位。也喻指人和事物的能量总有个极限，要超过这个极限是不可能的。

不比不知道，一比吓一跳。

pu²⁴ pi⁵⁵ pu²⁴ tsʅ⁴² tau²¹³　　i²⁴ pi⁵⁵ ɕia²¹³ i²⁴⁻⁴² t'iau²¹³

指只有通过对比，才能发现人与人、物与物之间的差距之大。

不吃苦中苦，哪儿来甜上甜？

pu²⁴ tʂ'ʅ²⁴ k'u⁵⁵ tʂuəŋ²⁴ k'u⁵⁵　　nɐr⁵⁵ lai⁴² t'ian⁴² ʂaŋ⁰ t'ian⁴²

指不经过艰苦奋斗，就不会有幸福和快乐的生活。

不吃辣椒，心不发烧。

pu²⁴ tʂ'ʅ²⁴ la²⁴ tɕiau²⁴　　ɕin²⁴ pu²⁴ fa²⁴ ʂau²⁴

喻指只要不做理亏的事，无论别人说什么、做什么，都不会心虚。

不打不相识。

pu²⁴ ta⁵⁵ pu²⁴⁻⁴² ɕiaŋ²¹³ sʅ²⁴

指经过纠纷、冲突才彼此相互了解，开始交往并可能成为朋友。

不打落水狗，以防咬一口。

pu²⁴ ta⁵⁵ luə²⁴ ʂuei⁵⁵⁻⁴² kou⁵⁵　　i²¹³ faŋ⁴² iau⁵⁵ i⁰ k'ou⁰

喻指对失势之人不能穷追猛打，以防遭其不顾一切、穷凶极恶的伤害。

不打勤，不打懒，光打不长眼。

pu²⁴ ta⁵⁵ tɕ'in⁴²　　pu²⁴ ta⁵⁵⁻⁴² lan⁵⁵　　kuaŋ²⁴ ta⁵⁵ pu²⁴ tʂaŋ⁵⁵⁻⁴² ian⁵⁵

指不会察言观色、不能见机行事的人，难免吃大亏。

不当家不知ᴴ柴米贵，不养儿不知ᴴ报娘恩。

pu²⁴ taŋ²⁴ tɕia²⁴ pu²⁴ tʂo²⁴ tʂ'ai⁴² mi⁵⁵ kuei²¹³　　pu²⁴ iaŋ⁵⁵ ər⁴² pu²⁴ tʂo²⁴ pau²¹³ niaŋ⁴² ən²⁴

喻指自己没有养育过孩子，就不能真正体会到父母养育孩子的艰辛，也不懂得感恩。娘：指父母。又作：不当家不管计，不知ᴴ柴米贵；不生儿不养女，不知 ᴴ报娘恩。

不懂机器乱膏油。

pu²⁴ tuəŋ⁵⁵ tɕi²⁴ tɕ'i²¹³ luan²¹³ kau²¹³ iou⁴²

喻指外行冒充内行，明明不懂却盲目动手、胡乱指挥。膏：动词，在轴承或机器等经常转动发生摩擦的部分加润滑油。

不懂装懂，终身饭桶。

pu²⁴ tuəŋ⁵⁵ tʂuaŋ²⁴ tuəŋ⁵⁵　tʂuaŋ²⁴ ʂən²⁴ fan²¹³ t'uəŋ⁵⁵

指人不虚心，明明不懂却偏偏装懂，就一辈子都不可能真正学会做事。

不读哪家 ᶻ书，不识哪家 ᶻ字。

pu²⁴ tu⁴² na⁵⁵ tɕiæu²⁴ ʂu²⁴　pu²⁴ ʂʅ⁴² na⁵⁵ tɕiæu²⁴ tsʅ²¹³

喻指各行各业都有不同的学问和技艺，非本行业的人一般不懂得该行业的门道，正所谓"隔行如隔山"。

不干不净，吃 ᴰ不生病。

pu²⁴ kan²⁴ pu²⁴⁺⁴² tɕiŋ²¹³　tʂ'ʅ²⁴ pu²⁴ ʂən²⁴ piŋ²¹³

指吃食物时不必过于讲究卫生，反而能增强抵抗力，不易生病；用作玩笑话。吃 ᴰ：吃了，动词变韵表完成义。又作：不干不净，吃了没病。

不高不低，一米六一；不胖不瘦，一百零六。

pu²⁴ kau²⁴ pu²⁴ ti²⁴ i²⁴ mi⁵⁵ liou²¹³ i²⁴ pu²⁴⁺⁴² p'aŋ²¹³ pu²⁴⁺⁴² ʂou²¹³ i²⁴ pɛ²⁴ liŋ⁴² liou²¹³

指年轻女性（多指未婚）的身高、体重，此为最佳标准。

不够十两，强装一斤。

pu²⁴⁺⁴² kou²¹³ ʂʅ⁴² liaŋ⁵⁵ tɕ'iaŋ⁵⁵ tʂuan²⁴ i²⁴ tɕin²⁴

喻指没有那么大的能耐，却偏要硬撑。强：勉强。装：假装。

不过冬至甭说冷，不到夏至甭说热。

pu²⁴⁺⁴² kuə²¹³ tuəŋ²⁴ tsʅ²¹³ piŋ⁴² ʂuə²⁴ ləŋ⁵⁵　pu²⁴⁺⁴² tau²¹³ ɕia²¹³ tsʅ²¹³ piŋ⁴² ʂuə²⁴ ʐʅ²⁴

指冬至过后天气开始变冷，夏至过后天气开始大热。冬至：节气中的第 22 个（公历 12 月 21—23 日之间），这一天太阳直射地面的位置到达最南端。夏至：节气中的第 10 个（公历 6 月 20—22 日之间）。

不喝不义酒，甭贪无义财。

pu²⁴ xə²⁴ pu²⁴⁺⁴² i²¹³ tɕiou⁵⁵　piŋ⁴² t'an²⁴ u⁴² i²¹³ ts'ai⁴²

指不能贪图小利和不义之财。

不见鬼子不上弦儿。

pu²⁴⁺⁴² tɕian²¹³ kuei⁵⁵ tsʅ⁰ pu²⁴⁺⁴² ʂaŋ²¹³ ɕior⁴²

喻指对没有把握的事，不能轻易下手；用以形容做事十分谨慎。

不见兔子不撒鹰。

pu²⁴⁻⁴² tɕian²¹³ t'u²¹³ tsʅ⁰ pu²⁴ sa⁵⁵ iŋ²⁴

同"不见鬼子不上弦儿"。

不看僧面看佛面，不为ᴰ这个为ᴰ那个。

pu²⁴⁻⁴² k'an²¹³ səŋ²⁴ mian²¹³ k'an²¹³ fu⁴² mian²¹³　pu²⁴⁻⁴² uɛ²¹³ tʂə⁵⁵ kə⁰ uɛ²¹³ na²¹³ kə⁰

指处理问题时，应看在其他关系人的情面上，对当事人给予宽恕或帮助；用于替人求情之时。僧：和尚。佛：佛教徒称修行圆满的人为"佛"。为ᴰ：为了，动词变韵表完成义。

不可不信，不能全信。

pu²⁴ k'ə⁵⁵ pu²⁴⁻⁴² ɕin²¹³　pu²⁴ nəŋ⁴² tɕ'yan⁴² ɕin²¹³

指对无法验证或不太了解的东西（如神鬼之说），不能全盘否定，也不能全信无疑。

不能光瞧鼻疙瘩儿上那一点儿。

pu²⁴ nəŋ⁴² kuaŋ²⁴ tɕ'iau⁴² pi⁴² kə⁰ tɤr²⁴ ʂaŋ⁰ na⁰ i²⁴ tior⁵⁵

喻指人要有远见，做事要有长远打算，不能只顾眼前。鼻疙瘩儿：鼻子尖儿；读音特殊。

不能靠天吃饭，全靠双手动弹。

pu²⁴ nəŋ⁴² k'au²¹³ t'ian²⁴ tʂʅ²⁴ fan²¹³　tɕ'yan⁴² k'au²¹³ ʂuaŋ²⁴ ʂou⁵⁵ tuəŋ²¹³ t'an⁰

指种庄稼不能仅靠自然天气条件，要想做到旱涝保收，必须辛勤劳动。

不怕不会，就怕不学。

pu²⁴⁻⁴² p'a²¹³ pu²⁴⁻⁴² xuei²¹³　tɕiou²¹³ p'a²¹³ pu²⁴ ɕyə⁴²

指任何事情，只要肯学就一定能学会。

不怕不识货，就怕货比货。

pu²⁴⁻⁴² p'a²¹³ pu²⁴ ʂʅ⁴² xuə²¹³　tɕiou²¹³ p'a²¹³ xuə²¹³ pi⁵⁵ xuə²¹³

指物品质量的优劣高低，只要经过比较就能显现出来。

不怕初一阴，就怕初二下。

pu²⁴⁻⁴² p'a²¹³ tʂ'u²⁴ i²⁴ in²⁴　tɕiou²¹³ p'a²¹³ tʂ'u²⁴ ər²¹³ ɕia²¹³

指阴历每月初二下雨，容易连阴。

不怕得子晚，就怕寿限短。

pu²⁴⁻⁴² p'a²¹³ tɛ²⁴ tsʅ⁵⁵ uan⁵⁵　tɕiou²¹³ p'a²¹³ ʂou²¹³ ɕian⁰ tuan⁵⁵

指不怕晚育，只要寿命长，仍然能享受到儿孙之福。寿限：寿命。

不怕咕咕喵 ᶻ 叫，就怕咕咕喵 ᶻ 笑。

pu²⁴⁺⁴² pʻa²¹³ ku²⁴ ku⁰ miæu²⁴ tɕiau²¹³ tɕiou²¹³ pʻa²¹³ ku²⁴ ku⁰ miæu²⁴ ɕiau²¹³

指听到猫头鹰叫不吉利，听到其另一种（类似于人笑的）叫声更不吉利。咕咕喵 ᶻ：猫头鹰。

不怕红脸儿汉，就怕瞪眼儿皮。

pu²⁴⁺⁴² pʻa²¹³ xuəŋ⁴² lior⁵⁵ xan²¹³ tɕiou²¹³ pʻa²¹³ təŋ²¹³ ior⁵⁵ pʻi⁴²

指脾气耿直的人容易交往，而自以为是的人却难以沟通。红脸儿汉：性格外向、豪爽耿直的人。瞪眼儿皮：少言寡语、自以为是的人。

不怕家穷，就怕不干。

pu²⁴⁺⁴² pʻa²¹³ tɕia²⁴ tɕʻyŋ⁴² tɕiou²¹³ pʻa²¹³ pu²⁴⁺⁴² kan²¹³

指贫穷不可怕，可怕的是懒惰；只要勤快，就一定能改变贫困的状况。

不怕慢，就怕站。

pu²⁴⁺⁴² pʻa²¹³ man²¹³ tɕiou²¹³ pʻa²¹³ tʂan²¹³

指无论任何事情，不怕做得慢，就怕半途而废；只要坚持不懈，就一定会有成绩，就一定能成功。站：停。

不怕苗儿小，就怕虫儿咬。

pu²⁴⁺⁴² pʻa²¹³ mior⁴² ɕiau⁵⁵ tɕiou²¹³ pʻa²¹³ tʂʻuər⁴² iau⁵⁵

指种庄稼要谨防虫害，苗儿小能长大，而一旦被虫咬了就可能会死亡。

不怕"难"字当头，就怕"懒"字缠身。

pu²⁴⁺⁴² pʻa²¹³ nan⁴² tsʅ⁰ taŋ²⁴ tʻou⁴² tɕiou²¹³ pʻa²¹³ lan⁵⁵ tsʅ⁰ tʂʻan⁴² ʂən²⁴

指懒惰最可怕，只要勤奋，就没有战胜不了的困难。

不怕脑子笨，勤学加好问。

pu²⁴⁺⁴² pʻa²¹³ nau⁵⁵ tsʅ⁰ pən²¹³ tɕʻin⁴² ɕyə⁴² tɕia²⁴ xau²¹³ uən²¹³

指人即使天资不够聪慧，只要勤学好问，就一定能有所成就。

不怕你不信神，就怕家里有病人。

pu²⁴⁺⁴² pʻa²¹³ ni⁵⁵ pu²⁴⁺⁴² ɕin²¹³ ʂən⁴² tɕiou²¹³ pʻa²¹³ tɕia²⁴ li⁰ iou⁵⁵ piŋ²¹³ ʐən⁴²

指家里如果有了病人，百般求医而难以治愈，走投无路之时，平时不迷信的人也会去拜佛求神。

不怕你现在闹嘞欢，就怕秋后拉清单。

pu²⁴⁺⁴² pʻa²¹³ ni⁵⁵ ɕian²¹³ tsai²¹³ nau²¹³ lɛ⁰ xuan²⁴ tɕiou²¹³ pʻa²¹³ tɕʻiou²⁴ xou²¹³ la²⁴ tɕʻiŋ²⁴ tan²⁴

喻指事情发展到最后阶段，才能最终显示谁胜谁负。也喻指等待时机，进行报复。拉清单：算总账。

不怕脾气大，就怕不讲理。

pu²⁴⁻⁴² pʻa²¹³ pʻi⁴² tɕʻi⁰ ta²¹³　tɕiou²¹³ pʻa²¹³ pu²⁴ tɕiaŋ⁵⁵⁻⁴² li⁵⁵

指人的脾气不好不要紧，蛮不讲理的人最难对付。

不怕穷了家业，就怕蠢了儿女。

pu²⁴⁻⁴² pʻa²¹³ tɕʻyŋ⁴² lə⁰ tɕia²⁴ iɛ²⁴　tɕiou²¹³ pʻa²¹³ tʂʻuən⁵⁵ lə⁰ ər⁴² ny⁵⁵

指对一个家庭来说，孩子的培养教育比家业更重要。

不怕人穷，就怕志短。

pu²⁴⁻⁴² pʻa²¹³ zən⁴² tɕʻyŋ⁴²　tɕiou²¹³ pʻa²¹³ tʂʅ²¹³ tuan⁵⁵

指贫穷不可怕，可怕的是没志气；只要立志，迟早会改变贫穷的状况。

不怕□₁瞧不起，就怕□₂不争气。

pu²⁴⁻⁴² pʻa²¹³ iæ⁴² tɕʻiau⁴² pu⁰ tɕʻi⁵⁵　tɕiou²¹³ pʻa²¹³ tsʅə²¹³ pu²⁴ tʂəŋ²⁴ tɕʻi²¹³

指别人的态度和看法无关紧要，关键是还得靠自己努力才能有所成就。

□₁：人家、别人。□₂：自己。

不怕有错儿，就怕不改。

pu²⁴⁻⁴² pʻa²¹³ iou⁵⁵ tsʻuɤr²¹³　tɕiou²¹³ pʻa²¹³ pu²⁴ kai⁵⁵

指犯错误不可怕，怕的是屡教不改。

不怕贼偷，就怕贼想 ᴰ。

pu²⁴⁻⁴² pʻa²¹³ tsei⁴² tʻou²⁴　tɕiou²¹³ pʻa²¹³ tsei⁴² ɕiæŋ⁵⁵

指一旦被贼盯上，就会防不胜防。想 ᴰ：想着，动词变韵表持续义。

不瞧不知道，一瞧吓一跳。

pu²⁴ tɕʻiau⁴² pu²⁴ tʂʅ⁴² tau²¹³　i²⁴ tɕʻiau⁴² ɕia²¹³ i²⁴⁻⁴² tʻiau²¹³

指只有亲眼看到，才能知道差距之大或事态之严重程度。与此相似的谚语较多，例如："不听不知道，一听吓一跳。""不说不知道，一说吓一跳。""不想不知道，一想吓一跳。""不比不知道，一比吓一跳。"

不善跳舞，甭嫌地滑。

pu²⁴⁻⁴² ʂan²¹³ tʻiau²¹³ u⁵⁵　piŋ⁴² ɕian⁴²⁻⁵⁵ ti²¹³ xua⁴²

喻指不要为技艺、水平不高而寻找客观理由。"嫌"无规则变调。

不是光过初一嘞，肯定有十五。

pu²⁴⁻⁴² ʂʅ²¹³ kuaŋ²⁴⁻⁴² kuə²¹³ tʂʻu²⁴ i²⁴ lɛ⁰　kʻən⁵⁵ tiŋ²¹³ iou⁵⁵ ʂʅ⁴² u⁵⁵

指事情今天发生在别人身上，终有一天同样的事情也会发生到自己身上；告诫世人不要做对不起人的事，否则必遭报复。光：只。

不是驴不走，都是磨不转。

pu²⁴⁻⁴² ʂʅ²¹³ ly⁴² pu²⁴ tsou⁵⁵　tou⁰ ʂʅ⁰ muə²¹³ pu²⁴⁻⁴² tʂuan²¹³

喻指几经周折，条件仍不齐备、不成熟，事情总也办不成。都：就。

不是一家人，不进一家门。

pu²⁴⁻⁴² ʂʅ²¹³ i²⁴ tɕia²⁴ zən⁴²　pu²⁴⁻⁴² tɕin²¹³ i²⁴ tɕia²⁴ mən⁴²

指有缘分、意趣相投的人才能成为一家人。也指长期共同生活的人，品行、爱好等往往会相互影响。

不说不笑不热闹。

pu²⁴ ʂuə²⁴ pu²⁴⁻⁴² ɕiau²¹³ pu²⁴ zə²⁴ nau⁰

指人们在一起说说笑笑、打打闹闹，才更有情趣、更为融洽。

不死也得脱层皮。

pu²⁴ sʅ⁵⁵ iɛ⁵⁵ tɛ²⁴ tʻuə²⁴ tsʻəŋ⁴² pʻi⁴²

喻指即使侥幸逃脱，也要付出很大代价。

不贪意外财，甭饮过量酒。

pu²⁴ tʻan²⁴ i²¹³ uai²¹³ tsʻai⁴²　piŋ⁴² in⁵⁵ kuə²¹³ liaŋ²¹³ tɕiou⁵⁵

指不能贪图不义之财，不能过量饮酒，否则对身心毫无益处。

不听老人话，必定要出岔。

pu²⁴ tʻiŋ²⁴ lau⁵⁵ zən⁴² xua²¹³　pi⁵⁵ tiŋ²¹³ iau²¹³ tʂʻʅ²⁴ tʂʻa²¹³

指不听有资历、有经验人的话，难免会吃亏倒霉。

不听老人言，步步丢失闪。

pu²⁴ tʻiŋ²⁴ lau⁵⁵ zən⁴² ian⁴²　pu²¹³ pu²¹³ tiou²⁴ ʂʅ²⁴ ʂan⁰

同"不听老人话，必定要出岔"。失闪：闪失。又作：不听老人言，吃亏在眼前。

不吸烟不喝酒，大小病绕着走。

pu²⁴ ɕi²⁴ ian²⁴ pu²⁴ xə²⁴ tɕiou⁵⁵　ta²¹³ ɕiau⁵⁵ piŋ²¹³ zau⁴² tʂʅ⁰ tsou⁵⁵

指不吸烟不喝酒有利于身体健康。

不稀不稠，抻下指头。

pu²⁴ ɕi²⁴ pu²⁴ tʂʻou⁴²　tʂʻən²⁴ ɕia⁰ tʂʅ⁵⁵⁻⁴² tʻou⁰

指播种小麦的疏密程度。

不稀不稠，锅里露头。

pu²⁴ ɕi²⁴ pu²⁴ tʂʻou⁴²　kuə²⁴ li⁰ lou²¹³ tʻou⁴²

指煮面条时，面条的多少以刚刚能露出水面为宜，稀稠适度。

不洗脸，不洗手，人人见了说他丑。

pu²⁴ ɕi⁵⁵⁻⁴² lian⁵⁵　pu²⁴ ɕi⁵⁵⁻⁴² ʂou⁵⁵　zən⁴² zən⁴² tɕian²¹³ liau⁰ ʂuə²⁴ tʻa⁰ tṣ'ou⁵⁵

指不讲卫生，影响容貌和健康；此为儿歌，用以教育幼儿要养成良好的卫生习惯。

不瞎不瘸^①怪狠嘞。

pu²⁴ ɕia²⁴ pu²⁴ tɕ'yɛ⁴² kuai²¹³ xən⁵⁵ nɛ⁰

喻指人心肠狠毒、贪得无厌、没有同情心。

不信小山羊不吃楝₁楝₂豆。

pu²⁴⁻⁴² ɕin²¹³ ɕiau⁵⁵ ʂan²⁴ iaŋ⁴² pu²⁴ tʂ'ʅ²⁴ lian²¹³⁻²⁴ lian⁰ tou²¹³

喻指只要具有诱惑力，就一定会有参与之人。楝楝豆：楝树的果实；"楝₁"无规则变调。

不知ᴴ葫芦里ᴴ卖嘞啥药。

pu²⁴ tʂo²⁴ xu⁴² lu⁰ liou⁰ mai²¹³ lɛ⁰ ʂa⁵⁵ yə²⁴

喻指人行动诡秘、心机莫测。知ᴴ："知道"的合音。

不知ᴴ弯儿在哪儿弯ᴰ嘞。

pu²⁴ tʂo²⁴ uor²⁴ kai²¹³ nɐr⁵⁵ uæ²⁴ lɛ⁰

喻指弄不清事情的缘由。弯ᴰ：弯着，形容词变韵表持续义。

不知ᴴ囗是老几了。

pu²⁴ tʂo²⁴ tsʅ²¹³ ʂʅ²¹³ lau⁵⁵⁻²⁴ tɕi⁵⁵ lə⁰

指盲目自大，不能客观、正确地评价自己。囗：自己。

不知ᴴ囗姓啥了

pu²⁴ tʂo²⁴ tsʅ²¹³ ɕiŋ⁴² ʂa⁵⁵ lə⁰

同"不知ᴴ囗是老几了"。

不中都撤，见ᴰ好儿都收。

pu²⁴ tʂuəŋ²⁴ tou⁰ tʂ'ʅ²¹³ tɕiæ²¹³ xor⁵⁵ tou⁰ ʂou²⁴

指做事要把握好分寸，适可而止，不可贪心。都：就。见ᴰ：见了，动词变韵表完成义。

不走嘞路走三遭。

pu²⁴ tsou⁵⁵ lɛ⁰ lu²¹³ tsou⁵⁵ san²⁴ tsau²⁴

喻指世事难料，人一生会遇到许多预想不到的事，凡事不能做绝，要给自己留后路。不走嘞路：不可能走的路。

不做亏心事，不怕鬼叫门。

pu²⁴⁻⁴² tsuə²¹³ k'uei²⁴ ɕin²⁴ ʂʅ²¹³　pu²⁴⁻⁴² p'a²¹³ kuei⁵⁵ tɕiau²¹³ mən⁴²

---

① 一般认为，有生理缺陷的人一旦抓住就不会轻易放手，且往往下手很重。故有此说。

指只要不做坏事，就能心安理得，不必担惊受怕。又作：为人不做亏心事，半夜叫门心不惊。

步行嘞撵不上推车儿嘞，推车儿嘞撵不上挑挑儿嘞。

pu²¹³ ɕiŋ⁴² lɛ⁰ nian⁵⁵ pu⁰ ʂaŋ⁰ tʻuei²⁴ tʂʻɤr²⁴ lɛ⁰ tʻuei²⁴ tʂʻɤr²⁴ lɛ⁰ nian⁵⁵ pu⁰ ʂaŋ⁰ tʻiau²⁴ tʻior²⁴ lɛ⁰

指相比较而言，负重的人往往走路速度比较快。挑儿：担子。

C

财不外露。

tsʻai⁴² pu²⁴ uai²¹³ lou²¹³

指不要轻易炫耀钱财，以免给自己招来不必要的麻烦。

财大折子。

tsʻai⁴² ta²¹³ tʂʅə²⁴ tsʅ⁵⁵

指财富过多会影响子孙的健康和寿命。泛指人的福报有限，不可能十全十美，某一方面很强，必定会有其他不完美的方面。

菜里 ᴴ 嘞虫，酱 ᶻ 里 ᴴ 嘞蛆。

tsʻai²¹³ liou⁰ lɛ⁰ tʂʻuəŋ⁴² tɕiæŋ²¹³ liou⁰ lɛ⁰ tɕʻy²⁴

指蔬菜长虫子，酱子生蛆，都是很常见的。又作：菜虫酱 ᶻ 蛆。

菜没盐没味儿，话没理没力儿。

tsʻai²¹³ mu⁴² ian⁴² mu⁴² uər²¹³ xua²¹³ mu⁴² li⁵⁵ mu⁴² liər²⁴

喻指人不占理，说话就没有底气。

蚕老桑葚黑，小满割大麦。

tsʻan⁴² lau⁵⁵ saŋ²⁴ ʂən²¹³ xɛ²⁴ ɕiau⁵⁵⁻⁴² man⁰ kə²⁴ ta²¹³ mɛ²⁴

指小满前后，是蚕上蔟的时节，也是桑葚和大麦成熟的季节。小满：节气中的第 8 个（公历 5 月 20—22 日之间）。

苍蝇不叮没缝儿嘞蛋。

tsʻaŋ²⁴ iŋ⁰ pu²⁴ tiŋ²⁴ mu⁴² fər²¹³ lɛ⁰ tan²¹³

喻指任何（负面）事情的出现都是有原因的，如果自身没问题，就不会让别人钻空子或抓住把柄。

草膘料力水精神。

tsʻau⁵⁵ piau²⁴ liau²¹³ li²⁴ ʂuei⁵⁵ tɕiŋ²⁴ ʂən⁰

指牲口吃草能长膘，吃料能增添力气，喝水能提精神。料：喂牲口的高粱、豆子、玉米等杂粮。

谚 语

草没泥不烂，泥没草不肥。

tsʻau⁵⁵ mu⁴² ni⁴² pu²⁴⁻⁴² lan²¹³　ni⁴² mu⁴² tsʻau⁵⁵ pu²⁴ fei⁴²

指沤积农家肥，草和泥缺一不可。

长虫过路鸡 ᶻ 上树，瓢泼大雨下不住。

tʂʻaŋ⁴² tʂʻuəŋ⁰ kuə²¹³ lu²¹³ tɕi:au²⁴ ʂaŋ²¹³ ʂʅ²¹³　pʻiau⁴² pʻuə²⁴ ta²¹³ y⁵⁵ ɕia²¹³ pu²⁴⁻⁴² tʂʅ²¹³

指蛇出没、鸡上树，预示着会下大雨。长虫：蛇。

长虫会蜕皮，本性改不了。

tʂʻaŋ⁴² tʂʻuəŋ⁰ xuei²¹³ tʻuei²¹³ pʻi⁴²　pən⁵⁵ ɕiŋ⁰ kai⁵⁵ puº liau⁵⁵

喻指人可能会发生这样那样的变化，但本性难移。

长痛不如短痛。

tʂʻaŋ⁴² tʻuəŋ²¹³ pu²⁴ ʐʅ⁴² tuan⁵⁵ tʻuəŋ²¹³

指与其长期遭受痛苦（如病痛）折磨，不如忍受一时的剧痛而彻底解决。喻指不顺心的事一直拖下去，不如痛下决心彻底解决。

长五月，短十月，不长不短二八月。

tʂʻaŋ⁴² u⁵⁵ yɛº　tuan⁵⁵ ʂʅ⁴² yɛº　pu²⁴ tʂʻaŋ⁴² pu²⁴ tuan⁵⁵ ər²¹³ pa²⁴ y²⁴

指一年之中白昼最长的是农历五月（夏至在五月），白昼最短的是农历十月（冬至一般在十月下旬）；农历二月、八月，昼夜平分（春分在二月，秋分在八月）。

常用嘞铁器不生锈。

tʂʻaŋ⁴² yŋ²¹³ lɛº tʻiɛ²⁴ tɕʻi²⁴ pu²⁴ ʂəŋ²⁴ ɕiou²¹³

喻指人常劳动、多运动，不易生病，更有利于身体健康。

场里活儿，不时闲儿，丢了扫帚拿起 ᴴ 耙儿。

tʂʻaŋ⁴² liº xuɤr⁴²　pu²⁴ ʂʅ⁴² ɕior⁴²　tiou²⁴ ləº sau²¹³ tʂʻʅ⁰ na⁴² tɕʻiaiº pʻɚr⁴²

指麦、秋打场①是比较麻烦的农活儿。不时闲儿：没有闲着的时候。

唱戏嘞腔，做菜嘞汤。

tʂʻaŋ²¹³ ɕi²¹³ lɛº tɕʻiaŋ²⁴　tsu²¹³ tsʻai²¹³ lɛº tʻaŋ²⁴

指戏剧演员的水平如何，首先要以其唱腔来评价；厨师的技艺如何，首先以其熬制骨汤的功夫来衡量。做菜嘞：厨师。

唱戏嘞是疯 ᶻ⁻⁰，瞧戏嘞是憨 ᶻ。

tʂʻaŋ²¹³ ɕi²¹³ lɛº ʂʅ²¹³ fəŋ²⁴　tɕʻiau⁴² ɕi²¹³ lɛº ʂʅ²¹³ xæ²⁴

---

① 打场：把谷子、小麦等农作物拉到场（平坦的空地）里，经过晾晒、辗压、扬场（用木锨、木杈等扬起谷物，借助风力将籽粒与秸杆儿、籽壳、土分离）等几个环节，使麦籽儿从麦秸上脱落。

指戏曲演员表演很卖力，观众看戏也十分投入。

车到没恶路，事儿到人能为。

tṣʻɿə²⁴ tau²¹³ mu⁴² ə²⁴ lu²¹³ ṣər²¹³ tau²¹³ zən⁴² nəŋ⁴² uei⁴²

喻指事情只要到了必须面对的时候，一定会有解决的办法。

抻出ᴴ十ᴴ指头，咬咬哪个都疼。

tṣʻən²⁴ tṣʻuai⁰ ṣɿə⁴² tṣɿ⁵⁵⁻⁴² tʻou⁰ iau⁵⁵⁻⁴² iau⁰ na⁵⁵ kə⁰ tou²⁴ tʻəŋ⁴²

喻指与亲人之间的关系都非常密切，难分亲疏远近。十ᴴ："十个"的合音。

沉住气儿不少打粮食儿。

tṣʻən⁴² tṣʅ⁰ tɕʻiər²¹³ pu²⁴ ṣau⁵⁵ ta⁵⁵ liaŋ⁴² ṣər⁰

喻指遇事能够沉着冷静，更有利于事情的解决，更有利于获得成功。

趁ᴰ热打铁，看风使船。

tṣʻɛ²¹³ zɿə²⁴ ta⁵⁵ tʻiɛ²⁴ kʻan²¹³ fəŋ²⁴ ṣɿ⁵⁵ tṣʻuan⁴²

喻指抓住有利时机和条件，才有利于事情的成功。

趁ᴰ他病，要他命。

tṣʻɛ²¹³ tʻa⁰ piŋ²¹³ iau²¹³ tʻa⁰ miŋ²¹³

指趁对方处于危难、无力还手之机，将其置于死地。泛指要想彻底解决问题，必须找准时机；趁ᴰ：趁着，动词变韵表持续义。

撑不死，也饿不着。

tṣʻəŋ²⁴ pu⁰ sɿ⁵⁵ iɛ⁵⁵ ə²¹³ pu⁰ tṣuə⁴²

喻指收入水平一般，能够维持生计。

撑交①不成久儿，饿死ᴰ小白狗儿。

tṣʻəŋ²⁴ tɕiau²⁴ pu²⁴ tṣʻəŋ⁴² tɕiər⁵⁵ ə²¹³ sɿə⁰ ɕiau⁵⁵ pɛ⁴² kər⁵⁵

指玩撑交游戏是一种不好的预兆，用作哄劝孩子不要玩这种游戏；用作玩笑话。不成久儿：饿死人的年景。死ᴰ：动词变韵表加强肯定语气。

撑嘞撑死ᴰ，饿嘞饿死ᴰ。

tṣʻəŋ²⁴ lɛ⁰ tṣʻəŋ²⁴ sɿ⁰ ə²¹³ lɛ⁰ ə²¹³ sɿ⁰

喻指利益分配不均，或因某种因素造成了呈两个极端的极不合理的现象。死ᴰ：动词变韵表加强肯定语气。

撑死胆儿大嘞，饿死胆儿小嘞。

tṣʻəŋ²⁴ sɿ⁰ tor⁵⁵ ta²¹³ lɛ⁰ ə²¹³ sɿ⁰ tor⁵⁵⁻⁴² ɕiau⁵⁵ lɛ⁰

指敢闯敢干才有可能成功，胆小怕事、谨小慎微往往一事无成。

---

① 撑交：一种儿童游戏。将一条绳子结成环状，一人撑在五指上，另一人按一定规则用手指去挑，将绳子再结到自己手上，双方循环数次。

成个娃娃，三冬三夏。

tʂʻəŋ⁴² kə⁰ ua⁴² ua⁰　san²⁴ tuəŋ²⁴ san²⁴⁻⁴² ɕia²¹³

指抚养一个孩子，最困难的是在其三岁之前；孩子三岁之后，各种抵抗力增强，就容易抚养了。又作：三冬三夏，养个娃娃。

秤杆儿离不开秤砣儿，老头儿离不开老婆儿。

tsʻəŋ²¹³ kor⁵⁵ li²¹³ pu⁰ kʻai²⁴ tʂʻəŋ²¹³ tʻuɤr⁴²　lau⁵⁵⁻²⁴ tʻər⁴² li²¹³ pu⁰ kʻai²⁴ lau⁵⁵⁻²⁴ pʻor⁴²

喻指老夫老妻相濡以沫、相互依赖，就像秤杆儿离不开秤砣一样。

秤砣虽小，能压千斤。

tʂʻəŋ²¹³ tʻuə⁴² suei²⁴ ɕiau⁵⁵　nəŋ⁴² ia²⁴ tɕʻian²⁴ tɕin²⁴

喻指外表看似很弱、不引人注目，实际上却能起非常重要的作用。

吃罢冬至饭，一天长一线。

tʂʅ²⁴ pa²¹³ tuəŋ²⁴ tʂʅ²¹³ fan²¹³　i²⁴ tʻian²⁴ tʂʻaŋ⁴² i²⁴⁻⁴² ɕian²¹³

指过了冬至节气，白昼开始变长。

吃饱 ᴰ 不想家。

tʂʅ²⁴ po⁵⁵ pu²⁴ ɕiaŋ⁵⁵ tɕia²⁴

指身处异乡，如果生活条件较好，就会不念或少念自己的家。饱 ᴰ：饱了，形容词变韵表完成义。

吃饱 ᴰ 喝得，俩眼发涩。

tʂʅ²⁴ po⁵⁵ xə²⁴ tɛ²⁴　lia⁵⁵⁻⁴² ian⁵⁵ fa²⁴ ʂɛ²⁴

指人在吃饱喝足之后容易犯困。饱 ᴰ：饱了，形容词变韵表完成义。

吃不穷，穿不穷，合算不到得受穷，最后还落个无能。

tʂʅ²⁴ pu⁰ tɕʻyŋ⁴²　tʂʻuan²⁴ pu⁰ tɕʻyŋ⁴²　xə⁴² suan⁰ pu²⁴⁻⁴² tau²¹³ tɛ²⁴ ʂou²¹³ tɕʻyŋ⁴²　tsuei²¹³ xou²¹³ xai⁴² luə²⁴ kə⁰ u⁴² nəŋ⁴²

指过日子要有长远规划，要会精打细算，否则就不会有好日子过。

吃穿不用愁，羊绒手巾札着头①。

tʂʅ²⁴ tʂʻuan²⁴ pu²⁴⁻⁴² yŋ²¹³ tʂʻou⁴²　iaŋ⁴² yŋ⁴² ʂou⁵⁵ tɕin⁰ tʂʻa²⁴ tʂʅ⁰ tʻou⁴²

喻指只要勤劳，就能致富，就不会受穷。手巾：毛巾。

吃饭不嚼不知 ᴴ 味儿，读书不想不知 ᴴ 意儿。

tʂʅ²⁴ fan²¹³　pu²⁴ tsuə⁴²　pu²⁴ tʂo²⁴ uər²¹³　tu⁴² ʂʅ²⁴ pu²⁴ ɕiaŋ⁵⁵ pu²⁴ tʂo²⁴ iər²¹³

指读书不思考就不能领会真意，就像吃饭不嚼就不知道味道一样。

---

① "羊绒手巾札着头"是解放初期成年男子或劳动模范的装扮，故有此语。

吃饭防备噎，走路防备跌。

tṣʻʅ²⁴ fan²¹³ faŋ⁴² pei²¹³ iɛ²⁴ tsou⁵⁵ lu²¹³ faŋ⁴² pei²¹³ tiɛ²⁴

喻指做任何事情都要时刻提防出现问题和漏洞，以防发生意外。

吃过黄连苦，才知 ᴴ 甘草①甜。

tṣʻʅ²⁴ kuə⁰ xuaŋ⁴² lian⁴² kʻu⁵⁵ tsʻai⁴² tṣo²⁴ kan²⁴ tsʻau⁰ tʻian⁴²

喻指经历过生活的艰辛，才会更珍惜当前较好的境况。又作：吃过黄连苦，才知 ᴴ 蜜糖甜。

吃亏吃到明处。

tṣʻʅ²⁴ kʻuei²⁴ tṣʻʅ²⁴ tau⁰ miŋ⁴² tṣʻʅ²¹³

指吃亏不要紧，只要当事人都知道、都认可，自己也就心甘情愿了。

吃亏事儿多做，有理话少说。

tṣʻʅ²⁴ kʻuei²⁴ ṣər²¹³ tuə²⁴ tsu²¹³ iou⁵⁵⁺⁴² li⁵⁵ xua²¹³ ṣau⁵⁵ ṣɥə²⁴

指人应该不计得失，多做事，少辩理。

吃亏在于不老实。

tṣʻʅ²⁴ kʻuei²⁴ tsai²¹³ y⁰ pu²⁴ lau⁵⁵ ṣʅ⁰

指吃亏往往都是因为自己不守规矩。

吃亏占岗儿，说到明处。

tṣʻʅ²⁴ kʻuei²⁴ tṣan²¹³ kɐr⁵⁵ ṣɥə²⁴ tau⁰ miŋ⁴² tṣʻʅ²¹³

指究竟是吃了亏还是占了便宜，只要当面说清楚，当事人（主要指占便宜一方）一般都能够接受。占岗儿：占便宜。

吃嘞饱不胜吃嘞好。

tṣʻʅ²⁴ lɛ⁰ pau⁵⁵ pu²⁴⁺⁴² ṣəŋ²¹³ tṣʻʅ²⁴ lɛ⁰ xau⁵⁵

指多吃比不上精吃、巧吃；泛指讲究饮食的人，生活质量更高。

吃嘞不做，做嘞不吃。

tṣʻʅ²⁴ lɛ⁰ pu²⁴⁺⁴² tsu²¹³ tsu²¹³ lɛ⁰ pu²⁴ tṣʻʅ²⁴

指吃饭的人不用做饭，做饭的人往往（忙于做饭而）没有时间吃饭。喻指不干活的人得酬高，而干活的人反而得酬低。

吃嘞多，屙嘞多，屁股眼 ᶻ 里 ᴴ 招啰唆。

tṣʻʅ²⁴ lɛ⁰ tuə²⁴ ə²⁴ lɛ⁰ tuə²⁴ pʻi²¹³ ku⁰ iæ⁵⁵ liou⁰ tṣau²⁴ luə²⁴ suə⁰

指多吃多喝会给自己找麻烦，尤其是出门远行的时候。啰唆：麻烦。

吃嘞多，屙嘞多，拾粪嘞老头儿待 ᴰ 见我。

tṣʻʅ²⁴ lɛ⁰ tuə²⁴ ə²⁴ lɛ⁰ tuə²⁴ ṣʅ⁴² fʏn²¹³ lau²⁴ tʻər⁴² tæ²¹³ tɕian⁰ uə⁰

---

① 甘草：又名甜草，多年生草木植物，根与根状茎粗壮，味甘，是一种补益中草药。

喻指看似不好的事情，也可能存在其有利的一面。待 ᴅ 见：喜欢。

吃嘞多，烂嘴角。

tʂʻʅ²⁴ lɛ⁰ tuə²⁴　lan²¹³ tsuei⁵⁵ tɕyə²⁴

指不节制饮食就会生毛病，多吃不利健康；用于哄劝小孩子不要贪吃。

吃麦不吃秋，吃秋不吃麦。

tʂʻʅ²⁴ mɛ²⁴ pu²⁴ tʂʻʅ²⁴ tɕʻiou²⁴　tʂʻʅ²⁴ tɕʻiou²⁴ pu²⁴ tʂʻʅ²⁴ mɛ²⁴

指人一旦发现患了癌症，大都已到中晚期，存活时间一般为3—6个月，能吃上当年的小麦，往往等不到秋庄稼成熟就去世了；反之，能吃上当年的秋庄稼，就等不到吃次年的小麦了。

吃馍省，擀饼费，典庄儿卖地吃锅魁①。

tʂʻʅ²⁴ muə⁴² ʂəŋ⁵⁵ kan⁵⁵⁻⁴² piŋ⁵⁵ fei²¹³　tian²¹³ tʂuɐr²⁴ mai²¹³ ti²¹³ tʂʻʅ²⁴ kuə²⁴ kʻuei⁰

指馍、饼、锅盔等面食，锅盔最好吃，因而吃锅盔也最为浪费；用以劝诫人们生活要节减。典：典当。庄儿：宅院。

吃馍蘸 ᴅ 尿，各有所好。

tʂʻʅ²⁴ muə⁴² tʂæ²¹³ niau²¹³　kə²⁴ iou⁵⁵ suə⁵⁵ xau²¹³

喻指任何奇怪的、不可思议的事情，都有可能发生。蘸 ᴅ：动词变韵表持续义，可替换为"蘸着"。

吃奶嘞娃娃长嘞胖，施肥嘞庄稼长嘞旺。

tʂʻʅ²⁴ nai⁵⁵ lɛ⁰ ua⁴² ua⁰ tʂaŋ⁵⁵ lɛ⁰ pʻaŋ²¹³　ʂʅ⁵⁵ fei⁴² lɛ⁰ tʂuaŋ²⁴ tɕia⁰ tʂaŋ⁵⁵ lɛ⁰ uaŋ²¹³

喻指粪肥充足有利于庄稼生长。

吃肉不吃姜，不如喝米汤。

tʂʻʅ²⁴ ʐou²¹³ pu²⁴ tʂʻʅ²⁴ tɕiaŋ²⁴　pu²⁴ ʐu⁴² xə²⁴ mi⁵⁵ tʻaŋ²⁴

指对肉类食品来说，生姜是必不可少的调味料。

吃四两，掏半斤。

tʂʻʅ²⁴ sʅ²¹³ liaŋ⁵⁵　tʻau²⁴ pan²¹³ tɕin²⁴

喻指枉费力气、得不偿失。

吃一百颗豆，都不知 ᴴ 豆腥气。

tʂʻʅ²⁴ i⁰ pɛ²⁴ kʻə²⁴ tou²¹³　tou⁰ pu⁰ tʂo²⁴ tou²¹³ ɕiŋ⁰ tɕʻi⁰

喻指不长记性，一点儿也不接受教训。豆腥气：生豆子的味道。

---

① 锅盔：白面经过发酵揉搓成团，包进红糖或花生、芝麻等馅料，在刻有图案的木制模子中压制作成圆形面坯，再上笼蒸熟即成。据调查，由于过去生活贫困，人们买不起或不舍得月饼，中秋节时便蒸制锅盔，以此代之。

吃药不对方，哪怕使 D 船装。

tʂʻɿ²⁴ yə²⁴ pu²⁴⁻⁴² tuei²¹³ faŋ²⁴　na⁵⁵ pʻa²¹³ ʂʅə⁵⁵ tʂʻuan⁴² tʂuaŋ²⁴

指如果不对病症，吃再多的药也治不了病。喻指工作方法不对，费力费时却不一定有高效率。使 D：介词，用。

吃药不忌嘴，不如喝白水。

tʂʻɿ²⁴ yə²⁴ pu²⁴⁻⁴² tɕi²¹³ tsuei⁵⁵　pu²⁴ zu⁴² xə²⁴ pɛ⁴² ʂuei⁵⁵

指如果不注意饮食禁忌，吃再多的药（主要指中药）也治不了病，甚至不如不吃。忌嘴：饮食禁忌。

吃药不忌嘴，跑折先生腿。

tʂʻɿ²⁴ yə²⁴ pu²⁴⁻⁴² tɕi²¹³ tsuei⁵⁵　pʻau⁵⁵ ʂʅə⁴² ɕian²⁴ ʂəŋ⁰ tʻuei⁵⁵

指如果不注意饮食禁忌，再高明的大夫也难以治愈病痛。先生：医生。

吃□嘞粗粮，还□细米。

tʂʻɿ²⁴ iæ⁴² lɛ⁰ tsʻu²⁴ liaŋ⁴²　xan⁴² iæ⁴² ɕi²¹³ mi⁵⁵

喻指贪图一时之乐或贪图小利而做了对不起别人的事，日后必定会让你加倍奉还；告诫世人不要做坏事，否则必遭报应。□：别人、人家。

吃□嘞饭，服□嘞管。

tʂʻɿ²⁴ iæ⁴² lɛ⁰ fan²¹³　fu⁴² iæ⁴² lɛ⁰ kuan⁵⁵

指物质上依附于某人或某团体，就得受其约束。□：人家。又作：吃□嘞饭，得受□管。

吃斋行善病恹恹，杀人放火跳钻钻。

tʂʻɿ²⁴ tʂai²⁴ ɕiŋ⁴² ʂan²¹³ piŋ²¹³ ian⁰ ian⁰　ʂa²⁴ zən⁴² faŋ²¹³ xuə⁵⁵ tʻiau²¹³ tsuan⁰ tsuan⁰

指行善的人疾病缠身、厄运不断，而作恶的人却活蹦乱跳、顺风顺水；用作遭受磨难之时的无奈、抱怨之语。

吃嘴不做活。

tʂʻɿ²⁴ tsuei⁵⁵ pu²⁴⁻⁴² tsu²¹³ xuə⁴²

指做好吃的饭菜费时费力，肯定会影响做正事。也指好摆弄饭食的人，一般都是不愿干活、贪图享受的人。

吃 D □₁嘞饭，管□₂嘞闲事

tʂʻɿə²⁴ tsʅə²¹³ lɛ⁰ fan²¹³　kuan⁵⁵ iæ⁴² ɕian⁴² ʂʅ²¹³

指多管闲事而招致别人的厌烦和埋怨。吃 D：吃了，动词变韵表完成义。□₁：自己。□₂：人家。

吃 ᴰ 碗里 ᴴ 嘞，看 ᴰ 锅里 ᴴ 嘞。
tʂʻɿ²⁴ uan⁵⁵ liou⁰ lɛ⁰　kʻæ²¹³ kuə²⁴ liou⁰ lɛ⁰

喻指人贪心不足，得寸进尺。吃 ᴰ、看 ᴰ：动词变韵均表持续义，可分别替换为"吃着""看着"。

吃 ᴰ □嘞嘴软，拿 ᴰ⁻⁰ □嘞手短。
tʂʻɿ²⁴ iæ⁰ lɛ⁰ tsuei⁵⁵⁻⁴² ʐuan⁵⁵　na⁴² iæ⁰ lɛ⁰ ʂou⁵⁵⁻⁴² tuan⁵⁵

喻指接受别人的好处，就会受制于对方；用于告诫人们不能贪图眼前利益，接受别人的馈赠一定要慎重。吃 ᴰ、拿 ᴰ⁻⁰：动词变韵均表完成义，可分别替换为"吃了""拿了"。□：别人。

重茬豆打不够，豆见豆必定瘦。
tʂʻuəŋ⁴² tʂʻa⁴² tou²¹³ ta⁵⁵ pu⁰ kou²¹³　tou²¹³ tɕian²¹³ tou²¹³ pi⁵⁵ tiŋ²¹³ ʂou²¹³

指重茬种豆，影响收成。重茬：在同一块土地上连续种植同一种作物。

重茬谷，气嘞哭。
tʂʻuəŋ⁴² tʂʻa⁴² ku²⁴　tɕʻi²¹³ lɛ⁰ kʻu²⁴

指重茬种谷子，不会有好收成。又作：谷后谷，瞧着哭。

重阳没雨看十三，十三没雨一冬干。
tʂʻuəŋ⁴² iaŋ⁰ mu⁴² y⁵⁵ kʻan²¹³ ʂʅ⁴² san²⁴　ʂʅ⁴² san²⁴ mu⁴² y⁵⁵ i²⁴ tuəŋ²⁴ kan²⁴

指如果重阳节当天和农历九月十三都不下雨，预示整个冬季都比较干旱。重阳：农历九月初九，是中国民间传统节日。又作：重阳没雨一冬干。

稠谷稀麦坑死人。
tʂʻou⁴² ku²⁴ ɕi²⁴ me²⁴ kʻəŋ²⁴ sʅ⁰ ʐən⁴²

指谷子播种过于稠密，小麦播种过于稀疏，都会造成减产。又作：稀麦稠豆坑死人。

愁多病多。
tʂʻou⁴² tuə²⁴ piŋ²¹³ tuə²⁴

指多愁善感于身体无益。

丑话说到头里 ᴴ。
tʂʻou⁵⁵ xua²¹³ ʂuə²⁴ tau⁰ tʻou⁴² liou⁰

指把难以开口但又很有必要说的情况先说出来，警示对方要有心理准备或作好最坏打算，以免事后引起矛盾或纠纷。

丑妻家中宝，俊妻家中恼。
tʂʻou⁵⁵ tɕʻi²⁴ tɕia²⁴ tʂuəŋ²⁴ pau⁵⁵　tɕyn²¹³ tɕʻi²⁴ tɕia²⁴ tʂuəŋ²⁴ nau⁵⁵

旧指"丑妻"虽相貌不佳，却不会惹是生非；而"俊妻"则容易引起别人的羡慕和嫉妒，会给家庭带来烦恼。

丑妻拗子糊涂老儿。

tṣʻou⁵⁵ tɕʻi²⁴ niou²¹³ tsʅ⁵⁵ xu⁴² tu⁰ lor⁵⁵

指妻子暴躁、孩子执拗、老人不明事理，对一个男人来说是非常痛苦和不幸的。老儿：老人。

丑媳妇儿总得见公婆ᶻ。

tṣʻou⁵⁵ ɕi⁴² fər⁰ tsuəŋ⁵⁵ te⁰ tɕian²¹³ kuəŋ²⁴ pʻau⁴²

喻指人的缺点、过失，不可能一直隐瞒下去，早晚总有示人的一天。总得：终究。又作：丑媳妇儿不怕见公婆ᶻ。

出多儿汗，吃多儿饭。

tṣʻʅ²⁴ tuɣr²⁴⁻⁵⁵ xan²¹³　tṣʻʅ²⁴ tuɣr²⁴⁻⁵⁵ fan²¹³

喻指有多少付出，就会得到多少收获和回报。多儿：多少。

出嫁娇家女，不是刮风都是下雨。

tṣʻʅ²⁴ tɕia⁰ tɕiau²⁴ tɕia⁰ ny⁵⁵　pu²⁴⁻⁴² ʂʅ²¹³ kua²⁴ fəŋ²⁴ tou⁰ ʂʅ⁰ ɕia²¹³ y⁵⁵

指结婚之日下雨，象征着新娘子很娇贵；用作对结婚之日恰逢阴雨的新娘的安慰之语。都：就。

出门儿三分小。

tṣʻʅ²⁴ mər⁴² san²⁴ fən²⁴ ɕiau⁵⁵

指出门在外，即使受了冤屈也只能忍气吞声，千万不能逞强，以免惹祸上身。小：示弱。

出门儿三分灾。

tṣʻʅ²⁴ mər⁴² san²⁴ fən²⁴ tsai²⁴

指人在家里一般都会平安无事，而出门在外却有可能遇到各种各样危险的事情，需格外谨慎。

出门儿喜欢进门儿愁，在家不递在外头。

tṣʻʅ²⁴ mər⁴² ɕi⁵⁵ xuan⁰ tɕin²¹³ mər⁴² tṣʻou⁴²　kai²¹³ tɕia²⁴ pu²⁴⁻⁴² ti²¹³ kai²¹³ uai²¹³ tʻou⁰

指家庭不睦，宁愿在外出力干活，也不愿待在家里跟自己的亲人吵吵闹闹。不递：不如。

出门儿要问路，入乡得随俗。

tṣʻʅ²⁴ mər⁴² iau²¹³ uən²¹³ lu²¹³　ʐʅ²⁴ ɕiaŋ²⁴ te²⁴ suei⁴² su⁴²

指身在他乡，一定要遵从当地的风俗习惯。

出门儿走了十里地，裤裆还在炕沿儿上。

tṣʻʅ²⁴ mər⁴² tsou³⁵ lə⁰ ʂʅ⁴² li⁵⁵ ti²¹³　kʻu²¹³ taŋ²⁴ xai⁴² kai²¹³ kʻaŋ²¹³ ior⁴² ʂaŋ⁰

喻指女人非常懒惰、邋遢。

出门儿走路看风向，穿衣吃饭量家当。

tṣʻʅ²⁴ mər⁴² tsou⁵⁵ lu²¹³ kʻan²¹³ fəŋ²⁴ ɕiaŋ²¹³　tsʻuan²⁴ i²⁴ tṣʻʅ²⁴ fan²¹³ liaŋ⁴² tɕia²⁴ taŋ⁰

指日常消费水平要与自己的经济状况相适应。喻指做事要量力而行。量：衡量、估量。后一个分句也可以单独用作谚语，意思与整句相同。

出水才见两腿泥嘞。

tṣʻʅ²⁴ ṣuei⁵⁵ tsʻai⁴² tɕian²¹³ liaŋ⁵⁵|⁴² tʻuei⁵⁵ ni⁴² lɛ⁰

喻指事情必须到一定/最后阶段，才能看出端倪，才能见分晓。

出头嘞橼 ᶻ 先烂。

tṣʻʅ²⁴ tʻou⁴² lɛ⁰ tṣʻuæ⁴² ɕian²⁴ lan²¹³

喻指好出风头的人最容易遭受指责和打击。出头：露头。橼 ᶻ：放在房屋檩上的方形或圆形木棍。

初一阴，半月昏；初一晴，半月明。

tṣʻu²⁴ i²⁴ in²⁴ pan²¹³ yɛ²⁴ xuən²⁴　tṣʻu²⁴ i²⁴ tɕʻiŋ⁴² pan²¹³ yɛ²⁴ miŋ⁴²

指农历每月初一如果是阴天，则未来半个月往往都是阴天；如果初一是晴天，则未来半个月往往都是晴天。昏：阴天。明：晴朗。

除 ᴰ 割肉疼，都数 ᴰ 要钱疼了。

tṣʻʅə⁴² kə²⁴ zou²¹³ tʻəŋ⁴²　tou²⁴ ṣuə⁵⁵ iau²¹³ tɕʻian⁴² tʻəŋ⁴² lə⁰

指把自己的钱给别人，如同割自己身上的肉一样，让人心痛、舍不得。数 ᴰ：数得着；动词变韵表加强肯定语气。

除 ᴰ 死没大灾。

tṣʻʅə⁴² sʅ⁵⁵ mu⁴² ta²¹³ tsai²⁴

指如果连死都不怕，就无所畏惧了。

厨艺不行，嫌锅不平。

tṣʻʅ⁴² i²¹³ pu²⁴ ɕiŋ⁴²　ɕian⁴²|⁵⁵ kuə²⁴ pu²⁴ pʻiŋ⁴²

喻指不会做事或做事效率不高，不从自身找原因，而是找其他借口。"嫌"无规则变调。

锄底 ᴴ 三分水。

tṣʻu⁴² tiɛ⁵⁵ san²⁴ fən²⁴ ṣuei⁵⁵

指锄地可以保墒（尤其在干旱季节），对农作物的生长非常有利。底 ᴴ：又音 tia⁵⁵，"底下"的合音。

锄底 ᴴ 有水，杈头有火。

tṣʻu⁴² tiɛ⁵⁵ iou⁵⁵|⁴² ṣuei⁵⁵　tṣʻa²⁴ tʻou⁴² iou⁵⁵|⁴² xuə⁵⁵

指天气干旱时，勤锄地能起到抗旱保墒作用；晾晒农作物，用杈勤倒勤翻易于晒干。杈：用桑树杈制成的、用于叉取谷物柴草等的农具，长柄，另一端一般有三个长齿。

锄地甭等 ᴰ 草，干活甭等 ᴰ 找。

tʂʻu⁴² ti²¹³ piŋ⁴² to⁵⁵⁼⁴² tsʻau⁵⁵　kan²¹³ xuɤr⁴² piŋ⁴² to⁵⁵⁼⁴² tʂau⁵⁵

指锄地不要等到长了草再锄，干活不要总等别人支使了再去干。喻指做任何事情都要积极主动，防患于未然。等 ᴰ：等着，动词变韵表持续义。

处暑不种田，种了也枉然。

tʂʻʅ²¹³ ʂʅ⁵⁵ pu²⁴⁼⁴² tʂuəŋ²¹³ tian⁴²　tʂuəŋ²¹³ lə⁰ iɛ⁰ uaŋ²¹³ ʐan⁵⁵⁼⁴²

指处暑节气以后气温逐渐下降，此时种植玉米、豆子等为时已晚。处暑：节气中的第 14 个（公历 8 月 22—24 日之间）。"然"无规则变调。

穿衣吃饭亮家当。

tʂʻuan²⁴ i²⁴ tʂʻʅ²⁴ fan²¹³ liaŋ²¹³ tɕia²⁴ taŋ⁰

指人的经济状况、家庭生活水平，可以从其日常穿着、饮食等方面显示出来。亮：显示。家当：家底、家产。

穿衣戴帽，各人所好。

tʂʻuan²⁴ i²⁴ tai²¹³ mau²¹³　kə²⁴ ʐən⁴² suə⁵⁵ xau²¹³

指人各都有不同的着装习惯和喜好；泛指人各有自己的喜好与追求。

船烂 ᴰ 还有三千钉嘞。

tʂʻuan⁴² læ²¹³ xai⁴² iou⁵⁵ san²⁴ tɕʻian²⁴ tiŋ²⁴ lə⁰

喻指富贵人家或富裕团体，即使衰败了，（一定时间内）仍然具有一定的经济实力。烂 ᴰ：烂了，形容词变韵表完成义。

船没水不走，人没理不行。

tʂʻuan⁴² mu⁴² ʂuei⁵⁵ pu²⁴ tsou⁵⁵　ʐən⁴² mu⁴² li⁵⁵ pu²⁴ ɕiŋ⁴²

喻指人不讲理或占不住理，无论做什么都行不通，就像没有水不能行船一样。又作：船没水不渡，人没理难行。

船行黄水要搁浅，清水打流好行船。

tʂʻuan⁴² ɕiŋ⁴² xuaŋ⁴² ʂuei⁵⁵ iau²¹³ kə²⁴ tɕʻian⁵⁵　tɕʻiŋ²⁴ ʂuei⁵⁵ ta⁵⁵ liou⁴² xau⁵⁵ ɕiŋ⁴² tʂʻuan⁴²

指河水如果呈黄色，有可能是看到了河底，也可能是水里有泥沙，说明水比较浅，行船就困难；而清水流成线，说明水比较深，则有利于行船。

疮怕有名儿，病怕没名儿。

tʂʻuaŋ²⁴ pʻa²¹³ iou⁵⁵ miər⁴²　piŋ²¹³ pʻa²¹³ mu⁴² miər⁴²

指有名字的疮最难诊治，而说不上名称、找不到病因的疾病最可怕。

床头打架床尾和。

tṣʻuaŋ⁴² tʻou⁴² ta⁵⁵ tɕia²¹³ tṣʻuaŋ⁴² uei⁵⁵ xə⁴²

喻指夫妻之间的矛盾纠纷很容易化解。

吹牛不用上税。

tṣʻuei²⁴ niou⁴² pu²⁴⁻⁴² yŋ²¹³ ṣaŋ²¹³ ṣuei²¹³

指说大话不会有任何损失；用作对说大话者的讥讽。

炊帚骨朵搁不住银镶。

tṣʻuei²⁴ tṣʻʅ⁰ ku²⁴ tuə⁰ kə⁴² pu⁰ tṣʅ⁰ in⁴² ɕiaŋ²⁴

喻指基础再差的东西，只要经过修饰打扮，都会大有改观。炊帚：一种炊具；用去粒的高粱穗、黍子穗等捆绑制成，用以刷碗刷锅等；经过长期使用，枝条脱落，成为"炊帚骨朵"。搁不住：抵不住。

春打六九头①，吃穿不用愁。

tṣʻuən²⁴ ta⁵⁵ liou²¹³ tɕiou⁵⁵ tʻou⁴²　tṣʻʅ²⁴ tṣʻuan²⁴ pu²⁴⁻⁴² yŋ²¹³ tṣʻou⁴²

指立春如果在六九的第一天，预示庄稼好收成。春：立春。头：第一。

春打五九尾，要饭跑断腿。

tṣʻuən²⁴ ta⁵⁵ u⁵⁵⁻⁴² tɕiou⁵⁵ uei⁵⁵　iau²¹³ fan²¹³ pʻau⁵⁵ tuan²¹³ tʻuei⁵⁵

指如果立春节气在"五九"的最后一天，预示庄稼收成不好。

春分麦动根，一丝值千金。

tṣʻuən²⁴ fən⁰ mɛ²⁴ tuəŋ²¹³ kən²⁴　i²⁴ sʅ²⁴ tṣʅ⁴² tɕʻian²⁴ tɕin²⁴

指春分时节，小麦由返青期进入拔节期，需要及时浇水、施肥、锄草，并防治病虫害。春分：节气中第4个（公历3月20—21日之间）；这一天太阳直射赤道，几乎昼夜等长。

春耕深一寸，顶上一茬儿粪。

tṣʻuən²⁴ kəŋ²⁴ tṣʻən²⁴ i²⁴⁻⁴² tsʻuan²¹³　tiŋ⁵⁵ ṣaŋ²¹³ i²⁴ tṣʻer⁴² fən²¹³

指春播之前，深翻土地对庄稼生长有利。又作：春耕深一寸，顶上来年上遍粪。

春寒四十五，不冷还得补。

tṣʻuən²⁴ xan⁴² sʅ²¹³ ṣʅ⁴² u⁵⁵　pu²⁴ ləŋ⁵⁵ xai⁴² tɛ⁰ pu⁵⁵

指初春的"五九"时节，天气往往还比较冷，又叫"倒春寒"。四十五：指"五九"。

---

① 立春，24节气之首，标志着开始进入春季。立春节气在"五九"的最后一天，叫"春打五九尾/尽"；在"六九"的第一天，叫"春打六九头"。

春困秋乏。

tṣ'uən²⁴ k'uən²¹³ tɕ'iou²⁴ fa⁴²

指人在春季容易犯困，在秋季易感疲乏。

春南夏北，有风必雨。

tṣ'uən²⁴ nan⁴² ɕia²¹³ pei²⁴　iou⁵⁵ fəŋ²⁴ pi⁵⁵⁻⁴² y⁵⁵

指春天刮南风，夏天刮北风，都是雨兆。

春天百病起。

tṣ'uən²⁴ t'ian⁰ pɛ²⁴ piŋ²¹³ tɕ'i⁵⁵

指春季是各种病菌繁殖、复苏的季节，易诱发、多发、复发多种疾病。

春天东风雨，夏天东风热；秋天东风毒，冬天东风雪。

tṣ'uən²⁴ t'ian⁰ tuəŋ²⁴ fəŋ²⁴ y⁵⁵　ɕia²¹³ t'ian⁰ tuəŋ²⁴ fəŋ²⁴ ʐɻə²⁴　tɕ'iou²⁴ t'ian⁰ tuəŋ²⁴ fəŋ²⁴ tu⁴²　tuəŋ²⁴ t'ian⁰ tuəŋ²⁴ fəŋ²⁴ ɕyɛ²⁴

指春天刮东风预示降雨，夏天刮东风则天气干热；秋天刮东风天气晴朗，冬天刮东风则会下雪。毒：太阳光强。

春天嘞东风，雨嘞祖宗。

tṣ'uən²⁴ t'ian⁰ nɛ⁰ tuəŋ²⁴ fəŋ⁰　y⁵⁵ lɛ⁰ tsu⁵⁵ tsuəŋ⁰

指春季刮东风，往往会带来降雨。

春捂秋冻，到老没病。

tṣ'uən²⁴ u⁵⁵ tɕ'iou²⁴ tuəŋ²¹³　tau²¹³ lau⁵⁵ mu⁴² piŋ²¹³

指初春适当保暖，初秋适当受寒，对身体有好处。到老：直到老年。又作：春捂秋冻，免生杂病。

春雨贵如油，不舍嘞一滴儿往外流。

tṣ'uən²⁴ y⁵⁵ kuei²¹³ ʐu⁴² iou⁴²　pu²⁴ ʂə⁵⁵ lɛ⁰ i²⁴ tiɚ²⁴ uaŋ⁵⁵ uai²¹³ liou⁴²

指春季降雨量很小，而此时正值冬小麦拔节孕穗期，雨水对小麦生长非常有利。前一个分句也可以单独用作谚语，意思与整句相同。

春雨贵如油，夏雨遍地流。

tṣ'uən²⁴ y⁵⁵ kuei²¹³ ʐu⁴² iou⁴²　ɕia²¹³ y⁵⁵ pian²¹³ ti²¹³ liou⁴²

指春季雨水稀少，而夏季雨水较多。

春争日，夏争时。

tṣ'uən²⁴ tʂəŋ²⁴ ʐɻ²¹³　ɕia²¹³ tʂəŋ²⁴ ʂɻ⁴²

指春播应尽早，夏收、夏种更要争分夺秒。

椿栽骨朵儿枣栽芽儿，杨柳栽树冰凌茬。

tṣ'uən²⁴ tsai²⁴ ku²⁴ tuɣ⁰ tsau⁵⁵ tsai²⁴ iɚ⁴²　iaŋ⁴² liou⁵⁵ tsai²⁴ ʂu²¹³ piŋ²⁴ liŋ⁰ tṣ'ɐr⁴²

指不同树木各有适宜栽植的时间：椿树宜在叶子拳头大小时栽种，枣树宜在发芽时栽种，杨树宜在冬末春初气温较低的时节栽种。

此处不留爷，自有留爷处。

ts'ʅ⁴² tʂ'ʅ²¹³ pu²⁴ liou⁴² iɛ⁴²　tsʅ²¹³ iou⁵⁵ liou⁴² iɛ⁴² tʂ'ʅ²¹³

指世界之大，总会找到自己的容身之处；多用作求职不成之时的骂人之语。又作：此处不养爷，自有养爷处。

葱辣嘴，蒜辣心，芥末辣鼻 ᶻ 上一道筋。

ts'uəŋ²⁴ la²⁴ tsuei⁵⁵　suan²¹³ la²⁴ ɕin²⁴　tɕiɛ²¹³ muɤ⁰ la²⁴ pi:au⁴² ʂaŋ⁰ i²⁴⁼⁴² tau²¹³ tɕin²⁴

指葱辣在嘴上，蒜辣在肚里，芥末辣得人流鼻涕。又作：葱辣眼，蒜辣心，芥末专辣鼻梁根。

从小儿不费物，长大没智谋。

ts'uəŋ⁴² ɕior⁵⁵ pu²⁴⁼⁴² fei²¹³ u⁰　tʂaŋ⁵⁵ ta²¹³ mu⁴² tʂʅ²¹³ mu⁰

指孩子幼年时过于老实，成年后也不会有大出息。费物：费力讨神。

从小儿不知 ᴴ 老娘亲，养儿才知 ᴴ 报娘恩。

ts'uəŋ⁴² ɕior⁵⁵ pu²⁴ tʂo²⁴ lau⁵⁵ niaŋ⁴² tɕ'in²⁴　iaŋ⁵⁵ ər⁴² ts'ai⁴² tʂo²⁴ pau²¹³ niaŋ⁴² ən²⁴

指年轻时体会不到父母的慈爱；自己有了孩子，真正体会到了父母养育孩子的艰辛，才能懂得感恩。

从小儿唱老旦，一辈 ᶻ 不时兴。

ts'uəŋ⁴² ɕior⁵⁵ tʂ'aŋ²¹³ lau⁵⁵ tan⁰　i²⁴⁼⁴² pɛau²¹³ pu²⁴ ʂʅ⁴² ɕiŋ²⁴

喻指人一辈子没有追上潮流或迎合时尚。从小儿：自幼。唱：扮演。老旦：戏曲行当之一，老年妇女的角色。时兴：时髦。

从小儿看大，三岁知老。

ts'uəŋ⁴² ɕior⁵⁵ k'an²¹³ ta²¹³　san²⁴⁼⁴² suei²¹³ tʂʅ²⁴ lau⁵⁵

指从年幼时的种种表现，就能看出其长大成人后的品行和能力。前后分句都可以单独用作谚语，意思与整句相同。

从小看到老。

ts'uəŋ⁴² ɕiau⁵⁵ k'an²¹³ tau⁰ lau⁵⁵

同"从小儿看大，三岁知老"。

从小儿嘞夫妻是夫妻，半路儿嘞夫妻是伙计。

ts'uəŋ⁴² ɕior⁵⁵ lɛ⁰ fu²⁴ tɕ'i⁰ ʂʅ²¹³ fu²⁴ tɕ'i⁰　pan²¹³ luər²¹³ lɛ⁰ fu²⁴ tɕ'i⁰ ʂʅ²¹³ xuə⁵⁵ tɕi⁰

指原配夫妻都是一心一意的，而再婚夫妻则往往互有戒备。从小嘞夫妻：原配夫妻。半路儿嘞夫妻：再婚夫妻。伙计：合作伙伴。

催命不催食。

tsʻuei²⁴ miŋ²¹³ pu²⁴ tsʻuei²⁴ ʂʅ⁴²

指日常生活中，不能催促正在吃饭的人加快进食速度。泛指情势再急迫，也要让人先吃完饭再去做。又作：催工不催食。

村看村，户看户，群众看嘞是干部。

tsʻuən²⁴ kʻan²¹³ tsʻuən²⁴ xu²¹³ kʻan²¹³ xu²¹³ tɕʻyn⁴² tʂuəŋ²¹³ kʻan²¹³ nɛ⁰ ʂʅ²¹³ kan²¹³ pu²¹³

指农村基层干部的示范、引领作用十分重要。

寸草铡三刀，没料也上膘。

tsʻuən²¹³ tsʻau⁵⁵ tʂa⁴² san²⁴ tau²⁴ mu⁴² liau²¹³ iɛ⁵⁵ ʂaŋ²¹³ piau²⁴

指饲养牛、马等牲口的草料，铡得越碎越好。料：拌入牲口草料中的玉米、高粱等。

D

打不过恁，挖恁。

ta⁵⁵ pu²⁴⁻⁴² kuə²¹³ nən⁰ ua²⁴ nən⁵⁵

喻指以正常的手段斗不过对方，换用意想不到的方式，就能出奇制胜。挖：用指甲挠。

打狗看主家。

ta⁵⁵⁻⁴² kou⁵⁵ kʻan²¹³ tʂʅ⁵⁵ tɕia⁰

喻指处置、责罚他人时，要慎重考虑、仔细掂量，要顾及各方面的关系或情面。主家：主人。又作：打狗还得看主人。

打虎先敲牙，擒贼先擒王。

ta⁵⁵⁻⁴² xu⁵⁵ ɕian⁴² tɕʻiau²⁴ ia⁴² tɕʻin⁴² tsei⁴² ɕian⁴² tɕʻin⁴² uaŋ⁴²

喻指只要抓住关键、解决了主要矛盾，其他的事情便可以迎刃而解。

打嘞不疼挖嘞疼。

ta⁵⁵ lɛ⁰ pu²⁴ tʻəŋ⁴² ua²⁴ lɛ⁰ tʻəŋ⁴²

喻指正常的、合情合理的指责甚至打骂，人们都能够接受；而尖酸刻薄的言语对情感的伤害很深，让人难以接受。挖：用指甲抓/抠。

打嘞麦，推嘞磨，大风刮来嘞麦秸垛。

ta⁵⁵ lɛ⁰ mɛ²⁴ tʻuei²⁴ lɛ⁰ muə²¹³ ta²¹³ fəŋ²⁴ kua²⁴ lai⁰ lɛ⁰ mɛ²⁴ tɕiɛ⁰ tuə²¹³

喻指未下本钱、不费力气，得到了意外之财。"麦秸"又作"柴火"。

打雷立秋，干断 ᴅ 河沟。
ta⁵⁵ luei⁴² li²⁴ tɕ'iou²⁴　kan²⁴ tuæ²¹³ xə⁴² kou²⁴

指立秋之日如果有打雷现象，预示会出现旱情。立秋：节气中的第 13 个（公历 8 月 7—9 日之间），标志秋季开始。干：干旱、干涸。断 ᴅ：断了，动词变韵表完成义。又作：打雷立秋，干死 ᴅ 泥鳅。

打雷再刮风，有雨也不凶。
ta⁵⁵ luei⁴² tsai²¹³ kua²⁴ fəŋ²⁴　iou⁵⁵⁻⁴² y⁵⁵ iɛ⁵⁵ pu²⁴ ɕyŋ²⁴

指先打雷再刮风，一般不会下雨；即使降雨也不会太大。

打人不打脸，骂人不揭短。
ta⁵⁵ ʐən⁴² pu²⁴ ta⁵⁵⁻⁴² lian⁵⁵　ma²¹³ ʐən⁴² pu²⁴ tɕiɛ²⁴ tuan⁵⁵

指产生纠纷时要有节制，要给人留情面，不能揭人短处。前一个分句也可以单独用作谚语，意思与整句相同。

打人没好手，骂人没好口。
ta⁵⁵ ʐən⁴² mu⁴² xau⁵⁵⁻⁴² ʂou⁵⁵　ma²¹³ ʐən⁴² mu⁴² xau⁵⁵⁻⁴² k'ou⁵⁵

指闹矛盾的时候，打人一定不会是善意的，骂人也一定没有好听话。

打蛇打七寸，刨树要刨根。
ta⁵⁵ ʂʐə⁴² ta⁵⁵ tɕ'i²⁴⁻⁴² ts'uən²¹³　p'au⁴² ʂʐ²¹³ iau²¹³ p'au⁴² kən²⁴

喻指只有抓住要害部位，才能置对方于死地。

打蛇打七寸，治水得治根。
ta⁵⁵ ʂʐə⁴² ta⁵⁵ tɕ'i²⁴⁻⁴² ts'uən²¹³　tʂʐ²¹³ ʂuei⁵⁵ tɛ²⁴ tʂʐ²¹³ kən²⁴

喻指治理水患，必须从源头上入手才有效。

打生不如混熟。
ta⁵⁵ ʂəŋ²⁴ pu²⁴ ʐʐ⁴² xuən²¹³ ʂu⁴²

指另择行业从头做起，不如在原有的基础上进一步提高；多用于指不能轻易更换职业。

打是亲，骂是爱，不打不骂是祸害。
ta⁵⁵ ʂʐ²¹³ tɕ'in²⁴　ma²¹³ ʂʐ²¹³ ai²¹³　pu²⁴ ta⁵⁵ pu²⁴⁻⁴² ma²¹³ ʂʐ²¹³ xuə²¹³ xai⁰

指关系密切、经常交往的人难免产生磕磕绊绊，而仇人之间永远不交往，肯定不会产生纠纷。又作：打是亲，骂是爱，不打不骂是仇人。

打死 ᴅ 人朝命，哄死 ᴅ 人不朝命。
ta⁵⁵ ʂʐ⁰ ʐən⁴² tʂau⁴² miŋ²¹³　xuəŋ⁵⁵ ʂʐ⁰ ʐən⁴² pu²⁴ tʂau⁴² miŋ²¹³

喻指为了达到某种目的，可以不采取直接的手段，而采取迂回的办法。哄：哄骗。朝命：偿命。前后两个分句都可以单独用作谚语。与之类似的谚语还有"打死 ᴅ 人朝命，气死 ᴅ 人不朝命。"

打碎 ᴰ 牙往肚里 ᴴ 咽。

ta⁵⁵ suæ²¹³ ia⁴² uaŋ⁵⁵ tu²¹³ liou⁰ ian²¹³

喻指极力隐忍，吃了亏而不说出口、受了欺负而无力还击。碎 ᴰ：碎了，动词变韵表完成义。

打左脸，把右脸也伸过去。

ta⁵⁵ tsuə⁵⁵⁻⁴² lian⁵⁵　pa²¹³ iou²¹³ lian⁵⁵ iɛ⁰ ʂən²⁴ kuə⁰ tɕ'y⁰

喻指无原则地忍让、迁就对方，任凭其处置，决不还击。

打 ᴰ⁻⁰ 盆儿说盆儿，打 ᴰ⁻⁰ 碗儿说碗儿。

ta⁵⁵ p'ər⁴² ʂʉə²⁴ p'ər⁴²　ta⁵⁵⁻⁴² uor⁵⁵ ʂʉə²⁴ uor⁵⁵

喻指就事论事，遇到什么问题就解决什么问题。打 ᴰ⁻⁰：打（碎）了，动词变韵表完成义。又作：打 ᴰ⁻⁰ 盆儿说盆儿，打 ᴰ⁻⁰ 罐 ᶻ 说罐 ᶻ。

大病靠养，小病能抗。

ta²¹³ piŋ²¹³ k'au²¹³ iaŋ⁵⁵　ɕiau⁵⁵ piŋ²¹³ nəŋ⁴² k'aŋ²¹³

指大病伤身，必须多调养才能恢复元气；小病则不必急于医治，忍一时或许能够自行痊愈。

大粪一季，油饼一年。

ta²¹³ fən⁰ i²⁴⁻⁴² tɕi²¹³　iou⁴² piŋ⁵⁵ i²⁴ nian⁴²

指油渣比人粪尿的肥效更持久。大粪：人粪尿。油饼：花生、油菜籽等榨油后剩下的渣滓。

大官儿好见，小官儿难缠。

ta²¹³ kuor²⁴ xau⁵⁵ tɕian²¹³　ɕiau⁵⁵ kuor²⁴ nan⁴² tʂ'an⁴²

喻指越是职务高的人越容易沟通，而基层的、具体负责的人却往往很难对付。又作：阎王好见，小鬼儿难缠。

大锅里 ᴴ 有饭，小锅里 ᴴ 好办。

ta²¹³ kuə²⁴ liou⁰ iou⁵⁵ fan²¹³　ɕiau⁵⁵ kuə²⁴ liou⁰ xau⁵⁵ pan²¹³

喻指大集体的经济状况好了，小集体和个人自然会好；多指父母的经济状况好了，孩子们自然也会得到好处。

大锅米饭小锅面。

ta²¹³ kuə²⁴ mi⁵⁵ fan⁰ ɕiau⁵⁵ kuə²⁴ mian²¹³

指用大锅、烧大火熬出的米粥比较好喝；而用小锅煮面条，量小易熟，面条筋道，比较好吃。

大寒不寒，人马不安。

ta²¹³ xan⁴² pu²⁴ xan⁴²　zən⁴² ma⁰ pu²⁴ an²⁴

指大寒前后是一年中最冷的时候；如果此时不冷，说明气候异常，人和动物都易生病。大寒：二十四节气中的最后一个（公历 1 月 20 日前后）。

大寒小寒，一年过完。

ta²¹³ xan⁴² ɕiau⁵⁵ xan⁴²　i²⁴ nian⁴² kuə²¹³ uan⁴²

指过了大寒、小寒节气，一个阴历年即将过完。小寒：节气中的第 23 个（公历 1 月 4—6 日之间）。

大河有水小河淹，大河没水小河干。

ta²¹³ xə⁴² iou⁵⁵⁼⁴² ʂuei⁵⁵ ɕiau⁵⁵ xə⁴² ian²⁴　ta²¹³ xə⁴² mu⁴² ʂuei⁵⁵ ɕiau⁵⁵ xə⁴² kan²⁴

喻指大集体的经济状况直接关系着小集体的利益；多用于指父母的经济状况直接影响着孩子们的经济状况。"淹"又作"满"。

大火没湿柴。

ta²¹³ xuə⁵⁵ mu⁴² ʂʅ²⁴ tʂ'ai⁴²

喻指人多力量大，就不怕困难多；就像火势大了，湿柴也能燃烧一样。

大江大海都过来了，还差这一点儿嘞？

ta²¹³ tɕian²⁴ ta²¹³ xai⁵⁵ tou⁰ kuə²¹³ lai⁰ lə⁰　xai⁴² tʂ'a²⁴ tʂɭ⁵⁵ i²⁴ tior⁵⁵ lɛ⁰

喻指经历过许多坎坷和挫折以后，当前的小问题更不在话下。

大懒支小懒，一支一个白瞪眼。

ta²¹³ lan⁵⁵ tʂʅ²⁴ ɕiau⁵⁵⁼⁴² lan⁵⁵　i²⁴ tʂʅ⁵⁵ i²⁴⁼⁴² kə⁰ pɛ⁴² təŋ²¹³ ian⁵⁵

指懒惰的人在一起，谁也支使不动谁。支：支使。

大嘞不长作，小嘞往头上屙。

ta²¹³ lɛ⁰ pu²⁴ tʂaŋ⁵⁵ tsuə²⁴　ɕiau⁵⁵ lɛ⁰ uaŋ⁵⁵ t'ou⁴² ʂaŋ⁰ ə²⁴

喻指长辈或领导品行不端，晚辈或下属就会受其影响，甚至有过之而无不及。长作：以身作则。

大米干饭肉饺头，撑嘞小舅窝跟头。

ta²¹³ mi⁵⁵ kan²⁴ fan⁰ ʐou²¹³ tɕiau⁵⁵ t'ou⁰　tʂ'əŋ⁰ lɛ⁰ ɕiau⁵⁵⁼⁴² tɕiou⁰ uə²⁴ kən²⁴ t'ou⁰

指 20 世纪六七十年代，生活困难、缺吃少穿，人们向往"大米干饭肉浇头"的生活；但只有特权人物才能吃上如此美食，因此遭人羡慕和忌恨，故有"撑嘞小舅窝跟头"的咒谑之语。饺：当为"浇"。小舅：小舅子。窝跟头：翻跟头。

大碾ᴰ嘞萝卜香菜嘞葱，小河嘞白菜进过京[①]。

ta²¹³ niæ²¹³ lɛ⁰ luə⁴² pu⁰ ɕiaŋ²⁴ ts'ai⁰ lɛ⁰ ts'uaŋ²⁴　ɕiau⁵⁵ xɤ⁰ lɛ⁰ pɛ⁴² ts'ai⁰

———

[①] 浚县自古盛产蔬菜。据传，明代经时任兵部尚书的浚县人王越的推荐，小河的白菜、大碾的萝卜、香菜的大葱，都曾作为贡品沿卫河运送到京城，进奉朝廷，成为宫廷美味，名扬京城内外。

tɕin²¹³ kuə⁰ tɕiŋ²⁴

指大碾的白萝卜、香菜的葱、小河的白菜,都是非常优良的蔬菜品种。大碾ᴰ:小河乡一行政村;"碾"作地名变韵。香菜:卫贤乡一行政村。小河:小河镇。又作:大碾ᴰ萝卜香菜葱,小河白菜进北京。

大碾ᶻ萝卜赛白梨。

ta²¹³ niæ²¹³ luə⁴² pu⁰ sai⁵⁵ pɛ⁴² li⁴²

指大碾的白萝卜色青皮薄、质细汁多、酥脆微甜,生吃熟食俱佳,堪与白梨媲美。

大秋头上坐一坐,来年头上换顿饿。

ta²¹³ tɕ'iou²⁴ t'ou⁴² ʂaŋ⁰ tsuə²¹³ i⁰ tsuə²¹³ lai⁴² nian⁴² t'ou⁴² ʂaŋ⁰ xuan²¹³ tuən⁰ ə²¹³

喻指偷懒不劳动,就不会有收获。大秋:秋收秋播的农忙时节。

大人不记小人过,宰相肚里ᴴ抹舟船。

ta²¹³ zən⁰ pu²⁴⁻⁴² tɕi²¹³ ɕiau⁵⁵ zən⁰ kuə²¹³ tsai⁵⁵ ɕiaŋ⁰ tu²¹³ liou⁰ muə²¹³ tʂou²⁴ tʂ'uan⁴²

喻指地位、辈分高或品行高尚的人心胸豁达,不计较别人的过失。抹:使……绕开或转弯。两个分句均可单独用作谚语,意思与整句相同。

大人作假儿,小孩儿伸爪儿。

ta²¹³ zən⁰ tsuə²¹³ tɕier⁵⁵ ɕiau⁵⁵ xor⁴² ʂən²⁴ tʂuer⁵⁵

指别人给予吃食时,大人还在寒暄客套、假意推辞,小孩儿却已急不可待、伸手接过。作假儿:寒暄客气。爪儿:手。

大暑不酷热,五谷不多结。

ta²¹³ ʂu⁵⁵ pu²⁴ k'u⁵⁵ ʐə²⁴ u⁵⁵ ku²⁴ pu²⁴ tuə²⁴ tɕiɛ²⁴

指大暑前后是一年中最热的时候;如果此时不热,说明气候异常,粮食就会减产。大暑:节气中的第12个(公历7月22—24日之间)。

大暑前,小暑后,庄稼老汉种绿豆。

ta²¹³ ʂu⁵⁵ tɕ'ian⁴² ɕiau⁵⁵⁻⁴² ʂu⁵⁵ xou²¹³ tʂuaŋ²⁴ tɕia⁰ lau⁵⁵ xan²¹³ tʂuaŋ²¹³ ly²⁴ tou⁰

指大暑和小暑两个节气之间适宜种绿豆。小暑:节气中的第11个(公历7月6—8日之间)。又作:大暑前,小暑后,家家儿忙着种绿豆。

大树底下好乘凉。

ta²¹³ ʂʅ²¹³ ti⁵⁵ ɕiɛ⁰ xau⁵⁵ tʂ'əŋ⁴² liaŋ⁴²

喻指以有权势者作靠山,才好办事。也喻指子孙在长辈的庇护下可以衣食无忧、悠闲自在。

大小当个官儿，强似卖水烟儿。

ta²¹³ ɕiau⁵⁵ taŋ²⁴ kə⁰ kuor²⁴　tɕ'iaŋ⁴² sʅ²¹³ mai²¹³ ʂuei⁵⁵ ior²⁴

旧指有个一官半职，就比普通百姓强。卖水烟儿：小商贩，代指百姓。

大雪年年儿有，不在三九在四九。

ta²¹³ ɕyɛ²⁴ nian⁴² nior⁰ iou⁵⁵　pu²⁴⁻⁴² kai²¹³ san²⁴ tɕiou⁵⁵ kai²¹³ sʅ²¹³ tɕiou⁵⁵

指三九、四九是一年当中最寒冷的时节，降雪的概率最大。

大鱼吃小鱼，小鱼吃蚂虾，蚂虾吃污泥。

ta²¹³ y⁴² tʂ'ʅ²⁴ ɕiau⁵⁵ y⁴²　ɕiau⁵⁵ y⁴² tʂ'ʅ²⁴ ma⁴² ɕia²⁴　ma⁴²ɕia²⁴ tʂ'ʅ²⁴ u²⁴ ni⁰

喻指世间万物弱肉强食，大欺小，强凌弱，相生相克，生生不息。

大月初二，小月初三儿，天到傍黑儿，月出一杆儿。

ta²¹³ yɛ²⁴ tʂ'u²⁴ ər²¹³ ɕiau⁵⁵ yɛ²⁴ tʂ'u²⁴ sor²⁴　t'ian²⁴ tau²¹³ paŋ²⁴ xor²⁴ yɛ²⁴ tʂ'ʅ²⁴ i²⁴ kor²⁴

指蛾眉月首次出现的时间：如果是大月，蛾眉月出现在初二傍晚；如果是小月，蛾眉月则出现在初三傍晚。大月：农历30天的月份。小月：农历29天的月份。傍黑儿：傍晚。又作：大二小三儿，月出一杆儿。

大丈夫立不更名，坐不改姓。

ta²¹³ tʂaŋ²¹³ fu⁰ li²⁴ pu⁰ kəŋ²⁴ miŋ⁴²　tsuə²¹³ pu⁰ kai⁵⁵ɕiŋ²¹³

喻指有责任、有担当的男人，光明磊落、敢作敢为，不怕打击报复。

大丈夫能屈能伸。

ta²¹³ tʂaŋ²¹³ fu⁰ nəŋ⁴² tɕ'y²⁴ nəŋ⁴² ʂən²⁴

指有志气有作为的人，不仅在得意时敢作敢当，更要在失意时多忍耐、不放弃，最终才能成就一番事业。

大 ᴰ⁻⁰ 穿 ᴰ 小 ᴰ 掂 ᴰ。

ta²¹³ tʂ'uæ²⁴ ɕio⁵⁵ tiæ²⁴

指鞋子宁肯大一些，绝不能小了；大一些能凑合穿，如果小了肯定不能穿。大 ᴰ⁻⁰、小 ᴰ：形容词变韵均表状态义。穿 ᴰ、掂 ᴰ：动词变韵均表持续义，可分别替换为"穿着""掂着"。

逮你一耳□ᶻ，再给 ᴰ 你端一碗肉，你吃不吃？

tai⁵⁵⁻⁴² ni⁰ i²⁴ ər⁵⁵ pæu²⁴　tsai²¹³ kɛ⁵⁵⁻²¹³ ni⁰ tuan²⁴ i²⁴ uan⁵⁵ zou²¹³ ni⁵⁵ tʂ'ʅ²⁴ pu⁰ tʂ'ʅ²⁴

喻指深深伤害了别人，再给予安慰，但受伤害者却难以接受。逮：扇、掌掴。耳□ᶻ：耳光。

胆儿大嘞赢胆儿小嘞，钱儿多嘞赢钱儿少嘞。
tor⁵⁵ ta²¹³ lɛ⁰ zəŋ⁴² tor⁵⁵⁻⁴² ɕiau⁵⁵ lɛ⁰　tɕʻior⁴² tuə²⁴ lɛ⁰ zəŋ⁴² tɕʻior⁴² ʂau⁵⁵ lɛ⁰
指打牌赌博，往往是胆子大者敢下赌注，有本钱者底气足，越能赢钱。

胆儿大走遍天下，胆儿小寸步难行。
tor⁵⁵ ta²¹³ tsou⁵⁵ pian²¹³ tʻian²⁴ ɕia²¹³　tor⁵⁵⁻⁴² ɕiau⁵⁵ tsʻuən²¹³ pu²¹³ nan⁴² ɕiŋ⁴²
指胆大者敢闯敢干，能功成名就；胆小者畏首畏尾，则可能一事无成。

当差不自由，自由不当差。
taŋ²⁴ tʂʻai²⁴ pu²⁴⁻⁴² tʂʅ²¹³ iou⁴²　tʂʅ²¹³ iou⁴² pu²⁴ taŋ²⁴ tʂʻai²⁴
指有职业、有职务的人，言行、时间等往往会受事务的限制。

当场不让父。
taŋ²⁴ tʂʻaŋ⁵⁵ pu²⁴⁻⁴² zaŋ²¹³ fu²¹³
旧指正式比武时，无论对手是谁都不会相让，即使是对尊长也不让步、不留情。喻指秉公执法，不徇私情。

当官儿不替ᴰ民说话，不如回家抱娃娃。
taŋ²⁴ kuor²⁴ pu²⁴⁻⁴² tʻiɛ²¹³ min⁴² ʂɥə²⁴ xua²¹³　pu²⁴ zʅ⁴² xuei⁴² tɕia²⁴ pu²¹³ ua⁴² ua⁰
指"为官一任，造福一方"是为政之根本，官员要替百姓说话，维护百姓利益。"抱"读音特殊。又作：当官儿不为民作主，不如回家卖红薯。

当官儿嘞动动嘴，小兵儿跑断腿。
taŋ²⁴ kuor²⁴ lɛ⁰ tuəŋ²¹³ tuəŋ⁰ tsuei⁵⁵　ɕiau⁵⁵ piər²⁴ pʻau⁵⁵ tuan²¹³ tʻuei⁵⁵
旧指官场等级森严，上级官员随意下个命令，其属下就得忙个不停。

当了净街王，打嘞粮食没处藏。
taŋ²⁴ lə⁰ tɕiŋ²¹³ tɕiɛ²⁴ uaŋ⁴²　ta⁵⁵ lɛ⁰ liaŋ⁴² ʂʅ⁰ mu⁴² tʂʻʅ⁰ tsʻaŋ⁴²
指扫除街道上的垃圾做肥料，既讲卫生，又能增产。

当面点钱不为丑。
taŋ²⁴ mian²¹³ tian⁵⁵ tɕʻian⁴² pu²⁴⁻⁴² uei²¹³ tʂʻou⁵⁵
指金钱交易时，一定要当着对方的面点清金额，以免日后产生纠纷。

当面教子，背后劝妻。
taŋ²⁴ mian²¹³ tɕiau²¹³ tsʅ⁵⁵　pei²¹³ xou²¹³ tɕʻyan⁴² tɕʻi²⁴
指大庭广众之下可以教训孩子，而妻子的过失则只能在背地里好言相劝。又作：当面教子，床后劝妻。

当面儿是人，背后是鬼。
taŋ²⁴ mior²¹³ ʂʅ²¹³ zən⁴²　pei²¹³ xou²¹³ ʂʅ²¹³ kuei⁵⁵
喻指居心不良、善于伪装，人前表现出好的一面，而背地里却干着害人的事。

当面儿一套，背后一套。

taŋ²⁴ mior²¹³ i²⁴⁼⁴² tʻau²¹³　pei²¹³ xou²¹³ i²⁴⁼⁴² tʻau²¹³

同"当面儿是人背后是鬼"。

当面有成人之美，背后有杀人之心。

taŋ²⁴ mian²¹³ iou⁵⁵ tṣʻəŋ⁴² zən⁴² tṣʅ²⁴ mei⁵⁵　pei²¹³ xou²¹³ iou⁵⁵ ṣa²⁴ zən⁴² tṣʅ²⁴ ɕin²⁴

指人表里不一，口是心非。

当年白笑白头翁，好花不开几日红。

taŋ²⁴ nian⁴² pɛ⁴² ɕiau²¹³ pɛ⁴² tʻou⁴² uəŋ²⁴　xau⁵⁵ xua²⁴ pu²⁴ kʻai²⁴ tɕi⁵⁵ zʅ²¹³ xuəŋ⁴²

指年轻人不要笑话、嫌弃老年人，因为人人都会有年老的时候。当年：正当年、年轻力壮。白：不要。

当牌是个坑，谁进谁都憕。

taŋ²⁴ pʻai⁴² ṣʅ²¹³ kə⁰ kʻəŋ²⁴　ṣei⁴² tɕin²¹³ ṣei⁴² tou⁰ məŋ²⁴

指打牌赌博坑害人。

当三天家，狗都不待ᴰ见。

taŋ²⁴ san²⁴ tʻian²⁴ tɕia²⁴　kou⁵⁵ tou⁰ pu²⁴⁼⁴² tæ²¹³ tɕian⁰

喻指持家人比其他人更注意节俭，也会因此而招致他人的厌烦。"待"读音特殊，其变韵来源不明。

当事者迷，旁观家儿清。

taŋ²⁴ ṣʅ²¹³ tṣɛ⁰ mi⁴²　pʻaŋ⁴² kuan²⁴ tɕiɐr⁰ tɕʻiŋ²⁴

指旁观者往往能比当事者更冷静、更客观、更全面地看问题。旁观家儿：旁观的人。

当一天和尚撞一天钟，不当和尚散了熥。

taŋ²⁴ i⁰ tʻian²⁴ xuə⁴² tṣʻæŋ⁰ tṣuan²¹³ i⁰ tʻian²⁴ tṣuəŋ²⁴　pu²⁴ taŋ²⁴ xuə⁴² tṣʻæŋ⁰ san²¹³ liau⁰ tʻəŋ²⁴

喻指做事敷衍，得过且过，没有积极主动性。"和尚"读音特殊。

刀快不杀来路之人。

tau²⁴ kʻuai²¹³ pu²⁴ ṣa²⁴ lai⁴² lu²¹³ tṣʅ²⁴ zən⁴²

喻指当事人不能责怪为双方或多方调解矛盾的中间人。

刀把儿在□手里ᴴ搦ᴰ⁻⁰嘞。

tau²⁴ pɐr²¹³ kai²¹³ iæ⁴² ṣou⁵⁵ liou⁰ nuə²⁴ lɛ⁰

喻指主动权掌握在别人手里，己方只能听从其摆布和处置。□：人家。

搦 ᴰ⁻⁰：搦着，动词变韵表持续义。又作：刀把儿在□手里 ᴴ 攥 ᴰ 嘞。／刀把儿在□手里 ᴴ 嘞。

倒驴不倒架 ᶻ。

tau⁵⁵ ly⁴² pu²⁴ tau⁵⁵ tɕiæu²¹³

喻指人不低头、不服输，百折不挠，越挫越勇。

得得劲劲王宝钏①，哭哭啼啼秦香莲②。

tɛ²⁴ tɛ⁰ tɕ'in²¹³ tɕ'in²¹³ uaŋ⁴² pau⁵⁵ tʂ'uan²⁴ k'u²⁴ k'u⁰ t'i⁴² t'i⁴² tɕ'in⁴² ɕiaŋ²⁴ lian⁴²

指得意时会像王宝钏一样舒服、满意；失意时会像秦香莲一样痛苦、失落；多用作得意或失意时的俏皮话。两个分句都可以单独用作谚语。

得理不让人。

tɛ²⁴ li⁵⁵ pu²⁴ ⁺ ⁴² ʐaŋ²¹³ ʐən⁴²

指发生争执或纠纷时，有理者态度强硬，坚决不肯让步。

得饶人处且饶人。

tɛ²⁴ ʐau⁴² ʐən⁴² tʂ'ʅ²¹³ tɕ'iɛ²⁴ ʐau⁴² ʐən⁴²

指人要宽容，不能得理不让人。

得罪君子，不得罪小人。

tɛ²⁴ tsuei⁰ tɕyn²⁴ tsʅ⁵⁵ pu²⁴ tɛ²⁴ tsuei⁰ ɕiau⁵⁵ ʐən⁴²

指宁可得罪坦荡之人，不能得罪卑鄙之人，以免给自己带来更大的伤害。君子：坦荡仁厚的人；小人：卑鄙狡诈的人。

得罪人容易围人难。

tɛ²⁴ tsuei⁰ ʐən⁴² yŋ⁴² i⁰ uei⁴² ʐən⁴² nan⁴²

指得罪人容易，笼络人心难。围：笼络、取悦、取信。

灯不拨不亮，理儿不辩不明。

təŋ²⁴ pu²⁴ puə²⁴ pu²⁴ ⁺ ⁴² liaŋ²¹³ liər⁵⁵ pu²⁴ ⁺ ⁴² pian²¹³ pu²⁴ miŋ⁴²

喻指有些事情必须经过辩论，才能让人明辨是非。

低是低，一道儿立。

ti²⁴ ʂʅ⁰ ti²⁴ i²⁴ ⁺ ⁴² tor²¹³ li²⁴

本义指人的个子再矮，也是站立着的一个人，也和其他人一样，是有尊严的。喻指不可小看任何人，不能低估人的能力。

---

① 王宝钏：传统戏曲《薛平贵与王宝钏》中的人物，寒窑苦等十八载，吃尽人间苦头，终于盼得丈夫薛平贵荣归长安团聚。

② 秦香莲：传统戏曲《铡美案》中的人物，其丈夫陈士美高中状元后，抛妻弃子，终被包拯铡杀。

低头嘞庄稼穗儿大，仰头嘞庄稼穗儿小。
ti²⁴ tʻou⁴² lɛ⁰ tʂuaŋ²⁴ tɕia⁰ suər²¹³ ta²¹³   iaŋ⁴² tʻou⁴² lɛ⁰ tʂuaŋ²⁴ tɕia⁰ suər²¹³ ɕiau⁵⁵

喻指真正有本领的人往往很谦虚，而没有多大才干的人反而很张扬。

籴米不籴米，甭把布袋掉 ᴰ。
ti⁴² mi⁵⁵ pu²⁴ ti⁴² mi⁵⁵   piŋ⁴² pa²¹³ pu²¹³ tai⁰ tio²¹³

喻指无论有没有收获，首先要保证不能有损失。籴：买进。布袋：用布做成的、用以装米面的袋子。掉 ᴰ：丢了，动词变韵表完成义。

地里 ᴴ 不丢穗儿，场里 ᴴ 不丢粒儿。
ti²¹³ liou⁰ pu²⁴ tiou²⁴ suər²¹³   tʂʻaŋ⁴² liou⁰ pu²⁴ tiou²⁴ liər⁵⁵

指收割庄稼，要做到颗粒归仓。场：晾晒谷物的平整土地；读音特殊。

地里 ᴴ 多栽树，等于修水库；天涝它能喝，天旱它能吐。
ti²¹³ liou⁰ tuə²⁴ tsai²⁴ ʂʅ²¹³   təŋ⁵⁵ y⁰ ɕiou²⁴ ʂuei⁵⁵ kʻu²¹³   tʻian²⁴ lau²¹³ tʻa⁵⁵ nəŋ⁴² xə²⁴   tʻian²⁴ xan²¹³ tʻa⁵⁵ nəŋ⁴² tʻu⁵⁵

指植树的好处很多。

地是黄金板，人勤地不懒。
ti²¹³ ʂʅ⁰ xuaŋ⁴² tɕin²⁴ pan⁵⁵   zən⁴² tɕʻin⁴² ti²¹³ pu²⁴ lan⁵⁵

指庄稼人只要勤快，精耕细作，就一定会有收获。

地主日日肉，穷人天天瘦。
ti²¹³ tʂʅ⁵⁵ zʅ²¹³ zʅ²¹³ zou²¹³   tɕyŋ⁴² zən⁴² tʻian²⁴ tʻian²⁴ ʂou²¹³

旧指富人天天花天酒地，而穷人却时常忍饥挨饿。

弟 ᴴ 们儿分家三年仇。
tiɛ²¹³ mər⁰ fən²⁴ tɕia²⁴ san²⁴ nian⁴² tʂʻou⁴²

指弟兄分家时，常常会因利益纷争而结下仇怨。弟 ᴴ："弟兄"合音。

点儿背，不能怨社会。
tior⁵⁵ pei²¹³   pu²⁴ nəŋ⁴² yan²¹³ ʂʅə²¹³ xuei²¹³

指打牌时手气不好，不能责怪其他人；戏谑语。

店大欺客，客大欺店。
tian²¹³ ta²¹³ tɕʻi²⁴ kʻɛ²⁴   kʻɛ²⁴ ta²¹³ tɕʻi²⁴ tian²¹³

指店铺资格老、规模大，会慢待顾客；顾客财大气粗，会刁难店铺。

店大欺客，奴大欺主。
tian²¹³ ta²¹³ tɕʻi²⁴ kʻɛ²⁴   nu⁴² ta²¹³ tɕʻi²⁴ tʂʅ⁵⁵

指店铺资格老、规模大、效益好，往往会慢待顾客；手下人的权力过大，会凌驾于主人之上。

店里 ᴴ有人好吃饭，朝里 ᴴ有人好做官。
tian²¹³ liou⁰ iou⁵⁵ zən⁴² xau⁵⁵ tʂʻʅ²⁴ fan²¹³ tsʻau⁴² liou⁰ iou⁵⁵ zən⁴² xau⁵⁵ tsuə²¹³ kuan²⁴

旧指有靠山就能得到提拔重用。朝：朝廷。人：有权势的关系人。

钓鱼穷三年，玩儿鸟儿毁一生。
tiau²⁴ y⁴² tɕʻyŋ⁴² san²⁴ nian⁴²　uor⁴² nior⁵⁵ xuei⁵⁵ i²⁴ ʂəŋ²⁴

指钓鱼养鸟收益甚微，难以养家糊口。

爹低低一个，娘低低一窝。
tiɛ²⁴ ti²⁴ ti²⁴ i²⁴⁼⁴² kə²¹³　niaŋ⁴² ti²⁴ ti²⁴ i²⁴ uə²⁴

指从遗传方面看，子女的身高受母亲的影响较大：如果父亲个子矮，孩子不一定个子矮；如果母亲个子矮，则孩子个子矮的可能性很大。

爹嘞恩情比 ᴰ天大，娘嘞恩情如泰山。
tiɛ²⁴ lɛ⁰ ən²⁴ tɕʻiŋ⁰ piɛ⁵⁵ tʻian²⁴ ta²¹³　niaŋ⁴² lɛ⁰ ən²⁴ tɕʻiŋ⁰ zʅ⁴² tʻai²¹³ ʂan²⁴

指父母对子女的养育之恩重如泰山。

爹嘞恩情还好报，娘嘞恩情报不完。
tiɛ²⁴ lɛ⁰ ən²⁴ tɕʻiŋ⁰ xai⁴² xau⁵⁵ pau²¹³　niaŋ⁴² lɛ⁰ ən²⁴ tɕʻiŋ⁰ pau²¹³ pu²⁴ uan⁴²

喻指母亲在孕育、抚养子女方面的付出，远远超过父亲。

爹嘞骨头娘嘞肉。
tiɛ²⁴ lɛ⁰ ku⁴² tʻou⁰ niaŋ⁴² lɛ⁰ zou²¹³

指是父母给予了孩子生命。

爹死娘嫁人，各人顾各人。
tiɛ²⁴ sʅ⁵⁵ niaŋ⁴² tɕia²¹³ zən⁴²　kə²⁴ zən⁰ ku²¹³ kə²⁴ zən⁰

喻指危难之时，只考虑自己的利益，不顾及别人。

爹有娘有不胜□有，老婆ᶻ有也得隔隔手。
tiɛ²⁴ iou⁵⁵ niaŋ⁴² iou⁵⁵ pu²⁴⁼⁴² ʂəŋ²¹³ tsʅə²¹³ iou⁵⁵　lau⁵⁵⁼²⁴ pʻau⁴² iou⁵⁵ iɛ⁰ tɛ⁰ kɛ²⁴ kɛ⁰ ʂou⁵⁵

指父母富有不如自己富有；钱财掌握老婆手里，也不如在自己手里用起来方便。有：富有。□：自己。

叮叮多，好淹坡。
tiŋ²⁴ tiŋ⁰ tuə²⁴　xau²¹³ ian²⁴ pʻuə²⁴

指夏季蜻蜓过多，预示雨水量大。叮叮：蜻蜓。

叮叮飞低雁飞高，长虫过路缸发潮。
tiŋ²⁴ tiŋ⁰ fei²⁴ ti²⁴ ian²¹³ fei²⁴ kau²⁴　tsʻaŋ⁴² tʂʻuəŋ⁰ kuə²¹³ lu²¹³ kaŋ²⁴ fa²⁴ tʂʻau⁴²

指蜻蜓低空飞行、大雁高空飞行、蛇出没、水缸发潮，都是下雨的征兆。叮叮：蜻蜓。长虫：蛇。

叮叮千百绕天空，不过三天雨蒙蒙。

tiŋ²⁴ tiŋ⁰ tɕ'ian²⁴ pɛ²⁴ ʐau⁴² t'ian²⁴ kuəŋ²⁴ pu²⁴⁼⁴² kuə²¹³ san²⁴ t'ian²⁴ y⁵⁵ məŋ⁴² məŋ⁴²

指大量蜻蜓低空飞行，是下雨的预兆。叮叮：蜻蜓。

丢蛋鸡，养汉妻，不怨人家怨自己。

tiou²⁴ tan²¹³ tɕi²⁴ iaŋ⁵⁵ xan²¹³ tɕ'i²⁴ pu²⁴⁼⁴² yan²¹³ ʐən⁴² tɕia⁰ yan²¹³ tsʅ²¹³ tɕi⁰

指妻子有外遇，只能怪自己没本事。养汉：女性与他人私通。

丢 ᴰ 巴掌儿忘 ᴰ⁻⁰ 疼。

tio²⁴ pa²⁴ tʂɚ⁰ uaŋ²¹³ t'əŋ⁴²

喻指屡错屡犯，不长记性。丢 ᴰ、忘 ᴰ⁻⁰：动词变韵均表完成义，可分别替换为"丢了""忘了"。

东北角嘞刮大风，西北角嘞扎尾脚；呼雷喝闪下大雨，二末头雨往下落。

tuəŋ²⁴ pei²⁴ tɕyə²⁴ lɛ⁰ kua²⁴ ta²¹³ fəŋ²⁴ ɕi²⁴ pei²⁴ tɕyə²⁴ lɛ⁰ tʂa²⁴ i⁵⁵ tɕyə⁰ xu²⁴ luei⁰ xə²⁴ ʂan⁰ ɕia²¹³ ta²¹³ y⁵⁵ ər²¹³ muə⁰ t'ou⁴² y⁵⁵ uaŋ⁵⁵ ɕia²¹³ luə²⁴

指夏天刮东北风，必然会带来降雨。尾脚：乌云密布。呼雷豁闪：打雷加闪电。二末头雨：大雨、暴雨。

东方不亮西方亮，黑了南方有北方。

tuəŋ²⁴ faŋ²⁴ pu²⁴⁼⁴² liaŋ²¹³ ɕi²⁴ faŋ²⁴ liaŋ²¹³ xɛ²⁴ lə⁰ nan⁴² faŋ⁰ iou⁵⁵ pei²⁴ faŋ⁰

喻指一种办法行不通，一定还有别的办法能解决问题。也喻指没有能力做好此事，却可能会在彼事上做出突出成绩。

东风急，穿蓑衣。

tuəŋ²⁴ fəŋ²⁴ tɕi⁴² tʂ'uan²⁴ suə²⁴ i²⁴

指刮东风是雨兆。

东风雨，西风干，南风暖，北风寒。

tuəŋ²⁴ fəŋ²⁴ y⁵⁵ ɕi²⁴ fəŋ²⁴ kan²⁴ nan⁴² fəŋ²⁴ nuan⁵⁵ pei²⁴ fəŋ²⁴ xan⁴²

指风向不同，气候的风雨冷暖变化不同。又作：东风阴，西风晴，南风热，北风冷。

东虹呼雷西虹雨，南虹出来晒河底，北虹出来卖儿女。

tuəŋ²⁴ tɕiaŋ²¹³ xu²⁴ luei⁰ ɕi²⁴ tɕiaŋ²¹³ y⁵⁵ nan⁴² tɕiaŋ²¹³ tʂ'ʅ²⁴ lai⁰ ʂai²¹³ xə⁴² ti⁵⁵ pei²⁴ tɕiaŋ²¹³ tʂ'ʅ²⁴ lai⁰ mai²¹³ ər⁴² ny⁵⁵

指彩虹出现在东方预示干打雷不下雨，出现在西方则要下雨，出现南方、北方则预示大旱大涝，甚至出现灾荒。

东山 ᶻ 戴 ᴰ 帽儿，密孩儿睡觉儿。

tuəŋ²⁴ ṣæ²⁴ tɛ²¹³ mor²¹³　mi²⁴ xor⁰ ṣei²¹³ tɕior²¹³

指如果云彩遮住山头，预示着会有降雨。东山 ᶻ：大伾山。戴 ᴰ：戴着，动词变韵表持续义。密孩儿：长工、受雇佣的人。又作：尖山①戴 ᴰ 帽儿，密孩儿睡觉儿。

东山 ᶻ 佛爷②保丰年，南山 ᶻ 老奶③求子全。

tuəŋ²⁴ ṣæ²⁴ fu⁴² iɛ⁰ pau⁵⁵ fəŋ²⁴ nian⁴²　nan⁴² ṣæ²⁴ lau⁵⁵⁻²⁴ nɛ⁵⁵ tɕ'iou⁴² tsʅ⁵⁵ tɕ'yan⁴²

指祈求五谷丰收要到东山拜大佛，祈求多子多孙则到南山拜老奶。

东西贵怨买主，东西便宜怨商人。

tuəŋ²⁴ ɕi⁰ kuei²¹³ yan²¹³ mai⁵⁵⁻⁴² tṣʅ⁵⁵　tuəŋ²⁴ ɕi⁰ pian⁴² i⁰ yan²¹³ ṣaŋ²⁴ zən⁴²

指物品价格上涨一定是买的人多，以致供不应求；东西便宜则是因为商家不善经营，以致供大于求。

东西路南北拐儿，是人都有偏心眼儿。

tuəŋ²⁴ ɕi²⁴ lu²¹³　nan⁴² pei²⁴ kuor⁵⁵　ṣʅ²¹³ zən⁴² tou²⁴ iou⁵⁵ p'ian²⁴ ɕin²⁴ ior⁵⁵

指每个人在对待人和事的时候，都会存在不同程度的偏袒心理。

东西新嘞好，朋友旧嘞亲。

tuəŋ²⁴ ɕi⁰ ɕin²⁴ nɛ⁵⁵ xau⁵⁵　p'əŋ⁴² iou⁰ tɕiou²¹³ lɛ⁰ tɕ'in²⁴

指物品是新的比旧的好，而朋友却是交往时间越长，感情基础越牢固。

东西越用越少，学问越学越多。

tuəŋ²⁴ ɕi⁰ yɛ²⁴ yŋ²¹³ yɛ²⁴ ṣau⁵⁵　ɕyə⁴² uən⁰ yɛ²⁴ ɕyə⁴² yɛ²⁴ tuə²⁴

指知识无边，越学知识面越宽；奉劝人们勤学多学。

冬吃萝卜夏吃姜，不用医生开药方。

tuəŋ²⁴ tṣ'ʅ²⁴ luə⁴² pu⁰ ɕia²¹³ tṣ'ʅ²⁴ tɕiaŋ²⁴　pu²⁴⁻⁴² yŋ²¹³ i²¹³ ṣəŋ²⁴ k'ai²⁴ yə²⁴ faŋ²⁴

指冬天多吃萝卜，夏天多吃生姜，对身体有好处。又作：夏吃大蒜冬

---

① 尖山：即善化山，位于县城西北约 15 公里的岗东麓，南北长约 1.5 公里，东西宽约 1.35 公里，盛产青石、花斑石，是浚县石灰、石料、石雕品的重要产地之一。因多年的过量采石，现已低至山腰。

② 东山佛爷：大伾山位于浚县城东，又称东山；现存道观佛寺建筑群 7 处，名亭 8 座，石窟 6 处，各式古建筑 138 间，摩崖碑刻 460 余处；因其有中国最早、北方最大的石佛而著称于世；"佛爷"即指大伾山石佛。

③ 南山老奶：浮丘山位于浚县城西南，又称南山；因有明代修建的碧霞宫而扬名四方；"奶庙"即指浮丘山上的碧霞宫，供奉泰山神碧霞元君，俗称"老奶大殿"。

吃姜，不用医生开药方。

冬春吃菜靠一秋。

tuəŋ²⁴ tṣʻuən²⁴ tṣʻʅ²⁴ tsʻai²¹³ kʻau²¹³ i²⁴ tɕʻiou²⁴

指秋菜（如萝卜、白菜、大葱等）是冬春两季的主要蔬菜品种，因此秋菜种植非常重要。

冬呼啦，夏噗喳。

tuəŋ²⁴ xu²⁴ la⁰ ɕia²¹³ pʻu²⁴ tṣʻa⁰

指喂养牲口的草料，冬天宜干，夏天宜湿。呼啦：拟柴草等因干燥而发出的声响。噗喳：拟物被水浸之状。

冬暖须防春寒。

tuəŋ²⁴ nuan⁵⁵ ɕy²⁴ faŋ⁴² tṣʻuən²⁴ xan⁴²

指如果冬天比较暖和，就要预防倒春寒。

冬水透，青苗ᶻ厚。

tuəŋ²⁴ ʂuei⁵⁵ tʻou²¹³ tɕʻiŋ²⁴ miæu⁴² xou²¹³

指冬季土壤水分充足，有利于小麦生长。

冬天下雪早，春天庄稼好。

tuəŋ²⁴ tʻian⁰ ɕia²¹³ ɕyɛ²⁴ tsau⁵⁵ tṣʻuən²⁴ tʻian²⁴ tsuan²⁴ tɕia⁰ xau⁵⁵

指冬季降雪时间越早，越利于春天庄稼生长。

动嘴不如动腿。

tuəŋ²¹³ tsuei⁵⁵ pu²⁴ zʅ⁴² tuəŋ²¹³ tʻuei⁵⁵

喻指空说不如实干。

冻死ᴰ不烤灯头火，饿死ᴰ不吃猫掉食。

tuəŋ²¹³ sʅ⁰ pu²⁴ kʻau⁵⁵ təŋ²⁴ tʻou⁴² xuɔ⁵⁵ ə²¹³ sʅ⁰ pu²⁴ tṣʻʅ²⁴ mau⁴² tiau²¹³ ʂʅ⁴²

本义指灯头之火热量微弱，猫吃剩下的食物微不足道。喻指依靠别人的施舍不能从根本上解决问题；人要有志气，即使面临绝境，也不能靠别人的同情和施舍过日子。死ᴰ：动词变韵表加强肯定语气。掉：剩。

都是扶竹竿嘞，谁扶井绳嘞？

tou²⁴⁻⁴² ʂʅ²¹³ fu⁴² tsʅ²⁴ kan⁰ nɛ⁰ ʂei⁴² fu⁴² tɕiŋ⁵⁵ ʂəŋ⁰ lɛ⁰

本义指竹竿易扶直，而井绳却无法扶直。喻指人都愿巴结有能力、有实力的人，而不愿托靠自顾不暇、不能自立的人。井绳：从井里打水时，绑在水桶上的绳子。

都是卖甜瓜嘞，谁卖苦瓜①嘞？

tou²⁴⁻⁴² ʂʅ⁰ mai²¹³ tʻian⁴² kua⁰ lɛ⁰ ʂei⁴² mai²¹³ kʻu⁵⁵ kua⁰ lɛ⁰

---

① 据调查，上世纪八十年代之前，北方没有苦瓜，故有此说。

喻指人们往往会炫耀甚至夸大自己的长处和优势，而有意隐瞒短处和不足。苦瓜：又名凉瓜、癞瓜，葫芦科植物苦瓜的果实。

都是拾钱儿嘞，谁拾卷嘞？

tou²⁴ ⁴² ʂʅ²¹³ ʂʅ⁴² tɕʻior⁴² lɛ⁰　ʂei⁴² ʂʅ⁴² tɕyan⁵⁵ nɛ⁰

指谁都不会无缘无故把别人的谩骂当成是骂自己的。卷：可为动词"骂"，也作名词"骂人的话"。

豆茬种谷，必定有福。

tou²¹³ tʂʻa⁴² tʂuaŋ²¹³ ku²⁴ pi⁵⁵ tiŋ²¹³ iou⁵⁵ fu²⁴

指豆子谷子轮作倒茬，有利于高产稳产。

豆腐买卖，水里ᴴ求财。

tou²¹³ fu⁰ mai⁵⁵ mai⁰ ʂuei⁵⁵ liou⁰ tɕʻiou⁴² tsʻai⁴²

指用干豆制作豆腐离不开水，豆腐成品中也有很高的含水量。也指做豆腐生意，利润较大。

豆是一条根，只要犁嘞深。

tou²¹³ ʂʅ²¹³ i²⁴ tʻiau⁴² kən²⁴　tʂʅ⁴² iau²¹³ li⁴² lɛ⁰ tʂʻən²⁴

指豆子播种之前要深翻土地。

豆子锄三遍，豆角ᶻ挂成串。

tou²¹³ tsʅ⁰ tʂʻu⁴² san²⁴ ⁴² pian²¹³　tou²¹³ tɕʻyau²⁴ kua²¹³ tʂʻəŋ⁴² tʂʻuan²¹³

指豆类作物宜多锄，利于丰产。

独木难成林，树少不遮阴。

tu⁴² mu²⁴ nan⁴² tʂʻəŋ⁴² lin⁴²　ʂu²¹³ ʂau⁵⁵ pu²⁴ tʂʅ²⁴ in²⁴

喻指个人的力量非常有限，难成大事。

读书不离口，写字儿不离手。

tu⁴² ʂu²⁴ pu²⁴ ⁴² li²¹³ kʻou⁵⁵　ɕiɛ⁵⁵ tsər²¹³ pu²⁴ ⁴² li²¹³ ʂou⁵⁵

指读书要多念，写字要勤练。

读书心不想，隔靴挠挠痒。

tu⁴² ʂu²⁴ ɕin²⁴ pu²⁴ ɕiaŋ⁵⁵　kɛ²⁴ ɕyɛ²⁴ nau⁴² nau⁰ iaŋ⁵⁵

指读书必须有自己的思考，否则就不会有真正的理解和收获。

端起ᴴ碗吃肉，放下碗骂娘。

tuan²⁴ tɕʻiai⁰ uan⁵⁵ tʂʻʅ²⁴ zou²¹³　faŋ²¹³ ɕia⁰ uan⁵⁵ ma²¹³ niaŋ⁴²

喻指人没有口德、不懂感恩，得到别人的好处，还说着对方的坏话。

端午有雨坏谷心，河里ᴴ水浅生蝗虫。

tuan²⁴ u⁵⁵ iou⁵⁵ ⁴² y⁵⁵ xuai²¹³ ku²⁴ ɕin²⁴　xə⁴² liou⁰ ʂuei⁵⁵ ⁴² tɕʻian⁵⁵ ʂəŋ²⁴ xuaŋ⁴² tʂʻuəŋ⁴²

指端午前后，谷子正处于播种期和出苗期，雨水过多不利；干旱之年，容易发生蝗灾。蝗虫：俗称"蚂蚱"，是农业上最为典型的害虫。

短脖儿，骑马喂骡儿。

tuan⁵⁵ por⁴² tɕ'i⁴² ma⁵⁵ uei²¹³ luɤr⁴²

指脖子短的人有福气，生活富裕。

囤尖儿好省，囤底儿难留。

tuən²¹³ tɕior²⁴ xau⁵⁵⁻⁴² ʂəŋ⁵⁵ tuən²¹³ tiər⁵⁵ nan⁴² liou⁴²

喻指过日子要有长远打算，钱财即将用尽时再想起节省为时已晚。囤：用竹篾、荆条、稻草等编成席箔围成的盛粮食的器具。

囤尖儿省，吃不光；囤底儿省，闹饥荒。

tuən²¹³ tɕior²⁴ ʂəŋ⁵⁵ tʂ'ʅ²⁴ pu⁰ kuaŋ²⁴ tuən²¹³ tiər⁵⁵⁻⁴² ʂəŋ⁵⁵ nau²¹³ tɕi²⁴ xuaŋ²⁴

同"囤尖儿好省，囤底儿难留"。

砘咋也不能跑ᴰ耧头里ᴴ。

tuən²¹³ tsa⁵⁵⁻⁴² iɛ⁰ pu²⁴ nəŋ⁴² p'o⁵⁵ lou⁴² t'ou⁴² liou⁰

喻指做事讲究先后顺序，只能按照一定的规则进行。砘：播种后用来压实松土的石制农具。耧：播撒种子的农具。咋：无论如何。跑ᴰ：跑到，动词变韵表终点义。

多个朋友多条路，多个冤家多堵墙。

tuə²⁴ kə⁰ p'əŋ⁴² iou⁰ tuə²⁴ t'iau⁴² lu²¹³ tuə²⁴ kə⁰ yan²⁴ tɕia⁰ tuə²⁴ tu⁵⁵ tɕ'iaŋ⁴²

指朋友越多，关键时刻可能会帮上忙，容易成事；仇人越多，摩擦冲突在所难免，可能会败事；告诫世人要与人为善，尽量不要与人结仇。

多劳多得，少劳少得，不劳不得。

tuə²⁴ lau⁴² tuə²⁴ tɛ²⁴ ʂau⁵⁵ lau⁴² ʂau⁵⁵ tɛ²⁴ pu²⁴ lau⁴² pu²⁴ tɛ²⁴

指按劳取酬的分配原则，多劳动多受益，不劳动不得食。

多上粪庄稼好，还看上嘞巧不巧。

tuə²⁴ ʂaŋ²¹³ fən²¹³ tʂuan²⁴ tɕia⁰ xau⁵⁵ xai⁴² k'an²¹³ ʂaŋ²¹³ lɛ⁰ tɕ'iau⁵⁵ pu⁰ tɕ'iau⁵⁵

指给庄稼施肥应适时，既要看天气，又要看苗情。

多收少收在于肥，有收没收在于水。

tuə²⁴ ʂou²⁴ ʂau⁵⁵ ʂou²⁴ tsai²¹³ y⁰ fei⁴² iou⁵⁵ ʂou²⁴ mu⁴² ʂou²⁴ tsai²¹³ y⁰ ʂuei⁵⁵

指种庄稼水是不可或缺的：农作物能否高产在于粪肥是否充足，而如果天旱缺水就会造成大量减产，甚至颗粒无收。

多一事不如少一事。
tuə²⁴ i⁰ ʂʅ²¹³ pu²⁴ zʅ⁴² sau⁵⁵ i⁰ ʂʅ²¹³
指不要多管闲事，管的事情越少，麻烦越少。

躲过初一，躲不过十五。
tuə⁵⁵ kuə²¹³ tʂʻu²⁴ i²⁴　tuə⁵⁵ pu⁰ kuə²¹³ ʂʅ⁴² u⁵⁵
喻指该面对的事情，终究逃避不掉。又作：过了初一，过不了十五。

E

屙不出 ᴴ 屎，甭嫌后茅 ᶻ 赖。
ə²⁴ pu⁰ tʂʻuai⁰ ʂʅ⁵⁵　piŋ⁴² ɕian⁴²⁺⁵⁵ xou²¹³ mæu⁴² lai²¹³
同"不善跳舞，甭嫌地滑"。"嫌"无规则变调。后茅 ᶻ：厕所。

屙出 ᴴ 嘞屎，总不能再坐回去。
ə²⁴ tʂʻuai⁰ lɛ⁰ ʂʅ⁵⁵　tsuəŋ⁵⁵ pu²⁴ nəŋ⁴² tsai²¹³ tsuə²¹³ xuei⁰ tɕʻy⁰
喻指说过的话不能再收回，给予人的承诺一定要兑现。

恶人自有恶人磨，磨嘞恶人没奈何。
ə²⁴ zən⁴² tsʅ²¹³ iou⁵⁵ ə²⁴ zən⁴² muə⁴²　muə⁴² lɛ⁰ ə²⁴ zən⁴² mu⁴² nai²¹³ xə⁴²
指难缠的人，往往会遇到比自己更难缠、更难对付的人。前一个分句也可单独用作谚语，意思与整句相同。

恶有恶报，善有善报；不是不报，时候儿不到；时候儿一到，一定要报。
ə²⁴ iou⁵⁵ ə²⁴ pau²¹³　ʂan²¹³ iou⁵⁵ ʂan²¹³ pau²¹³　pu²⁴⁺⁴² ʂʅ²¹³ pu²⁴⁺⁴² pau²¹³　ʂʅ⁴² xər⁰ pu²⁴⁺⁴² tau²¹³　ʂʅ⁴² xər⁰ i²⁴⁺⁴² tau²¹³　i²⁴⁺⁴² tiŋ²¹³ iau²¹³ pau²¹³
指因果报应，行善终会得到该得的回报，作恶也终会得到应有的惩罚；劝诫世人多行善事，不做恶事。

饿了不洗澡，吃饱 ᴰ 不剃头。
ə²¹³ lə⁰ pu²⁴ ɕi⁵⁵⁺⁴² tsau⁵⁵　tʂʻʅ²⁴ po⁵⁵ pu²⁴⁺⁴² tʻi²¹³ tʻou⁴²
指饿时不宜洗澡，饱时不宜理发。饱 ᴰ：饱了，形容词变韵表完成义。又作：饥不洗澡，饱不剃头。

饿死 ᴰ 亲爹娘，不吃种子粮。
ə²¹³ sʅ⁰ tɕʻin²⁴ tie²⁴ niaŋ⁴²　pu²⁴ tʂʻʅ²⁴ tsuəŋ⁵⁵ tsʅ⁰ liaŋ⁴²
喻指粮食种子关系着全家人的生计，对庄稼人来说非常重要。死 ᴰ：动词变韵表加强肯定语气。又作：饿死 ᴰ 亲娘，不吃种粮。

谚　语

恩一个人是条路，得罪个人是堵墙。
ən²⁴ i²⁴ˈ⁴² kə⁰ ʐən⁰ ʂʅ²¹³ t'iau⁴² lu²¹³　tɛ²⁴ tsuei⁰ kə⁰ ʐən⁰ ʂʅ²¹³ tu⁵⁵ tɕ'iaŋ⁴²
同"多个朋友多条路，多个冤家多堵墙"。恩：笼络。

儿不嫌娘丑，狗不嫌家穷。
ər⁴² pu²⁴ ɕian⁴²ˈ⁵⁵ niaŋ⁴² tʂ'ou⁵⁵　kou⁵⁵ pu²⁴ ɕian⁴²ˈ⁵⁵ tɕia²⁴ tɕ'yŋ⁴²
喻指孩子无论如何都不会、也不该嫌弃自己的父母。"嫌"无规则变调。

儿大不由爷，棍大□不折。
ər⁴² ta²¹³ pu²⁴ iou⁴² iɛ⁴²　kuan²¹³ ta²¹³ tɕ'yɛ⁵⁵ pu²⁴ ʂʅə⁴²
喻指儿女长大成人，不可能事事听从父母管教。不由：由不得。爷：父亲，这里指父母。□：用力使折断。又作：儿大不由爷，脚大不由鞋。

儿多母受，绝户头长肉。
ər⁴² tuə²⁴ mu⁵⁵ ʂou²¹³　tɕyɛ⁴² xu⁰ t'ou⁴² tʂaŋ⁵⁵ ʐou²¹³
指孩子越多，父母的负担越重。受：作难、受罪。绝户头：没有后代的人；多指没有儿子。

儿怕娘老，苗ᶻ怕粪少。
ər⁴² p'a²¹³ niaŋ⁴² lau⁵⁵　miæu⁴² p'a²¹³ fən²¹³ ʂau⁵⁵
喻指缺少粪肥对庄稼苗生长不利。

儿是娘嘞心头肉，儿走千里娘担忧。
ər⁴² ʂʅ²¹³ niaŋ⁴² lɛ⁰ ɕin²⁴ t'ou⁴² ʐou²¹³　ər⁴² tsou⁵⁵ tɕ'ian²⁴ li⁵⁵ niaŋ⁴² tan²⁴ iou²⁴
喻指孩子是父母最珍爱、最牵挂的人。娘：代指父母。儿：指孩子。

儿孙自有儿孙福，甭为儿孙发忧愁。
ər⁴² suən²⁴ tsʅ²¹³ iou⁵⁵ ər⁴² suən²⁴ fu²⁴　piŋ⁴² uei²¹³ ər⁴² suən²⁴ fa²⁴ iou²⁴ tʂ'ou⁴²
指子孙后代各有自己的福分，长辈不必为晚辈的未来过分操劳和担忧。又作：儿孙自有儿孙福，何为儿孙做牛马？！

二八月，不搁节；穿ᴰ单嘞冷，穿ᴰ棉嘞热。
ər²¹³ pa²⁴ yɛ²⁴ pu²⁴ kə²⁴ tɕiɛ²⁴　tʂ'uæ²⁴ tan²⁴ nɛ⁰ləŋ⁵⁵ tʂ'uæ²⁴ mian⁴² nɛ⁰ ʐə²⁴
指农历二月、八月正处于季节交替之时，天气变化无常，人们穿衣也厚薄不定。搁节：周全、合适。穿ᴰ：穿着，动词变韵表持续义。前一个分句也可以单独用作谚语，意思与整句相同。

二八月，乱穿衣。
ər²¹³ pa²⁴ yɛ²⁴　luan²¹³ tʂ'uan²⁴ i²⁴

指农历二月、八月气温变化无常，乍热乍冷，人们着装薄厚差异很大。

二十八、二十九，月亮出来扭一扭。

ər²¹³ ʂʅ⁰ pa²⁴　ər²¹³ ʂʅ⁰ tɕiou⁵⁵　yɛ²⁴ liaŋ⁰ tʂʻʅ²⁴ lai⁰ niou⁵⁵ i⁰ niou⁵⁵

指农历每月二十八、二十九，能看到月亮的时间很短。

二十三，蹿一蹿。

ər²¹³ ʂʅ⁰ san²⁴　tsʻuan²⁴ i⁰ tsʻuan²⁴

指男孩子到二十三岁左右，还有猛长个子的可能。

二十四五月黑头，月亮出来正使牛。

ər²¹³ ʂʅ⁰ ʂʅ²¹³ u⁵⁵ yɛ²⁴ xɛ²⁴ tʻou⁴²　yɛ²⁴ liaŋ⁰ tʂʻʅ²⁴ lai⁰ tʂəŋ²¹³ ʂʅ⁵⁵ niou⁴²

指农历二十四、二十五，晚上是看不到月亮的；月亮在天将亮（五更天、农民起早干活）的时候才能出来。使牛：指做农活。

二十整整，月出一更。

ər²¹³ ʂʅ⁴² tʂəŋ⁵⁵ˈ⁴² tʂəŋ⁵⁵　yɛ²⁴ tʂʻʅ²⁴ i²⁴ kəŋ²⁴

指农历每月二十，月亮一更天才能出来。一更：每天中有十二个时辰，每两小时为一更次；戌时为一更，相当于北京时间 19 时至 21 时。

二月二，龙抬头，家家 ᶻ 鏊 ᶻ 上稀屎流。

ər²¹³ yɛ²⁴ ər²¹³　lyŋ⁴² tʻai⁴² tʻou⁴²　tɕia²⁴ tɕiæ⁰ æu²¹³ ʂaŋ⁰ ɕi²⁴ ʂʅ⁵⁵ liou⁴²

指农历二月二，民间有吃煎饼的习俗。鏊 ᶻ：铁制的烙饼器具，平面圆心，中心稍凸。稀屎：喻指摊煎饼的生面糊。

F

翻拙弄巧，棉袍倒 ᴰ 个大夹袄。

fan²⁴ tʂuə²⁴ nəŋ²¹³ tɕʻiau⁵⁵　mian⁴² pʻau⁴² to⁵⁵ kə⁰ ta²¹³ tɕia²⁴ au⁰

喻指弄巧成拙，得不偿失。倒 ᴰ：倒腾；动词变韵表完成义，可替换为"倒了"。夹袄：有表层、有里子的双层上衣。

凡事儿要好，须问三老。

fan⁴² ʂər²¹³ iau²¹³ xau⁵⁵　ɕy²⁴ uən²¹³ san²⁴ lau⁵⁵

指想做好事情，要多请教经验丰富的老人。三：指多数。

犯七犯八，不砍都杀，藏到莲花儿树底下[①]。

fan²¹³ tɕʻi²⁴ fan²¹³ pa²⁴　pu²⁴ kʻan⁵⁵ tou²⁴ ʂa²⁴　tsʻaŋ⁴² tau⁰ lian⁴² xuɐr⁰

[①] 此为浚县丧葬习俗之一：人去世或者发丧的日子，如果正遇农历初七、初八、十七、十八、二十七、二十八，到了阴间就会挨阎王爷的打骂；家人要为其糊一盆莲花儿，下葬之日放在坟头，以避阎王的打骂。

ṣʅ²¹³ ti⁵⁵ ɕia⁰

指人去世或发丧的日子如果含"七"或"八",要为其糊莲花。都:就。又作:犯七犯八,不砍都杀,你往莲花儿树底 ᴴ 趴。

饭后百步走,能活九十九。

fan²¹³ xou²¹³ pɛ²⁴ pu²¹³ tsou⁵⁵　nəŋ⁴² xuə⁴² tɕiou⁵⁵ ṣʅ⁰ tɕiou⁵⁵

指晚饭后适当的锻炼,有利于身体健康。

饭后一支烟,赛似活神仙。

fan²¹³ xou²¹³ i²⁴ tʂʅ²⁴ ian²⁴　sai²¹³ sʅ²¹³ xuə⁴² ʂən⁴² ɕian⁰

指饭后抽烟感觉最好,是最让人享受的;此为抽烟人的自得之语。

饭能乱吃,话不能乱说。

fan²¹³ nəŋ⁴² luan²¹³ tʂʻʅ²⁴　xua²¹³ pu²⁴ nəŋ⁴² luan²¹³ ṣuə²⁴

指说话要负责任,不能捕风捉影、道听途说。

房卖四邻。

faŋ⁴² mai²¹³ sʅ²¹³ lin⁴²

指民间不成文的规矩:出售宅基院落时,该院落前后左右相邻的邻居具有优先购买权。

放不坏嘞事儿。

faŋ²¹³ pu⁰ xuai²¹³ lɛ⁰ ʂər²¹³

指处理纠纷不必急于一时,缓一缓也许更有利于事情的解决。

放虎归山,必有后患。

faŋ²¹³ xu⁵⁵ kuei²⁴ ʂan²⁴　pi⁵⁵⁽⁴²⁾ iou⁵⁵ xou²¹³ xuan²¹³

喻指除恶不尽,必定会留下祸端,危害极大。

非得叫你知ᴴ知ᴴ马王爷长ᴰ三只眼。

fei²⁴ tɛ⁰ tɕiau²¹³ ni⁰ tʂo²⁴ tʂo⁰ ma⁵⁵ uaŋ⁰ iɛ⁰ tʂæŋ⁵⁵ san²⁴ tʂʅ²⁴ ian⁵⁵

喻指己方不是好惹的,要让对方知道自己的厉害;有威胁意味。知ᴴ知ᴴ:动词重叠表祈使、强化义。长ᴰ:长着,动词变韵表持续义。

肥水不流外人田。

fei⁴² ʂuei⁵⁵ pu²⁴ liou⁴² uai²¹³ zən⁴² tʻian⁴²

喻指有好处留给自己人,不让外人捡便宜。

粉打头儿,绿打尾儿,紫当间儿,金边儿赶。

fən⁵⁵ ta⁵⁵ tʻər⁴²　ly²⁴ ta⁵⁵⁽⁴²⁾ iər⁵⁵　tsʅ⁵⁵ taŋ²⁴ tɕior²¹³　tɕin²⁴ pior²⁴ kan⁰

指为新人铺床时被子叠放的颜色顺序:大红色被子展开铺满床;床头叠放的被子,粉色的在最上边,绿色的在最下边,紫色的在中间,金色的在最边儿上;此为婚俗之一。当间儿:中间。边儿赶:边上。

粉往□₁脸上搽，灰往□₂脸上抹。

fən⁵⁵ uaŋ⁵⁵ tsʅə²¹³ lian⁵⁵ ʂaŋ⁰ tʂʻa⁴² xuei²⁴ uaŋ⁵⁵ iæ⁴² lian⁵⁵ ʂaŋ⁰ muə⁵⁵

喻指抬高自己，诋毁别人。□₁：自己。□₂：别人。

丰产没冇巧，多锄几遍草。

fəŋ²⁴ tʂʻan⁵⁵ mu⁴² mau⁰ tɕʻiau⁵⁵　tuə²⁴ tʂʻu⁴² tɕi⁵⁵ pian²¹³ tsʻau⁵⁵

指多锄草有利于庄稼丰收。没冇：没有。巧：窍门。

丰年要当歉年过，有粮得思没粮时。

fəŋ²⁴ nian⁴² iau²¹³ taŋ²⁴ tɕʻian²¹³ nian⁴² kuə²¹³　iou⁵⁵ liaŋ⁴² tɛ²⁴ sʅ²⁴ mu⁴² liaŋ⁴² ʂʅ⁴²

指有粮吃的时候，不要忘记挨饿时的苦。泛指要居安思危，生活富裕了，也要注意节俭。

风刮一大片，冷打一条线。

fəŋ²⁴ kua²⁴ i²⁴ⁱ⁴² ta²¹³ pʻian²¹³　ləŋ⁵⁵ ta⁵⁵ i²⁴ tʻiau⁴² ɕian²¹³

指刮风对作物的影响是大面积的，冰雹则是呈线状分布的。冷：冰雹。

风是雨头儿，屁是屎头儿。

fəŋ²⁴ sʅ²¹³ y⁵⁵ tʻər⁴²　pʻi²¹³ sʅ²¹³ sʅ⁵⁵ tʻər⁴²

指刮风是下雨的征兆，就像放屁是拉屎的预兆一样。

风扬花，饱塌塌；雨扬花，秕瞎瞎。

fəŋ²⁴ iaŋ⁴² xua²⁴ pau⁵⁵ tʻa⁰ tʻa⁰　y⁵⁵ iaŋ⁴² xua²⁴ pi⁵⁵ ɕia⁰ ɕia⁰

指小麦扬花期，刮风有利于增产，而下雨则会减产。饱塌塌：籽粒饱满。秕瞎瞎：籽粒空或不饱满。又作：风扬花，压断杈；雨扬花，秕瞎瞎。

夫妻恩爱金不换，妯娌和睦家不散。

fu²⁴ tɕʻi²⁴ ən⁴² ai²¹³ tɕin²⁴ puˡ⁴² xuan²¹³　tʂu⁴² li⁰ xuə⁴² mu²¹³ tɕia²⁴ puˡ⁴² san²¹³

指夫妻恩爱最值得珍惜，妯娌和睦更有利于大家庭的和谐。

夫妻没冇隔夜仇。

fu²⁴ tɕʻi²⁴ mu⁴² mau⁰ kɛ²⁴ iɛ²¹³ tʂʻou⁴²

同"床头打架床尾和"。没冇：没有。又作：两口打架不记仇。

夫妻同心，其利断金。

fu²⁴ tɕʻi²⁴ tʻuəŋ⁴² ɕin²⁴　tɕʻi⁵⁵ li²¹³ tuan²¹³ tɕin²⁴

指夫妻齐心合力能成大事，能过上富裕的日子。利：锋利。又作：二人同心，其利断金。

伏嘞棉花锄八遍，绒细好纺多出线。

fu⁴² lɛ⁰ mian⁴² xua³⁰ tʂʻu⁴² pa²⁴ˡ⁴² pian²¹³　yŋ⁴² ɕi²¹³ xau⁵⁵ˡ⁴² faŋ⁵⁵ tuə²⁴ tʂʻʅ²⁴ ɕian²¹³

指三伏时节棉花多锄几遍，有利于提高成品花的质量。伏嘞：三伏。

伏嘞天，洼儿不干。

fu⁴² lɛ⁰ tʻian²⁴　uɐr²¹³ puʻ²⁴ kan²⁴

指三伏季节雨水较多。洼儿：低洼的地方。

伏天划破皮，强似秋天犁一犁。

fu⁴² tʻian²⁴ xua²¹³ pʻuə²¹³ pʻi⁴²　tɕʻiaŋ⁴² sʅ²¹³ tɕʻiou²⁴ tʻian⁰ li⁴² i²⁴ li⁴²

指三伏天锄秋作物，效果最好。

父债子还。

fu²¹³ tʂai²¹³ tsʅ⁵⁵ xan⁴²

指子女有义务替父母偿还债务。泛指父辈犯下的过错，会殃及子女。

富不过三代。

fu²¹³ pu²⁴⁻⁴² kuə²¹³ san²⁴⁻⁴² tai²¹³

指富贵之家的子弟往往不思进取、骄奢淫逸，家庭也会因此而败落。

富贵险中求。

fu²¹³ kuei²¹³ ɕian⁵⁵ tʂuaŋ²⁴ tɕʻiou⁴²

指敢于冒险、不怕失败，才能创造财富、求得富贵。

富人不知穷人苦，饱汉不知饿汉饥。

fu²¹³ zən⁴² pu²⁴ tʂʅ²⁴ tɕʻyŋ⁴² zən⁴² kʻu⁵⁵　pau⁵⁵ xan²¹³ pu²⁴ tʂʅ²⁴ ə²¹³ xan²¹³ tɕi²⁴

指生活条件优越的人，往往不能体会贫苦人的艰难。

富人穿缎，穷人穿单。

fu²¹³ zən⁴² tʂʻuan²⁴ tuan²¹³　tɕʻyŋ⁴² zən⁴² tʂʻuan²⁴ tan²⁴

旧指富人能穿绸缎，穷人却难御寒。

富是凑嘞，穷是怄嘞。

fu²¹³ sʅ⁰ tsʻou²¹³ lɛ⁰　tɕʻyŋ⁴² sʅ⁰ ou²¹³ lɛ⁰

指富裕源于一家人之间的相互帮衬，而贫困则源于一家人之间的相互指责。也指相互指责和埋怨不起任何作用，而相互帮衬、同舟共济，方能成就大事。凑：拼凑、帮衬。怄：怄气。

G

该吃吃，该喝喝，有事儿甭往心里 ᴴ搁。

kai²⁴ tʂʻʅ²⁴ tʂʻʅ²⁴　kai²⁴ xə²⁴ xə²⁴　iou⁵⁵ sər²¹³ piŋ⁴² uaŋ⁵⁵ ɕin²⁴ liou⁰ kə²⁴

指人凡事要想得开，坦然面对，不为事务烦恼忧心。

该冷不冷，人口不整；该热不热，五谷不结。

kai²⁴ ləŋ⁵⁵ pu²⁴ ləŋ⁵⁵ zən⁴² kʻou⁰ pu²⁴ tʂəŋ⁵⁵ kai²⁴ zɿə²⁴ pu²⁴ zɿə²⁴ u⁵⁵ ku²⁴ pu²⁴ tɕiɛ²⁴

指如果天气冷暖变化不正常，人就会生病甚至死亡，也会影响农作物的生长及收成。五谷：指稻、黍、稷（高粱）、麦、菽（豆）五种谷物，泛指粮食作物。又作：该冷不冷，五谷不整；该热不热，麦穗儿不结。

该死不能活，想 ᴰ 死轮不着。

kai²⁴ sɿ⁵⁵ pu²⁴ nəŋ⁴² xuə⁴² ɕiæŋ⁵⁵⁻⁴² sɿ⁵⁵ lyn⁴² pu²⁴ tʂuə⁴²

指人的命运、生死都是上天注定的，个人无力改变。该：按次序等应当轮到。想 ᴰ：想着，动词变韵表持续义。"轮"读音特殊。

该死 ᴰ 坑里 ᴴ 都死不到井里 ᴴ。

kai²⁴ sɿə⁵⁵ kʻəŋ²⁴ liou⁰ tou⁰ sɿ⁵⁵ puʻ⁰ tau²¹³ tɕiŋ⁵⁵ liou⁰

同"该死不能活，想 ᴰ 死轮不着"。死 ᴰ：死到，动词变韵表终点义。都：就。

干板儿直正，饿嘞头疼；胡口六弄，葱花儿油饼。

kan²⁴ por⁰ tʂɿ⁴² tʂəŋ²¹³ ə²¹³ lɛ⁰ tʻou⁴² təŋ⁰ xu⁴² tɕʻyə²⁴ liou²¹³ nəŋ²¹³ tsʻuəŋ²⁴ xuər²⁴ iou⁴² piŋ⁰

指正直诚实、循规蹈矩的人，为生计辛苦劳作，却生活困苦；而善于投机钻营、坑蒙拐骗的人，却往往生活富足。干板儿直正：老实本分、循规蹈矩。胡口六弄：投机钻营、坑蒙拐骗。又作：胡口六弄，蒸馍油饼；干板直正，饿嘞头疼。

干锄高粱湿锄瓜，不干不湿锄芝麻。

kan²⁴ tʂʻu⁴² kau²⁴ liaŋ⁰ ʂɿ²⁴ tʂʻu⁴² kua²⁴ pu²⁴ kan²⁴ pu²⁴ ʂɿ²⁴ tʂʻu⁴² tʂɿ²⁴ ma⁰

指旱时宜锄高粱，涝时宜锄瓜类果蔬，不旱不涝的时候宜锄芝麻。又作：湿锄豆干锄花，不干不湿锄芝麻。

干锄谷湿锄豆，泥里 ᴴ 水里 ᴴ 锄黑豆。

kan²⁴ tʂʻu⁴² ku⁴² ʂɿ²⁴ tʂʻu⁴² tou²¹³ ni⁴² liou⁰ ʂuei⁵⁵ liou⁰ tʂʻu⁴² xɛ²⁴⁻⁴² tou⁰

指谷子宜土地干燥时锄，豆类作物宜土地湿润时锄；尤其是黑豆，在土地稍有积水时锄更佳。黑豆：橹豆、黑大豆，籽实表皮呈黑色的大豆。

干锄一遍儿光，湿锄十遍儿荒。

kan²⁴ tʂʻu⁴² i²⁴⁻⁴² pior²¹³ kuaŋ²⁴ ʂɿ²⁴ tʂʻu⁴² ʂɿ⁴² pior²¹³ xuaŋ²⁴

指锄草宜在天旱时，天涝不适宜锄草。

干冬湿年下。

kan²⁴ tuəŋ²⁴ ʂʅ²⁴ nian⁴² ɕia⁰

指如果冬季天气干旱、雨雪偏少，则春节期间会多雨雪。年下：春节。

甘言夺志，糖多坏齿。

kan²⁴ ian⁴² tuə⁴² tʂʅ²¹³　t'aŋ⁴² tuə²⁴ xuai²¹³ tʂʻʅ⁵⁵

喻指奉承话听多了，容易让人迷失方向、丧失斗志，就像甜食吃多了容易蚀坏牙齿一样。甘言：甜言蜜语、奉承之语。

赶会听唱不问路。

kan⁵⁵ xuei²¹³ t'iŋ²⁴ tʂ'aŋ²¹³ pu²⁴⁻⁴² uən²¹³ lu²¹³

指在农村赶集、听戏不用问路，随着人流、循着声音就很容易找到。赶会：赶集。听唱：观看戏剧表演。

赶早不赶晚儿。

kan⁵⁵⁻⁴² tsau⁵⁵ pu²⁴ kan⁵⁵⁻⁴² uor⁵⁵

指凡事都要提前做好准备，宜早不宜迟，以免措手不及。

感情深，一口闷。

kan⁵⁵ tɕ'iŋ⁰ tʂ'ən²⁴　i²⁴ k'ou⁵⁵ mən²⁴

指双方感情深厚，就会痛快地大口喝酒；用作喝酒时劝酒之语。

干部不领，水牛跳井。

kan²¹³ pu²¹³ pu²⁴ liŋ⁵⁵　ʂuei⁵⁵ niou⁴² t'iau²¹³ tɕiŋ⁵⁵

喻指没有干部的引领，群众的力量就发挥不出来；就像水牛掉到井里一样，有劲也使不上。

干啥烦啥，卖啥不吃啥。

kan²¹³ ʂa⁵⁵ fan⁴² ʂa⁵⁵　mai²¹³ ʂa⁵⁵ pu²⁴ tʂ'ʅ²⁴ ʂa⁵⁵

指做哪一行业才更了解本行业的不易和困难，时间久了就会厌烦，就像自己卖什么食品往往不愿意吃一样。

干啥说啥，卖啥吆喝啥。

kan²¹³ ʂa⁵⁵ ʂʅə²⁴ ʂa⁵⁵　mai²¹³ ʂa⁵⁵ iau²⁴ xuə⁰ ʂa⁵⁵

喻指做任何事情都要用心、专心。前一分句也可单独用作谚语，意思与整句相同。又作：装啥像啥，卖啥吆喝啥。

干一分钱嘞活儿，得要仨工钱。

kan²¹³ i²⁴ fən²⁴ tɕ'ian⁴² nɛ⁰ xuɤr⁴²　tɛ²⁴ iau²¹³ sa²⁴ kuaŋ²⁴ tɕ'ian⁰

喻指不仅没有把事情办好，反而弄得更糟，给人添乱；有斥责意味。

钢用ᴰ刀刃儿上，钱用ᴰ正路儿上。

kaŋ²⁴ yo²¹³ tau²⁴ zɚ²¹³ ʂaŋ⁰　tɕ'ian⁴² yo²¹³ tʂəŋ²¹³ luər²¹³ ʂaŋ⁰

喻指钱财物品用在关键的时候或放在适当的位置上，才能充分发挥其作用。用 ᴰ：用到，动词变韵表终点义。

高灯下明。
kau²⁴ təŋ²⁴ ɕia²¹³ miŋ⁴²

指灯位置越高，照亮的范围就越大。喻指人眼界越高，看得越远。

高高山上插小棍儿，高兴一会儿是一会儿。
kau²⁴ kau²⁴ ʂan²⁴ ʂaŋ⁰ tʂʻa²⁴ ɕiau⁵⁵ kuər²¹³ kau²⁴ ɕiŋ²¹³ i²⁴⁼⁴² xuər²¹³ ʂʅ²¹³ i²⁴⁼⁴² xuər²¹³

指只要有一时的顺心如意，人就应该高兴、满足；俏皮话，用于身处困境或无奈之时的自我安慰，也用于安慰多愁善感、杞人忧天之人。

高粱地里 ᴴ 卧下狗，一亩多收好几斗。
kau²⁴ liaŋ⁰ ti²¹³ liou⁰ uə²¹³ ɕia²¹³ kou⁵⁵ i²⁴ mu⁵⁵ tuə²⁴ ʂou²⁴ xau²¹³ tɕi⁰ tou⁵⁵

指种植高粱不能过于稠密，适当稀疏更有利于增产。

高粱浇老不浇小。
kau²⁴ liaŋ⁰ tɕiau²⁴ lau⁵⁵ pu²⁴ tɕiau²⁴ ɕiau⁵⁵

指高粱早期耐旱、晚期耐涝，在间苗、定苗及分蘖期不宜多浇水，而在拔节、孕穗、开花、灌浆期则要大量浇水。

高粱扛起 ᴴ 枪，不怕扬子江。
kau²⁴ liaŋ⁰ kʻaŋ⁵⁵ tɕʻiai⁰ tɕʻiaŋ²⁴ pu²⁴⁼⁴² pʻa²¹³ iaŋ⁴² tsʅ⁰ tɕiaŋ²⁴

指高粱孕穗抽穗以后，具有很强的耐涝性。扛枪：已孕穗、即将抽穗。扬子江：长江从扬州至入海口的下游河段的旧称。又作：高粱扛起 ᴴ 枪，不怕水来浆。／ 高粱扛起 ᴴ 枪，不怕水汪汪。

胳膊别不过大腿，鸡蛋碰不过石头。
kɛ⁴² puə⁰ piɛ²¹³ pu²⁴⁼⁴² kuə²¹³ ta²¹³ tʻuei⁵⁵ tɕi²⁴ tan⁰ pʻəŋ²¹³ pu²⁴⁼⁴² kuə²¹³ ʂʅ⁴² tʻou⁰

喻指弱者斗不过强者。两个分句都可以用作谚语，意思与整句相同。

割麦前后浇棉花，十年倒有九不差。
kə²⁴ mɛ²⁴ tɕʻian⁴² xou⁰ tɕiau²⁴ mian⁴² xua⁰ ʂʅ⁴² nian⁴² tau²¹³ iou⁵⁵ tɕiou⁵⁵ pu²⁴ tʂʻa²⁴

指麦子成熟时节，正适宜浇棉花。

隔辈儿不管人。
kɛ²⁴ pər²¹³ pu²⁴ kuan⁵⁵ zən⁴²

指教育孩子是父母的责任，祖辈不该过多参与孙子辈的管教问题。

谚　语

隔行如隔山。
kɛ²⁴ xaŋ⁴² zʅ⁴² kɛ²⁴ ʂan²⁴
指不同行业之间差别很大，不可能彼此互懂。

隔山不算远，隔河不算近。
kɛ²⁴ ʂan²⁴ pu²⁴⁺⁴² suan²¹³ yan⁵⁵　kɛ²⁴ xə⁴² pu²⁴⁺⁴² suan²¹³ tɕin²¹³
指旧时隔河比隔山交通更不便：隔着山即使再远也可以走过去，而隔着河即使离得很近（没有桥）却走不过去。

各人向各人，不算偏心。
kə²⁴ zə̩n⁰ ɕiaŋ²¹³ kə²⁴ zə̩n⁰　pu²⁴⁺⁴² suan²¹³ pʻian²⁴ ɕin⁰
指各人偏向自己，是很正常的。各人：各自、每个人。

给你个棒槌都当针（真）。
kei⁵⁵⁺⁴² ni⁰ kə⁰ paŋ²¹³ tʂʻuei⁰ tou⁰ taŋ²⁴ tʂən²⁴
喻指人很容易上当受骗，明明是假的，却当作真的。都：就。又作：拿住棒槌当针使。

根不正，苗不正，结个葫芦歪歪腚。
kən²⁴ pu⁰ tʂəŋ²¹³　miau⁴² pu⁰ tʂəŋ²¹³　tɕiɛ²⁴ kə⁰ xu⁴² lu⁰ uai²⁴ uai⁰ tiŋ²¹³
喻指长辈品行不端，会给晚辈带来负面影响。也喻指人不走正路，最终也不会有好结果。腚：屁股。

根不正苗儿歪，树不正影儿斜。
kən²⁴ pu⁰ tʂəŋ²¹³ mior⁴² uai²⁴　ʂʅ²¹³ pu⁰ tʂəŋ²¹³ iər⁵⁵ ɕiɛ⁴²
同"根不正，苗不正，结个葫芦歪歪腚"。影儿：影子。

跟着下，不害怕。
kən²⁴ tʂʅ⁰ ɕia²¹³　pu²⁴⁺⁴² xai²¹³ pʻa²¹³
指人都有跟风、从众心理，认为只要跟随多数人做事，就不会出差错。

工农是一家，一根藤上两朵花。
kuəŋ²⁴ nuəŋ⁴² ʂʅ²¹³ i²⁴ tɕia²⁴　i²⁴ kən²⁴ tʻəŋ⁴² ʂaŋ⁰ liaŋ⁵⁵⁺⁴² tuə⁵⁵ xua²⁴
喻指工人农民属于同一阶层。

工作没贵贱，志气有高低。
kuəŋ²⁴ tsuə⁰ mu⁴² kuei²¹³ tɕian²¹³　tʂʅ²¹³ tɕʻi²¹³ iou⁵⁵ kau²⁴ ti²⁴
指工作没有贵贱之分，人的志气、恒心却有高低之别。

公家嘞油，大灯头。
kuəŋ²⁴ tɕia⁰ lɛ⁰ iou⁴²　ta²¹³ təŋ²⁴ tʻou⁴²
喻指对公家的财物，通常不会像对自己的财物一样珍惜。

公说公有理，婆 ᶻ 说婆 ᶻ 有理。

kuəŋ²⁴ ʂʯə²⁴ kuəŋ²⁴ iou⁵⁵ ⁴² li⁵⁵　p'au⁴² ʂʯə²⁴ p'au⁴² iou⁵⁵ ⁴² li⁵⁵

喻指发生争执之时，每一方都有自以为是的理由。泛指对待同一件事情，双方或多方很难有一致的观点和看法。

公猪好，好一坡；母猪好，好一窝。

kuəŋ²⁴ tʂʯ²⁴ xau⁵⁵ xau⁵⁵ i²⁴ p'uə²⁴　mu⁵⁵ tʂʯ²⁴ xau⁵⁵ xau⁵⁵ i²⁴ uə²⁴

指提高公猪配种性能，是增加母猪产仔数量和提高仔猪质量的关键。坡：覆盖整个山坡（的优良猪仔）。

狗不咬出恭嘞，官不打送礼嘞。

kou⁵⁵ pu²⁴ iau⁵⁵ tʂ'ʯ²⁴ kuəŋ²⁴ lɛ⁰　kuan²⁴ pu²⁴ ta⁵⁵ suəŋ²¹³ li⁵⁵ lɛ⁰

喻指人都不会祸害能给予自己好处的人。前后两个分句都可以单独用作谚语，意思与整句相同。出恭：拉屎。

狗打嚏喷要下雨。

kou⁵⁵ ⁴² ta⁵⁵ t'i²¹³ fən⁰ iau²¹³ ɕia²¹³ y⁵⁵

指狗打喷嚏预示天要下雨；用于戏骂打喷嚏之人。

狗改不了吃屎，驴改不了拉磨。

kou⁵⁵ kai⁵⁵ pu⁰ liau⁰ tʂ'ʯ²⁴ ʂʯ⁵⁵　ly⁴² kai⁵⁵ pu⁰ liau⁰ la²⁴ muə²¹³

喻指坏人恶性难改。前一分句也可单独用作谚语，意思与整句相同。

狗记路，猫记家，小孩儿记他姥姥家。

kou⁵⁵ tɕi²¹³ lu²¹³　mau⁴² tɕi²¹³ tɕia²⁴　ɕiau⁵⁵ xor⁴² tɕi²¹³ t'a⁰ lau⁵⁵ lau⁰ tɕia⁰

指小孩子一般都能记住去姥姥家的路，天性使然，就像小狗、小猫都能记住回家的路一样。

狗没吃 ᴰ 日头。

kou⁵⁵ mu⁴² tʂ'ʯ²⁴ ʐʯ²¹³ ⁴² t'ou⁰

指太阳每天都会照常升起，过了今天还有明天、后天，做事不要急于一时，以后还有机会。吃 ᴰ：吃了，动词变韵表完成义。日头：太阳。

狗怕弯腰，狼怕掂刀。

kou⁵⁵ p'a²¹³ uan²⁴ iau²⁴　laŋ⁴² p'a²¹³ tian²¹³ tau²⁴

指狗见人弯腰会以为是捡石头打它，狼见人掂刀会以为是要砍它。喻指针对不同的问题，要有不同的应对办法。又作：狗怕弯腰，狼怕蒙头。

狗肉不拌秤。

kou⁵⁵ ʐou⁰ pu²⁴ ⁴² pan²¹³ tʂ'əŋ²¹³

喻指胆怯、不自信的人上不了大场面、见不得大阵势。也喻指品行不端的人不敢抛头露面。不拌秤：不压秤，即分量轻。又作：狗肉不上桌 ᶻ。/狗肉上不了大席面。

狗跳墙，怨墙低；媳妇儿偷嘴肚里 ᴴ 饥。

kou⁵⁵ t'iau²¹³ tɕ'iaŋ⁴² yan²¹³ tɕ'iaŋ⁴² ti²⁴ ɕi⁴² fər⁰ t'ou²⁴ tsuei⁵⁵ tu²¹³ liou⁰ tɕi²⁴

旧指年轻媳妇儿在婆婆家的地位很低，常常忍饥挨饿，因此一有机会便会偷吃。喻指人在走投无路时，做事会不择手段。

狗眼看人低。

kou⁵⁵⁻⁴² ian⁵⁵ k'an²¹³ zən⁴² ti²⁴

指势利小人往往瞧不起少权无势的人；用作讥讽、骂人之语。

狗咬日头要下雨。

kou⁵⁵⁻⁴² iau⁵⁵ ʐʅ²¹³⁻²⁴ t'ou⁰ iau²¹³ ɕia²¹³ y⁵⁵

喻指太阳被云彩遮住一部分，往往会下雨。日头：太阳。

狗仗人势，雪仗风势。

kou⁵⁵ tʂaŋ²¹³ zən⁴² ʂʅ²¹³ ɕyɛ²⁴ tʂaŋ²¹³ fəŋ²⁴ ʂʅ²¹³

喻指坏人常常依仗权势欺凌弱小。

够本儿打架公平急。

kou²¹³ pər⁵⁵ ta⁵⁵ tɕia²¹³ kuəŋ²⁴ p'iŋ⁰ tɕi⁴²

指人霸道不讲理：得到应得的，本是非常公平的，却认为自己吃了亏（因为没有占到便宜），就要与人打架争执。够本儿：保本、不赚不赔。

够着鼻 ᶻ 都想 ᴰ 把□嘚眼殴瞎。

kou²¹³ tʂuə⁰ piːau⁴² tou⁰ ɕiæŋ⁵⁵ pa²¹³ iæ⁴² lɛ⁰ ian⁵⁵ ou²⁴ ɕia²⁴

本义指摸到了鼻子，还想再向上抠到眼；喻指人贪得无厌，不择手段捞取好处。够：将手伸向某处去接触或拿取。□：别人。殴：抠、捅。

孤树不成林，孤雁不成群。

ku²⁴ ʂʅ²¹³ pu²⁴ tʂ'əŋ⁴² lin⁴² ku²⁴ ian²¹³ pu²⁴ tʂ'əŋ⁴² tɕ'yn⁴²

同"独木难成林，树少不遮阴"。

姑表亲，辈儿辈儿亲，打断 ᴰ 骨头连着筋。

ku⁵⁵⁻²⁴ piau⁵⁵ tɕ'in²⁴ pər²¹³ pər⁰ tɕ'in²⁴ ta⁵⁵ tuæ²¹³ ku⁴² t'ou⁰ lian⁴² tʂuə⁰ tɕin²⁴

指姑舅亲戚血缘关系非常近。断 ᴰ：断了，动词变韵表完成义。

姑父、姨父、舅嘚媳妇，三不亲。

ku⁵⁵⁻²⁴ fu⁰ i⁴² fu⁰ tɕiou²¹³ lɛ⁰ ɕi⁴² fu⁰ san²⁴ pu⁰ tɕ'in²⁴

指姑父、姨父和舅妈，与自己没有直接的血缘关系，是最不疼爱自己的人。舅嘞媳妇：舅舅的妻子。

谷锄寸豆锄荚，高粱蜀黍锄喇叭。

ku²⁴ tʂʻu⁴² tsʻuən²¹³ tou²¹³ tʂʻu⁴² tɕian²⁴ kau²⁴ liaŋ⁰ ʂʮ⁴² ʂʮ⁰ tʂʻu⁴² la⁵⁵ pa⁰

指谷子宜在定苗期锄，豆子宜在结荚成熟期锄，高粱、玉米宜在拔节孕穗期锄。喇叭：指玉米从拔节至出雄穗期，此时叶片突出，呈平展状，远远看去很像一个喇叭，称之为"喇叭口期"。

谷锄三遍多米糠，花锄七遍白如霜。

ku²⁴ tʂʻu⁴² san²⁴⁻⁴² pian²¹³ tuə²⁴ mi⁵⁵ kʻaŋ²⁴ xua²⁴ tʂʻu⁴² tɕʻi²⁴⁻⁴² pian²¹³ pɛ⁴² zʮ⁴² ʂuaŋ²⁴

指谷子、棉花都适宜多锄。花：棉花。

谷锄深，麦锄浅，豆子露着半个脸。

ku²⁴ tʂʻu⁴² tsʻən²⁴ mɛ²⁴ tʂʻu⁴² tɕʻian⁵⁵ tou²¹³ tsʮ⁰ lou²¹³ tʂʮ⁰ pan²¹³ kə⁰ lian⁵⁵

指谷子宜深锄，麦子、豆子宜浅锄。

谷锄一寸，强似上粪。

ku²⁴ tʂʻu⁴² i²⁴⁻⁴² tsʻuən²¹³ tɕʻiaŋ⁴² sʮ²¹³ ʂaŋ²¹³ fən²¹³

指谷子宜深锄。

谷浇穗儿，麦浇芽儿，油菜豆子要浇花儿。

ku²⁴ tɕiau²⁴ suər²¹³ mɛ²⁴ tɕiau²⁴ iər⁴² iou⁴² tsʻai⁰ tou²¹³ tsʮ⁰ iau²¹³ tɕiau²⁴ xuɐr²⁴

指谷子宜抽穗时浇水，小麦宜发芽时浇水，油菜和豆子宜开花时浇水。

谷三千麦六十，高粱八百是好嘞，好收豌豆八个籽儿。

ku²⁴ san²⁴ tɕʻian²⁴ mɛ²⁴ liou²¹³ sʮ⁴² kau²⁴ liaŋ⁰ pa²⁴ pɛ²⁴ sʮ²¹³ xau⁵⁵ lɛ⁰ xau⁵⁵ ʂou²⁴ uan²⁴ tou⁰ pa²⁴⁻⁴² kə⁰ tsər⁵⁵

指一穗儿谷子约有三千个籽粒，一穗儿麦子约有六十个籽粒，一穗儿高粱约有八百个籽粒；而一个长势较好的豌豆才只有八个籽粒。收：收成。

谷收顶饱，麦收夹生。

ku²⁴ ʂou²⁴ tiŋ⁵⁵⁻⁴² pau⁵⁵ mɛ²⁴ ʂou²⁴ tɕia²⁴ ʂən²⁴

指谷子适宜在十分成熟时收割，而小麦则要适当提前收割。

谷雨麦挑旗，立夏麦穗儿齐，小满麦变皮。

ku²⁴ y⁵⁵ mɛ²⁴ tʻiau⁴² tɕʻi⁴² li²⁴ ɕia²¹³ mɛ²⁴ suər²¹³ tɕʻi⁴² ɕiau⁵⁵⁻⁴² man⁰ mɛ²⁴ pian²¹³ pʻi⁴²

指小麦谷雨时节开始孕穗，立夏时麦穗基本长齐，小满前后变黄、进入成熟期。立夏：节气中的第 7 个（公历 5 月 5—7 日之间），标志盛夏的开始；此时气温明显升高，农作物开始快速生长。

谷子耩一寸，等于上茬儿粪。
ku²⁴ tsʅ⁰ tɕiaŋ⁵⁵ i²⁴⁺⁴² tsʻuən²¹³　　təŋ⁵⁵ y⁰ ʂaŋ²¹³ tʂʻər⁴² fən²¹³
指播种谷子时，适当深埋有利于丰产。

谷子生嘞乖，没水不怀胎。
ku²⁴ tsʅ⁰ ʂəŋ²⁴ lɛ⁰ kuai²⁴　　mu⁴² ʂuei⁵⁵ pu²⁴ xuai⁴² tʻai²⁴
指谷子不耐旱，否则会造成严重减产。

谷子稀，麦子稠，高粱地里 ᴴ 卧下牛。
ku²⁴ tsʅ⁰ ɕi²⁴　mɛ²⁴ tsʅ⁰ tʂʻou⁴²　　kau²⁴ liaŋ⁰ ti²¹³ liou⁰ uə²¹³ ɕia²¹³ ou⁴²
指谷子播种宜稀疏，麦子播种宜稠密；尤其是高粱，宜稀疏不宜稠密。"牛"读音特殊。

骨头沤粪，三年还有劲。
ku⁴² tʻou⁰ ou²¹³ fən²¹³　　san²⁴ nian⁴² xai⁴² iou⁵⁵ tɕʻin²¹³
指动物骨头沤成的粪肥，肥力很壮。有劲：肥力壮。

瓜不熟，生给 ᴰ 下薅嘞。
kua²⁴ pu²⁴ ʂu⁴²　　ʂəŋ²⁴ kɛ⁵⁵ ɕia²¹³ xau²⁴ lɛ⁰
喻指妇女小产比自然分娩更痛苦。生：生硬，勉强。

瓜离不开秧 ᶻ，孩 ᶻ 离不了娘。
kua²⁴ li²¹³ puʻ⁰ kʻai²⁴ iæŋ²⁴　xɛau⁴² li²¹³ puʻ⁰ liau⁰ niaŋ⁴²
指小孩子离不开自己的母亲，就像瓜离不开瓜秧一样。

瓜没滚圆，人没十全。
kua²⁴ mu⁴² kuən⁵⁵ yan⁴²　zən⁴² mu⁵⁵ ʂʅ⁴² tɕʻyan⁴²
指人不可能没有缺点，就像瓜不可能溜圆一样。

寡妇生心，扯断 ᴰ 牛筋。
kua⁵⁵ fu⁰ ʂəŋ²⁴ ɕin²⁴　tʂʻʅ⁵⁵ tuæ²¹³ niou⁴² tɕin²⁴
喻指寡妇只要想改嫁，谁也劝不回头，谁也拦不住。断 ᴰ：断了，动词变韵表完成义。

关键时候儿光掉链儿。
kuan²⁴ tɕian⁰ ʂʅ⁴² xər⁰ kuaŋ²⁴⁺⁴² tiau²¹³ lior²¹³
喻指越到关键时刻越出岔子。

关起 ᴴ 门打狗，堵住笼捉鸡 ᶻ。
kuan²⁴ tɕʻiai⁰ mən⁴² ta⁵⁵⁺⁴² kou⁵⁵　tu⁵⁵ tʂʅ⁰ luəŋ⁴² tʂuə⁴² tɕiːau²⁴

喻指有准备地打击对方，易如反掌，又使之无法逃避。

官打民不羞，父打子不羞。

kuaŋ²⁴ ta⁵⁵ min⁴² pu²⁴ ɕiou²⁴　fu²¹³ ta⁵⁵ tsʅ⁵⁵ pu²⁴ ɕiou²⁴

指官府惩罚百姓，父母责罚子女，都是天经地义、司空见惯的。

官大一级压死人。

kuaŋ²⁴ ta²¹³ i²⁴ tɕi²⁴ ia²⁴ sʅ⁰ zən⁴²

指旧时官场上等级森严，地位低者常常受地位高者的束缚和欺压。

官高脾气大。

kuaŋ²⁴ kau²⁴ pʻi⁴² tɕʻi⁰ ta²¹³

指官位越高，越盛气凌人，越不能谦和平等地待人。

官官相护，利害相连。

kuaŋ²⁴ kuaŋ²⁴ ɕiaŋ²¹³ xu²¹³　li²¹³ xai²¹³ ɕiaŋ²¹³ lian⁴²

旧指官吏之间利害一致，往往互相包庇。

官土打官墙。

kuaŋ²⁴ tʻu⁵⁵ ta⁵⁵ kuaŋ²⁴ tɕʻiaŋ⁴²

喻指公款公物要用于公事。

官向官，民向民，王八向嘞是半掩门。

kuaŋ²⁴ ɕiaŋ²¹³ kuaŋ²⁴　min⁴² ɕiaŋ²¹³ min⁴²　uaŋ⁴² pa⁰ ɕiaŋ²¹³ lɛ⁰ sʅ⁰ pan²¹³ iɛ⁰ mən⁴²

指人们往往都会亲近、偏袒与自己境况相同的人。向：偏向。王八：指不检点的男人。半掩门：指不检点的女人；"掩"读音特殊。

官向官，民向民，种地嘞向嘞庄稼人。

kuaŋ²⁴ ɕiaŋ²¹³ kuaŋ²⁴　min⁴² ɕiaŋ²¹³ min⁴²　tʂuaŋ²¹³ ti²¹³ lɛ⁰ ɕiaŋ²¹³ lɛ⁰ tʂuaŋ²⁴ tɕia⁰ zən⁴²

同"官向官，民向民，王八向嘞是半掩门"。

管他二大娘嫁给ᴰ谁嘞。

kuaŋ⁵⁵⁺⁴² tʻa⁰ ər²¹³ ta²¹³ niaŋ⁰ tɕia²¹³ kɛ⁰ ʂei⁴² lɛ⁰

指无所顾忌、听之任之，任由事态发展。

管天管地，管不住屙屎放屁。

kuaŋ⁵⁵ tʻian²⁴ kuaŋ⁵⁵ ti²¹³　kuaŋ⁵⁵ pu⁰ tʂʅ⁰ ə²⁴ sʅ⁵⁵ faŋ²¹³ pʻi²¹³

指管得再宽，也无法干涉别人正常的生理现象。

管闲事，落不是。

kuaŋ⁵⁵ ɕian⁴² sʅ²¹³　luə²⁴⁺⁴² pu sʅ²¹³

指好心为别人帮忙，反而会招致当事人的责怪；用于奉劝人们不要多管闲事。不是：失误、错误。

管住嘴，迈开腿。

kuan²⁴ tʂʅ⁰ tsuei⁵⁵　man²¹³ kʻai²⁴ tʻuei⁵⁵

指适当节食和锻炼，有利于减肥和健康。"迈"读音特殊。

光棍儿回心饿死狗。

kuaŋ²⁴ kuər⁰ xuei⁴² ɕin²⁴ ə²¹³ sʅ⁰ kou⁵⁵

本义指不务正业的人改邪归正懂得节俭了，连狗也舍不得喂，致其饿死。喻指不务正业的人改邪归正十分难得。光棍儿：好吃懒做、不务正业的人。

光见贼吃肉，没见贼挨打。

kuaŋ²⁴⁼⁴² tɕian²¹³ tsei⁴² tʂʅ²⁴ zou²¹³　mu⁴² tɕian²¹³ tsei⁴² ai⁴² ta⁵⁵

喻指只看到别人光鲜亮丽的一面，只羡慕别人享受成功，而不知道别人吃苦受罪、艰辛奋斗的过程。

光叫马儿跑，不叫马吃草。

kuaŋ²⁴⁼⁴² tɕiau²¹³ ma⁵⁵ ər⁰ pʻau⁵⁵　pu²⁴⁼⁴² tɕiau²¹³ ma⁵⁵ tʂʅ²⁴ tsʻau⁵⁵

喻指只要求对方为自己付出，却不给付相应报酬或提供相应条件；用于要求对方给予一定报酬之时，有戏谑之意。光：只、仅仅。

光敲梆儿不卖油①，光打呼雷不下雨。

kuaŋ²⁴ tɕʻiau²⁴ pɐr²⁴　pu²⁴⁼⁴² mai²¹³ iou⁴²　kuaŋ²⁴ ta⁵⁵ xu²⁴ luei⁰ pu²⁴⁼⁴² ɕia²¹³ y⁵⁵

喻指只作架势而无实际行动。

光往里迷，不往外迷。

kuaŋ²⁴ uaŋ⁵⁵⁼⁴² li⁵⁵ mi⁴²　pu²⁴ uaŋ⁵⁵ uai²¹³ mi⁴²

喻指人自私自利，爱贪图小便宜。

光栽不护，白费功夫。

kuaŋ²⁴ tsai²⁴ pu²⁴⁼⁴² xu²¹³　pɛ⁴² fei²¹³ kuəŋ²⁴ fu⁰

指栽树之后，对树木的管护很重要。

光长岁数儿，不长材料ᶻ。

kuaŋ²⁴ tʂaŋ⁵⁵ suei²¹³ ʂuər⁰　pu²⁴ tʂaŋ⁵⁵ tsʻai⁴² liæu⁰

指成年人品行不端、能力不强；含贬义。材料ᶻ：才能、才干。

---

① 旧时多有沿街卖油者，以敲梆儿代替叫卖声。故有此说。

光增产不节约，等于买 ᴰ 个漏底儿锅。
kuaŋ²⁴ tsən²⁴ tʂ'an⁵⁵ pu²⁴ tɕiɛ²⁴ yə²⁴　təŋ⁵⁵ y⁰ mɛ⁵⁵ kə⁰ lou²¹³ tiər⁵⁵ kuə²⁴
指任何生产活动，节俭都十分重要。买 ᴰ：买了，动词变韵表完成义。

光 ᴰ⁻⁰ 脚嘞不怕穿 ᴰ 鞋嘞，空 ᴰ 手儿嘞不怕挑 ᴰ⁻⁰ 挑儿嘞。
kuaŋ²⁴ tɕyə²⁴ lɛ⁰ pu²⁴ⁱ⁴² p'a²¹³ tʂ'uæ²⁴ ɕiɛ⁴² lɛ⁰　k'uo²⁴ ʂər⁵⁵ lɛ⁰ pu²⁴ⁱ⁴² p'a²¹³ t'iau²⁴ t'ior²⁴ lɛ⁰
喻指无所顾忌、无牵无挂的人不怕与有顾虑、有牵挂的人较量。挑儿：担子。光 ᴰ⁻⁰、穿 ᴰ、空 ᴰ、挑 ᴰ⁻⁰：动词变韵均表持续义，可分别替换为"光着""穿着""空着""挑着"。又作：光 ᴰ⁻⁰ 脚嘞不怕穿 ᴰ 鞋嘞，光 ᴰ⁻⁰ 身嘞不怕穿 ᴰ 衣嘞。

咣咣儿贝住，麦子快熟。
kuaŋ²⁴ kuɐr⁰ pei²¹³ tʂu²¹³　mɛ²⁴ tsʅ⁰ k'uai²¹³ ʂu⁴²
指听到布谷鸟的叫声，意味着冬小麦即将成熟。咣咣儿贝住：拟声词，拟布谷鸟之叫声。

闺女不瞧娘家嘞灯。
kuei²⁴ ny⁰ pu²⁴ tɕ'iau⁴² niaŋ⁴² tɕia⁰ lɛ⁰ təŋ²⁴
指正月十五元宵节这一天，出嫁的闺女不能待在娘家，否则就会给娘家带来贫穷的厄运。此为浚县陋俗。

闺女见 ᴰ 娘，说话秧儿长。
kuei²⁴ ny⁰ tɕiæ²¹³ niaŋ⁴²　ʂʮə²⁴ xua²¹³ iɐr²⁴ tʂ'aŋ⁴²
指（出嫁的）闺女见到自己的母亲，总有说不完的话。见 ᴰ：动词变韵表终点义，可替换为"见到"。

闺女寻婆 ᶻ 家，跳坑跳井嘞。
kuei²⁴ ny⁰ ɕin⁴² p'au⁴² tɕia⁰　t'iau²¹³ k'əŋ²⁴ t'iau²¹³ tɕiŋ⁵⁵ lɛ⁰
指姑娘选夫嫁人凭的是运气，嫁对人是福，嫁错人就好比跳进了坑里井里。寻：出嫁、结婚。

鬼怕恶人。
kuei⁵⁵ p'a²¹³ ə²⁴ zən⁴²
指横行霸道的人连神鬼都害怕，更不用说人了。又作：鬼怕胆儿大嘞。

贵人不顶重发。
kuei²¹³ zən⁴² pu²⁴ tiŋ⁵⁵ tʂuəŋ²¹³ fa²⁴
指头发稀疏的人都是富贵之人；多用于对稀发之人的安慰语。

贵人吃贵物。
kuei²¹³ zən⁴² tʂ'ʅ²⁴ kuei²¹³ u²¹³

指能吃到昂贵食物的都是富贵之人；用于购买、食用昂贵食物时的自我安慰或炫耀。也指经济状况决定消费水平，有经济实力的人才能高消费。

棍棒出孝子，娇养无义郎。

kuən²¹³ paŋ²¹³ tṣ'ʅ²⁴ ɕiau²¹³ tsʅ⁵⁵ tɕiau²⁴ iaŋ⁰ u⁴² i²¹³ laŋ⁴²

指对孩子严加管教，才会使其懂得孝道；对孩子百般娇惯，则会使其不通情理、不敬长辈；此为旧时家教观念。又作：棍棒底下出孝子。

棍子治不了病人嘞病，打骂改不了儿女嘞心。

kuən²¹³ tsʅ⁰ tsʅ²¹³ pu²⁴ liau⁰ piŋ²¹³ zən⁴² nɛ⁰ piŋ²¹³ ta⁵⁵ ma²¹³ kai⁵⁵ pu⁰ liau⁵⁵ ər⁴² ny⁵⁵ lɛ⁰ ɕin²⁴

指打骂式教育难以改变孩子的不良品行，就像棍子不能治病一样。

锅大勺ᶻ有准。

kuə²⁴ ta²¹³ ʂuau⁴² iou⁵⁵ ⁴² tʂuən⁵⁵

喻指物质富足、经济宽裕时，利益更好分配。

锅台上有个好把手，一年能省好几斗。

kuə²⁴ t'ai⁴² ʂaŋ⁰ iou⁵⁵ kə⁰ xau⁵⁵ pa⁵⁵ ⁴² ʂou⁵⁵ i²⁴ nian⁴² nəŋ⁴² ʂəŋ⁵⁵ xau²¹³ tɕi⁰ tou⁵⁵

指家庭主妇如果会持家，能节省许多财富。锅台：用黄泥或砖头垒砌而成的灶。把手：指做饭的人，代指家庭主妇。

过罢芒种，不能强种。

kuə²¹³ pa²¹³ maŋ⁴² tʂuən²¹³ pu²⁴ nəŋ⁴² tɕ'iaŋ⁵⁵ tʂuən²¹³

指过了芒种节气，就不能再播种秋作物了。芒种：节气中的第9个（公历6月5—7日之间）。强：勉强。

过罢七月节，夜寒白日儿热。

kuə²¹³ pa²¹³ tɕ'i²⁴ yɛ⁰ tɕiɛ²⁴ iɛ²¹³ xan⁴² pɛ⁴² iər⁰ zɻə²⁴

指过了中元节，虽然白天还比较热，但晚上已明显变凉了。七月节：中元节（农历七月十五）。白日儿：白天。

过罢五月节，锄头不能歇。

kuə²¹³ pa²¹³ u⁵⁵ yɛ⁰ tɕiɛ²⁴ tʂ'u⁴² t'ou⁵⁵ pu²⁴ nəŋ⁴² ɕiɛ²⁴

指端午节前后气温升高，杂草进入了生长旺盛期，需要反复为庄稼除草。五月节：端午节（农历五月初五）。

过河都拆桥，卸磨随ᴰ⁽¹⁾杀驴。

kuə²¹³ xə⁴² tou⁰ tʂ'ɛ²⁴ tɕ'iau²⁴ ɕiɛ²¹³ muə²¹³ suɛ⁴² ʂa²⁴ ly⁴²

---

① "随ᴰ"为副词变韵，遵循D变韵规则；在浚县方言中为凝固性的，不表语法意义。

喻指达到目的以后，就忘记了曾经给予自己帮助的人，甚至恩将仇报。都：就。随 ᴰ：随时。两个分句都可以单独用作谚语，意思与整句相同。

过了八月节，晌 ᴰ 午一会儿热。

kuə²¹³ lə⁰ pa²⁴ yɛ⁰ tɕiɛ²⁴　ʂæŋ²¹³⁻⁴² u⁰ i²⁴⁻⁴² xuər²¹³ ʐə²⁴

指过了中秋节，天气凉爽，只有中午的时候能感到较热。八月节：中秋节（农历八月十五）。晌 ᴰ 午：中午。又作：过了八月节，叫热也不热。

过了惊蛰节，春耕不停歇。

kuə²¹³ lə⁰ tɕiŋ²⁴ tʂə²⁴ tɕiɛ²⁴　tʂʰuən²⁴ kəŋ²⁴ pu²⁴ tʰiŋ⁴² ɕiɛ²⁴

指自惊蛰起，开始进入春耕农忙季节。惊蛰：节气中的第 3 个（公历 3 月 5—7 日之间）。

过一天，少两晌儿。

kuə²¹³ i²⁴ tʰian²⁴　ʂau⁵⁵ liaŋ⁵⁵⁻⁴² ʂɚ⁵⁵

指无所事事，得过且过混日子。两晌儿：上午和下午，代指一天。

过 ᴰ⁻⁰ 这个村儿，没这个店儿。

kuə²¹³ tʂə⁵⁵ kə⁰ tsʰuər²⁴　mu⁴² tʂə⁵⁵ kə⁰ tior²¹³

喻指机会难得、易逝，一旦错过就不会再有。过 ᴰ⁻⁰：过了，动词变韵表完成义。

H

还不知 ᴴ 把你个糠皮 ᶻ 刮 ᴰ⁻⁰ 哪儿嘞。

xai⁴² pu⁰ tʂo²⁴ pa²¹³ ni⁵⁵ kə⁰ kʰaŋ²⁴ pʰiːau⁴² kua²⁴ nɐr⁵⁵ lɛ⁰

喻指未婚姑娘不可能一辈子待在娘家，未来不知会嫁予何人、嫁向何方，就像谷子的皮，被风一吹就会到处乱漂一样；用于跟未婚姑娘斗嘴、开玩笑。刮 ᴰ⁻⁰：刮到，动词变韵表终点义。

还没学会走嘞，都光想 ᴰ 跑。

xai⁴² mu⁴² ɕyə⁴² xuei²¹³ tsou⁵⁵ lɛ⁰　tou²⁴ kuaŋ²⁴ ɕiæŋ⁵⁵⁻⁴² pʰau⁵⁵

喻指做事急功近利、急于求成。想 ᴰ：想着，动词变韵表持续义。

孩 ᶻ 多母受苦，儿少父担轻。

xɛau⁴² tuə²⁴ mu⁵⁵ ʂou²¹³ kʰu⁵⁵　ər⁴² ʂau⁵⁵ fu²¹³ tan²¹³ tɕʰiŋ²⁴

指孩子越多母亲越辛苦，儿子越少父母（为其娶妻生子而承担）的负担越轻。

谚 语

孩 ᶻ 多气多。

xɛau⁴² tuə²⁴ tɕʻi²¹³ tuə²⁴

指孩子越多，父母的牵挂越多、负担越重。

孩 ᶻ 哭给 ᴰ 他娘。

xɛau⁴² kʻu²⁴ kɛ⁵⁵⁺⁴² tʻa⁰ niaŋ⁴²

指孩子哭闹，交给母亲去安抚最为有效。喻指棘手的事交给合适的人去做，最有利于问题的解决。给 ᴰ：给了，动词变韵表完成义。

孩 ᶻ 嘞屎，娘嘞酱 ᶻ，抹抹霍霍到 ᴰ 嘴上。

xɛau⁴² lɛ⁰ ʂʅ⁵⁵ niaŋ⁴² lɛ⁰ tɕiæn²¹³ muə⁵⁵ muə⁰ xuə²⁴ xuə⁰ to²¹³ tsuei⁵⁵ ʂaŋ⁰

指母亲抚育儿女，不怕脏，不嫌累，任劳任怨。抹抹霍霍：不经意地抹。到 ᴰ：到了，动词变韵表完成义。

孩 ᶻ 是□₁嘞好，老婆 ᶻ 是□₂嘞亲。

xɛau⁴² ʂʅ²¹³ tsʅə²¹³ lɛ⁰ xau⁵⁵ lau⁵⁵⁺²⁴ pʻau⁴² ʂʅ²¹³ iæ⁴² lɛ⁰ tɕʻin²⁴

指男人都会认为自己的孩子最优秀，而别人的老婆总是比自己的老婆好。□₁：自己。□₂：别人。

孩 ᶻ 他娘，耳朵儿长。

xɛau⁴² tʻa⁰ niaŋ⁴² ər⁵⁵ tor⁰ tʂʻaŋ⁴²

指孩子的任何细微动静，别人可能听不到，而母亲则能听到；用以说明母亲时刻牵挂着自己幼小孩子的一举一动。

孩 ᶻ 要亲生，地要深耕。

xɛau⁴² iau²¹³ tɕʻin²⁴ ʂəŋ²⁴ ti²¹³ iau²¹³ tʂʻən²⁴ kəŋ²⁴

指播种之前深翻土地，有利于庄稼生长。

海线不过三，龙挂当时淹。

xai⁵⁵ ɕian²¹³ pu²⁴⁺⁴² kuə²¹³ san²⁴ lyŋ⁴² kua²¹³ taŋ²⁴ ʂʅ⁴² ian²⁴

指天边出现直线云，预示三天之内会下雨；出现龙挂现象，预示即将下大雨。海线：海天一线。龙挂：云彩直上直下翻滚。

害人嘞心不可有，防人嘞心不可无。

xai²¹³ zən⁴² nɛ⁰ tɕin²⁴ pu²⁴ kʻə⁵⁵⁺⁴² iou⁵⁵ faŋ⁴² zən⁴² nɛ⁰ tɕin²⁴ pu²⁴ kʻə⁵⁵ u⁴²

指不要有伤害别人的念头，同时又要时时提防他人伤害自己。

害人如害己，害来害去害自己。

xai²¹³ zən⁴² zʅ⁴² xai²¹³ tɕi⁵⁵ xai²¹³ lai⁴² xai²¹³ tɕʻy²¹³ xai²¹³ tsʅ²¹³ tɕi⁰

指伤害别人，终究也会伤害到自己；告诫世人不要伤害、算计别人。又作：害人如害己，害不成人家害自己。

憨人有个愣怔福。

xan²⁴ zən⁴² iou⁵⁵ kə⁰ ləŋ²¹³ tʂəŋ⁰ fu²⁴

指愚笨、呆傻之人，往往会有意想不到的好福气。喻指人一时出现失误，反而歪打正着、因祸得福。愣怔：发呆、发愣。也作"憨人有憨福。"/"傻人有傻福。"

寒露寒露，棉袄棉裤。

xan⁴² lu²¹³ xan⁴² lu²¹³　mian⁴² au⁰ mian⁴² kʻu²¹³

指寒露时节天气转凉，人们开始穿棉衣了。寒露：节气中的第 17 个（公历 10 月 8—9 日之间）。

寒自脚下起，火从头上生[①]。

xan⁴² tsʅ²¹³ tɕyə²⁴ ɕia²¹³ tɕʻi⁵⁵　xuə⁵⁵ tsʻuəŋ⁴² tʻou⁴² ʂaŋ⁰ ʂəŋ²⁴

指人感觉寒冷往往是从脚上开始的，感觉燥热则是从头部开始的。

喊破嗓ᶻ，不如做个样儿。

xan⁵⁵ pʻuə²¹³ sæŋ⁵⁵　pu²⁴ zu⁴² tsuə²¹³ kə⁰ iɚ²¹³

指空喊不如实干。

旱锄地皮儿涝锄根，不旱不涝下半寸。

xan²¹³ tʂʻu⁴² ti²¹³ pʻiɚ⁴² lau²¹³ tʂʻu⁴² kən²⁴　pu²⁴⁽⁴²⁾ xan²¹³ pu²⁴⁽⁴²⁾ lau²¹³ ɕia²¹³ pan²¹³ tsʻuən²¹³

指锄地的深浅度要视具体情况而定：干旱时应浅锄，雨水较多时应深锄，干湿适宜时应按正常的深度锄。

旱地谷湿地豆，十有九不漏。

xan²¹³ ti²¹³ ku²⁴ ʂʅ²⁴ ti²¹³ tou²¹³　ʂʅ⁴² iou⁵⁵ tɕiou⁵⁵ pu²⁴⁽⁴²⁾ lou²¹³

指谷子耐旱，豆子耐涝。

旱收芝麻涝收豆。

xan²¹³ ʂou²⁴ tʂʅ²⁴ ma⁰ lau²¹³ ʂou²⁴ tou²¹³

指芝麻耐旱，豆类作物耐涝。收：好收成。

好儿不胜好媳妇儿，好闺女不胜好女婿。

xau⁵⁵ ɚ⁴² pu²⁴⁽⁴²⁾ ʂəŋ²¹³ xau⁵⁵ ɕi⁴² fɚ⁰　xau⁵⁵ kuei²⁴ ny⁰ pu²⁴⁽⁴²⁾ ʂəŋ²¹³ xau⁵⁵⁽⁴²⁾ ny⁵⁵ ɕy⁰

指儿媳、女婿尚能孝敬老人，儿子、女儿肯定也会孝敬老人；好儿媳善、好女婿更有利于家庭和睦。不胜：不如。

[①] 中医认为，脚位于人躯体末端，血液供应较少，保温差，易受寒；而头部血管丰富，血液循环快，不怕冷。

好儿不在多，一个顶十个。

xau⁵⁵ ər⁴² pu²⁴⁻⁴² tsai²¹³ tuə²⁴　i²⁴⁻⁴² kə⁰ tiŋ⁵⁵ ʂʅ⁴² kə⁰

指儿子多少无关紧要，只要有一个精明强干，就能顶门立户。也指只要有一个儿子孝顺，父母就能老有所依。又作：好儿不在多，只要一两个。

好饭不怕晚。

xau⁵⁵ fan²¹³ pu²⁴⁻⁴² p'a²¹³ uan⁵⁵

指为了吃可口的饭菜，等的时间长些也乐于接受。喻指好事值得期待。

好饭吃饱，饭后甭跑。

xau⁵⁵ fan²¹³ tʂ'ʅ²⁴ pau⁵⁵　fan²¹³ xou²¹³ piŋ⁴² p'au⁵⁵

指饭后不能马上运动，否则于健康无益。

好狗不挡路，挡路是个兔。

xau⁵⁵⁻⁴² kou⁵⁵ pu²⁴ taŋ⁵⁵ lu²¹³　taŋ⁵⁵ lu²¹³ ʂʅ²¹³ kə⁰ t'u²¹³

喻指识趣的人不会妨碍别人做事、走路；用于戏骂不长眼色之人。

好孩ᶻ有好娘，好种儿收好粮。

xau⁵⁵ xɛau⁴² iou⁵⁵ xau⁵⁵ niaŋ⁴²　xau⁵⁵⁻⁴² tʂuər⁵⁵ ʂou²⁴ xau⁵⁵ liaŋ⁴²

喻指要想庄稼收成好，必须精选种子。

好汉搁不住三泡屎。

xau⁵⁵ xan²¹³ kə⁴² pu⁰ tʂʅ⁰ san²⁴ p'au²⁴ ʂʅ⁵⁵

指腹泻对人身体的伤害较大且立竿见影，即使身体很棒的人，也经受不住。三泡屎：代指腹泻。搁不住：禁受不住。

好汉没好妻，赖汉娶ᴰ个花鬏髻。

xau⁵⁵ xan²¹³ mu⁴² xau⁵⁵ tɕ'i²⁴　lai²¹³ xan²¹³ tɕ'yɛ⁵⁵ kə⁰ xua²⁴ ti⁴² ti²¹³

指品行、相貌端正的男子，娶的妻子与之不相般配；品行、相貌不端的男子，却娶了品貌双全的妻子。娶ᴰ：娶了，动词变韵表完成义。鬏髻：古代妇女用作装饰的假发髻，"花鬏髻"指代女子容貌姣好。

好黑价不如赖白日儿。

xau⁵⁵ xɛ²⁴ tɕia⁰ pu²⁴ zʅ⁴² lai²¹³ pɛ⁴² iər⁰

指从事劳动，夜晚没有白天方便。黑价：夜里。白日儿：白天。

好虎斗不过群狼。

xau⁵⁵⁻⁴² xu⁵⁵ tou²¹³ pu²⁴⁻⁴² kuə²¹³ tɕ'yn⁴² laŋ⁴²

喻指寡不敌众，一个人本领再强也敌不过众多的人。

好花能有几日红？

xau⁵⁵ xua²⁴ nəŋ⁴² iou⁵⁵ tɕi⁵⁵ zʅ²¹³ xuəŋ⁴²

喻指人生美好的时光很短暂，值得珍惜。

好话不在多说，有理不在高声。

xau⁵⁵ xua²¹³ pu²⁴⁻⁴² tsai²¹³ tuə²⁴ ʂʮə²⁴　iou⁵⁵⁻⁴² li⁵⁵ pu²⁴⁻⁴² tsai²¹³ kau²⁴ ʂən²⁴

指有教益的话语用不着多讲就能给人启迪，符合情理的话语也无须高喊大叫就会让人信服；告诫世人说话重在有理，而不在于声音高低。

好话能当钱使。

xau⁵⁵ xua²¹³ nən⁴² taŋ²⁴ tɕ'ian⁴² ʂʅ⁵⁵

指善于说话的人是睿智的，会说话能为自己带来实际好处。

好话说尽，坏事儿做绝。

xau⁵⁵ xua²¹³ ʂʮə²⁴ tɕin²¹³　xuai²¹³ ʂər²¹³ tsu²¹³ tɕyɛ⁴²

指人言行不一，当面说的都是好听话，背地里却干着见不得人的事。

好记性不如烂笔头儿。

xau⁵⁵ tɕi²¹³ ɕiŋ⁰ pu²⁴ zʮ⁴² lan²¹³ pei²⁴ t'ər⁴²

指记忆力再好也有忘记的时候，用笔写下来的字据作为凭证最可靠。

好哭嘞孩ᶻ有奶吃。

xau²¹³ k'u²⁴ lɛ⁰ xɛau⁴² iou⁵⁵⁻⁴² nai⁵⁵ tʂʅ²⁴

喻指会争会闹、比较强势的人，往往能比别人得到更多的好处。又作：好哭嘞孩ᶻ多吃糖。

好叫嘞鸟儿不做窝儿。

xau²¹³ tɕiau²¹³ lɛ⁰ nior⁵⁵ pu²⁴⁻⁴² tsuə²¹³ uor²⁴

喻指会耍嘴皮子的人往往不做实事。

好借好还，再借不难。

xau⁵⁵ tɕiɛ²¹³ xau⁵⁵ xuan⁴²　tsai²¹³ tɕiɛ²¹³ pu²⁴ nan⁴²

指人要守信用，借别人的东西能按时归还，以后再借就比较容易。

好了伤疤忘了疼。

xau⁵⁵ lə⁰ ʂaŋ²⁴ pa⁰ uaŋ²¹³ lə⁰ t'əŋ⁴²

喻指屡错屡犯，不吸取教训。也喻指境遇好了，就忘掉了过去的艰难。

好嘞很，恼嘞准。

xau⁵⁵ lɛ⁰ xən⁵⁵　nau⁵⁵ lɛ⁰ tʂuan⁵⁵

指彼此关系越密切，一旦产生矛盾，相互之间的怨恨就会更大。

好马不吃回头草。

xau⁵⁵⁻⁴² ma⁵⁵ pu²⁴ tʂʅ²⁴ xuei⁴² t'ou⁴² ts'au⁵⁵

喻指有志气的人，即使遭受挫折也会勇往直前，决不动摇退缩。也喻指夫妻、恋人分手后一般不会再复合，因为很难再有当初的心境。

好马不用鞭催，好鼓不用重锤。

xau⁵⁵⁼⁴² ma⁵⁵ pu²⁴⁼⁴² yŋ²¹³ pian²⁴ ts'uei²⁴　xau⁵⁵⁼⁴² ku⁵⁵ pu²⁴⁼⁴² yŋ²¹³ tʂuəŋ²¹³ tʂ'uei⁴²

喻指有能力、识大体的人勤奋做事，无须督促。

好马还得配好鞍。

xau⁵⁵⁼⁴² ma⁵⁵ xai⁴² tɛ²⁴ p'ei²¹³ xau⁵⁵ an²⁴

喻指任何美好、贵重的东西，其配饰品的档次必须与之相适应，才会更谐调、更完美。也喻指相貌姣好的人，配以得体的服饰，会更漂亮。

好梦不由赖梦由。

xau⁵⁵ məŋ²¹³ pu²⁴ iou⁴² lai²¹³ məŋ²¹³ iou⁴²

指好梦不应验，而赖梦却常常应验。由：应验。

好男不吃分家饭，好女不穿嫁妆衣。

xau⁵⁵ nan⁴² pu²⁴ tʂ'ʅ²⁴ fən²⁴ tɕia²⁴ fan²¹³　xau⁵⁵⁼⁴² ny⁵⁵ pu²⁴ tʂ'uan²⁴ ɕia²¹³ tʂuaŋ⁰ i²⁴

指有志气、有能力的人都能自食其力，不会指望老人给的东西生存。分家饭：分家时得到的东西。又作：好男不争庄稼田，好女不争嫁时衣。／好儿不种坟头地，好女不穿嫁衣妆。

好孬戏唱三天①。

xau⁵⁵ nau²⁴ ɕi²¹³ tʂ'aŋ²¹³ san²⁴ t'ian²⁴

喻指事情的好坏成败，终会见分晓，要耐心等待。也喻指无论好事坏事，人们的关注和议论都是暂时的；多用于说明负面的事情既然已经出来了，就不要惧怕别人议论。

好女不嫁二夫。

xau⁵⁵⁼⁴² ny⁵⁵ pu²⁴⁼⁴² tɕia²¹³ ər²¹³ fu²⁴

旧指贞妇烈女都不会改嫁。又作：一女不侍二夫。

好人不得好报。

xau⁵⁵ zən⁴² pu²⁴ tɛ²⁴ xau⁵⁵ pau²¹³

指好人最终却没有好归宿，令人不平和惋惜。报：回报、报应。又作：好人没好报。

好人不长寿，祸害一千年。

xau⁵⁵ zən⁴² pu²⁴ tʂ'aŋ⁴² ʂou²¹³　xuə²¹³ xai⁰ i²⁴ tɕ'ian²⁴ nian⁴²

指品行端正的人寿命不长、令人遗憾，而为非作歹的人却寿命不短、

---

① 旧时庙会唱戏一般都是三天，成为定格和程序。故有此语。

遭人嫉恨；蕴含着世人企盼好人长寿、恶人早死的愿望。

好人护三村，好狗护三邻。

xau⁵⁵ zən⁴² xu²¹³ san²⁴ ts'uan²⁴　xau⁵⁵⁻⁴² kou⁵⁵ xu²¹³ san²⁴ lin⁴²

指有能耐、通情理的人，都懂得维护乡邻的利益，保一方平安。

好人死在证间手。

xau⁵⁵ zən⁴² sʅ⁵⁵ tsai⁰ tʂəŋ²¹³ tɕian⁰ ʂou⁵⁵

指即使很无辜，只要有人出面证明你犯罪，你就无法逃避罪责。泛指蓄意栽赃诬陷，能置好人于死地。证间：证人。

好时光没好过。

xau⁵⁵ sʅ⁴²⁻²¹³ kuaŋ⁰ mu⁴² xau⁵⁵ kuə²¹³

指本是称心如意的幸福生活，却总是自寻烦恼。"时"无规则变调。

好事儿不出门儿，坏事儿传千里。

xau⁵⁵ ʂər²¹³ pu²⁴ tʂ'ʅ²⁴ mər⁴²　xuai²¹³ ʂər²¹³ tʂ'uan⁴² tɕ'ian²⁴ li⁵⁵

指好事与坏事相比较而言，人们往往更关注后者，因而坏事给人或家庭造成的影响会远远超过好事。

好死不递赖活。

xau⁵⁵⁻⁴² sʅ⁵⁵ pu²⁴⁻⁴² ti²¹³ lai²¹³ xuə⁴²

指生命最重要，只要活着就会有希望；用于劝诫人们不要轻易放弃生命，也用于处于困境时的自我安慰。不递：不如。

好铁不打钉，好男不当兵。

xau⁵⁵ t'iɛ²⁴ pu²⁴ ta⁵⁵ tiŋ²⁴　xau⁵⁵ nan⁴² pu²⁴ taŋ²⁴ piŋ²⁴

指旧社会"兵匪一家"，当兵的大都是没文化、没教养、甚至是地痞流氓或在社会上混不下去的人，因此人们都以当兵为耻，有能力、有志向的青年不会当兵。

好鞋不踏臭屎。

xau⁵⁵ ɕiɛ⁴² pu²⁴ tʂ'a⁵⁵ tʂ'ou²¹³ sʅ⁵⁵

喻指对无赖、不可理喻之人不屑一顾，即使受到对方的侮辱挑衅也不理不睬，以免自降身份、自取其辱。踏：踩。

好心必有好报。

xau⁵⁵ ɕin²⁴ pi⁵⁵⁻⁴² iou⁵⁵ xau⁵⁵ pau²¹³

指人心存善念、乐于助人，一定会得到好报应。

好心当成驴肝肺。

xau⁵⁵ ɕin²⁴ taŋ²⁴ tʂ'əŋ⁰ ly⁴² kan²⁴ fei²¹³

喻指把好心当作歹意，好心好意不被理解，反遭误解。

好心没好报。

xau⁵⁵ ɕin²⁴ mu⁴² xau⁵⁵ pau²¹³

指好心为别人帮忙，不仅没有得到应有的回报，反而招致对方的埋怨，或给自己招来麻烦。

好种儿出好苗，好葫芦课好瓢。

xau⁵⁵⁻⁴² tʂuər⁵⁵ tʂʻʅ²⁴ xau⁵⁵ miau⁴²　xau⁵⁵ xu⁴² lu⁰ kʻə²¹³ xau⁵⁵ pʻiau⁴²

喻指良好的家庭才能培养出优秀的孩子。也喻指品质好的人才会有大作为。种儿：种子。课：用刀辟开。

河里ᴴ没鱼市上看。

xə⁴² liou⁰ mu²¹³ y⁴² ʂʅ²¹³ ʂaŋ⁰ kʻan²¹³

喻指看不见的东西，实际上却是大量存在的；就像河里看不见鱼，而卖鱼的市场上却有许多鱼。市：市场。

河里ᴴ鱼打花，肯定有雨下。

xə⁴² liou⁰ y⁴² ta⁵⁵ xua²⁴　kʻən⁵⁵ tiŋ²¹³ iou⁵⁵⁻⁴² y⁵⁵ɕia²¹³

指河里出现鱼跃出水面的现象，预示将要降雨。花：水花。

黑价起风黑价住，五更起风刮倒树。

xɛ²⁴ tɕiaʰ⁰ tɕʻi⁵⁵ fəŋ²⁴ xiɛ²⁴ tɕia⁰ tʂʅ²¹³　u⁵⁵ kəŋ⁰ tɕʻi⁵⁵ fəŋ²⁴ kua²⁴ tau⁵⁵ ʂʅ²¹³

指夜里起风，刮风的时间不会持续太长；而五更起风则会风力很大。黑价：夜里。

黑老鸹叫三声，不下雨都刮风。

xɛ²⁴ lau⁵⁵⁻⁴² kua⁰ tɕiau²¹³ san²⁴ ʂəŋ²⁴　pu²⁴⁻¹ ɕia²¹³ y⁵⁵ tou²⁴ kua²⁴ fəŋ²⁴

指乌鸦鸣叫，预示风雨。老鸹：乌鸦。

黑痰轻，白痰重，黄痰能要人嘞命。

xɛ²⁴ tʻan⁴² tɕʻiŋ²⁴ pɛ⁴² tʻan⁴² tʂuəŋ²¹³　xuaŋ⁴² tʻan⁴² nəŋ⁴² iau²¹³ zən⁴² nɛ⁰ miŋ²¹³

指根据痰的颜色变化可以判断病情轻重。

黑云镶红边，必定下冰蛋。

xɛ²⁴ yn⁴² ɕiaŋ²⁴ xuaŋ⁴² pian²⁴　pi⁵⁵ tiŋ²¹³ ɕia²¹³ piŋ²⁴ tan²¹³

指黑云边上镶着红云，是下冰雹的预兆。冰蛋：冰雹。

黑猪过河，大雨滂沱；乌龙挡坝，来日雨下。

xɛ²⁴ tʂʅ²⁴ kuə²¹³ xə⁴²　ta²¹³ y⁵⁵ pʻaŋ⁴² tʻuə⁴²　u²⁴ luəŋ⁴² taŋ⁵⁵ pa²¹³　lai⁴² zʅ²¹³ y⁵⁵ ɕia²¹³

指天空出现大片大块的积雨云，必定会下大雨。黑猪、乌龙：喻指积雨云。来日：第二天。

红公鸡，尾巴儿长，娶了媳妇儿忘了娘。
xuəŋ⁴² kuaŋ²⁴ tɕi⁰　i⁵⁵ pɐr⁰ tʂ'aŋ⁴²　tɕ'y⁵⁵ lə⁰ ɕi⁴² fər⁰ uaŋ²¹³ lə⁰ niaŋ⁴²

指男子结婚之后，只顾讨老婆欢心，而与母亲的感情会日渐疏远，甚至不孝敬母亲（父母）。又作：麻尾鹊 ᶻ，尾巴儿长，娶了媳妇儿忘了娘。

红花儿还得绿叶儿配。
xuəŋ⁴² xuɐr²⁴ xai⁴² tɛ²⁴ ly²⁴ iɤr²⁴ p'ei²¹³

喻指任何美好的事物，再加上必要的陪衬才会更完美。也喻指有才能的人，也需要有人辅助才能取得更大的成功。配：陪衬、帮衬。

红事儿叫，白事儿到。
xuəŋ⁴² ʂər²¹³ tɕiau²¹³　pɛ⁴² ʂər²¹³ tau²¹³

指办喜事主家发出邀请才会到贺，而办丧事则应主动上门祭奠并问候帮忙，以示对逝者及其家人的慰问与尊重。红事儿：喜事。白事儿：丧事。

囫囵吞枣，学习不好。
xu⁴² luən⁰ t'ən²⁴ tsau⁵⁵　ɕyə⁴² ɕi⁰ pu²⁴ xau⁵⁵

喻指读书或学技能，不作深入思考，一知半解，就不可能全面掌握，不可能真正学会。

狐狸吃不着葡萄，说葡萄是酸嘞。
xu⁵⁵ li⁰ tʂ'ʅ²⁴ pu⁰ tsuə⁰ p'u⁴² t'au⁰　ʂuə²⁴ p'u⁴² t'au⁰ ʂʅ²¹³ suan²⁴ nɛ⁰

喻指非常羡慕、嫉妒别人的成绩或物品，却故意说不好；常用于调侃"求事不成"而善于"自我安慰"的人。

狐狸再狡猾，也有漏出 ᴴ 尾巴嘞时儿。
xu⁵⁵ li⁰ tsai²¹³ tɕiau²⁴ xua⁴²　iɛ⁵⁵⁻⁴² iou⁵⁵ lou²¹³ tʂ'uai⁰ i⁵⁵ pa⁰ lɛ⁰ ʂər⁴²

喻指坏人、善于伪装的人，迟早会暴露其真正面目。

胡拉宾，顾嘴不顾身。
xu⁴² la⁰ pin²⁴　ku²¹³ tsuei⁵⁵ pu²⁴⁻⁴² ku²¹³ ʂən²⁴

指吃食物时只顾嘴上痛快，却不顾对身体是否有益。喻指说话不经深思熟虑，只图一时痛快而忘了自己的处境和身份。胡拉宾：本义不详；疑为拟吃喝之声的象声词，待详考。

糊涂老儿嘞就是不下雨嘞老天爷。
xu⁴² tu⁰ lor⁵⁵ lɛ⁰ tɕiou²¹³ ʂʅ⁰ pu²⁴⁻⁴² ɕia²¹³ y⁵⁵ lɛ⁰ lau⁵⁵ t'ian²⁴ iɛ⁴²

喻指对不明事理、胡搅蛮缠的长辈，一点儿办法也没有；用于告诫人们要孝敬老人，父母再错也不能责备。老儿嘞：老人，指父母。

糊涂天，糊涂地，糊涂老儿嘞没法儿治。
xu⁴² tu⁰ t'ian²⁴　xu⁴² tu⁰ ti²¹³　xu⁴² tu⁰ lor⁵⁵ lɛ⁰ mu⁴² fɐr²⁴ tʂʅ²¹³

同"糊涂老儿嘞就是不下雨嘞老天爷"。

花见花，四十八。

xua²⁴ tɕian²¹³ xua²⁴　sʅ²¹³ sʅ⁰ pa²⁴

指棉花从结蕾到收摘，大约需要四十八天时间。

花嘞钱儿多，买嘞盐咸。

xua²⁴ lɛ⁰ tɕʻior⁴² tuə²⁴　mai⁵⁵ lɛ⁰ ian⁴² ɕian⁴²

喻指只要价钱高就肯定是好东西，高薪聘请的就一定是有能力的人；用于所购物品物无所值时的自我安慰，也用于讥讽不识货、不善用人的人。

花麻不论遍，越锄越好看。

xua²⁴ ma⁴² pu²⁴⁻⁴² luən²¹³ pian²¹³　yɛ²⁴ tʂʻu⁴² yɛ²⁴ xau⁵⁵ kʻan²¹³

指棉花、蓖麻宜多锄。花：棉花。麻：蓖麻。

花钱容易还钱难。

xua²⁴ tɕʻian⁴² yŋ⁴² i⁰ xuan⁴² tɕʻian⁴² nan⁴²

指消费时非常轻松，而还债时则很困难；劝人要量入而出，尽量不要负债。借：借入。又作：借钱容易还钱难。

滑浚县，顾九洲。

xua⁴² ɕyn²¹³ɕian⁰　kuˀ²¹³ tɕiou⁵⁵ tʂou²⁴

指滑县浚县土壤肥沃，气候适宜，是重点产粮基地。滑：河南滑县，位于浚县城南9千米。

滑浚县，口头语，尻娘日 ᴰ 娘都在理。

xua⁴² ɕyn²¹³ɕian⁰　kʻou⁵⁵ tʻou⁰ y⁵⁵　kʻau²⁴ niaŋ⁰ ʐə²⁴ niaŋ⁰ tou²⁴⁻⁴² tsai²¹³ li⁵⁵

指滑县人和浚县人口语中骂人的脏话是一样的。日 ᴰ：变韵来源不明，推测应是"日"后有个"你"，弱化后跟"日"合音，引起音变；待考。

划个杠儿是条河，重打鼓另筛锣。

xua²¹³ kə⁰ kɚ²¹³ sʅ²¹³ tʻiau⁴² xə⁴²　tʂʻuəŋ⁴² ta⁵⁵⁻⁴² ku⁵⁵ liŋ²¹³ ʂai²⁴ luə⁴²

喻指过去的不再提，一切从头开始。杠儿：直线、界限。

画龙画虎难画骨，知人知面不知心。

xua²¹³ lyŋ⁴² xua²¹³ xu⁵⁵ nan⁴² xua²¹³ ku⁵⁵　tʂʅ²⁴ ʐən⁴² tʂʅ²⁴ mian²¹³ pu²⁴ tʂʅ²⁴ ɕin²⁴

喻指人心难测，人内心真实的想法从外表是看不出来的；告诫世人不要被表面现象所迷惑。两个分句都可以单独用作谚语，意思与整句相同。

话甭说死 [D]，路甭走绝。
xua²¹³ piŋ⁴² ʂʯə²⁴ sʯ⁵⁵　lu²¹³ piŋ⁴² tsou⁵⁵ tɕyɛ⁴²

指说话、做事要给别人留余地，也给自己留退路。死 [D]：动词变韵表加强肯定语气。又作：话甭说嘞太死，路甭走嘞太绝。

话不能乱说，笔不能乱动。
xua²¹³ pu²⁴ nəŋ⁴² luan²¹³ ʂʯə²⁴　pei²⁴ pu²⁴ nəŋ⁴² luan²¹³ tuaŋ²¹³

指没有事实依据，不能随意发表口头或书面言论。"笔"读音特殊。

话不说不明，理儿不辩不清。
xua²¹³ pu²⁴ ʂʯə²⁴ pu²⁴ miŋ⁴²　liər⁵⁵ pu²⁴⁺⁴² pian²¹³ pu²⁴ tɕʻiŋ²⁴

指有些话一定要说明说透，否则容易产生误会；有些道理必须经过辩论，才能让人明辨是非。

话不说不知，木不钻不透。
xua²¹³ pu²⁴ ʂʯə²⁴ pu²⁴ tsʅ²⁴　mu²⁴ pu²⁴⁺⁴² tsuan²¹³ pu²⁴⁺⁴² tʻou²¹³

指自己有什么想法就要说出来，否则就跟没想法是一样的。

话丑理儿不丑。
xua²¹³ tʂʻou⁵⁵ liər⁵⁵ pu⁰ tʂʻou⁵⁵

指话说得很直白甚至难听，但道理一定是正确的。又作：话糙理不糙。

话到嘴边儿留三分。
xua²¹³ tau²¹³ tsuei⁵⁵ piɚ²⁴ liou⁴² san²⁴ fən²⁴

指说话要有分寸，不能说得太尖刻、太犀利，不能得理不饶人。

话说三遍，比 [D] 屎都臭。
xua²¹³ ʂʯə²⁴ san²⁴⁺⁴² pian²¹³　piɛ⁵⁵⁺⁴² sʅ⁵⁵ tou⁰ tʂʻou²¹³

指反复絮叨同一件事，就会让听话人心生厌烦；用于提醒人们说话不要重复啰唆。又作：话说三遍淡如水。

槐花儿稠，豆子收；槐花儿稀，豆子秕。
xuai⁴² xuɐr²⁴ tʂʻou⁴²　tou²¹³ tsʯ⁰ ʂou²⁴　xuai⁴² xuɐr²⁴ ɕi²⁴　tou²¹³ tsʯ⁰ pi⁵⁵

指槐树开花的稠密程度能预示豆类作物的收成好坏。收：好收成。

坏事儿做绝没善终，好事儿做尽死如生。
xuai²¹³ ʂər²¹³ tsu²¹³ tɕyɛ⁴² mu⁴² ʂan²¹³ tʂuəŋ²⁴　xau⁵⁵ ʂər²¹³ tsu²¹³ tɕin²¹³ sʅ⁵⁵ zʮ⁴² ʂəŋ²⁴

指做坏事不得好报，行善举虽死犹生。

患难要坚强，得意须谨慎。
xuan²¹³ nan²¹³ iau²¹³ tɕian²⁴ tɕiaŋ⁵⁵　tɛ²⁴ i²¹³ ɕy²⁴ tɕin⁵⁵ ʂən⁰

指患难之时要坚强，终会渡过难关；得意之时要谨慎，以防乐极生悲。

皇帝不急太监急。

xuaŋ⁴² ti²¹³ pu²⁴ tɕi⁴² tʻai²¹³ tɕian⁰ tɕi⁴²

喻指当事人不热心、不着急，而相关的人却急着为其想办法、出主意；带有调侃意味或贬义色彩。

皇帝还有三家 ᶻ 穷亲戚嘞。

xuaŋ⁴² ti²¹³ xai⁴² iou⁵⁵ san²⁴ tɕiæu²⁴ tɕʻyŋ⁴² tɕʻin²⁴ tɕʻi⁰ lɛ⁰

喻指每个人都可能有不富裕的亲戚朋友；告诫世人即使飞黄腾达，也不要小看穷人。

皇天饿不死没眼嘞麻雀。

xuaŋ⁴² tʻian²⁴ ə²¹³ pu⁰ sɿ⁵⁵ mu⁴² ian⁵⁵ nɛ⁰ ma⁴² tɕʻyə⁰

喻指无论任何苦难，都一定会有应对的办法。

黄豆结 ᴅ⁻⁰ 荚，西南风刮。

xuaŋ⁴² tou²¹³ tɕiɛ²⁴ tɕia²⁴ ɕi²⁴ nan⁴² fəŋ²⁴ kua²⁴

指黄豆结了荚，就不怕刮风了。结 ᴅ⁻⁰：结了，动词变韵表完成义。

黄花儿金白花儿银，麦扬红花饿死人。

xuaŋ⁴² xuɐr²⁴ tɕin²⁴ pɛ⁴² xuɐr²⁴ in⁴² mɛ⁴² iaŋ⁴² xuəŋ⁴² xua²⁴ ə²¹³ sɿ⁰ zən⁴²

指小麦抽穗后 3—5 天即开花，花呈黄色最佳，白色次之；如果出现红色，意味着减产。

黄昏起云半夜开，半夜起云有雨来。

xuaŋ⁴² xuən⁰ tɕʻi⁵⁵ yn⁴² pan²¹³ iɛ²¹³ kʻai²⁴ pan²¹³ iɛ²¹³ tɕʻi⁵⁵ yn⁴² iou⁵⁵⁻⁴² y⁵⁵ lai⁴²

指初春、初秋时节，如果黄昏起云，短时间内就消散了；如果半夜起云，则往往会下雨。又作：二更起云三更开，三更起云有雨来。

黄金斗量，不如叫儿上学堂。

xuaŋ⁴² tɕin²⁴ tou⁵⁵ liaŋ⁴² pu²⁴ zʅ⁴² tɕiau²¹³ ər⁴² ʂaŋ²¹³ ɕyə⁴² tʻaŋ⁴²

指为子孙留下再多的财富，都不如让他们上学读书、学会立身之本。

黄金有价儿药没价儿。

xuaŋ⁴² tɕin²⁴ iou⁵⁵ tɕiɐr²¹³ yə²⁴ mu⁴² tɕiɐr²¹³

指对于人来说，健康才是最宝贵的，一旦生病就不能也不会顾忌药品的价格了。也指药品可以任由医生和药商随便论价。

黄金有价玉无价。

xuaŋ⁴² tɕin²⁴ iou⁵⁵ tɕia²¹³ y²¹³ u⁴² tɕia²¹³

指黄金的价值容易衡量，而玉却因质地、工艺等差别，价值不易衡量。

黄熟收，干熟丢。

xuaŋ⁴² ʂu⁴² ʂou²⁴ kan²⁴ ʂu⁴² tiou²⁴

指麦子宜在发黄但不十分成熟时收割，否则，会因天气暴晒麦粒脱落而造成减产。黄：麦子发黄。收：好收成。干：干枯（麦子成熟后会干枯）。

回娘家刮风儿嘞，来婆ᶻ家上杀嘞。

xuei⁴² niaŋ⁴² tɕia⁰ kua²⁴ fər²⁴ lɛ⁰　lai⁴² pʻau⁴² tɕia⁰ ʂaŋ²¹³ ʂa²⁴ lɛ⁰

旧指出嫁的女子回娘家时都很高兴，而去婆婆家却非常不情愿。刮风儿：像被风吹着一样顺利、顺心。上杀：披枷戴锁。

会看看门道儿，不会看看热闹儿。

xuei²¹³ kʻan²¹³ kʻan²¹³ mən⁴² tor⁰　pu²⁴⁻⁴² xuei²¹³ kʻan²¹³ kʻan²¹³ ʐʅ²⁴ nor⁰

指外行人只能看到事物的表象，而内行却能看到实质。又作：内行看门道儿，外行看热闹儿。

会省嘞省旺月，不会省嘞省荒月。

xuei²¹³ ʂəŋ⁵⁵ lɛ⁰ ʂəŋ⁵⁵ uaŋ²¹³ yɛ²⁴　pu²⁴⁻⁴² xuei²¹³ ʂəŋ⁵⁵ lɛ⁰ ʂəŋ⁵⁵ xuaŋ²⁴ yɛ²⁴

指会持家的人能精打细算，不会持家的人钱财不足时才不得不节俭。

会说嘞不胜会听嘞。

xuei²¹³ ʂʅə²⁴ lɛ⁰ pu²⁴⁻⁴² ʂəŋ²¹³ xuei²¹³ tʻiŋ²⁴ lɛ⁰

指说话人往往认为自己讲的都在理、都正确，而听话人却能从其话语中听出是非对错。

会挑嘞挑儿郎，不会挑嘞挑家当。

xuei²¹³ tʻiau²⁴ lɛ⁰ tʻiau²⁴ ər⁴² laŋ⁴²　pu²⁴⁻⁴² xuei²¹³ tʻiau²⁴ lɛ⁰ tʻiau²⁴ tɕia²⁴ taŋ⁰

指女性择偶，聪明人看重的是男方的人品，糊涂人看重的是男方的家境。家当：家庭财物。

会听听门道儿，不会听听热闹儿。

xuei²¹³ tʻiŋ²⁴ tʻiŋ²⁴ mən⁴² tor⁰　pu²⁴⁻⁴² xuei²¹³ tʻiŋ²⁴ tʻiŋ²⁴ ʐʅ²⁴ nor⁰

指观听戏剧表演时，会听者能听出其中的道德伦理、是非曲直，不会听者只能看到舞台上打打杀杀的热闹场面。喻指听人讲话时，内行人、专心听讲的人能够心领神会，而外行人、心不在焉的人却不得要领。

会推磨都会推碾ᶻ。

xuei²¹³ tʻuei²⁴ muə²¹³ tou⁰ xuei²¹³ tʻuei²⁴ niæ²¹³

喻指许多事物道理都是相通的，可以举一反三。磨：两个圆石盘叠放在一起，相互摩擦、把粮食弄碎的工具。都：就。碾ᶻ：由碾磙子和碾盘组成的、用以轧碎谷物或去掉谷皮的石制工具。

会走走不过影儿，会说说不过理儿。

xuei²¹³ tsou⁵⁵ tsou⁵⁵ pu⁰ kuə⁰ iər⁵⁵   xuei²¹³ ʂʅə²⁴ ʂʅə²⁴ pu⁰ kuə⁰ liər⁵⁵

喻指凡事都要讲道理，否则，任凭你巧舌如簧、能言善辩，也成不了真谛，就像自己永远超越不了自己的影子一样。影儿：影子。

会做嘞是奴才，不会做嘞是奶奶。

xuei²¹³ tsu²¹³ lɛ⁰ ʂʅ²¹³ nu⁴² tsʻai⁰ pu²⁴⁺⁴² xuei²¹³ tsu²¹³ lɛ⁰ ʂʅ²¹³ nai⁵⁵ nai⁰

指能力强的人比能力差的人会做事、能做事，因而付出也会更大。

活到老，学到老，一样儿不会不算巧。

xuə⁴² tau⁰ lau⁵⁵ ɕyə⁴² tau⁰ lau⁵⁵ i²⁴⁺⁴² iər²¹³ pu²⁴⁺⁴² xuei²¹³ pu²⁴⁺⁴² suan²¹³ tɕʻiau⁵⁵

指技艺无止境，人需要一辈子不断学习。又作：活到老，学到老，学到八十不算巧。

活人不能叫尿憋死ᴰ。

xuə⁴² zən⁴² pu²⁴ nəŋ⁴² tɕiau²¹³ niau²¹³ piɛ²⁴ sʅə⁰

喻指无论遇到什么困难，只要努力，总能找到解决的办法。死ᴰ：死了，动词变韵表完成义。

活ᴰ⁻⁰争ᴰ恁，死ᴰ坑ᴰ恁，不死不活提溜ᴰ恁。

xuə⁴² tʂo²⁴ nən⁰ sʅə⁵⁵ kʻo²⁴ nən⁰ pu²⁴ sʅ⁵⁵ pu²⁴ xuə⁴² ti²⁴ lio⁰ nən⁰

指无力偿还债务或赖账不还；有戏谑意味。活ᴰ⁻⁰、争ᴰ、提溜ᴰ：动词变韵均表持续义，可分别替换为"活着""争着""提溜着"。争：欠。死ᴰ、坑ᴰ：动词变韵均表完成义，可分别替换为"死了""坑了"。

火车不是推嘞，泰山不是堆嘞，学问是不吹嘞。

xuə⁵⁵ tʂʻʅə²⁴ pu²⁴⁺⁴² ʂʅ²¹³ tʻuei²⁴ lɛ⁰ tʻai²¹³ ʂan²⁴ pu²⁴⁺⁴² ʂʅ²¹³ tsuei²⁴ lɛ⁰ ɕyə⁴² uən⁰ pu²⁴⁺⁴² ʂʅ²¹³ tsʻuei²⁴ lɛ⁰

喻指成功靠的是真才实干，说大话不会有任何收获和成就。吹：吹牛。

火车跑嘞快，全靠车头带。

xuə⁵⁵ tʂʻʅə²⁴ pʻau⁵⁵ lɛ⁰ kʻuai²¹³ tɕyan⁴² kʻau²¹³ tʂʻʅə²⁴ tʻou⁴² tai²¹³

喻指一个单位或团体，领导的示范带头作用很重要；能否成功，关键在于有没有有能力、有谋略的领导班子。

货比三家。

xuə²¹³ pi⁵⁵ san²⁴ tɕia²⁴

指同样的货物，比一比不同卖家的商品，然后再作出选择。泛指在采购或交易过程中，要进行多家比较。

货卖堆山。

xuə²¹³ mai²¹³ tsuei²⁴ ʂan²⁴

指（同类）商品越多、越齐全，越能吸引顾客，越能卖得更多。

货卖给 ᴰ 识家儿，话说给 ᴰ 知人。

xuə²¹³ mai²¹³ kɛ⁰ ʂʅ⁴² tɕiɚ⁰ xua²¹³ ʂuə²⁴ kɛ⁰ tʂʅ²⁴ zən⁴²

指货物要卖给真正懂得它价值的买主，话要说给能理解的人听。喻指要有识人之道，要知人善任。识家儿：真正识货的内行。知：理解。

货卖一张皮。

xuə²¹³ mai²¹³ i²⁴ tʂaŋ²⁴ p'i⁴²

指外表美观的商品更容易卖出去，凡商品要注重其外在形象和包装。

J

饥不择食，寒不择衣，慌不择路，贫不择妻。

tɕi²⁴ pu²⁴ tʂɛ⁴² ʂʅ⁴² xan⁴² pu²⁴ tʂɛ⁴² i²⁴ xuaŋ²⁴ pu²⁴ tʂɛ⁴² lu²¹³ p'in⁴² pu²⁴ tʂɛ⁴² tɕ'i²⁴

指饥饿时不挑剔饭食，寒冷时不挑剔衣服，情急之时不考虑路况好歹和路途远近，贫穷之时没有资格挑选妻子。喻指情况紧急或处于某种不利的境况，就没有了选择的资格和条件。"择"读音特殊。

饥了吃糠甜似蜜，饱了吃蜜也不甜。

tɕi²⁴ lə⁰ tʂ'ʅ²⁴ k'aŋ²⁴ t'ian⁴² sʅ²¹³ mi²⁴ pau⁵⁵ lə⁰ tʂ'ʅ²⁴ mi²⁴ iɛ⁰ pu²⁴ t'ian⁴²

喻指人在穷困时或逆境中最容易满足，而在富裕或顺境中却容易膨胀、得意忘形。又作：人饥吃糠甜似蜜，人饱油盐①下不去。

鸡蛋不能都放 ᴰ 一个篮 ᶻ 里 ᴴ。

tɕi²⁴ tan⁰ pu²⁴ nəŋ⁴² tou⁴² fæŋ²¹³ i²⁴⁺⁴² kə⁰ læ⁴² liou⁰

喻指不能把所有资本都投到一个项目上，应做多手准备；告诫人们进行经济活动时不能孤注一掷，要留后路。放 ᴰ：放到，动词变韵表终点义。

鸡儿二一儿，鸭儿二八儿，鹅儿三九儿。

tɕiɚ²⁴ ɚr²¹³ iɚ²⁴ iɚ²⁴ ɚr²¹³ pɚ²⁴ ɤ⁴² san²⁴ tɕiɚ⁵⁵

指孵化鸡、鸭、鹅所需要的时间。二一儿：二十一天。二八儿：二十

---

① 油盐：指咸卷儿，即卷入了油盐的馍。

八天。三九儿：三十九天。

鸡飞蛋打，人财两空。

tɕi²⁴ fei²⁴ tan²¹³ ta⁵⁵　ʐən⁴² tsʻai⁴² liaŋ⁵⁵ kʻuəŋ²⁴

喻指两头落空，一无所获，连本应得到的东西也没得到。两个分句都可以分别作谚语，意思与整句相同。

鸡配猴儿，不到头儿。

tɕi²⁴ pʻei²¹³ xər⁴²　pu²⁴ ǀ ⁴² tau²¹³ tʻər⁴²

指迷信认为属鸡的与属猴的不宜结婚。

鸡下颏儿都叫你吃了。

tɕi²⁴ ɕia²¹³ kʻər⁰ tou²⁴ ǀ ⁴² tɕiau²¹³ ni⁵⁵ tʂʻʅ²⁴ lə⁰

喻指人擅长耍贫嘴，常常接住别人的话茬儿讨好人、打趣人；用于埋怨、嗔怪耍贫嘴的人，相当于反语"你可真是会接话！"鸡下颏儿：鸡下巴，又叫"雄冠""肉裙""肉髯"等。

鸡 ᶻ多不下蛋，人多不干活儿。

tɕiːau²⁴ tuə²⁴ pu²⁴ ǀ ⁴² ɕia²¹³ tan²¹³　ʐən⁴² tuə²⁴ pu²⁴ ǀ ⁴² kan²¹³ xuɣr⁴²

指人越多越容易相互推诿，反而影响办事效率。

鸡 ᶻ多不下蛋，媳妇儿多了婆 ᶻ做饭。

tɕiːau²⁴ tuə²⁴ pu²⁴ ǀ ⁴² ɕia²¹³ tan²¹³　ɕi⁴² fər⁰ tuə²⁴ lə⁰ pʻau⁴² tsu²¹³ fan²¹³

同"鸡 ᶻ多不下蛋，人多不干活儿"。

鸡 ᶻ在高处鸣，雨停天要晴。

tɕiːau²⁴ kai²¹³ kau²⁴ tʂʻʅ²¹³ miŋ⁴²　y⁵⁵ tʻiŋ⁴² tʻian²⁴ iau²¹³ tɕʻiŋ⁴²

指阴雨天公鸡跳上草垛、树杈等高处打鸣，预示天气即将放晴。

急时儿智谋少，慌时儿差错多。

tɕi⁴² ʂər⁴² tʂʅ²¹³ mu⁰ ʂau⁵⁵　xuaŋ²⁴ ʂər⁴² tʂʻa²⁴ tsʻuə²¹³ tuə²⁴

指人在危急之时，往往会因紧张、激动等而想不出应对办法；慌乱之时则容易出差错。

季节一把火，时候儿不等人。

tɕi²¹³ tɕiɛ⁰ i²⁴ pa⁵⁵ ǀ ⁴² xuə⁵⁵　ʂʅ⁴² xər⁰ pu²⁴ təŋ⁵⁵ ʐən⁴²

指播种、收割的时节不能错过。时候儿：时间、时节。

既然你不仁，甭说我不义。

tɕi²¹³ ʐan⁰ ni⁵⁵ pu²⁴ ʐən⁴²　piŋ⁴² ʂʻuə²⁴ uə⁵⁵ pu²⁴ ǀ ⁴² i²¹³

指以牙还牙，对方不仁义在先，己方要以同样的做法回敬对方。

家家不知 ᴴ家家，和尚不知 ᴴ道士家。

tɕʻia²⁴ tɕia⁰ pu⁰ tʂo²⁴ tɕʻia²⁴ tɕia⁰　xuə⁴² tʂʻæŋ⁰ pu⁰ tʂo²⁴ tau²¹³ ʂʅ⁰ tɕia⁰

指每个家庭都有自己的具体情况（多指困难和问题），别人不可能完全了解。两个分句都可以分别用作谚语，意思与整句相同。

家家儿都有难念嘞经。

tɕia²⁴ tɕier⁰ tou²⁴ iou⁵⁵ nan⁴² nian²¹³ nɛ⁰ tɕiŋ²⁴

喻指每一个家庭都有烦心的事。

家里金山银盆，不胜日进分文。

tɕia²⁴ li⁰ tɕin²⁴ ʂan²⁴ in⁴² p'ən⁴²　pu²⁴⁺⁴² ʂəŋ²¹³ ʐʅ²¹³ tɕin²¹³ fən²⁴ uən⁴²

喻指财富再多，坐吃山空终有尽，不如每天都有哪怕微薄的收入，反而可以用之不竭；告诫世人要辛勤劳作，不能坐吃山空。

家里 ᴴ 嘞土，地里 ᴴ 嘞虎。

tɕia²⁴ liou⁰ lɛ⁰ t'u⁵⁵　ti²¹³ liou⁰ lɛ⁰ xu⁵⁵

指下房土是上等的肥料，肥力很大，肥效很好。家里嘞土：旧房子拆下来的土，也叫"下房土"。

家里 ᴴ 有个蝈蝈虫，一辈 ᶻ 不受穷。

tɕia²⁴ liou⁰ iou⁵⁵ kə⁰ kuə²⁴ kuə⁰ tʂ'uəŋ⁴²　i²⁴⁺⁴² pɛau²¹³ pu²⁴⁺⁴² ʂou²¹³ tɕ'yŋ⁴²

喻指老人经常督促晚辈勤劳节俭等，于家庭有利。蝈蝈虫：喻经常唠叨的人。

家贫出孝子，国乱出忠臣。

tɕia²⁴ p'in⁴² tʂ'ʅ²⁴ ɕiau²¹³ tsʅ⁵⁵　kuɛ²⁴ luan²¹³ tʂ'ʅ²⁴ tʂuəŋ²⁴ tʂ'ən⁴²

指家庭贫困才能真正考验子女的孝心，国家有难才能真正识别忠臣奸臣。喻指关键时刻才能看出人的品行。

家穷怕来客。

tɕ'ia²⁴ tɕ'yŋ⁴² p'a²¹³ lai⁴² k'ɛ²⁴

本义指生活困难之时害怕客人来访，因为没有能力招待客人。喻指单位、团体等因境况艰难，惧怕额外的负担。

家有百棵树，变成大财主。

tɕia²⁴ iou⁵⁵ pɛ²⁴ k'uə²⁴ ʂʅ²¹³　pian²¹³ tʂ'əŋ⁰ ta²¹³ ts'ai⁴² tʂʅ⁰

指多植树能带来较大的经济利益。又作：家有万棵树，不愁吃和住。

家有家财万贯，也要精打细算。

tɕia²⁴ iou⁵⁵ tɕia²⁴ ts'ai⁴² uan²¹³ kuan²¹³　iɛ⁵⁵ iau²¹³ tɕin²⁴ ta⁵⁵ ɕi²¹³ suan²¹³

指过日子要有长远计划，即使很富有也不能浪费。

家有千口，主事一人。

tɕia²⁴ iou⁵⁵ tɕ'ian²⁴ k'ou⁵⁵　tʂu⁵⁵ ʂʅ²¹³ i²⁴ zən⁴²

指家庭人员再多，需要决策时只能以某一个人的意见为主。泛指做任何事情都需要有主事人、带头人。

家有万斤油，不点大灯头。

tɕia²⁴ iou⁵⁵ uan²¹³ tɕin²⁴ iou⁴²　pu²⁴ tian⁵⁵ ta²¹³ təŋ²⁴ tʻou⁴²

同"家有家财万贯，也要精打细算"。

家有一老，如有一宝。

tɕia²⁴ iou⁵⁵ i²⁴ lau⁵⁵　ʐʯ⁴² iou⁵⁵ i²⁴ pau⁵⁵

指孝顺子女都敬重自己的老人，视其如珍宝。也指能时常得到老人的教诲，是很难得、很宝贵的。

家有一园菜，能顶三分粮。

tɕia²⁴ iou⁵⁵ i²⁴ yan⁴² tsʻai²¹³　nəŋ⁴² tiŋ⁵⁵ san²⁴ fən²⁴ liaŋ⁴²

指生活贫苦、粮食匮乏的年代，以菜代粮，也能暂时维持生计。

家院ᶻ里练不出ᴴ千里马。

tɕʻia²⁴ yæ²¹³ li⁰ lian²¹³ puº tʂʻuai²⁴⁺⁵⁵ tɕʻian²⁴ li⁵⁵ ma⁵⁵

喻指人不见大世面，就长不了大本事。家院：庭院。

假嘞说不成真嘞，黑嘞说不成白嘞。

tɕʻia⁵⁵ le⁰ ʂʯ²⁴ puº tʂʻəŋ⁴² tʂən²⁴ nɛ⁰　xɛ²⁴ le⁰ ʂʯ²⁴ puº tʂʻəŋ⁴² pɛ⁴² le⁰

指是非真假，不可也不能混淆；即使一时真假难辨，最终也会见分晓。又作：假嘞真不了，黑嘞白不了。

嫁出去嘞闺女，泼出去嘞水。

tɕia²¹³ tʂʻʯ⁰ tɕʻy⁰ le⁰ kuei²⁴ ny⁰　pʻuə²⁴ tʂʻʯ⁰ tɕʻy⁰ le⁰ ʂuei⁵⁵

旧指出嫁的女儿不再是娘家的人，已婚女子的事情均与娘家无关。

嫁汉嫁汉，穿衣吃饭。

tɕia²¹³ xan²¹³ tɕia²¹³ xan²¹³　tʂʻuan²⁴ i²⁴ tʂʻʯ²⁴ fan²¹³

旧指女子嫁人就是为了生存。

嫁鸡随鸡，嫁狗随狗，嫁个扁担抱着走。

tɕia²¹³ tɕi²⁴ suei⁴² tɕi²⁴　tɕia²¹³ kou⁵⁵ suei⁴² kou⁵⁵　tɕia²¹³ kə⁰ pian⁵⁵ tan⁰ pu²¹³ tʂʯ⁰ tsou⁵⁵

旧指女子"出嫁从夫"，要恪守妇道，无论丈夫品行如何，都要永远相随，不可离弃。"抱"读音特殊。

肩扛七斤半，天下敢走遍。

tɕian²⁴ kʻaŋ⁵⁵ tɕʻi²⁴ tɕin²⁴ pan²¹³　tʻian²⁴ ɕia⁰ kan⁵⁵⁺⁴² tsou⁵⁵ pian²¹³

指有头脑的人敢作敢为。七斤半：代指脑袋。

拣筷 ᶻ 拣碗，寻个媳妇儿疤痢眼。
tɕian⁵⁵ kʻuɛau²¹³ tɕian⁵⁵⁼⁴² uan⁵⁵　ɕin⁴² kə⁰ ɕi⁴² fər⁰ pa²⁴ la⁰ ian⁵⁵

指吃饭时挑筷子挑碗是不雅的行为；戏谑之语，用于提醒、吓唬小孩子吃饭时要注意规矩。寻：娶。

捡 ᴰ 个芝麻，丢 ᴰ 个西瓜。
tɕiæ⁵⁵ kə⁰ tʂʅ²⁴ ma⁰　tio²⁴ kə⁰ ɕi²⁴ kua⁰

喻指做事因小失大、贪小失大。捡ᴰ、丢ᴰ：动词变韵均表完成义，可分别替换为"捡了""丢了"。

见恶不除三分罪。
tɕian²¹³ ə²⁴ pu²⁴ tʂʻʅ⁴² san²⁴ fən²⁴ tsuei²¹³

指对坏人坏事绝不能视而不见、置若罔闻。

见官三分灾。
tɕian²¹³ kuan²⁴ san²⁴ fən²⁴ tsai²⁴

旧指老百姓不会也不愿与官府打交道，因只有遭遇不幸，才会到官府。

见一面儿，分一半儿。
tɕian²¹³ i⁰ mior²¹³　fən²⁴ i⁰ por²¹³

指得到（分外的）财物时，所有在场的人都有一份；多用作分享食物时的戏谑之语。

见咋都咋，放屁腌臢。
tɕian²¹³ tsa⁵⁵ tou²⁴ tsa⁵⁵　faŋ²¹³ pʻi²¹³ a²⁴ tsa⁰

指一人或少数人做某事，引得众人都去模仿，就像放屁都是臭的一样。咋：怎么样。

见 ᴰ 好儿都收。
tɕiæ²¹³ xor⁵⁵ tou²⁴ ʂou²⁴

指做事要把握好分寸，适可而止，不可贪心。见ᴰ：动词变韵表终点义，可替换为"见到"。

见 ᴰ 火不灭必烧身，见 ᴰ 狼不打狼咬人。
tɕiæ²¹³ xuə²⁴ pu²⁴ miɛ²⁴ pi⁵⁵ ʂau²⁴ ʂən²⁴　tɕiæ²¹³ laŋ⁴² pu²⁴ ta⁵⁵ laŋ⁴² iau⁵⁵ zən⁴²

指见恶不除，必定会为自己、为他人留下祸患。见ᴰ：见到，动词变韵表终点义。

见 ᴰ 人说人话，见 ᴰ 鬼说鬼话。
tɕiæ²¹³ zən⁴² ʂʉə²⁴ zən⁴² xua²¹³　tɕiæ²¹³ kuei⁵⁵ ʂʉə²⁴ kuei⁵⁵ xua²¹³

指世故圆滑之人往往见风使舵，对不同的人有不同的态度、给予不同对待；含讥讽之意。见 D：见到，动词变韵表终点义。

见 D 啥人，说啥话。

tɕiæ²¹³ ʂa⁵⁵ zən⁴² ʂʅə²⁴ ʂa⁵⁵ xua²¹³

指人能言善辩，应变能力强。见 D：见到，动词变韵表终点义。

见 D 啥人学啥人，见 D 师婆吓假神。

tɕiæ²¹³ ʂa⁵⁵ zən⁴² ɕyə⁴² ʂa⁵⁵ zən⁴² tɕiæ²¹³ ʂʅ²⁴ pʻuə⁰ ɕia²¹³ tɕia⁵⁵ ʂən⁴²

喻指长期跟什么人交往，无形中就会受到其影响。见 D：见到，动词变韵表终点义。师婆：巫婆。

见 D 秃 Z-0 甭说"疮"，见 D 瞎 Z 甭说"光"。

tɕiæ²¹³ tʻu²⁴ piŋ⁴² ʂʅə²⁴ tʂʻuaŋ²⁴ tɕiæ²¹³ ɕiæu²⁴ piŋ⁴² ʂʅə²⁴ kuaŋ²⁴

喻指说话要分场合、看对象，不要触犯别人的忌讳或隐私。见 D：见到，动词变韵表终点义。

贱小成不了大气。

tɕian²¹³ ɕiau⁵⁵ tʂʻəŋ⁴² puʻ⁰ liau⁰ ta²¹³ tɕʻi²¹³

指人唯利是图成不了大事。贱小：贪图小利。又作：贱小吃大亏。

姜还是老嘞辣。

tɕiaŋ²⁴ xai⁴² ʂʅ²¹³ lau⁵⁵ lɛ⁰ la²⁴

喻指老年人或在某方面有经验的人办事老练，不容易对付。

耩前把种儿晒，麦籽儿发芽儿快。

tɕiaŋ⁵⁵ tɕʻian⁴² pa²¹³ tʂuər⁵⁵ ʂai²¹³ mɛ²⁴ tsər⁵⁵ fa²⁴ iɚ⁴² kʻuai²¹³

指小麦播种之前先将种子晒一晒，能促其尽早发芽。

虹高日头低，大水埋过膝；虹低日头高，明 D 个日头呱呱叫。

tɕiaŋ²¹³ kau²⁴ zʅ²¹³ tʻou⁰ ti²⁴ ta²¹³ ʂuei⁵⁵ mai⁴² kuə⁰ tɕʻi²⁴ tɕiaŋ²¹³ ti²⁴ zʅ²¹³ tʻou⁰ kau²⁴ mɛ⁴² kə⁰ zʅ²¹³ tʻou⁰ kua²⁴ kua²⁴⁺⁴² tɕiau²¹³

指天空出现彩虹时，如果从视觉上看虹的位置高、太阳的位置低，往往会降雨；反之，如果太阳的位置较高、虹位置较低，预示第二天天气晴朗。日头：太阳。明 D 个：第二天。

将相不和①民遭殃。

tɕiaŋ²¹³ ɕiaŋ²¹³ pu²⁴ xɤ⁴² min⁴² tsau²⁴ iaŋ²⁴

喻指领导内部不团结，不利于开展工作，百姓就会受到牵累。

浇树要浇根，共人得共心。

tɕiau²⁴ ʂʅ²¹³ iau²¹³ tɕiau²⁴ kən²⁴ kuəŋ²¹³ zən⁴² te²⁴ kuəŋ²¹³ ɕin²⁴

---

① "将相和"故事出自司马迁的《史记·廉颇蔺相如列传》。

喻指与人交往要以诚相待。共：交往、共事。

娇儿不孝，娇狗上灶。
tɕiau²⁴ ər⁴² pu²⁴⁺⁴² ɕiau²¹³　tɕiau²⁴ kou⁵⁵ ʂaŋ²¹³ tsau²¹³
指娇生惯养的孩子往往不通情理、不敬长辈。

胶多不粘，话多不甜。
tɕiau²⁴ tuə²⁴ pu²⁴ tʂan²⁴　xua²¹³ tuə²⁴ pu²⁴ tʰian⁴²
喻指说话贵在简明扼要，说得太啰唆，会招人厌烦。

饺子就ᴰ酒，越吃越有。
tɕiau⁵⁵ tsʅ⁰ tɕio²¹³ tɕiou⁵⁵　yɛ²⁴ tʂʅ²⁴ yɛ²⁴ iou⁵⁵
此为劝酒令，寓意日子越过越好。就ᴰ：配着，动词变韵表持续义。

叫唤嘞猫□不住老鼠。
tɕiau²¹³ xuan⁰ nɛ⁰ mau⁴² kʰɛ⁴² pu⁰ tʂʅ⁰ lau⁵⁵⁺⁴² ʂʅ⁰
喻指能言善辩、过于张扬的人往往不做实事。□：捉。

叫你往东你非往西，叫你打狗你偏撵鸡。
tɕiau²¹³ ni⁰ uaŋ⁵⁵ tuəŋ²⁴ ni⁵⁵ fei²⁴ uaŋ⁵⁵ ɕi²⁴　tɕiau²¹³ ni⁰ ta⁵⁵⁺⁴² kou⁵⁵ ni⁵⁵ pʰian²⁴ nian⁵⁵ tɕi²⁴
喻指不服从领导、不听从指挥，故意与人对着干。

叫天天不灵，叫地地不应。
tɕiau²¹³ tʰian²⁴ tʰian²⁴ pu²⁴ liŋ⁴²　tɕiau²¹³ ti²¹³ ti²¹³ pu²⁴ iŋ²¹³⁺²⁴
喻指走投无路，非常绝望。"应"无规则变调。

叫□卖了还替ᴰ□查钱儿嘞。
tɕiau²¹³ iæ⁰ mai²¹³ lə⁰ xai⁴² tʰiɛ²¹³ iæ⁰ tʂʰa⁴² tɕʰior⁴² lɛ⁰
喻指遭到别人的算计，自己被蒙在鼓里一无所知，甚至还在为对方的算计行为提供方便。□：人家。查：数。

街坊辈儿，胡闹事儿，都是年下那一会儿。
tɕiɛ²⁴ faŋ⁰ pər²¹³　xu⁴² nau²¹³ ʂər²¹³　tou²⁴⁺⁴² ʂʅ⁰ nian⁴² ɕia⁰ na⁰ i²⁴⁺⁴² xuər²¹³
指邻里之间没有血缘关系，辈分长幼分不清或没必要分清，只是在春节拜年时才需要论清长幼。胡闹：开玩笑。年下：春节。

节气不等人，时候儿得抓紧。
tɕiɛ²⁴ tɕʰi⁰ pu²⁴ təŋ⁵⁵ zən⁴²　ʂʅ⁴² xər⁰ tɛ²⁴ tsua²⁴ tɕin⁵⁵
同"季节一把火，时候儿不等人"。

节约好比针挑土，浪费就像水推沙。
tɕiɛ²⁴ yə²⁴ xau⁵⁵⁺⁴² pi⁵⁵ tʂən²⁴ tʰiau⁵⁵⁺⁴² tʰu⁵⁵　laŋ²¹³ fei²¹³ tɕiou²¹³ ɕiaŋ²¹³

ṣuei⁵⁵ tʻuei²⁴ ṣa²⁴

喻指浪费容易节约难。

芥末拌凉菜，各人有心爱。
tɕiɛ²¹³ muə⁰ pan²¹³ liaŋ⁴² tsʻai²¹³　kə²⁴ zən⁴² iou⁵⁵ ɕin²⁴ ai²¹³

喻指人各有自己不同的喜好与追求。

疥是一条龙，先打腿上行；腰里 ᴴ 缠三圈儿，裆里 ᴴ 扎老营。
tɕiɛ²¹³ ʂʅ⁰ i²⁴ tʻiau⁴² lyŋ⁴² ɕian²⁴ ta⁵⁵ tʻuei⁵⁵ ʂaŋ⁰ ɕiŋ²　iau²⁴ liou⁰ tsʻan⁴² san²⁴ tɕʻyor²⁴　taŋ²⁴ liou⁰ tsʻa²⁴ lau⁵⁵ iŋ⁴²

指疥疮（又称"癞疮"）的症状是泛发的，感染先由腿上开始，腰部是主要的发病部位，最后在阴部出现疥疮结节。裆：裤裆，指人的阴部。

借给 ᴰ 你是仁义，不借给 ᴰ 你是本分。
tɕiɛ²¹³ kɛ⁰ ni⁰ ʂʅ²¹³ zən⁴² i⁰　pu²⁴⁺⁴² tɕiɛ²¹³ kɛ⁰ ni⁰ ʂʅ²¹³ pən⁵⁵ fən⁰

指借给你钱财是仗义，要感恩；不借给你也在情理中，不要心生怨恨。

借钱容易要钱难。
tɕiɛ²¹³ tɕʻian⁴² yŋ⁴² i⁰ iau²¹³ tɕʻian⁴² nan⁴²

指借给别人钱财的时候很容易，而向别人讨债的时候却很难；劝人不要轻易把钱财借给别人。借：借出。要：讨要。

借钱嘞时儿孙儿，还钱嘞时儿爷。
tɕiɛ²¹³ tɕʻian⁴² nɛ⁰ ʂɚ⁴² suər²⁴　xuan²¹³ tɕʻian⁴² nɛ⁰ ʂɚ⁴² iɛ⁴²

指向人借钱时低声下气，别人讨要时却可以理直气壮地归还或拒还。

借□₁嘞丧，哭□₂嘞事儿。
tɕiɛ²¹³ iæ⁴² lɛ⁰ saŋ²⁴　kʻu²⁴ tsɿ²¹³ lɛ⁰ ʂɚ²¹³

喻指借别人的事情，发泄自己的不满和委屈。□₁：别人。□₂：自己。

借债要忍，还账要狠。
tɕiɛ²¹³ tʂai²¹³ iau²¹³ zən⁵⁵　xuan⁴² tʂaŋ²¹³ iau²¹³ xən⁵⁵

指非到万不得已不要轻易借债，而还债时则要尽力，能早还就早还、能多还就多还。账：债务。

今 ᴰ 个脱下来鞋，不知 ᴴ 明 ᴰ 个能穿 ᴰ 上不能。
tɕin²⁴ kə⁰ tʻuə²⁴ ɕiɛ⁰ lai⁰ ɕiɛ⁴²　pu²⁴ tʂo²⁴ mɛ⁴² kə⁰ nəŋ⁴² tʂʻuæ²⁴ ʂaŋ⁰ pu²⁴ nəŋ⁴²

指人到风烛残年之时，随时有可能死去。也指生死难以预测。今 ᴰ 个：今天。明 ᴰ 个：明天。穿 ᴰ：动词变韵仅作为单趋式中的一个强制性形式成分，不表示实际意义。

金旮旯儿银旮旯儿，不胜□嘞穷旮旯儿。

tɕin²⁴ kɛ²⁴ lor⁰ in⁴² kɛ²⁴ lor⁰ pu²⁴⁺⁴² ʂəŋ²¹³ tsʅə²¹³ lɛ⁰ tɕ'yŋ⁴² kɛ²⁴ lor⁰

喻指别处的条件再好，也不如在自己家舒心如意。□：自己。

金三银七卡五魁。

tɕin²⁴ san²⁴ in⁴² tɕ'i²⁴ k'a⁵⁵ u⁵⁵ k'uei⁴²

麻将术语。指和牌时如果赢边牌，以三点为最佳，七点为次；如果赢卡牌，以五点为最佳。"卡"又音 tɕia⁵⁵。

金水儿银水儿，买不来麦麦水儿。

tɕin²⁴ ʂuər⁵⁵ in⁴² ʂuər⁵⁵ mai⁵⁵ pu⁰ lai⁰ mɛ²⁴ mɛ⁰ ʂuər⁵⁵

指对婴儿来说，母乳最珍贵，是金钱买不到的。麦麦水儿：乳汁；"麦麦"是浚县方言对乳房的俗称。又作：金水儿银水儿，不胜麦麦水儿。

金窝窝银窝窝，不胜□家嘞糠窝窝。

tɕin²⁴ uə²⁴ uə⁰ in⁴² uə²⁴ uə⁰ pu²⁴⁺⁴² ʂəŋ²¹³ tsʅə²¹³ tɕia²⁴ lɛ⁰ k'aŋ²⁴ uə²⁴ uə⁰

同"金旮旯儿银旮旯儿，不胜□嘞穷旮旯儿"。窝窝：窝头。

金窝银窝，不胜□嘞狗窝。

tɕin²⁴ uə²⁴ in⁴² uə²⁴ pu²⁴⁺⁴² ʂəŋ²¹³ tsʅə²¹³ lɛ⁰ kou⁵⁵ uə²⁴

同"金旮旯儿银旮旯儿，不胜□嘞穷旮旯儿"。又作：金窝银窝，不胜□嘞草窝。

紧病慢先生。

tɕin⁵⁵ piŋ²¹³ man²¹³ ɕian²⁴ ʂəŋ⁰

指病人求医非常急切，而医生诊治却不急不躁。喻指一方急切地想把事情尽快了结，而能解决问题的相关人员却不慌不忙。先生：医生。

紧捉鱼慢捉虾，不紧不慢□王八。

tɕin⁵⁵ tʂuə²⁴ y⁴² man²¹³ tʂuə²⁴ ɕia²⁴ pu²⁴ tɕin⁵⁵ pu²⁴⁺⁴² man²¹³ k'ɛ⁴² uaŋ⁴² pa⁰

指捕鱼摸虾讲究一定的技巧：捉鱼速度要快，否则鱼就跑了；捉虾要放慢速度，等虾都入网了才能拉网；捉鳖则比较容易。□：捉。

紧走赶不上慢不歇。

tɕin⁵⁵⁺⁴² tsou⁵⁵ kan⁵⁵ pu⁰ ʂaŋ⁰ man²¹³ pu²⁴ ɕiɛ²⁴

喻指做事急躁、急于求成，不如持之以恒的效果更好。

紧走没平路儿，快做没好活儿。

tɕin⁵⁵⁺⁴² tsou⁵⁵ mu⁴² p'iŋ⁴² luər²¹³ k'uai²¹³ tsu²¹³ mu⁴² xau⁵⁵ xuɤ⁴²

喻指贪求速度或数量，一定会影响质量。

谚 语

近人不说远话。
tɕin²¹³ zən⁴² pu²⁴ ʂuə²⁴ yan⁵⁵ xua²¹³
指关系密切的人之间不用说客套话，说话不用绕圈子。

经是好经，都叫歪嘴和尚念歪了。
tɕiŋ²⁴ ʂɿ²¹³ xau⁵⁵ tɕiŋ²⁴ tou²⁴⁻⁴² tɕiau²¹³ uai²⁴ tsuei⁵⁵ xuə⁴² tʂʻæŋ⁰ nian²¹³ uai²⁴ lə⁰
喻指本是有益的思想、办法等，却偏离了本意，让别有用心、心术不正的人办坏了。"和尚"读音特殊。

惊蛰不耕地，好似蒸馍跑了气。
tɕiŋ²⁴ tʂʅ²⁴ pu²⁴ kəŋ²⁴ ti²¹³ xau⁵⁵ sɿ²¹³ tʂəŋ²⁴ muə⁴² pʻau⁵⁵ liau⁰ tɕʻi²¹³
指自惊蛰起，开始进入春耕农忙季节；如果此时不耕地，就不会有好收成，就像跑了气的蒸锅里蒸不出好馒头一样。

精打细算，有吃有穿。
tɕiŋ²⁴ ta⁵⁵ ɕi²¹³ suan²¹³ iou⁵⁵ tʂʻʅ²⁴ iou⁵⁵ tʂʻuan²⁴
指会计划、量入而出，就能有好日子过。又作：精打细算，油盐不断。

精人反被聪明误，笨人多虑事必成。
tɕiŋ²⁴ zən⁴² fan⁵⁵ pei²¹³ tsʻuəŋ²⁴ miŋ⁰ u²¹³ pən²¹³ zən⁴² tuə²⁴ ly²¹³ ʂʅ²¹³ pi⁵⁵ tʂʻəŋ⁴²
指自以为聪明的人，反而会被聪明耽误或坑害；而愚笨之人三思而后行，却能够成大事。

井淘三遍吃甜水，人识教调武艺高。
tɕiŋ⁵⁵ tʻau⁴² san²⁴⁻⁴² pian²¹³ tʂʻʅ²⁴ tʻian⁴² ʂuei⁵⁵ zən⁴² ʂʅ⁴² tɕiau²¹³ tiau⁴² u⁵⁵ i⁰ kau²⁴
喻指虚心接受别人的指教才能学好本领，就像要不断淘出泥沙井水才好吃一样。淘：挖出井底的淤泥。识：接受、服从。教调：调教。

敬田得谷，敬老得福。
tɕiŋ²¹³ tʻian⁴² te²⁴ ku²⁴ tɕiŋ²¹³ lau⁵⁵ te²⁴ fu²⁴
指尊老敬老一定会有好报。

镜 ᶻ⁻⁰ 越擦越明，脑 ᶻ⁻⁰ 越用越灵。
tɕiŋ²¹³ yɛ²⁴ tsʻa²⁴ yɛ²⁴ miŋ⁴² nau⁵⁵ yɛ²⁴ yŋ²¹³ yɛ²⁴ liŋ⁴²
喻指勤于学习、善于思考，人就会越来越聪明。

鸠鸣雨，雀儿叫晴。
tɕiou²⁴ miŋ⁴² y⁵⁵ tɕʻyɤ²⁴ tɕiau²¹³ tɕʻiŋ⁴²
指斑鸠鸣叫预示阴雨，麻雀叫唤预示天晴。雀儿：麻雀。

九斗一簸箕，不做也过去。
tɕiou⁵⁵⁼⁴² tou⁵⁵ i²⁴⁼⁴² puə²¹³ tɕ'i⁰　pu²⁴⁼⁴² tsu²¹³ iɛ⁵⁵ kuə²¹³ tɕ'y⁰

指指纹为九个"涡纺"和一个"流纹"的人，命运最好。斗：涡纺，呈同心圆或螺旋纹的指纹。簸箕：流纹，纹线一边开口、呈簸箕状的指纹。

九九八十一，老头儿靠 ᴰ 墙立；虽说不冷了，就是肚里 ᴴ 饥。
tɕiou⁵⁵⁼⁴² tɕiou⁵⁵ pa²⁴ ʂʅ⁴² i²⁴　lau⁵⁵⁼²⁴ t'ər⁴² k'o²¹³ tɕ'iaŋ⁴² li²⁴ suei²⁴ ʂʮə²⁴ pu²⁴ ləŋ⁵⁵ lə⁰　tɕiou²¹³ ʂʅ⁰ tu²¹³ liou⁰ tɕi²⁴

旧指人们生活困难、缺吃少穿，好容易等来了春暖花开，却还要忍饥挨饿。九九：冬至后的第九个九天，此时冬去春来，天气变暖，但也正是青黄不接的春荒时段。靠 ᴰ：靠着，动词变韵表持续义。

九九杨落地，十九杏花儿开。
tɕiou⁵⁵⁼⁴² tɕiou⁵⁵ iaŋ⁴² luə²⁴ ti²¹³　ʂʅ⁴² tɕiou⁵⁵ ɕiŋ²¹³ xuɐr²⁴ k'ai²⁴

指九九时节杨絮散落，杨树开始发芽；之后不久，杏花儿就开了。十九：冬至之后的第十个九天。

久病床前无孝子，久贫家中无贤妻。
tɕiou⁵⁵ piŋ²¹³ tʂ'uaŋ⁴² tɕ'ian⁴² u⁴² ɕiau²¹³ tsʅ⁵⁵　tɕiou⁵⁵ p'in⁴² tɕia²⁴ tʂuəŋ²⁴ u⁴² ɕian⁴² tɕ'i²⁴

指父母久卧病床，再孝顺的子女也会产生厌烦情绪而变得不孝顺；家庭长时间的经济拮据，会使贤良的妻子逐渐变得刻薄、斤斤计较。

久旱东风更不雨，久雨东风更不晴。
tɕiou⁵⁵ xan²¹³ tuəŋ²⁴ fəŋ²⁴ kəŋ²¹³ pu²⁴ y⁵⁵　tɕiou⁵⁵⁼⁴² y⁵⁵ tuəŋ²⁴ fəŋ²⁴ kəŋ²¹³ pu²⁴ tɕ'iŋ⁴²

指如果天气干旱，刮东风预示着旱情将持续下去；如果阴雨多日，刮东风预示着天气仍然不会转晴。又作：旱刮东风不雨，涝刮东风不晴。

久晴雀儿叫雨，久雨雀儿叫晴。
tɕiou⁵⁵ tɕ'iŋ⁴² tɕ'yɤr²⁴ tɕiau²¹³ y⁵⁵　tɕiou⁵⁵⁼⁴² y⁵⁵ tɕ'yɤr²⁴ tɕiau²¹³ tɕ'iŋ⁴²

指连晴数日，忽听鸟不停地叫，预示要下雨；连续阴雨，忽听鸟不停地叫，预示天要转晴。雀儿：麻雀，代指鸟类。

酒不二倒。
tɕiou⁵⁵ pu²⁴⁼⁴² ər²¹³ tau²¹³

指为人斟酒要一次斟满，如果没有斟满，也不再添加了。二：第二次。

酒多伤身，气大伤人。
tɕiou⁵⁵ tuə²⁴ ʂaŋ²⁴ ʂən²⁴　tɕ'i²¹³ ta²¹³ ʂaŋ²⁴ zən⁴²

指过量饮酒、生气发火，都会影响健康。两个分句都可单独用作谚语。

酒后说嘞都是实话。

tɕiou⁵⁵ xou²¹³ ʂʯə²⁴ lɛ⁰ tou⁴² ʂʯ²¹³ ʂʯ⁴² xua⁰

指人在喝醉酒之后说的话，往往都是实话、真心话。

酒满茶欠。

tɕiou⁵⁵⁺⁴² man⁵⁵ tʂ'a⁴² tɕ'ian²¹³

指斟酒要斟满，倒茶却要稍欠一点，以示尊敬。

酒肉嘞朋友，米面嘞夫妻；没酒没肉，不朋不友；没面没米，各奔东西。

tɕiou⁵⁵ zou²¹³ lɛ⁰ p'əŋ⁴² iou⁰　mi⁵⁵ mian²¹³ nɛ⁰ fu²⁴ tɕ'i²⁴　mu⁴² tɕiou⁵⁵ mu⁴² zou²¹³　pu²⁴ p'əŋ⁴² pu²⁴ iou⁵⁵　mu⁴² mian²¹³ mu⁴² mi⁵⁵　kə²⁴ pən²⁴ tuəŋ²⁴ ɕi²⁴

喻指朋友关系需要好吃好喝才能维持，而夫妻只要能维持生计就能相互厮守；否则，朋友关系不能维持，夫妻关系也不会长久。

酒肉朋友好找，患难之交难逢。

tɕiou⁵⁵ zou²¹³ p'əŋ⁴² iou⁰ xau⁵⁵⁺⁴² tʂau⁵⁵　xuan²¹³ nan²¹³ tʂʯ²⁴ tɕiau²⁴ nan⁴² fəŋ⁴²

指交朋友很容易，而能够同甘苦共患难的朋友却很难得。

酒是粮食精，越喝越年轻。

tɕiou⁵⁵ ʂʯ²¹³ liaŋ⁴² ʂʯ⁰ tɕiŋ²⁴　yɛ²⁴ xə²⁴ yɛ²⁴ nian⁴² tɕ'iŋ²⁴

指喝酒能使人精神焕发；多用作饮酒者的调侃之语。

酒越喝越厚，钱越赌越薄。

tɕiou⁵⁵ yɛ²⁴ xə²⁴ yɛ²⁴ xou²¹³　tɕ'ian⁴² yɛ²⁴ tu⁵⁵ yɛ²⁴ puə⁴²

指喝酒时你推我让，推杯换盏中情谊会越来越深厚；而赌博则是斤斤计较分毫不让，相互之间会越来越尖薄。

酒壮尿人胆。

tɕiou⁵⁵ tʂuaŋ²¹³ suəŋ⁴² zən⁴² tan⁵⁵

指胆小怕事的人在喝酒之后会失去理智，能说出平常不敢说的话，能做出平常不敢做的事。

酒是高粱水儿，喝到肚里 ᴴ 腿儿摽腿儿。

tɕiou⁵⁵ ʂʯ²¹³ kau²⁴ liaŋ⁰ ʂuər⁵⁵　xə²⁴ tau⁰ tu²¹³ liou⁰ t'uər⁵⁵ piau²¹³ t'uər⁵⁵

指人喝多了酒，会双腿不由自主，不能正常行走。摽：紧紧地钩住。

旧嘞不去，新嘞不来。

tɕiou²¹³ lɛ⁰ pu²⁴⁺⁴² tɕy²¹³　ɕin²⁴ nɛ⁰ pu²⁴ lai⁴²

指失去旧物，才有可能得到新的。

救急不救穷。

tɕiou²¹³ tɕi⁴² pu²⁴⁻⁴² tɕiou²¹³ tɕ'yŋ⁴²

指人在危难时刻，别人伸手相助能帮其渡过难关；而贫穷却不能靠一时的救济解决问题。急：危急。

锯响都有末儿。

tɕy²¹³ ɕiaŋ⁵⁵ tou⁰ iou⁵⁵ mor²⁴

喻指只要付出劳动，就会有收获。都：就。

君子不夺人之爱。

tɕyn²⁴ tsʅ⁵⁵ pu²⁴ tuə⁴² zən⁴² tʂʅ⁰ ai²¹³

指品行高尚之人不会强夺别人喜爱的人或物。又作：君子不夺人之美。

君子为义不计施舍，小人没利不肯早起。

tɕyn²⁴ tsʅ⁵⁵ uei²¹³ i²¹³ pu²⁴⁻⁴² tɕi²¹³ ʂʅ²⁴ ʂə⁵⁵ ɕiau⁵⁵ zən⁰ mu⁴² li²¹³ pu²⁴ k'ən⁵⁵ tsau⁵⁵⁻⁴² tɕ'i⁵⁵

指高尚的人为道义不计得失，品行不佳的人却不会做无利可图的事。

君子为义，小人为利。

tɕyn²⁴ tsʅ⁵⁵ uei²¹³ i²¹³ ɕiau⁵⁵ zən⁰ uei²¹³ li²¹³

指道德高尚的人看重的是道义，品行不佳的人看重的是利益。

君子周穷不周富。

tɕyn²⁴ tsʅ⁵⁵ tsou²⁴ tɕ'yŋ⁴² pu²⁴ tsou²⁴ fu²¹³

指品行高尚的人（应）帮扶穷人而不（应）给予富人。周：周济。

K

开边不开卡。

k'ai²⁴ pian²⁴ pu²⁴ k'ai²⁴ tɕ'ia⁵⁵

麻将①游戏术语。指打麻将时，顺子框架多于四个时，就要拆掉一两个；如果有边嘴有卡嘴，一般开边嘴不开卡嘴。边：边嘴，即要三七点牌的嘴子。卡：卡嘴，即要中间牌的嘴子。

开店卖饭，赔本儿不干。

k'ai²⁴ tian²¹³ mai²¹³ fan²¹³ p'ei⁴² pər⁵⁵ pu²⁴⁻⁴² kan²¹³

---

① 麻将共需十四张牌，必须有一个对子为"将"，其他凑够四个三张为一组的顺子即可胡牌。

指开饭店肯定是有利润的。泛指做任何生意都必须有利润才能持久。

开店卖饭，啥人儿都能见。

k'ai²⁴ tian²¹³ mai²¹³ fan²¹³　ʂa⁵⁵ zɻ⁴² tou²⁴ nəŋ⁴² tɕian²¹³

指饭店里客来客往，形形色色、千奇百怪的人和事，都有可能见到。

开过药铺打过铁①，啥买卖都不热。

k'ai²⁴ kuə⁰ yə²⁴ p'u²¹³ ta⁵⁵ kuə⁰ t'iɛ²⁴　ʂa⁵⁵⁻⁴² mai⁵⁵ mai⁰ tou⁰ pu⁰ zɻə²⁴

指卖药品和打制铁货的利润很高。啥：任何。不热：不感兴趣。

开口不开口，单看六月二十九。

k'ai²⁴ k'ou⁵⁵ pu⁰ k'ai²⁴ k'ou⁵⁵　tan²⁴ k'an²¹³ liou²¹³ yɛ²⁴ ər²¹³ ʂɻ⁰ tɕiou⁵⁵

指历史上卫河浚县段多在农历六月二十九前后决口成灾。

开门儿风，关门儿住，关门儿不住刮倒树。

k'ai²⁴ mər⁴² fəŋ²⁴　kuan²⁴ mər⁴² tʂʅ²¹³　kuan²⁴ mər⁴² pu²⁴⁻⁴² tʂʅ²¹³ kua²⁴ tau⁵⁵ ʂʅ²¹³

指白天刮大风，持续到晚上还没有停止的迹象，风力将会大增。

开水不响，响水不开。

k'ai²⁴ ʂuei⁵⁵ pu²⁴ ɕiaŋ⁵⁵　ɕiaŋ⁵⁵⁻⁴² ʂuei⁵⁵ pu²⁴ k'ai²⁴

喻指真正有学问、有能力的人都很谦虚、很低调；而一知半解、小有成就的人却到处炫耀，甚至不懂装懂。又作：开锅不响，响锅不开。

看花儿容易绣花儿难，事非经过不知ᴴ难。

k'an²¹³ xuɐr²⁴ yŋ⁴² i⁰ ɕiou²¹³ xuɐr²⁴ nan⁴²　ʂʅ²¹³ fei²⁴ tɕiŋ²⁴ kuə²¹³ pu²⁴ tʂo²⁴ nan⁴²

喻指事情看上去很容易，实际做起来却困难重重；只有经历过的事情，才知道其中的艰辛。前一个分句也可以单独用作谚语。

看景不如听景。

k'an²¹³ tɕiŋ⁵⁵ pu²⁴ zɻ⁴² t'iŋ²⁴ tɕiŋ⁵⁵

指亲临实地去观看景物，往往不如别人介绍的或自己想象的更美妙。

看透不说透，才是好朋友。

k'an²¹³ t'ou²¹³ pu²⁴ ʂuə²⁴ t'ou²¹³　ts'ai⁴² ʂʅ²¹³ xau⁵⁵ p'əŋ⁴² iou⁰

指不要当面揭穿别人的真实用意或隐私。

看戏比地，明人知意。

k'an²¹³ ɕi²¹³ pi⁵⁵ ti²¹³　miŋ⁴² zən⁴² tʂʅ²⁴ i²¹³

---

① 打铁：将锻炼烧红的钢铁，做成镰刀、斧头、铁锨等各种器物，是盛行于上世纪八十年代前的一种原始锻造工艺。

指观看戏剧表演时，人们往往会把剧中的人物、情节等与现实相比，从中受到教育和启示。前一分句也可单独用作谚语，意思与整句相同。

靠山山倒，靠水水流。

k'au²¹³ ʂan²⁴ ʂan²⁴ tau⁵⁵　k'au²¹³ ʂuei⁵⁵ ʂuei⁵⁵ liou⁴²

喻指能够依赖的人或力量一个个丧失，所有的指望都不存在了。

瞌睡能当 ᴰ 死哟？

k'ə⁴² ʂei⁰ nəŋ⁴² tæŋ⁵⁵ sʅ⁵⁵ io⁰

喻指该面对的事早晚要面对，该承担的责任迟早得承担，不可能蒙混过关。当 ᴰ：当了，动词变韵表完成义。

可惹着有家儿嘞了。

k'ɛ²⁴ ʐə⁵⁵ tʂʅ⁰ iou⁵⁵ tɕiɐr²⁴ lɛ⁰ lə⁰

指得罪了惹不起的人。有家儿嘞：有权势、有背景的人。

渴了不急饮，饿了不急食。

k'ə²⁴ lə⁰ pu²⁴ tɕi⁴² in⁵⁵　ə²¹³ lə⁰ pu²⁴ tɕi⁴² sʅ⁴²

指在饥渴之时尤其不能暴饮暴食。

刻薄不赚钱，忠厚不折本儿。

k'ɛ²⁴ puə⁴² pu²⁴⁻⁴² tʂuan²¹³ tɕ'ian⁴²　tʂuəŋ²⁴ xou²¹³ pu²⁴ ʂə⁴² pər⁵⁵

指经商之人应以忠厚为本，越贪利越无人购买，越赚不到钱；越厚道买者越多，反而不会亏本。折：赔。

客随主便。

k'ɛ²⁴ suei⁴² tʂʅ⁵⁵ pian²¹³

指客人要听从主人的安排。随：顺从。

客走主家安。

k'ɛ²⁴ tsou⁵⁵ tʂʅ⁵⁵ tɕia⁰ an²⁴

指客人都走了，主家才得以安生。

空布袋立不起 ᴴ。

k'uəŋ²⁴ pu²¹³ tai⁰ li²⁴ pu⁰ tɕ'iai⁵⁵

喻指人如果没有真本领，就会像一只空布袋一样，不能自立。又作：空布袋立不直。

口儿背，对捣对。

k'ər⁵⁵ pei²¹³　tuei²¹³ tau⁵⁵ tuei²¹³

麻将术语。指点子非常背的时候，赢对子和的概率比赢顺子和的概率高。对：对子。

枯树不结果儿，瞎话不值钱。
k'u⁵⁵ ʂʅ²¹³ pu²⁴ tɕiɛ²⁴ kuɣr⁵⁵　ɕia²⁴ xua⁰ pu²⁴ tʂʅ⁴² tɕ'ian⁴²
喻指谎言没有任何价值。瞎话：假话、谎言。

哭也得叫知 ᴴ 谁死了 ᴴ。
k'u²⁴ iɛ⁰ tɛ⁰ tɕiau²¹³ tʂo²⁴ ʂei⁴² sʅ⁵⁵ lia⁰
喻指指责或处分人，必须让其明白个中缘由。了 ᴴ："了呀"的合音。

哭 ᴰ 半天还不知 ᴴ 谁死了嘞。
k'uə²⁴ pan²¹³ t'ian²⁴ xai²⁴ pu²⁴ tʂo²⁴ ʂei⁴² sʅ⁵⁵ lə⁰ lɛ⁰
喻指未弄清事情的前因后果就鲁莽行事。哭 ᴰ：哭了，动词变韵表完成义。"了"为时态助词，"嘞"为语气词。

窟杵萝卜窟杵茄 ᶻ，不娶媳妇儿是小孩 ᶻ。
k'u²⁴ tʂ'u⁰ luə⁴² pu⁰ k'u²⁴ tʂ'u⁰ tɕ'i:au⁴²　pu²⁴ tɕy⁵⁵ ɕi⁴² fər⁰ ʂʅ²¹³ ɕiau⁰ xɛau⁴²
指在长辈眼里，只要不结婚就是小孩子。窟杵：枯皱。又作：圪蔫萝卜圪蔫茄 ᶻ，没有媳妇是小孩 ᶻ。

捆绑成不了夫妻。
k'uən⁵⁵⁺⁴² paŋ⁵⁵ tʂ'əŋ⁴² pu⁰ liau⁰ fu²⁴ tɕ'i²⁴
指婚姻需要缘分，不能强行撮合。

L

腊月见三白，来年必收麦。
la²⁴ yɛ⁰ tɕian²¹³ san²⁴ pɛ⁴²　lai⁴² nian⁴² pi⁵⁵ ʂou²⁴ mɛ²⁴
指如果腊月里降雪较多，小麦必定会有好收成。三白：三场雪。

来嘞容易，去嘞马虎。
lai⁴² lɛ⁰ yŋ⁴² i⁰　tɕ'y²¹³ lɛ⁰ ma²⁴ xu⁰
指得到的时候很容易，失去的时候也就不可惜。又作：来嘞容易去嘞快。

来嘞晚了，打罢点了，吃罢饭了，刷罢碗了。
lai⁴² lɛ⁰ uan⁵⁵ nə⁰　ta⁵⁵ pa²¹³ tian⁵⁵ nə⁰　tʂ'ʅ²⁴ pa²¹³ fan²¹³ nə⁰　ʂua²⁴ pa²¹³ uan⁵⁵ nə⁰
指错过了时间或机会；用于熟人之间的俏皮话。

来嘞早不如来嘞巧。
lai⁴² lɛ⁰ tsau⁵⁵ pu²⁴ ʐʅ⁴² lai⁴² lɛ⁰ tɕ'iau⁵⁵

喻指有没有收获，不在时间早晚，机遇很重要。

懒汉懒汉，吃饭出汗，做活儿打颤。
lan⁵⁵ xan²¹³ lan⁵⁵ xan²¹³ tʂʻʅ²⁴ fan²¹³ tʂʻʅ²⁴ xan²¹³ tsu²¹³ xuɤ⁴² ta⁵⁵ tʂan²¹³
指人好吃懒做。"颤"读音特殊。

懒驴上套屎尿多。
lan⁵⁵ ly⁴² ʂaŋ²¹³ tʻau²¹³ ʂʅ⁵⁵ niau²¹³ tuə²⁴
喻指懒惰之人总是想尽办法少出力、少干活。

懒人干活儿，身上三天疼；勤人歇晌儿，身上三天痒。
lan⁵⁵ zən⁴² kan²¹³ xuɤ⁴² ʂən²⁴ ʂaŋ⁰ san²⁴ tʻian²⁴ tʻəŋ⁴² tɕʻin⁴² zən⁴² ɕie²⁴ ʂer⁵⁵ ʂən²⁴ ʂaŋ⁰ san²⁴ tʻian²⁴ iaŋ⁵⁵
喻指懒惰的人不想干活儿，而勤快的人却歇不住。歇晌儿：午休。

懒人屎尿多。
lan⁵⁵ zən⁴² ʂʅ⁵⁵ niau²¹³ tuə²⁴
同"懒驴上套屎尿多"。

懒人有懒法儿。
lan⁵⁵ zən⁴² iou⁵⁵⁻⁴² lan⁵⁵ fer²⁴
指懒惰的人做事，总是千方百计地逃避或避重就轻，用最省事最省力的办法去应付。也作"懒人生懒法儿。"

懒人有懒福。
lan⁵⁵ zən⁴² iou⁵⁵⁻⁴² lan⁵⁵ fu²⁴
指懒惰之人往往会有意想不到的好运气。

懒人嘴里 ᴴ明 ᴰ个多。
lan⁵⁵ zən⁴² tsuei⁵⁵ liou⁰ mɛ⁴² kə⁰ tuə²⁴
指懒惰的人总是把该做的事情一拖再拖。明 ᴰ个：明天。

烂麦吃好豆，烂豆吃好麦。
lan²¹³ mɛ²⁴ tʂʻʅ²⁴ xau⁵⁵ tou²¹³ lan²¹³ tou²¹³ tʂʻʅ²⁴ xau⁵⁵ mɛ²⁴
指小麦成熟期雨水过多，就会因沤腐而影响产量；但雨水多却使土地墒情好，有利于豆子播种和生长；反之亦然。又作：沤麦收豆，沤豆收麦。

狼披 ᴰ上羊皮还是狼。
laŋ⁴² pʻɛ²⁴ ʂaŋ⁰ iaŋ⁴² pʻi⁴² xai⁴² ʂʅ⁰ laŋ⁴²
喻指伪装改变不了本性，和善的面目掩盖不了凶恶的本质。披 ᴰ：动词变韵仅作为单趋式中的一个强制性形式成分，不表示实际意义。

狼行千里吃肉，狗走千里吃屎。
laŋ⁴² ɕiŋ⁴² tɕʻian²⁴ li⁵⁵ tʂʻʅ²⁴ zou²¹³ kou⁵⁵⁻⁴² tsou⁵⁵ tɕʻian²⁴ li⁵⁵ tʂʻʅ²⁴ ʂʅ⁵⁵

喻指人的本性难移。又作：虎走千里吃肉，狗走千里吃屎。

老包①脸黑戴纱帽[乙]，刘墉②罗锅穿红袍。

lau^{55} pau^{24} lian^{55} xɛ^{24} tai^{213} ʂa^{24} mæu^{213}　liou^{42} yŋ^{55} luə^{42} kuə^{0} tʂ'uan^{24} xuəŋ^{42} p'au^{42}

指其貌不扬、甚至有生理缺陷的人，也一样会有良好的品行和过人的本领；告诫世人不可以貌取人，尤其不能讥笑和嫌弃别人生理上的缺陷。纱帽：古代文官戴的黑纱制成的帽子，两侧有帽翅，又称乌纱帽。

老比小。

lau^{55} pi$^{55|42}$ ɕiau^{55}

指老年人糊涂时如同小孩子一样，不可理喻。

老表亲，辈辈儿亲；姨兄弟，狗臭屁。

lau$^{55|42}$ piau^{55} tɕ'in^{24}　pər^{213} pər^{0} tɕ'in^{24}　in^{42} ɕyŋ^{24} ti^{213}　kou^{55} tʂ'ou^{213} p'i^{213}

指姑表亲戚比姨表亲戚血缘关系近。老表：舅姑表兄弟。

老不看三国，少不看水浒。

lau^{55} pu$^{24|42}$ k'an^{213} san^{24} kuɛ^{24}　ʂau^{213} pu$^{24|42}$ k'an^{213} ʂuei^{55} xu^{213}

指老年人不宜看"三国"故事，因为易受其阴谋欺诈故事的影响，去算计别人；年轻人不宜看有关梁山好汉的故事，因为易受其造反打斗情节的影响，惹是生非。又作：老不看三国，少不看西游。

老不歇心，少没良心。

lau^{55} pu^{24} ɕiɛ^{24} ɕin^{24}　ʂau^{213} mu^{42} liaŋ^{42} ɕin^{0}

指老人即使没有了能力，也会不由自主地为子女的事情牵挂操心；而子女却不能理解，总是嫌弃他们干涉自己的事情。

老鸹叫，祸来到。

lau$^{55|42}$ kua^{0} tɕiau^{213}　xuə^{213} lai^{42} tau^{213}

指乌鸦叫不吉利。

老儿嘞不正，小儿嘞不敬。

lor^{55} lɛ^{0} pu$^{24|42}$ tʂəŋ^{213}　ɕior^{55} lɛ^{0} pu$^{24|42}$ tɕiŋ^{213}

指长辈行为不端，就不值得晚辈敬重，晚辈往往也不会恭敬相待。老

---

① 老包：即包拯，字希仁（999年—1062年），北宋名臣；曾任龙图阁直学士、开封知府等职，世称"包龙图"。

② 刘墉：字崇如，号石庵（1720年—1805年），清朝政治家、书法家；乾隆十六年（1751年）中进士，历任翰林院庶吉士、太原府知府、江宁府知府、内阁学士、体仁阁大学士等职。

儿嘞：老人、长辈。小儿嘞：儿孙、晚辈。

老儿嘞金口银口，越吃越有。

lor⁵⁵ lɛ⁰ tɕin²⁴ k'ou⁵⁵ in⁴² k'ou⁵⁵　yɛ²⁴ tʂʻʅ²⁴ yɛ²⁴ iou⁵⁵

喻指善待父母，必有福报。老儿嘞：长辈，这里指父母。

老儿嘞卷小儿嘞是添罪嘞，小儿嘞卷老嘞是造罪嘞。

lor⁵⁵ lɛ⁰ tɕyan⁵⁵ ɕior⁵⁵ lɛ⁰ ʂʅ²¹³ t'ian²⁴ tsuei²¹³ lɛ⁰　ɕior⁵⁵ lɛ⁰ tɕyan⁵⁵ lor⁵⁵ lɛ⁰ ʂʅ²¹³ tsau²¹³ tsuei²¹³ lɛ⁰

指长辈不该骂晚辈，晚辈骂长辈更是大逆不道。卷：骂。

老儿嘞是只虎，向谁谁苦；老儿嘞是条龙，向谁谁穷。

lor⁵⁵ lɛ⁰ ʂʅ²¹³ tʂʅ²⁴ xu⁵⁵ ɕiaŋ²¹³ ʂei⁴² ʂei⁴² k'u⁵⁵　lor⁵⁵ lɛ⁰ ʂʅ²¹³ t'iau⁴² lyŋ⁴² ɕiaŋ²¹³ ʂei⁴² ʂei⁴² tɕ'yŋ⁴²

指父母往往最偏袒生活条件较差的子女。向：偏向、偏袒。

老杠ᶻ出马，一个顶俩。

lau⁵⁵ kæŋ⁰ tʂʻʅ²⁴ ma⁵⁵ i²⁴⁻⁴² kə⁰ tiŋ⁵⁵⁻⁴² lia⁵⁵

喻指经验丰富的人办事效率高。老杠ᶻ：资历深、经验丰富的人。

老虎不发威，恁以为是病猫嘞？！

lau⁵⁵⁻⁴² xu⁰ pu²⁴ fa²⁴ uei²⁴　nən⁵⁵ i²¹³ uei⁰ ʂʅ²¹³ piŋ²¹³ mau⁴² lɛ⁰

喻指有能力、有实力的人，虽锋芒未露，也绝不能小看；多用于人被轻视时的玩笑话，也用于提醒人们不要忽视潜在的力量。

老虎也有憩嘴儿嘞时儿。

lau⁵⁵⁻⁴² xu⁰ iɛ⁰ iou⁵⁵ tɕ'i²⁴ tsuər⁵⁵ lɛ⁰ ʂər⁴²

喻指水平再高、能力再强的人，做事也不可能尽善尽美，也有出现失误的时候。憩嘴儿：打盹儿。

老换小，老换小，给个馍馍还嫌少。

lau⁵⁵ xuan²¹³ ɕiau⁵⁵　lau⁵⁵ xuan²¹³ ɕiau⁵⁵　kei⁵⁵ kə⁰ muə⁴² muə⁰ xai⁴² ɕian⁴²⁻⁵⁵ ʂau⁵⁵

指人上了年纪，就会像小孩子一样贪吃。泛指老年人的脾气、性格等，都跟小孩子一样。"嫌"无规则变调。前一个分句也可单独用作谚语，意思与整句相同。

老了不说当年，穷了不说方便。

lau⁵⁵ lə⁰ pu²⁴ ʂʅ²⁴ taŋ²⁴ nian⁴²　tɕ'yŋ⁴² lə⁰ pu²⁴ ʂʅ²⁴ faŋ²⁴ pian⁰

指人上了年纪，精神、体力等都不能与年轻力壮时相比；处于贫困时，就不能贪图物质上的享受。老：年龄大。前一个分句也可以单独用作谚语。

老驴上套，不屙都尿。

lau⁵⁵ ly⁴² ʂaŋ²¹³ t'au²¹³　pu²⁴ ə²⁴ tou⁰ niau²¹³

喻指懒惰的人做事，总是找出各种借口和办法推脱。都：就。又作：老牛上套，不屙都尿。

老母猪拱暄土，老虎不吃回头食。

lau⁵⁵⁻²⁴ mu⁵⁵ tʂʅ²⁴ kuəŋ⁵⁵ ɕyan²⁴ t'u⁵⁵　lau⁵⁵⁻⁴² xu⁰ pu²⁴ tʂ'ʅ²⁴ xuei⁴² t'ou⁴² ʂʅ⁴²

喻指无志之人安于现状、得过且过，而有作为的人却锲而不舍、勇往直前。

老牛嘞肉有嚼头儿，老人嘞话有听头儿。

lau⁵⁵ niou⁴² lɛ⁰ ʐou²¹³ iou⁵⁵ tsuə⁴² t'ər⁰　lau⁵⁵ ʐən⁴² nɔ⁰ xua²¹³ iou⁵⁵ t'iŋ²⁴ t'ər⁰

喻指老年人经验丰富，说话往往蕴含着深刻的道理，值得品味与思考。

老鼠给ᴰ猫攒ᴰ嘞。

lau⁵⁵⁻⁴² ʂʅ⁰ kɛ⁵⁵⁻²¹³ mau⁴² tsæ⁵⁵ lɛ⁰

喻指只顾盲目捞取好处，不料自己早已被人盯上，最终便宜了他人。攒ᴰ：攒着，动词变韵表持续义。

老鼠怕猫兔怕鹰，种地嘞就怕没收成。

lau⁵⁵⁻⁴² ʂʅ⁰ p'a²¹³ mau⁴² t'u²¹³ p'a²¹³ iŋ²⁴　tʂuaŋ²¹³ ti²¹³ lɛ⁰ tɕiou²¹³ p'a²¹³ mu⁴² ʂou²⁴ tʂ'əŋ⁰

喻指任何人或物都会有所忌惮，庄稼人最担心的是收成不好。前一个分句也可以单独用作谚语。

老头儿老婆儿来ᴰ一团儿说米说面，闺女媳妇儿来ᴰ一团儿说针说线。

lau⁵⁵⁻²⁴ t'ər⁴² lau⁵⁵⁻²⁴ p'or⁴² lɛ⁴² i⁰ t'uor⁴² ʂʅə²⁴ mi⁵⁵ ʂʅə²⁴ mian²¹³　kuei²⁴ ny⁰ ɕi⁴² fər⁰ lɛ⁴² i⁰ t'uor⁴² ʂʅə²⁴ tʂən²⁴ ʂʅə²⁴ ɕian²¹³

喻指不同年龄段的人，兴趣爱好不同，谈论的话题、关注的事情也不同。来ᴰ：来到，动词变韵表终点义。一团儿：一块儿。又作：老头儿老婆儿说米说面，闺女媳妇儿说针说线。

老王ᶻ不动蜂不动，老王ᶻ一动一阵风。

lau⁵⁵ uæŋ⁴² pu²⁴⁻⁴² tuəŋ²¹³ fəŋ²⁴ pu²⁴⁻⁴² tuəŋ²¹³　lau⁵⁵ uæŋ⁴² i²⁴⁻⁴² tuəŋ²¹³ i²⁴⁻⁴² tʂən²¹³ fəŋ²⁴

本义指蜜蜂总是跟随蜂王飞行。喻指人们往往围着长辈或核心人物转。

老王 ᶻ：指蜂王。

老向小儿。

lau⁵⁵ ɕiaŋ²¹³ ɕior⁵⁵

指父母往往都偏爱自己最小的孩子。小儿：最小的（孩子）。向：偏向、偏爱。

老子英雄儿好汉，老子反动儿混蛋。

lau⁵⁵ tsʅ⁰ iŋ²⁴ ɕyŋ⁰ ər⁴² xau⁵⁵ xan²¹³　lau⁵⁵ tsʅ⁰ fan⁵⁵ tuaŋ⁰ ər⁴² xuən⁴² tan²¹³

指"文革"初期"出身定终身"的论调。泛指父母的品行、能力等对孩子的影响很大。老子：指父母。

姥姥亲外甥儿，坷垃地撵旋风儿。

lau⁵⁵ lau⁰ tɕʻin²⁴ uai²¹³ ʂər⁰　kʻɛ⁵⁵ la⁰ ti²¹³ nian⁵⁵ ɕyan²¹³ fər⁰

指姥姥疼外孙是白疼，指望不上；戏谑语，用于说明孩子与姥姥的血缘关系较远，与爷爷奶奶更亲近。外甥儿：外孙。坷垃地：野地。

……嘞筐 ᶻ 里 ᴴ 没烂杏。

lɛ⁰ kʻuæŋ²⁴ liou⁰ mu⁴² lan²¹³ ɕiŋ²¹³

喻指非常自恋，自认为自己的物品、自家人都是无可挑剔的。

……嘞头不好剃。

lɛ⁰ tʻou⁴² pu²⁴ xau⁵⁵ tʻi²¹³

喻指人强势而又固执，不识劝说、不易商量。

雷声大来雨点儿小。

luei⁴² ʂəŋ²⁴ ta²¹³ lai⁰ y⁵⁵⁻⁴² tior⁵⁵ ɕiau⁵⁵

喻指气势、声势很大，却不付出实际行动。

雷声跫 ᴰ⁻⁰ 圈 ᶻ 转，离雨没多远。

luei⁴² ʂəŋ²⁴ ɕyɛ⁴² tɕʻyæ²⁴ tʂuan²¹³　li²¹³ y⁵⁵ mu⁴² tuə²⁴⁻⁴² yan⁵⁵

指雷声从四面八方响起，预示即将下雨。跫 ᴰ⁻⁰ 圈 ᶻ：反复、来回；动词变韵表持续义，可替换为"跫着"。"多"无规则变调。

冷不冷捎衣裳，饥不饥捎干粮。

ləŋ⁵⁵ pu⁰ ləŋ⁵⁵ ʂau²⁴ i²⁴ ʂaŋ⁰　tɕi²⁴ pu⁰ tɕi²⁴ ʂau²⁴ kan²⁴ liaŋ⁰

指出门远行会遇到难以预料的事，要备足生活必需品，以备不时之需。

冷在三九，热在中伏。

ləŋ⁵⁵ tsai²¹³ san²⁴ tɕiou⁵⁵　ʐɚ²⁴ tsai²¹³ tʂuŋ²⁴ fu⁴²

指一年当中最冷的时候是三九天，最热的时候是中伏天。三九：冬至后的第三个九天。中伏：从夏至后第四个庚日到立秋后第一个庚日前一天。

离 ᴰ 你那个茄 ᶻ 棵 ᶻ，照样儿能吊死 ᴰ 人。
liɛ²¹³ ni⁵⁵ na⁰ kə⁰ tɕ'i:au⁴² k'uau²⁴ tʂau²¹³ iɚ²¹³ nəŋ⁴² tiau²¹³ sʅ⁰ zən⁴²

喻指缺少了某种条件或帮助，事情照样能办成。离 ᴰ、死 ᴰ：动词变韵均表完成义，可分别替换为"离了""死了"。

犁地不耙，功夫白下。
li⁴² ti²¹³ pu²⁴⁻⁴² pa²¹³ kuəŋ²⁴ fu⁰ pɛ⁴² ɕia²¹³

指庄稼地犁过之后，必须要耙。耙：把犁过的地里的大土块弄碎整平。

犁地得深，耙地得平。
li⁴² ti²¹³ tɛ²⁴ tʂ'ən²⁴ pa²¹³ ti²¹³ tɛ²⁴ p'iŋ⁴²

指犁地犁得深，耙地耙得平，有利于播种和农作物生长。

犁地离不了胯，推车离不了把。
li⁴² ti²¹³ li²¹³ pu⁰ liau⁰ k'ua⁵⁵ t'uei²⁴ tʂ'ʅ²⁴ li²¹³ pu⁰ liau⁰ pa⁵⁵

指犁地的时候胯上要用力，推车的时候要扶好车把。把：车把。

黎阳收，顾九洲。
li⁴² iaŋ⁰ ʂou²⁴ ku²¹³ tɕiou⁵⁵ tʂou²⁴

指浚县土壤肥沃，气候适宜，是重要的产粮基地。黎阳：浚县古称。

礼多人不怪，无礼人人嫌。
li⁵⁵ tuə²⁴ zən⁴² pu²⁴⁻⁴² kuai²¹³ u⁴² li⁵⁵ zən⁴² zən⁰ ɕian⁴²

指礼节多了无人责怪，而不懂礼节则会招人不满。嫌：怨。两个分句均可单独用作谚语。

里儿壮强似表儿壮，不壮过个□□。
liɚ⁵⁵ tʂuaŋ²¹³ tɕ'iaŋ⁴² sʅ⁰ pioɚ⁵⁵ tʂuaŋ²¹³ pu²⁴⁻⁴² tʂuaŋ²¹³ kuə²¹³ kə⁰ zəŋ⁴² tsaŋ²¹³

指对一个家庭而言，会持家的妻子比能干的丈夫更重要；如果家庭主妇好吃懒做、不会精打细算，就会造成家庭生活入不敷出等混乱状态。里儿：里子，这里指妻子。表儿：外表，这里指丈夫。壮：强壮、能干。□□：拮据、困窘、混乱不堪等。

理不短，嘴不软，背后不怕人褒贬。
li⁵⁵ pu²⁴ tuan⁵⁵ tsuei⁵⁵ pu²⁴ zuan⁵⁵ pei²¹³ xou²¹³ pu²⁴⁻⁴² p'a²¹³ zən⁴² pau²⁴ pian⁰

指只要不理亏、不因贪图小利而授人以柄，就不怕别人背后说闲话。褒贬：议论是非。

理儿是直嘞，路是弯嘞。

liər⁵⁵ ʂʅ²¹³ tʂʅ⁴² lɛ⁰   lu²¹³ ʂʅ²¹³ uan²⁴ nɛ⁰

喻指道理是客观的，不能任意修改、随意歪曲。

"理"字儿没多重，万人抬不动。

li⁵⁵ tsər⁰ mu⁴² tuə²⁴⁻⁵⁵ tʂuaŋ²¹³   uan²¹³ zən⁴² tʻai⁴² pu²⁴⁻⁴² tuəŋ²¹³

喻指情理大于天，任何人都不能违背情理法理。

鲤鱼肉，鲶鱼汤，论吃还是圪□ᶻ香。

li⁵⁵ y⁰ zou²¹³   nian²¹³ y⁰ tʻaŋ²⁴   luən²¹³ tʂʻʅ²⁴ xai⁴² ʂʅ²¹³ kɛ⁴² iæu²¹³ ɕiaŋ²⁴

指鲤鱼肉好吃，鲶鱼汤好喝；但相比较而言，还是三枪鱼肉最香。圪□ᶻ：三枪鱼。

力儿是活财，用完ᴰ再来。

liər²⁴ ʂʅ²¹³ xuə⁴² tsʻai⁴²   yŋ²¹³ uæ⁴² tsai²¹³ lai⁴²

喻指人的力气是用不尽的；劝诫人们要勤劳。完ᴰ：动词变韵表完成义，可替换为"完了"。

立冬不剜葱，落了一场空。

li²⁴ tuəŋ²⁴ pu²⁴ uan²⁴ tsʻuəŋ²⁴   luə²⁴ liau⁰ i²⁴ tʂʻaŋ⁵⁵⁻⁴² kʻuəŋ²⁴

指大葱必须在立冬之前收，否则就会被冻烂在地里。立冬：节气中的第19个（公历11月7—8日之间），标志冬季开始。

立了秋，把扇儿丢。

li²⁴ liau⁰ tɕʻiou²⁴   pa²¹³ ʂor²¹³ tiou²⁴

指立秋以后天气开始逐渐变凉。

立了秋，挂锄钩，拿起ᴴ镰把往地搂。

li²⁴ liau⁰ tɕʻiou²⁴   kua²¹³ tʂʻu⁴² kou²⁴   na⁴² tɕʻiai⁰ lian⁴² pa²¹³ uaŋ⁵⁵ ti²¹³ lou²⁴

指立秋之后就不用再锄地了，因为此时已经到了收割秋庄稼的时候。镰把：镰刀柄。搂：收割。

立眉是恶人。

li²⁴ mei⁴² ʂʅ²¹³ ə²⁴ zən⁴²

指迷信认为立眉毛的人凶狠不善。立眉：眉毛上翘。

立秋十八日，寸草都结籽。

li²⁴ tɕʻiou²⁴ ʂʅ⁴² pa²⁴⁻⁴² zʅ²¹³   tsuən²¹³ tsʻau⁵⁵ tou²⁴ tɕiɛ²⁴ tsʅ⁵⁵

指立秋过后十八天左右，各类草本植物都成熟结籽，逐渐走向凋零。寸草：较小的草，泛指各类植物。

立秋下雨样样儿收，立秋没雨一半儿丢。
li²⁴ tɕʻiou²⁴ ɕia²¹³ y⁵⁵ iaŋ²¹³ iɚ²¹³ ʂou²⁴　li²⁴ tɕʻiou²⁴ mu⁴² y⁵⁵ i²⁴⁼⁴² por²¹³ tiou²⁴

指立秋前后多雨对庄稼生长十分有利，而干旱则会造成减产。样样儿：泛指各类农作物。

立秋摘花椒，秋分摘红枣。
li²⁴ tɕʻiou²⁴ tʂɛ²⁴ xua²⁴ tɕiau⁰　tɕʻiou²⁴ fən⁰ tʂɛ²⁴ xuəŋ⁴² tsau⁵⁵

指秋前后收摘花椒，秋分时节收摘大枣。秋分：节气中的第 16 个（公历 9 月 22 日—23 日之间），这一天昼夜均分。

立秋种芝麻，老死 ᴰ 不开花。
li²⁴ tɕʻiou²⁴ tʂuəŋ²¹³ tʂʅ²⁴ ma²¹　lau⁵⁵ sʅə⁰ pu⁰ kʻai²⁴ xua²⁴

指立秋之后就不能再种芝麻了。死 ᴰ：动词变韵表加强肯定语气。

立夏到小满，倒伏定减产。
li²⁴ ɕia²¹³ tau²¹³ ɕiau⁵⁵⁼⁴² man⁰　tau⁵⁵ fu⁴² tiŋ²¹³ tɕian⁵⁵⁼⁴² tʂʻan⁵⁵

指立夏到小满，小麦即将成熟；如果大面积倒伏，肯定会造成减产。

立夏种梅豆①，一棵能收一箩头。
li²⁴ ɕia²¹³ tʂuəŋ²¹³ mei⁴² tou⁰　i²⁴ kʻuə²⁴ nəŋ⁴² ʂou²⁴ i²⁴ luə⁴² tou⁰

指立夏前后适宜种植梅豆。箩头：箩筐。

立 ᴰ 吃地陷，坐 ᴰ⁻⁰ 吃山空。
liɛ²⁴ tʂʻʅ²⁴ ti²¹³ ɕian²¹³　tsuə²¹³ tʂʻʅ²⁴ ʂan²⁴ kʻuəŋ²⁴

喻指只消费而没有收入，钱财再多也会有耗尽之时；劝诫人们要勤劳。立 ᴰ、坐 ᴰ⁻⁰：动词变韵均表持续义，可分别替换为"立着""坐着"。

俩人打架比 ᴰ 铁硬，打官司见官儿软似棉。
lia⁵⁵ zən⁴² ta⁵⁵ tɕia²¹³ piɛ⁵⁵ tʻiɛ²⁴ iŋ²¹³　ta⁵⁵ kuan²⁴ sʅ⁰ tɕian²¹³ kuor²⁴ zuan⁵⁵ sʅ²¹³ mian⁴²

喻指斗气时双方都很强硬，一旦闹到官府，却一个比一个胆怯。

俩人搁气不怨一 ᴴ 儿。
lia⁵⁵ zən⁴² kə²⁴ tɕʻi²¹³ pu²⁴⁼⁴² yan²¹³ yɚ²⁴

指只要是矛盾纠纷，肯定不完全是单方面的问题，双方大小都会有责任。搁气：置气、打架、闹别扭。一 ᴴ 儿："一个儿"的合音。

---

① 梅豆：又名刀豆、扁豆，一年生缠绕性草本植物；茎蔓生，小叶披针形，花白色或紫色；荚果长椭圆形，有红色和绿色两种，扁平且微弯，可以用作普通蔬菜食用。

连刮西南风，干嘞圪崩崩。

lian⁴² kua²⁴ ɕi²⁴ nan⁴² fəŋ²⁴　kan²⁴ nɛ⁰ kɛ²⁴ pəŋ⁰ pəŋ⁰

指刮西南风不会带来降雨，甚至造成干旱。

脸儿壮，吃嘞胖。

liǝr⁵⁵ tʂuan²¹³　tʂ'ʅ²⁴ lɛ⁰ p'aŋ²¹³

喻指只要能放下脸面、敢作敢为，就会有比别人更多的收获。也喻指为了一点利益，不惜舍弃自己的脸面。

脸皮厚吃个够，脸皮儿薄吃不着。

lian⁵⁵ p'i⁴² xou²¹³ tʂ'ʅ²⁴ kə⁰ kou²¹³　lian⁵⁵ p'iǝr⁴² puə⁴² tʂ'ʅ²⁴ pu⁰ tʂuə⁴²

指如果太顾忌颜面、畏首畏尾，什么也捞不到；而放得开、无所顾忌，反而能得利。喻指做事不能太拘谨，否则就会吃亏。

脸皮厚，机关枪打不透。

lian⁵⁵ p'i⁴² xou²¹³　tɕi²⁴ kuan⁰ tɕ'iaŋ²⁴ ta⁵⁵ pu²⁴⁻⁴² t'ou²¹³

喻指人为达目的而不顾廉耻。

两春夹一冬，必定暖烘烘。

liaŋ⁵⁵ tʂ'uən²⁴ tɕia²⁴ i⁰ tuəŋ²⁴　pi⁵⁵ tiŋ²¹³ nuan⁵⁵ xuəŋ²⁴ xuəŋ⁰

指如果阴历一年之中有两个"立春"，本年的冬天往往会是暖冬。又作：两春夹一冬，没被暖烘烘。

两好搁一好。

liaŋ⁵⁵⁻⁴² xau⁵⁵ kə²⁴ i²⁴ xau⁵⁵

指要融洽相处，单靠一方努力是不够的，需双方真诚付出并互相谦让。

两家ᶻ过，必有货。

liaŋ⁵⁵ tɕiæu²⁴ kuə²¹³　pi⁵⁵⁻⁴² iou⁵⁵ xuə²¹³

指三人扑克斗地主游戏中，如果上两家都不打底牌、不当地主，底牌中往往会有好牌，末家就会当地主。过：让过去。

两厢情愿，好结亲眷。

liaŋ⁵⁵ ɕiaŋ²⁴ tɕ'iŋ⁴² yan²¹³　xau⁵⁵ tɕiɛ²⁴ tɕ'in²⁴ tɕyan²¹³

指双方你情我愿，才能结为夫妻或认作其他亲戚关系。两厢：双方。

亮亮包，不臊气。

liaŋ²¹³ liaŋ⁰ pau²⁴　pu²⁴ sau²⁴ tɕ'i⁰

喻指撇清嫌疑，以免遭人误会。亮包：把包内的物品展示给人看。

量大福也大，机深祸也深。

liaŋ²¹³ ta²¹³ fu²⁴ iɛ⁰ ta²¹³　tɕi²⁴ tʂ'ən²⁴ xuə²¹³ iɛ⁰ tʂ'ən²⁴

指心胸宽广福气大，心机太重祸事多。量：气度、心胸。机：心机。

林子大了，啥鸟儿都有。
liŋ⁴² tsʅ⁰ ta²¹³ lə⁰ ʂa⁵⁵⁺⁴² nior⁵⁵ tou²⁴ iou⁵⁵

喻指社会或某团体中，各色人等鱼龙混杂，难免会有一些不靠谱的、令人讨厌的人；含贬义。

临阵磨枪，不利也光。
lin⁴² tʂən²¹³ muə⁴² tɕʻiaŋ²⁴ puᵘ²⁴⁺⁴² li²¹³ iɛ⁵⁵ kuaŋ²⁴

喻指事到临头才匆忙作准备，尽管作用不大，但或多或少总能起到一定作用。利：锋利。

零星吃瓦渣ᶻ，成总儿屙砖头。
liŋ⁴² ɕiŋ⁰ tʂʻʅ²⁴ ua⁵⁵⁺⁴² tʂæu⁰ tʂʻəŋ⁴² tsuər⁵⁵ ə²⁴ tʂuan²⁴ tʻou⁴²

喻指积少成多，零存整取；有戏谑意味。"瓦"无规则变调。成总儿：一总、汇总、成批地。

领导班子强，屋脊一根梁。
liŋ⁵⁵⁺⁴² tau⁵⁵ pan²⁴ tsʅ⁰ tɕʻiaŋ⁴² u²⁴ tɕi²⁴ i²⁴ kən²⁴ liaŋ⁴²

指领导班子的作用很重要，就像房屋的脊梁承载着整栋房屋一样。

琉璃圪嘣还能吹三吹嘞。
liou⁴² liº kɛ⁴² pəŋ⁰ xai⁴² nəŋ⁴² tʂʻuei²⁴ san²⁴ tʂʻuei²⁴ lɛ⁰

喻指人即使再脆弱，也具有一定的抵抗力、承受力。

柳不怕淹，松不怕干。
liou⁵⁵ pu²⁴⁺⁴² pʻa²¹³ ian²⁴ ɕyŋ²⁴ pu²⁴⁺⁴² pʻa²¹³ kan²⁴

指柳树耐涝，松树耐旱。"松"读音特殊。

柳毛开花，点豆种瓜。
liou⁵⁵ mau⁴² kʻai²⁴ xua²⁴ tian⁵⁵ tou²¹³ tʂuəŋ²¹³ kua²⁴

指柳絮飘扬的时候，正是种瓜种豆的时节。点：播种。

六十六，割块肉。
liou²¹³ ʂʅ⁰ liou²¹³ kə²⁴ kʻuai⁰ ʐou²¹³

指浚县习俗：父母六十六周岁之年，出嫁的女儿要给他们买一块猪肉，以示祈盼父母延年益寿；这"一块肉"也有讲究，必须是一刀切下来的、六斤左右。

六月韭，臭死狗。
liou²¹³ yɛ²⁴ tɕiou⁵⁵ tʂʻou²¹³ sʅ⁰ kou⁵⁵

指农历六月，是韭菜最不好吃的季节。韭：韭菜。

六月嘞天，小孩儿嘞脸。
liou²¹³ yɛ²⁴ lɛ⁰ tʻian²⁴ ɕiau⁵⁵ xor⁴² lɛ⁰ lian⁵⁵

指农历六月天气阴晴变化很快，就像小孩子情绪悲喜不定一样。

六月立秋，瓜菜不收。

liou²¹³ yɛ²⁴ li²⁴ tɕ'iou²⁴　kua²⁴ ts'ai²¹³ pu²⁴ ʂou²⁴

指如果立秋时间偏早（立秋大多在农历七月初一之后），说明天气转凉比较早，会影响瓜果蔬菜、粮食作物的收成。

六月六，看谷秀。

liou²¹³ yɛ²⁴ liou²¹³　kan²¹³ ku²⁴ ɕiou²¹³

指农历六月初六，谷子、玉米、大豆、花生等农作物正处于开花抽穗的时节，称为"秀穗"。谷：五谷，泛指庄稼。

六月扇儿，不可借。

liou²¹³ yɛ²⁴ ʂɚ²¹³　pu²⁴ k'ə⁵⁵ tɕiɛ²¹³

喻指别人正需要的东西不要借，不能只顾自身利益，也要替别人着想。

六月天，洼儿不干。

liou²¹³ yɛ²⁴ t'ian²⁴　uɐr²¹³ pu²⁴ kan²⁴

指农历六月雨水较多。洼儿：低洼的地方。

六月雨，隔牛背。

liou²¹³ yɛ²⁴ y⁵⁵　kɛ²⁴ niou⁴² pei²¹³

指夏季雷阵雨范围小、不成片，雷雨云移到那里就下到那里，雷雨云有多大范围就下多大范围。

龙虎必相斗，鸡嫁狗儿泪交流。

luəŋ⁴² xu⁵⁵ pi⁵⁵ ɕiaŋ²¹³ tou²¹³　tɕi²⁴ tɕia²¹³ kou⁵⁵ ɚr⁰ luei²¹³ tɕiau²⁴ liou⁴²

指迷信认为属龙的与属虎的、属鸡的与属狗的人不宜结婚。

楼上楼下，电灯电话。

lou⁴² ʂaŋ²¹³ lou⁴² ɕia²¹³　tian²¹³ təŋ²⁴ tian²¹³ xua²¹³

指生活困难时期人们所向往的美好生活；流行于20世纪六七十年代。

卤水点豆腐，一物降一物。

lu⁵⁵⁻⁴² ʂuei⁰ tian⁵⁵ tou²¹³ fu⁰　i²⁴⁻⁴² u²¹³ ɕiaŋ⁴² i²⁴⁻⁴² u²¹³

喻指世上的事物是相互制约的，每个人或物都会受到这样那样的制约。卤水：盐卤，是我国北方制作豆腐常用的凝固剂。降：使驯服。

路不平，有人铲；事儿不平，有人管。

lu²¹³ pu²⁴ p'iŋ⁴²　iou⁵⁵ ʐən⁴² tʂ'an⁵⁵　ʂɚ²¹³ pu²⁴ p'iŋ⁴²　iou⁵⁵ ʐən⁴² kuan⁵⁵

喻指不合理、不公平的事情，总会受到他人的谴责和干涉。

路不平，众人踩；理儿不公，大家摆。

lu²¹³ pu²⁴ p'iŋ⁴²　tʂuəŋ²¹³ ʐən⁴² ts'ai⁵⁵　liɚ⁵⁵ pu²⁴ kuaŋ²⁴　ta²¹³ tɕia⁰ pai⁵⁵

同"路不平,有人铲;事儿不平,有人管"。

路长崎岖,夜长梦多。
lu²¹³ tṣʻaŋ⁴² tɕʻi⁴² tɕʻy²⁴　iɛ²¹³ tṣʻaŋ⁴² məŋ²¹³ tuə²⁴

喻指事情拖久了可能会发生不利的变化。后一分句也可单独用作谚语,意思与整句相同。

路都是人走出ᴴ嘞。
lu²¹³ tou²⁴ ⎮ ⁴² ʂʅ²¹³ zən⁴² tsou⁵⁵ tṣʻuai⁰ lɛ⁰

喻指任何问题,只要用心思考、付出努力,就一定能找到解决的办法。

路远没轻重。
lu²¹³ yan⁵⁵ mu⁴² tɕʻiŋ²⁴ tṣuəŋ²¹³

指即使携带很轻、很小的物品,也会成为远行时的负担,要尽量轻装。

路远总能拾泡粪。
lu²¹³ yan⁵⁵ tsuəŋ⁵⁵ nəŋ⁴² ʂʅ⁴² pʻau²⁴ fən²¹³

喻指付出多了,总会见到收获。

路在人走,事在人为。
lu²¹³ tsai²¹³ zən⁴² tsou⁵⁵　ʂʅ²¹³ tsai²¹³ zən⁴² uei⁴²

喻指任何事情都是人做的,能否成功,主要取决于自己的努力程度。

露水见不了太阳,坏人见不了阳光。
lu⁵⁵⎮⁴² ʂuei⁰ tɕian²¹³ pu⁰ liau⁰ tʻai²¹³ iaŋ⁰　xuai²¹³ zən⁴² tɕian²¹³ pu⁰ liau⁰ iaŋ⁴² kuaŋ²⁴

喻指坏人只能偷偷摸摸做坏事。见不了:见不得。又作:露水见不得太阳,坏人害怕阳光。

驴粪蛋儿外面儿光,谁知ᴴ里ᴴ头过嘞啥时光。
ly⁴² fən²¹³ tor²¹³ uai²¹³ miər⁰ kuaŋ²⁴　ʂei⁴² tʂo²⁴ liou⁵⁵ tʻou⁰ kuə²¹³ lɛ⁰ ʂa⁵⁵ ʂʅ⁴²⎮²¹³ kuaŋ⁰

喻指表面上看着光鲜亮丽,实际却很衰败。也喻指人徒有其表,其实没有真本事。里ᴴ头:里头。知ᴴ:"知道"的合音。前一分句也可以单独用作谚语,意思与整句相同。

乱麻必有头儿,事出必有因。
luan²¹³ ma⁴² pi⁵⁵⎮⁴² iou⁵⁵ tʻər⁴²　ʂʅ²¹³ tṣʻu²⁴ pi⁵⁵⎮⁴² iou⁵⁵ in²⁴

喻指事情有果就一定有因,就像一团乱麻也一定会有头儿一样。

乱烧香得罪神,乱说话得罪人。
luan²¹³ ʂau²⁴ ɕiaŋ²⁴ tɛ²⁴ tsuei⁰ ʂən⁴²　luan²¹³ ʂuɤ²⁴ xua²¹³ tɛ²⁴ tsuei⁰ zən⁴²

喻指说话要深思熟虑,要把握好分寸;如果说话不着边际,难免会出漏洞、得罪人。

论吃还是家常饭，论穿还是粗布衣，知冷知热结发妻。
luən²¹³ tʂʻʅ²⁴ xai⁴² ʂʅ²¹³ tɕia²⁴ tʂʻaŋ⁴² fan²¹³　luən²¹³ tʂʻuan²⁴ xai⁴² ʂʅ²¹³ tsʻu²⁴ pu²¹³ i²⁴　tʂʅ²⁴ ləŋ⁵⁵ tʂʅ²⁴ zʅə²⁴ tɕiɛ²⁴ fa²⁴ tɕʻi²⁴

指家常饭最适合长期食用，穿粗布衣服的感觉最舒服，原配妻子最关心体贴。喻指旧情旧物最珍贵。又作：家常饭，粗布衣，知冷知热结发妻。

论吃还是热麻糖，论亲还是闺女娘。
luən²¹³ tʂʻʅ²⁴ xai⁴² ʂʅ²¹³ zʅə²⁴ ma⁴² tʻaŋ⁰　luən²¹³ tɕʻin²⁴ xai⁴² ʂʅ²¹³ kuei²⁴ ny⁰ niaŋ⁴²

指女儿跟母亲最贴心，母女关系最亲近。麻糖：油条。又作：论亲还是闺女娘，论吃还是麻糖香。

论行不论心，论心世上没好人。
luən²¹³ ɕiŋ⁴² pu²⁴⁺⁴² luən²¹³ ɕin²⁴　luən²¹³ ɕin²⁴ ʂʅ²¹³ ʂaŋ⁰ mu⁴² xau⁵⁵ zən⁴²

指世上之人，难免会有私欲和邪念，本性使然；但是，只能以其日常言行来评价一个人的品行，而不能以其内心的想法来判断。

论热是火口，论亲是两口。
luən²¹³ zʅə²⁴ ʂʅ²¹³ xuə⁵⁵⁺⁴² kʻou⁰　luən²¹³ tɕʻin²⁴ ʂʅ²¹³ liaŋ⁵⁵⁺⁴² kʻou⁰

指夫妻关系最为亲密。两口：夫妻。

萝卜白菜，各有所爱。
luə⁴² pu⁰ pɛ⁴² tsʻai²¹³　kə²⁴ iou⁵⁵ suə⁵⁵ ai²¹³

同"芥末拌凉菜，各人有心爱"。

萝卜快了不洗泥。
luə⁴² pu⁰ kʻuai²¹³ lə⁰ pu²⁴ ɕi⁵⁵ ni⁴²

喻指物品供不应求，就顾不上讲究质量了。也喻指做事只求速度，就顾不上细节了。快：卖得快。

骡ᶻ大₁马大₂都值钱，就人大₃不值钱。
luau⁴² ta²¹³ ma⁵⁵ ta²¹³ tou²⁴ tʂʅ⁴² tɕʻian⁴²　tɕiou²¹³ zən⁴² ta²¹³ pu²⁴ tʂʅ⁴² tɕʻian⁴²

喻指人越是为显示自己的身份地位而摆架子、装腔作势，威信反而会下降。大₃：架子大、自大。又作：牲口越大价儿越高，唯独人大不值钱。

骡ᶻ马不能一直拴ᴰ恁门儿上。
luau⁴² ma⁵⁵ pu²⁴ nəŋ⁰ i²⁴⁺⁴² tʂʅ⁰ ʂuæ²⁴ nən⁵⁵ mər⁴² ʂaŋ⁰

喻指贫困家庭也定有改变面貌之日。拴ᴰ：拴到，动词变韵表终点义。

骡ᶻ马凭嘞是走，工匠凭嘞是手。
luau⁴² ma⁵⁵ pʻiŋ⁴² lɛ⁰ ʂʅ⁰ tsou⁵⁵　kuaŋ²⁴ tɕiaŋ²¹³ pʻiŋ⁴² lɛ⁰ ʂʅ⁰ ʂou⁵⁵

喻指人有一技之长，才能有立身之本。凭：依仗。手：技能或技艺。又作：骡ᶻ马凭走，五匠凭手。

落黑儿都睡，荣华儿富贵；有明儿都醒，生就嘞穷种。
luə²⁴ xor⁰ tou⁰ ʂei²¹³　yŋ⁴² xuɐr²⁴ fu²¹³ kuei²¹³　iou⁵⁵ miər⁴² tou⁰ ɕiŋ⁵⁵　ʂəŋ²⁴ tɕiou²¹³ lɛ⁰ tɕʻyŋ⁴² tʂuaŋ⁵⁵

指睡眠质量高的人有福气。落黑儿：天刚黑。都：就。有明儿：天刚放亮。生就嘞：天生的。又作：落黑儿都睡，荣华儿富贵；不明都醒，是个穷种。

M

马老识途，人老ᴰ知理。
ma⁵⁵⁻⁴² lau⁵⁵ ʂʅ⁴² tʻu⁴²　zən⁴² lo⁵⁵ tʂʅ²⁴ li⁵⁵

指老年人阅历丰富，更通情理。老ᴰ：老了，形容词变韵表完成义。

马王爷不管驴嘞事儿。
ma⁵⁵ uaŋ⁰ iɛ⁴² pu²⁴ kuan⁵⁵ ly⁴² lɛ⁰ ʂər²¹³

喻指不参与、不干涉与自己不相关的事。马王爷：道教的神明——马神，全名"水草马明王"；传说长有三只眼，又称"三眼灵光"等。

马有转缰之病，人有旦夕祸福。
ma⁵⁵⁻⁴² iou⁵⁵ tʂuan⁵⁵ tɕiaŋ²⁴ tʂʅ⁰ piŋ²¹³　zən⁴² iou⁵⁵ tan²¹³ ɕi²⁴ xuɤ²¹³ fu²⁴

喻指有些灾祸发生在一瞬间，事先是无法预料的。转缰：缰绳转手之际，意为时间很短。

"马"走"日"，"象"走"田"，"车"走平路"炮"翻山，小"卒"至死不回还。
ma⁵⁵ tsou⁵⁵ zʅ²¹³　ɕiaŋ²¹³ tsou⁵⁵ tʻian⁴²　tɕy²⁴ tsou⁵⁵ pʻiŋ⁴² lu²¹³ pʻau²¹³ fan²⁴ ʂan²⁴　ɕiau⁵⁵ tsu⁴² tʂʅ²¹³ sʅ⁵⁵ pu²⁴ xuei⁴² xuan⁴²

指象棋"马""象""车""卒"的移动规则。"车"读音特殊。

蚂蚁①打长阵，下雨不过寸。
ma⁴² i⁰ ta⁵⁵ tʂʻaŋ⁴² tʂən²¹³　ɕia²¹³ y⁵⁵ pu²⁴⁻⁴² kuə²¹³ tsʻuən²¹³

指成群的蚂蚁摆开长蛇阵，预示天将降雨，但一般不会下大雨。

---

① 蚂蚁对土壤温度湿度的感知是非常灵敏的。

蚂蚁垒坝，不阴都下。

ma⁴² i⁰ luei⁵⁵ pa²¹³　pu²⁴ in²⁴ tou⁰ ɕia²¹³

指蚂蚁用泥土把窝围起来，预示阴雨将临。都：就。

蚂蚁迁窝，雨水必多。

ma⁴² i⁰ tɕʻian²⁴ uə²⁴　y⁵⁵⁻⁴² ʂuei⁰ pi⁵⁵ tuə²⁴

指蚂蚁迁窝，预示多雨。

买地买个莲花儿土，寻老婆ᶻ寻个小脚儿大屁股①。

mai⁵⁵ ti²¹³ mai⁵⁵ kə⁰ lian⁴² xuɐr⁰ tʻu⁵⁵　ɕin⁴² lau⁵⁵⁻²⁴ pʻau⁰ ɕin⁴² kə⁰ ɕiau⁵⁵ tɕyɣr²⁴ ta²¹³ pʻi²¹³ ku⁰

指买地要胶泥地，土质好、产量高；娶媳妇儿要娶脚小、屁股大的女子，既好看，又能多生孩子。莲花土：胶泥土。寻：娶。又作：买牛买个爬地虎，娶媳妇儿娶个大屁股。

买卖不成仁义在。

mai⁵⁵ mai⁰ pu²⁴ tʂʻəŋ⁴² zən⁴² i²¹³ tsai²¹³

指虽没做成买卖，但彼此间的情分还在，不能也不会为此而伤了和气。

买卖差一步都不中。

mai⁵⁵ mai⁰ tʂʻa²⁴ i²⁴⁻⁴² pu²¹³ tou⁰ pu²⁴ tʂuəŋ²⁴

指做买、卖生意，店面的位置很重要。也指做生意要抓住时机，迟一步就可能被别人抢占先机。

买卖两条心，谁都见ᴰ钱亲。

mai⁵⁵ mai²¹³ liaŋ⁵⁵ tʻiau⁴² ɕin²⁴　ʂei⁴² tou⁰ tɕiæ²¹³ tɕʻian⁴² tɕʻin²⁴

指买家和卖家的想法永远不会一致。见ᴰ：介词，对。

买卖人嘴里ᴴ没实话。

mai⁵⁵ mai⁰ zən⁰ tsuei⁵⁵ liou⁰ mu⁴² ʂɿ⁴² xua⁰

指由于竞争及利益关系等，生意场上的人一般不会透露真实信息。

买起了马都配起了鞍，娶起了媳妇儿都管起了饭。

mai⁵⁵ tɕʻi⁵⁵ liau⁰ ma⁵⁵ tou⁰ pʻei²¹³ tɕʻi⁵⁵ liau⁰ an²⁴　tɕʻy⁵⁵ tɕʻi⁵⁵ liau⁰ ɕi⁴² fər⁰ tou⁰ kuan⁵⁵ tɕʻi⁵⁵ liau⁰ fan²¹³

指有能力娶妻，就有能力保证其衣食无忧。喻指有能力做某事，就一定能负起相应的责任。起：用在动词后表可能。都：就。又作：喂起了猪都打起了圈，娶起了媳妇儿都管起了饭。

---

① 旧时以妇女裹小脚儿为美，旧俗认为屁股大的女子能多生孩子。

买庄儿买地，不胜叫孩 ᶻ 学门儿手艺。

mai⁵⁵ tʂuɐr²⁴ mai⁵⁵ ti²¹³ 　pu²⁴⁻⁴² ʂəŋ²¹³ tɕiau²¹³ xɛau⁴² ɕyə⁴² mər⁴² ʂou⁵⁵ i⁰

指为子孙留下再多的财富，都不如让他们学会一技之长。庄儿：宅院。

麦盖三床被，枕着蒸馍睡。

mɛ²⁴ kai²¹³ san²⁴ tʂʻuaŋ⁴² pei²¹³ 　tʂən²¹³ tʂʻʅ⁰ tʂən²⁴ muə⁰ ʂei²¹³

喻指冬季多雪，有利于小麦丰产。被：被子。蒸馍：名词，馒头。

麦黄不要风，大风没收成。

mɛ²⁴ xuaŋ⁴² pu²⁴⁻⁴² iau²¹³ fəŋ²⁴ 　ta²¹³ fəŋ²⁴ mu⁴² ʂou²⁴ tʂʻəŋ⁰

指小麦由青变黄、即将成熟的时候，刮大风会造成严重减产。

麦黄西南风，麦收一场空。

mɛ²⁴ xuaŋ⁴² ɕi²⁴ nan⁴² fəŋ²⁴ 　mɛ²⁴ ʂou²⁴ i²⁴ tʂʻaŋ⁵⁵⁻⁴² kʻuəŋ²⁴

同"麦黄不要风，大风没收成"。

麦见麦，八个月。

mɛ²⁴ tɕian²¹³ mɛ²⁴ 　pa²⁴⁻⁴² kə⁰ yɛ²⁴

指小麦从播种到收割大约需要八个月时间。

麦浇早，谷浇老，大豆最怕霜降早。

mɛ²⁴ tɕiau²⁴ tsau⁵⁵ 　ku²⁴ tɕiau²⁴ lau⁵⁵ 　ta²¹³ tou²¹³ tsuei²¹³ pʻa²¹³ ʂuaŋ²⁴ tɕiaŋ²¹³ tsau⁵⁵

指小麦适宜在生长早期浇水，谷子适宜在即将成熟之时浇水，而大豆必须在霜冻之前收割。霜降：节气中的第 18 个（公历 10 月 23—24 日之间），秋季最后一个节气。

麦进场，小孩 ᶻ 三天没冇娘。

mɛ²⁴ tɕin²¹³ tʂʻaŋ⁴² 　ɕiau⁴² xɛau²⁴ san²⁴ tʻian²⁴ mu⁴² mau⁰ niaŋ⁴²

指麦收季节，是庄稼人最忙的时节。场：堆放谷物的平整土地；读音特殊。没冇：没有。

麦垄里 ᴴ 跑开狗，一亩少收好几斗。

mɛ²⁴ lyŋ⁵⁵ liou⁰ pʻau⁵⁵ kʻai²⁴ kou⁵⁵ 　i²⁴ mu⁵⁵ ʂau⁵⁵ ʂou²⁴ xau²¹³ tɕi⁰ tou⁵⁵

指小麦苗过于稀疏会影响收成。"垄"读音特殊。又作：麦垄里 ᴴ 跑开狗，一亩少收粮一斗。

麦没二旺，冬旺春不旺。

mɛ²⁴ mu⁴² ər²¹³ uaŋ²¹³ 　tuəŋ²⁴ uaŋ²¹³ tʂʻuən²⁴ pu⁰ uaŋ²¹³

指冬季小麦重在盘根，不能长得太旺；否则，来年春天就长不旺了，会影响收成。第一个分句也可以单独用作谚语，意思与整句相同。

麦怕三月寒，花怕八月连阴天。

mε²⁴ pʻa²¹³ san²⁴ yε⁰ xan⁴² xua⁴² pʻa²¹³ pa²⁴ yε⁰ lian⁴² in⁰ tʻian²⁴

指农历三月气温偏低对小麦生长不利；农历八月正值棉花开花儿之时，连日阴雨会严重影响产量。花：棉花。

麦收八十三场雨，不递七十二月下。

mε²⁴ şou²⁴ pa²⁴ ʂʅ⁴² san²⁴ tʂʻaŋ⁵⁵⁻⁴² y⁵⁵ pu²⁴⁻⁴² ti²¹³ tɕʻi²⁴ ʂʅ⁴² ər²¹³ yε²⁴ ɕia²¹³

指农历八月（小麦播种之时）、十月（小麦扎根分蘖期）、来年三月（小麦拔节孕穗期）雨水充足，有利于冬小麦生长；但是，如果雨雪分别提前至农历七月、十月、二月，则更为有利。前一个分句也可以单独用作谚语。

麦收三件儿宝：头儿大穗儿多籽粒饱。

mε²⁴ şou²⁴ san²⁴⁻⁴² tɕior²¹³ pau⁵⁵ tʻər⁴² ta²¹³ suər²¹³ tuə²⁴ tsʅ⁵⁵ li⁰ pau⁵⁵

指小麦丰收的特征是：穗儿大、穗儿多、籽粒饱满。收：收成好。

麦收三月雨，不递二月下。

mε²⁴ şou²⁴ san²⁴ yε⁰ y⁵⁵ pu²⁴⁻⁴² ti²¹³ ər²¹³ yε²⁴ ɕia²¹³

指农历二月雨雪比三月雨雪更有利于小麦生长。收：收成。又作：三月雨不递二月下。

麦收胎里ᴴ富，胎里ᴴ不富气破肚。

mε²⁴ şou²⁴ tʻai²⁴ liou⁰ fu²¹³ tʻai²⁴ liou⁰ pu²⁴⁻⁴² fu²¹³ tɕʻi²¹³ pʻuə²¹³ tu²¹³

指冬小麦种植之前要施足底肥，以保证麦根及麦苗的发育，并为分蘖、拔节、孕穗、增粒等打下良好的基础。又作：麦收胎里ᴴ富，底肥要充足。

麦收一盘耙，秋收一张锄。

mε²⁴ şou²⁴ i²⁴ pʻan⁴² pa²¹³ tɕʻiou²⁴ şou²⁴ i²⁴ tʂaŋ²⁴ tʂʻu⁴²

指耙地对小麦播种及生长很重要，秋作物关键在多锄。耙：碎土、平地的农具，其作用是把犁过的土地里的大土块弄碎弄平。

麦熟一晌，蚕老一时。

mε²⁴ şu⁴² i²⁴ şaŋ⁵⁵ tsʻan⁴² lau⁵⁵ i²⁴ ʂʅ⁴²

指小麦成熟的时间与蚕上蔟的时间一样，时间短而集中。

麦要夹生收，豆得摇铃割。

mε²⁴ iau²¹³ tɕia²⁴ şəŋ²⁴ şou²⁴ tou²¹³ tε²⁴ iau⁴² liŋ⁴² kə²⁴

指小麦要适当提前收割，而豆子则必须在十分成熟的时候才能收割，否则就会减产。摇铃：喻成熟的豆荚在秋风吹拂下摇摆，发出声响。

麦叶儿一二三，蝼蛄咬嘞欢。

mε²⁴ iɤr²⁴ i²⁴⁻⁴² ər²¹³ san²⁴ lε²⁴ ku⁰ iau⁵⁵ lε⁰ xuau²⁴

指小麦刚发芽（有两、三个叶片）时，易遭受蝼蛄咬根。蝼蛄：一种昆虫，生活在泥土中，昼伏夜出，能咬断植物的根、嫩茎、幼苗。

麦在种，秋在管。

mɛ²⁴ tsai²¹³ tʂuəŋ²¹³　tɕ'iou²⁴ tsai²¹³ kuan⁵⁵

指小麦能否丰产，播种最关键；秋作物能不能高产，田间管理很重要。

麦种 ᶻ⁻⁰ 三年，不选要变。

mɛ²⁴ tʂuəŋ⁵⁵ san²⁴ nian⁴²　pu²⁴ ɕyan⁵⁵ iau²¹³ pian²¹³

指小麦种子连续使用三年就要重新更换，否则会退化减产。

麦种深，谷种浅，荞麦芝麻半边儿脸。

mɛ²⁴ tʂuəŋ²¹³ tʂ'ən²⁴　ku²⁴ tʂuəŋ²¹³ tɕ'ian⁵⁵　tɕ'iau⁴² mɛ²⁴ tʂʅ²⁴ ma⁰ pan²¹³ pior²⁴ lian⁵⁵

指麦子要深种，谷子要浅种；而荞麦、芝麻宜更浅，只需撒上一层薄土、让种子似隐似现即可(因为种子较小，种深了难以破土)。

卖饭嘞不怕大肚汉，卖布嘞不怕扁担量。

mai²¹³ fan²¹³ nɛ⁰ pu²⁴⁴² p'a²¹³ ta²¹³ tu²¹³ xan²¹³　mai²¹³ pu²¹³ lɛ⁰ pu²⁴⁴² p'a²¹³ pian⁵⁵ tan⁰ liaŋ⁴²

指经商之人都喜欢顾客多买东西。量：丈量。

卖梨不卖筐，卖驴不卖缰。

mai²¹³ li⁴² pu²⁴⁴² mai²¹³ k'uaŋ²⁴　mai²¹³ ly⁴² pu²⁴⁴² mai²¹³ tɕiaŋ²⁴

喻指做事不能丢掉最根本的东西，以便继续做下去。

瞒过初一，瞒不过十五。

man⁴² kuə²¹³ tʂ'u²⁴ i²⁴　man⁴² pu⁰ kuə²¹³ ʂʅ⁴² u⁵⁵

指做坏事能隐瞒一时，不能隐瞒一世，终究有一天会暴露。

瞒四不瞒五。

man⁴² ʂʅ²¹³ pu²⁴ man⁴² u⁵⁵

指妇女怀孕，四个月看上去还不太明显，五个月就肯定能看出来了。

满堂儿女，赶不上半路儿夫妻。

man⁵⁵ t'aŋ⁴² ər⁴² ny⁵⁵　kan⁵⁵ pu⁰ ʂaŋ⁰ pan²¹³ luər²¹³ fu²⁴ tɕ'i²⁴

指人到晚年，夫妻相伴是最重要的；因为子女对父母的感情，远远比不上夫妻、甚至再婚夫妻之间的相互体贴和关照。半路儿夫妻：再婚夫妻。

慢病在养，急病得治。

man²¹³ piŋ²¹³ tsai²¹³ iaŋ⁵⁵　tɕi⁴² piŋ²¹³ tɛ²⁴ tʂʅ²¹³

指慢性病更注重调养，而急性病必须尽早治疗。

慢工出细活，毛糙做嘞多。

man²¹³ kuəŋ²⁴ tʂ'ʅ²⁴ ɕi²¹³ xuə⁴²　mau⁴² ts'au⁰ tsu²¹³ lɛ⁰ tuə²⁴

本义指工匠慢雕细琢才能做出精品。喻指做事要循序渐进，不能急于求成，否则会影响质量。毛糙：马虎。前一个分句也可以单用作谚语。

芒种见麦茬。

maŋ⁴² tʂuəŋ²¹³ tɕian²¹³ mɛ²⁴ tʂʻa⁴²

指芒种前后收割小麦。麦茬：小麦收割后留在地里的麦秆下部及根部。

芒种忙，麦上场。

maŋ⁴² tʂuəŋ²¹³ maŋ⁴²　mɛ²⁴ ʂaŋ²¹³ tʂʻaŋ⁴²

同"芒种见麦茬"。场：晾晒谷物的平整土地；读音特殊。

芒种三日镰钐响。

maŋ⁴² tʂuəŋ²¹³ san²⁴⁻⁴² ʐʅ²¹³ lian⁴² ʂan²¹³ ɕiaŋ⁵⁵

同"芒种见麦茬"。钐：也叫钐镰、钐刀，一种长柄镰刀，比一般的镰刀大。

猫急 ᴅ 上树，狗急 ᴅ 跳墙，兔 ᶻ⁻⁰ 急 ᴅ 还咬人嘞。

mau⁴² tɕiɛ⁴² ʂaŋ²¹³ ʂu²¹³　kou⁵⁵ tɕiɛ⁴² tʻiau²¹³ tɕʻiaŋ⁴²　tʻu²¹³ tɕiɛ⁴² xai⁴² iau⁵⁵ ʐən⁴² nɛ⁰

本义指猫、狗、兔子急了会有非常之举。喻指人被逼急了，什么事情都能做得出来；善良温顺的人，被逼急了也会拼命抵抗。急 ᴅ：急了，形容词变韵表完成义。最后一个分句也可单独用作谚语，意思与整句相同。

毛毛雨儿能打湿 ᴅ 衣裳，杯杯酒能吃空 ᴅ 家当。

mau⁴² mau⁰ yər⁵⁵ nəŋ⁴² ta⁵⁵ ʂɚ²⁴ i²⁴ ʂaŋ　pei²⁴ pei⁰ tɕiou⁵⁵ nəŋ⁴² tʂʻʅ²⁴ kʻuo²⁴ tɕia²⁴ taŋ⁰

喻指贪酒能败家。毛毛雨儿：绵绵细雨。湿 ᴅ、空 ᴅ：形容词变韵均表完成义，可分别替换为"湿了""空了"。家当：家产。

卯时开门，骡马成群。

mau⁵⁵ ʂʅ⁴² kʻai²⁴ mən⁴²　luau⁴² ma⁵⁵ tʂʻəŋ⁴² tɕʻyn⁴²

喻指勤劳能致富。卯时：又称日出、日始、破晓、旭日，指早上 5 点至上午 7 点，是十二时辰中的第四个时辰。开门：起床（干活）。

没吃过猪肉，还没见过猪咋走哇？

mu⁴² tʂʻʅ²⁴ kuə⁰ tʂu²⁴ ʐou⁰　xai⁴² mu⁴² tɕian²¹³ kuə⁰ tʂu²⁴ tsa⁵⁵⁻⁴² tsou⁵⁵ ua⁰

喻指虽然没有直接经验，但有间接经验，并非完全不懂。也喻指许多道理是相通的，可以举一反三。

没□着狐狸，反惹一身骚。

mu⁴² kʻɛ⁴² tʂu⁰ xu⁵⁵ li⁰　fan⁵⁵ ʐə⁵⁵ i²⁴ ʂən²⁴ sau²⁴

喻指非但没有获益，反而留下嫌疑，授人以柄。□：捉、逮。

没高山哪儿显平地？
mu⁴² kau²⁴ ʂan²⁴ nɚr⁵⁵ ɕian⁵⁵ pʻiŋ⁴² ti²¹³
喻指没有比较，就显不出高低优劣之差别。显：显示、显现。

没官儿有秀才，不中再回来。
mu⁴² kuor²⁴ iou⁵⁵ ɕiou²¹³ tsʻai⁰　pu²⁴ tʂuəŋ²⁴ tsai²¹³ xuei⁴² lai⁰
喻指退而求其次，办事时托找不到核心人物，就先找次要人物试试。

没过不去嘞河，没爬不过嘞坡。
mu⁴² kuə²¹³ pu⁰ tɕʻy²¹³ lɛ⁰ xə⁴²　mu⁴² pʻa⁴² pu⁰ kuə²¹³ lɛ⁰ pʻuə²⁴
喻指世上没有克服不了的困难。

没君子不养艺人。
mu⁴² tɕyn²⁴ tsɿ⁵⁵ pu²⁴ iaŋ⁵⁵ i²¹³ ʐən⁴²
指没有君子的乐善好施，卖艺之人便无法生存。不养：养不了。艺人：以卖艺为生的人。

没理三扁担，有理扁担三。
mu⁴² li⁵⁵ san²⁴ pian⁵⁵ tan⁰　iou⁵⁵⁻⁴² li⁵⁵ pian⁵⁵ tan⁰ san²⁴
喻指不辨是非，给予双方同样的惩罚。又作：有理五八，没理四十。

没力不拉架。
mu⁴² li²⁴ pu²⁴ la²⁴ tɕia²¹³
喻指要有自知之明，不要干涉、参与自己力不能及的事。拉架：劝架。

没利不起早，有利盼鸡叫。
mu⁴² li²¹³ pu²⁴ tɕʻi⁵⁵⁻⁴² tsau⁵⁵　iou⁵⁵ li²¹³ pʻan²¹³ tɕi²⁴ tɕiau²¹³
喻指自私之人看重的是利益，绝不会做无利可图的事。

没冇过不去嘞火焰山。
mu⁴² mau⁰ kuə²¹³ pu⁰ tɕʻy²¹³ lɛ⁰ xuə⁵⁵ ian²¹³ ʂan²⁴
同"没过不去嘞河，没爬不过嘞坡"。

没冇家贼，引不来外鬼。
mu⁴² mau⁰ tɕia²⁴ tsei⁴²　in⁵⁵ pu⁰ lai⁰ uai²¹³ kuei⁵⁵
喻指事情往往都是先从内部出现问题，内外勾结而招致祸患。

没冇十成苗儿，难有十成收。
mu⁴² mau⁰ ʂɿ⁴² tʂʻəŋ⁴² mior⁴²　nan⁴² iou⁵⁵ ʂɿ⁴² tʂʻəŋ⁴² sou²⁴
指庄稼苗不好，就不会有好收成。喻指没有好基础，就不会有大收获。

没冇梧桐树，引不来金凤凰。
mu⁴² mau⁰ u²⁴ tʻuəŋ⁴² ʂʅ²¹³　in⁵⁵ pu⁰ lai⁴² tɕin²⁴ fəŋ²¹³ xuaŋ⁰

旧指家庭条件不好，就娶不上好媳妇儿。今喻指不具备一定的条件，就招引不来人才。凤凰：古代传说中的百鸟之王，栖息在梧桐树上。

没冇□那个戏台，你能唱 ᴰ 戏哟？
mu⁴² mau⁰ iæ⁴² na⁰ kə⁰ ɕi²¹³ tʻai⁰　ni⁵⁵ nəŋ⁴² tʂʻæŋ²¹³ ɕi²¹³ io⁰

喻指借助别人的平台，你才有了施展本领的机会。□：人家。唱 ᴰ：唱了，动词变韵表完成义。

没钱不能过，钱多也是祸。
mu⁴² tɕʻian⁴² pu²⁴ nəŋ⁴² kuə²¹³　tɕʻian⁴² tuə²⁴ iɛ⁵⁵ ʂʅ²¹³ xuə²¹³

指没钱不行，而钱过多有时也会引起祸端。

没钱难办有钱事，有钱难买不卖物。
mu⁴² tɕʻian⁴² nan⁴² pan²¹³ iou⁵⁵ tɕʻian⁴² ʂʅ²¹³　iou⁵⁵ tɕʻian⁴² nan⁴² mai⁵⁵ pu²⁴⁻⁴² mai²¹³ u²¹³⁻²⁴

指没有钱办不成事，但有钱也并非就能随心所欲。"物"无规则变调。

没使死嘞人。
mu⁴² ʂʅ⁵⁵ sʅ⁰ lɛ⁰ zən⁴²

指日常工作累不死人；奉劝人们尽力做事，不要偷懒耍滑。

没事儿不惹事儿，有事儿不怕事儿。
mu⁴² ʂər²¹³ pu²⁴ ʐʅə⁵⁵ ʂər²¹³　iou⁵⁵ ʂər²¹³ pu²⁴⁻⁴² pʻa²¹³ ʂər²¹³

指不主动招惹是非，一旦遇到麻烦也不畏惧退缩。"惹"也作"找"。

眉圈眼，抱金碗。
mei⁴² tɕʻyan²⁴ ian⁵⁵　pu²¹³ tɕin²⁴ uan⁵⁵

指女性眉毛细长是有福之相。圈：围。"抱"读音特殊。

媒人嘞嘴，打兔嘞腿。
mei⁴² zən⁰ nɛ⁰ tsuei⁵⁵　ta⁵⁵ tʻu²¹³ lɛ⁰ tʻuei⁵⁵

本义指牵线说媒凭的是能说会道，猎打野兔凭的是腿脚麻利。喻指人各有自己的技能和本事。

煤灰掺 ᴰ 上尿，敢跟 ᴰ 大粪摽。
mei⁴² xuei²⁴ tʂʻæ²⁴ ʂaŋ⁰ niau²¹³　kan⁵⁵ kɛ²⁴ ta²¹³ fən⁰ piau²¹³

指煤灰和尿搅拌在一起，肥力能赶上人粪尿。掺 ᴰ：动词变韵仅作为单趋式中的强制性形式成分，不表实际意义。大粪：人粪尿。摽：比、赛。

门不离五，床不离七，棺不离八。
mən⁴² pu²⁴⁻⁴² li²¹³ u⁵⁵　tʂʻuan⁴² pu²⁴⁻⁴² li²¹³ tɕʻi²⁴　kuan²⁴ pu²⁴⁻⁴² li²¹³ pa²⁴

指房门的尺寸要含数字"五"，取"五福临门"之意；床的长宽尺寸要含"七"，谐音"床不离妻"；棺材的尺寸要含"八"，"棺"谐"官"，"八"

谐"发",有升官发财之意。

门儿里出身,强似三分。

mər⁴² li⁰ tʂʻʅ²⁴ ʂən²⁴　tɕʻiaŋ⁴² sʅ²¹³ san²⁴ fən²⁴

指出身于具有某种传统技艺的家庭,耳濡目染,对本行的技艺自然而然会有几分优势。又作:门儿里出身,自长三分。

门风不正,不受打听。

mən⁴² fəŋ⁰ pu²⁴⁺⁴² tʂən²¹³　pu²⁴⁺⁴² ʂou²¹³ ta⁵⁵ tʻiŋ⁰

指家风不好、品行不端的人,关键时候街坊邻居都不会为其添好言。不受:经不起。

蠓蠓虫儿打脸,离下不远。

məŋ²⁴ məŋ⁰ tʂʻuər⁴² ta⁵⁵⁺⁴² lian⁵⁵　li²¹³ ɕia²¹³ pu²⁴ yan⁵⁵

指如果蠓虫很多,且飞得较低,预示要下雨。蠓蠓虫儿:一种昆虫,成虫很小,黑色或褐色,触角细长,翅短而宽。下:下雨。

梦福是祸,梦死得生。

məŋ²¹³ fu²⁴ sʅ²¹³ xuə²¹³　məŋ²¹³ sʅ⁵⁵ tɛ²⁴ ʂəŋ²⁴

指梦境与事实相反。两个分句都可以单独用作谚语,意思与整句相同。

蜜蜂采蜜,不为□吃;小燕儿搭窝儿,不为□住。

mi²⁴ fəŋ⁰ tsʻai⁵⁵ mi²⁴　pu²⁴⁺⁴² uei²¹³ tsɿ²¹³ tʂʻʅ²⁴　ɕiau⁵⁵ ior²¹³ ta²⁴ uor²⁴ pu²⁴⁺⁴² uei²¹³ tsɿ²¹³ tʂʅ²¹³

喻指品格高尚的人,不会为一己私利而忙碌。□:自己。两个分句都可以单独用作谚语,意思与整句相同。

蜜蜂出窝天放晴,鸡ᶻ不进笼阴雨临。

mi²⁴ fəŋ⁰ tʂʻʅ²⁴ uə²⁴ tʻian²⁴ faŋ²¹³ tɕʻiŋ⁴²　tɕi:au²⁴ pu²⁴⁺⁴² tɕin²¹³ luəŋ⁴² in²⁴ y⁵⁵ lin⁴²

指蜜蜂飞出巢,预示天晴;鸡不进笼子或推迟进笼时间,预示阴雨。

棉锄七遍,桃赛蒜瓣。

mian⁴² tʂʻu⁴² tɕʻi²⁴⁺⁴² pian²¹³　tʻau⁴² sai²¹³ suan²¹³ pan²¹³

指棉花宜多锄。桃:棉桃。

棉花不打杈,长成柴火架。

mian⁴² xua⁰ pu²⁴ ta⁵⁵ tʂʻa²¹³　tʂaŋ⁵⁵ tʂʻəŋ⁰ tʂʻai⁴² xuə⁰ tɕia²¹³

指棉花生长过程中需要为其整枝,否则会影响产量。打杈:摘除不能开花结果的营养枝,以利于其他果枝生长。

棉花是个铁脚汉,干死ᴰ还能收一半。

mian⁴² xua⁰ sʅ²¹³ kə⁰ tʻiɛ²⁴ tɕyə²⁴ xan²¹³　kan²⁴ sɿ⁰ xai⁴² nəŋ⁴² ʂou²⁴ i²⁴⁺⁴²

pan²¹³

指棉花比较耐旱。死 ᴰ：动词变韵加强肯定语气。

面条 ᶻ 姓张，越烫越香。

mian²¹³ tʻiæu⁴² ɕin⁴² tʂaŋ²⁴　yɛ²⁴ tʻaŋ²¹³ yɛ²⁴ ɕiaŋ²⁴

字面义指面条儿越烫越入味儿、越好吃；其实是由于旧时生活艰难，吃剩下的饭菜舍不得扔，烫了再吃；此乃吃剩饭时的调侃、自谑之语。又作：剩饭姓张，越烫越香。

庙小□不下大菩萨。

miau²¹³ ɕiau⁵⁵ tʂʅə²⁴ puº ɕia²¹³ ta²¹³ pʻu⁴² saº

喻指有大才干的人，无法在小单位施展才能；多用于委婉拒绝。也喻指人小有本事而摆架子；含讥讽义。□：容纳；又音 tʂuə²⁴。又作：庙小请不来大菩萨。

庙小神灵大，坑浅王八多。

miau²¹³ ɕiau⁵⁵ ʂən⁴² liŋº ta²¹³　kʻəŋ²⁴ tɕʻian⁵⁵ uaŋ⁴² paº tuə²⁴

喻指人虽不多、涉及的范围不大，但鱼龙混杂，任何坏事都有可能发生，邪恶势力不容忽视。

明白人不用细讲。

miŋ⁴² pɛº zən⁴² pu²⁴⁺⁴² yŋ²¹³ ɕi²¹³ tɕiaŋ⁵⁵

指跟通情达理的人非常容易沟通。

明枪易躲，暗箭难防。

miŋ⁴² tɕʻiaŋ²⁴ i²¹³ tuə⁵⁵　an²¹³ tɕian²¹³ nan⁴² faŋ⁴²

喻指公开的挑衅容易对付，暗藏的敌人却难以提防。

明人不用细讲，响鼓不用重锤。

miŋ⁴² zən⁴² pu²⁴⁺⁴² yŋ²¹³ ɕi²¹³ tɕian⁵⁵　ɕiaŋ⁵⁵⁺⁴² ku⁵⁵ pu²⁴⁺⁴² yŋ²¹³ tʂuəŋ²¹³ tʂʻuei⁴²

同"明白人不用细讲"。前后两个分句都可以单独用作谚语。

明人面前不说暗话。

miŋ⁴² zən⁴² mian²¹³ tɕʻian⁴² pu²⁴ ʂʅə²⁴ an²¹³ xua²¹³

指跟明白人讲话无须遮遮掩掩。

明是一把火，暗是一把刀。

miŋ⁴² ʂʅ²¹³ i²⁴ pa⁵⁵⁺⁴² xuə⁵⁵　an²¹³ ʂʅ²¹³ i²⁴ pa⁵⁵ tau²⁴

喻指人表面很和善、很热情，内心却非常凶狠。

命大撞嘞天鼓响。

miŋ²¹³ ta²¹³ tʂuaŋ²¹³ lɛº tʻian²⁴ ku⁵⁵ ɕiaŋ⁵⁵

喻指幸运的人往往能逢凶化吉。

命里没儿难求子。

miŋ²¹³ li⁰ mu⁴² ər⁴² nan⁴² tɕ'iou⁴² tsɿ⁵⁵

指命运中没有儿子，求也求不来。喻指凡事应顺其自然，不可强求。

命里有，不用糗。

miŋ²¹³ li⁰ iou⁵⁵　pu²⁴⁻⁴² yŋ²¹³ tɕ'iou⁵⁵

指命运是上天注定的，宿命中有的东西会不求自来。糗：等待、祈求。

命里 ᴰ 八合米，走到天边儿不满升。

miŋ²¹³ liou⁰ pa²⁴⁻⁴² kə²¹³ mi⁵⁵　tsou⁵⁵ tau⁰ t'ian²⁴ pior²⁴ pu²⁴ man⁵⁵ ʂəŋ²⁴

喻指人的生死、贫富、福禄、祸灾等都是命中注定的，个人无论如何都无力改变。合：市制容量单位，十合为一升，十升为一斗。

磨脐不动，使死推磨嘞。

muə²¹³ tɕ'i⁴² pu²⁴⁻⁴² tuəŋ²¹³　ʂɿ⁵⁵ sɿ⁰ t'uei²⁴ muə²¹³ lɛ⁰

本义指只要磨轴不转动，无论如何也推不动磨。喻指如果关键人物不积极，事情就难以办成。磨脐：磨轴。使：累。

母鸡打架，不阴都下。

mu⁵⁵ tɕi⁰ ta⁵⁵ tɕia²¹³　pu²⁴ in²⁴ tou⁰ ɕia²¹³

指母鸡发生争斗，预示有阴雨。都：就。

母猪二次配，猪崽儿能加倍。

mu⁵⁵ tʂʅ²⁴ ər²¹³ ts'ʅ²¹³ p'ei²¹³　tʂʅ²⁴ tsor⁵⁵ nəŋ⁴² tɕia²⁴ pei²¹³

指母猪产仔，第二次比第一次猪崽的数量多。

木匠好学，斜眼儿难凿。

mu²⁴ tɕiaŋ⁰ xau⁵⁵ ɕyə⁴²　ɕiɛ⁴² ior⁵⁵ nan⁴² tsuə⁴²

喻指一般的技艺容易学，要想技高一筹就比较难了。斜眼儿：有一定倾斜度的小孔。

木锨①板儿，现安脸儿。

mu²⁴ ɕian⁰ por⁵⁵　ɕyan²¹³ an²⁴ lior⁵⁵

喻指用到别人的时候，才去巴结人、拉关系。现：临时；读音特殊。

N

哪儿不痒往哪儿挠。

nɚ⁵⁵ pu²⁴ iaŋ⁵⁵ uaŋ⁵⁵ nɚ⁵⁵ nau⁴²

---

① 木锨：一种木制农具，一年之中仅仅用于收获季节；日常存放时一般都是将锨板和锨把分离，用到的时候再临时组装到一起，故有此说。

喻指偏偏不合心意，想要的得不到，得到的却无关紧要或不想要。

哪儿黑哪儿住店。

nɐr⁵⁵ xɛ²⁴ nɐr⁵⁵ tʂu²¹³ tian²¹³

喻指随遇而安，事情发展到哪一步就说哪一步，要能适应各种环境，要能应对各种变化。

哪儿凉快上哪儿。

nɐr⁵⁵ liaŋ⁴² kʻuai⁰ ʂaŋ²¹³ nɐr⁵⁵

喻指不受事务的困扰，专找舒心如意之处境；有时含讥讽义。

哪儿摔倒ᴰ都从哪儿爬起ᴴ。

nɐr⁵⁵ ʂuai²⁴ to⁵⁵ tou⁰ tsʻuən⁴² nɐr⁵⁵ pʻa⁴² tɕʻiai⁰

喻指遭受挫折和失败时，不能消沉、颓废，而要重整旗鼓，继续努力。倒ᴰ：倒了，动词变韵表完成义。都：就。

哪儿有□正好儿嘞事儿啊？！

nɐr⁵⁵⁼⁴² iou⁵⁵ nən²¹³ tʂəŋ²¹³ xor⁵⁵ lɛ⁰ ʂər²¹³ za⁰

指不可能事事顺利、顺心。□：那么。

哪个老鼠不偷油，哪个猫儿不闻腥？

na⁵⁵ kə⁰ lau⁵⁵⁼⁴² ʂʅ⁰ pu²⁴ tʻou²⁴ iou⁴²　na⁵⁵ kə⁰ mau⁴² ər⁰ pu²⁴ uən⁴² ɕiŋ²⁴

喻指贪心不足、心术不正的人，为了一己之私，会做出损人利己的事。前后两个分句都可以单独用作谚语，意思与整句相同。

哪个庙里ᴴ都有冤死嘞鬼。

na⁵⁵ kə⁰ miau²¹³ liou⁰ tou²⁴ iou⁵⁵ yan²⁴ sʅ⁰ lɛ⁰ kuei⁵⁵

喻指人被误解是很常见的，蒙受冤屈是难免的。

奶亲孙儿，是正根儿。

nɛ⁵⁵ tɕʻin²⁴ suər²⁴　ʂʅ²¹³ tʂəŋ²¹³ kər²⁴

指奶奶都疼爱自己的孙子，因为（与外孙相比）孙子才是嫡亲的后代人。也作"爷亲孙儿，是正根儿。"

男不跟ᴰ女斗，鸡ᶻ不跟ᴰ狗斗。

nan⁴² pu²⁴ kɛ²⁴ ny⁵⁵ tou²¹³　tɕiːau²⁴ pu²⁴ kɛ²⁴ kou⁵⁵ tou²¹³

指男子不会、也不应该跟女子发生正面冲突。

男不懒女不懒，财神爷把你喊。

nan⁴² pu²⁴ lan⁵⁵ ny⁵⁵ pu²⁴ lan⁵⁵　tsʻai⁴² ʂən⁰ iɛ⁴² pa²¹³ ni⁰ xan⁵⁵

喻指一个家庭、一对夫妻，人人都勤劳，一定能致富。

男嘞不坏，女嘞不爱。

nan⁴² nɛ⁰ pu²⁴⁼⁴² xuai²¹³　ny⁵⁵ lɛ⁰ pu²⁴⁼⁴² ai²¹³

指女子都不喜欢过于憨直、木讷的男人。坏：这里指幽默、外向等。

男嘞勤勤吃嘞饱，女嘞勤勤穿嘞好。

nan⁴² nɛ⁰ tɕ'in⁴² tɕ'in⁰ tʂʅ²¹³lɛ⁰ pau⁵⁵ ny⁵⁵ lɛ⁰ tɕ'in⁴² tɕ'in⁰ tʂ'uan²⁴ nɛ⁰ xau⁵⁵

指传统家庭男主外女主内，丈夫勤劳能为家庭带来物质富裕，妻子勤快则能照顾好家人的日常起居。勤勤：勤谨、勤快。

男嘞四十一枝花，女嘞四十豆腐渣。

nan⁴² nɛ⁰ sʅ²¹³ ʂʅ⁴² i²⁴ tʂʅ²⁴ xua²⁴ ny⁵⁵ lɛ⁰ sʅ²¹³ ʂʅ⁴² tou²¹³ fu⁰ tʂa²⁴

喻指男子四十岁正直壮年，显得成熟而有魅力；而女子四十岁则韶华不在，容颜已明显衰老。豆腐渣：制作豆腐后剩下的渣滓。

男嘞有钱都变坏，女嘞变坏都有钱。

nan⁴² nɛ⁰ iou⁵⁵ tɕ'ian⁴² tou⁰ pian²¹³ xuai²¹³ ny⁵⁵ lɛ⁰ pian²¹³ xuai²¹³ tou⁰ iou⁵⁵ tɕ'ian⁴²

指男人有钱容易堕落；而女人一旦堕落，就能以不正当方式获取钱财。都：就。

男嘞嘴大吃四方，女嘞嘴大吃粗糠。

nan⁴² nɛ⁰ tsuei⁵⁵ ta²¹³ tʂ'ʅ²⁴ sʅ²¹³ faŋ²⁴ ny⁵⁵ lɛ⁰ tsuei⁵⁵ ta²¹³ tʂ'ʅ²⁴ ts'u²⁴ k'aŋ²⁴

指男性嘴巴大是福相，而女性嘴巴大则是凶相。

男女搭配，干活儿不累。

nan⁴² ny⁵⁵ ta²⁴ p'ei²¹³ kan²¹³ xuɤr⁴² pu²⁴ ⁴² luei²¹³

指男女配合做事，心情愉悦，不易疲劳。

男怕初一，女怕十五。

nan⁴² p'a²¹³ tʂ'u²⁴ i²⁴ ny⁵⁵ p'a²¹³ ʂʅ⁴² u⁵⁵

指迷信认为男孩子农历初一出生不吉利，与其父命运相克；女孩子农历十五出生不吉利，与其母命运相克。

男怕穿靴 ᶻ⁻⁰，女怕戴帽 ᶻ。

nan⁴² p'a²¹³ tʂ'uan²⁴ ɕyɛ²⁴ ny⁵⁵ p'a²¹³ tai²¹³ mæu²¹³

指人在弥留之际，如果男性的脚开始肿胀，女性额头的皱纹开始舒展，都是死亡的征兆。

男勤女勤，吃喝不求人。

nan⁴² tɕ'in⁴² ny⁵⁵ tɕ'in⁴² tʂ'ʅ²⁴ xɤ²⁴ pu²⁴ tɕ'iou⁴² zən⁴²

同"男嘞勤谨吃嘞饱，女嘞勤谨穿嘞好"。

男要俏，一身皂；女要俏，一身孝。

nan⁴² iau²¹³ tɕ'iau²¹³ i²⁴ ʂən²⁴ tsau²⁴ ny⁵⁵ iau⁵⁵ tɕ'iau²¹³ i²⁴ ʂən²⁴ ɕiau²¹³

指男性着装一袭黑色最显庄重，女性着装一袭白色最显靓丽。皂：黑色。孝：孝衣，代指白色。

男也懒女也懒，双双饿嘞翻白眼。

nan^{42} iɛ^0 lan^{55} ny^{55} iɛ^0 lan^{55}　ʂuaŋ^{24} ʂuaŋ^{24} ə^{213} lɛ^0 fan^{24} pɛ^{42} ian^{55}

指一个家庭，如果人人都很懒惰，只能忍饥挨饿。

男追女，一堵墙；女追男，一层纸。

nan^{42} tʂuei^{24} ny^{55}　i^{24} tu^{55} tɕ'iaŋ^{42}　ny^{55} tʂuei^{24} nan^{42}　i^{24} ts'əŋ^{42} tʂʅ^{55}

喻指男人追求女人，婚姻成功的可能性比较小；女人追求男人，婚姻成功的可能性比较大。又作：男追女，隔座山；女追男，隔层纱。

男左女右^①。

nan^{42} tsuə^{55} ny^{55} iou^{213}

指一种社会习俗，男居左位，女居右位。

南风倒北风，不下也客星。

nan^{42} fəŋ^{24} tau^{55} pei^{24} fəŋ^{24}　pu$^{24|42}$ ɕia^{213} iɛ^0 k'ɛ^{24} ɕiŋ^0

指先刮南风再转北风，必定会下雨。客星：零星小雨。

南风猛过头，沟坑没水流。

nan^{42} fəŋ^{24} məŋ^{55} kuə^{213} t'ou^{42}　kou^{24} k'əŋ^{24} mu^{42} ʂuei^{55} liou^{42}

指南风势头过大、暖空气势力过强，天气晴热，不易形成降水。

南风一起，不阴也雨。

nan^{42} fəŋ^{24} i^{24} tɕ'i^{55}　pu^{24} in^{24} iɛ$^{55|42}$ y^{55}

指刮南风预示阴雨。

南关^②嘞麦黄 ^{D} 蛋了。

nan^{42} kuan^{24} nɛ^0 mɛ^{24} xuæŋ^{42} tan^{213} nə^0

喻指因天气不好，影响了浚县正月古庙会的客流量，使南关村民在正月会上的收入落空了，就像一季麦子没了收成一样；有因羡慕、嫉妒而幸灾乐祸的意思。黄 ^{D}：事情失败或计划不能实现；动词变韵表完成义，可替换为"黄了"。

南京到北京，买嘞没冇卖嘞精。

nan^{42} tɕiŋ^0 tau^{213} pei^{24} tɕiŋ^0　mai^{55} lɛ^0 mu^{42} mau^0 mai^{213} lɛ^0 tɕiŋ^{24}

---

① 据资料显示，"男左女右"习俗是千百年来男尊女卑的传统观念使然，又与古人的哲学观有着非常密切的关系。例如：看手相、诊脉等，男子要看左手，女子要看右手；进寺庙，男子要先迈左脚，女子要先迈右脚；照相，男子在左边，女子在右边。

② 南关：浚县城镇一行政村，位于大伾山、浮丘山之间；浚县正月古庙会，人流主要集中于此，给南关村民带来巨大的经济利益，甚至会超过一年种植小麦的收入；如遇天气恶劣等原因而影响客流量，就会直接影响到南关村的收入。故有此说。

指就价格而言，买方永远哄骗不了卖方，因为卖方不可能做赔本儿买卖。

南京到北京，小孩 ᶻ 没冇大人精。

nan⁴² tɕiŋ⁰ tau²¹³ pei²⁴ tɕiŋ⁰ ɕiau⁵⁵ xɛau⁵⁵ mu⁴² mau⁰ ta²¹³ zᴢn⁰ tɕiŋ²⁴

指小孩子都欺瞒不住成年人。

难嘞不会，会嘞不难。

nan⁴² nɛ⁰ pu²⁴⁼⁴² xuei²¹³ xuei²¹³ lɛ⁰ pu²⁴ nan⁴²

指同样的事情，外行做起来往往很难甚至不会做，而内行做起来却非常容易。

孬嘞屁都放不出 ᴴ。

nau²⁴ lɛ⁰ pʻi²¹³ tou⁰ faŋ²¹³ pu⁰ tʂʻuai²⁴⁼⁵⁵

喻指人的品行极差。

脑怕不用，身怕不动。

nau⁵⁵ pʻa²¹³ pu²⁴⁼⁴² yŋ²¹³ ʂən²⁴ pʻa²¹³ pu²⁴⁼⁴² tuəŋ²¹³

指多思考、勤劳动，更有益于身心健康。

能吃半顿，不吃断顿。

nəŋ⁴² tʂʻʅ²⁴ pan²¹³ tuən²¹³ pu²⁴ tʂʻʅ²⁴ tuan²¹³ tuən²¹³

指过日子要有计划，精打细算，细水长流。断顿：断了粮食。

能吃过头饭，不说过头话。

nəŋ⁴² tʂʻʅ²⁴ kuə²¹³ tʻou⁴² fan²¹³ pu²⁴ ʂʯə²⁴ kuə²¹³ tʻou⁴² xua²¹³

指不要把话讲得太满，要给别人留余地，也给自己留退路。过头饭：超出平常饭量。又作：能做过头事，甭说过头话。

能大能小是条龙，光大不小是条虫。

nəŋ⁴² ta²¹³ nəŋ⁴² ɕiau⁵⁵ ʂʅ²¹³ tʻiau⁴² lyŋ⁴² kuaŋ²⁴⁼⁴² ta²¹³ pu²⁴ ɕiau⁵⁵ ʂʅ²¹³ tʻiau⁴² tʂʻuən⁴²

喻指要审时度势、能屈能伸，懂得隐忍和退让；如果一味自我膨胀，是成不了大事的。光：只。又作：能大能小不算尿，光大不小是条虫。

能豆儿上天，一踢一千。

nəŋ⁴² tər²¹³ ʂaŋ²¹³ tʻian²⁴ i²⁴ tʻi²⁴ i²⁴ tɕʻian²⁴

喻指人过分精明；含讥讽义。

能断粮，不断种。

nəŋ⁴² tuan²¹³ liaŋ⁴² pu²⁴⁼⁴² tuan²¹³ tʂuəŋ⁵⁵

指宁肯挨饿，也不能把粮食种子吃掉。种：种子。

能叫蚕老叶不尽，不叫叶尽蚕不老。

nəŋ⁴² tɕiau²¹³ ts'an⁴² lau⁵⁵ iɛ²⁴ pu²⁴ ⁴² tɕin²¹³　pu²⁴ ⁴² tɕiau²¹³ iɛ²⁴ tɕin²¹³ ts'an⁴² pu²⁴ lau⁵⁵

喻指过日子要有计划，可以有所结余，不能入不敷出。

能叫醒 ᴰ 瞌睡嘞人，叫不醒装睡嘞人。

nəŋ⁴² tɕiau²¹³ ɕio⁵⁵ k'ə⁴² ʂei²¹³ lɛ⁰ zən⁴²　tɕiau²¹³ pu⁰ ɕiŋ⁵⁵ tʂuan²⁴ ʂei²¹³ lɛ⁰ zən⁴²

喻指对揣着明白装糊涂、自己不想作出改变的人，外人付出再大的努力、给予再多的帮助也无济于事。醒 ᴰ：醒了，动词变韵表完成义。

能买不值，不买吃食。

nəŋ⁴² mai⁵⁵ pu²⁴ tʂʅ⁴²　pu²⁴ mai⁵⁵ tʂʻʅ²⁴ ʂʅ⁴²

旧指宁愿买暂时不用或物无所值的东西，也不把钱花在吃食上；劝人要节俭，不要贪吃。

能买哈哈儿笑，不买夜夜儿愁。

nəŋ⁴² mai⁵⁵ xa²⁴ xɐr⁰ ɕiau²¹³　pu²⁴ mai⁵⁵ iɛ²¹³ iɤr⁰ tʂ'ou⁴²

指买东西一定要买称心如意的，宁肯不买，也不能勉强。

能人是尿人嘞奴才。

nəŋ⁴² zən⁴² ʂʅ²¹³ suaŋ⁴² zən⁴² nɛ⁰ nu⁴² ts'ai⁰

同"会做嘞是奴才，不会做嘞是奶奶"。

能舍当官儿嘞爹，不舍要饭嘞娘。

nəŋ⁴² ʂə⁵⁵ taŋ²⁴ kuor²⁴ lɛ⁰ tiɛ²⁴　pu²⁴ ʂə⁵⁵ iau²¹³ fan²¹³ nɛ⁰ niaŋ⁴²

指世上只有母亲最疼爱子女，父亲都比不上。

能生婆娘气，不生床边气。

nəŋ⁴² ʂəŋ²⁴ p'uə⁴² niaŋ⁰ tɕ'i²¹³　pu²⁴ ʂəŋ²⁴ tʂ'uan⁴² pian²⁴ tɕ'i²¹³

指相比较而言，婆媳矛盾不会危及家庭，而夫妻矛盾则会危及家庭。

能省囤尖儿，不省囤底儿。

nəŋ⁴² ʂəŋ⁵⁵ tuən²¹³ tɕior²⁴　pu²⁴ ʂəŋ⁵⁵ tuən²¹³ tiər⁵⁵

同"囤尖儿省，吃不光；囤底儿省，闹饥荒"。

能手锄草草能提，笨手锄草草入泥。

nəŋ⁴² ʂou⁵⁵ tʂ'u⁴² ts'au⁵⁵ ts'au⁵⁵ nəŋ⁴² t'i⁴²　pən²¹³ ʂou⁵⁵ tʂ'u⁴² ts'au⁵⁵ ts'au⁵⁵ zʅ²⁴ ni⁴²

指锄草时应锄断草根，否则草会复活。

谚　语

能往东走一千，不往西挪一砖。

nəŋ^{42} uaŋ^{55} tuəŋ^{24} tsou^{55} i^{24} tɕ'ian^{24}　pu^{24} uaŋ^{55} ɕi^{24} nuə^{42} i^{24} tʂuan^{24}

指姑娘找婆家，宁愿朝东边方向嫁得很远，也不愿嫁西边方向即使很近的地方；因为浚县城里人认为，西边的人小气，且过于精明；而东边的人厚道，值得交往。

能寻瘸$^{Z-0}$，能寻瞎$^{Z-0}$，不寻眼角^{Z}长疤癞。

nəŋ^{42} ɕin^{42} tɕ'yɛ^{42}　nəŋ^{42} ɕin^{42} ɕia^{24}　pu^{24} ɕin^{42} ian^{55} tɕ'yau^{24} tʂaŋ^{55} pa^{24} la^{0}

指迷信认为眼角儿有疤癞的人不吉利，宁肯与瘸子、瞎子结婚，也不与眼角儿有疤癞的人结婚。寻：嫁、娶、与……结婚。

能走南北二京，不走神庙、豆公①，绕过南北二五陵。

nəŋ^{42} tsou^{55} nan^{42} pei^{24} ər^{213} tɕiŋ^{24}　pu^{24} tsou^{55} ʂən^{42} miau^{213} tou^{213} kuəŋ^{24}　ẓau^{42} kuə^{0} nan^{42} pei^{24} ər^{213} u^{55} lyŋ^{0}

旧指神庙、豆公和五陵一带有土匪以劫船为业；船行水上，宁可绕远道而行，也不愿走此三地。神庙、豆公：今内黄县两个行政村。五陵：镇名，隶属河南省汤阴县；"陵"读音特殊。

能走千里远，不隔一块板。

nəŋ^{42} tsou^{55} tɕ'ian^{24} li^{55} yan^{55}　pu^{24} kɛ^{24} i$^{24|42}$ k'uai^{213} pan^{55}

指相距再远也终有相聚之时，而生死分离就永远难得相见了。板：代指棺材。

妮^{Z}家双旋，□下丝线；小^{Z}家双旋，鼓略鸡蛋。

ni:au^{24} tɕia^{0} ʂuaŋ^{24} tɕ'yan^{42}　tʂuə^{24} ɕia^{213} sʅ^{24} ɕian^{0}　ɕiæu^{55} tɕia^{0} ʂuaŋ^{24} tɕ'yan^{42}　ku^{55} lyɛ^{0} tɕi^{24} tan^{0}

指女孩子的两个头旋，距离越近越好；男孩子的两个头旋，距离越远越好。妮^{Z}家：女孩儿。旋：毛发呈旋涡状的地方；读音特殊。□：容纳；又音 tʂʅ^{24}。小^{Z}家：男孩儿。鼓略：滚动。

妮^{Z}哭嘞实心实意，小^{Z}哭嘞惊天动地；媳妇儿哭嘞洋声儿广气，女婿哭嘞老叫驴放屁。

ni:au^{24} k'u^{24} lɛ^{0} ʂʅ^{42} ɕin^{24} sʅ^{42} i^{213}　ɕiæu^{55} k'u^{24} lɛ^{0} tɕiŋ^{24} t'ian^{24} tuəŋ^{213} t'i^{213}　ɕi^{42} fər^{0} k'u^{24} lɛ^{0} iaŋ^{42} ʂər^{24} kuaŋ^{55} tɕ'i^{213}　ny^{55} ɕy^{0} k'u^{24} lɛ^{0} lau^{55} tɕiau^{213} ly^{0} faŋ^{213} p'i^{213}

指老人去世，其女儿、儿子、儿媳妇、闺女女婿的伤心程度是不一样

---

① 此为传说，见李学军《河南内黄民谚汇释》，中国社会科学出版社 2018 年 12 月第 1 版。

的。妮 ^Z：女儿。小 ^Z：儿子。洋声儿广气：拖着腔、装模作样地哭。叫驴：公驴。老叫驴放屁：干号，假装哭。

妮 ^Z 是糠皮 ^Z，小 ^Z 是麦□ ^Z。

ni:au²⁴ ʂʅ²¹³ k'aŋ²⁴ p'i:au⁴² ɕiæu⁵⁵ ʂʅ²¹³ mɛ²⁴ yau⁴²

旧指女孩儿不如男孩儿尊贵，因为女孩儿终有一天会出嫁，就像米糠容易被风吹跑一样。妮 ^Z：女孩子。小 ^Z：男孩子。麦□ ^Z：麦籽、麦仁。

你对人无情，人对你薄义。

ni⁵⁵ tuei²¹³ zən⁴² u⁴² tɕ'iŋ⁴² zən⁴² tuei²¹³ ni⁵⁵ puə⁴² i²¹³

指人与人之间的情意是相互的，你对人冷漠苛刻，人对你也少情寡义。

你急我不急，给你个瞪眼儿皮。

ni⁵⁵ tɕi⁴² uə⁵⁵ pu²⁴ tɕi⁴² kei⁵⁵⁼⁴² ni⁰ kə⁰ təŋ²¹³ ior⁵⁵ p'i⁴²

指不屑与不可理喻的人辩论是非。瞪眼儿皮：闷声不语。

你有关门儿计，我有跳墙法儿。

ni⁵⁵⁼⁴² iou⁵⁵ kuan²⁴ mər⁴² tɕi²¹³ uə⁵⁵⁼⁴² iou⁵⁵ t'iau²¹³ tɕ'iaŋ⁴² fɚ²⁴

喻指你有计谋，我也有应对方案。泛指人各有对策，互不相让。

你有千条妙计，我有一定主意。

ni⁵⁵⁼⁴² iou⁵⁵ tɕ'ian²⁴ t'iau⁴² miau²¹³ tɕi²¹³ uə⁵⁵⁼⁴² iou⁵⁵ i²⁴⁼⁴² tiŋ²¹³ tʂʅ⁵⁵ i⁰

指以不变应万变，无论对方采取何种计谋，自己的想法或做法都不会改变。

你走你嘞阳关道，俺过俺嘞独木桥。

ni⁵⁵⁼⁴² tsou⁵⁵ ni⁵⁵ lɛ⁰ iaŋ⁴² kuan²⁴ tau²¹³ an⁵⁵ kuə²¹³ an⁵⁵ nɛ⁰ tu⁴² mu²⁴ tɕ'iau⁴²

喻指双方互不干扰，形同陌路，分道扬镳。

你敬我一尺，我敬你一丈；你敬我一丈，我敬 ^D 你天上。

ni⁵⁵ tɕiŋ²¹³ uə⁵⁵ i²⁴ tʂ'ʅ²⁴ uə⁵⁵ tɕiŋ²¹³ ni⁵⁵ i²⁴⁼⁴² tʂaŋ²¹³ ni⁵⁵ tɕiŋ²¹³ uə⁵⁵ i²⁴⁼⁴² tʂaŋ²¹³ uə⁵⁵ tɕio²¹³ ni⁵⁵ t'ian²⁴ ʂaŋ⁰

指人与人之间的敬重、谦让是相互的；只有尊重别人，才能得到别人更大的尊重。敬 ^D：敬到，动词变韵表终点义。

年关年关，富人过年，穷人过关。

nian⁴² kuan²⁴ nian⁴² kuan²⁴ fu²¹³ zən⁴² kuə²¹³ nian⁴² tɕyŋ⁴² zən⁴² kuə²¹³ kuan²⁴

旧指有钱人可以享受过年的欢乐，而贫苦人却为过年而发愁。

年龄不饶人。

nian⁴² liŋ⁰ pu²⁴ zau⁴² zən⁴²

指随着年龄的增长，人的体力、精力都会逐渐衰退，做事也会力不从心。又作：岁数儿不饶人。

年年防旱，夜夜防贼。

nian⁴² nian⁴² faŋ⁴² xan²¹³　iɛ²¹³ iɛ²¹³ faŋ⁴² tsei⁴²

旧指干旱和盗贼给人们带来了巨大损失，要注意防范。

年怕中秋月怕半，男儿立志在少年。

nian⁴² pʻa²¹³ tʂuəŋ²⁴ tɕʻiou²⁴ yɛ²⁴ pʻa²¹³ pan²¹³　nan⁴² ər⁴² li²⁴ tʂʅ²¹³ tsai²¹³ ʂau²¹³ nian⁴²

指到了中秋节，一年就过了一大半，到了月半，一个月即将过去；告诫世人光阴似箭，要尽早努力，不要虚度年华。

年轻受苦不算苦，老来有福才是福。

nian⁴² tɕʻiŋ²⁴ ʂou²¹³ kʻu⁵⁵ pu²⁴⁻⁴² suan²¹³ kʻu⁵⁵　lau⁵⁵ lai⁰ iou⁵⁵ fu²⁴ tsʻai⁴² ʂʅ²¹³ fu²⁴

指年轻时身强力壮，要吃苦耐劳，积累起更多的财富；晚年生活有保障，才是真正的幸福。又作：年轻受苦不算苦，老来受贫贫死人。

年外不如年里，年里不如掩底。

nian⁴² uai²¹³ pu²⁴ ʐʅ⁴² nian⁴² li⁵⁵　nian⁴² li⁵⁵ pu²⁴ ʐʅ⁴² ian⁵⁵⁻⁴² ti⁵⁵

指为冬小麦追肥的时间，年后不如年前；而追肥的效果不如在播种前施足底肥。掩底：施底肥。

娘疼儿，儿疼妻，闺女疼嘞是女婿。

niaŋ⁴² tʻəŋ⁴² ər⁴²　ər⁴² tʻəŋ⁴² tɕʻi²⁴　kuei²⁴ ny⁰ tʻəŋ⁴² lɛ⁰ ʂʅ²¹³ ny⁵⁵ ɕy⁰

指母亲疼爱子女，而子女疼爱的却是各自的配偶。喻指孩子对父母的感情，远远不及父母对孩子的感情深厚。疼：疼爱。

鸟儿飞嘞再高，影影儿也离不开地。

nior⁵⁵ fei²⁴ lɛ⁰ tsai²¹³ kau²⁴　iŋ⁵⁵ iər⁰ iɛ⁰ li²¹³ pu⁰ kʻai²⁴ ti²¹³

喻指人的身份、地位等再高，也总会受某种限制和约束。也喻指人走得再远也怀恋故土。影影儿：影子。

鸟儿靠翅膀ᶻ，人靠智慧。

nior⁵⁵ kʻau²¹³ tʂʻʅ²¹³ pæŋ⁰　ʐən⁴² kʻau²¹³ tʂʅ²¹³ xuei⁰

指人能够成功凭的是智慧，就像鸟儿能飞行靠的是翅膀一样。

鸟儿没翅膀ᶻ不能飞，人没知识无作为。

nior⁵⁵ mu⁴² tʂʻʅ²¹³ pæŋ⁰ pu²⁴ nəŋ⁴² fei²⁴　ʐən⁴² mu⁴² tʂʅ²⁴ ʂʅ⁰ u⁴² tsuə²⁴ uei⁴²

指人没有知识就干不成大事，就像鸟没翅膀就不能飞一样。

鸟儿凭翅膀 ᶻ 兽凭腿，人凭智慧鱼凭尾。

nior⁵⁵ pʻiŋ⁴² tʂʻʅ²¹³ pæŋ⁰ ʂou²¹³ pʻiŋ⁴² tʻuei⁵⁵　ʐən⁴² pʻiŋ⁴² tʂʅ²¹³ xuei⁰ y⁴² pʻiŋ⁴² uei⁵⁵

指鸟靠翅膀飞翔，兽靠四肢奔跑，人靠智慧谋生，鱼靠尾巴游动。喻指世间万物各有谋求生存的本领，人有智慧才能成就事业。

恁说那话哄孬种，楝树开花儿才不冷。

nən⁵⁵ ʂuə²⁴ na⁰ xua²¹³ xuəŋ⁵⁵ nau²⁴ tʂuəŋ⁵⁵　lian²¹³ ʂʅ⁰ kʻai²⁴ xuɐr²⁴ tsʻai⁴² pu²⁴ ləŋ⁵⁵

指春天楝树开花的时候，天气才真正变暖。楝树，落叶乔木，叶子互生，花小、淡紫色，果实椭圆形、褐色；农历三、四月份开花。

宁挨整砖，不挨半截砖。

niŋ²¹³ ai⁴² tʂən⁵⁵ tʂuan²⁴　pu²⁴ ai⁴² pan²¹³ tɕiɛ⁴² tʂuan²⁴

喻指不识时务、不知轻重，对小损失、小毛病不在意、不预防，最终小损失变成大损失、小病成了大病，才不得不接受。

宁吃鲜桃一口，不吃烂杏半筐 ᶻ。

niŋ²¹³ tʂʻʅ²⁴ ɕian²⁴ tʻau⁴² i²⁴ kʻou⁵⁵　pu²⁴ tʂʻʅ²⁴ lan²¹³ ɕiŋ²¹³ pan²¹³ kʻuæn²⁴

喻指宁可少而精，不要多而滥。

宁当鸡头，不当凤尾。

niŋ²¹³ taŋ²⁴ tɕi²⁴ tʻou⁴²　pu²⁴ taŋ²⁴ fəŋ²¹³ uei⁵⁵

喻指宁肯在低等级的环境里独占上锋，也不愿在高等次的圈子里屈居人后。

宁跟 ᴰ 黑脸人打一架，不跟 ᴰ 黄脸人说句话。

niŋ²¹³ kɛ²⁴ xɛ²⁴ lian⁵⁵ ʐən⁴² ta⁵⁵ i²⁴⁽⁴²⁾ tɕia²¹³　pu²⁴ kɛ²⁴ xuaŋ⁴² lian⁵⁵ ʐən⁴² ʂuə²⁴ tɕy⁰ xua²¹³

人们普遍认为肤色较黑的人忠诚厚道，乐意与之交往；而肤色发黄的人大都不通情理，不愿与之打交道。黑：肤色黑。黄：肤色黄。又作：能跟 ᴰ 红脸人动刀，不跟黄 ᴰ 脸人结交。

宁跟 ᴰ 明白人打一架，不跟 ᴰ 糊涂人说句话。

niŋ²¹³ kɛ²⁴ miŋ⁴² pɛ⁰ ʐən⁴² ta⁵⁵ i²⁴⁽⁴²⁾ tɕia²¹³　pu²⁴ kɛ²⁴ xu⁴² tu⁰ ʐən⁴² ʂuə²⁴ tɕy⁰ xua²¹³

喻指人们都愿意与明白人交往，而不愿与糊涂人打交道。

宁管千军，不管一会。

niŋ²¹³ kuan⁵⁵ ɕian²⁴ tɕyn²⁴　pu²⁴ kuan⁵⁵ i²⁴⁽⁴²⁾ xuei²¹³

指宁愿指挥千军万马，也不管一个村子的社火活动；因为军队纪律严明，虽千军万马也容易驾驭，而老百姓却纪律涣散，难以管束。会：指社火玩会，是民间庆祝春节的传统庆典活动，主要有高跷、旱船、武术、舞龙、秧歌等等。

宁喝朋友嘞白水，不吃敌人嘞蜂蜜。

niŋ²¹³ xə²⁴ p'əŋ⁴² iou⁰ lɛ⁰ pɛ⁴² ʂuei⁵⁵　pu²⁴ tʂ'ʅ²⁴ ti⁴² zən⁴² nɛ⁰ fəŋ²⁴ mi²⁴

喻指朋友给予的帮助虽小却不会害你，而敌人给予的好处一定是另有所图。

宁可顿顿儿稀，不能顿顿儿饥。

niŋ²¹³ k'ə⁵⁵ tuən²¹³ tuər⁰ ɕi²⁴　pu²⁴ nəŋ⁴² tuən²¹³ tuər⁰ tɕi²⁴

同"能吃半顿，不吃断顿"。

宁可千刀万剐，也不赢头一把。

niŋ²¹³ k'ə⁵⁵ tɕ'ian²⁴ tau²⁴ uan²¹³ kua⁵⁵　iɛ⁵⁵ pu²⁴ zəŋ⁴² t'ou⁴² i⁰ pa⁵⁵

游戏术语。指打扑克、打麻将时，赢了第一把牌，不一定是好兆头。"赢"读音特殊。头一：第一。

宁可信其有，不可信其无。

niŋ²¹³ k'ə⁵⁵ ɕin²¹³ tɕ'i⁵⁵⁺⁴² iou⁵⁵　pu²⁴ k'ə⁵⁵ ɕin²¹³ tɕ'i⁵⁵ u⁴²

指对不希望发生的事情，宁愿相信其必将发生，以便及早做出防范；告诫世人对无法断定的事物，不能武断否认，应早准备、早预防。

宁敲金钟一下ᶻ，不敲破鼓三千。

niŋ²¹³ tɕ'iau²⁴ tɕin²⁴ tʂuəŋ²⁴ i²⁴⁺⁴² ɕiæu²¹³　pu²⁴ tɕ'iau²⁴ p'uə²¹³ ku⁵⁵ san²⁴ tɕ'ian²⁴

同"宁吃鲜桃一口，不吃烂杏半筐ᶻ"。

宁舍瓦屋楼，不舍洋烟头。

niŋ²¹³ ʂə⁵⁵ ua⁵⁵ u²⁴ lou⁴²　pu²⁴ ʂə⁵⁵ iaŋ⁴² ian²⁴ t'ou⁴²

喻指人嗜烟如命。瓦屋：瓦房。洋烟：卷烟。

宁愿相信世上有鬼，也甭相信男人嘞破嘴。

niŋ²¹³ yan²¹³ ɕiaŋ²¹³ ɕin²¹³ ʂʅ²¹³ ʂaŋ⁰ iou⁵⁵⁺⁴² kuei⁵⁵　iɛ⁵⁵ piŋ⁴² ɕiaŋ²¹³ ɕin²¹³ nan⁴² zən⁰ nɛ⁰ p'uə²¹³ tsuei⁵⁵

指丈夫在妻子面前说的话可信度不高；多用作男子撒谎被揭穿时的戏谑之语。

宁走十里远，不走一里喘。

niŋ²¹³ tsou⁵⁵ ʂʅ⁴² li⁵⁵ yan⁵⁵　pu²⁴ tsou⁵⁵ i²⁴ li⁵⁵ tʂ'uan⁵⁵

指宁愿绕远道也要走好路，避开难走的路。喻指做事避开较难的环节，更有利于成功。喘：（因道路难走而）气喘。

牛不喝水强按头。

niou⁴² pu²⁴ xə²⁴ ṣuei⁵⁵ tɕ'iaŋ⁵⁵ an²¹³ t'ou⁴²

喻指用强迫手段使人就范。

牛可能是黑嘞，牛奶永远是白嘞。

niou⁴² k'ə⁵⁵ nəŋ⁰ ʂɿ²¹³ xɛ²⁴ lɛ⁰　niou⁴² nai⁵⁵ yŋ⁵⁵⁺⁴² yan⁵⁵ ʂɿ²¹³ pɛ⁴² lɛ⁰

喻指许多事情并不像表面看到的那样，要透过现象看本质。

弄啥啥不中，做啥啥不灵。

nəŋ²¹³ ṣa⁵⁵ ṣa⁵⁵ pu²⁴ tʂuəŋ²⁴　tsu²¹³ ṣa⁵⁵ ṣa⁵⁵ pu²⁴ liŋ⁴²

指人运气不好，事事不顺。

弄ᴰ哪儿算ᴰ哪儿。

no²¹³ nɐr⁵⁵ suæ²¹³ nɐr⁵⁵

指没有计划、不计后果，任凭事情拖延、发展下去。弄ᴰ、算ᴰ：动词变韵均表终点义，可分别替换为"弄到""算到"。

女大不中留，留来留去留成愁。

ny⁵⁵ ta²¹³ pu²⁴ tʂuəŋ²⁴ liou⁴²　liou⁴² lai⁴² liou⁴² tɕ'y²¹³ liou⁴² tʂ'əŋ⁰ tʂ'ou⁴²

指女孩子到了结婚的年龄就要出嫁，否则父母就会为其婚事发愁。"愁"也作"仇"，即结冤仇。

女大三，抱金砖。

ny⁵⁵ ta²¹³ san²⁴　pau²¹³ tɕin²⁴ tʂuan²⁴

指旧俗认为妻子比丈夫大三岁，婚姻生活会幸福美满。

女大四，一根刺。

ny⁵⁵ ta²¹³ ʂɿ²¹³　i²⁴ kən²⁴ ts'ɿ²¹³

指旧俗认为女子比男子大四岁，不宜结为夫妻。

女大十八变，越变越好看。

ny⁵⁵ ta²¹³ ʂɿ⁴² pa²⁴⁺⁴² pian²¹³　yɛ²⁴ pian²¹³ yɛ²⁴ xau⁵⁵ k'an²¹³

指女性从幼年到青春期，体态、相貌等会发生很大的变化，而且会越变越漂亮。

女大一，不是妻。

ny⁵⁵ ta²¹³ i²⁴　pu²⁴⁺⁴² ʂɿ²¹³ tɕ'i²⁴

指旧俗认为女子比男子大一岁，不宜结为夫妻。

女嘞越离越胆儿大，男嘞越离越害怕。

ny⁵⁵ lɛ⁰ yɛ²⁴ li²¹³ yɛ²⁴ tor⁵⁵ ta²¹³　nan⁴² nɛ⁰ yɛ²⁴ li²¹³ yɛ²⁴ xai²¹³ p'a²¹³

指女人离婚次数越多越不在乎，而男人则担心离婚次数越多越难有稳定的家庭。离：离婚。

女婿是老丈母娘囟门头上嘞客。

ny⁵⁵ ɕy⁰ ʂʅ²¹³ lau⁵⁵ tʂaŋ²¹³ mu⁰ niaŋ⁴² ɕin²⁴ mən⁰ tʻou⁴² ʂaŋ⁰ lɛ⁰ kʻɛ²⁴

指女婿是岳母最看重的客人。女婿：女儿的丈夫。囟门头：额头。

挪一步都比 ᴅ 站 ᴅ 那儿不动强。

nuə⁴² i⁰ pu⁰ tou⁰ piɛ⁵⁵ tʂæ²¹³ nɐr⁰ pu²⁴⁻⁴² tuaŋ²¹³ tɕʻiaŋ⁴²

喻指事情只要有开端、有进展，就比原地不动强。都：就。站 ᴅ：站到，动词变韵表终点义。

O

沤粪没冇巧，十 ᴴ 字儿要记牢：熏、烧、挖、换、扫，铲、沤、堆、拾、捞。

ou²¹³ fən²¹³ mu⁴² mau⁰ tɕʻiau⁵⁵   ʂʅ²⁻⁴² tsər²¹³ iau²¹³ tɕi²¹³ lau⁴²   ɕyn²⁴ ʂau²⁴ ua²⁴ xuan²¹³ sau⁵⁵   tʂʻan⁵⁵ ou²¹³ tsuei²⁴ ʂʅ⁴² lau⁴²

指沤积农家肥的十种方法。巧：窍门。十 ᴴ："十个"的合音。

沤粪没冇巧，一层土一层草，常灌水勤翻倒。

ou²¹³ fən²¹³ mu⁴² mau⁰ tɕʻiau⁵⁵   i²⁴ tsʻəŋ⁴² tʻu⁰ i²⁴ tsʻəŋ⁴² tsʻau⁵⁵   tʂʻaŋ⁴² kuan²¹³ ʂuei⁵⁵ tɕin⁴² fan²⁴ tau⁵⁵

指沤积农家肥的方法。

P

怕老婆，能好过。

pʻa²¹³ lau⁵⁵⁻²⁴ pʻuə⁴²   nəŋ⁴² xau⁵⁵ kuə²¹³

指男人怕老婆有利于夫妻和谐、家庭幸福。

拍马屁嘞拍到马蹄 ᶻ 上了。

pʻɛ²⁴ ma⁵⁵ pʻi⁰ lɛ⁰ pʻɛ²⁴ tau⁰ ma⁵⁵ tʻiːau⁴² ʂaŋ⁰ lə⁰

指本意是奉承对方，结果却冒犯了对方，不仅没有得到认可或奖励，反而受到批评或奚落。

牌打门前过，不胜起一个。

pʻai⁴² ta⁵⁵ mən⁴² tɕʻian⁴² kuə²¹³   pu²⁴⁻⁴² ʂəŋ²¹³ tɕʻi⁵⁵ i⁰ kə⁰

麻将术语。指打麻将过程中，轮到自己抓牌了，此时碰上家的牌不如抓一张好。不胜：不如。起：拿、抓。

牌吊三七。

p'ai⁴² tiau²¹³ san²⁴ tɕ'i²⁴

麻将术语。指和牌时如果赢将牌，以三七点为最佳。

牌搦背家儿。

p'ai⁴² nuə²⁴ pei²¹³ tɕiɐr²⁴

麻将术语。指按常规该打的牌却不打出来，而这个牌往往都是牌运不佳的一方所需要的。背家儿：手气不好者。

牌剩四张，人心惶惶。

p'ai⁴² ʂəŋ²¹³ sʅ²¹³ tʂaŋ²⁴　zən⁴² ɕin²⁴ xuaŋ²⁴ xuaŋ⁰

麻将术语。指打牌时，已经碰了三对牌、只剩下四张牌时，即将和牌的可能性很大，其他三家就要小心点炮了。

牌炸有喜。

p'ai⁴² tʂa²¹³ iou⁵⁵⁻⁴² ɕi⁵⁵

指打牌过程中，失手弄乱了牌是吉兆；用作俏皮话。炸：混乱。

胖人三分财，不富也镇宅。

p'aŋ²¹³ zən⁴² san²⁴ fən²⁴ ts'ai⁴²　pu²⁴⁻⁴² fu²¹³ iɛ⁵⁵ tʂən²¹³ tʂai²⁴

指胖是福相，胖人有福气。

刨树得刨根，瞧人得瞧心。

p'au⁴² ʂʅ²¹³ tɛ²⁴ p'au⁴² kən²⁴　tɕ'iau⁴² zən⁴² tɛ²⁴ tɕ'iau⁴² ɕin²⁴

喻指评价一个人，不能以其外显行为来判断，关键要看其人品和本性。

跑嘞快 D-0 撑上穷，跑嘞慢 D 穷撑上。

p'au⁵⁵ lə⁰ k'uai²¹³ nian⁵⁵ ʂaŋ⁰ tɕ'yŋ⁴²　p'au⁵⁵ lə⁰ mæ²¹³ tɕ'yŋ⁴² nian⁵⁵ ʂaŋ⁰

喻指人在背运时，倒霉的事无论如何都躲不过去。快 D-0、慢 D：形容词变韵均表完成义，可分别替换为"快了""慢了"。

彭赵官牛（高）雷郝侯，蒋 D 村街是老会头。[①]

p'əŋ⁴² tʂau²¹³ kuan²⁴ niou⁴²（kau²⁴）luei⁴² xə²⁴ xou⁴²　ɕiæŋ⁵⁵ ts'uən²⁴ tɕiɛ²⁴ sʅ²¹³ lau⁵⁵ xuei²¹³ t'ou⁴²

指正月十七至十九，为"玄帝庙"周边村落的大型庙会——添仓会；

[①] 浚县城西南22公里，有一古渡口称为"流渡"；渡口附近的土丘上有一座古庙叫"玄帝庙"。该庙初建于明成化年间，据《玄帝庙重修碑记》载，原庙因水患毁坏，于明万历九年（1581）重建；庙顶布铁瓦和琉璃瓦，称"铁瓦琉璃庙"。自此以后，每年正月十七至十九，周边的村落形成大型庙会——添仓会。古庙周围分布着彭村、赵村、官庄、高村、雷村、牛村、郝村、侯村、蒋村九个自然村，俗称"九流渡"。以上村名音节连读时多有变韵，如赵村[tʂo²¹³ ts'uən²⁴]、牛村[nio⁴² ts'uən²⁴]。

庙会每年由九个村子轮流当班，以蒋村为首，其他依次为彭村、赵村、官庄、牛村、高村、雷村、郝村、侯村。"蒋 D"为地名变韵。

捧 D 手里怕吓着，含 D 嘴里怕化了。

p'o$^{55|42}$ ʂou^{55} li^0 p'a^{213} ɕia^{213} tʂuə^0 xæ^{42} tsuei^{55} li^0 p'a^{213} xua^{213} lə^0

喻指父母对孩子百般呵护，十分疼爱。捧 D、含 D：动词变韵均表终点义，可分别替换为"捧到""含到"。

碰住都有想儿。

p'əŋ^{213} tʂʅ^0 tou^0 iou$^{55|42}$ ɕier^{55}

麻将术语。指碰住了别人的牌，即由一对子变成了三个，就有开杠的希望。都：就。

劈柴火得瞧木纹儿，做活儿得找窍门儿。

p'i^{24} tʂ'ai^{42} xuə^0 tɛ^{24} tɕ'iau^{42} mu^{24} uər^{42} tsu^{213} xuɣr^{42} tɛ^{24} tʂau^{55} tɕ'iau^{213} mər^{42}

喻指做事要掌握一定的方法和技巧，不能蛮干。

劈柴劈小头儿，问路问老头儿。

p'i^{24} tʂ'ai^{42} p'i^{24} ɕiau^{55} t'ər^{42} uən^{213} lu^{213} uən^{213} lau^{55} t'ər^{42}

喻指做事情不能盲目，抓关键、找窍门，才能事半功倍。

偏方儿治大病。

p'ian^{24} fɐr^{24} tʂʅ^{213} ta^{213} piŋ^{213}

指偏方往往能医治疑难大病。喻指看起来很普通的办法，却能解决大问题。偏方儿：流传在民间的中医疗法。

便宜没好货，好货不便宜。

p'ian^{42} i^0 mu^{42} xau^{55} xuə^{213} xau^{55} xuə^{213} pu^{24} p'ian^{42} i^0

指正常情况下，商品价格与质量相关，价格太低的商品保证不了质量，质量好的商品价格不会太低。

贫贱之交不能忘，糟糠之妻不下堂。

p'in^{42} tɕian^{213} tʂʅ^{24} tɕiau^{24} pu^{24} nəŋ^{42} uaŋ^{213} tsau^{24} k'aŋ^{24} tʂʅ^{24} tɕi^{24} pu$^{24|42}$ ɕia^{213} t'aŋ^{42}

指患难之交情意最重，结发之妻感情最深。前后两个分句都可以单独用作谚语。

贫没斗谷，富有千仓。

p'in^{42} mu^{42} tou^{55} ku^{24} fu^{213} iou^{55} tɕ'ian^{24} ts'aŋ^{24}

指旧时贫富差距很大。

平路摔死马，浅水淹死人。

pʻiŋ⁴² lu²¹³ ʂuai²⁴ sʅ⁰ ma⁵⁵　tɕʻian⁵⁵⁼⁴² ʂuei⁵⁵ ian²⁴ sʅ⁰ zən⁴²

喻指顺境往往容易使人放松警惕，也有可能导致失败。也喻指任何时候都可能有意外情况的发生，不能马虎大意。

平时不听劝，祸起后悔晚。

pʻiŋ⁴² sʅ⁴² pu²⁴ tʻiŋ²⁴ tɕʻyan²¹³　xuə²¹³ tɕi⁵⁵ xou²¹³ xuei⁰ uau⁵⁵

指不听别人的良言忠告，一旦惹下祸端，再后悔也晚了。

婆ᶻ跟ᴰ媳妇儿缘法少，闺女说话娘耐听。

pʻau⁴² kɛ²⁴ ɕi⁴² fər⁰ yan⁴² fa⁰ ʂau⁵⁵　kuei²⁴ ny⁰ ʂʅə²⁴ xua²¹³ niaŋ⁴² nai²¹³ tʻiŋ²⁴

指婆婆与儿媳妇儿投缘的很少，而闺女跟母亲则有说不完的话；泛指婆媳关系远远比不上母女关系亲近。缘法：缘分。

破财免灾。

pʻuə²¹³ tsʻai⁴² mian⁵⁵ tsai²⁴

指损失钱财可以消除灾难；用作自己或他人损失钱财时的安慰语。

破打破旭，阎王爷不要；娇养儿娇养儿，狗儿干粮。

pʻuə²¹³ ta⁵⁵ pʻuə²¹³ liau²¹³　ian⁴² uaŋ⁰ iɛ⁴² pu²⁴⁼⁴² iau²¹³　tɕiau²⁴ iɐr⁰ tɕiau²⁴ iɐr⁰　kou⁵⁵ ər⁰ kan²⁴ liaŋ⁰

喻指小孩子越摔打，身体越健康；越是娇生惯养，身体反而很弱，甚至夭折。娇养儿：娇生惯养的孩子。

破罐儿熬好罐儿。

pʻuə²¹³ kuor²¹³ au⁴² xau⁵⁵ kuor²¹³

喻指体弱多病的人，不一定比身强体健的人寿命短。

Q

七不出门，八不回家。

tɕʻi²⁴ pu²⁴ tʂʻʅ²⁴ mən⁴²　pa²⁴ pu²⁴ xuei⁴² tɕia²⁴

指迷信认为农历每月初七、十七、二十七不适宜外出，农历初八、十八、二十八不适宜回家。

七成八不成。

tɕʻi²⁴ tʂʻəŋ⁴² pa²⁴ pu²⁴ tʂʻəŋ⁴²

指孕期7个月的早产新生儿能成活，而孕期8个月的早产新生儿反而不易成活；仅为谚语，没有科学依据。

七谷，八豆，九黍①，十麦。

tɕ'i²⁴ ku²⁴　pa²⁴⁻⁴² tou²¹³　tɕiou⁵⁵⁻⁴² ʂʅ⁵⁵　ʂʅ⁴² mɛ²⁴

指正月初七、初八、初九、初十天气晴朗，分别预示谷子、豆子、黍子、小麦收成好。

七十二行，不递养猪养羊。

tɕ'i²⁴ ʂʅ⁰ ər²¹³ xaŋ⁴²　pu²⁴⁻⁴² ti²¹³ iaŋ⁵⁵ tsʅ²⁴ iaŋ⁵⁵ iaŋ⁴²

指养猪养羊短时间内就能见到实实在在的效益。不递：不如。

七十三，八十四，阎王不要自己去②。

tɕ'i²⁴ ʂʅ⁰ san²⁴　pa²⁴ ʂʅ⁰ sʅ²¹³　ian⁴² uaŋ⁴² pu²⁴⁻⁴² iau²¹³ tsʅ²¹³ tɕi⁰ tɕ'y²¹³

指老人七十三岁、八十四岁这两个年龄，死亡率较高。

七岁八岁万人烦。

tɕ'i²⁴⁻⁴² suei²¹³ pa²⁴⁻⁴² suei²¹³ uan²¹³ zən⁴² fan⁴²

指小孩子七八岁正是顽皮淘气、最难管教、令人生气头疼的时候。

七香菜，八马糊，一溜寺南③九流渡④，当间儿加个破邢固。

tɕ'i²⁴ ɕiaŋ²⁴ ts'ai⁰　pa²⁴ ma⁵⁵ xu⁰　i²⁴⁻⁴² liou²¹³ sʅ²¹³ nan⁰ tɕiou⁵⁵ liou⁴² tu²¹³　taŋ²⁴ tɕior²¹³ tɕia²⁴ kə⁰ p'uə²¹³ ɕiŋ⁴² ku⁰

指卫贤、新镇两个乡镇，共有七个香菜村、八个马糊村、七个寺南村、一个邢固村，还有九个村子组成的"流渡"。当间儿：中间。

七月核桃八月梨，九月柿子红了皮。

tɕ'i²⁴ yɛ⁰ xɛ⁴² t'au⁰ pa²⁴ yɛ⁰ li⁴²　tɕiou⁵⁵ yɛ⁰ ʂʅ²¹³ tsʅ⁰ xuəŋ⁴² liau⁰ p'i⁴²

指农历七月、八月、九月，分别是核桃、梨子、柿子成熟的季节。

七月金，八月银，九月犁地饿死人。

tɕ'i²⁴ yɛ⁰ tɕin²⁴　pa²⁴ yɛ⁰ in⁴²　tɕiou⁵⁵ yɛ⁰ li⁴² ti²¹³ ə²¹³ sʅ⁰ zən⁴²

指农历七月是犁地的最佳时期，八月次之，到了九月再犁地为时已晚，

---

① 黍：亦称"稷"，一年生草本植物，果实去壳后叫黄米，形态与小米相似，比小米略大，颜色偏淡，煮熟后有粘性，可以酿酒、做糕等。

② 据查，此说的依据是孔子寿命七十三岁，孟子寿命八十四岁，人们便认为圣人才活了这个年纪，更不用说普通人了。时至今日，老年人谈及自己的年龄时仍避讳"七十三"和"八十四"，会故意加大或减小一岁。

③ 香菜、马糊、寺南均为系列行政村名。"七香菜"为刘香菜、曹香菜、侯香菜、袁香菜、李香菜、杨香菜、陈香菜；"八马湖"指杨马湖、李马湖、王马湖、崔马湖、陈马糊、牛四马湖（含牛、商、彭、刘四姓），实共九姓。"一溜寺南"今存名者七：任寺南、张寺南、余寺南、焦寺南、王寺南、陈寺南、高寺南。

④ 九流渡，见"彭赵官牛（高）雷郝侯，蒋ᴰ村街是老会头。"

会影响小麦收成。

七月嘞草似金，八月嘞草似银；九月嘞草显老，十月嘞草不好。

tɕʻi²⁴ yɛ⁰ lɛ⁰ tsʻau⁵⁵ ʂʅ²¹³ tɕin²⁴　pa²⁴ yɛ⁰ lɛ⁰ tsʻau⁵⁵ ʂʅ²¹³ in⁴²　tɕiou⁵⁵ yɛ⁰ lɛ⁰ tsʻau⁵⁵ ɕian⁵⁵⁻⁴² lau⁵⁵　ʂʅ⁴² yɛ⁰ lɛ⁰ tsʻau⁵⁵ puʻ²⁴ xau⁵⁵

指用杂草沤积粪肥，农历七月的草肥效最好，八月的草次之，九月、十月的草较差。

七月十五蚊张嘴儿，八月十五蚊抻腿儿。

tɕʻi²⁴ yɛ⁰ ʂʅ⁴² u⁰ uən⁴² tʂaŋ²⁴ tsuər⁵⁵　pa²⁴ yɛ⁰ ʂʅ⁴² u⁰ uən⁴² tʂʻən²⁴ tʻuər⁵⁵

指农历七月十五前后蚊子还能咬人，八月十五前后蚊子开始死亡。

七月十五枣红圈儿，八月十五枣上杆儿。

tɕʻi²⁴ yɛ⁰ ʂʅ⁴² u⁰ tsau⁵⁵ xuən⁴² tɕʻyor²⁴　pa²⁴ yɛ⁰ ʂʅ⁴² u⁰ tsau⁵⁵ ʂaŋ²¹³ kor²⁴

指农历七月十五枣开始逐渐变红，八月十五就成熟了。

七 ᴴ 月坐，八月爬，半岁见门牙。

tɕʻiɛ²⁴ yɛ²⁴ tsuə²¹³　pa²⁴ yɛ²⁴ pʻa⁴²　pan²¹³ suei²¹³ tɕian²¹³ mən⁴² ia⁴²

指正常发育的婴幼儿，一般在出生七月时会坐，八个月时会爬，半岁左右长出门牙。七 ᴴ："七个"的合音。八月：八个月。

妻贤夫祸少，主贤客来勤。

tɕʻi²⁴ ɕian⁴² fu²⁴ xuə²¹³ ʂau⁵⁵　tʂʅ⁵⁵ ɕian⁴² kʻɛ²⁴ lai⁴² tɕʻin⁴²

指妻子贤德，不会为丈夫招来祸端；主人贤良，客人就会不断上门。前后两个分句都可以单独用作谚语。

妻贤夫祸少，子孝父心宽。

tɕʻi²⁴ ɕian⁴² fu²⁴ xuə²¹³ ʂau⁵⁵　tsʅ⁵⁵ ɕiau²¹³ fu²¹³ ɕin²⁴ kʻuan²⁴

指妻子贤德，丈夫会祸端少；子女孝顺，父母就心情舒畅。前后两个分句都可以单独用作谚语。

骑洋车儿，戴手表，不打粮食恁吃屎。

tɕʻi⁴² iaŋ⁴² tʂʻʅr²⁴ tai²¹³ ʂou⁵⁵⁻⁴² piau⁵⁵　pu²⁴ ta⁵⁵ liaŋ⁴² ʂʅ⁰ nən⁵⁵ tʂʻʅ²⁴ tiau⁵⁵

指 20 世纪七八十年代农村人骂城里人之语；有羡慕又嫉妒的意味。洋车儿：自行车。

起 ᴰ 个大早，赶 ᴰ 个晚集。

tɕʻiɛ⁵⁵ kə⁰ ta²¹³ tsau⁵⁵　kæ⁵⁵ kə⁰ uan⁵⁵ tɕi⁴²

喻指虽行动很早，却仍因准备不足等原因而错过了不该错过的东西。起 ᴰ、赶 ᴰ：动词变韵均表完成义，可分别替换为"起了""赶了"。

气大伤身早入坟，没气慢慢儿熬成人。
tɕʻi²¹³ ta²¹³ ʂaŋ²⁴ ʂən²⁴ tsau⁵⁵ zu̥²⁴ fən⁴² mu⁴² tɕʻi²¹³ man²¹³ mor⁰ au²⁴ tʂʻəŋ⁰ zən⁴²

指经常生气发火，无益于身心健康。

千兵有头儿，万兵有将。
tɕʻian²⁴ piŋ²⁴ iou⁵⁵ tʻər⁴² uan²¹³ piŋ²⁴ iou⁵⁵ tɕiaŋ²¹³

指众人做事，必须有人领导指挥，否则难成大事。头儿：领头人。

千防万防，家贼难防。
tɕʻian²⁴ faŋ⁴² uan²¹³ faŋ⁴² tɕia²⁴ tsei⁴² nan⁴² faŋ⁴²

喻指家人、熟人、隐藏在内部的知情人，最不易防范。

千滚豆腐万滚鱼。
tɕʻian²⁴ kuən⁵⁵ tou²¹³ fu⁰ uan²¹³ kuən⁵⁵ y⁴²

指豆腐和鱼炖煮的时间再长，口感仍然会很鲜嫩；且炖煮时间越长，越入味、越好吃。滚：用开水煮。

千里去烧香，不胜在家敬爹娘。
tɕʻian²⁴ li⁵⁵ tɕʻy²¹³ ʂau²⁴ ɕiaŋ²⁴ pu²⁴⁻⁴² ʂəŋ²¹³ kai²¹³ tɕia²⁴ tɕiŋ²¹³ tiɛ²⁴ niaŋ⁴²

指烧香拜佛以示向善行善，不如从孝敬自己的父母开始。又作：拜佛去烧香，不如在家敬爹娘。

千里做官，为了吃穿。
tɕʻian²⁴ li⁵⁵ tsuə²¹³ kuan²⁴ uei²¹³ lə⁰ tʂʻʅ²⁴ tʂʻuan²⁴

旧指远离家人为官为宦，为的是生计，为的是生活条件更优越。

千年笨搁不住万年学。
tɕʻian²⁴ nian⁴² pən²¹³ kə⁴² pu⁰ tʂu²¹³ uan²¹³ nian⁴² ɕyə⁴²

指只要有耐心、肯下功夫，就没有学不会的技能。搁不住：经不住。

千年文字会说话。
tɕʻian²⁴ nian⁴² uən⁴² tsʅ⁰ xuei²¹³ ʂuə²⁴ xua²¹³

喻指以文字写下的契约，无论年代多么久远，都很有说服力，就像活人发言作证一样。文字：（用文字写下来的）凭据、契约。

千年媳妇儿熬成婆ᶻ。
tɕʻian²⁴ nian⁴² ɕi⁴² fər⁰ au⁴² tʂʻəŋ⁰ pʻau⁴²

喻指弱者、受欺压者历尽磨难，终于扬眉吐气，获得了相应的地位，得到了应有的尊重。

千人所指，没病而死。
tɕʻian²⁴ zən⁴² suə⁵⁵⁻⁴² tʂʅ⁵⁵　mu⁴² piŋ²¹³ ər⁵⁵⁻⁴² sʅ⁵⁵
喻指众怒难犯，被众人指责一定不会有好下场。

千人走路，一人领头儿。
tɕʻian²⁴ zən⁴² tsou⁵⁵ lu²¹³　i²⁴ zən⁴² liŋ⁵⁵ tʻər⁴²
喻指多人（多方）合作共事，必须有一人（一方）主事。

牵着不走，打着倒退。
tɕʻian²⁴ tʂʅ⁰ pu²⁴ tsou⁵⁵　ta⁵⁵ tʂʅ⁰ tau²¹³ tʻuei²¹³
喻指人不思进取，软硬兼施、用尽办法都不能使之改变。

谦虚嘞人常思己过，骄傲嘞人只议人非。
tɕʻian²⁴ ɕy⁰ lɛ⁰ zən⁴² tʂʻaŋ⁴² sʅ²⁴ tɕi⁵⁵ kuə²¹³　tɕiau⁵⁵ au²¹³ lɛ⁰ zən⁴² tʂʅ²⁴⁻⁴² i²¹³ zən⁴² fei²⁴
指谦虚者常想自己的短处，而骄傲者却只看到别人的短处。

前锛金，后锛银，锛儿喽头是个有福人。
tɕʻian⁴² pən²⁴ tɕin²⁴　xou²¹³ pən²⁴ in⁴²　pər²⁴ lou⁰ tʻou⁴² sʅ²¹³ kə⁰ iou⁵⁵ fu²⁴ zən⁴²
指前额凸出的人有福气。锛儿喽头：前额凸起。

前不栽桑，后不栽柳，院ᶻ里ᴴ不栽鬼拍手。
tɕʻian⁴² pu²⁴ tsai²⁴ saŋ²⁴　xou²¹³ pu²⁴ tsai²⁴ liou⁵⁵　yæ²¹³ liou⁰ pu²⁴ tsai²⁴ kuei⁵⁵ pʻɛ²⁴ ʂou⁵⁵
指门前不宜栽桑树，因为"桑""丧"同音；房后不宜栽柳树，因为坟头所栽之树多为柳树，不吉利；院子里不宜栽杨树，因为杨树叶经风吹动时会发出像"鬼拍手"一样的声音，令人害怕。

前□金，后□银，耳朵儿凌儿上有□不算有福人。
tɕʻian⁴² tsʻɐr²⁴ tɕin²⁴　xou²¹³ tsʻər²⁴ in⁴²　ər⁵⁵ tor⁰ liər⁴² ʂaŋ⁰ iou⁵⁵ tsʻɐr²⁴ pu²⁴⁻⁴² suan²¹³ iou⁵⁵ fu²⁴ zən⁴²
指耳郭前后长小肉疣是福相，肉疣长在耳郭边沿儿上则没有福气。□：小肉疣。耳朵凌儿：耳郭边沿儿。

前客让后客，人多地渣儿窄。
tɕʻian⁴² kʻɛ²⁴ zaŋ²¹³ xou²¹³ kʻɛ²⁴　zən⁴² tuə²⁴ ti²¹³ tʂɐr⁰ tʂɛ²⁴
指先到的客人应为后来的客人腾位置。前、后：指先后次序。地渣儿：地方。

前人栽树，后人乘凉。
tɕʻian⁴² zən⁴² tsai²⁴ ʂʅ²¹³　xou²¹³ zən⁴² tʂʻəŋ⁴² liaŋ⁴²

喻指前人要为后人造福，前人辛苦劳作，后辈人就能享受其福慧恩泽。

前三十年看父敬子，后三十年看子敬父。

tɕʻian⁴² san²⁴ ʂʅ⁰ nian⁴² kʻan²¹³ fu²¹³ tɕiŋ²¹³ tsʅ⁵⁵　xou²¹³ san²⁴ ʂʅ⁰ nian⁴² kʻan²¹³ tsʅ⁵⁵ tɕiŋ²¹³ fu²¹³

指前半辈子父母要抚养子女，后半辈子子女则要赡养父母。也指前半辈子"父荣子贵"，后半辈子则是"父凭子贵"。

前三十年睡不醒，后三十年睡不着。

tɕʻian⁴² san²⁴ ʂʅ⁰ nian⁴² ʂei²¹³ pu⁰ ɕiŋ⁵⁵　xou²¹³ san²⁴ ʂʅ⁰ nian⁴² ʂei²¹³ pu⁰ tʂuə⁴²

指人年轻时睡眠时间长，睡眠质量高；随着年龄的增长，睡眠会越来越少，睡眠质量也越来越差。

钱不是万能嘞，没钱又是万万不能嘞。

tɕʻian⁴² pu²⁴⁻⁴² ʂʅ²¹³ uan²¹³ nəŋ⁴² lɛ⁰　mu⁴² tɕʻian⁴² iou²¹³ ʂʅ²¹³ uan²¹³ uan²¹³ pu²⁴ nəŋ⁴² lɛ⁰

指有钱并不意味着拥有一切，但没钱什么事情也干不成。

钱财如粪土，脸面值千金。

tɕʻian⁴² tsʻai⁴² ʐʅ⁴² fən²¹³ tʻu⁵⁵　lian⁵⁵ mian⁰ tʂʅ⁴² tɕʻian²⁴ tɕin²⁴

喻指名节、信用、尊严等很重要，人不能为了钱财而失了名节。又作：钱财如粪土，人格值千金。

钱都在客榔ᶻ翅ᶻ上拴ᴰ嘞。

tɕʻian⁴² tou²⁴⁻⁴² kai²¹³ kʻɛ²⁴ læŋ⁴² tʂʻau²¹³ ʂaŋ⁰ ʂuæ²⁴ lɛ⁰

喻指人过分吝啬。客榔ᶻ翅ᶻ：肋骨。拴ᴰ：拴着，动词变韵表持续义。

钱花哪儿哪儿好。

tɕʻian⁴² xua²⁴ nɚ⁵⁵ nɚ⁵⁵⁻⁴² xau⁵⁵

指有钱可以诸事顺利、称心如意。

钱儿是死宝，力儿是活宝。

tɕʻior⁴² ʂʅ²¹³ sʅ⁵⁵⁻⁴² pau⁵⁵　liər²⁴ ʂʅ²¹³ xuə⁴² pau⁵⁵

指钱财有用尽的时候，而人的力气则是用不尽的。力儿：力气。

钱儿越捎越少，话越捎越多。

tɕʻior⁴² yɛ²⁴ ʂau²⁴ yɛ²⁴ ʂau⁵⁵　xua²¹³ yɛ²⁴ ʂau²⁴ yɛ²⁴ tuə²⁴

指话语在口耳相传的过程中，往往会被加入各人不同的理解和感情，越传离本来的意思越远。又作：东西越捎越少，话越捎越多。

钱难置，屎难吃。

tɕʻian⁴² nan⁴² tʂʅ²¹³　ʂʅ⁵⁵ nan⁴² tʂʻʅ²⁴

指挣钱是最难的事情。置：挣。

钱是王八蛋，花完 ^{D} 咱再赚；钱是王八孙，花完 ^{D} 咱再拼。

tɕ'ian⁴² ʂʅ²¹³ uaŋ⁴² pa⁰ tan²¹³ xua²⁴ uæ⁴² tsan⁴² tsai²¹³ tʂuan⁴² tɕ'ian⁴² ʂʅ²¹³ uaŋ⁴² pa⁰ suən²⁴ xua²⁴ uæ⁴² tsan⁴² tsai²¹³ p'in²⁴

喻指钱是人挣来的，也是为人服务的，既然能挣钱就要舍得花钱；用作戏谑语。完 ^{D}：完了，动词变韵表完成义。

强求没买卖。

tɕ'iaŋ⁵⁵ tɕ'iou⁴² mu⁴² mai⁵⁵ mai⁰

指越是迫不及待地想要成交，这笔生意却恰恰做不成。喻指做事要等待恰当的时机，不能强求。又作：强求不是买卖。

墙头草，□^{H}风往□^{H}倒。

tɕ'iaŋ⁴² t'ou⁴² ts'au⁵⁵ næŋ⁵⁵ fəŋ²⁴ uaŋ⁵⁵ næŋ⁵⁵⁻⁴² tau⁵⁵

喻指人没有主见，善于随情势而改变立场；含贬义。□^{H}：疑为"哪厢"/"哪里"的合音，待考。

墙倒众人推，鼓破众人捶。

tɕ'iaŋ⁴² tau⁵⁵ tʂuəŋ²¹³ zən⁴² t'uei²⁴ ku⁵⁵ p'uə²¹³ tʂuəŋ²¹³ zən⁴² tʂ'uei⁴²

喻指人一旦受挫或失势，他人就会趁机欺侮或打击，以促其彻底垮台。

墙上画马不能骑，镜 ^{Z} 里 ^{H} 嘞烧饼不挡饥。

tɕ'iaŋ⁴² ʂaŋ⁰ xua²¹³ ma⁵⁵ pu²⁴ nəŋ⁴² tɕ'i⁴² tɕiŋ²¹³ liou⁰ lɛ⁰ ʂau²⁴ piŋ⁰ pu²⁴ taŋ⁵⁵ tɕi²⁴

喻指看得见摸不着、可望不可即的东西不能解决实际问题。

敲筷 ^{Z} 敲碗，烂鼻 ^{Z} 烂眼。

tɕ'iau²⁴ k'uɛau²¹³ tɕ'iau²⁴ uan⁵⁵ lan²¹³ pi:au⁴² lan²¹³ ian⁵⁵

指吃饭时用筷子敲碗敲碟是非常不礼貌的；用于对有此不雅行为者的戏谑劝告。

荞麦①豆子用水灌，耐涝不耐旱。

tɕ'iau⁴² mɛ⁰ tou²¹³ tsʅ⁰ yŋ²¹³ ʂuei⁵⁵ kuan²¹³ nai²¹³ lau²¹³ pu²⁴⁻⁴² nai²¹³ xan²¹³

指荞麦和豆类作物耐涝不耐旱。

---

① 荞麦：一年生草本植物，茎略带红色，叶子三角状心脏形，有长柄，花白色或淡红色，籽粒呈三棱形，籽实磨成粉供食用。

荞麦面，饿死 ᴰ 媳妇儿吓死 ᴰ 婆 ᶻ。

tɕ'iau⁴² mɛ⁰ mian²¹³　ə²¹³ ʂʅə⁰ ɕi⁴² fər⁰ ɕia²¹³ ʂʅə⁰ p'au⁴²

指荞麦面缩水很厉害，干麦粉时看上去体积很大，和成面团蒸熟后体积马上变得很小。死 ᴰ：动词变韵表加强肯定语气。

荞麦三棱儿豆扁气，男嘞不嫌是好儿哩。

tɕ'iau⁴² mɛ⁰ san²⁴ⁱ⁴² lər²¹³ tou²¹³ pian⁵⁵ tɕ'i⁰　nan⁴² nɛ⁰ pu²⁴ ɕian⁴²ⁱ⁵⁵ ʂʅ²¹³ xor⁵⁵ li⁰

指女人的相貌丑俊，只要丈夫不嫌弃，别人嫌弃也没有用；就像圆滑状的豆子讽刺挖苦三棱状的荞麦形状不佳，不起任何作用一样。男嘞：男人、丈夫。扁气：讽刺挖苦。"嫌"无规则变调。

荞婆 ᶻ 不打哑媳妇儿。

tɕ'iau⁴² p'au⁴² pu²⁴ ta⁵⁵ ia⁵⁵ ɕi⁴² fər⁰

指再刁蛮的婆婆，一般也不会责骂哑巴儿媳；用以说明儿媳对付刁蛮婆婆的好办法是沉默克制、不予理睬。荞：刁钻蛮横。

瞧他嘞胡都不像关公。

tɕ'iau⁴² t'a⁰ lɛ⁰ xu⁰ tou⁰ pu²⁴ⁱ⁴² ɕiaŋ²¹³ kuan²⁴ kuaŋ⁰

喻指从一个人的言谈举止中，就可以看出其不是能成事的人。关公：东汉末年名将关羽，字云长。

瞧抹牌出心保国，吃敦底面不改色。

tɕ'iau⁴² ma²⁴ p'ai⁴² tʂ'ʅ²⁴ ɕin²⁴ pau⁵⁵ kuɛ²⁴　tʂ'ʅ²⁴ tuən²⁴ tɕi⁵⁵ mian²¹³ pu²⁴ kai⁵⁵ ʂɛ²⁴

指观看别人打牌时，观看哪一方的牌就会一心向着这一方，甚至不自觉地指挥其如何出牌；即使遭到其他人的呵斥，也满不在乎。抹牌：玩牌。出心：一心一意、忠心耿耿。敦底：呵斥、责怪。

瞧瞧她妮 ᶻ 嘞脚后跟，都知 ᴴ 她娘八九分。

tɕ'iau⁴² tɕ'iau⁰ t'a⁰ ni:au²⁴ lɛ⁰ tɕyə²⁴ xou²¹³ kən⁰　tou⁰ tʂo²⁴ t'a⁵⁵ niaŋ⁴² pa²⁴ tɕiou⁵⁵ fən²⁴

喻指女儿的（不良）品行往往是受母亲的影响；多含贬义。知 ᴴ："知道"的合音。

瞧热闹儿嘞不嫌事儿大。

tɕ'iau⁴² ʐʅə²⁴ nor⁰ lɛ⁰ pu²⁴ ɕian⁴²ⁱ⁵⁵ ʂər²¹³ ta²¹³

指与自己无关的事情，只是观望或等着看笑话，丝毫不关心事态的发展及后果。"嫌"无规则变调。

巧妇难为无米炊，妙手难绣无线花。

tɕʻiau⁵⁵ fu²⁴ nan⁴² uei⁴² u⁴² mi⁵⁵ tʂʻuei²⁴   miau²¹³ ʂou⁵⁵ nan⁴² ɕiou²¹³ u⁴² ɕian²¹³ xua²⁴

喻指做任何事情，如果缺少必要的条件，再有能力也难以成功。

巧买哄不住拙卖。

tɕʻiau⁵⁵⁻⁴² mai⁵⁵ xuəŋ⁵⁵ puº tʂʮº tʂʮə²⁴ mai²¹³

同"南京到北京，买嘞没有卖嘞精"。巧：精明。拙：笨拙。

亲帮亲，邻帮邻，天下穷人帮穷人。

tɕʻin²⁴ paŋ²⁴ tɕʻin²⁴ lin⁴² paŋ²⁴ lin⁴²   tʻian²⁴ ɕiaº tɕʻyŋ⁴² zən⁴² paŋ²⁴ tɕʻyŋ⁴² zən⁴²

指身份地位相同的人更亲近，更容易相处。

亲不亲，骨头连ᴰ嘞。

tɕʻin²⁴ puº tɕʻin²⁴   ku⁴² tʻouº liæ⁴² lɛº

喻指血缘关系是无法割断的。连ᴰ：连着，动词变韵表持续义。

亲不亲，骨头榫儿管ᴰ嘞。

tɕʻin²⁴ puº tɕʻin²⁴   ku⁴² tʻouº ɕyər⁵⁵ kuæ⁵⁵ lɛº

指人与人之间的亲疏远近是由血缘关系决定的。骨头榫儿：骨关节。管ᴰ：管着，动词变韵表持续义。

亲姥娘后妗，贱上来一阵。

tɕʻin²⁴ lau⁵⁵ niaŋº xou²¹³ tɕin²¹³   tɕian²¹³ ʂaŋº laiº i²⁴⁻⁴² tʂən²¹³

喻指人的态度忽冷忽热，就像见到亲姥姥非常亲热、见到二婚的舅妈比较冷淡一样。后：二婚。

亲嘞打不掉，义嘞安不牢。

tɕʻin²⁴ nɛº ta⁵⁵ pu²⁴⁻⁴² tiau²¹³   i²¹³ lɛº an²⁴ pu²⁴ lau⁴²

指血缘关系是最亲近的关系，是无法更改的；而非血缘关系即使再密切，也无法超越血缘关系。义：非血缘关系。

亲娘套肩，后娘套边。

tɕʻin²⁴ niaŋ⁴² tʻau²¹³ tɕian²⁴   xou²¹³ niaŋ⁴² tʻau²¹³ pian²⁴

指亲娘为孩子做棉袄主要考虑怎样最保暖，而后娘为孩子做棉袄只是为了装样子给别人看。后娘：继母。

亲戚不供财，供财再不来。

tɕʻin²⁴ tɕʻiº pu²⁴⁻⁴² kuaŋ²¹³ tsʻai⁴²   kuaŋ²¹³ tsʻai⁴² tsai²¹³ pu²⁴ lai⁴²

指亲戚、朋友之间不宜过多发生钱财上的往来，否则容易产生矛盾纠纷。来：来往。

亲戚朋友，更不能迁就。

tɕ'in²⁴ tɕ'i⁰ p'əŋ⁴² iou⁰   kəŋ²¹³ pu²⁴ nəŋ⁴² tɕ'ian²⁴ tɕiou⁰

指对别人不能宽容的事，对亲戚朋友更不能放宽标准、降低要求。

亲戚有远近，朋友有厚薄。

tɕ'in²⁴ tɕ'i⁰ iou⁵⁵⁻⁴² yan⁵⁵ tɕin⁰   p'əŋ⁴² iou⁰ iou⁵⁵ xou²¹³ puə⁴²

指亲戚有血缘远近之别，朋友有关系疏密之分。

亲是亲，财□分。

tɕ'in²⁴ ʂʅ⁰ tɕ'in²⁴   ts'ai⁴² pɛ⁰ fən²⁴

指亲戚、朋友关系再亲近，钱财也要有界限，经济上的往来也要弄清楚，以免产生不必要的纠纷。财□：推测当为"财帛"或"财贝"。

亲兄弟，明算账。

tɕ'in²⁴ ɕyŋ²⁴ ti²¹³   miŋ⁴² suan²¹³ tʂaŋ²¹³

指即使是亲兄弟，经济上的往来也要弄清楚，以免产生纠纷。

秦桧还有仨相好儿嘞₁嘞₂。

tɕ'in⁴² xuei²¹³ xai⁴² iou⁵⁵ sa²⁴ ɕiaŋ²⁴ xor⁵⁵ lɛ⁰ lɛ⁰

喻指即使坏人，也会有人赏识、信任，也会有气味相投的同伙。秦桧：南宋劣迹昭著的投降派代表人物。相好儿嘞：关系密切、感情深厚的朋友。嘞₁：结构助词。嘞₂：语气词。

秦椒辣嘴蒜辣心，芥末辣嘞鼻梁根。

tɕ'in⁴² tɕiau⁰ la²⁴ tsuei⁵⁵ suan²¹³ la²⁴ ɕin²⁴   tɕiɛ²¹³ muə⁰ la²⁴ lɛ⁰ pi⁴² liaŋ⁴² kən²⁴

指吃辣椒辣在嘴上，吃蒜辣在心里，吃芥末容易辣鼻子。秦椒：辣椒。又作：秦椒辣嘴蒜辣心，芥末串住鼻ᶻ上两道筋。

勤快勤快，有饭有菜。

tɕ'in⁴² k'uai²¹³ tɕ'in⁴² k'uai²¹³   iou⁵⁵ fan²¹³ iou⁵⁵ ts'ai²¹³

指勤劳之人衣食无忧。

勤勤人腊月没闲日，懒汉人六月日日闲。

tɕ'in⁴² tɕ'in⁰ zən⁴² la²⁴ yɛ⁰ mu⁴² ɕian⁴² ʐʅ²¹³   lan⁵⁵ xan²¹³ zən⁴² liou²¹³ yɛ²⁴ ʐʅ²¹³ ʐʅ²¹³ ɕian⁴²

指勤快之人农闲时节也舍不得休息，懒惰之人农忙时节也不干活。勤勤：勤谨、勤快。腊月：代指农闲之时。六月：代指农忙季节。

勤洗衣裳勤洗澡，常晒铺盖疾病少。

tɕ'in⁴² ɕi⁵⁵ i²⁴ ʂaŋ⁰ tɕ'in⁴² ɕi⁵⁵⁻⁴² tsau⁵⁵   tʂ'aŋ⁴² ʂai²¹³ p'u²⁴ kai⁰ tɕi²⁴ piŋ²¹³ ʂau⁵⁵

指勤洗衣服、多洗澡、常晒被褥，对身体有好处。铺盖：被褥。

勤学加好问，不怕没学问。

tɕ'in⁴² ɕyə⁴² tɕia²⁴ xau²¹³ uən²¹³　pu²⁴⁻⁴² p'a²¹³ mu⁴² ɕyə⁴² uən⁰

指要获得知识，必须勤学好问。

青泥白水紫花①路。

tɕ'iŋ²⁴ ni⁴² pɛ⁴² ʂuei⁵⁵ tsʅ⁵⁵ xua⁰ lu²¹³

指雨后走夜路之经验。青：黑色。白：光亮。紫花：土黄色。

清官儿难断家务事，公婆ᶻ难断房帷事。

tɕ'iŋ²⁴ kuor²⁴ nan⁴² tuan²¹³ tɕia²⁴ u⁰ ʂʅ²¹³　kuəŋ²⁴ p'au⁰ nan⁴² tuan²¹³ faŋ⁴² uei⁴² ʂʅ²¹³

指家庭内部的事，外人说不出是非曲直；小夫妻之间的是非纠纷，做父母的也难公断；劝诫人们不要干涉别人的家事，父母不要干涉孩子的婚姻。帷：帐子。

清亮人好讲，糊涂人难缠。

tɕ'iŋ²⁴ liaŋ⁰ zən⁴² xau⁵⁵⁻⁴² tɕiaŋ⁵⁵　xu⁴² tu⁰ zən⁴² nan⁴² tʂ'an⁴²

指跟明白人容易沟通，而对糊涂人却有理说不清。清亮人：明白人。

清明儿麦苗儿埋老鸹。

tɕ'iŋ²⁴ miər⁰ mɛ²⁴ mior⁴² mai⁴² lau⁵⁵⁻⁴² kua⁰

指清明时节小麦（的高度）可以遮住老鸹。老鸹：乌鸦。

清明儿前后，种瓜种豆。

tɕ'iŋ²⁴ miər⁰ tɕ'ian⁴² xou²¹³　tʂuəŋ²¹³ kua²⁴ tʂuəŋ²¹³ tou²¹³

指清明前后是点瓜种豆的最佳时节。

清明天，蛤蟆喧。

tɕ'iŋ²⁴ miŋ⁰ t'ian²⁴　xɛ⁴² ma⁰ ɕyan²⁴

指清明前后春暖花开，冬眠的蛤蟆开始叫了。

清明喂个饱，瘦苗儿能长好。

tɕ'iŋ²⁴ miŋ⁰ uei²¹³ kə⁰ pau⁵⁵　ʂou²¹³ mior⁴² nəŋ⁴² tʂaŋ⁵⁵⁻⁴² xau⁵⁵

指清明前后浇水施肥，有利于冬小麦生长。

清明早，立夏迟，谷雨种花正应时。

tɕ'iŋ²⁴ miŋ⁰ tsau⁵⁵　li²⁴ ɕia²¹³ tʂ'ʅ⁴²　ku²⁴ y⁵⁵ tʂuəŋ²¹³ xua²⁴ tʂəŋ²¹³ iŋ²¹³ ʂʅ⁴²

---

① 紫花 tsʅ⁵⁵ xua²⁴：一种天然的土黄色彩棉，又叫"紫花棉"；浚县方言可以变读为"tsʅ⁵⁵ xua⁰"，借指一种颜色。

指谷雨时节适宜种植棉花。

清明种高粱，六月接饥荒。

tɕʻiŋ²⁴ miŋ⁰ tʂuəŋ²¹³ kau²⁴ liaŋ⁰　liou²¹³ yɛ⁰ tɕiɛ²⁴ tɕi²⁴ xuaŋ²⁴

指清明前后种植高粱，农历六月成熟。

赆头不赆脚，赆脚跑不脱。

tɕʻiŋ⁴² tʻou⁴² pu²⁴ tɕʻiŋ⁴² tɕyə²⁴　tɕʻiŋ⁴² tɕyə²⁴ pʻau⁵⁵ pu⁰ tʻuə²⁴

指死人的帽子可以接受，但鞋子不能穿用，意蕴穿了死人的鞋子会走死人的路。也指衣帽可以送人，而鞋子则不能轻易送人，否则会给自己带来厄运。头：指帽子。脚：指鞋子。赆：受赐、继承。

亲家拜年没啥儿说。

tɕʻin²⁴ tɕia⁰ pai²¹³ nian⁴² mu⁴² ʂɚ²¹³ ʂuə²⁴

指儿女亲家因为辈分相同，不相互拜年。"亲家"读音特殊。

□₁ᴰ不瞧疮，□₂ᴰ不瞧病①。

tɕʻiæŋ²⁴ pu²⁴ tɕʻiau⁴² tʂʻuaŋ²⁴　xo²¹³ pu²⁴ tɕʻiau⁴² piŋ²¹³

指探视病人应在上午，但上午不探视长疮的病人。瞧：探视。□₁ᴰ：清早、上午，可与"□ᴰ起ᴰ"自由替换。□₂ᴰ：下午、傍晚，可与"□ᴰ黑"自由替换。

□ᴰ立秋，□ᴰ黑利嗖嗖。

tɕʻiæŋ²⁴ li²⁴ tɕʻiou²⁴　xo²¹³ xɛ²⁴ li²¹³ sou⁰ sou⁰

指立秋之后，天气开始凉爽。利嗖嗖：体感凉爽。又作：□ᴰ立秋，□ᴰ黑把扇儿丢。

□ᴰ起ᴰ不说梦，说梦三天不幸。

tɕʻiæŋ²⁴ tɕʻiɛ⁵⁵ pu²⁴ ʂuə²⁴ məŋ²¹³　ʂuə²⁴ məŋ²¹³ san²⁴ tʻian²⁴ pu²⁴⁻⁴² ɕiŋ²¹³

指太阳未出来之前不宜讲述自己的梦，否则将会有不幸之事发生。

□ᴰ起ᴰ打春，□ᴰ黑被窝儿温。

tɕʻiæŋ²⁴ tɕʻiɛ⁵⁵ ta⁵⁵ tʂʻuən²⁴　xo²¹³ xɛ²⁴ pei²¹³ uor²⁴ uən²⁴

指立春时节天气开始变暖。打春：立春。

□ᴰ起ᴰ地罩雾，只管洗衣服。

tɕʻiæŋ²⁴ tɕʻiɛ⁵⁵ ti²¹³ tʂau²¹³ u²¹³　tʂʅ²⁴ kuan⁰ ɕi⁵⁵ i²⁴ fu⁰

指早晨出现大雾，往往是晴天。只管：尽管。

□ᴰ起ᴰ朵朵云，后半儿晒死人。

tɕʻiæŋ²⁴ tɕʻiɛ⁵⁵ tuə⁵⁵ tuə⁰ yn⁴²　xou²¹³ por⁰ ʂai²¹³ sʅ⁰ zən⁴²

---

① "□₁ᴰ""□₂ᴰ""□ᴰ起ᴰ""□ᴰ黑"均为时间名词变韵。

指早晨云彩呈朵朵分散状，下午必定是大晴天。后半儿：下午。

□^D 起 ^D 烧霞，等 ^D 水烧茶；□^D 黑烧霞，干死 ^D 蛤蟆。

tɕ'iæŋ²⁴ tɕ'iɛ⁵⁵ ʂau²⁴ ɕia⁴² to⁵⁵⁻⁴² ʂuei⁵⁵ ʂau²⁴ tʂ'a⁴² xo²¹³ xɛ⁴² ʂau²⁴ ɕia⁴² kan²⁴ sʅə⁰ xɛ⁴² ma⁰

指出现朝霞预示下雨，出现晚霞预示晴天。等 ^D：等着，动词变韵表持续义。死 ^D：动词变韵表加强肯定语气。

□^D 烧等不到黑，□^D 烧晴半月。

tɕ'iæŋ²⁴ ʂau²⁴ təŋ⁵⁵ pu⁰ tau⁰ xɛ²⁴ xo²¹³ ʂau²⁴ tɕ'iŋ⁴² pan²¹³ yɛ²⁴

指出现朝霞预示短时间内会降雨，而出现晚霞则预示连续多日晴天。

□^D 烧阴，□^D 烧晴，半夜黑价烧不到明。

tɕ'iæŋ²⁴ ʂau²⁴ in²⁴ xo²¹³ ʂau²⁴ tɕ'iŋ⁴² pan²¹³ iɛ²¹³ xɛ²⁴ tɕia⁰ ʂau²⁴ pu⁰ tau⁰ miŋ⁴²

指早晨烧霞一般会是阴天，傍晚烧霞一般会是晴天；半夜烧霞，等不到天明就会下雨。烧：火烧霞。半夜黑价：半夜。又作：早烧阴，晚烧晴，半夜烧起 ^H 烧不到明。

□^D 栽树，□^D 乘凉。

tɕ'iæŋ²⁴ tsai²⁴ ʂʅ²¹³ xo²¹³ tʂ'əŋ⁴² liaŋ⁴²

喻指（某种行业）收效、收益立竿见影。

穷不跟 ^D 富斗，民不跟 ^D 官斗。

tɕ'yŋ⁴² pu²⁴ kɛ²⁴ fu²¹³ tou²¹³ min⁴² pu²⁴ kɛ²⁴ kuan²⁴ tou²¹³

旧指非到万不得已，穷人不跟富人争高下，老百姓不跟官府争高低，以免吃亏。

穷家儿瞧碗嘞，好过家儿瞧穿嘞。

tɕ'yŋ⁴² tɕier²⁴ tɕ'iau⁴² uan⁵⁵ nɛ⁰ xau⁵⁵ kuə⁰ tɕier²⁴ tɕ'iau⁴² tʂ'uan²⁴ nɛ⁰

指贫不贫，依其饭食可以断定；富不富，依其穿戴能够衡量。也指穷人只求有饭吃，富人才讲究穿戴。好过：富裕。

穷家富路。

tɕyŋ⁴² tɕia²⁴ fu²¹³ lu²¹³

指居家过日子应当节俭，而出门在外则应多带钱物，以备不时之需。路：行路，指出门在外。

穷家难舍，故土难离。

tɕyŋ⁴² tɕia²⁴ nan⁴² ʂə⁵⁵ ku²¹³ t'u⁵⁵ nan⁴² li²¹³

指人都有难以割舍的家乡情节。两个分句都可以单独用作谚语，意思与整句相同。

穷了甭说有嘞时儿，老了甭说小嘞时儿。

tɕ'yŋ⁴² lə⁰ piŋ⁴² ʂʯə²⁴ iou⁵⁵ lɛ⁰ ʂər⁴²　lau⁵⁵ lə⁰ piŋ⁴² ʂʯə²⁴ ɕiau⁵⁵ lɛ⁰ ʂər⁴²

指处于贫困之时，不能与曾经富有时的境况相比；上了年纪，不要再提年轻时的能耐。有：富有。

穷没卖给 D 谁。

tɕyŋ⁴² mu⁴² mai²¹³ kɛ⁰ ʂei⁴²

指人可能一时贫困，但不可能一辈子处于窘境；告诫穷人不要自卑，富人也不要小看穷人。

穷怕亲戚富怕贼。

tɕ'yŋ⁴² p'a²¹³ tɕ'in²⁴ tɕ'i⁰ fu²¹³ p'a²¹³ tsei⁴²

指穷人因没有能力招待，害怕来客上门；富人钱财多，害怕被贼偷。

穷穷过，富富过。

tɕ'yŋ⁴² tɕ'yŋ⁴² kuə²¹³　fu²¹³ fu²¹³ kuə²¹³

指过日子穷有穷的打算，富有富的安排。喻指做事要考虑自身条件，量力而行。

穷人嘞饭，使 D 命换。

tɕyŋ⁴² zən⁴² nɛ⁰ fan²¹³　ʂʯə⁵⁵ miŋ²¹³ xuan²¹³

旧指穷苦人谋生艰难。使 D：拿、用。

穷生奸心，富生良心。

tɕyŋ⁴² ʂəŋ²⁴ tɕian²⁴ ɕin⁰　fu²¹³ ʂəŋ²⁴ liaŋ⁴² ɕin⁰

指人处窘境，为了生存可能会做出损人利己、有违道德的事情；只有在生活优裕的条件下，才可能有行善之举。

秋分耩麦，早十天不早，晚十天不迟。

tɕ'iou²⁴ fən⁰ tɕiaŋ⁵⁵ mɛ²⁴　tsau⁵⁵ ʂʯ⁴² t'ian²⁴ pu²⁴ tsau⁵⁵　uan⁵⁵ ʂʯ⁴² t'ian²⁴ pu²⁴ tʂ'ʯ⁴²

指秋分前后十天左右的一段时间内，都适宜播种小麦。

秋分麦入泥，霜降麦苗儿齐。

tɕ'iou²⁴ fən⁰ mɛ²⁴ zʯ⁴² ni⁴²　ʂuaŋ²⁴ tɕiaŋ²¹³ mɛ²⁴ mior⁴² tɕ'i⁴²

指秋分前后播种小麦，霜降时节麦苗儿基本上就出齐了。

秋分早，霜降迟，寒露耩麦正当时。

tɕ'iou²⁴ fən⁰ tsau⁵⁵　ʂuaŋ²⁴ tɕiaŋ²¹³ tʂ'ʯ⁴²　xan⁴² lu²¹³ tɕiaŋ⁵⁵ mɛ²⁴ tʂəŋ²¹³ taŋ²⁴ ʂʯ⁴²

指寒露前后是播种小麦的最佳时节。

秋耕甭晚，春耕甭早。

tɕ'iou²⁴ kəŋ²⁴ piŋ⁴² uan⁵⁵　tʂ'uən²⁴ kəŋ²⁴ piŋ⁴² tsau⁵⁵

指秋耕不宜推迟，春耕不宜提前。又作：秋耕宜早，春耕宜迟。

秋耕深，春耕浅，旱涝都保险。

tɕ'iou²⁴ kəŋ²⁴ tʂ'ən²⁴　tʂ'uən²⁴ kəŋ²⁴ tɕ'ian⁵⁵　xan²¹³ lau²¹³ tou²⁴ pau⁵⁵ ⁱ ⁴² ɕian⁵⁵

指秋耕宜深，春耕宜浅。

秋后加一伏。

tɕ'iou²⁴ xou²¹³ tɕia²⁴ i²⁴ fu⁴²

指立秋之后，依然会存在十天左右的高温回热天气。秋：立秋。

秋葫芦晚瓜，一嘟噜俩仨。

tɕ'iou²⁴ xu⁴² lu⁰ uan⁵⁵ kua²⁴　i²⁴ tu²⁴ lu⁰ lia⁵⁵ ⁱ ⁴² sa²⁴

指立秋以后，是葫芦、丝瓜等结果实的旺盛期。一嘟噜：一串。

秋水浇冬水盖，不怕来年天气晒。

tɕ'iou²⁴ ʂuei⁵⁵ tɕiau²⁴ tuəŋ²⁴ ʂuei⁵⁵ kai²¹³　pu²⁴ ⁱ ⁴² p'a²¹³ lai⁴² nian⁴² t'ian²⁴ tɕ'i⁰ ʂai²¹³

指秋浇冬灌有利于冬小麦生长。

求人不如求己。

tɕ'iou⁴² zən⁴² pu²⁴ zʅ⁴² tɕ'iou⁴² tɕi⁵⁵

指恳求别人不如自己努力。

娶儿嫁夫，邻家帮助。

tɕ'y⁵⁵ ər⁴² tɕia²¹³ fu²⁴　lin⁴² tɕia⁰ paŋ²⁴ tʂu⁰

指婚丧嫁娶，邻里之间需要相互帮忙。邻家：邻居。

娶个媳妇儿满屋红，嫁个闺女满屋穷。

tɕ'y⁵⁵ kə⁰ ɕi⁴² fər⁰ man⁵⁵ u²⁴ xuaŋ⁴²　tɕia²¹³ kə⁰ kuei²⁴ ny⁰ man⁵⁵ u²⁴ tɕyŋ⁴²

指娶媳妇儿和出嫁闺女时的心情不同：娶儿媳妇儿，家里添了新人，加上满屋的喜庆装扮，会让人发自内心地感到高兴；而闺女出嫁，家里少了一个人，又带走了许多嫁妆，会让人感到失落和凄凉。

劝和不劝离。

tɕ'yan²¹³ xə⁴² pu²⁴ ⁱ ⁴² tɕ'yan²¹³ li²¹³

指调解夫妻矛盾，只能劝其和谐相处而不能劝其离婚。

劝人不如劝己。

tɕ'yan²¹³ zən⁴² pu²⁴ zʅ⁴² tɕ'yan²¹³ tɕi⁵⁵

指劝说别人作出改变往往较难，倒不如自己试着去接受或适应对方。

缺张儿先到。
tɕ'yɛ²⁴ tʂɐr²⁴ ɕian²⁴ tau²¹³

麻将术语。指玩麻将时，上一把牌需要的牌，在下一把牌中往往很早就会来到。张儿：牌。

R

染坊里 ᴴ 倒不出 ᴴ 白布。
zan⁵⁵ faŋ⁰ liou⁰ tau²¹³ pu⁰ tʂ'uai²⁴ˌ⁵⁵ pɛ⁴² pu²¹³

喻指财物一旦被人侵占，就不可能再完整地要回来了。也喻指改变既成事实，难以复原。

惹不起，还躲不起哟？
zʐə⁵⁵ pu⁰ tɕ'i⁰　xai⁴² tuə⁵⁵ pu⁰ tɕ'i⁰ io⁰

指蛮横粗野之人难以对付，只好采取躲避的办法。

热闹是年下。
zʐə²⁴ nau⁰ ʂʅ²¹³ nian⁴² ɕiɛ⁰

指春节期间是最热闹、最放松的时候，可以放松心情，尽情玩乐。

热生风，冷生雨，半冷不热生琉璃。
zʐə²⁴ ʂəŋ²⁴ fəŋ²⁴　ləŋ⁵⁵ ʂəŋ²⁴ y⁵⁵　pan²¹³ ləŋ⁵⁵ pu²⁴ zʐə²⁴ ʂəŋ²⁴ liou⁴² li⁰

指气温较高时，由于空气膨胀变轻，气压降低，易形成风；此时气温骤然降低，易形成积雨云，带来降雨；积雨云中的冰晶和水滴，降落过程中经过冷、暖云层冻结增大，形成冰雹。琉璃：指冰雹。

人甭小看，车甭大量。
zən⁴² piŋ⁴² ɕiau⁵⁵ k'an⁰　tʂ'ʐə²⁴ piŋ⁴² ta²¹³ liaŋ⁴²

指任何时候都不要低估一个人的能力和水平。量：估量。

人比人，气死人。
zən⁴² pi⁵⁵ zən⁴²　tɕ'i²¹³ sʅ⁰ zən⁴²

指人与人在财力、地位等方面都会有差别，不可与他人攀比，否则只会眼馋、生气，解决不了任何问题。

人不丢人，兔丢人哪？
zən⁴² pu⁰ tiou²⁴ zən⁴²　t'u²¹³ tiou²⁴ zən⁴² na⁰

指只有人才能做出丢人的事，兔子无论如何都做不出丢人的事；既然做了丢人现眼的事，只有硬着头皮去面对。

人不能都占全 ᴰ。

zən⁴² pu²⁴ nəŋ⁴² tou²⁴⁼⁴² tṣan²¹³ tɕ'yæ⁴²

指人不可能方方面面都优越。占：拥有。全 ᴰ：形容词变韵表程度加深。

人不能在一个茄 ᶻ棵 ᶻ 上吊死 ᴰ。

zən⁴² pu²⁴ nəŋ⁴² kai²¹³ i²⁴⁼⁴² kə⁰ tɕ'iːau⁴² k'uau²⁴ ʂaŋ⁰ tiau²¹³ sʅə⁰

喻指谋求职业不能太死板，要不断调整，才能找到最适合自己的位置。也喻指已婚男女不必用一纸婚姻来束缚自己，如果婚姻不幸，可以离婚重新选择。死 ᴰ：动词变韵加强肯定语气。

人不怕口，就怕不讲理。

zən⁴² pu²⁴⁼⁴² p'a²¹³ k'ou⁵⁵　tɕiou²¹³ p'a²¹³ pu²⁴ tɕiaŋ⁵⁵⁼⁴² li⁵⁵

指性格暴躁、脾气倔强的人不可怕，蛮不讲理的人才最难相处、最难对付。口：脾气倔强、嘴上不饶人。

人不□人不是人。

zən⁴² pu²⁴ tɕ'yə²⁴ zən⁴² pu²⁴⁼⁴² sʅ²¹³ zən⁴²

指每个人都有可能做出或大或小欺骗人的事情。□：欺骗。

人不学不灵，钟不敲不鸣。

zən⁴² pu²⁴ ɕyə⁴² pu²⁴ liŋ⁴²　tʂuəŋ²⁴ pu²⁴ tɕ'iau²⁴ pu²⁴ miŋ⁴²

喻指人不学习就不会长智慧、不会有成就。灵：灵活、灵巧。

人不忧难得乐，瓜不苦难得甜。

zən⁴² pu²⁴ iou²⁴ nan⁴² tɛ²⁴ luə²⁴　kua²⁴ pu²⁴ k'u⁵⁵ nan⁴² tɛ²⁴ t'ian⁴²

喻指人不经历忧患和磨难，就不能真正体会幸福和快乐。

人吃五谷杂粮，哪儿有不生病嘞？

zən⁴² tʂ'ʅ²⁴ u⁵⁵ ku²⁴ tsa⁴² liaŋ⁴²　nɚ⁵⁵ iou⁵⁵ pu²⁴ ʂəŋ²⁴ piŋ²¹³ lɛ⁰

指人有小病小灾是正常现象，也是普遍现象。

人到 ᴰ 哪儿都有穷有富。

zən⁴² tʂo²¹³ nɚ⁵⁵ tou²⁴ iou⁵⁵ tɕ'yŋ⁴² iou⁵⁵ fu²¹³

指无论何处，人都会有贫富差别。到 ᴰ：到了，动词变韵表完成义。

人到 ᴰ 哪儿说哪儿。

zən⁴² to²¹³ nɚ⁵⁵ ʂuə²⁴ nɚ⁵⁵

指人要面对现实，遇到什么问题就想方设法解决什么问题，不能前怕狼后怕虎、患得患失。到 ᴰ：到了，动词变韵表完成义。

人得公心，火得空心。

zən⁴² tɛ²⁴ kuəŋ²⁴ ɕin²⁴　xuə⁵⁵ tɛ²⁴ k'uəŋ²⁴ ɕin²⁴

喻指人公正坦荡才能立身处世、受人尊重，就像柴要架空、利于空气流通，才能越烧越旺一样。得：必须。

人都得知 ᴴ□吃 ᴰ 几 ᴴ 馍喝 ᴰ⁻⁰ 几碗汤。

zən⁴² tou²⁴ tɛ⁰ tʂo²⁴ tsʅ²¹³ tʂʻʅə²⁴ tɕiɛ⁵⁵ muə⁴² xə²⁴ tɕi⁵⁵⁻⁴² uan⁵⁵ tʻaŋ²⁴

喻指人要有自知之明，要能正确评价自己的能力和水平。□：自己。吃ᴰ、喝ᴰ⁻⁰：动词变韵均表完成义，可分别替换为"吃了""喝了"。几ᴴ："几个"的合音。又作：人都得知 ᴴ□有几斤几两。

人都好戴高帽儿。

zən⁴² tou²⁴⁻⁴² xau²¹³ tai²¹³ kau²⁴ mor²¹³

喻指人都喜欢被抬举、被奉承。

人都是叫□精嘞。

zən⁴² tou²⁴⁻⁴² sʅ²¹³ tɕiau²¹³ tɕʻyə²⁴ tɕiŋ²⁴ lɛ⁰

指上当受骗的次数多了，人就有了一定的识别骗术的能力，逐渐变得精明了。□：坑蒙拐骗。

人都是一递一捶夯嘞。

zən⁴² tou²⁴⁻⁴² sʅ²¹³ i²⁴⁻⁴² ti²¹³ i²⁴ tsʻuei⁴² xaŋ²⁴ lɛ⁰

喻指人与人之间的礼节往来都是相互的、对等的。一递一捶：轮番、对等。夯：握紧拳头用力打。

人都是长大嘞，不是叫吓大嘞。

zən⁴² tou²⁴⁻⁴² sʅ²¹³ tʂaŋ⁵⁵ ta²¹³ lɛ⁰　pu²⁴⁻⁴² sʅ²¹³ tɕiau²¹³ ɕia²¹³ ta²¹³ lɛ⁰

指人都不惧怕别人的威胁。吓：恐吓。

人都是□混嘞。

zən⁴² tou²⁴⁻⁴² sʅ²¹³ tsʅə²¹³ xuən²¹³ nɛ⁰

指人的名声源于自己平时的表现，权势地位高低决定于自己的努力程度。□：自己。混：经营生活。

人多好干活，人少好吃馍。

zən⁴² tuə²⁴ xau⁵⁵ kan²¹³ xuə⁴²　zən⁴² ʂau⁵⁵ xau⁵⁵ tʂʻʅ²⁴ muə⁴²

喻指干活时人多效率高，而分配利益时则是人越少每人得到的越多。

人多没好饭，猪多没好食。

zən⁴² tuə²⁴ mu⁴² xau⁵⁵ fan²¹³　tʂʅ²⁴ tuə²⁴ mu⁴² xau⁵⁵ sʅ⁴²

喻指人员多了，工资、待遇等就会下降。

人多厮靠。

zən⁴² tuə²⁴ sʅ²¹³ kʻau²¹³

指一个人，没有别的指望，会承担所有的责任；人多了，相互依靠，相互推诿，反而于事无益。厮：互相。

人多智谋广，柴多火焰高。

zən⁴² tuə²⁴ tʂʅ²¹³ muº kuaŋ⁵⁵　tsʻai⁴² tuə²⁴ xuə⁵⁵ ian²¹³ kau²⁴

喻指集思广益，办事效率就高，解决问题的办法就多。广：多。

人多嘴杂。

zən⁴² tuə²⁴ tsuei⁵⁵ tsa⁴²

指人多闲话多，是非多。

人犯 ᴰ 王法身无主。

zən⁴² fæ²¹³ uaŋ⁴² faº ʂən²⁴ u⁴² tʂʅ⁵⁵

指只要触犯了国法，就一定会受到制裁，也就失去了人身自由。王法：国法。犯 ᴰ：犯了，动词变韵表完成义。

人怪有钱，马怪有膘。

zən⁴² kuai²¹³ iou⁵⁵ tɕʻian⁴²　ma⁵⁵ kuai²¹³ iou⁵⁵ piau²⁴

指人有钱就会性情乖戾，就像马有膘就会乱踢乱咬一样。怪：乖戾。

人过不留名，不知 ᴴ 张三李四；雁过不留声，不知 ᴴ 春秋四季。

zən⁴² kuə²¹³ pu²⁴ liou⁴² miŋ⁴²　pu²⁴ tʂo²⁴ tʂaŋ²⁴ san²⁴ li⁵⁵ sʅ²¹³　ian²¹³ kuə²¹³ pu²⁴ liou⁴² ʂəŋ²⁴　pu²⁴ tʂo²⁴ tʂʻuən²⁴ tɕʻiou²⁴ sʅ²¹³ tɕi²¹³

指人要留下好名声，否则很快就会被淡忘；就像大雁无声飞过，人们不在意四季变化一样。又作：人过不留名，不知 ᴴ 张王李赵；雁过不留声，不知 ᴴ 春夏秋冬。

人过三十不学艺。

zən⁴² kuə²¹³ san²⁴ sʅ⁴² pu²⁴ ɕyə⁴² i²¹³

旧指学技艺必须从青少年时期开始，三十岁之后为时已晚，不适合、也很难再学会新技艺。

人好忠心，火旺空心。

zən⁴² xau⁵⁵ tʂuəŋ²⁴ ɕin²⁴　xuə⁵⁵ uaŋ²¹³ kʻuəŋ²⁴ ɕin²⁴

同"人得公心，火得空心"。

人哄地一季，地哄人一年。

zən⁴² xuəŋ⁵⁵ ti²¹³ i²⁴⁺⁴² tɕi²¹³　ti²¹³ xuəŋ⁵⁵ zən⁴² i²⁴ nian⁴²

指种庄稼要精耕细作，否则就会影响一年的收成。又作：人误地一季，地误人一年。/ 你哄地一季，地哄你一年。

人活一口气，树活一张皮。

zən⁴² xuə⁴² i²⁴ kʻou⁵⁵ tɕʻi²¹³　ʂʅ²¹³ xuə⁴² i²⁴ tʂaŋ²⁴ pʻi⁴²

指人要有尊严、有志气，就像树必须有皮，否则就不能存活一样。又作：人活一张脸，树活一张皮。

人饥糟糠甜似蜜，人不饥瞧见御宴也不饥。

zən⁴² tɕi²⁴ tsau²⁴ kʻaŋ²⁴ tʻian⁴² sʐ²¹³ mi²⁴ zən⁴² pu²⁴ tɕi²⁴ tɕʻiau⁴² tɕian⁰ y²¹³ ian⁰ iɛ⁵⁵ pu²⁴ tɕi²⁴

指人在饥饿时什么东西都好吃，吃饱的时候再好的东西也不想吃。"御宴"读音特殊。

人见稀罕物，必定寿限长。

zən⁴² tɕian²¹³ ɕi²⁴ xan⁰ u²¹³ pi⁵⁵ tiŋ²¹³ sou²¹³ ɕian⁰ tʂʻaŋ⁴²

指能见到罕见之物的人，寿命必定很长。寿限：寿命。

人叫人死不一定，天叫人死活不成。

zən⁴² tɕiau²¹³ zən⁴² sʐ⁵⁵ pu²⁴ i²⁴⁻⁴² tiŋ²¹³ tʻian²⁴ tɕiau²¹³ zən⁴² sʐ⁵⁵ xuə⁴² pu²⁴ tʂʻəŋ⁴²

指人的命运都是上天安排的，不可抗拒。

人敬我一尺，我敬人一丈；人敬我一丈，我敬ᴰ人天上。

zən⁴² tɕiŋ²¹³ uə⁵⁵ i²⁴ tʂʻʐ²⁴ uə⁵⁵ tɕiŋ²¹³ zən⁴² i²⁴⁻⁴² tʂaŋ²¹³ zən⁴² tɕiŋ²¹³ uə⁵⁵ i²⁴⁻⁴² tʂaŋ²¹³ uə⁵⁵ tɕio²¹³ zən⁴² tʻian²⁴ ʂaŋ⁰

指人与人之间的尊重是相互的，你敬重别人，别人会更敬重你。敬ᴰ：敬到，动词变韵表终点义。前一分句也可单独用作谚语，意义与整句相同。又作：你敬我一尺，我敬你一丈；你敬我一丈，我敬ᴰ你天上。

人看衣，马看鞍。

zən⁴² kʻan²¹³ i²⁴ ma⁵⁵ kʻan²¹³ an²⁴

指人的衣着打扮可以反映其经济状况、身份地位等。

人靠地养，苗ᶻ靠肥长。

zən⁴² kʻau²¹³ ti²¹³ iaŋ⁵⁵ miæu⁴² kʻau²¹³ fei⁴² tʂaŋ⁵⁵

指人靠吃地里收的粮食过活，庄稼则靠肥料才能更好地生长。

人亏理不亏，大家知ᴴ是非。

zən⁴² kʻuei²⁴ li⁵⁵ pu⁰ kʻuei²⁴ ta²¹³ tɕia⁰ tʂo²⁴ sʐ²¹³ fei⁰

指不要怕吃亏，只要不输情理，是非曲直自有公论。

人浪笑，猫浪叫，驴浪卜喃嘴，狗浪跑折腿。

zən⁴² laŋ²¹³ ɕiau²¹³ mau⁴² laŋ²¹³ tɕiau²¹³ ly⁴² laŋ²¹³ pu²⁴ nan⁰ tsuei⁵⁵ kou⁵⁵ laŋ²¹³ pʻau²¹³ ʂʐə⁴² tʻuei⁵⁵

指人放纵时大笑，猫发情时乱叫，驴发情时咂嘴，狗求偶时则会追着对方跑。卜喃：咂嘴。浪：放纵、发情。

人老思故土。

zʐən⁴² lau⁵⁵ sʅ²⁴ ku²¹³ tʻu⁵⁵

指人年龄越大越恋家乡故土。

人老腿先衰。

zʐən⁴² lau⁵⁵ tʻuei⁵⁵ ɕian²⁴ ʂuai²⁴

指人的衰老首先表现在腿上，腿疼、腿无力等是开始衰老的征兆。

人老ᴰ都没ᴰ气力儿了。

zʐən⁴² lo⁵⁵ touº mæ²⁴ tɕʻi²¹³ liərº ləº

指人到老年，精神、力气等都会衰弱。老ᴰ：老了，形容词变韵表完成义。没ᴰ：没了，动词变韵表完成义。气力儿：人的精、气、神。

人老ᴰ话多，树老ᴰ根多。

zʐən⁴² lo⁵⁵ xua²¹³ tuə²⁴　ʂʅ²¹³ lo⁵⁵ kən²⁴ tuə²⁴

喻指人上了年纪爱唠叨。老ᴰ：老了，形容词变韵表完成义。

人老ᴰ三样儿不能离：老伴儿、老家、老邻居。

zʐən⁴² lo⁵⁵ san²⁴⁻⁴² iɐr²¹³ pu²⁴ nən⁴² li²¹³　lau⁵⁵ por²¹³　lau⁵⁵ tɕia²⁴　lau⁵⁵ lin⁴² tɕyº

指人上了年纪，更恋故土，更念旧交，离不开老伴儿的陪伴，离不了熟悉的生活环境。老ᴰ：老了，形容词变韵表完成义。又作：人有三老：老伴儿、老家、老邻居。

人老ᴰ惜儿，猫老ᴰ吃儿。

zʐən⁴² lo⁵⁵ ɕi²⁴ ər²　mau⁴² lo⁵⁵ tʂʻʅ²⁴ ər⁴²

指人上了年纪，会格外依恋自己的儿孙；而猫老了，也会将生下的幼崽吃掉①。老ᴰ：老了，形容词变韵表完成义。惜：疼惜、依恋。

人嘞命，天管定，胡思乱想不管用。

zʐən⁴² nεº miŋ²¹³　tʻian²⁴ kuan⁵⁵ tiŋ²¹³　xu⁴² sʅ²⁴ luan²¹³ ɕiaŋ⁵⁵ pu²⁴ kuan⁵⁵ yŋ²¹³

指人的命运都是上天安排的，个人无力改变。

人嘞命，天管定；先造死，后造生。

zʐən⁴² nεº miŋ²¹³　tʻian²⁴ kuan⁵⁵ tiŋ²¹³　ɕian²⁴ tsau²¹³ sʅ⁵⁵ xou²¹³ tsau²¹³ ʂən²⁴

指人的命运生死都是上天安排的；人终有一死，大可不必为死而忧心

---

① 据说，老猫在受到惊吓的情况下才会吃掉幼崽，是为了不让其他的猫吃自己的崽；这也是惜子的表现，是一种变相的自以为是的保护手段。

烦心，而活着则需要用心经营。

人没百日好，花没百日红。

zən⁴² mu⁴² pɛ²⁴ ʐʅ²¹³ xau⁵⁵　xua²⁴ mu⁴² pɛ²⁴ ʐʅ²¹³ xuaŋ⁴²

喻指青春易逝，好景不长；告诫世人要珍惜时光。

人没大志，难成大器。

zən⁴² mu⁴² ta²¹³ tʂʅ²¹³　nan⁴² tʂ'əŋ⁴² ta²¹³ tɕ'i²¹³

指人如果没有远大志向，就很难取得较大的成功。

人挪活，树挪死。

zən⁴² nuə⁴² xuə⁴²　ʂʯ²¹³ nuə⁴² sʅ⁵⁵

喻指人在关键时刻要会变通，不能死守一处；多指不断变更职业，会更有发展空间。

人怕揭短，树怕剥皮。

zən⁴² p'a²¹³ tɕ'iɛ²⁴ tuan⁵⁵　ʂʯ²¹³ p'a²¹³ puə²⁴ p'i⁴²

指人怕被当面揭短而失了颜面，就像树被剥皮而无法存活一样。

人怕没志，树怕没皮。

zən⁴² p'a²¹³ mu⁴² tʂʅ²¹³　ʂʯ²¹³ p'a²¹³ mu⁴² p'i⁴²

指人没有志向、志气就难以成功，就像树没有皮不能存活一样。

人怕输理，狗怕夹尾。

zən⁴² p'a²¹³ ʐʯ²⁴ li⁵⁵　kou⁵⁵ p'a²¹³ tɕia²⁴ i⁵⁵

喻指如果自知理亏，说话就没了底气，更不用说强硬和蛮横了。

人怕私，地怕荒。

zən⁴² p'a²¹³ sʅ²⁴　ti²¹³ p'a²¹³ xuaŋ²⁴

指人过于自私难成大事，地不耕种没有收成。

人怕心齐，虎怕成群。

zən⁴² p'a²¹³ ɕin²⁴ tɕ'i⁴²　xu⁵⁵ p'a²¹³ tʂ'əŋ⁴² tɕ'yn⁴²

指只要齐心协力，就能发挥出极大的力量，就能无往而不胜。

人情比 ᴰ 王法大。

zən⁴² tɕ'iŋ⁴² piɛ⁵⁵ uaŋ⁴² fa⁰ ta²¹³

旧指官府徇私枉法，不能公平办事。

人穷志不短，失足须自勉。

zən⁴² tɕ'yŋ⁴² tʂʅ²¹³ pu²⁴ tuan⁵⁵　ʂʅ²⁴ tsu²⁴ ɕy²⁴ tsʅ²¹³ mian⁵⁵

指人穷不能失了志气志向，一时出现失误也不能自暴自弃。

人缺粮脸皮黄，地缺粪少打粮。

zən⁴² tɕ'yɛ²⁴ liaŋ⁴² lian⁵⁵ p'i⁴² xuaŋ⁴²　ti²¹³ tɕ'yɛ²⁴ fən²¹³ ʂau⁵⁵ ta⁵⁵ liaŋ⁴²

指庄稼不能缺少粪肥，就像人不能缺少粮食一样。

人善有人欺，马善有人骑。

zən⁴² ṣan²¹³ iou²¹³ zən⁴² tɕʻi²⁴　ma⁵⁵ ṣan²¹³ iou²¹³ zən⁴² tɕʻi⁴²

指人过于善良容易被欺负，就像温顺的马人人都敢骑一样。又作：人善被人欺，马善被人骑。

人上一百，形形色色。

zən⁴² ṣaŋ²¹³ i²⁴ pɛ²⁴　ɕiŋ⁴² ɕiŋ⁴² ṣɛ²⁴ ṣɛ²⁴

指世上什么样的人都有，有品德高尚、行为端正的正人君子，也不乏下流无耻、行为不端的卑鄙小人。

人生一世，如草木一秋。

zən⁴² ṣəŋ²⁴ i²⁴⁻⁴² ʂʅ²¹³　zu⁴² tsʻau⁵⁵ mu²⁴ i²⁴ tɕʻiou²⁴

指人生非常短暂，应珍惜时光。

人生在世，无不为己；如全为己，伤天害理。

zən⁴² ṣəŋ²⁴ tsai²¹³ ʂʅ²¹³　u⁴² pu²⁴ uei²¹³ tɕi⁵⁵　zu⁴² tɕʻyan⁴² uei²¹³ tɕi⁵⁵ ṣaŋ²⁴ tʻian²⁴ xai²¹³ li⁵⁵

指人人都有私心，是可以理解的；但不能过于自私，否则就会为一己之私而丧失良知和道德。

人是铁，饭是钢，一顿不吃饿嘞慌。

zən⁴² ʂʅ²¹³ tʻiɛ²⁴　fan²¹³ ʂʅ²¹³ kaŋ²⁴　i²⁴⁻⁴² tuən²¹³ pu²⁴ tʂʻʅ²⁴ ə²¹³ lɛ⁰ xuaŋ⁰

指人必须按时吃饭；用作劝人吃饭时的戏谑语。

人是衣裳马是鞍。

zən⁴² ʂʅ²¹³ i²⁴ ṣaŋ⁰ ma⁵⁵ ʂʅ²¹³ an²⁴

指人要靠服装打扮才更漂亮，马要靠马鞍装扮才更威武。喻指穿着得体，人会显得更漂亮、更精神。又作：人靠衣裳马靠鞍。/人靠衣裳，马靠鞍装。

人熟能多吃四两热豆腐。

zən⁴² ṣu⁴² nəŋ⁴² tuə²⁴ tʂʻʅ²⁴ ʂʅ²¹³ liaŋ⁵⁵ zə²⁴ tou²¹³ fu⁰

喻指熟人多、交际广，办事会比较容易。又作：人熟能多吃四两盐。

人死不能复生。

zən⁴² ʂʅ⁵⁵ pu²⁴ nəŋ⁴² fu²⁴ ṣəŋ²⁴

指人死了永远不可能复活。

人死如灯灭，好似开水泼白雪。

zən⁴² ʂʅ⁵⁵ zu⁴² təŋ²⁴ miɛ²⁴　xau⁵⁵ ʂʅ²¹³ kʻai²⁴ ṣuei⁵⁵ pʻuə²⁴ pɛ⁴² ɕyɛ²⁴

指人死了一切都不复存在，就像灭掉一盏灯、用开水泼雪一样。

人死账烂。

zən⁴² sʅ⁵⁵ tʂaŋ²¹³ lan²¹³

旧指只要人死了，其所欠债务就一笔勾销了。烂：了结。

人死 ᴰ 不记仇。

zən⁴² sʅə⁵⁵ pu²⁴ ⁺ ⁴² tɕi²¹³ tʂʻou⁴²

指人去世了，旧日的仇怨也随之一笔勾销了。死 ᴰ：动词变韵表完成义，可替换为"死了"。

人死 ᴰ 一堆泥，过去三年没人儿提。

zən⁴² sʅə⁵⁵ i²⁴ tsuei²⁴ ni⁴² kuə²¹³ tɕʻy⁰ san²⁴ nian⁴² mu⁴² zɚ⁰ tʻi⁴²

指人去世之后，为之办过三周年祭奠就很少再提及了。死 ᴰ：死了，动词变韵表完成义。过去：过了、超过。三年：指三周年祭奠之仪。

人算不如天算。

zən⁴² suan²¹³ pu²⁴ zʅ⁴² tʻian²⁴ suan²¹³

指人的命运、世间的一切，都是上天的安排，人再精明、计划再周密，也难免会有意外发生，只能顺其自然。

人外有人，天外有天。

zən⁴² uai²¹³ iou⁵⁵ zən⁴² tʻian²⁴ uai²¹³ iou⁵⁵ tʻian²⁴

喻指技艺无止境，不能盲目自信自大。又作：人外有人，山外有山。

人往高处走，水往低处流。

zən⁴² uaŋ⁵⁵ kau²⁴ tʂʻʅ²¹³ tsou⁵⁵ ʂuei⁵⁵ ⁺ ⁴² uaŋ⁵⁵ ti²⁴ tʂʻʅ²¹³ liou⁴²

指永不满足、追求更好是人的天性和本质，就像水都会向地势较低的地方流一样。

人偎有钱嘞，狗咬没钱嘞。

zən⁴² uei²⁴ iou⁵⁵ tɕʻian⁴² nɛ⁰ kou⁵⁵ ⁺ ⁴² iau⁵⁵ mu⁴² tɕʻian⁴² nɛ⁰

指世人都嫌贫爱富，没钱人甚至连狗都敢欺负。偎：偎傍、巴结。又作：人看有钱嘞，狗看没钱嘞。／人看有钱嘞，狗咬穿烂嘞。

人无外财不富，马无夜草不肥。

zən⁴² u⁴² uai²¹³ tsʻai⁴² pu²⁴ ⁺ ⁴² fu²¹³ ma⁵⁵ u⁴² iɛ²¹³ tsʻau⁵⁵ pu²⁴ fei⁴²

喻指人不获取分外之财，就不可能真正富裕。两个分句都可以单独用作谚语，意思与整句相同。又作：蚕不吃夜食不长，马不得夜草不肥。

人心隔肚皮，虎心隔毛尾。

zən⁴² ɕin²⁴ kɛ²⁴ tu²¹³ pʻi⁴² xu⁵⁵ ɕin²⁴ kɛ²⁴ mau⁴² i⁰

同"画龙画虎难画骨，知人知面不知心"。毛尾：动物皮上所生的丝状物。前一个分句也可以单用作谚语，意义与整句相同。

人心换人心，八两兑半斤。

zən⁴² ɕin²⁴ xuan²¹³ zən⁴² ɕin²⁴　pa²⁴ liaŋ⁵⁵ tuei²¹³ pan²¹³ tɕin²⁴

指人与人之间的情谊是相互的，只有真心付出，才能换来别人的真诚相待。八两：旧制一斤是十六两，八两即半斤。兑：兑换。

人心没底。

zən⁴² ɕin²⁴ mu⁴² ti⁵⁵

指人的欲望没有底线，欲壑难填。也指人心难测。

人心是杆秤。

zən⁴² ɕin²⁴ ʂʅ²¹³ kan⁵⁵ tʂʻəŋ²¹³

喻指每个人都有评价是非曲直的标准，每个人都会对是非曲直作出判断和评价。又作：人人心里ᴴ都有一杆秤。／人眼是杆秤。

人需五谷粮，地要多样儿肥。

zən⁴² ɕy²⁴ u⁵⁵ ku²⁴ liaŋ⁴²　ti²¹³ iau²¹³ tuə²⁴ iɐr²¹³ fei⁴²

指人吃五谷杂粮更有利于健康，地施多种粪肥更有利于增产。

人要倒霉，放个屁都砸脚后跟。

zən⁴² iau²¹³ tau⁵⁵ mei⁴²　faŋ²¹³ kə⁰ pʻi²¹³ touº tsa⁴² tɕyə²⁴ xou²¹³ kən²⁴

喻指人在运气不好的时候，会遇上种种意想不到的倒霉事。也喻指倒霉到了极点，事事都不顺心。

人要倒霉，喝口凉水都塞牙。

zən⁴² iau²¹³ tau⁵⁵ mei⁴²　xə²⁴ kʻouº liaŋ⁴² ʂuei⁵⁵ touº sɛ²⁴ ia⁴²

同"人要倒霉，放个屁都砸脚后跟儿"。

人要倒霉，盐里ᴴ都生蛆。

zən⁴² iau²¹³ tau⁵⁵ mei⁴²　ian⁴² liouº touº ʂəŋ²⁴ tɕʻy²⁴

同"人要倒霉，放个屁都砸脚后跟儿"。

人要脸，树要皮，电线杆ᶻ靠水泥。

zən⁴² iau²¹³ lian⁵⁵　ʂʅ²¹³ iau²¹³ pʻi⁴²　tian²¹³ ɕian⁴² kæ²⁴ kʻau²¹³ ʂuei⁵⁵ ni⁴²

喻指人的名誉很重要，无论做什么事都要顾忌自己的名声。

人要脸，树要皮；人不要脸，天下无敌；树不要皮，必死无疑。

zən⁴² iau²¹³ lian⁵⁵　ʂʅ²¹³ iau²¹³ pʻi⁴²　zən⁴² pu²⁴⁻⁴² iau²¹³ lian⁵⁵　tʻian²⁴ ɕia²¹³ u⁴² ti⁴²　ʂʅ²¹³ pu²⁴⁻⁴² iau²¹³ pʻi⁴²　pi⁵⁵⁻⁴² sʅ⁵⁵ u⁴² i⁴²

喻指人都顾忌自己的名声；一旦豁出去脸面、不顾廉耻，什么样的坏事、恶事都有可能做出来；就像树没了皮，一定会死掉一样。

人一天三迷。

zən⁴² i²⁴ tʻian²⁴ san²⁴ mi⁴²

指人出现小失误、小差错是常见的、难免的；多用于自己或他人犯了低级错误时的开脱之语。

人一走茶都凉。

zən⁴² i²⁴ tsou⁵⁵ tʂʻa⁴² tou⁰ liaŋ⁴²

喻指人情淡漠、世态炎凉，一旦失去权势，人们就不会像以往那样服从、尊敬、恭维他了。

人有高低个儿，路分上下坡儿。

zən⁴² iou⁵⁵ kau²⁴ ti²⁴ kər²¹³ lu²¹³ fən²⁴ ʂaŋ²¹³ ɕia²¹³ pʻor²⁴

喻指个体存在差别，不能苛求人的素质、能力等完全一样。

人有名儿，树有影儿，笤帚疙瘩有毛尾儿。

zən⁴² iou⁵⁵ miər⁴² ʂʅ²¹³ iou⁵⁵⁻⁴² iər⁵⁵ tʻiau⁴² tʂʻʅ⁰ kɛ²⁴ ta⁰ iou⁵⁵ mau⁴²⁻²⁴ iər⁰

喻指人生在世都会留下名声，就像树一定会有影子、笤帚一定要有毛尾儿一样；告诫世人要爱惜自己的名声。影儿：影子。毛尾儿：指笤帚上柔软、细密、用以除去尘土的接地部分；读音特殊。

人有失手，马有失蹄。

zən⁴² iou⁵⁵ ʂʅ²⁴ ʂou⁵⁵ ma⁵⁵⁻⁴² iou⁵⁵ ʂʅ²⁴ tʻi⁴²

指为人处事，失误和差错在所难免。

人在世上活为贵，爹嘞骨娘嘞血价值千金。

zən⁴² kai²¹³ ʂʅ²¹³ ʂaŋ⁰ xuə⁴² uei²¹³ kuei²¹³ tiɛ²⁴ lɛ⁰ ku²⁴ niaŋ⁴² lɛ⁰ ɕiɛ²⁴ tɕia²¹³ tʂʅ⁴² tɕʻian²⁴ tɕin²⁴

指人的生命最可贵；父母给予孩子生命，恩重千金。

人在屋檐儿下，不得不低头。

zən⁴² kai²¹³ u²⁴ ior⁴² ɕia²¹³ pu²⁴ tɛ²⁴ pu²⁴ ti²⁴ tʻou⁴²

喻指权势不如别人之时，寄人篱下、受制于人，不得不低头退让。

人争一口气，佛争一炷香。

zən⁴² tsəŋ²⁴ i²⁴ kʻou⁵⁵ tɕʻi²¹³ fu⁴² tsəŋ²⁴ i²⁴⁻⁴² tʂʅ²¹³ ɕiaŋ²⁴

喻指该是自己的东西就要努力去争取，不能忍气吞声、任由他人剥夺，否则别人可能会得寸进尺。又作：人争一口气，树争一张皮。

人治水，水利人；人不治水，水害人。

zən⁴² tʂʅ²¹³ ʂuei⁵⁵ ʂuei⁵⁵ li²¹³ zən⁴² zən⁴² pu²⁴⁻⁴² tʂʅ²¹³ ʂuei⁵⁵ ʂuei⁵⁵ xai²¹³ zən⁴²

指兴修水利，于人类有利；否则，一旦形成水患，于人类有害。

忍忍忍，饶饶饶，忍字没有饶字高。
zʐən⁵⁵ zʐən⁵⁵ zʐən⁵⁵　zau⁴² zau⁴² zau⁴²　zʐən⁵⁵ tsʅ⁰ mu⁴² mau⁰ zau⁴² tsʅ⁰ kau²⁴
指忍让与宽恕相比，宽恕的境界更高。饶：宽恕。

任凭风浪起，稳坐钓鱼台。
zʐən²¹³ pʻiŋ⁴² fəŋ²⁴ laŋ²¹³ tɕʻi⁵⁵　uən⁵⁵ tsuə²¹³ tiau²⁴ y⁴² tʻai⁴²
喻指无论遇到什么情况，都信心十足，毫不动摇。

任人看才能，不要徇私情。
zʐən²¹³ zʐən⁴² kʻan²¹³ tsʻai⁴² nəŋ⁴²　pu²⁴⁻⁴² iau²¹³ ɕyn⁴² sʅ²⁴ tɕʻiŋ⁴²
指任人唯贤，不能任人唯亲。

扔下去石头，一定有水花ᶻ。
zʐən²⁴ ɕiɛ⁰ tɕʻy⁰ sʅ⁴² tʻou⁰　i²⁴⁻⁴² tiŋ²¹³ iou⁵⁵ ʂuei⁵⁵ xuæu²⁴
喻指一旦采取行动，必定会引起回应或反响。也喻指用计谋去试探别人，一定会见到反应。

日出胭脂红，没雨也有风。
zʅ²¹³ tʂʻʅ²⁴ ian²⁴ tsʅ⁰ xuəŋ⁴²　mu⁴² y⁵⁵ iɛ⁵⁵⁻⁴² iou⁵⁵ fəŋ²⁴
指太阳升起时呈红色，预示会有风雨。

日落西北满天红，不是雨都是风。
zʅ²¹³ luə²⁴ ɕi²⁴ pei²⁴ man⁵⁵ tʻian²⁴ xuəŋ⁴²　pu²⁴⁻⁴² sʅ²¹³ y⁵⁵ tou⁰ sʅ²¹³ fəŋ²⁴
指太阳落山时呈红色，往往会有风雨。都：就。

日落云里走，有雨半夜后。
zʅ²¹³ luə²⁴ yn⁴² li⁰ tsou⁵⁵　iou⁵⁵⁻⁴² y⁵⁵ pan⁵⁵ iɛ²¹³ xou²¹³
指夏季傍晚，西方天空出现较厚的云层，是雨兆。

日有所思，夜有所梦。
zʅ²¹³ iou⁵⁵ suə⁵⁵ sʅ²⁴　iɛ²¹³ iou⁵⁵ suə⁵⁵ məŋ²¹³
指白天惦记、关注的事情，往往会出现在梦境中。

日晕黑价雨，月晕午时风。
zʅ²¹³ yn²¹³ xɛ²⁴ tɕia⁰ y⁵⁵　yɛ²⁴ yn²¹³ u⁵⁵ sʅ⁴² fəŋ²⁴
指出现日晕现象，夜里可能下雨；出现月晕现象，第二天中午可能刮风。黑价：夜里。午时：中午。

□ᴴ地儿不能老正南。
zou²⁴ tiər²¹³ pu²⁴ nəŋ⁴² lau⁵⁵ tʂəŋ²¹³ nan⁴²
喻指人的地位、经济条件等都是在不断变化的，得意时不要盛气凌人，失意时也不必垂头丧气。□ᴴ："日头"合音，指太阳。老：一直、永久。

肉烂 ^D 在锅里 ^H 嘞。

ẓou²¹³ læ²¹³ kai²¹³ kuə²⁴ liou⁰ lɛ⁰

喻指没有损失任何利益，没有被外人得到任何好处。烂 ^D：形容词变韵表完成义，可替换为"烂了"。

软嘞怕硬嘞，硬嘞怕愣嘞，愣嘞怕不要命嘞。

ẓuan⁵⁵ nɛ⁰ p'a²¹³ iŋ²¹³ lɛ⁰　iŋ²¹³ lɛ⁰ p'a²¹³ ləŋ²¹³ lɛ⁰　ləŋ²¹³ lɛ⁰ p'a²¹³ pu²⁴⁺⁴² iau²¹³ miŋ²¹³ lɛ⁰

指人往往都欺软怕硬，尤其最怕豁出去不要命的人。愣：蛮横、鲁莽、不讲理。又作：孬嘞怕横嘞，横嘞怕愣嘞，愣嘞怕不要命嘞。

S

仨集（急）赶不上俩会。

sa²⁴ tɕi⁴² kan⁵⁵ pu⁰ ʂaŋ⁰ lia⁵⁵ xuei²¹³

指着急、发火也起不到任何作用；用作劝人不要着急时的戏谑之语。集：农村每年定期而成的集市。会：与"集"同义，但比"集"规模稍大。

仨女嘞一台戏，仨男嘞一顷地。

sa²⁴ ny⁵⁵ lɛ⁰ i²⁴ t'ai⁴² ɕi²¹³　sa²⁴ nan⁴² nɛ⁰ i²⁴ tɕ'iŋ⁵⁵ ti²¹³

指三个女人凑在一起会很热闹（像一台戏一样），三个男人合作能耕作一顷地（喻成就大事）。

仨钱儿买嘞俩钱儿卖，不图赚钱只图快。

sa²⁴ tɕ'ior⁴² mai⁵⁵ lɛ⁰ lia⁵⁵ tɕ'ior⁴² mai²¹³　pu²⁴ t'u⁴² tʂuan²¹³ tɕ'ian⁴² tʂʅ²⁴ t'u⁴² k'ai²¹³

指徒劳无功、得不偿失；用作戏谑语。

仨月过来看娃娃。

sa²⁴ yɛ²⁴ kuə²¹³ lai⁰ k'an²¹³ ua⁴² ua⁰

指婴儿出生三个月之后，才开始具有被引逗的意识，更招人喜欢。仨月过来：超过三个月。

仨月仨，瞧满家。

sa²⁴ yɛ²⁴ sa²⁴　tɕ'iau⁴² man⁵⁵ tɕia²⁴

指三个月的新生儿，视觉开始慢慢清晰，视野范围逐渐扩大。

仨人一条心，黄土变成金。

sa²⁴ ẓən⁴² i²⁴ t'iau⁴² ɕin²⁴　xuaŋ⁴² t'u⁵⁵ pian²¹³ tʂ'əŋ⁴² tɕin²⁴

喻指团结起来力量大。仨人：多人。

三单不朝一棉。

san^{24} tan^{24} pu^{24} tʂ'au^{42} i^{24} mian^{42}

指三件单衣也抵不上一件棉衣能御寒。朝：抵。

三翻六坐八爬叉。

san^{24} fan^{24} liou^{213} tsuə^{213} pa^{24} p'a^{42} tʂ'a^{0}

指婴幼儿一般三个月会翻身，六个月会坐，八个月会爬动。

三巴掌打不出 ^{H} 个屁。

san^{24} pa^{24} tʂaŋ^{0} ta^{55} pu^{0} tʂ'uai$^{24|55}$ kə^{0} p'i^{213}

喻指人木讷愚笨、怯懦无能。

三分手艺，七分家伙。

san^{24} fən^{24} ʂou^{55} i^{0} tɕ'i^{24} fən^{24} tɕia^{24} xuə^{0}

指做技术活儿（如木工、焊工、理发等），工具很重要。家伙：工具。

三分长相，七分打扮。

san^{24} fən^{24} tʂaŋ^{55} ɕiaŋ^{0} tɕ'i^{24} fən^{24} ta^{55} pan^{0}

指穿衣打扮和妆容饰品等，对人的外表、形象具有重要的托衬作用。

三分治，七分养。

san^{24} fən^{24} tʂʅ^{213} tɕ'i^{24} fən^{24} iaŋ^{55}

指养病很重要，许多慢性病（如胃病、肾炎等）在治疗的同时还要注意日常调养，才能有好的效果。

三伏不尽秋来到。

san^{24} fu^{42} pu$^{24|42}$ tɕin^{213} tɕ'iou^{24} lai^{42} tau^{213}

指立秋一般在"末伏"。三伏：初伏、中伏和末伏的统称。秋：立秋。

三早当一 ^{H} 工。

san^{24} tsau^{55} taŋ^{24} yə^{24} kuəŋ^{24}

指坚持每天早起床，能（比晚起床的人）多做许多事。当：顶。一 ^{H}："一个"的合音。

三九不冻河，来年不吃馍。

san^{24} tɕiou^{55} pu$^{24|42}$ tuəŋ^{213} xə^{42} lai^{42} nian^{42} pu^{24} tʂ'ʅ^{24} muə^{42}

指三九严寒时节，如果气温偏高，就会影响小麦收成。冻：结冰。

三九不上冻，老头儿老婆儿死个净。

san^{24} tɕiou^{55} pu$^{24|42}$ ʂaŋ^{213} tuəŋ^{213} lau$^{55|24}$ tər^{42} lau$^{55|24}$ p'or^{42} sʅ^{55} kə^{0} tɕin^{213}

指三九严寒时节，如果气温偏高，说明天气冷暖变化不正常，人就易发疾病。

三句好话人心暖，一句恶言人心寒。

san²⁴⁺⁴² tɕy²¹³ xau⁵⁵ xua²¹³ zən⁴² ɕin²⁴ nuan⁵⁵　i²⁴⁺⁴² tɕy²¹³ ə²⁴ ian⁴² zən⁴² ɕin²⁴ xan⁴²

指好听话能使人感到温暖、心情舒畅，而恶言相向能刺伤人心。

三里地改规矩，十里地改风俗。

san²⁴ li⁵⁵ ti²¹³ kai⁵⁵ kuei²⁴ tɕy⁰　ʂʅ⁴² li⁵⁵ ti²¹³ kai⁵⁵ fən²⁴ ɕy⁴²

指相隔几里地，风俗习惯、风土民情就可能不一样。"风俗"读音特殊。前一分句也可以单独用作谚语，意义与整句相同。又作：三里不同俗，十里改规矩。

三里红薯二里瓜，馒头十五饼十八。

san²⁴ li⁵⁵ xuəŋ⁴² ʂʅ⁴² ər²¹³ li⁵⁵ kua²⁴　man⁴² tou⁰ ʂʅ⁴² u⁵⁵ piŋ⁵⁵ ʂʅ⁴² pa²⁴

指红薯、瓜果、馒头和饼的抗饿能力不同：瓜果最不抗饿，其次是红薯、馒头，饼最抗饿。三里：指行走三里地。

三年不开张，开张吃三年。

san²⁴ nian⁴² pu²⁴ kʻai²⁴ tʂaŋ²⁴　kʻai²⁴ tʂaŋ²⁴ tʂʻʅ²⁴ san²⁴ nian⁴²

喻指某些行业（如古董）属长远投资，短时间内可能见不到效益；一旦得到回报，利润也很丰厚。又作：十年不开张，开张吃十年。

三年不吸烟，省个大老犍。

san²⁴ nian⁴² pu²⁴ ɕi²⁴ ian²⁴　ʂən⁵⁵ kə⁰ ta²¹³ lau⁰ tɕian²⁴

指如果三年不抽烟就可以节省许多费用。犍：公牛。

三年不下豆，盖个花门楼。

san²⁴ nian⁴² pu²⁴⁺⁴² ɕia²¹³ tou²¹³　kai²¹³ kə⁰ xua²⁴ mən⁴² lou⁰

喻指平时生活节俭，积少成多，能办大事。下豆：煮稀饭时往米面里掺豆子。门楼：庭院的大门。又作：三年锅里ᴰ不下豆，保你盖个花门楼。

三年一个秀才，十年一个举人，一辈ᶻ一个生意人。

san²⁴ nian⁴² i²⁴⁺⁴² kə⁰ ɕiou²¹³ tsʻai⁰　ʂʅ⁴² nian⁴² i²⁴⁺⁴² kə⁰ tɕy⁵⁵ zən⁰　i²⁴⁺⁴² pɛau²¹³ i²⁴⁺⁴² kə⁰ ʂəŋ²⁴ i⁰ zən⁴²

指三年能学成一个秀才，十年可以成就一个举人；而要成为一个优秀的商人，则需要付出一辈子的努力；意为经商的经验和技巧永远学不完。

三人能成虎。

san²⁴ zən⁴² nəŋ⁴² tʂʻəŋ⁴² xu⁵⁵

喻指谣言传得多了，就会让人相信；就像三个人都说街上有老虎，人们就会信以为真一样。

三十不浪四十浪，五十正在浪头儿上，六十还能浪打浪。
san²⁴ ʂʅ⁴² pu²⁴⁻⁴² laŋ²¹³ ʂʅ²¹³ ʂʅ⁴² laŋ²¹³ u⁵⁵ ʂʅ²¹³ tʂəŋ²¹³ kai²¹³ laŋ²¹³ tʻər⁴² ʂaŋ⁰ liou²¹³ ʂʅ⁴² xai⁴² nəŋ⁴² laŋ²¹³ ta⁵⁵ laŋ²¹³

指男子到五六十岁，性能力还很强。

三十亩地一头牛，孩儿老婆热炕头。
san²⁴ ʂʅ⁰ mu⁵⁵ ti²¹³ i²⁴ tʻou⁴² nou⁴² xor⁴² lau⁵⁵ pʻo⁰ ʐʅə²⁴ kʻaŋ²¹³ tʻou⁴²

指旧时人们所向往的幸福生活。

三十如狼，四十如虎。
san²⁴ ʂʅ⁴² ʐu⁴² laŋ⁴² ʂʅ²¹³ ʂʅ⁴² ʐu⁴² xu⁵⁵

指女性的情欲在三四十岁时最旺盛。

三十以后，才知 ᴴ 天高地厚。
san²⁴ ʂʅ⁴² i²⁴⁻⁴² xou²¹³ tsʻai⁴² tʂo²⁴ tʻian²⁴ kau²⁴ ti²¹³ xou²¹³

指人到三十岁，开始逐渐成熟，才知道为人处世之不易。

三思有益，一忍为高。
san²⁴ ʂʅ²⁴ iou⁵⁵ i²¹³ i²⁴ ʐən⁵⁵ uei²¹³ kau²⁴

指反复考虑、谨慎行事，就会减少或不出差错，于事情的成功有益；而忍耐、忍让则是行事处世的最高境界。

三句话不离本行。
san²⁴⁻⁴² tɕy²¹³ xua²¹³ pu²⁴⁻⁴² li²¹³ pən⁵⁵ xaŋ⁴²

指谈话的内容离不开其所从事的职业范围。

三岁看到老。
san²⁴⁻⁴² suei²¹³ kʻan²¹³ tau⁰ lau⁵⁵

同"从小儿看大，三岁知老"。

三天不吃饭，啥事儿都敢干。
san²⁴ tʻian²⁴ pu²⁴ tʂʻʅ²⁴ fan²¹³ ʂa⁵⁵ ʂər²¹³ tou²⁴ kan⁵⁵ kan²¹³

喻指人极度穷困时，会失去理智。啥：任何。

三天不打，上房揭瓦。
san²⁴ tʻian²⁴ pu²⁴ ta⁵⁵ ʂaŋ²¹³ faŋ⁴² tɕiɛ²⁴ ua⁵⁵

指小孩子需经常打骂、管教，否则就会费力劳神，无法无天。

三天没大小。
san²⁴ tʻian²⁴ mu⁴² ta²¹³ ɕiau⁵⁵

指新婚之时，无论年龄大小、辈分长幼，都可以跟新郎新娘开玩笑。

三条腿儿嘞蛤蟆不好找，两条腿儿嘞人有嘞是。
san²⁴ tʻiau⁴² tʻuər⁵⁵ lɛ⁰ xɛ⁴² ma⁰ pu²⁴ xau⁵⁵⁻⁴² tʂau⁵⁵ liaŋ⁵⁵ tʻiau⁴² tʻuər⁵⁵ lɛ⁰

zən⁴² iou⁵⁵ lɛ⁰ sʅ²¹³

指想要用人很容易，什么样的人都能找到。有嘞是：到处都是。

三月还下桃花儿雪嘞。

san²⁴ yɛ⁰ xai⁴² ɕia²¹³ tʻau⁴² xuɐr⁰ ɕyɛ²⁴ lɛ⁰

指农历三月桃花盛开，但乍暖还寒，气温变化无常，仍有下雪的可能；三月飞雪属于冬春过渡时期的一种天气现象。

三月南风不过三，四月南风只一天；五月南风当日雨，六月南风干死鬼。

san²⁴ yɛ⁰ nan⁴² fəŋ²⁴ pu²⁴⁻⁴² kuə²¹³ san²⁴ sʅ²¹³ yɛ⁰ nan⁴² fəŋ²⁴ tṣʅ²⁴ i²⁴ tʻian²⁴ u⁵⁵ yɛ⁰ nan⁴² fəŋ²⁴ taŋ²⁴ zʅ²¹³ y⁵⁵ liou²¹³ yɛ⁰ nan⁴² fəŋ²⁴ kan²⁴ sʅ⁰ kuei⁵⁵

指农历三月刮南风持续时间较长，四月刮南风持续时间较短，五月刮南风会带来降雨，六月刮南风则预示干旱。

三月清明榆不老，二月清明老了榆[①]。

san²⁴ yɛ⁰ tɕʻiŋ²⁴ miŋ⁰ y⁴² pu²⁴ lau⁵⁵　ər²¹³ yɛ⁰ tɕʻiŋ²⁴ miŋ⁰ lau⁵⁵ liau⁰ y⁴²

指清明前后正是吃榆钱儿的好时节；由于农历闰月制，如果清明节在农历三月，榆钱还是嫩的；如果清明节在农历二月，榆钱儿则有可能老了。榆：榆钱儿。又作：三月不老二月老。

三月三，打地摊。

san²⁴ yɛ⁰ san²⁴　ta⁵⁵ ti²¹³ tʻan²⁴

指过了农历三月三，天气渐渐暖和，人们可以在地上坐或者睡了。

三月三，路上行人把衣宽。

san²⁴ yɛ⁰ san²⁴　lu²¹³ ʂaŋ⁰ ɕiŋ⁴² zən⁴² pa²¹³ i²⁴ kʻuan²⁴

指过了农历三月三，天气变暖，不用穿棉衣了。

三月三，枣芽儿尖。

san²⁴ yɛ⁰ san²⁴　tsau⁵⁵ iɐr⁴² tɕian²⁴

指枣树一般在农历三月初三前后开始发芽。

三月一场霜，小麦一包糠。

san²⁴ yɛ⁰ i²⁴ tʂʻaŋ⁵⁵ ʂuaŋ²⁴　iau⁵⁵ mɛ²⁴ i²⁴ pau²⁴ kʻaŋ²⁴

指农历三月如果出现霜冻，冬小麦定会减产。

[①] 此语看似矛盾，实则与农历闰月有关。清明节公历是固定的（4月4日或4月5日），而农历则不固定：如果上一年没有闰月，次年清明节一般在农历三月中旬，此时气温不高，榆钱儿不老；如果上一年有闰月，次年清明节虽在农历二月下旬，但此时气温已经比较高了，榆钱儿已经老了。

杀人不过头点地。

ʂa²⁴ zən⁴² pu²⁴⁻⁴² kuə²¹³ tʻou⁴² tian⁵⁵ ti²¹³

指得饶人处且饶人，只要肯认错，就不要穷追不放。点地：落地。

杀人杀不出 ᴴ 血。

ʂa²⁴ zən⁴² ʂa²⁴ pu²⁴ tʂʻuai²⁴⁻⁵⁵ ɕiɛ²⁴

指人经济拮据、穷困潦倒，无力偿还债务，也找不到其任何财产。

沙里 ᴴ 栽杨，泥里 ᴴ 插柳。

ʂa²⁴ liou⁰ tsai²⁴ iaŋ⁴²　ni⁴² liou⁰ tʂʻa²⁴ liou⁵⁵

指沙土地宜栽种杨树，黄泥地宜栽种柳树。

沙土嘞落生黏土嘞麦。

ʂa²⁴ tʻu⁰ lɛ⁰ luə⁴² ʂən²⁴ nian⁴² tʻu⁰ lɛ⁰ mɛ²⁴

指沙土地适合种植花生，黏土地适合种植小麦。落生：花生；当为"落花生"之省称；读音特殊。

啥根出啥苗，啥葫芦课啥瓢。

ʂa⁵⁵ kən²⁴ tʂʻʅ²⁴ ʂa⁵⁵ miau⁴²　ʂa⁵⁵ xu⁴² lu⁰ kʻə²¹³ ʂa⁵⁵ pʻiau⁴²

喻指父母的品德、言行等对孩子会有重要的影响。课：用刀从中间劈开。又作：啥大人啥孩 ᶻ，啥葫芦啥瓢。

啥贵不吃啥，谁厉害不惹他。

ʂa⁵⁵ kuei²¹³ pu²⁴ tʂʻʅ²⁴ ʂa⁵⁵　ʂei⁴² li²¹³ xai⁰ pu²⁴ ʐə⁵⁵⁻⁴² tʻa⁰

喻指要远离那些霸道蛮缠、难以对付的人。厉害：凶狠霸道。

啥鸟儿下啥蛋，啥藤结啥瓜。

ʂa⁵⁵⁻⁴² nior⁵⁵ ɕia²¹³ ʂa⁵⁵ tan²¹³　ʂa⁵⁵ tʻəŋ⁴² tɕiɛ²⁴ ʂa⁵⁵ kua²⁴

同"啥根出啥苗，啥葫芦课啥瓢"。

啥时儿都得有唱红脸儿嘞，有唱白脸儿嘞。

ʂa⁵⁵⁻⁴² ʂər⁴²⁻²¹³ tou²⁴ tɛ²⁴ iou⁵⁵ tʂʻaŋ²¹³ xuaŋ⁴² lior⁵⁵ lɛ⁰　iou⁵⁵ tʂʻaŋ²¹³ pɛ⁴² lior⁵⁵ lɛ⁰

喻指在调解矛盾冲突时，必须有人充当友善角色、有人充当严厉角色，软硬兼施，才更有利于问题的解决。啥时儿：任何时候。得：必须。

啥时光都是人过嘞。

ʂa⁵⁵⁻⁴² ʂʅ⁴²⁻²¹³ kuaŋ²⁴ tou²⁴⁻⁴² ʂʅ²¹³ zən⁴² kuə²¹³ lɛ⁰

指人生无常，要坦然面对生活的悲喜苦乐。"时"无规则变调。

山高遮不住太阳，儿女压不住爹娘。

ʂan²⁴ kau²⁴ tʂʐ²⁴ pu⁰ tʂʅ⁰ tʻai²¹³ iaŋ⁰　ər⁴² ny⁵⁵ ia²⁴ pu⁰ tʂʅ⁰ tiɛ²⁴ niaŋ⁴²

喻指儿女要孝敬父母，晚辈不能欺压长辈。

山里ᴴ没老虎，猴子称霸王。

ʂan²⁴ liou⁰ mu⁴² lau⁵⁵⁼⁴² xu⁰ xou⁴² tsʅ⁰ tʂˈəŋ²⁴ pa²¹³ uaŋ⁰

喻指当权者或有能耐的人暂时缺位，才轮到不入流、没能耐的人耀武扬威；带有戏谑、讽刺意味。

山南头①、寺下头②，挂不起灯篓挂箩头，骑不起马骑墙头，抱不起娃娃抱石头。

ʂan²⁴ nan⁴² tˈou⁰ sʅ²¹³ ɕia²¹³ tˈou⁰ kua²¹³ pu⁰ tɕˈi⁵⁵ təŋ²⁴ lou⁰ kua²¹³ luə⁴² tou⁰ tɕˈi⁴² pu⁰ tɕˈi⁵⁵ ma⁵⁵ tɕˈi⁴² tɕˈiaŋ⁴²⁼²⁴ tˈou⁴² pu²¹³ pu⁰ tɕˈi⁵⁵ ua⁴² ua⁰ pu²¹³ ʂʅ⁴² tˈou⁰

旧指山南头、寺下头两个村子比较贫穷；戏谑语。起：用在动词后表可能。灯篓：灯笼。箩头：箩筐。"抱"读音特殊。"墙"无规则变调。

扇耳娘娘抿耳官。

ʂan²⁴ ər⁵⁵ niaŋ⁴² niaŋ⁰ min⁵⁵⁼⁴² ər⁵⁵ kuan²⁴

指女子招风耳、男子抿耳，都是富贵相。娘娘：皇后、贵妃。

伤筋动骨一百天。

ʂaŋ²⁴ tɕin²⁴ tuaŋ²¹³ ku²⁴ i²⁴ pɛ²⁴ tˈian²⁴

指筋骨受伤，恢复期大约在一百天左右。

上床是夫妻，下床立规矩。

ʂaŋ²¹³ tʂˈuaŋ⁴² sʅ²¹³ fu²⁴ tɕˈi²⁴ ɕia²¹³ tʂˈuaŋ⁴² li²⁴ kuei²⁴ tɕy⁰

指夫妻在私密场合可以不分是非对错，而在公开场合则要分清主次内外，必须严格遵循"男尊女卑"的古训。

上了赌场，不认爹娘。

ʂaŋ²¹³ lə⁰ tu⁵⁵⁼⁴² tʂˈaŋ⁵⁵ pu²⁴⁼⁴² zən²¹³ tiɛ²⁴ niaŋ⁴²

喻指人在赌场上六亲不认，会为了赢利而不顾情面、不择手段。

上梁不正底梁歪，底梁不正倒下来。

ʂaŋ²¹³ liaŋ⁴² pu²⁴⁼⁴² tʂəŋ²¹³ ti⁵⁵ liaŋ⁴² uai²⁴ ti⁵⁵ liaŋ⁴² pu²⁴⁼⁴² tʂəŋ²¹³ tau⁵⁵ ɕiɛ⁰ lai⁰

喻指长辈或领导品行不端，晚辈或下属就会受其影响，就可能造成严重的后果。"底梁"也作"下梁"。

上门儿都是客。

ʂaŋ²¹³ mər⁴² tou²⁴⁼⁴² sʅ²¹³ kˈɛ²⁴

指对来到自己家里的人都应以礼相待，即使有恩怨，此时也不宜计较。

---

① 山南头：行政村名，因居大伾山南头而得名。

② 寺下头：行政村名，因居大伾山太平兴国寺下边而得名。

上门儿：登门。又作：来嘞都是客。

上山打虎易，张嘴求人难。

ṣaŋ²¹³ ṣan²⁴ ta⁵⁵ xu⁵⁵ i²¹³　tṣaŋ²⁴ tsuei⁵⁵ tɕ'iou⁴² zən⁴² nan⁴²

指除非万不得已，谁都不愿意张口求人。

上走白下走浪，浅滩撑篙舵反转，松纤紧纤看转弯。

ṣaŋ²¹³ tsou⁵⁵ pɛ⁴² ɕia²¹³ tsou⁵⁵ laŋ²¹³　tɕ'ian⁵⁵ t'an²⁴ tṣ'əŋ²⁴ kau²⁴ tuə²¹³ fan⁴² tṣuan⁵⁵　suəŋ²⁴ tɕ'ian²¹³ tɕin⁵⁵ tɕ'ian²¹³ k'an²¹³ tṣuan⁵⁵ uan²⁴

指行船掌舵的技巧：逆水而行时要走平稳水面，顺水而行时可走浪急之处，遇到浅滩要反转方向绕过去，转弯时则要视河滦的地形水势而放松或拉紧纤绳。上走：逆水而行。白：水面平稳。下走：顺水而行。

梢瓜 ᶻ①皮表面儿光，剥开里头全是糠。

ṣau²⁴ kuæu⁰ p'i⁴² piau⁵⁵ mior²¹³ kuaŋ²⁴　puə²⁴ k'ai²⁴ li⁵⁵ t'ou⁰ tɕ'yan⁴² ʂʅ²¹³ k'aŋ²⁴

喻指人徒有其表而没有真本事，就像梢瓜一样，表皮很光滑，而内部（都是带绢毛的籽粒）一点儿也不光滑。

少吃多甜，再吃不烦。

ṣau⁵⁵ tṣ'ʅ²⁴ tuə²⁴ t'ian⁴²　tsai²¹³ tṣ'ʅ²⁴ pu²⁴ fan⁴²

指适当控制饭量、少吃多餐，能增强食欲。甜：香、适合口味。

少年夫妻老来伴儿。

ṣau²¹³ nian⁴² fu²⁴ tɕ'i²⁴ lau⁵⁵ lai⁴² por²¹³

指婚姻中男女双方共同生活久了，爱情转变为亲情，年老时更需要相互陪伴，谁也离不开谁。

舌长事儿多，夜长梦多。

ʂʅə⁴² tṣ'aŋ⁴² ʂər²¹³ tuə²⁴　iɛ²¹³ tṣ'aŋ⁴² məŋ²¹³ tuə²⁴

指多说话会给自己带来不必要的麻烦，事情拖久了可能会发生不利的变化。后一个分句也可以单独用作谚语。

谁都甭太把□当盘儿菜。

ṣei⁴² tou⁰ piŋ⁴² t'ai²¹³ pa²¹³ tsʅə²¹³ taŋ²⁴ p'or⁴² ts'ai²¹³

喻指人不能太在意自己，不要把自己看得过高过重。□：自己。

---

① 梢瓜：又叫"芄兰"，多年生蔓生草本植物，叶子心脏形，花白色带淡紫色斑纹，果实纺锤形，种子扁卵形；成熟干裂后，里面满是带着白色绢毛的种子；分布于东北、华北、华东和甘肃、陕西、贵州、河南和湖北等省区，生长于林边荒地、山脚、河边、路旁灌木丛中。

谁都有个头疼脑热儿嘞时儿。

ʂei⁴² tou⁰ iou⁵⁵ kə⁰ t'ou⁴² t'əŋ⁰ nau⁵⁵ zɻɤr²⁴ lɛ⁰ ʂər⁴²

指人都会有生病不舒服的时候。

谁犯 ᴰ 法逮谁。

ʂei⁴² fæ²¹³ fa²⁴ tai⁵⁵ ʂei⁴²

指任何人触犯法律，都会受到制裁。犯 ᴰ：犯了，动词变韵表完成义。

谁家嘞勺 ᶻ 不碰锅沿儿？

ʂei⁴² tɕia⁰ lɛ⁰ ʂuau⁴² pu²⁴⁻⁴² p'əŋ²¹³ kuə²⁴ ior⁴²

喻指关系非常亲近的一家人相处，也难免会产生摩擦和矛盾，就像勺子与锅沿儿相互磕碰是难免的。

谁家嘞灶火不冒烟，谁嘞衣裳不烂边？

ʂei⁴² tɕia⁰ lɛ⁰ tsau²¹³ xuə⁰ pu²⁴⁻⁴² mau²¹³ ian²⁴ ʂei⁴² lɛ⁰ i²⁴ ʂaŋ⁰ pu²⁴⁻⁴² lan²¹³ pian²⁴

喻指每个家庭都有大大小小的摩擦和矛盾，就像灶火冒烟、衣服烂边很常见一样。灶火：厨房。前一分句也可单独用作谚语，意思与整句相同。

谁家两口不叮嘴，谁家嘞灶火不冒烟？

ʂei⁴² tɕia⁰ liaŋ⁵⁵⁻⁴² k'ou⁵⁵ pu²⁴ tiŋ²⁴ tsuei⁵⁵ ʂei⁴² tɕia⁰ lɛ⁰ tsau²¹³ xuə⁰ pu²⁴⁻⁴² mau²¹³ ian²⁴

喻指每一对夫妻都不可避免地会发生争执。两口：夫妻。叮嘴：吵架。

谁嘞舌头不磨牙？

ʂei⁴² lɛ⁰ ʂʅ⁴² t'ou⁰ pu²⁴ muə⁴² ia⁴²

同"谁家嘞勺 ᶻ 不碰锅沿儿？"

谁嘞头上也没长 ᴰ 瘆毛。

ʂei⁴² lɛ⁰ t'ou⁴² ʂaŋ⁰ iɛ⁰ mu⁴² tʂæŋ⁵⁵ ʂən²¹³ mau⁰

指人与人都是一样的，谁也吓不住谁，谁也不会平白无故惧怕谁。长 ᴰ：长着，动词变韵表持续义。瘆毛：本义不明，推测应为令人恐惧的毛发，待详考。

谁嘞指头抻出 ᴴ 都不一般长儿。

ʂei⁴² lɛ⁰ tʂʅ⁵⁵⁻⁴² t'ou⁰ tʂ'ən²⁴ tʂ'uai⁰ tou⁰ pu⁰ i²⁴ pan²⁴⁻⁵⁵ tʂ'ɚr⁴²

喻指人与人、物与物之间都是有差别的。一般：一样；"般"无规则变调。

谁没个仨亲嘞俩厚嘞？！

ʂei⁴² mu⁴² kə⁰ sa²⁴ tɕ'in²⁴ nɛ⁰ lia⁵⁵ xou²¹³ lɛ⁰

喻指每个人都有自己的亲戚朋友。

谁惹事儿谁担。

ʂei⁴² zʅə⁵⁵ lɛ⁰ sər²¹³ ʂei⁴² tan²⁴

指谁招惹是非，谁承担后果和责任。担：承担。

谁人背后无人说，谁人背后不说人。

ʂei⁴² zən⁴² pei²¹³ xou²¹³ u⁴² zən⁴² ʂʮə²⁴　ʂei⁴² zən⁴² pei²¹³ xou²¹³ pu²⁴ ʂʮə²⁴ zən⁴²

指任何人都难免受到别人的议论，也会在背后议论别人。说：议论。又作：谁人背后无人说，哪个人前不说人。

谁也不比 ᴰ 谁多个胳膊多条腿。

ʂei⁴² iɛ⁰ pu²⁴ piɛ⁵⁵ ʂei⁴² tuə²⁴ kə⁰ kɛ⁴² puə⁰ tuə²⁴ tʻiau⁴² tʻuei⁵⁵

指人与人的先天条件都是一样的，别人能做到的，自己也一定能做到；用于说明不服输，或不惧怕任何人。

谁也不能一把圪针捋到头儿。

ʂei⁴² iɛ⁰ pu²⁴ nəŋ⁴² i²⁴ pa⁵⁵ kɛ⁴² tʂən⁰ ly²⁴ tau⁰ tʻər⁴²

喻指人都不能预知未来，虑事应从缓从宽，不能操之过急。圪针：植物枝梗上的刺儿。

谁也不知 ᴴ 谁咋过嘞。

ʂei⁴² iɛ⁰ pu²⁴ tʂo²⁴ ʂei⁴² tsa⁵⁵ kuə²¹³ lɛ⁰

指谁都不可能真正了解别人家的具体情况（多指难处）。

谁也没跟 ᴰ 谁过₁过₂。

ʂei⁴² iɛ⁰ mu⁴² kɛ²⁴ ʂei⁴² kuə²¹³ kuə⁰

指外人看到的只是表象，没有真正在一起生活过，谁都不可能真正了解别人丈夫或妻子的人品和脾气。过₁：生活。过₂：时态助词，表经历。

谁也没长 ᴰ 前后眼。

ʂei⁴² iɛ⁰ mu⁴² tʂæŋ⁵⁵ tɕʻian⁴² xou²¹³ ian⁵⁵

喻指人都没有洞察前生、预知后事的能力。长 ᴰ：动词变韵表状态义，可替换为"长着"。

谁有疙瘩儿都想 ᴰ 挠，谁有挖屈都想 ᴰ 说。

ʂei⁴² iou⁵⁵ kɛ²⁴ tɚ⁰ tou²⁴ ɕiaŋ⁵⁵ nau⁴²　ʂei⁴² iou⁵⁵ ua²⁴ tɕʻy⁰ tou²⁴ ɕiaŋ⁵⁵ ʂʮə²⁴

指人受了委屈都想诉说，就像身上长了疙瘩总想用手去挠一样。挖屈：委屈。想 ᴰ：想着，动词变韵表持续义。

谁有头发装秃 ᶻ⁻⁰ 嘞？

ʂei⁴² iou⁵⁵ tʻou⁴² fa⁰ tʂuaŋ²⁴ tʻu²⁴ lɛ⁰

喻指除非迫不得已，人们都不愿将自己的窘况或缺陷示人，就像有头发的人肯定不会装秃子一样。

谁栽树，谁乘凉。

ʂei⁴² tsai²⁴ ʂʅ²¹³　ʂei⁴² tʂʻəŋ⁴² liaŋ⁴²

喻指谁付出劳动，谁就会有收获。

身在福中不知福，船在水中不知流。

ʂən²⁴ tsai²¹³ fu²⁴ tʂuəŋ⁰ pu²⁴ tʂʅ²⁴ fu²⁴　tʂʻuan⁴² tsai²¹³ ʂuei⁵⁵ tʂuəŋ⁰ pu²⁴ tʂʅ²⁴ liou⁴²

喻指人对比较优裕的生活条件仍然感到不满足；多用于教育没吃过苦、不懂感恩的人。前一分句可以单独用作谚语，意思与整句相同。

身正不怕影儿斜，脚正不怕鞋歪。

ʂən²⁴ tʂəŋ²¹³ pu²⁴ⁱ⁴² pʻa²¹³ iər⁵⁵ ɕiɛ⁴²　tɕyə²⁴ tʂəŋ²¹³ pu²⁴ⁱ⁴² pʻa²¹³ ɕiɛ⁴² uai²⁴

喻指为人坦荡清白，就不怕流言蜚语。影儿：影子。两个分句都可以分别用作谚语，意思与整句相同。

深水不能洗，坏话不能听。

tʂʻən²⁴ ʂuei⁵⁵ pu²⁴ nəŋ⁴² ɕi⁵⁵　xuai²¹³ xua²¹³ pu²⁴ nəŋ⁴² tʻiŋ²⁴

指不能听信别人的谣言、恶言、谗言。

神长仨月。

ʂən⁴² tʂaŋ⁵⁵ sa²⁴ yɛ²⁴

指婴儿在出生之后的三个月内，生长速度最快，变化最大。

神灵爷来拴命，黑豆小人儿给 ᴰ 它碰。

ʂən⁴² liŋ⁰ iɛ⁴² lai⁴² ʂuan²⁴ miŋ²¹³　xɛ²⁴ⁱ⁴² tou²¹³ ɕiau⁰ zər⁴² kɛ⁵⁵ⁱ²¹³ tʻa⁰ pʻəŋ²¹³

指 20 世纪 70 年代中原地区瘟疫流行时，家家户户门上都悬挂着以黑豆作眼睛的巫蛊偶，以驱灾避祸。黑豆：籽实表皮呈黑色的大豆。

婶婶大娘不当娘。

ʂən⁵⁵ ʂən⁰ ta²¹³ niaŋ⁰ pu²⁴ taŋ²⁴ niaŋ⁴²

指婶母伯母对待（失去母亲的）侄子女，不可能像对自己的孩子一样全心付出，也不能刻责婶母伯母去承担做母亲的责任。

生不带来，死不带去。

ʂəŋ²⁴ pu²⁴ⁱ⁴² tai²¹³ lai⁴²　sʅ⁵⁵ pu²⁴ⁱ⁴² tai²¹³ tɕʻy²¹³

指钱财是身外之物，不可过于贪财。

生个小 ᶻ 高兴一会儿，生个妮 ᶻ 高兴一辈儿。

ʂəŋ²⁴ kə⁰ ɕiæu⁵⁵ kau²⁴ ɕiŋ²¹³ i²⁴⁻⁴² xuər²¹³　ʂəŋ²⁴ kə⁰ niau²⁴ kau²⁴ ɕiŋ²¹³ i²⁴⁻⁴² pər²¹³

指孩子出生之时，对重男轻女之人来说，生个女儿比生个儿子心里会有落差；但从长远来看，女孩子往往比男孩子更孝敬、更体贴父母。小 ᶻ：儿子。妮 ᶻ：女儿。

生土变熟土，一亩顶两亩。

ʂəŋ²⁴ tʻu⁵⁵ pian²¹³ ʂu⁴² tʻu⁵⁵　i²⁴ mu⁵⁵ tiŋ⁵⁵ liaŋ⁵⁵⁻⁴² mu⁵⁵

指土地经过多年种植，不断施肥浇水等，土质会变得更适宜农作物生长。生土：未耕种过的土地。熟土：反复耕种的土地。

生下儿养下女好比墙头跑马，一步要登错了要娘秀命。

ʂəŋ²⁴ ɕia⁰ ər⁴² iaŋ⁵⁵ ɕia⁰ ny⁵⁵ xau⁵⁵⁻⁴² pi⁵⁵ tɕʻiaŋ⁴² tʻou⁴² pʻau⁵⁵⁻⁴² ma⁵⁵　i²⁴⁻⁴² pu²¹³ iau²¹³ təŋ²⁴ tsʻuə²¹³ liau⁰ iau²¹³ niaŋ⁴² ɕiou²¹³ miŋ⁰

指女性生儿育女有很大风险，稍有不顺就会有性命之忧。秀命：当为"性命"。

生意好做，伙计难搁。

ʂəŋ²⁴ i⁰ xau⁵⁵ tsu²¹³　xuə⁵⁵ tɕi⁰ nan⁴² kə²⁴

指合伙儿做买卖，合作方很难融洽相处。搁：相处。

生 ᴰ 哪个家，说哪个事儿。

ʂo²⁴ na⁵⁵ kə⁰ tɕia²⁴　ʂuə²⁴ na⁵⁵ kə⁰ ʂər²¹³

指人与人的经济条件不同，消费观念、消费水平也会有差别。生 ᴰ：动词变韵表终点义，可替换为"生到"。

牲口买错误一季儿，媳妇儿娶错误一辈儿。

ʂəŋ²⁴ kʻou⁰ mai⁵⁵ tsʻuə²¹³ u²¹³ i²⁴⁻⁴² tɕiər²　ɕi⁴² fər⁰ tɕʻy⁵⁵ tsʻuə²¹³ u²¹³ i²⁴⁻⁴² pər²¹³

指妻子品行不佳，会对家庭、子女产生很大的不良影响。

牲口越大价儿越高，唯独人大不值钱。

ʂəŋ²⁴ kʻou⁰ yɛ²⁴ ta²¹³ tɕiər²¹³ yɛ²⁴ kau²⁴　uei²⁴ tu⁴² zən⁴² ta²¹³ pu²⁴ tʂʅ⁴² tɕʻian⁴²

同"骡 ᶻ 大马大都值钱，就人大不值钱"。

圣人也有错，百姓能无过？

ʂəŋ²¹³ zən⁰ iɛ⁰ iou⁵⁵ tsʻuə²¹³　pɛ²⁴⁻⁴² ɕiŋ⁰ nəŋ⁴² u⁴² kuə²¹³

指圣人也难免犯错，何况普通老百姓？"百"无规则变调。

师出无名，学艺不精。

ʂʅ²⁴ tʂʅ²⁴ u⁴² miŋ⁴²　ɕyə⁴² i²¹³ pu²⁴ tɕiŋ²⁴

指"名师"才能出"高徒"，不求教于名师，很难学到精湛的技艺。

师傅指指门，修行在个人。

ʂʅ²⁴ fu⁰ tʂʅ⁵⁵⁻⁴² tʂʅ⁰ mən⁴²　ɕiou²⁴ ɕiŋ⁰ tsai²¹³ kə²¹³ zən⁴²

指能否学会本领，取决于个人是否努力。门：门道、门路。修行：按照佛法要求修身养性，这里指勤学苦练。又作：师傅领进门，修行在个人。

虱ᶻ多不咬，债多不愁。

ʂʅau²⁴ tuə²⁴ pu²⁴ iau⁵⁵　tsai²¹³ tuə²⁴ pu²⁴ tʂʻou⁴²

指欠债太多，横竖是无力偿还，反倒不发愁了。

湿麦入仓，烂个净光。

ʂʅ²⁴ mɛ²⁴ zʅ²⁴ tsʻaŋ²⁴　lan²¹³ kə⁰ tɕiŋ²¹³ kuaŋ²⁴

指小麦必须经过充分晾晒才能入仓储存，否则就会腐烂变质。

十八嘞光想ᴰ哄二十嘞。

ʂʅ⁴² pa²⁴ lɛ⁰ kuaŋ²⁴ ɕiæŋ⁵⁵ xuəŋ⁵⁵ ər²¹³ ʂʅ⁴² lɛ⁰

指年轻人不可能哄骗住老年人；泛指资历深者不会上资历浅者的当。想ᴰ：想着，动词变韵表持续义。十八：十八岁。哄：哄骗。

十处打锣，九处有你。

ʂʅ⁴² tʂʻʅ²¹³ ta⁵⁵ luə⁴²　tɕiou⁵⁵ tʂʻʅ²¹³ iou⁵⁵⁻⁴² ni⁵⁵

喻指人爱管闲事、爱凑热闹，与自己有关无关的事情都想参与。

十个杏九个酸，十个官九个贪。

ʂʅ⁴² kə⁰ ɕiŋ²¹³ tɕiou⁵⁵ kə⁰ suan²⁴　ʂʅ⁴² kə⁰ kuan²⁴ tɕiou⁵⁵ kə⁰ tʻan²⁴

旧指官场腐败，官吏贪赃枉法。

十个指头有长短，荷花儿出水有高低。

ʂʅ⁴² kə⁰ tʂʅ⁵⁵⁻⁴² tʻou⁰ iou⁵⁵ tʂʻaŋ⁴² tuan⁵⁵　xə⁴² xuɐr²⁴ tʂʻʅ²⁴ ʂuei⁵⁵ iou⁵⁵ kau²⁴ ti²⁴

喻指人与人的能力、智力等肯定存在差别，不能苛求人人一致。

十里地赶个嘴，不胜在家喝口水。

ʂʅ⁴² li⁵⁵ ti²¹³ kan⁵⁵ kə⁰ tsuei⁵⁵　pu²⁴⁻⁴² ʂən²¹³ kai²¹³ tɕia²⁴ xə²⁴ kʻou⁰ ʂuei⁵⁵

指为吃一顿饭而跑远路，不值得。

十聋九哑。

ʂʅ⁴² luəŋ⁴² tɕiou⁵⁵⁻⁴² ia⁵⁵

指聋子绝大多数也是哑巴。

十年河东，十年河西。

ʂʅ⁴² nian⁴² xə⁴² tuəŋ²⁴　　ʂʅ⁴² nian⁴² xə⁴² ɕi²⁴

喻指世事变化无常，得志时不要炫耀，失志时也不必沮丧。又作：三十年河东，三十年河西。

十七十八力不全，二十四五正当年。

ʂʅ⁴² tɕ'i²⁴ ʂʅ⁴² pa²⁴ li²⁴ pu²⁴ tɕ'yan⁴²　　ər²¹³ ʂʅ⁰ ʂʅ²¹³ u⁵⁵ tʂəŋ²¹³ taŋ²⁴ nian⁴²

指十七八岁还未完全发育成熟，二十四五岁正是精力充沛的年纪。

十七十八，坐下等它。

ʂʅ⁴² tɕ'i²⁴ ʂʅ⁴² pa²⁴　　tsuə²¹³ ɕia⁰ təŋ⁵⁵⁻⁴² t'a⁰

指农历每月十七、十八，月亮出来较晚。它：指月亮。

十人九痔。

ʂʅ⁴² zən⁴² tɕiou⁵⁵ tʂʅ²¹³

指痔疮的发病率很高。

十雾九晴。

ʂʅ⁴² u²¹³ tɕiou⁵⁵ tɕ'iŋ⁴²

指早晨有雾往往会是晴天。

十样儿半能，不如一样儿精通。

ʂʅ⁴² iɚ²¹³ pan²¹³ nəŋ⁴²　　pu²⁴ zu⁴² i²⁴⁻⁴² iɚ²¹³ tɕiŋ²⁴ t'uəŋ²⁴

指对多种技艺一知半解，不如掌握一门精湛的技艺能安身立命。又作：十事半通，不如一事精通。

十月里来小阳春，下场大雪麦盘根。

ʂʅ⁴² yɛ⁰ li⁰ lai⁰ ɕiau⁵⁵ iaŋ⁴² tʂ'uən²⁴　　ɕia²¹³ tʂ'aŋ⁵⁵ ta²¹³ ɕyɛ²⁴ mɛ²⁴ p'an⁴² kən²⁴

指农历十月下大雪，有利于冬小麦盘根、分蘖，提高出苗率。

十指连心，招招哪个都疼。

ʂʅ⁴² tʂʅ⁵⁵ lian⁴² ɕin²⁴　　tʂau²⁴ tʂau⁰ na⁵⁵ kə⁰ tou²⁴ t'əŋ⁴²

指手指感觉非常灵敏，碰伤哪一个，都会感到疼痛。喻指亲人之间的关系都极为密切，难分亲疏，难以割舍。招：摸、碰。

识人劝，吃饱饭。

ʂʅ⁴² zən⁴² tɕ'yan²¹³　　tʂ'ʅ²⁴ pau⁵⁵ fan²¹³

指能听进去别人的劝导，肯定大有好处。识：接受。

识足真君子，贪婪是小人。

ʂʅ⁴² tɕy²⁴ tʂən²⁴ tɕyn²⁴ tsʅ⁵⁵　　t'an²⁴ lai²¹³ ʂʅ²¹³ ɕiau⁵⁵ zən⁰

指君子容易满足，小人贪得无厌。识足：知足。"婪"读音特殊。

拾 ᴰ 个孩 ᶻ 成 ᴅ 人了。

ʂʅə⁴² kə⁰ xɛau⁴² tʂ'o⁴² zən⁴² lə⁰

喻指本是毫不在意、压根没想去做的事，却意外获得了成功。拾 ᴰ、成 ᴰ：动词变韵均表完成义，可分别替换为"拾了""成了"。

食多伤胃，气多伤肺。

ʂʅ⁴² tuə²⁴ ʂaŋ²⁴ uei²¹³ tɕ'i²¹³ tuə²⁴ ʂaŋ²⁴ fei²¹³

指过量饮食对胃不好，经常生气对肺不好。

屎壳郎 ᶻ 夸孩儿香，刺猬①夸孩儿光。

ʂʅ⁵⁵ k'ə⁰ læŋ²⁴ k'ua²⁴ xor⁴² ɕiaŋ²⁴ tsʅ²¹³ xuei⁰ k'ua²⁴ xor⁴² kuaŋ²⁴

喻指父母往往袒护自己的孩子，看不到孩子身上哪怕是显而易见的缺点。也喻指人往往看不到自身的缺点。屎壳郎 ᶻ：蜣螂。"猬"读音特殊。

屎来 ᴰ 屁股门儿才屙嘞。

ʂʅ⁵⁵ lɛ⁴² p'i²¹³ ku⁰ mər⁴² ts'ai⁴² ə²⁴ lə⁰

喻指做事拖拖拉拉，非到火烧眉毛、一点儿也无法拖延的时候才去做；含贬义。来 ᴰ：来到，动词变韵表终点义。

世上三样儿丑：王八、戏鼓、鳖吹手。

ʂʅ²¹³ ʂaŋ⁰ san²⁴⁺⁴² iɐr²¹³ tʂ'ou⁵⁵ uaŋ⁴² pa⁰ ɕi²¹³ ku⁰ piɛ²⁴ tʂ'uei²⁴ ʂou⁰

指旧社会有三种人最被人看不起：一是妻女不贞或纵妻女行淫、被戴了绿帽子的人，二是职业戏曲演员，三是以在红白事上吹奏乐器为生的人。

事儿大事儿小，来 ᴰ 哪儿哪儿了。

ʂər²¹³ ta²¹³ ʂər²¹³ ɕiau⁵⁵ lɛ⁴² nɐr⁵⁵ nɐr⁵⁵⁺⁴² liau⁵⁵

指事情不论大小，总有解决的办法，总有了结的时候。来 ᴰ：来到，动词变韵表终点义。了：了结。

事儿大事儿小，说 ᴅ⁻⁰ 哪儿哪儿了。

ʂər²¹³ ta²¹³ ʂər²¹³ ɕiau⁵⁵ ʂʯə²⁴ nɐr⁵⁵ nɐr⁵⁵⁺⁴² liau⁵⁵

指事情不论大小，当面解释、争辩之后，就不能再计较了。说 ᴅ⁻⁰：说到，动词变韵表终点义。了：了结、结束。

事儿怕颠倒理儿怕偏。

ʂər²¹³ p'a²¹³ tian²⁴ tau⁰ liər⁵⁵ p'a²¹³ p'ian²⁴

指只要能换位思考，棘手的事情也很容易解决；如果不讲正理、是非颠倒，只能把事情搞乱。

---

① 刺猬：一种哺乳动物，主要在夜间活动，以昆虫和蠕虫为主要食物。

事前没计划，临时没办法。
ʂɿ²¹³ tɕʻian⁴² mu⁴² tɕi²¹³ xua⁰　lin⁴² ʂɿ⁴² mu⁴² pan²¹³ fa⁰

指做事之前不做计划和准备，事到临头会手忙脚乱。

事在人为，时到当为。
ʂɿ²¹³ tsai²¹³ zən⁴² uei⁴²　ʂɿ⁴² tau²¹³ taŋ²⁴ uei⁴²

指事情能否成功主要取决于人的主观努力程度；而一旦有了时机，就一定要把握好。时：时机。

是饭挡饥，是衣挡寒。
ʂɿ²¹³ fan²¹³ taŋ⁵⁵ tɕi²⁴　ʂɿ²¹³ i²⁴ taŋ⁵⁵ xan⁴²

指凡饭都能充饥，凡衣都能御寒，人不可过分讲究吃喝穿戴。

是个鸡ᶻ也要扑棱扑棱嘞。
ʂɿ²¹³ kə⁰ tɕiau²⁴ iɛ⁵⁵iau²¹³ pʻu²⁴ləŋ⁰ pʻu²⁴ləŋ⁰ lɛ⁰

喻指即使不能改变结局，也要拼尽全力，作最后的挣扎；用于说明人被欺太甚时，一定会作出反抗。扑棱：禽鸟抖动或张开翅膀、张翅拍打貌。

是骡ᶻ是马，拉出ᴴ遛遛。
ʂɿ²¹³ luau⁴² ʂɿ²¹³ ma⁵⁵　la²⁴ tʂʻuai⁰ liou²¹³ liou⁰

喻指人有没有能耐、有多大能耐，不能光听嘴皮上功夫，通过实事检验便自见分晓。

是你嘞就是你嘞，谁也争不走；不是你嘞就不是你嘞，抢也抢不来。
ʂɿ²¹³ ni⁵⁵ lɛ⁰ tɕiou²¹³ ʂɿ²¹³ ni⁵⁵ lɛ⁰　ʂei⁴² iɛ⁰ tʂən²⁴ pu²⁴ tsou⁵⁵　pu²⁴⁻⁴² ʂɿ²¹³ ni⁵⁵ lɛ⁰ tɕiou²¹³ pu²⁴⁻⁴² ʂɿ²¹³ ni⁵⁵ lɛ⁰　tɕʻiaŋ⁵⁵ iɛ⁰ tɕʻiaŋ⁵⁵ pu²⁴ lai⁴²

指该你得到的东西一定会得到，迟早而已；不该你得到的东西不能强求，想尽办法也难以得到。又作：是你嘞就是你嘞，不是你嘞就不是你嘞。

是亲必顾，是邻必护。
ʂɿ²¹³ tɕʻin²⁴ pi⁵⁵ ku²¹³　ʂɿ²¹³ lin⁴² pi⁵⁵ xu²¹³

同"好人护三村，好狗护三邻"。

是树都有疙瘩，是人都有毛病。
ʂɿ²¹³ ʂu²¹³ tou²⁴ iou⁵⁵ pa²⁴ la⁰　ʂɿ²¹³ zən⁴² tou²⁴ iou⁵⁵ mau⁴² piŋ⁰

喻指每个人都有缺点，不可能十全十美。疙瘩：树疖，树木表面形状不规则的疤点。是：凡是。

是药都有三分毒。
ʂɿ²¹³ yə²⁴ tou²⁴ iou⁵⁵ san²⁴ fən²⁴ tu⁴²

指任何药物都有或大或小的毒性或副作用。是：凡是。

收罢麦，打罢场，谁家嘞闺女都瞧娘；闺女瞧娘是正理，娘瞧闺女是混账。

ʂou²⁴ pa²¹³ mɛ²⁴ ta⁵⁵ pa²¹³ tʂ'aŋ⁴² ʂei⁴² tɕia⁰ lɛ⁰ kuei²⁴ ny⁰ tou²⁴ tɕ'iau⁴² niaŋ⁴² kuei²⁴ ny⁰ tɕ'iau⁴² niaŋ⁴² ʂʅ²¹³ tʂən²¹³ li⁵⁵ niaŋ⁴² tɕ'iau⁴² kuei²⁴ ny⁰ ʂʅ²¹³ xuən²¹³ tʂaŋ⁰

指过了麦收大忙季节，出嫁的闺女都要回娘家看望爹娘；此为浚县习俗。混账：情理上说不通。

收罢麦，打罢场，提着麻糖去瞧娘。

ʂou²⁴ pa²¹³ mɛ²⁴ ta⁵⁵ pa²¹³ tʂ'aŋ⁴² t'i⁴² tʂʅ⁰ ma⁴² t'aŋ⁰ tɕ'y²¹³ tɕ'iau⁴² niaŋ⁴²

同上条。麻糖：油条。又作：麦子登场，闺女瞧娘。

收花不收花，单看正月三个八。

ʂou²⁴ xua²⁴ pu²⁴ ʂou²⁴ xua²⁴ tan²⁴ k'an²¹³ tʂən²⁴ yɛ⁰ san²⁴⁺⁴² kə⁰ pa²⁴

指如果正月初八、十八、二十八三天天气晴朗，预示棉花会有好收成。

收麦如救火，龙口把粮夺。

ʂou²⁴ mɛ²⁴ zʅ⁴² tɕiou²¹³ xuɛ⁵⁵ luaŋ⁴² k'ou⁵⁵ pa²¹³ liaŋ⁴² tuə⁴²

指小麦成熟时间快而集中，必须抓紧一切有利时机，抢割、抢运、抢脱粒；否则，天气骤然变化，就会影响小麦的产量和质量。

收人钱财，替[D]人消灾。

ʂou²⁴ zən⁴² tɕ'ian⁴² ts'ai⁴² t'iɛ²¹³ zən⁴² ɕiau²⁴ tsai²⁴

指既然接受了别人的钱财等报酬，就得替别人办事。

手不溜，怨袄袖；袄袖长，怨他娘；他娘瞎，怨蚂虾。

ʂou⁵⁵ pu²⁴⁺⁴² liou²¹³ yan²¹³ au⁵⁵ ɕiou²¹³ au⁵⁵ ɕiou²¹³ tʂ'aŋ⁴² yan²¹³ t'a⁰ niaŋ⁴² t'a⁵⁵ niaŋ⁴² ɕia²⁴ yan²¹³ ma⁴² ɕia²⁴

同"厨艺不行，嫌锅不平"。溜：敏捷、麻利。

手里[H]没有米，叫鸡[Z]也不来。

ʂou⁵⁵ liou⁰ mu⁴² mau⁰ mi⁵⁵ tɕiau²¹³ tɕi:au²⁴ iɛ⁵⁵ pu²⁴ lai⁴²

喻指需要别人帮助时，需要给予一定的报酬，否则就很难如愿；多指老人必须为自己留下养老钱，以防晚辈不孝。

受不得苦，享不了福。

ʂou²¹³ pu⁰ te²⁴ k'u⁵⁵ ɕiaŋ⁴² pu⁰ liau⁰ fu²⁴

指不经受苦难、辛劳，就享受不到幸福。

受屈人常在，沾光人死嘞快。

ʂou²¹³ tɕ'y²⁴ zən⁴² tʂ'aŋ⁴² tsai²¹³ tʂan²⁴ kuaŋ²⁴ zən⁴² sʅ⁵⁵ lɛ⁰ k'uai²¹³

指不计得失、能屈能伸的人能成大事，而斤斤计较、贪图小利的人不会有好下场。沾光：占便宜。

瘦土出黄金，就怕翻嘞不够深。

ṣou²¹³ tʻu⁵⁵ tṣʻʅ²⁴ xuaŋ⁴² tɕin²⁴ tɕiou²¹³ pʻa²¹³ fan²⁴ nɛ⁰ pu²⁴⁻⁴² kou²¹³ tṣʻən²⁴

指不肥沃的土地，只要深耕细作，也会有好收成。

瘦猪哼哼，肥猪也哼哼。

ṣou²¹³ tṣʅ²⁴ xəŋ²⁴ xəŋ⁰ fei⁴² tṣʅ²⁴ iɛ⁵⁵ xəŋ²⁴ xəŋ⁰

喻指生活、经济等条件较差者与人争利或向人抱怨，而条件较好者也跟着起哄；用于形容人在不该争利、不该哭穷的时候瞎起哄。

输怕停电，赢怕吃饭。

zʅ²⁴ pʻa²¹³ tʻiŋ⁴² tian²¹³ zəŋ⁴² pʻa²¹³ tṣʻʅ²⁴ fan²¹³

指赌博时，输钱的人害怕停了电不能继续下去，没有翻本的机会；而赢钱的人害怕参与者一起去吃饭，让自己掏钱。"输""赢"读音特殊。

熟能生巧，巧能生智。

ṣu⁴² nəŋ⁴² ṣəŋ²⁴ tɕʻiau⁵⁵ tɕʻiau⁵⁵ nəŋ⁴² ṣəŋ²⁴ tṣʅ²¹³

指某事做久了、做熟练了，就能琢磨出更巧妙、效率更高的办法；而经常思考巧计妙方，能使人更智慧。

熟能生巧，勤能补拙。

ṣu⁴² nəŋ⁴² ṣəŋ²⁴ tɕʻiau⁵⁵ tɕʻin⁴² nəŋ⁴² pu⁵⁵ tṣʅɤ²⁴

指做事熟练了就能产生更巧妙、更有效的办法，而勤奋则能够弥补自身的不足。

数伏不种豆，种豆也不收。

ṣu⁵⁵ fu⁴² pu²⁴⁻⁴² tṣuəŋ²¹³ tou²¹³ tṣuəŋ²¹³ tou²¹³ iɛ⁰ pu²⁴ ṣou²⁴

指进了初伏时节就不能再种豆子。数伏：入伏、进入初伏。

数九头里 ᴴ，冻烂 ᴰ 石头。

ṣu⁵⁵⁻⁴² tɕiou⁵⁵ tʻou⁴² liou⁰ tuəŋ²¹³ læ²¹³ ṣʅ⁴² tʻou⁰

指冬至前后是一年中最冷的时节。数九：冬至。头里 ᴴ：前边。烂 ᴰ：形容词变韵表加强肯定语气。又作：冬至前后，冻烂 ᴰ 石头。

树大分权，孩 ᶻ 大分家。

ṣʅ²¹³ ta²¹³ fən²⁴ tṣʻa²¹³ xɛau⁴² ta²¹³ fən²⁴ tɕia²⁴

指孩子（多指儿子）成家之后必须各立门户。

树大根粗，财大气粗。

ṣʅ²¹³ ta²¹³ kən²⁴ tsʻu²⁴ tsʻai⁴² ta²¹³ tɕʻi²¹³ tsʻu²⁴

喻指比较富有的人，谈吐、气派也不凡。也喻指人仗着钱财多，说话盛气凌人。

树大招风。

ʂʯ²¹³ ta²¹³ tʂau²⁴ fəŋ²⁴

喻指人的钱财多或名气大，很容易惹人嫉妒而生出是非；劝人要低调。

树起招兵旗，定有吃粮人。

ʂʯ²¹³ tɕ'i⁵⁵ tʂau²⁴ piŋ²⁴ tɕ'i⁵⁵　tiŋ²¹³ iou⁵⁵ tʂ'ʯ²⁴ liaŋ⁴² zən⁴²

旧指只要打起招兵的旗帜，就会有人（为吃饭）来当兵。喻指只要有人号召，就会有人响应。

树叶儿不是一天黄嘞，人心不是一天凉嘞。

ʂʯ²¹³ iɤɻ²⁴ pu²⁴⁻⁴² ʂʯ²¹³ i²⁴ t'ian²⁴ xuaŋ⁴² lɛ⁰　zən⁴² ɕin²⁴ pu²⁴⁻⁴² ʂʯ²¹³ i²⁴ t'ian²⁴ liaŋ⁴² lɛ⁰

指屡次受到伤害，就会让人心寒。

双桥好过，独木桥难沿。

ʂuaŋ²⁴ tɕ'iau⁴² xau⁵⁵ kuə²¹³　tu⁴² mu²⁴ tɕ'iau⁴² nan⁴² yan⁴²

喻指一己之力难成大事，群策群力才能成功。

霜打一片，冷打一线。

ʂuaŋ²⁴ ta⁵⁵ i²⁴⁻⁴² p'ian²¹³　ləŋ⁵⁵⁻⁴² ta⁵⁵ i²⁴⁻⁴² ɕian²¹³

指霜是大面积、呈片状分布的，而冰雹则是呈线状分布的。冷：冰雹。

霜降圪料鼓，立冬不出土。

ʂuaŋ²⁴ tɕiaŋ²¹³ kɛ⁴² liau²¹³ ku⁵⁵　li²⁴ tuəŋ²⁴ pu²⁴ tʂ'ʯ²⁴ t'u⁵⁵

指霜降时节播种小麦时间已迟，再加上土地不平整，会造成立冬前后小麦不出苗。圪料鼓：土地不平整。

霜降摘柿子，立冬打软枣。

ʂuaŋ²⁴ tɕiaŋ²¹³ tʂɛ²⁴ ʂʯ²¹³ tsʯ⁰　li²⁴ tuəŋ²⁴ ta⁵⁵⁻⁴² zuan⁵⁵ tsau⁰

指霜降时节柿子成熟，立冬前后软枣成熟。

水不流变臭，人不学落后。

ʂuei⁵⁵ pu²⁴ liou⁴² pian²¹³ tʂ'ou²¹³　zən⁴² pu²⁴ ɕyə⁴² luə²⁴ xou²¹³

指人不学习就会落后，就像水不流动就会变臭一样。

水缸穿裙，大雨淋淋。

ʂuei⁵⁵ kaŋ²⁴ tʂ'uan²⁴ tɕ'yn⁴²　ta²¹³ y⁵⁵ lin⁴² lin⁴²

指如果水缸外壁有凝结而成的水珠（与水缸内水深高度基本一致），预示要下大雨。

水流千里归大海，人走万里思故乡。
ʂuei⁵⁵ liou⁴² tɕ'ian²⁴ li⁵⁵ kuei²⁴ ta²¹³ xai⁵⁵　zən⁴² tsou⁵⁵ uan²¹³ li⁵⁵ sʅ²⁴ ku²¹³ ɕiaŋ²⁴

喻指人走的再远也思恋故土。

水落现石头，日久见人心。
ʂuei⁵⁵ luə²⁴ ɕian²¹³ sʅ⁴² t'ou⁰　ʐʅ²¹³ tɕiou⁵⁵ tɕian²¹³ zən⁴² ɕin²⁴

指人与人交往的时间久了才能彼此真正了解，就像水退去了才能看到水底的石头一样。

水泡五谷种，耐旱不生虫。
ʂuei⁵⁵ p'au²¹³ u⁵⁵ ku²⁴ tʂuaŋ⁵⁵　nai²¹³ xan⁵⁵ pu²⁴ ʂəŋ²⁴ tʂ'uəŋ⁴²

指小麦、玉米等种子，种植前用水浸泡，耐旱又抗虫咬。

水清藏不住鱼。
ʂuei⁵⁵ tɕ'iŋ²⁴ ts'aŋ⁴² pu⁰ tʂʅ⁰ y⁴²

喻指人要宽容，不可要求太高，不能苛责他人，否则就没有朋友了，就像水太清了，鱼就无法生存一样。

水数ᴰ洋深，人数ᴰ娘亲。
ʂuei⁵⁵ ʂuə⁵⁵ iaŋ⁴² tʂ'ən²⁴　zən⁴² ʂuə⁵⁵ niaŋ⁴² tɕ'in²⁴

指母亲对子女的疼爱之情、养育之恩，任何人都比不上。数ᴰ：比较起来（最突出）；动词变韵表加强肯定语气。

睡不完嘞瞌睡，掏不完嘞力。
ʂei²¹³ pu⁰ uan⁴² nɛ⁰ k'ə⁴² ʂei⁰　t'au²⁴ pu⁰ uan⁴² nɛ⁰ li²⁴

指人的力气用不尽，就像瞌睡永远睡不完一样；告诫世人要勤奋，要不惜力气去劳作。又作：睡不完嘞瞌睡，攒不住嘞力。

说到做到，不放空炮。
ʂuə²⁴ tau²¹³ tsuə²¹³ tau²¹³　pu²⁴⁻⁴² faŋ²¹³ k'uaŋ²⁴ p'au²¹³

指要言而有信，承诺别人的事一定要兑现。

说话甭忘打凿。
ʂuə²⁴ xua²¹³ piŋ⁴² uaŋ²¹³ ta⁵⁵ tsuo⁴²

喻指要边说边干，不要因闲谈而停下手头的工作。打凿：木匠术语，掏孔、打眼儿；"凿"读音特殊。

说话面带笑，怀揣杀人刀。
ʂuə²⁴ xua²¹³ mian²¹³ tai²¹³ ɕiau²¹³　xuai⁴² tʂ'uai²⁴ ʂa²⁴ zən⁴² tau²⁴

同"明是一把火，暗是一把刀"。又作：当面儿说话面带笑，背后怀揣杀人刀。

说"饥"甭带"吧",带"吧"□笑话。

ʂʯə²⁴ tɕi²⁴ piŋ⁴² tai²¹³ pa²⁴   tai²¹³ pa²⁴ iæ⁴² ɕiau²¹³ xua⁰

指"饥""吧"连说,与"鸡巴"同音,容易引起误会。□:别人。

说嘞多了惹人烦。

ʂʯə²⁴ lɛ⁰ tuə²⁴ lə⁰ ʐʯə⁵⁵ ʐən⁴² fan⁴²

指多说话,有时会妨害到别人的利益或不合别人的心意,招人厌烦。

说起ᴴ容易做起ᴴ难。

ʂʯə²⁴ tɕ'iai⁰ yŋ⁴² i⁰ tsuə²¹³ tɕ'iai⁰ nan⁴²

指事情说说想想很容易,而真正付诸行动就难了。

说书不想,隔靴挠痒。

ʂʯə²⁴ ʂʯ²⁴ pu²⁴ ɕiaŋ⁵⁵   kɛ²⁴ ɕyɛ²⁴ nau⁴² iaŋ⁵⁵

指上课教书必须有自己的思考和观点,不能照本宣科,否则,就如同隔着靴子挠痒一样,不会有好的效果。说书:讲课。

说书嘞嘴,唱戏嘞腿。

ʂʯə²⁴ ʂʯ²⁴ lɛ⁰ tsuei⁵⁵   tʂ'aŋ²¹³ ɕi²¹³ lɛ⁰ t'uei⁵⁵

本义指说书人一句话就能让时间过去三年五载,唱戏者在台上跑一圈就能代替走过十万八千里的距离。喻指速度很快。

说瞎话就怕三照面儿。

ʂʯə²⁴ ɕia²⁴ xua⁰ tɕiou²¹³ p'a²¹³ san²⁴⁻⁴² tʂau²¹³ mior²¹³

指说谎者最怕当面对质。三:指双方当事者和中间人。瞎话:假话。

说瞎话,长疤瘌。

ʂʯə²⁴ ɕia²⁴ xua⁰   tʂaŋ⁵⁵ pa²⁴ la⁰

指撒谎没好处;有戏谑意味。瞎话:谎话。又作:说瞎话,变蚂虾。

说一句瞎话,得十句去圆。

ʂʯə²⁴ i²⁴⁻⁴² tɕy²¹³ ɕia⁴² xua⁰   tɛ²⁴ ʂʅ⁴² tɕy²¹³ tɕ'y²¹³ yan⁴²

指说一句谎话,为防止露出马脚,就需要用更多的谎言去掩盖;奉劝世人不要撒谎,否则必有暴露的时候。圆:使圆满、使周全。

说一千,道一万,不胜实际干一干。

ʂʯə²⁴ i⁰ tɕ'ian²⁴   tau²¹³ i⁰ uan²¹³   pu²⁴⁻⁴² ʂən²¹³ ʂʅ⁴² tɕi²¹³ kan²¹³ i⁰ kan⁰

指做任何事情,实践都很重要。不胜:不如。

说者无意,听者有心。

ʂʯə²⁴ tʂɛ⁰ u⁴² i²¹³   t'iŋ²⁴ tʂɛ⁰ iou⁵⁵ ɕin²⁴

指说话人是无心的,而听话人却认为其是有意在伤害自己。也指说话人很随意,听话人却从中嗅到了某些(尚未公开的)信息。

说真方儿卖假药，挂羊头卖狗肉。

ʂuə²⁴ tʂən²⁴ fɐr²⁴ mai²¹³ tɕia⁵⁵ yə²⁴　kua²¹³ iaŋ⁴² tʻou⁴² mai²¹³ kou⁵⁵ zou⁰

喻指表里不一，狡诈欺骗。也喻指借着好名义，却干着坏事。真方儿：真实有效的药方。

说嘴打嘴。

ʂuə²⁴ tsuei⁵⁵ ta⁵⁵⁻⁴² tsuei⁵⁵

指好夸口的人，认定一定会发生或根本不可能发生的事，却偏偏现世现报，应验到自己身上，非常尴尬。

私心重，祸无穷。

sɿ²⁴ ɕin²⁴ tʂuaŋ²¹³　xuə²¹³ u⁴² tɕʻyŋ⁴²

指私心私欲是祸患的根源。

死蛤蟆说出ᴴ尿。

sɿ⁵⁵ xɛ⁴² ma⁰ ʂuə⁵⁵ tʂʻuai⁰ niau²¹³

喻指人非常执拗地胡搅蛮缠，无理辩三分。

死气好生，活气不好生。

sɿ⁵⁵ tɕʻi²¹³ xau⁵⁵ ʂəŋ²⁴　xuə⁴² tɕʻi²¹³ pu²⁴ xau⁵⁵ ʂəŋ²⁴

指亲人之间（多指夫妻）长期相互伤害所带来的痛苦，远远大于失去亲人的痛苦。

死猪不怕开水烫。

sɿ⁵⁵ tʂu²⁴ pu²⁴⁻⁴² pʻa²¹³ kʻai²⁴ ʂuei⁵⁵ tʻaŋ²¹³

喻指无计可施，只好任由事态发展；含贬义。"开水"也作"滚水"。

四季东风四季下，只怕东风起不大。

sɿ²¹³ tɕi²¹³ tuəŋ²⁴ fəŋ²⁴ sɿ²¹³ tɕi²¹³ ɕia²¹³　tʂɿ⁴² pʻa²¹³ tuəŋ²⁴ fəŋ²⁴ tɕʻi⁵⁵ pu²⁴⁻⁴² ta²¹³

指每个季节刮东风都是雨兆。

四十八，生个叫母抓。

sɿ²¹³ ʂɿ⁰ pa²⁴　ʂəŋ⁵⁵ kə⁰ tɕiau²¹³ mu⁰ tsua²⁴

指女性四十八岁还具有生育能力。叫母抓：指小孩子。

四十三，过眼关。

sɿ²¹³ ʂɿ⁰ san²⁴　kuə²¹³ ian⁵⁵ kuan²⁴

指人在四十三岁左右，眼睛开始出现老花的症状，视力逐渐下降。

四十五里火龙岗①，最富凌湖和裴庄。

sɿ²¹³ ʂɿ⁰ u⁵⁵⁻⁴² li⁵⁵ xuə⁵⁵ luəŋ⁴² kaŋ⁵⁵⁻²⁴　tsuei²¹³ fu²¹³ luəŋ⁴² xu⁰ xə⁴²

---

① 太行余脉在浚县境内形成纵贯南北、长约四十五里的"火龙岗"，位于县城西边、钜桥镇东麓。凌湖村位于白寺乡政府驻地西北7公里的火龙岗上，裴庄村位于屯子镇政府西北8公里处。

p'iɛ⁵⁵ tṣuaŋ²⁴

指在四十五里火龙岗范围内，浚县白寺乡凌湖村和屯子镇裴庄村比较富裕。"岗"无规则变调。"凌""裴"读音特殊。

酸儿辣女。

suan²⁴ ər⁴² la²⁴ ny⁵⁵

指根据孕妇的饮食习惯可以判断孩子的性别，孕期喜欢吃酸的可能生男孩，喜欢吃辣的可能生女孩。

算卦不说"好"，卦钱哪里找？

suan²¹³ kua²¹³ pu²⁴ ʂʅə²⁴ xau⁵⁵　kua²¹³ tɕ'ian⁰ na⁵⁵ i⁰ tṣau⁵⁵

指算命者为了骗钱，往往专挑好话说。好：吉祥、如意的话。

算卦如有准，世上没穷人。

suan²¹³ kua²¹³ zʅ⁴² iou⁵⁵⁼⁴² tṣuan⁵⁵　ʂʅ²¹³ ʂaŋ⁰ mu⁴² tɕ'yŋ⁴² zən⁴²

指算命不可信；如果算命真灵验，穷人一定都会算算如何能摆脱贫困、快速致富，世上也就没有穷人了。

算卦是小破财儿，挨□嘞数落给□钱儿。

suan²¹³ kua²¹³ ʂʅ²¹³ ɕiau⁵⁵ p'uə²¹³ ts'or⁴²　ai⁴² iæ⁰ lɛ⁰ ʂu⁵⁵ luə⁰ kei⁵⁵⁼⁴² iæ⁰ tɕ'ior⁴²

指算卦是有害无益、得不偿失的事。□：别人。数落：唠叨、埋怨、责备。

孙儿是爷奶修 ᴰ 来嘞。

suər²⁴ ʂʅ²¹³ iɛ⁴² nɛ⁵⁵ ɕio²⁴ lai⁰ lɛ⁰

指孙子是爷爷奶奶修行来的，也就是说，只有爷爷奶奶积德行善，才会有孙子，才会人丁兴旺。修 ᴰ：修行；动词变韵仅作为单趋式中的一个强制性形式成分，不表实际意义。

孙儿孙儿，是正根儿。

suər²⁴ suər²⁴　ʂʅ²¹³ tʂəŋ²¹³ kər²⁴

指（与外孙相比），孙子才是自己嫡亲的后代人。

T

他算哪根儿葱？

t'a⁵⁵ suan²¹³ na⁵⁵ kər²⁴ ts'uəŋ²⁴

喻指"他"作为不相干的人，没有资格、非常不该来干涉自己的事；用作斥责之语。"他"可替换为"你"或某人。

太阳月亮穿外衣，不刮风都下雨。

t'ai²¹³ iaŋ⁰ yɛ²⁴ liaŋ⁰ tʂ'uan²⁴ uai²¹³ i²⁴　pu²⁴ kua²⁴ fəŋ²⁴ tou⁰ ɕia²¹³ y⁵⁵

指出现日晕、月晕现象，会有风雨天气。都：就。

贪多嚼不烂。

t'an²⁴ tuə²⁴ tsuə⁴² pu⁰ lan²¹³

喻指人的精力有限，做事要量力而行，如果不切实际地贪图多做，反而做不好。

桃花儿开，杏花儿败，觓叫梨花儿撑上来。

t'au⁴² xuɐr²⁴ k'ai²⁴　ɕiŋ²¹³ xuɐr²⁴ pai²¹³　xou²⁴ tɕiau²¹³ li⁴² xuɐr²⁴ nian⁵⁵ ʂaŋ⁰ lai⁰

指桃树、杏树、梨树开花的先后顺序。败：花谢。觓：不要。

桃三李ᶻ四梨五年，枣树开花儿都结甜，想ᴰ吃核桃等十年。

t'au⁴² san²⁴ liau⁵⁵ sʅ²¹³ li⁴² u⁵⁵ nian⁰　tsau⁵⁵ ʂʅ⁰ k'ai²⁴ xuɐr²⁴ tou⁰ tɕiɛ²⁴ t'ian⁴²　ɕiæŋ⁵⁵ tʂ'ʅ²⁴ xɛ²⁴ t'au⁰ təŋ⁵⁵ sʅ⁴² nian⁴²

指桃树从种植到结果实需要三年时间，李子树需要四年，梨树需要五年，核桃树需要十年；而枣树种植当年就可以结枣。李ᶻ：李子。都：就。想ᴰ：动词变韵表加强肯定语气。

桃三杏四梨五年，想ᴰ吃花红等八年。

t'au⁴² san²⁴ ɕiŋ²¹³ sʅ²¹³ li⁴² u⁵⁵ nian⁰　ɕiæŋ⁵⁵ tʂ'ʅ²⁴ xa²⁴ xuəŋ⁰ təŋ⁵⁵ pa²⁴ nian⁴²

指桃树从种植到结果实需要三年时间，杏树需要四年，梨树需要五年；而花红则需要八年时间。想ᴰ：动词变韵表加强肯定语气。花红：又名沙果、文林果、联珠果、花红果等，是蔷薇科植物林檎的果实。

桃三杏四梨五年，枣树当年都换钱。

t'au⁴² san²⁴ ɕiŋ²¹³ sʅ²¹³ li⁴² u⁵⁵ nian⁰　tsau⁵⁵ ʂʅ⁰ taŋ²⁴ nian⁴² tou⁰ xuan²¹³ tɕ'ian⁴²

指桃树从种植到结果实需要三年时间，杏树需要四年，梨树需要五年；而枣树种植当年就可以结枣。又作：桃三杏四梨五年，枣树当年都结甜。

桃养人，杏伤人，李子树下埋死人。

t'au⁴² iaŋ⁵⁵ zən⁴²　ɕiŋ²¹³ ʂaŋ²⁴ zən⁴²　li⁵⁵ tsʅ⁰ ʂʅ²¹³ ɕia²¹³ mai⁴² sʅ⁵⁵ zən⁴²

指多吃桃子对身体有益，而杏子吃多了对身体有害，尤其是李子吃多了对身体伤害最大。"埋"也作"抬"。

套ᶻ没娘，越拽越长。

t'æu²¹³ mu⁴² niaŋ⁴²　yɛ²⁴ tʂuai²¹³ yɛ²⁴ tʂ'aŋ⁴²

指被褥、棉衣里的棉花不能硬扯，否则会越扯越长。套 ᶻ：装在被子或棉衣里的棉花。

天不怕，地不怕，大家团结力量大。
tʻian²⁴ pu⁰ pʻa²¹³　ti²¹³ pu⁰ pʻa²¹³　ta²¹³ tɕia²⁴ tʻuan⁴² tɕiɛ²⁴ li²⁴ liaŋ⁰ ta²¹³

指只要大家团结一心，就没有克服不了的困难，就一定能成大事。

天不怕，地不怕，就怕把脸一木拉。
tʻian²⁴ pu⁰ pʻa²¹³　ti²¹³ pu⁰ pʻa²¹³　tɕiou²¹³ pʻa²¹³ pa²¹³ lian⁵⁵ i²⁴ mu²⁴ la⁰

指最怕与豁出去脸面、死活不说理的人打交道。木拉：形容人满不在乎的表情，意为豁出去了。

天不怕，地不怕，就怕有人儿说闲话。
tʻian²⁴ pu⁰ pʻa²¹³　ti²¹³ pu⁰ pʻa²¹³　tɕiou²¹³ pʻa²¹³ iou⁵⁵ zər⁴² ʂʅə²⁴ ɕian⁴² xua²¹³

指人都担心别人在背后议论自己，诋毁自己的名声。闲话：闲言碎语。

天底 ᴴ 没卖后悔药嘞。
tʻian²⁴ tiɛ⁵⁵ mu⁴² mai²¹³ xou²¹³ xuei⁰ yə²⁴ lɛ⁰

指有些事情一旦做错，就无法补救了。底 ᴴ："底下"的合音。

天旱锄草回老家，天涝锄草搬搬家。
tʻian²⁴ xan²¹³ tʂʻu⁴² tsʻau⁵⁵ xuei⁴² lau⁵⁵ tɕia²⁴　tʻian²⁴ lau²¹³ tʂʻu⁴² tsʻau⁵⁵ pan²⁴ pan⁰ tɕia²⁴

见"干锄一遍儿光，湿锄十遍儿荒。"

天河东西，不离铺的；天河调角儿，不离被窝儿；天河南北，稀巴肚睡。
tʻian²⁴ xə⁴² tuəŋ²⁴ ɕi²⁴　pu²⁴ ⁴² li²¹³ pʻu²⁴ ti⁰　tʻian²⁴ xə⁴² tiau²¹³ tɕyɻ²⁴ pu²⁴ ⁴² li²¹³ pei²¹³ uor²⁴　tʻian²⁴ xə⁴² nan⁴² pei⁰　ɕi²⁴ pa⁰ tu²⁴ ʂei²¹³

指银河的方向不同，气温高低不同。铺的：褥子。东西：呈东西方向。调角儿：呈东北、西南方向。南北：呈南北方向。稀巴肚：光身子。

天黄有雨，地黄有风，人黄有病，苗 ᶻ 黄缺肥。
tʻian²⁴ xuaŋ⁴² iou⁵⁵ ⁴² y⁵⁵　ti²¹³ xuaŋ⁴² iou⁵⁵ fəŋ²⁴　zən⁴² xuaŋ⁴² iou⁵⁵ piŋ²¹³　miæu⁴² xuaŋ⁴² tɕʻyɛ²⁴ fei⁴²

指天色变黄是雨兆，地面尘土飞扬是有风，人脸蜡黄、焦黄是病兆，庄稼苗发黄则是肥料不足的征兆。

天冷冻懒汉，越干越出汗。
tʻian²⁴ ləŋ⁵⁵ tuəŋ²¹³ lan⁵⁵ xan²¹³　yɛ²⁴ kan²¹³ yɛ²⁴ tʂʻʅ²⁴ xan²¹³

指懒惰之人才能感觉到天气寒冷，勤快之人不停劳作，不仅感觉不到冷，甚至还会出汗。

天没二日，人没二理。
t'ian²⁴ mu⁴² ər²¹³ z̩²¹³　zən⁴² mu⁴² ər²¹³ li⁵⁵
喻指人们判断是非美丑的标准是相通相近的。二：第二个。日：太阳。

天热人又闷，有雨不用问。
t'ian²⁴ z̩ə²⁴ zən⁴² iou²¹³ mən²¹³　iou⁵⁵⁻⁴² y⁵⁵ pu²⁴⁻⁴² yŋ²¹³ uən²¹³
指如果天气闷热，必定会下雨。

天上钩钩云，地上雨淋淋。
t'ian²⁴ ʂaŋ⁰ kou²⁴ kou⁰ yn⁴²　ti²¹³ ʂaŋ⁰ y⁵⁵ lin⁴² lin⁴²
指天空出现钩卷云，是下雨的先兆。钩钩云：钩卷云。

天上鲤鱼斑，明 ᴰ 个晒谷不用翻。
t'ian²⁴ ʂaŋ⁰ li⁵⁵ y⁰ pan²⁴　mɛ⁴² kə⁰ ʂai²¹³ ku²⁴ pu⁵⁵⁻⁴² yŋ²¹³ fan²⁴
指云彩如果呈鲤鱼的鳞片状，预示第二天艳阳高照。明 ᴰ 个：明天。

天上鳞片云，地上热死人。
t'ian²⁴ ʂaŋ⁰ lin⁴² p'ian²¹³ yn⁴²　ti²¹³ ʂaŋ⁰ z̩ə²⁴ s̩⁰ zən⁴²
指云彩如果呈鲤鱼的鳞片状，则天气炎热。

天上起了炮台云，不过三天雨淋淋。
t'ian²⁴ ʂaŋ⁰ tɕ'i⁵⁵ lə⁰ p'au²¹³ t'ai⁴² yn⁴²　pu²⁴⁻⁴² kuə²¹³ san²⁴ t'ian²⁴ y⁵⁵ lin⁴² lin⁴²
指天空出现炮台云，往往会有降雨。炮台云：堡状高积云。

天上扫帚云，三五天儿里雨淋淋。
t'ian²⁴ ʂaŋ⁰ sau²¹³ tʂ'ʉ⁰ yn⁴²　sau²⁴ u⁵⁵ t'ior²⁴ li⁰ y⁵⁵ lin⁴² lin⁴²
指天空出现扫帚云，三五日内会下雨。扫帚云：大雨即将来临时出现的一种积雨云。"扫帚"读音特殊。

天上下雨地下滑，自己跌倒 ᴰ 自己爬。
t'ian²⁴ ʂaŋ⁰ ɕia²¹³ y⁵⁵ ti²¹³ ɕia⁰ xua⁴²　ts̩²¹³ tɕi⁰ tiɛ²⁴ to⁵⁵ ts̩²¹³ tɕi⁰ p'a⁴²
指自己的困难和问题，只能靠自己去解决，不能指望别人。倒 ᴰ：倒了，动词变韵表完成义。

天上下雨地下流，小两口儿打架不记仇。
t'ian²⁴ ʂaŋ⁰ ɕia²¹³ y⁵⁵ ti²¹³ ɕia⁰ liou⁴²　ɕiau⁵⁵ liaŋ⁵⁵⁻⁴² k'ər⁵⁵ ta⁵⁵ tɕia²¹³ pu²⁴⁻⁴² tɕi²¹³ tʂ'ou⁴²
指夫妻之间闹别扭很快就会和好，不会相互记仇。

天塌下来有高个儿顶 ᴰ 嘞。
t'ian²⁴ t'a²⁴ ɕiɛ⁰ lai⁰ iou⁵⁵ kau²⁴ kɤr²¹³ tio⁵⁵ lɛ⁰

喻指再大的困难、再严重的事情，都会有相应的人承担，不必担惊受怕，不要杞人忧天。顶 ᴅ：顶着，动词变韵表持续义。又作：天塌下来有地接 ᴅ⁻⁰ 嘞。

天下文章一大抄，看你会抄不会抄。

tʻian²⁴ ɕia²¹³ uən⁴² tṣaŋ⁰ i²⁴⁼⁴² ta²¹³ tṣʻau²⁴ kʻan²¹³ ni⁰ xuei²¹³ tṣʻau²⁴ pu²⁴⁼⁴² xuei²¹³ tṣʻau²⁴

指写文章时，语句、结构、观点等可以借鉴，但要把握好分寸，要在借鉴的基础上有所创新，否则就是剽窃。抄：借鉴。

天想 ᴅ 变，一顿饭，寡妇心变没留恋。

tʻian²⁴ ɕiæŋ⁵⁵ pian²¹³ i²⁴⁼⁴² tuən²¹³ fan²¹³ kua⁵⁵ fu⁰ ɕin²⁴ pian²¹³ mu⁴² liou⁴² lian⁰

喻指寡妇想改嫁，谁也阻挡不了，就像天气骤变仅在一顿饭的工夫，谁也控制不了一样。想 ᴅ：动词变韵表加强肯定语气。

添七不添八，添八穷娘家；添七添九，两头都有。

tʻian²⁴ tɕʻi²⁴ pu²⁴ tʻian²⁴ pa²⁴ tʻian²⁴ pa²⁴ tɕʻyŋ⁴² niaŋ⁴² tɕia⁰ tʻian²⁴ tɕʻi²⁴ tʻian²⁴ tɕiou⁵⁵ liaŋ⁵⁵ tʻər⁴² tou²⁴ iou⁵⁵

指浚县城西南九流渡有"添仓庙会"①；按当地习俗，新婚媳妇儿在正月十七或十九要到庙里烧香，祈求神灵庇佑婆家娘家；但正月十八不能去烧香，否则会给娘家带来贫穷的厄运。

甜瓜不能生扭，姻缘不能强求。

tʻian⁴² kua⁰ pu²⁴ nəŋ⁴² ʂəŋ²⁴ niou⁵⁵ in²⁴ yan⁰ pu²⁴ nəŋ⁴² tɕʻiaŋ⁵⁵ tɕʻiou⁴²

喻指违背意愿而勉强结成的婚姻不会幸福，就像甜瓜没长熟就摘掉不会甜一样。生：不熟。扭：摘。

挑不干嘞井，用不完嘞力。

tʻiau²⁴ pu⁰ kan²⁴ nɛ⁰ tɕiŋ⁵⁵ yŋ²¹³ pu⁰ uan⁴² nɛ⁰ li²⁴

指人的力气是用不尽的，就像井里的水永远挑不竭一样；告诫世人要勤奋，不惜力气去劳作。又作：力气用不完，井水挑不干。

挑不干嘞井，置不完嘞钱。

tʻiau²⁴ pu⁰ kan²⁴ nɛ⁰ tɕiŋ⁵⁵ tʂʅ²¹³ pu⁰ uan⁴² nɛ⁰ tɕʻian⁴²

喻指人不可能把钱都挣到自己手里；劝人做事要适可而止。置：挣。

跳嘞高，板嘞重。

tʻiau²¹³ lɛ⁰ kau²⁴ pan⁵⁵ nɛ⁰ tṣuəŋ²¹³

---

① 见"彭赵官牛（高）雷郝侯，蒋 ᴅ 村街是老会头"条。

喻指权势越高，一旦失势，遭受的打击越大。也喻指不切实际地蛮干，必定是更大的失败。板：摔。

铁匠铺冒股烟，胜过木匠做一天。

tʻiɛ²⁴ tɕian⁰ pʻu²¹³ mau²¹³ kuº ian²⁴ ʂəŋ²¹³ kuoº mu²⁴ tɕian⁰ tsu i²⁴ tʻian²⁴

指打制铁器比做木工的速度快、利润高。

铁梁磨绣针，功到自然成。

tʻiɛ²⁴ liaŋ⁴² muə⁴² ɕiou²¹³ tʂən²⁴ kuəŋ²⁴ tau²¹³ tsʅ²¹³ ʐan⁵⁵ tʂʻəŋ⁴²

喻指只要肯下功夫，持之以恒，再难事都能做成。功：功夫。

铁驴铜骡ᶻ纸糊嘞马。

tʻiɛ²⁴ ly⁴² tʻuəŋ⁴² luau⁴² tʂʅ⁵⁵ xu²⁴ lɛ⁰ ma⁵⁵

指马、驴子和骡子三者相比，马最易生病、不好饲养，驴子次之，骡子的抗病能力最强。又作：铁打嘞驴骡纸糊嘞马。

听唱赶会，活似受罪。

tʻiŋ²⁴ tʂʻaŋ²¹³ kan⁵⁵ xuei²¹³ xuə⁴² sʅ²¹³ ʂou²¹³ tsuei²¹³

指在农村听戏、赶集，往往会（因路途较远）感觉比较疲累。

听过不胜见过，见过不胜干过。

tʻiŋ²⁴ kuə⁰ pu²⁴⁼⁴² ʂəŋ²¹³ tɕian²¹³ kuə⁰ tɕian²¹³ kuə⁰ pu²⁴⁼⁴² ʂəŋ²¹³ kan²¹³ kuə⁰

同"说一千，道一万，不胜实际干一干"。

听见风都是雨。

tʻiŋ²⁴ tɕian⁰ fəŋ²⁴ tou⁰ sʅ²¹³ y⁵⁵

喻指没有主见、轻信别人，道听途说的消息就信以为真，并竭力附和渲染。也喻指耐不住性子，迫不及待。都：就。

听见蝲蛄叫都不种庄稼了？

tʻiŋ²⁴ tɕian⁰ lɛ²⁴ kuº tɕiau²¹³ tou⁰ pu²⁴⁼⁴² tʂuəŋ²¹³ tʂuaŋ²⁴ tɕia⁰ lə⁰

本义指明明知道蝲蛄会咬，也不能为此而不种庄稼。喻指已经预料到会有困难和阻力，但事情还得继续做下去。

同行没同利。

tʻuəŋ⁴² xaŋ⁴² mu⁴² tʻuəŋ⁴² li²¹³

指做同样的买卖，由于信誉、经营方式、场所位置等不同，所获利润往往会有很大的差别。

同行是冤家。

tʻuəŋ⁴² xaŋ⁴² sʅ²¹³ yan²⁴ tɕia⁰

指做同行业，肯定会有竞争，就难免产生矛盾。

谚 语　　　　　　　　　　　　　　　317

偷□嘞针，摸□嘞线，眼上长个大厌眼。
tʻou²⁴ iæ⁰ lɛ⁰ tʂən²⁴　muə²⁴ iæ⁰ lɛ⁰ ɕian²¹³　ian⁵⁵ ʂaŋ⁰ tʂaŋ⁵⁵ kə⁰ ta²¹³ tɕyɛ⁴² ian⁰

指小偷小摸恶习不好；教育小孩子的戏谑语。厌眼：因用眼过度、上火等原因而在睑板腺或睫毛毛囊中长出的麦粒肿。

头遍苗，二遍草，三遍顺ᴰ垄跑。
tʻou⁴² pian²¹³ miau⁴²　ər²¹³ pian²¹³ tsʻau⁵⁵　san²⁴⁽⁴² pian²¹³ ʂuɛ²¹³ lyŋ⁵⁵ pʻau⁵⁵

指锄庄稼时，第一遍要注意间苗护苗，把扎堆的苗间开；第二遍主要是锄掉杂草，以保持苗的水土养分和通风透光；第三遍沿着垄为苗松土，锄掉稀疏的蒿草即可。垄：土埂。

头遍浅，二遍深，锄到三遍要封根。
tʻou⁴² pian²¹³ tɕʻian⁵⁵　ər²¹³ pian²¹³ tʂʻən²⁴　tʂʻu⁴² tau⁰ san²⁴⁽⁴² pian²¹³ iau²¹³ fəŋ²⁴ kən²⁴

指锄玉米时，第一遍浅锄，第二遍深锄，第三遍把土围垄到玉米根部。

头大耳朵儿宽，长大做大官。
tʻou⁴² ta²¹³ ər⁵⁵ torº kʻuan²⁴　tʂaŋ⁵⁵ ta²¹³ tsuə²¹³ ta²¹³ kuan²⁴

指脑袋大、耳朵大的男子有福气。

头都磕罢了，哪儿还在乎作那个揖嘞？
tʻou⁴² tou⁰ kʻə²⁴ pa²¹³ lɛ⁰　nɐr⁵⁵ xai⁴² tsai²¹³ xu⁰ tsuə²⁴ nə⁰ kə⁰ i²⁴ lɛ⁰

喻指已经付出了许多，无论结果如何，也不在乎最后的付出了。又作：头都磕罢了，哪儿还差那一拜嘞？

头发长，见识短。
tʻou⁴² fa⁰ tʂʻaŋ⁴²　tɕian²¹³ sʅ⁰ tuan⁵⁵

指女性没有眼光，见识短浅；含重男轻女的思想。

头伏凉快二伏热，三伏里头似打铁①。
tʻou⁴² fu⁴² lian⁴² kʻuai⁰ ər²¹³ fu⁴² ʐə²⁴　san²⁴ fu⁴² li⁰ tʻou⁰ sʅ²¹³ ta⁵⁵ tʻiɛ²⁴

指末伏是一年中最热的时节。三伏：末伏。

头伏萝卜二伏芥，三伏过后种白菜。
tʻou⁴² fu⁴² luə⁴² pu⁰ ər²¹³ fu⁴² tɕiɛ²¹³　san²⁴ fu⁴² kuə²¹³ xou²¹³ tʂuəŋ²¹³ pɛ⁴² tsʻai²¹³

指头伏适宜种萝卜，二伏适宜种芥菜，三伏前后适宜种白菜。

---

① 打铁：见"开过药铺打过铁，啥买卖都不热。"

头伏没雨二伏旱，三伏没雨一冬干。

tʻou⁴² fu⁴² mu⁴² y⁵⁵ ər²¹³ fu⁴² xan²¹³　san²⁴ fu⁴² mu⁴² y⁵⁵ i²⁴ tuəŋ²⁴ kan²⁴

指三伏时节不降雨，预示冬季会干旱。三伏：初伏、中伏和末伏的统称（公历 7 月中旬到 8 月中旬）。

头伏有雨二伏旱，三伏有雨吃饱饭。

tʻou⁴² fu⁴² iou⁵⁵ⁱ⁴² y⁵⁵ ər²¹³ fu⁴² xan²¹³　san²⁴ fu⁴² iou⁵⁵ⁱ⁴² y⁵⁵ tṣʻʅ²⁴ pau⁵⁵ fan²¹³

指头伏下雨、二伏干旱、三伏多雨，对庄稼生长有利。

头伏有雨，伏伏有雨。

tʻou⁴² fu⁴² iou⁵⁵ⁱ⁴² y⁵⁵　fu⁴² fu⁴² iou⁵⁵ⁱ⁴² y⁵⁵

指如果头伏下雨，二伏、三伏也会下雨。伏伏：每一伏。

头锅饺子二锅面。

tʻou⁴² kuə²⁴ tɕiau⁵⁵ tsʅ⁰ ər²¹³ kuə²⁴ mian²¹³

指在开水锅里煮饺子、面条时，第一遍煮出来的饺子口感最好，而面条则是第二遍煮出来的口感最好。头：第一。二：第二。

头回生，二回熟。

tʻou⁴² xuei⁴² ʂəŋ²⁴　ər²¹³ xuei⁴² ʂu⁴²

指人们互相交往的次数多了，自然就熟悉、就相互了解了。头回：第一回。生：陌生。熟：熟悉、了解。

头三脚难踢。

tʻou⁴² san²⁴ tɕyə²⁴ nan⁴² tʻi²⁴

喻指任何事情都是开头最难。头：表次序在前的。

秃 ᶻ⁻⁰ 护秃 ᶻ⁻⁰，瞎 ᶻ⁻⁰ 护瞎 ᶻ⁻⁰。

tʻu²⁴ xu²¹³ tʻu²⁴　ɕia²⁴ xu²¹³ ɕia²⁴

喻指犯同样过错、有同样毛病的人，往往相互理解、相互包庇。

图贱买老牛。

tʻu⁴² tɕian²¹³ mai⁵⁵ lau⁵⁵ ou⁴²

喻指贪图价格便宜就会买到次品、废品，买东西不能只图价格便宜。图：贪图。贱：便宜。"牛"读音特殊。

吐口唾沫都是钉。

tʻu⁵⁵ⁱ⁴² kʻou⁵⁵ tʻu²¹³ muə⁰ tou⁰ ʂʅ²¹³ tiŋ²⁴

喻指承诺一旦说出口，就一定会兑现，决不失信于人。

兔都不吃窝边儿草。

tʻu²¹³ tou⁰ pu²⁴ tṣʻʅ²⁴ uə²⁴ pior²⁴ tsʻau⁵⁵

喻指坏人一般不在自己家附近干坏事儿，不对熟人下黑手。

兔还有三天好时运嘞。

t'u²¹³ xai⁰ iou⁵⁵ san²⁴ t'ian²⁴ xau²¹³ ʂʅ⁴² yn²¹³ nɛ⁰

喻指很倒霉的人偶尔也会有好运气；骂人之语。时运：运气。

推车靠膀 ᶻ，唱戏靠嗓 ᶻ。

t'uei²⁴ tʂ'ɿ²⁴ k'au²¹³ pæŋ⁵⁵   tʂ'aŋ²¹³ ɕi²¹³ k'au²¹³ sæŋ⁵⁵

指推车主要靠肩膀的力气，唱戏主要看嗓音的优劣。

推小车儿不用学，只要屁股调嘞活。

t'uei²⁴ ɕiau⁵⁵ tʂ'ɿr²⁴ pu²⁴⁻⁴² yŋ²¹³ ɕyə⁴²   tʂʅ⁴² iau²¹³ p'i²¹³ ku⁰ tiau²¹³ lɛ⁰ xuə⁴²

指推独轮小推车，主要靠身体重心的转移来维持平衡。小车儿：独轮、木制小推车。

唾沫星能淹死 ᴰ 人。

t'u²¹³ muə⁰ ɕiŋ²⁴ nəŋ⁴² ian²¹³ sɿə⁰ zən⁴²

喻指流言蜚语能给人带来很大伤害。死 ᴰ：动词变韵表加强肯定语气。

W

洼地种高粱，家里多修仓。

ua²⁴ ti²¹³ tʂuəŋ²¹³ kau²⁴ liaŋ⁰   tɕia²⁴ li⁰ tuə²⁴ ɕiou²⁴ ts'aŋ²⁴

指地势低洼之地适宜种植高粱，因为高粱具有很强的耐涝性。

娃娃睡觉一摊泥，老人睡觉眨眼皮。

ua⁴² ua⁰ ʂei²¹³ tɕiau²¹³ i²⁴ t'an²⁴ ni⁴²   lau⁵⁵ zən⁴² ʂei²¹³ tɕiau²¹³ tʂa²⁴ ian⁵⁵ p'i⁴²

指小孩子的睡眠质量高，老年人的睡眠质量差。

瓦撂嘞再高，早晚有落地嘞时儿。

ua⁵⁵ liau²¹³ lɛ⁰ tsai²¹³ kau²⁴   tsau⁵⁵⁻⁴² uan⁵⁵ iou⁵⁵ luə²⁴ ti²¹³ lɛ⁰ ʂər⁴²

喻指再机密的事情，终究会有暴露之时。时儿：时候。

歪戴帽儿，狗材料儿。

uai²⁴ tai²¹³ mor²¹³   kou⁵⁵ ts'ai⁴² lior²¹³

指衣装不整、吊儿郎当的人，成不了大事。

歪地不打歪粮食。

uai²⁴ ti²¹³ pu²⁴ ta⁵⁵ uai²⁴ liaŋ⁴² ʂʅ⁰

指土地的走向、坡度等不会影响庄稼的产量。也指贫瘠的土地，只要精耕细作，照样会有好收成。

外行不识货，专拣 ᴰ 大嘞摸。

uai²¹³ xaŋ⁴² pu²⁴ ʂʅ⁴² xuə²¹³ tʂuan²⁴ tɕiæ⁵⁵ ta²¹³ lɛ⁰ muə²⁴

指外行买东西时不懂质量，往往认为大的就一定是好的。拣ᴰ：拣着，动词变韵表持续义。

外来嘞和尚会念经。

uai²¹³ lai⁴² lɛ⁰ xuə⁴² tʂʻæŋ⁰ xuei²¹³ nian²¹³ tɕiŋ²⁴

指人们往往认为外来的人比当地的人能干。"和尚"读音特殊。

外甥儿狗外甥儿狗，吃饱 ᴰ 都走。

uai²¹³ ʂər⁰ kou⁵⁵ uai²¹³ ʂər⁰ kou⁵⁵ tʂʻʅ²⁴ po⁵⁵ tou²⁴ tsou⁵⁵

同"姥姥亲外甥儿，坷垃地撵旋风儿"。外甥儿：外孙。饱ᴰ：饱了，形容词变韵表完成义。都：就。又作：外甥儿狗外甥儿狗，一擦嘴都走。

外甥儿是舅嘞耳□ᶻ架ᶻ。

uai²¹³ ʂər⁰ ʂʅ²¹³ tɕiou²¹³ lɛ⁰ ər⁵⁵ pæu²⁴ tɕiæu²¹³

指舅父可以理直气壮地打骂外甥儿，外甥儿也必须服从舅父的管教，正所谓"娘舅为大。" 耳□ᶻ：耳光。

外甥儿是姥娘家嘞狗，吃饱 ᴰ 都走。

uai²¹³ ʂər⁰ ʂʅ²¹³ lau⁵⁵ nian⁰ tɕia⁰ lɛ⁰ kou⁵⁵ tʂʻʅ²⁴ po⁵⁵ tou²⁴ tsou⁵⁵

同"外甥儿狗外甥儿狗，吃饱 ᴰ 都走"。

外甥儿似舅，不差一豆。

uai²¹³ ʂər⁰ ʂʅ²¹³ tɕiou²¹³ pu²⁴ tʂʻa²⁴ i²⁴⁼⁴² tou²¹³

指男孩子的容貌仿似舅舅，就像（同种）豆粒，相似度很高一样。

剜菜不剜菜，甭把篮ᶻ掉ᴰ。

uan²⁴ tsʻai²¹³ pu²⁴ uan²⁴ tsʻai²¹³ piŋ⁴² pa²¹³ læ⁴² tio²¹³

同"籴米不籴米，甭把布袋掉ᴰ。"

剜ᴰ篮ᶻ里ᴴ才是菜嘞。

uæ²⁴ læ⁴² liou⁰ tsʻai⁴² ʂʅ²¹³ tsʻai²¹³ lɛ⁰

喻指真正拿到手里的东西才是实实在在的收获。剜ᴰ：动词变韵表终点义，可替换为"剜到"。

玩儿婶不玩儿大娘。

uor⁴² ʂən⁵⁵ pu²⁴ uor⁴² ta²¹³ niaŋ⁰

指侄子辈可以跟婶母嬉闹，但不能跟伯母嬉闹。玩儿：嬉闹、开玩笑。

谚 语

晚上起黑云，必定有雨临。
uaŋ⁵⁵ ʂaŋ⁰ tɕ'i⁵⁵ xɛ²⁴ yn⁴² pi⁵⁵ tiŋ²¹³ iou⁵⁵⁻⁴² y⁵⁵ lin⁴²

指傍晚起了乌云，一定会下雨。

万事不能件件通，艺不在多而在精。
uan²¹³ ʂʅ²¹³ pu²⁴ nəŋ⁴² tɕian²¹³ tɕian²¹³ t'uəŋ²⁴　i²¹³ pu²⁴⁻⁴² tsai²¹³ tuə²⁴ ər⁵⁵ tsai²¹³ tɕiŋ²⁴

指人的精力有限，不可能事事兼顾；只要有一技之长，就能安身立命。艺：技艺。

万事儿开头儿难，末尾儿才知ᴴ易。
uan²¹³ ʂər²¹³ k'ai²⁴ t'ər⁴² nan⁴²　muə²⁴ iər⁵⁵ ts'ai⁴² tʂo²⁴ i²¹³

指做事情一开始往往都是最难的，真正做过了，才知道并非想象的那么难。末尾儿：末尾。前一个分句也可以单独用作谚语。

万丈高峰，脚多踩平。
uan²¹³ tʂaŋ²¹³ kau²⁴ fəŋ²⁴　tɕyə²⁴ tuə²⁴ ts'ai⁵⁵ p'iŋ⁴²

喻指人多力量大，只要万众一心，就没有做不成的事。

王八咬手死不丢。
uaŋ⁴² pa⁰ iau⁵⁵⁻⁴² ʂou⁵⁵ sʅ⁵⁵ pu⁰ tiou²⁴

本义指王八一旦咬住人的手指是不会轻易松开的。喻指小人难缠，被其抓住把柄难以解脱。王八：乌龟的俗称。

王八有钱坐上席，秀才没钱干着急。
uaŋ⁴² pa⁰ iou⁵⁵ tɕ'ian⁴² tsuə²¹³ ʂaŋ²¹³ ɕi⁴²　ɕiou²¹³ ts'ai⁰ mu⁴² tɕ'ian⁴² kan²⁴ tʂuə⁴² tɕi⁴²

指只要有钱，品行不佳的人也会被高看、被奉承；没有钱，即使很有才能也无人理会；含讥讽意味。又作：有钱嘞王八坐上席，没钱嘞秀才干着急。前一个分句也可以单独用作谚语。

王婆儿卖瓜，自卖自夸；卖到底，夸到家。
uaŋ⁴² p'or⁴² mai²¹³ kua²⁴　tsʅ²¹³ mai²¹³ tsʅ²¹³ k'ua²⁴　mai²¹³ tau⁰ ti⁵⁵　kua²⁴ tau⁰ tɕia²⁴

喻指人自我感觉良好，毫无原则地夸耀自己的东西或赞赏自己人。

王桥嘞豆腐井固嘞席，角场营嘞元宵窑头嘞梨。
uaŋ⁴² tɕ'iau⁰ lɛ⁰ tou²¹³ fu⁰ tɕiŋ⁵⁵ ku⁰ lɛ⁰ ɕi⁴²　tɕyə²⁴ tʂ'aŋ²⁴ iŋ⁴² lɛ⁰ yan⁴² ɕiau¹³ tɕiau²¹³ t'ou⁰ lɛ⁰ li⁴²

指王桥的豆腐、井固的席子、角场营的元宵、窑头的梨，在浚县都非常有名。王桥、井固、角场营、窑头均为行政村名。"窑"读音特殊。

望山跑死马。

uaŋ²¹³ ʂan²⁴ pʻau⁵⁵ sʅ⁰ ma⁵⁵

指山的距离看起来很近，实际上却很远。跑死：奔跑使累死。

卫河淹浚县，浚县淹小河①。

uei²¹³ xə⁴² ian²⁴ ɕyn²¹³ ɕian⁰　ɕyn²¹³ ɕian⁰ ian²⁴ ɕiau⁵⁵ xɤ⁰

指卫河如果发大水淹了浚县城，小河乡地势低洼，必定首当其冲。

为了一张嘴，跑断ᴅ两条腿。

uei²¹³ lə⁰ i²⁴ tʂaŋ²⁴ tsuei⁵⁵　pʻau⁵⁵ tuæ²¹³ liaŋ⁵⁵ tʻiau⁴² tʻuei⁵⁵

喻指为养家糊口而四处奔波。断ᴅ：断了，动词变韵表完成义。

未曾行兵，先瞧退路。

uei²¹³ tsʻəŋ⁴² ɕiŋ⁴² piŋ²⁴　ɕian²⁴ tɕʻiau⁴² tʻuei²¹³ lu²¹³

喻指事情开始之前，就要想好退路，以免不可收拾。

喂不熟嘞狗，撵不离嘞鸡ᶻ。

uei²¹³ pu²⁴ ʂu⁴² lɛ⁰ kou⁵⁵　nian⁵⁵ pu²⁴⁺⁴² li²¹³ lɛ⁰ tɕiːau²⁴

指给狗喂食，狗吃完以后仍会去找它的主人；而鸡则是只要有食物，撵都撵不走了。

喂猪养羊，本儿小利儿长。

uei²¹³ tʂʅ²⁴ iaŋ⁵⁵ iaŋ⁴²　pər⁵⁵⁺⁴² ɕiau⁵⁵ liər²¹³ tʂʻaŋ⁴²

指喂养猪羊不需要大本钱，且收益较好。本儿：本钱。

文戏靠嘴，武戏靠腿。

uən⁴² ɕi²¹³ kʻau²¹³ tsuei⁵⁵　u⁵⁵ ɕi²¹³ kʻau²¹³ tʻuei⁵⁵

指文戏主要以唱腔取胜，而武戏则主要以武打功夫取胜。

问遍百人，能通百事。

uən²¹³ pian²¹³ pɛ²⁴ zən⁴²　nəŋ⁴² tʻuəŋ²⁴ pɛ²⁴ sʅ²¹³

指虚心请教，能增长知识。通：了解、懂得。

我非得瞧瞧它是啥绿豆面丸子。

uə⁵⁵ fei²⁴ tɛ⁰ tɕʻiau⁴² tɕʻiau⁰ tʻa⁰ sʅ²¹³ ʂa⁵⁵ ly²⁴ tou⁰ mian⁰ uan⁴² tsʅ⁰

指一定要看清楚、必须弄明白究竟是什么物品。

我嘞今ᴅ个，都是你嘞明ᴅ个。

uə⁵⁵ lɛ⁰ tɕiɛ²⁴ kə⁰　tou⁰ sʅ⁰ ni⁵⁵ lɛ⁰ mɛ⁴² kə⁰

---

① 小河：浚县乡镇之一，位于县境南部偏东，东交滑县，南接新镇乡，西邻卫贤乡，北与白寺、城关乡毗连，面积102.79平方公里；历史上卫河泛滥频繁，地势低洼的小河乡深受其害。

指人与人最终会有一样的结果或下场；用于告诫世人不要嘲笑、嫌弃失意人，也用于告诫年轻人不嫌弃、虐待老年人。都：就。

乌鸦知ᴴ反哺，马都不欺母。
u²⁴ ia²⁴ tʂo²⁴ fan⁵⁵⁺⁴² pu⁵⁵　ma⁵⁵ tou⁰ pu²⁴ tɕ'i²⁴ mu⁵⁵
喻指人要孝敬自己的父母。知ᴴ："知道"的合音。

乌云挂金边，大雨两三天。
u²⁴ yn⁴² kua²¹³ tɕin²⁴ pian²⁴　ta²¹³ y⁵⁵ liaŋ⁵⁵⁺⁴² san⁰ t'ian²⁴
指如果出现乌云遮住太阳、太阳光从乌云边上透射出来的景象，预示大雨将至。

乌云拦东，不下雨也有风。
u²⁴ yn⁴² lan⁴² tuɔŋ²⁴　pu²⁴⁺⁴² ɕia²¹³ y⁵⁵ iɛ⁰ iou⁵⁵ fəŋ²⁴
指东边出现乌云，或下雨，或刮风。

乌云在东，有雨不凶；乌云在西，大路成溪。
u²⁴ yn⁴² tsai²¹³ tuəŋ²⁴　iou⁵⁵⁺⁴² y⁵⁵ pu²⁴ ɕyŋ²⁴　u²⁴ yn⁴² tsai²¹³ ɕi²⁴　ta²¹³ lu²¹³ tʂ'əŋ⁴² ɕi²⁴
指东边出现乌云，即使下雨也不会太大；西边出现乌云，则会下大雨。

屋里ᴴ说话，隔墙有耳。
u²⁴ liou⁰ ʂʮə²⁴ xua²¹³　kɛ²⁴ tɕ'iaŋ⁴² iou⁵⁵⁺⁴² ər⁵⁵
指即使秘密商量，别人也可能知道；用于劝人说话小心，以免泄露。

屋漏偏逢连阴雨。
u²⁴ lou²¹³ p'ian²⁴ fəŋ⁴² lian⁴² in⁰ y⁵⁵
喻指祸不单行，坏事连连。

无本儿难求利儿。
u⁴² pər⁵⁵ nan⁴² tɕ'iou⁴² liər²¹³
指做生意必须先下本钱，否则就不会有利润。喻指只有先付出，才会有回报。本儿：本钱。利儿：利润。

无官一身轻。
u⁴² kuan²⁴ i²⁴ ʂən²⁴ tɕ'iŋ²⁴
指离职或退休后，没有了公务的羁绊，心绪上就没有了压力。

无酒不成席。
u⁴² tɕiou⁵⁵ pu²⁴ tʂ'əŋ⁴² ɕi⁴²
指宴席离不了酒。

无商不奸。
u⁴² ʂaŋ²⁴ pu²⁴ tɕian²⁴

指凡商人都会为求利润而不择手段，都会有大大小小的欺诈行为。奸：欺诈。

五黄六月冻月娃儿。

u⁵⁵ xuaŋ⁰ liou²¹³ yɛ⁰ tuəŋ²¹³ yɛ²⁴ uɐr⁴²

指初生的婴儿夏天也要注意保暖，避免受凉。五黄六月：盛夏季节。月娃儿：也作"胎娃儿"，指出生未满一个月的孩子。

五黄六月跷脚，石冻腊月饿肚。

u⁵⁵ xuaŋ⁰ liou²¹³ yɛ⁰ tɕ'iau²⁴ tɕyə²⁴ ʂʅ⁴² tuəŋ⁰ la²⁴ yɛ⁰ ə²¹³ tu²¹³

喻指不劳动就不会有收获。五黄六月：指三夏农忙时节。跷脚：指不下地干农活。又作：五黄六月站一站，石冻腊月少顿饭。

五十一，添体己。

u⁵⁵ ʂʅ⁰ i²⁴ t'ian²⁴ t'i²⁴ tɕi⁰

指妇女五十一岁还能生孩子。添：生。体己：私房钱，这里指贴心人。

五月嘞草，似马跑。

u⁵⁵ yɛ⁰ lɛ⁰ ts'au⁵⁵ sʅ²¹³ ma⁵⁵⁻⁴² p'au⁵⁵

喻指农历五月气温较高，各类草木生长很快。

五月嘞苗ᶻ不怕旱，六月连阴吃饱饭。

u⁵⁵ yɛ⁰ lɛ⁰ miæu⁴² pu²⁴⁻⁴² p'a²¹³ xan²¹³ liou²¹³ yɛ⁰ lian⁴² in⁰ tʂ'ʅ²⁴ pau⁵⁵ fan²¹³

指农历五月是麦收、夏种的季节，不怕天气干旱；六月则是秋苗发芽、生长的时候，需要多雨保墒。又作：有钱难买五月旱，六月连阴吃饱饭。

五月南风发大水，六月南风干死鬼。

u⁵⁵ yɛ⁰ nan⁴² fəŋ²⁴ fa²⁴ ta²¹³ ʂuei⁵⁵ liou²¹³ yɛ⁰ nan⁴² fəŋ²⁴ kan²⁴ sʅ⁰ kuei⁵⁵

指农历五月刮南风会带来大雨，六月刮南风则带来干旱。又作：五月南风发大水，六月南风井底干。

X

西黑不过午。

ɕi²⁴ xɛ²⁴ pu²⁴⁻⁴² kuə²¹³ u⁵⁵

指西方天空出现黑云，很快就会降雨。午：中午。

稀巴肚穿ᴰ岔股，穿ᴰ袄露ᴰ屁股。

ɕi²⁴ pa⁰ tu²⁴ tʂ'uæ²⁴ tʂ'a²¹³ ku⁰ tʂ'uæ²⁴ au⁵⁵ lo²¹³ p'i²¹³ ku⁰

指生活困难时期，棉衣棉裤都是按非常节省布料的做法做的。岔股：

以两条裤腿为主、没有裤裆的棉裤。穿 ᴰ、露 ᴰ：动词变韵均表持续义，可分别替换为"穿着""露着"。

稀饭不支时儿。

ɕi²⁴ fan²¹³ pu²⁴ tʂɿ²⁴ sər⁴²

指喝稀饭不扛饥饿。支：撑。时儿：时间。

稀苗 ᶻ 结大穗儿，密植多打粮。

ɕi²⁴ miæu⁴² tɕie²⁴ ta²¹³ suər²¹³ mi²⁴ tʂɿ²⁴ tuə²⁴ ta⁵⁵ liaŋ⁴²

指庄稼苗稀疏结的穗子大，合理密植能多打粮食。

媳妇儿不过冬，过冬死公公。

ɕi⁴² fər⁰ pu²⁴⁼⁴² kuə²¹³ tuəŋ²⁴ kuə²¹³ tuəŋ²⁴ sɿ⁵⁵ kuəŋ²⁴ kuəŋ⁰

指儿媳妇不能在娘家过冬至，必须在婆家吃饺子，否则会给公爹带来厄运。冬：冬至。公公：公爹。

细水儿长流，吃穿不愁。

ɕi²¹³ ʂuər⁵⁵ tʂʻaŋ⁴² liou⁴² tʂʻɿ²⁴ tʂʻuan²⁴ pu²⁴ tʂʻou⁴²

指过日子要会精打细算。

虾米虽小，能过大海；秤锤虽小，能压千斤。

ɕia²⁴ mi⁰ suei²⁴ ɕiau⁵⁵ nəŋ⁴² kuə²¹³ ta²¹³ xai⁵⁵ tʂʻəŋ²¹³ tʂʻuei⁴² suei²⁴ ɕiau⁵⁵ nəŋ⁴² ia²⁴ tɕʻian²⁴ tɕin²⁴

喻指每个人或物都有无可替代的作用，不能盲目轻视、小看任何人。两个分句都可以单独用作谚语，意思与整句相同。

瞎猫碰 ᴰ 上个死老鼠。

ɕia²⁴ mau⁴² po²¹³ ʂaŋ⁰ kə⁰ sɿ⁵⁵ lau⁵⁵⁼⁴² ʂʅ⁰

喻指没有能力或不具备条件，却偶然凑巧，出乎意料地做成了某事。碰 ᴰ：动词变韵仅作为单趋式中的一个强制性形式成分，不表示实际意义。又作：瞎猫逮 ᴰ 个死老鼠。

瞎子好耳性。

ɕia²⁴ tsɿ⁰ xau⁵⁵⁼⁴² ər⁵⁵ ɕiŋ⁰

指盲人的耳朵都比较灵敏。

瞎子见 ᴰ 钱眼也开。

ɕia²⁴ tsɿ⁰ tɕiæ²¹³ tɕʻian⁴² ian⁵⁵ ie⁰ kʻai²⁴

喻指金钱具有巨大的诱惑力。见 ᴰ：见到，动词变韵表终点义。

下小猪儿不用记，仨月再加仨星期。

ɕia²¹³ ɕiau⁵⁵ tʂuər²⁴ pu²⁴⁼⁴² yŋ²¹³ tɕi²¹³ sa²⁴ yɛ²⁴ tsai²¹³ tɕia²⁴ sa²⁴ ɕiŋ²⁴ tɕʻi²⁴

指母猪从交配到产崽，大约需要一百一十天的时间。下：动物产崽。

下雪不冷化雪冷。

ɕia²¹³ ɕyɛ²⁴ pu²⁴ ləŋ⁵⁵ xua²¹³ ɕyɛ²⁴ ləŋ⁵⁵

指化雪时比下雪时感觉更冷。

下油锅也得占个补丁。

ɕia²¹³ iou⁴² kuə²⁴ iɛ⁰ tɛ⁰ tʂan²¹³ kə⁰ pu⁵⁵ tiŋ⁰

喻指人极端强势和自私，无论什么时候，都要占据上风、占住优势。

夏雾干燥春雾风，秋雾连阴冬雾晴。

ɕia²¹³ u²¹³ kan²⁴ tsau²¹³ tʂʻuən²⁴ u²¹³ fəŋ²⁴ tɕʻiou²⁴ u²¹³ lian⁴² in⁰ tuəŋ²⁴ u²¹³ tɕʻiŋ⁴²

指雾出现在不同的季节，天气状况不同。

夏至不种黑，种黑两不得。

ɕia²¹³ tʂʅ²¹³ pu²⁴⁻⁴² tʂuəŋ²¹³ xɛ²⁴ tʂuəŋ²¹³ xɛ²⁴ lian⁵⁵ pu²⁴ tɛ²⁴

指夏至时节不宜再种植黑豆（其播种时间应在5月15日至20日）；否则，既影响豆子收成，又会影响豆子收割以后的秋作物种植。黑：黑豆。

夏至谷长穗儿，白露豆结顶。

ɕia²¹³ tʂʅ²¹³ ku²⁴ tʂaŋ⁵⁵ suər²¹³ pɛ⁴² lu²¹³ tou²¹³ tɕiɛ²⁴ tiŋ⁵⁵

指夏至时节谷子开始抽穗；白露时节大豆正处于鼓粒期，即将成熟。

夏至棉花根儿边儿草，好比长虫趴上咬。

ɕia²¹³ tʂʅ²¹³ mian⁴² xua⁰ kər²⁴ pior²⁴ tsʻau⁵⁵ xau⁵⁵⁻⁴² pi⁵⁵ tʂʻaŋ⁴² tʂʻuəŋ⁰ pʻa²⁴ ʂaŋ⁰ iau⁵⁵

指夏至前后要及时给棉花锄草。长虫：蛇。

夏至前后，种花点豆。

ɕia²¹³ tʂʅ²¹³ tɕʻian⁴² xou²¹³ tʂuəŋ²¹³ xua²⁴ tian⁵⁵ tou²¹³

指夏至前后适宜播种棉花和豆子。点：播种。

夏至西南大雨到，夏至西北地皮干。

ɕia²¹³ tʂʅ²¹³ ɕi²⁴ nan⁴² ta²¹³ y⁵⁵ tau²¹³ ɕia²¹³ tʂʅ²¹³ ɕi²⁴ pei²⁴ ti²¹³ pʻi⁴² kan²⁴

指夏至前后，刮西南风会带来降雨，刮西北风则预示干旱。

先吃后不得，后吃饱到黑。

ɕian²⁴ tʂʻʅ²⁴ xou²¹³ pu²⁴ tɛ²⁴ xou²¹³ tʂʻʅ²⁴ pau⁵⁵ tau⁰ xɛ²⁴

指先吃有先吃的不利，后吃有后吃的优势。喻指把先机让给别人，不与别人争抢先后；多用作不争抢或争抢不得时的自我安慰。

先打"东"，输一坑；先打"南"，不输钱。

ɕian²⁴ ta⁵⁵ tuəŋ²⁴ ʐʅ²⁴ i⁰ kʻəŋ²⁴ ɕian²⁴ ta⁵⁵ nan⁴² pu²⁴ ʐʅ²⁴ tɕʻian⁴²

麻将术语。指玩麻将时第一张牌打"东"不吉利，而打"南"则会有好牌运。"输"读音特殊。

先到为君，后到为臣。
ɕian²⁴ tau²¹³ uei²¹³ tɕyn²⁴　xou²¹³ tau²¹³ uei²¹³ tʂʻən⁴²

喻指走在对手前面才能抢占先机，并最终取得胜利；而迟于别人就会陷于被动，甚至受制于人。

先叫后不改。
ɕian²⁴ tɕiau²¹³ xou²¹³ pu²⁴ kai⁵⁵

指血缘关系较远的亲属称谓，不因婚姻关系或新的朋友关系而改变。

先紧后松，越唱越不中；先松后紧，越唱越稳。
ɕian²⁴ tɕin⁵⁵ xou²¹³　suaŋ²⁴　yɛ²⁴ tʂʻaŋ²¹³ yɛ²⁴ pu²⁴ tʂuaŋ²⁴　ɕian²⁴ suaŋ²⁴ xou²¹³ tɕin⁵⁵　yɛ²⁴ tʂʻaŋ²¹³ yɛ²⁴ uan⁵⁵

指戏曲演员对声腔气息的控制影响着唱腔效果：先紧后松，就会越唱越不行；而先松后紧，才能越唱越好。

先开花儿，后结果。
ɕian²⁴ kʻai²⁴ xuɐr²⁴　xou²¹³ tɕiɛ²⁴ kuə⁵⁵

喻指女性孕育子女的顺序，第一胎是女儿，第二胎是儿子。

先来嘞吃肉，后来嘞喝汤。
ɕian²⁴ lai⁴² lɛ⁰ tʂʻʅ²⁴ zou²¹³　xou²¹³ lai⁴² lɛ⁰ xə²⁴ tʻaŋ²⁴

喻指要想成功，抢占先机很重要。

先虑败，后虑胜。
ɕian²⁴ ly²¹³ pai²¹³　xou²¹³ ly²¹³ ʂəŋ²¹³

指凡事都要事先做好最坏的打算，然后再考虑如何取得成功。

先死嘞为大。
ɕian²⁴ sʅ⁵⁵ lɛ⁰ uei²¹³ ta²¹³

指为死者办丧事的时候，平辈亲属或朋友，无论长幼，均暂尊死者为长，向其磕头作揖表示哀悼，以示尊重。也指死者是最尊贵的，为其办丧事的时候，其他事情都要让路。

先天不足，后天难补。
ɕian²⁴ tʻian²⁴ pu²⁴ tɕy²⁴　xou²¹³ tʻian²⁴ nan⁴² pu⁵⁵

本义指对于人和动物而言，先天的毛病，后天是难以医治的。喻指事情本身就存在问题或一开始就出现了纰漏，往往很难补救。

先喂一捆草，再饮吃嘞饱。
ɕian²⁴ uei²¹³ i²⁴ kʻuən⁵⁵⁻⁴² tsʻau⁵⁵　tsai²¹³ in²¹³ tʂʻʅ²⁴ lɛ⁰ pau⁵⁵

指喂养牲口，应先喂草，再让其饮水。饮：给牲畜水喝。

先下手为强，后下手遭殃。

ɕian²⁴ ɕia²¹³ ʂou⁵⁵ uei²¹³ tɕʻian⁴² xou²¹³ ɕia²¹³ ʂou⁵⁵ tsau²⁴ zaŋ²⁴

指先于别人出手可以掌握主动权，取得优势；而迟于别人就会陷于被动，难免吃亏。"殃"读音特殊。前一个分句也可以单独用作谚语，意思与整句相同。

先赢嘞是纸，后赢嘞是钱。

ɕian²⁴ zəŋ⁴² lɛ⁰ ʂʅ²¹³ tʂʅ⁵⁵ xou²¹³ zəŋ⁴² lɛ⁰ ʂʅ²¹³ tɕʻian⁴²

指牌局之始赢的钱还有可能输回去，即将结束时赢的钱才真正是自己的。前一分句可以单独用作谚语，意思与整句相同。又作：先赢不算赢。

闲人愁多，懒人病多。

ɕian⁴² zən⁴² tʂʻou⁴² tuə²⁴ lan⁵⁵ zən⁴² piŋ²¹³ tuə²⁴

指无所事事的人容易胡思乱想、多愁善感，懒惰的人一干活儿就会觉得不舒服。

闲时儿积攒急时儿用，临时挖井井不成。

ɕian⁴² ʂər⁴² tɕi²⁴ tsan⁵⁵ tɕi⁴² ʂər⁴² yŋ²¹³ lin⁴² ʂʅ⁴² ua²⁴ tɕiŋ⁵⁵ tɕiŋ⁵⁵ pu²⁴ tʂʻəŋ⁴²

喻指做事一定要提前准备，临时抱佛脚很难真正成功。

县官不如现管。

ɕian²¹³ kuan²⁴ pu²⁴ zu⁴² ɕian²¹³ kuan⁵⁵

指官职虽大，但具体负责的人更能有效解决实际问题；找上级领导解决问题，不如找直接经办人更有效。

相信眼睛比 ᴰ 相信耳朵儿强。

ɕiaŋ²¹³ ɕin²¹³ ian⁵⁵ tɕiŋ⁰ piɛ⁵⁵ ɕiaŋ²¹³ ɕin²¹³ ər⁵⁵ tor⁰ tɕʻiaŋ⁴²

指亲眼看见的往往比道听途说的更真实、更可靠。

响屁不臭，臭屁不响，出律屁臭一晌。

ɕiaŋ⁵⁵ pʻi²¹³ pu²⁴⁻⁴² tʂʻou²¹³ tʂʻou²¹³ pʻi²¹³ pu²⁴ ɕiaŋ⁵⁵ tʂʻu²⁴ ly⁰ pʻi²¹³ tʂʻou²¹³ i⁰ ʂaŋ⁵⁵

指响屁不太臭，臭屁反而不响；不太响的屁最臭。出律屁：持续时间较长的屁。

想 ᴰ 吃海鲜，都有人送虾皮。

ɕiæŋ⁵⁵ tʂʻʅ²⁴ xai⁵⁵ ɕian²⁴ tou²⁴ iou⁵⁵ zən⁴² suaŋ²¹³ ɕia²⁴ pʻi⁴²

喻指心想事成，遂心如愿。都：就。想 ᴰ：想着，动词变韵表持续义。

想 ᴰ 打狼，都不能怕狼咬。
ɕiæŋ⁵⁵ ta⁵⁵ laŋ⁴²　tou²⁴ pu²⁴ nəŋ⁴² p'a²¹³ laŋ⁴² iau⁵⁵

喻指有胆量做冒险的事，就不能害怕承担后果。都：就。想 ᴰ：想着，动词变韵表持续义。

想 ᴰ 叫风住，山川多栽树。
ɕiæŋ⁵⁵ tɕiau²¹³ fəŋ²⁴ tʂu²¹³　ʂan²⁴ tʂ'uan²⁴ tuə²⁴ tsai²⁴ ʂu²¹³

指栽树可以防风沙。想 ᴰ：动词变韵表加强肯定语气。

想 ᴰ 叫木头说话，得三冬三夏。
ɕiæŋ⁵⁵ tɕiau²¹³ mu²⁴ t'ou⁰ ʂuə²⁴ xua²¹³　tɛ²⁴ san²⁴ tuəŋ²⁴ san²⁴⁻⁴² ɕia²¹³

指要想成为一名合格的木匠，至少要跟师傅苦学三年。想 ᴰ：动词变韵表加强肯定语气。

想 ᴰ 叫小儿安，三分饥和寒。
ɕiæŋ⁵⁵ tɕiau²¹³ ɕiau⁵⁵ ər⁴² an²⁴　san²⁴ fən²⁴ tɕi²⁴ xə⁴² xan⁴²

指婴幼儿不能吃得太多、不宜穿得过暖，否则容易生病。想 ᴰ：动词变韵表加强肯定语气。

想 ᴰ 叫玉米大，不叫叶儿打架。
ɕiæŋ⁵⁵ tɕiau²¹³ y²¹³ mi⁵⁵ ta²¹³　pu²⁴⁻⁴² tɕiau²¹³ iɣr²⁴ ta⁵⁵ tɕia²¹³

指玉米种植的疏密程度以枝叶不相互缠绕为宜。大：穗子长。想 ᴰ：动词变韵表加强肯定语气。又作：想 ᴰ 叫玉米结，除非叶搭叶。

想 ᴰ 输钱，对儿来缠。
ɕiæŋ⁵⁵ ʐu²⁴ tɕ'ian⁴²　tuər²¹³ lai⁴² tʂ'an⁴²

麻将术语。指玩麻将时如果对子很多，尤其是拆掉一对又来一对甚至多对，往往预示输牌。想 ᴰ：动词变韵表加强肯定语气。

想 ᴰ 脱棉衣裳，树叶儿拍巴掌。
ɕiæŋ⁵⁵ t'uə²⁴ mian⁴² i²⁴ ʂaŋ⁰　ʂu²¹³ iɣr²⁴ p'ɛ²⁴ pa²⁴ tʂaŋ⁰

指初春季节乍暖还寒，树叶儿长到巴掌大小之时，天气才真正变暖。想 ᴰ：动词变韵表加强肯定语气。

想 ᴰ 知 ᴴ 山里 ᴴ 嘞事儿，得问打柴人。
ɕiæŋ⁵⁵ tʂo²⁴ ʂan²⁴ liou²⁴ lɛ⁰ ʂər²¹³　tɛ²⁴ uən²¹³ ta⁵⁵ tʂ'ai⁴² ʐən⁴²

喻指要真正了解某一领域的事情，必须去请教行家。想 ᴰ：动词变韵表加强肯定语气。知 ᴴ："知道"的合音。

相府嘞丫鬟七品官。
ɕiaŋ²¹³ fu⁵⁵ lɛ⁰ ia²⁴ xuan⁰ tɕ'i²⁴ p'in⁵⁵ kuan²⁴

旧指主子显贵，下人的地位也高。今喻指高官左右的人（如秘书、司机等），也具有一定的权力。

小材也可大用。

çiau⁵⁵ ts'ai⁴² iɛ⁵⁵ⁱ⁴² k'ə⁵⁵ ta²¹³ yŋ²¹³

指人的能力有大小高低之差别，但只要能让其充分发挥自身的特长和优势，资质平平、能力一般的人也能担当重任。

小孩儿见ᴰ娘，没事儿一场。

çiau⁵⁵ xor⁴² tçiæ²¹³ niaŋ⁴²　mu⁴² ʂər²¹³ i²⁴ tʂ'aŋ⁵⁵ⁱ⁴²

指小孩子在其他人面前都比较乖巧，而在自己的母亲面前则会因撒娇而哭闹。见ᴰ：见到，动词变韵表终点义。

小孩ᶻ不怕冷，酱缸不怕冻。

çiau⁵⁵ xɛau⁴² pu²⁴ⁱ⁴² p'a²¹³ ləŋ⁵⁵　tçiaŋ²¹³ kaŋ²⁴ pu²⁴ⁱ⁴² p'a²¹³ tuəŋ²¹³

指小孩子因好动而不怕天气寒冷，酱菜缸因过咸而不会结冰。

小孩ᶻ嘞年下，大人嘞难下。

çiau⁵⁵ xɛau⁴² lɛ⁰ nian⁴² çia⁰　ta²¹³ zən⁰ nɛ⁰ nan⁴² çia⁰

指生活困难年代，小孩子盼过年吃好饭穿新衣，而大人则在为过年而发愁作难。难下：难关；与"年下"谐音。

小孩ᶻ嘞屁股大人嘞脸。

çiau⁵⁵ xɛau⁴² lɛ⁰ p'i²¹³ ku⁰ ta²¹³ zən⁰ nɛ⁰ lian⁵⁵

指小孩子的屁股、成年人的脸，都比较耐寒。

小孩ᶻ没饥饱。

çiau⁵⁵ xɛau⁴² mu²⁴ tçi²⁴ pau⁵⁵

指小孩子不知道是饥是饱，吃饭往往无节制。

小孩ᶻ学走路，都得板骨碌。

çiau⁵⁵ xɛau⁴² çyə⁴² tsou⁵⁵ lu²¹³　tou²⁴ tɛ⁰ pan⁵⁵ ku²⁴ lu⁰

指小孩儿学走路时难免摔跤。喻指初学者或年轻人难免出岔子、犯错误。板骨碌：跌倒。

小老鼠儿爬房檐，一辈儿一辈儿往下传。

çiau⁵⁵ lau⁵⁵ⁱ⁴² ʂuər⁰ p'a⁴² faŋ⁴² ian⁴²　i²⁴ⁱ⁴² pər²¹³ i²⁴ⁱ⁴² pər²¹³ uaŋ⁵⁵ çia²¹³ tʂ'uan⁴²

喻指人的习性和品格会代代相传；多指长辈品行不端，晚辈定会效仿。

小麦不怕草，就怕坷垃咬。

çiau⁵⁵ mɛ²⁴ pu²⁴ⁱ⁴² p'a²¹³ ts'au⁵⁵　tçiou²¹³ p'a²¹³ k'ɛ⁵⁵ la⁰ iau⁵⁵

指杂草对小麦生长影响不大，而土地不平整对小麦生长极为不利，因此播种之前应对土地进行精耕细耙。

小麦锄三遍，抗旱又出面。

çiau⁵⁵ mɛ²⁴ tʂʻu⁴² san²⁴⁻⁴² pian²¹³ kʻaŋ²¹³ xan²¹³ iou²¹³ tʂʻʅ²⁴ mian²¹³

指冬小麦适宜多锄。出面：出面粉率高。

小麦锄三遍，籽儿饱皮儿薄多出面。

çiau⁵⁵ mɛ²⁴ tʂʻu⁴² san²⁴⁻⁴² pian²¹³ tsər⁵⁵⁻⁴² pau⁵⁵ pʻiər⁴² puə⁴² tuə²⁴ tʂʻʅ²⁴ mian²¹³

见"小麦锄三遍，抗旱又出面。"

小麦就怕年前旺，年前旺了不打粮。

çiau⁵⁵ mɛ²⁴ tou²¹³ pʻa²¹³ nian⁴² tçʻian⁴² uaŋ²¹³ nian⁴² tçʻian⁴² uaŋ²¹³ lə⁰ pu²⁴ ta⁵⁵ liaŋ⁴²

见"麦无二旺，冬旺春不旺。""就"读音特殊。

小麦屁股痒，越压越肯长。

çiau⁵⁵ mɛ²⁴ pʻi²¹³ ku⁰ iaŋ⁵⁵ yɛ²⁴ ia²⁴ yɛ²⁴ kʻən⁵⁵⁻⁴² tʂaŋ⁵⁵

指冬小麦在盘根分蘖期，如因播种过早、气温偏高等而出现"旺长"现象，就必须用砘碾压、让羊吃等方式来抑制其生长，以防止出现冻害，有利于小麦安全越冬。

小麦种晚 ᴅ 没冇头，油菜种早 ᴅ 没冇油。

çiau⁵⁵ mɛ²⁴ tʂuaŋ²¹³ uæ⁵⁵ mu⁴² mau⁰ tʻou⁴² iou⁴² tsʻai²¹³ tʂuaŋ²¹³ tso⁵⁵ mu⁴² mau⁰ iou⁴²

指小麦宜早种，种迟了不抽穗；油菜宜迟播，种早了不结籽。晚 ᴅ、早 ᴅ：形容词变韵均表完成义，可分别替换为"晚了""早了"。

小满见三新。

çiau⁵⁵⁻⁴² man⁰ tçian²¹³ san²⁴ çin²⁴

指小满时节，大麦、油菜、大蒜都成熟了。三新：指大麦、油菜、大蒜（亦说"三新"指大麦、油菜、蚕）。

小满三天望麦黄。

çiau⁵⁵⁻⁴² man⁰ san²⁴ tʻian²⁴ uaŋ²¹³ mɛ²⁴ xuaŋ⁴²

指小满过后，冬小麦即将成熟。

小满葚黑，芒种割麦。

çiau⁵⁵⁻⁴² man⁰ ʂən²¹³ xɛ²⁴ maŋ⁴² tʂuaŋ²¹³ kə²⁴ mɛ²⁴

指小满时节，桑葚成熟；而芒种则是收割麦子的时节。芒种：节气中的第 9 个（公历 6 月 6—7 日之间）。

小满十八天，不熟也得干。

çiau⁵⁵⁻⁴² man⁰ ʂʅ⁴² pa²⁴ tʻian²⁴ pu²⁴ ʂu⁴² iɛ⁰ tɛ⁰ kan²⁴

指小满过后十八天左右，麦秆开始干枯，预示小麦成熟。又作：小满十八天，生熟都要干。

小满十日中，十日不中到芒种，芒种不中一场空。

ɕiau⁵⁵⁻⁴² man⁰ ʂʅ⁴² zʅ²¹³ tʂuəŋ²⁴ ʂʅ⁴² zʅ²¹³ pu²⁴ tʂuəŋ²⁴ tau²¹³ maŋ⁴² tʂuəŋ²¹³ maŋ⁴² tʂuəŋ²¹³ pu²⁴ tʂuəŋ²⁴ i²⁴ tʂ'aŋ⁵⁵ k'uəŋ²⁴

指小麦在小满后十天左右成熟，最迟不超过芒种，否则就会大量减产。

小人记仇，君子感恩。

ɕiau⁵⁵ zən⁴² tɕi²¹³ tʂ'ou⁴² tɕyn²⁴ tsɿ⁵⁵ kan⁵⁵ ən²⁴

指小人只记住别人对自己的不周之处，所以常怀怨恨之情；而君子却只记住别人对自己的恩德，所以常怀感恩之心。

小生不胜大养活。

ɕiau⁵⁵ ʂəŋ²⁴ pu²⁴⁻⁴² ʂəŋ²¹³ ta²¹³ iaŋ⁵⁵ xuə⁰

指女人引产的痛苦会超过自然分娩。小生：指孕妇大月份引产等。大养活：指自然分娩。

小时儿偷针，长大偷金。

ɕiau⁵⁵ ʂər⁴² t'ou²⁴ tʂən²⁴ tʂaŋ⁵⁵ ta²¹³ t'ou²⁴ tɕin²⁴

指偷盗劣习往往都是由年幼时的小偷小摸养成的。小时儿：年幼时候。

小事儿怕不要脸嘞，大事儿怕不要命嘞。

ɕiau⁵⁵ ʂər²¹³ p'a²¹³ pu²⁴⁻⁴² iau²¹³ liɛn⁵⁵ nɛ⁰ ta²¹³ ʂər²¹³ p'a²¹³ pu²⁴⁻⁴² iau²¹³ miŋ²¹³ lɛ⁰

指人们都惧怕不顾脸面、不计后果的人，招惹这样的人会惹祸上身。

小手有钱花，大手搦镰把。

ɕiau⁵⁵⁻⁴² ʂou⁵⁵ iou⁵⁵ tɕ'ian⁴² xua²⁴ ta²¹³ ʂou⁵⁵ nuə²⁴ lian⁴² pa²¹³

指手掌较小的人比手掌大的人有福气。把：手柄。

小树儿不括不成材，小孩儿不打不成人。

ɕiau⁵⁵ ʂuər²¹³ pu²⁴ k'uə²⁴ pu²⁴ tʂ'əŋ⁴² ts'ai⁴² ɕiau⁵⁵ xor⁴² pu²⁴ ta⁵⁵ pu²⁴ tʂ'əŋ⁴² zən⁴²

指树苗不经过修剪长不成有用之材，小孩儿不打骂管教成不了品行端正的人。括：用斧子或刀把树上影响生长的枝条砍掉。又作：小树不括不成，小孩儿不打不行。

小心没大错儿。

ɕiau⁵⁵ ɕin²⁴ mu⁴² ta²¹³ ts'uɤr²¹³

指时时事事小心谨慎，就能避免出现差错。

小心驶得万年船。

ɕiau⁵⁵ ɕin²⁴ ʂʅ⁵⁵ tɛ⁰ uan²¹³ nian⁴² tʂʻuan⁴²

喻指做事小心谨慎不易出错，思虑周全才能长久发展下去。

小心无过头。

ɕiau⁵⁵ ɕin²⁴ u⁴² kuə²⁴ tʻou⁰

同"小心没大错儿"。过头：过失。

小杏儿塞住鼻ᶻ，种花点蜀黍。

ɕiau⁵⁵ ɕiər²¹³ sɛ²⁴ tʂʅ⁰ piːau⁴²　tʂuəŋ²¹³ xua²⁴ tian⁵⁵ ʂʅ⁴² ʂʅ⁰

指杏树的果实长到人的鼻孔大小的时候，正适宜种植棉花和玉米。点：播种。

小雪出萝卜，大雪搬白菜。

ɕiau⁵⁵ ɕyɛ²⁴ tʂʻʅ²⁴ luə⁴² pu⁰　ta²¹³ ɕyɛ²⁴ pan²⁴ pɛ⁴² tsʻai²¹³

指小雪节气要收萝卜，大雪节气要收白菜，以防遭受冻害。出：拔出。大雪：节气中的第 21 个（公历 12 月 7—8 日之间），标志着仲冬的开始。

小雪大雪不见雪，小麦大麦籽儿要瘪。

ɕiau⁵⁵ ɕyɛ²⁴ ta²¹³ ɕyɛ²⁴ pu²⁴⁻⁴² tɕian²¹³ ɕyɛ²⁴　ɕiau⁵⁵ mɛ²⁴ ta²¹³ mɛ²⁴ tsər⁵⁵ iau²¹³ piɛ⁵⁵

指如果小雪大雪时节不降雪，小麦大麦都会减产。瘪：籽粒不饱满。

小雪见晴天，雨雪到年边。

ɕiau⁵⁵ ɕyɛ²⁴ tɕian²¹³ tɕʻiŋ⁴² tʻian²⁴　y⁵⁵ ɕyɛ²⁴ tau²¹³ nian⁴² pian²⁴

指如果小雪时节天气晴朗，雨雪可能就会集中在春节前后。小雪：节气中的第 20 个（公历 11 月 22—23 日之间）。

小雪雪满天，来年是丰年。

ɕiau⁵⁵ ɕyɛ²⁴ ɕyɛ²⁴ man⁵⁵ tʻian²⁴　lai⁴² nian⁴² ʂʅ²¹³ fəŋ²⁴ nian⁴²

指小雪时节下大雪，预示庄稼会有好收成。

小眼儿蒙，打烧饼，打到脸上红通通。

ɕiau⁵⁵⁻⁴² ior⁵⁵ məŋ²⁴　ta⁵⁵ ʂau²⁴ piŋ⁰　ta⁵⁵ tau⁰ lian⁵⁵ ʂaŋ⁰ xuəŋ⁴² tʻuəŋ²⁴ tʻuəŋ²⁴

戏谑语，用于取笑小孩子的眼睛比较小。

小羊羔儿为吃奶先下一跪，丑乌鸦报它娘一百天恩。

ɕiau⁵⁵ iaŋ⁴² kor⁵⁵ uei²¹³ tʂʻʅ²⁴ nai⁵⁵ ɕian²⁴ ɕia²¹³ i²⁴⁻⁴² kuei²¹³ tʂʻou⁵⁵ u²⁴ ia²⁴ pau²¹³ tʻa⁰ niaŋ⁴² i²⁴ pɛ²⁴ tʻian²⁴ ən²⁴

指羊羔尚知跪乳、乌鸦尚知反哺，为人更应该孝敬父母。

小鱼儿掀不起ᴴ大浪，乌云遮不住太阳。

ɕiau⁵⁵ yɚ⁴² ɕian²⁴ pu⁰ tɕʻiai⁵⁵ ta²¹³ laŋ²¹³　u²⁴ yn⁴² tʂɚ²⁴ pu⁰ tʂu⁰ tʻai²¹³ iaŋ⁰

喻指小人物做不成大事，不会影响大局；邪恶只能横行一时，终究战胜不了正义。前后两个分句都可以单独用作谚语。

小ᶻ家拦月拦秀才，妮ᶻ家拦月拦祸害。

ɕiæu⁵⁵ tɕia⁰ lan⁴² yɛ²⁴ lan⁴² ɕiou²¹³ tsʻai⁰　ni:au²⁴ tɕia⁰ lan⁴² yɛ²⁴ lan⁴² xuə²¹³ xai⁰

指新生儿出生的时间，男婴向后稍拖有益，女婴则不宜后拖。小ᶻ：男孩子。妮ᶻ：女孩子。拦月：出生时间向后拖。

笑一笑十年少，愁一愁白了头。

ɕiau²¹³ i⁰ ɕiau²¹³ ʂʅ⁴² nian⁴² ʂau²¹³　tʂʻou⁴² i⁰ tʂʻou⁴² pɛ⁴² liau⁰ tʻou⁴²

喻指心情舒畅、乐观开朗的人越活越年轻，而忧郁寡欢、多愁善感的人容易衰老。

笑脏笑破不笑补。

ɕiau²¹³ tsaŋ²⁴ ɕiau²¹³ pʻuə²¹³ pu²⁴⁺⁴² ɕiau²¹³ pu⁵⁵

指人们会讥笑懒惰的人，但不会讥笑贫困的人。笑：讥笑。破：衣服上的破洞。补：衣服上的补丁。

歇透ᴰ不少干活，饿透ᴰ不少吃馍。

ɕiɛ²⁴ tʻo²¹³ pu²⁴ ʂau⁵⁵ kan²¹³ xuə⁴²　e²¹³ tʻo²¹³ pu²⁴ ʂau⁵⁵ tʂʅ²⁴ muə⁴²

指适当休息、养精蓄锐并不影响工作效率，过分忍饥挨饿并不一定能节省饭食。透ᴰ：透了，形容词变韵表完成义。

斜雨雨停快，直雨连阴天。

ɕiɛ⁴² y⁵⁵ y⁵⁵ tʻiŋ⁴² kʻuai²¹³　tsʅ⁴² y⁵⁵ lian⁴² in⁰ tʻian²⁴

指倾斜而下的雨持续时间比较短，垂直而下的雨持续时间比较长。

鞋合脚不合脚，只有□知道。

ɕiɛ⁴² xə⁴² tɕyə²⁴ pu²⁴ xə⁴² tɕyə²⁴　tsʅ²⁴ iou⁵⁵ tsɚ²¹³ tʂʅ⁴² tau⁰

喻指只有身处其中，才能有真正的体会；多用于指只有自己才真正了解自己的婚姻状况。□：自己。又作：鞋大鞋小脚知道。

囟门高灵巧巧，囟门低目糊曲。

ɕin²⁴ mən⁴² kau²⁴ liŋ⁴² tɕʻiau⁰ tɕʻiau⁵⁵⁺²⁴　ɕin²⁴ mən⁴² ti²⁴ mu²¹³ xu⁰ tɕʻy²⁴

指发际线高者聪明，发际线低者迟钝。囟门：额头。灵巧巧：聪明伶俐。目糊曲：呆傻愚笨。

心里ᴴ没底儿，说话没准儿。

ɕin²⁴ liou⁰ mu⁴² tiɚ⁵⁵　ʂuɑ²⁴ xua²¹³ mu⁴² tʂuɚ⁵⁵

指对事情认识不清、心中没有把握，说话就不靠谱。

心里 ᴴ 有底儿，说话有准儿。

ɕin²⁴ liou⁰ iou⁵⁵⁻⁴² tiər⁵⁵   ʂʯə²⁴ xua²¹³ iou⁵⁵⁻⁴² tʂuər⁵⁵

指心中有把握，话语确定、可信度高。

心强命不强，光落气嘞慌。

ɕin²⁴ tɕ'iaŋ⁴² miŋ²¹³ pu²⁴ tɕ'iaŋ⁴²   kuaŋ²⁴ luə²⁴ tɕ'i²¹³ lɛ⁰ xuaŋ⁰

指过于强势、心高气傲的人，容易生气。

新官儿上任三把火。

ɕin²⁴ kuor²⁴ ʂaŋ²¹³ zən²¹³ san²⁴ pa⁵⁵⁻⁴² xuə⁵⁵

喻指新任职的干部往往都想做几件引人注目的事。

新嘞记不住，老嘞忘不了。

ɕin²⁴ nɛ⁰ tɕi²¹³ pu²⁴⁻⁴² tʂʯ²¹³   lau⁵⁵ lɛ⁰ uaŋ²¹³ pu²⁴ liau⁵⁵

指老年人记忆力衰退，记不住新近发生的事，却也忘不掉陈年旧事。

新三年，旧三年，缝缝补补又三年。

ɕin²⁴ san²⁴ nian⁴²   tɕiou²¹³ san²⁴ nian⁴²   fəŋ⁴² fəŋ⁴² pu⁵⁵⁻⁴² pu⁵⁵ iou²¹³ san²⁴ nian⁴²

指生活贫困、缺吃少穿的年代，人们都格外珍惜衣物。

新媳妇儿不拜空。

ɕin²⁴ ɕi⁴² fər⁰ pu²⁴⁻⁴² pai²¹³ k'uaŋ²⁴

指结婚第一年，长辈必须给新娘压岁钱，否则不吉利。

新择嘞猪不喂糠，喂糠粘肠 ᶻ 不生长。

ɕin²⁴ tʂɛ⁴² lɛ⁰ tʂʯ²⁴ pu²⁴⁻⁴² uei²¹³ k'aŋ²⁴   uei²¹³ k'aŋ²⁴ tʂan²⁴ tʂ'æn⁴² pu²⁴ ʂəŋ²⁴ tʂaŋ⁵⁵

指刚阉割的猪不能喂糠。择猪：阉猪。

信神如神在，不信无妨碍。

ɕin²¹³ ʂən⁴² zʯ⁴² ʂən⁴² tsai²¹³   pu²⁴⁻⁴² ɕin²¹³ u⁴² faŋ⁵⁵ ai⁰

指信神则有，不信则无。又作：敬神如神在，不敬无妨碍。

星星稠，雨点儿流。

ɕiŋ²⁴ ɕiŋ⁰ tʂ'ou⁴²   y⁵⁵⁻⁴² tior⁵⁵ liou⁴²

指天空星星稠密，是雨兆。

星星圪挤眼，雨点儿离不远。

ɕiŋ²⁴ ɕiŋ⁰ kɛ²⁴ tɕi⁰ ian⁵⁵   y⁵⁵⁻⁴² tior⁵⁵ li²¹³ pu⁰ yan⁵⁵

指星星忽明忽暗、时隐时现，预示降雨。圪挤眼：眨眼。

星星光明必定晴，忽闪不定必有雨。

ɕiŋ²⁴ ɕiŋ⁰ kuaŋ²⁴ miŋ⁴² pi⁵⁵ tiŋ²¹³ tɕ'iŋ⁴²　xu²⁴ ʂan⁰ pu²⁴⁻⁴² tiŋ²¹³ pi⁵⁵ iou⁵⁵⁻⁴² y⁵⁵

指星星又明又亮，预示晴天；星星时隐时现，预示降雨。忽闪：忽明忽暗、时隐时现。

行好不见好，终究跑不了；作恶不见恶，终究跑不脱。

ɕiŋ⁴² xau⁵⁵ pu²⁴⁻⁴² tɕian²¹³ xau⁵⁵　tʂuəŋ²⁴ tɕiou⁰ p'au⁵⁵ pu⁰ liau⁰　tsuə²⁴ ə²⁴ pu²⁴⁻⁴² tɕian²¹³ ə²⁴　tʂuəŋ²⁴ tɕiou⁰ p'au⁵⁵ pu⁰ t'uə²⁴

指好人终有好报，恶人必遭报应；告诫世人要多行善、勿作恶。"行"读音特殊。

行为甭越轨，说话甭过头。

ɕiŋ⁴² uei⁰ piŋ⁴² yɛ²⁴ kuei²⁴　ʂʅə²⁴ xua²¹³ piŋ⁴² kuə²¹³ t'ou⁴²

指人不能有越轨之举动，不能说过分之言语。过头：过分、绝对。

行云逆风天气变。

ɕiŋ⁴² yn⁴² ni²¹³ fəŋ²⁴ t'ian²⁴ tɕ'i⁰ pian²¹³

指云移动的方向与风吹的方向相反，是阴雨的预兆。

性儿急吃不了热豆腐。

ɕier²¹³ tɕi⁴² tʂ'ʅ²⁴ pu⁰ liau⁰ ʐʅə²⁴ tou²¹³ fu⁰

喻指没有耐心就做不成事情。又作：性儿急吃不了热米饭。

兄弟好比鱼傍水，弟兄好比水傍鱼；鱼傍水，水傍鱼，二爹娘好比养鱼池。

ɕyŋ²⁴ ti²¹³ xau⁵⁵⁻⁴² pi⁵⁵ y⁴² paŋ²¹³ ʂuei⁵⁵　ti²¹³ ɕyŋ²⁴ xau⁵⁵⁻⁴² pi⁵⁵ ʂuei⁵⁵ paŋ²¹³ y⁴²　y⁴² paŋ²¹³ ʂuei⁵⁵　ʂuei⁵⁵ paŋ²¹³ y⁴²　ər²¹³ tiɛ²⁴ niaŋ⁴² xau⁵⁵⁻⁴² pi⁵⁵ iaŋ⁵⁵ y⁴² tʂ'ʅ⁴²

喻指父母庇佑子女，弟兄相帮相助，有利于家庭和睦、事业兴旺。

兄弟同心，其利断金。

ɕyŋ²⁴ ti²¹³ t'uəŋ⁴² ɕin²⁴　tɕi⁵⁵ li²¹³ tuan²¹³ tɕin²⁴

喻指只要弟兄一条心，就能应对一切对手，就能战胜一切困难。

秀才不怕衣裳破，就怕肚里ᴴ没有货。

ɕiou²¹³ ts'ai⁰ pu²⁴⁻⁴² p'a²¹³ i²⁴ ʂaŋ⁰ p'uə²¹³　tɕiou²¹³ p'a²¹³ tu²¹³ liou⁰ mu⁴² mau⁰ xuə²¹³

喻指贫困不可怕，怕的是没本领；只要有真才实学，就能改变处境。

许愿如欠债，到ᴰ时儿定要还。

ɕy⁵⁵ yan²¹³ ʐʅ⁴² tɕ'ian²¹³ tʂai²¹³　to²¹³ ʂər⁴² tiŋ²¹³ iau²¹³ xuan⁴²

指给别人的许下的承诺一定要兑现。到ᴰ：到了，动词变韵表完成义。

许 ᴰ 神神想 ᴰ，许 ᴰ 鬼鬼想 ᴰ。

ɕyɛ⁵⁵ ʂən⁴² ʂən⁴² ɕiæŋ⁵⁵　ɕyɛ⁵⁵⁻⁴² kuei⁵⁵ kuei⁵⁵⁻⁴² ɕiæŋ⁵⁵

喻指对别人有承诺，就给其留下了念想；告诫人们不要随意给人承诺，一旦许下承诺，就要兑现。许 ᴰ：许诺、承诺；动词变韵表完成义，可替换为"许了"。想 ᴰ：想着，动词变韵表持续义。

选日不如撞日。

ɕyan⁵⁵ ʐʅ²¹³ pu²⁴ ʐʅ⁴² tʂuaŋ²¹³ ʐʅ²¹³

指挑选好日子，不如赶上好日子。泛指万事万物顺其自然才是最好的。

学二话儿，长不大儿。

ɕyə⁴² ər²¹³ xuɐr²¹³　tʂaŋ⁵⁵ pu⁰ tɐr²¹³

指重复别人说过的话没意义；戏谑之语。二话儿：别人说过的话。

学好三年，学坏三天。

ɕyə⁴² xau⁵⁵ san²⁴ nian⁴²　ɕyə⁴² xuai²¹³ san²⁴ tʻian²⁴

指人要养成良好的品行不易，而恶习却很容易沾染。也指坏人变好人要经过长时间的修炼，而好人变坏人则可能是短时间甚至是一瞬间的事。

学好数理化，走遍天下都不怕。

ɕyə⁴² xau⁵⁵ ʂu²¹³ li⁵⁵ xua²¹³　tsou⁵⁵ pian²¹³ tʻian²⁴ ɕia⁰ tou²⁴ pu²⁴⁻⁴² pʻa²¹³

指学好数学、物理、化学三门课程，就等于掌握了最好、最高的技能；流行于 20 世纪五六十至八九十年代，反映了当时重理轻文的社会倾向。

学会了艺不压身。

ɕyə⁴² xuei²¹³ lə⁰ i²¹³ pu²⁴ ia²⁴ ʂən²⁴

指学会技艺不仅不会成为身体的负担，反而更有利于谋生。艺：技艺。

学问学问，连学带问。

ɕyə⁴² uən⁰ ɕyə⁴² uən⁰　lian⁴² ɕyə⁴² tai²¹³ uən²¹³

指勤学多问，能提高学习效率。又作：学问学问，又学又问。

学习没计划，盲人骑瞎马。

ɕyə⁴² ɕi⁰ mu⁴² tɕi²¹³ xua⁰　maŋ⁴² ʐən⁴² tɕʻi⁴² ɕia²⁴ ma⁵⁵

喻指如果没有明确的目标和计划，就会影响学习效率。

学习学习，学了得习。

ɕyə⁴² ɕi⁴² ɕyə⁴² ɕi⁴²　ɕyə⁴² liau⁰ tɛ²⁴ ɕi⁴²

指学知识或技能要时常复习，才能提高学习效率。

浚县城里好景致，真山真水在两边。

ɕyn²¹³ ɕian⁰ tʂʻəŋ⁴² li⁵⁵ xau⁵⁵⁻⁴² tɕiŋ⁵⁵ tʂʅ⁰　tʂən²⁴ ʂan²⁴ tʂən²⁴ ʂuei⁵⁵ tsai²¹³ liaŋ⁵⁵ pian²⁴

指浚县古城有大伾、浮丘两山相拥，有卫河环绕，景色优美。

浚县淹不淹，单看七下八上二十天。
ɕyn²¹³ ɕian⁰ ian²⁴ pu⁰ ian²⁴ tan²⁴ kʻan²¹³ tɕʻi²⁴⁴² ɕia²¹³ pa²⁴⁴² ʂaŋ²¹³ ər²¹³ ʂʅ⁰ tʻian²⁴

指历史上卫河浚县段多在农历七月下旬至八月上旬这二十天时间内决口成灾。七下：七月下旬。八上：八月上旬。

Y

□骑马，我骑驴，后头还有挑挑儿哩。
iæ⁴² tɕʻi⁴² ma⁵⁵ uə⁵⁵ tɕʻi⁴² ly⁴² xou²¹³ tʻou⁰ xai⁴² iou⁵⁵ tʻiau²⁴ tʻior²⁴ li⁰

喻指比上不足，比下有余。□：人家。

□烧香都烧ᴰ香炉里ᴴ了，我烧香都烧ᴰ牛屁股眼ᶻ里了。
iæ⁴² ʂau²⁴ ɕiaŋ²⁴ tou⁰ ʂo²⁴ ɕiaŋ²⁴ lu⁰ liou⁰ lə⁰ uə⁵⁵ ʂau²⁴ ɕiaŋ²⁴ tou⁰ ʂo²⁴ ou⁴² pʻi²¹³ ku⁰ iæ⁵⁵ liou⁰ lə⁰

指自己不如别人运气好，事事不顺心，自谑是因为烧香没有烧到正地方。烧ᴰ：动词变韵表终点义，可替换为"烧到"。

牙疼不算病，疼起ᴴ能要命。
ia⁴² tʻəŋ⁰ pu²⁴⁴² suan²¹³ piŋ²¹³ tʻəŋ⁴² tɕʻiai⁰ nəŋ⁴² iau²⁴ miŋ²¹³

指牙疼虽不是大病，但犯病时的痛苦却让人难以忍受。

烟酒不分家。
ian²⁴ tɕiou⁵⁵ pu²⁴ fən²⁴ tɕia²⁴

指对抽烟喝酒的人而言，烟酒不分彼此，可以共享。

淹柳旱槐。
ian²⁴ liou⁵⁵ xan²¹³ xuai⁴²

指柳树耐涝，槐树耐旱。

淹坡不淹坡①，瓮城会上定干戈。
ian²⁴ pʻuə²⁴ pu²⁴ ian²⁴ pʻuə²⁴ uəŋ²¹³ tʂʻəŋ⁰ xuei²¹³ ʂaŋ⁰ tiŋ²¹³ kan²⁴ kə⁰

指浚县西大坡会不会被水淹，瓮城集会那天（农历六月二十九）会见分晓。坡：同山坡，又称西大坡。瓮城：小河乡一行政村。定干戈：见分晓。

---

① 西大坡：指卫河以西、同山以东的坡洼地带；南自小河集至大碾一线，北接白寺坡，地跨小河、卫贤、白寺、城关5个乡镇，面积约40平方公里；因地势低洼，卫河决堤此片首当其冲、必定被淹。

淹是一条线，旱是一大片。

ian²⁴ ʂʅ²¹³ i²⁴ tʻiau⁴² ɕian²¹³　xan²¹³ ʂʅ²¹³ i²⁴⁺⁴² ta²¹³ pʻian²¹³

指洪涝时一般雨水集中在一个降雨带上，危害的是一条线；而干旱则往往涉及整个区域，受旱的是一大片；因此干旱比洪涝对农业的危害更大。

淹死嘞都是会水嘞。

ian²⁴ ʂʅ⁰ lɛ⁰ tou²⁴⁺⁴² ʂʅ²¹³ xuei²¹³ ʂuei⁵⁵ lɛ⁰

指淹死的都是会游泳的人，不会游泳的不敢下水，当然淹不死。喻指尽管在某些方面有经验，也难免会出意外；用于奉告人们要小心行事。

盐碱地三件儿宝：盐蒿 ᶻ、碱蓬、红荆条 ᶻ。

ian⁴² tɕian⁵⁵ ti²¹³ san²⁴⁺⁴² tɕior²¹³ pau⁵⁵　ian⁴² xæu²⁴　tɕian⁵⁵ pʻəŋ⁴² xuəŋ⁴² tɕiŋ²⁴ tʻiæu⁴²

指盐蒿、碱蓬和红荆条具有改良土壤、治理盐碱的作用，适宜在盐碱地种植。盐蒿 ᶻ：一年生草本，茎直立、圆柱形的盐生植物。碱蓬：高耐盐碱的野生植物，能够从盐碱地里吸取盐碱，还能固定土壤。红荆条 ᶻ：又名柽柳、红柳、好汉柏，适应性广，抗逆性强。

阎王爷不嫌鬼瘦。

ian⁴² uaŋ⁰ iɛ⁴² pu²⁴ ɕian⁴²⁺⁵⁵ kuei⁵⁵ ʂou²¹³

喻指人已十分窘迫，贪婪者仍不放弃从其身上捞取好处的机会。"嫌"无规则变调。

眼不见为净。

ian⁵⁵ pu²⁴⁺⁴² tɕian²¹³ uei²¹³ tɕiŋ²¹³

指食品即使不卫生，只要看不见制作过程，就认为它是卫生的；多用于怀疑食品不卫生时的自我安慰。喻指不想面对烦心事，只好撇开不管。

眼不见，心不烦。

ian⁵⁵ pu²⁴⁺⁴² tɕian²¹³　ɕin²⁴ pu²⁴ fan⁴²

指暂时无法解决的问题，只好采取回避的办法，以免影响自己的情绪。也指只要看不见，就不会为此操心或烦恼。

眼定珠儿还指不着嘞，能指着眼沾毛哇？

ian⁵⁵ tiŋ⁰ tʂuər²⁴ xai⁴² tʂʅ⁵⁵ pu⁰ tʂuo⁴² lɛ⁰　nəŋ⁴² tʂʅ⁵⁵ tʂuo⁰ ian⁵⁵ tʂan⁰ mau⁴² ua⁰

喻指最亲近的人还指望不上，更别说其他人了。眼定珠儿：眼珠。指：指望。着：用于动词之后表示达到目的或有了结果。眼沾毛：睫毛。

眼过千遍，不胜手过一遍。

ian⁵⁵ kuə²¹³ tɕʻian²⁴ pian²¹³　pu²⁴⁺⁴² ʂəŋ²¹³ ʂou⁵⁵ kuə²¹³ i²⁴⁺⁴² pian²¹³

同"说一千，道一万，不胜实际干一干"。

眼前吃亏，日久沾光。

ian^{55} tɕ'ian^{42} tʂ'ʅ^{24} k'uei^{24}　ʐʅ^{213} tɕiou^{55} tʂan^{24} kuaŋ^{24}

指虽然一时受到损失，日后也许会因此而得到好处。沾光：受益。

眼前富多养猪，长远富多栽树。

ian^{55} tɕ'ian^{42} fu^{213} tuə^{24} iaŋ^{55} tʂʅ^{24}　tʂ'aŋ^{42} yan^{55} fu^{213} tuə^{24} tsai^{24} ʂʅ^{213}

指养猪能带来短期效益，而栽树的效益却是长远的。

宴席好摆客难请。

ian^{213} ɕi^{42} xau$^{55|42}$ pai^{55} k'ɛ^{24} nan^{42} tɕ'iŋ^{55}

指摆宴席容易，而要请到合适的客人却不那么容易。喻指自己可控的事情容易做成，而做自己不可控的事情往往是有难度的。

雁不往北天不暖，雁不往南天不寒。

ian^{213} pu^{24} uaŋ^{55} pei^{24} t'ian^{24} pu^{24} nuan^{55}　ian^{213} pu^{24} uaŋ^{55} nan^{42} t'ian^{24} pu^{24} xan^{42}

指春天大雁北飞，预示北方天气变暖；秋天大雁南飞，预示北方天气渐寒。

燕雀高飞晴天到，低飞阴雨不用报。

ian^{213} tɕ'yə^{24} kau^{24} fei^{24} tɕ'iŋ^{42} t'ian^{24} tau^{213}　ti^{24} fei^{24} in^{24} y^{55} pu$^{24|42}$ yŋ^{213} pau^{213}

指燕雀高飞往往是晴天，低飞则预示阴雨。

燕子飞低蛇过道，牤牛大叫雨来到。

ian^{213} tsʅ^{0} fei^{24} ti^{24} ʂə^{42} kuə^{213} tau^{213}　maŋ^{24} ou^{0} ta^{213} tɕiau^{213} y^{55} lai^{42} tau^{213}

指燕子低飞、蛇出没、公牛叫唤，都是雨兆。牤牛：公牛；读音特殊。

燕子趴地蛇过道，蚂蚁搬家山戴帽，水缸穿裙蛤蟆叫，必定大雨到。

ian^{213} tsʅ^{0} p'a^{24} ti^{213} ʂə^{42} kuə^{213} tau^{213}　ma^{42} i^{0} pan^{24} tɕia^{24} ʂan^{24} tai^{213} mau^{213}　ʂuei^{55} kaŋ^{24} tʂ'uan^{24} tɕ'yn^{42} xɛ^{42} ma^{0} tɕiau^{213}　pi^{55} tiŋ^{213} ta^{213} y^{55} tau^{213}

指燕子低飞、蛇出没、蚂蚁结队、山头乌云缭绕、水缸发潮、蛤蟆叫唤，都是大雨的先兆。

燕子贴 $^{D-0}$ 地飞，出门儿带雨披。

ian^{213} tsʅ^{0} t'iɛ^{24} ti^{213} fei^{24}　tʂ'ʅ^{24} mər^{42} tai^{213} y^{55} p'ei^{24}

指燕子低飞，预示降雨。贴 $^{D-0}$：贴着，动词变韵表状态义。雨披：雨衣。

谚　语

燕 ^{Z-0} 来不过三月三。
iæn²¹³ lai⁴² pu²⁴⁻⁴² kuə²¹³ san²⁴ yɛ⁰ san²⁴

指农历三月初三前后，燕子陆续从南方飞回北方。

羊放十里跑，牛放十里倒。
iaŋ⁴² faŋ²¹³ ʂʅ⁴² li⁵⁵ pʻau⁵⁵　niou⁴² faŋ²¹³ ʂʅ⁴² li⁵⁵ tau⁵⁵

指羊适合放养，牛适合圈养。

羊毛出在羊身上。
iaŋ⁴² mau⁴² tʂʻʅ²⁴ tsai⁰ iaŋ⁴² ʂən²⁴ ʂaŋ⁰

喻指给予某人的利益，实际还是取自其自身，貌似得到了好处，实际并无收获。

阳坡麦子阴坡谷。
iaŋ⁴² pʻuə²⁴ mɛ²⁴ tsʅ⁰ in²⁴ pʻuə²⁴ ku²⁴

指阳坡土地适宜种麦子，阴坡土地适宜种谷子。阳坡：光照条件较好的土地。阴坡：光照条件较差的土地。

杨叶打哇哇，四十八天喝疙瘩。
iaŋ⁴² iɛ²⁴ ta⁵⁵ ua²⁴ ua⁰　sʅ²¹³ ʂʅ⁰ pa²⁴ tʻian²⁴ xɛ²⁴ kɛ²⁴ ta⁰

指杨树叶长到巴掌大小时，再过四十八天左右麦子就成熟了。打哇哇：杨树叶经风吹动，发出声响。疙瘩：白面疙瘩汤。又作：蛤蟆打哇哇，四十八天吃疙瘩。

仰脸求人，不如低头求土。
iaŋ⁴² lian⁵⁵ tɕʻiou⁴² zən⁴²　pu⁴² zʅ⁴² ti²⁴ tʻou⁴² tɕʻiou⁴² tʻu⁵⁵

喻指凡事不能总依靠别人，遇到困难要自己想办法解决。又作：抬头求人，不如低头求土。

养儿防老。
iaŋ⁵⁵ ər⁴² faŋ⁴² lau⁵⁵

指抚养子女是为了自己老有所依。

养儿离 ^D 娘不行，种地离 ^D 水不中。
iaŋ⁵⁵ ər⁴² liɛ²¹³ nian⁴² pu⁴² ɕiŋ⁴²　tʂuaŋ²¹³ ti²¹³ liɛ²¹³ ʂuei⁵⁵ pu²⁴ tʂuaŋ²⁴

指孩子成长离不开母亲，庄稼生长离不了水。离 ^D：动词变韵表完成义，可替换为"离了"。

养儿要好祖，种地得好土。
iaŋ⁵⁵ ər⁴² iau²¹³ xau⁵⁵⁻⁴² tsu⁵⁵　tʂuaŋ²¹³ ti²¹³ tɛ²⁴ xau⁵⁵⁻⁴² tʻu⁵⁵

喻指庄稼能否有好收成，土质很重要。

养猪不圈，利丢一半。

iaŋ⁵⁵ tʂʅ²⁴ pu²⁴⁻⁴² tɕyan²¹³ li²¹³ tiou²⁴ i²⁴⁻⁴² pan²¹³

指猪宜圈养，否则会有（少积粪肥等）损失。

痒得□₁挠，好得□₂夸。

iaŋ⁵⁵ tɛ²⁴ tsɚ²¹³ nau⁴² xau⁵⁵ tɛ²⁴ iæ⁴² kʻua²⁴

喻指自身的缺点要靠自己改正，不能指望别人；而自己的优点则要别人夸奖，不能自夸。□₁：自己。好：长处、优点。□₂：别人。

咬人嘞狗不叫，叫唤嘞狗不咬。

iau⁵⁵ zən⁴² nɛ⁰ kou⁵⁵ pu²⁴⁻⁴² tɕiau²¹³ tɕiau²¹³ xuan⁰ nɛ⁰ kou⁵⁵ pu²⁴ iau⁵⁵

喻指表面温和的阴险小人关键时刻会有害人之举，而惯于虚张声势的人却没有害人的能力。前一个分句也可以单独用作谚语。

药治不了假病，酒解不了真愁。

yə²⁴ tʂʅ²¹³ puº liauº tɕʻia⁵⁵ piŋ²¹³ tɕiou⁵⁵ tɕiɛ⁵⁵ puº liauº tʂən²⁴ tʂʻou⁴²

指借酒浇愁解决不了任何实际问题。

要吃高粱面，连拱带锄紧三遍。

iau²¹³ tʂʻʅ²⁴ kau²⁴ liaŋº mian²¹³ lian⁴² kuəŋ⁵⁵ tai²¹³ tʂʻu⁴² tɕin⁵⁵ san²⁴⁻⁴² pian²¹³

指高粱地多锄几遍，有利于丰产。

要吃面，泥里 ᴴ 串。

iau²¹³ tʂʻʅ²⁴ mian²¹³ ni⁴² liouº tʂʻuan²¹³

指要想多打粮食，就要在田里勤劳耕作。

要尺里 ᶻ 紧，不要寸里 ᶻ 紧；要月头儿紧，不要月底紧。

iau²¹³ tʂʻʅ²⁴ liouº tɕin⁵⁵ pu²⁴⁻⁴² iau²¹³ tsʻuən²¹³ liouº tɕin⁵⁵ iau²¹³ yɛ²⁴ tʻər⁴² tɕin⁵⁵ pu²⁴⁻⁴² iau²¹³ yɛ²⁴ ti⁵⁵ tɕin⁵⁵

同"囤尖儿省，吃不光；囤底儿省，闹饥荒"。

要叫地下水抬头，甭叫地上水白流。

iau²¹³ tɕiau²¹³ ti²¹³ ɕia²¹³ ʂuei⁵⁵ tʻai⁴² tʻou⁴² piŋ⁴² tɕiau²¹³ ti²¹³ ʂaŋ²¹³ ʂuei⁵⁵ pɛ⁴² liou⁴²

指要想保墒，就要趁有墒之时赶快锄地，不要让土壤里的水分白白蒸发掉。也指要想抬高地下水位，就要合理处置地表水。

要进官府，先把钱数；要想 ᴰ 不败，先把田卖。

iau²¹³ tɕin²¹³ kuan²⁴ fu⁵⁵ ɕian²¹³ pa²¹³ tɕʻian⁴² ʂu⁵⁵ iau²¹³ ɕiæn⁵⁵ pu²⁴⁻⁴² pai²¹³ ɕian²⁴ pa²¹³ tʻian⁴² mai²¹³

旧指官府腐败、贪赃枉法，老百姓想打赢官司就要付出巨大代价，甚至卖掉田地。想 ᴰ：动词变韵表加强肯定语气。

要说啥，都说啥，咱跟 ᴰ□说嘞不差啥。
iau²¹³ ʂʯə²⁴ ʂa⁵⁵　tou²⁴ ʂʯə²⁴ ʂa⁵⁵　tsan⁴² kɛ²⁴ iæ⁴² ʂʯə²⁴ lɛ⁰ pu²⁴ tʂ'a²⁴ ʂa⁰

指众口一词，人云亦云。□：别人。

要贤德，不要颜色。
iau²¹³ ɕian⁴² tɛ²⁴　pu²⁴⁻⁴² iau²¹³ ian⁴² ʂɛ⁰

指娶妻应当看其品行而不要注重容貌。颜色：容貌。又作：娶妻娶德不娶色。／择妻看贤德，不要图颜色。

要享福，得知足。
iau²¹³ ɕiaŋ⁵⁵⁻⁴² fu²⁴　tɛ²⁴ tʂʅ²⁴ tsu²⁴

指知足常乐。

要想公道，打个颠倒。
iau²¹³ ɕiaŋ⁵⁵ kuəŋ²⁴ tau⁰　ta⁵⁵ kə⁰ tian²⁴ tau⁰

指处理任何事情，只要能换位思考，就能做到公平合理。

要想 ᴰ不生病，锅碗瓢勺儿洗干净。
iau²¹³ ɕiæŋ⁵⁵ pu²⁴ ʂəŋ²⁴ piŋ²¹³　kuə²⁴ uan⁵⁵ p'iau⁴² ʂuər⁴² ɕi⁵⁵ kan²⁴ tɕiŋ⁰

指要想不生病，必须讲究饮食卫生，锅碗等炊具要清洗干净。想 ᴰ：动词变韵表加强肯定语气。

要想 ᴰ暖，椿树骨朵大如碗。
iau²¹³ ɕiæŋ⁵⁵⁻⁴² nuan⁵⁵　tʂ'uən²⁴ ʂʯ⁰ ku²⁴ tuə⁰ ta²¹³ zʅ⁴² uan⁵⁵

指春天椿树叶子长得如碗口大时，天气才真正暖和。椿树：落叶乔木，有香椿和臭椿之分。想 ᴰ：动词变韵表加强肯定语气。

要想 ᴰ俏，一身孝。
iau²¹³ ɕiæŋ⁵⁵ tɕ'iau²¹³　i²⁴ ʂən²⁴ ɕiau²¹³

指女性穿一身白色，更显靓丽、妩媚。想 ᴰ：动词变韵表加强肯定语气。孝：孝衣，代指白色。

要想 ᴰ穷，玩儿木龙。
iau²¹³ ɕiæŋ⁵⁵ tɕ'yŋ⁴²　uor⁴² mu²⁴ luəŋ⁴²

指旧时由于船体质量、行船技术等原因，卫河里行船风险很大，沉船溺水事故时有发生；钱挣得再多，只要行船出一次事故，就可能导致倾家荡产。木龙：木船。想 ᴰ：动词变韵表加强肯定语气。

要想 ᴰ庄稼长，粪筐 ᶻ不离膀 ᶻ。
iau²¹³ ɕiæŋ⁵⁵ tʂuan²⁴ tɕia⁰ tʂaŋ⁵⁵　fən²¹³ k'uæŋ²⁴ pu²⁴⁻⁴² li²¹³ pæŋ⁵⁵

指要想种好庄稼，必须多积肥。想 ᴰ：动词变韵表加强肯定语气。

夜不观色。

iɛ²¹³ pu²⁴ kuan²⁴ ʂɛ²⁴

指衣物的颜色，夜晚在灯下看与白天看差别很大，因此夜晚不宜审看衣物面料的色泽，否则容易误判。

夜路走多了，总会遇见鬼。

iɛ²¹³ lu²¹³ tsou⁵⁵ tuə⁵⁵ lə⁰　tsuəŋ⁵⁵ xuei²¹³ y²¹³ tɕian⁰ kuei⁵⁵

喻指坏事做多了，不可能事事侥幸，早晚会得到报应。

一白遮百丑。

i²⁴ pɛ⁴² tʂə²⁴ pɛ²⁴ tʂʻou⁵⁵

指人只要皮肤白，就能弥补、遮盖其他方面的缺陷。

一百口人乱当家。

i²⁴ pɛ²⁴ kʻou⁵⁵ zən⁴² luan²¹³ taŋ²⁴ tɕia²⁴

指众人意见不一、头绪纷乱，让人无所适从。

一百天不下雨，九十九天不搁节。

i²⁴ pɛ²⁴ tʻian²⁴ pu²⁴⁻⁴² ɕia²¹³ y⁵⁵　tɕiou⁵⁵ ʂʅ⁰ tɕiou⁵⁵ tʻian²⁴ pu²⁴ kə²⁴ tɕiɛ²⁴

指一百天内即使九十九天未下雨（仅有一天下雨），也可能给某些人带来不便，也会有人认为雨下得不是时候。喻指人的认识和看法不可能完全一致，众口难调，很难让所有人都满意。搁节：恰到好处、称心如意。

一饱忘百饥，饥了吃糠甜似蜜。

i²⁴ pau⁵⁵ uaŋ²¹³ pɛ²⁴ tɕi²⁴　tɕi²⁴ lə⁰ tʂʻʅ²⁴ kʻaŋ²⁴ tʻian⁴² sʅ²¹³ mi²⁴

同"饥了吃糠甜似蜜，饱了吃蜜也不甜"。

一报还一报。

i²⁴⁻⁴² pau²¹³ xuan⁴² i⁰ pau²¹³

指任何事情都有因果报应，做好事必得好报，做坏事必有恶报；多指只要做了伤害别人的事，早晚会受到同样的惩罚。报：报应。

一辈儿不管两辈儿嘞事儿。

i²⁴⁻⁴² pər²¹³ pu²⁴ kuan⁵⁵ liaŋ⁵⁵ pər²¹³ lɛ⁰ ʂər²¹³

同"隔辈儿不管人"。

一辈儿同学三辈儿亲。

i²⁴⁻⁴² pər²¹³ tʻuəŋ⁴² ɕyə⁴² san²⁴⁻⁴² pər²¹³ tɕʻin²⁴

指同学关系非常密切，能持续很久甚至几代人。

一辈儿修不成，两辈儿造不成。

i²⁴⁻⁴² pər²¹³ ɕiou²⁴ pu²⁴ tʂʻəŋ⁴²　liaŋ⁵⁵ pər²¹³ tsau²¹³ pu²⁴ tʂʻəŋ⁴²

指善恶报应不是短时间内造成的，而是几辈子日积月累的；教育世人要积德行善，为自己的子孙积福。

一笔写不出 ᴴ俩 x 字儿。

i²⁴ pei²⁴ ɕiɛ⁵⁵ pu⁰ tʂ'uai²⁴⁻⁵⁵ lia⁵⁵⁻⁴² x tsər⁰

指同姓氏的人，无论有没有血缘关系，都会有亲近感；多用于向同姓氏的人表明彼此互有缘分，不用客气。x：代姓氏。

一遍儿生，两遍儿熟，三遍儿都能当师傅。

i²⁴⁻⁴² piɔr²¹³ ʂən²⁴ liaŋ⁵⁵ piɔr²¹³ ʂu⁴² san²⁴⁻⁴² piɔr²¹³ tou²⁴ nən⁴² taŋ²⁴ ʂʅ²⁴ fu⁰

指学习技艺，勤学多练就能达到纯熟的程度，就能成为行家里手。生：不熟练。熟：熟练。都：就。又作：一回生，二回熟，三回都能当师傅。

一步错，步步错。

i²⁴⁻⁴² pu²¹³ ts'uə²¹³ pu²¹³ pu⁰ ts'uə²¹³

指关键一步出现差错和失误，就会使事情一直错下去，直至最终失败。

一步赶不上，步步赶不上。

i²⁴⁻⁴² pu²¹³ kan⁵⁵ pu²⁴⁻⁴² ʂaŋ²¹³ pu²¹³ pu²¹³ kan⁵⁵ pu²⁴⁻⁴² ʂaŋ²¹³

指错过关键的时机，就会处处落后，永远赶不上。

一场春雨一场暖，一场秋雨一场寒，十场秋雨穿 ᴰ上棉。

i²⁴ tʂ'aŋ⁵⁵ tʂ'uən²⁴ y⁵⁵ i²⁴ tʂ'aŋ⁵⁵⁻⁴² nuan⁵⁵ i²⁴ tʂ'aŋ⁵⁵ tɕ'iou²⁴ y⁵⁵ i²⁴ tʂ'aŋ⁵⁵ xan⁴² ʂʅ⁴² tʂ'aŋ⁵⁵ tɕ'iou²⁴ y⁵⁵ tʂ'uæ²⁴ ʂaŋ⁰ mian⁴²

指春天每下一场雨天气就会暖和一分，而秋天每下一场雨则会寒冷一分。穿 ᴰ：动词变韵仅作为单趋式中的一个强制性形式成分，不表实际意义。前两个分句都可以单独用作谚语。

一场秋雨一场凉。

i²⁴ tʂ'aŋ⁵⁵ tɕ'iou²⁴ y⁵⁵ i²⁴ tʂ'aŋ⁵⁵ liaŋ⁴²

指立秋之后的每一场雨都会增添一分寒意，天气越来越冷。

一尺不牢，百丈没用。

i²⁴ tʂ'ʅ²⁴ pu²⁴ lau⁴² pɛ²⁴ tʂaŋ²¹³ mu⁴² yŋ²¹³

本义指修建水渠时，一个小小的漏洞，就可能毁掉整个工程。喻指做任何事情，一个小小的失误，就可能造成全局失败。

一滴香，两滴光，三滴不香也不光。

i²⁴ ti²⁴ ɕiaŋ²⁴ liaŋ⁵⁵ ti²⁴ kuaŋ²⁴ san²⁴ ti²⁴ pu²⁴ ɕiaŋ²⁴ iɛ⁵⁵ pu²⁴ kuaŋ²⁴

指饭菜中的香油放得越少，感觉越香；推测应是生活贫困年代人们为舍不得多吃香油而找的借口。

一顿不开伙，两顿一般多。

i²⁴⁻⁴² tuən²¹³ pu²⁴ k'ai²⁴ xuə⁵⁵ liaŋ⁵⁵ tuən²¹³ i²⁴ pan²⁴⁻⁵⁵ tuə²⁴

指人一顿不吃饭，下一顿就会多吃，饭量与两顿饭一样。一般：一样。

一顿吃伤，十顿来养。

i$^{24|42}$ tuən^{213} tʂʻʅ^{24} ʂaŋ^{24}　ʂʅ^{42} tuən^{213} lai^{42} iaŋ^{55}

指多吃伤到胃，需要好长时间来调养。又作：一顿吃伤，十顿喝汤。

一分价钱一分货，十分价钱买不错。

i^{24} fən^{24} tɕia^{213} tɕʻian^{0} i^{24} fən^{24} xuə^{213}　ʂʅ^{42} fən^{24} tɕia^{213} tɕʻian^{0} mai^{55} pu$^{24|42}$ tsʻuə^{213}

指商品是按质论价的，不同的价钱买不同等级的货物；价钱越高，货物质量越好，正所谓"货真价实"。

一分钱憋死 ^{D} 英雄汉。

i^{24} fən^{24} tɕʻian^{42} piɛ^{24} sʅə^{0} iŋ^{24} ɕyŋ^{0} xan^{213}

喻指没有经济实力、不具备某种条件，即使很有能耐，面对问题也只能束手无策。死 ^{D}：动词变韵表加强肯定语气。又作：一分钱难倒英雄汉。

一个巴掌儿拍不响。

i$^{24|42}$ kə^{0} pa^{24} tʂɐr^{0} pʻɛ^{24} pu^{24} ɕiaŋ^{55}

喻指双方产生矛盾纠纷，责任不单单在一方，双方肯定都有责任。

一个槽上拴不住俩叫驴。

i$^{24|42}$ kə^{0} tsʻau^{42} ʂaŋ^{24} ʂuan^{24} pu^{0} tʂʻʅ^{0} lia^{55} tɕiau^{213} ly^{0}

喻指两个强势的人，很难在一起共事。槽：石头或水泥制成的、用以给牲畜盛食料的器具。叫驴：公驴。

一个地渣儿嘞水土，养一个地渣儿嘞人。

i$^{24|42}$ kə^{0} ti^{213} tʂɐr^{0} lɛ^{0} ʂuei$^{55|42}$ tʻu^{55}　iaŋ^{55} i$^{24|42}$ kə^{0} ti^{213} tʂɐr^{0} lɛ^{0} zən^{42}

指不同地域的自然资源养育不同地域的人。也指地域不同，风俗、习惯等都会有所不同。地渣儿：地方。又作：哪个地渣儿嘞水土，养哪个地渣儿嘞人。

一个斗穷，俩斗富，仨斗卖豆腐。

i$^{24|42}$ kə^{0} tou^{55} tɕʻyŋ^{42}　lia$^{55|42}$ tou^{55} fu^{213}　sa^{24} tou^{55} mai^{213} tou^{213} fu^{0}

指十指指纹中有两个"涡纺"的人命运最好。斗：涡纺，呈同心圆或螺旋纹的指纹。

一个闺女三辈儿害，到 ^{D} 老还得摆桌菜。

i$^{24|42}$ kə^{0} kuei^{24} ny^{0} san$^{24|42}$ pər^{213} xai^{213}　to^{213} lau^{55} xai^{42} tɛ^{0} pai^{55} tʂuə^{24} tsʻai^{213}

指一个女子会给娘家三代人（父母辈、兄弟辈和侄子辈）带来麻烦和负担；旧时男尊女卑观念的反映，今多用作戏谑语。害：负担。到 ᴰ：到了，动词变韵表完成义。老：去世。摆桌菜：指摆供品、参加祭奠仪式。

一个孩 ᶻ，半个庄稼。

i²⁴⁺⁴² kə⁰ xɛau⁴² pan²¹³ kə⁰ tʂuaŋ²⁴ tɕia⁰

指照看孩子是非常耗费气力的活儿。庄稼：指庄稼人。

一个孩 ᶻ 一股肠 ᶻ。

i²⁴⁺⁴² kə⁰ xɛau⁴² i²⁴ ku⁵⁵ tʂˋæŋ⁴²

喻指每一个孩子都是父母的责任，都会让父母牵肠挂肚。

一个和尚一本儿经。

i²⁴⁺⁴² kə⁰ xuə⁴² tʂˋæŋ⁴² i²⁴ pər⁵⁵ tɕiŋ²⁴

喻指同样的事情，不同人会有不同的认识和做法。泛指人各有不同的处世方式。

一个将军一道令，一朝天子一朝臣。

i²⁴⁺⁴² kə⁰ tɕiaŋ²⁴ tɕyn⁰ i²⁴⁺⁴² tau²¹³ liŋ²¹³ i²⁴ tʂˋau⁴² tˋian²⁴ tsʅ⁵⁵ i²⁴ tʂˋau⁴² tʂˋən⁴²

旧指当权者都有自己的亲信，当权者变动，其下属也相应变动。今喻指领导的升迁或调离，往往会影响到其下属的去留。

一个老鸹一个枝 ᶻ。

i²⁴⁺⁴² kə⁰ lau⁵⁵⁺⁴² kua⁰ i²⁴⁺⁴² kə⁰ tʂʅau²⁴

喻指弟兄分家之后各过各的时光，互不干扰。老鸹：乌鸦。

一个老鼠屎，黷坏 ᴰ 一锅汤。

i²⁴⁺⁴² kə⁰ lau²⁴⁺⁴² ʂʅ⁴² ʂʅ⁵⁵ tʂan⁵⁵ xuɛ²¹³ i²⁴ kuə²⁴ tˋaŋ²⁴

指一点点不好的东西就会殃及整体。喻指一个人品行不端，会连累其周围与之有关系的人。黷：污染。坏 ᴰ：坏了，形容词变韵表完成义。

一个萝卜一个窑儿。

i²⁴⁺⁴² kə⁰ luə⁴² pu⁰ i²⁴⁺⁴² kə⁰ ior⁴²

喻指每个人都有自己相应的岗位，没有多余的位置，其他人难以进入。窑儿：小坑儿。又作：一个萝卜一个坑儿。

一个女婿半个儿。

i²⁴⁺⁴² kə⁰ ny⁵⁵ ɕy⁰ pan²¹³ kə⁰ ər⁴²

指女婿虽不能像儿子一样顶门立户，但也能承担家庭的责任，也能为岳父母养老送终。女婿：女儿的丈夫。

一个旋好，俩旋坏，仨旋四 ᴴ 旋死嘞快。

i²⁴⁺⁴² kə⁰ tɕˋyan⁴² xau⁵⁵ lia⁵⁵ tɕˋyan⁴² xuai²¹³ sa²⁴ tɕˋyan⁴² sʅə²¹³ tɕ'yan⁴² sʅ⁵⁵ lɛ⁰ k'uai²¹³

指人只有一个头旋最好，头旋越多越不吉利。旋：毛发呈旋涡状的地方；读音特殊。四 ᴴ："四个"的合音。

一个人抱 ᴰ，俩人戳 ᴰ⁻⁰，耽搁仨人不做活。

i²⁴⁻⁴² kə⁰ zən⁴² puə²¹³   lia⁵⁵ zən⁴² tʂ'uə⁴²   taŋ²⁴ kə⁰ sa²⁴ zən⁴² pu²⁴⁻⁴² tsu²¹³ xuə⁴²

指孩子一人抱着，另两人逗着玩；泛指孩子是宝，全家人都围着孩子转。抱 ᴰ、戳 ᴰ⁻⁰：动词变韵均表持续义，可分别替换为"抱着""戳着"。戳：引逗。"耽"读音特殊。

一个人一个秉性。

i²⁴⁻⁴² kə⁰ zən⁴² i²⁴⁻⁴² kə⁰ piŋ⁵⁵ ɕiŋ⁰

指人各有不同的性格和脾气。又作：一个人一个性儿。

一个人一个性儿，一个麦籽儿一道缝儿。

i²⁴⁻⁴² kə⁰ zən⁴² i²⁴⁻⁴² kə⁰ ɕiər²¹³   i²⁴⁻⁴² kə⁰ mɛ²⁴ tsər⁵⁵ i²⁴⁻⁴² tau²¹³ fər²¹³

同"一个人一个秉性"。

一个是铁，一个是钢，叮叮当当过时光。

i²⁴⁻⁴² kə⁰ sʅ²¹³ t'iɛ²⁴   i²⁴⁻⁴² kə⁰ sʅ²¹³ kaŋ²⁴   tiŋ²⁴ tiŋ⁰ taŋ²⁴ taŋ⁰ kuə²¹³ sʅ⁴²⁻²¹³ kuaŋ²⁴

喻指夫妻双方都比较强势，吵吵闹闹过日子。"时"无规则变调。

一个鞋，衬半截。

i²⁴⁻⁴² kə⁰ ɕiɛ⁴²   tʂ'ən²¹³ pan²¹³ tɕiɛ⁴²

指一双好鞋，能对人的衣饰装扮起到很好的衬托作用。

一个鞋，矮半截。

i²⁴⁻⁴² kə⁰ ɕiɛ⁴²   ai⁵⁵ pan²¹³ tɕiɛ⁴²

指衣装再好，没有一双好鞋与之相配，整体装扮效果就会大打折扣。又作：有衣没鞋矮半截。

一个月仨生儿，金地银珠儿。

i²⁴⁻⁴² kə⁰ ye²⁴ sa²⁴ ʂər²⁴   tɕin²⁴ ti²¹³ in⁴² tʂuər²⁴

指父母子女一家人，其中有三个人（及以上）都在农历的一个月之内过生日，这个家庭会有好运气。生儿：生日。

一恨十年旺，神鬼都不傍。

i²⁴⁻⁴² xən²¹³ sʅ⁴² nian⁴² uaŋ²¹³   ʂən⁴² kuei⁵⁵ tou²⁴ pu²⁴⁻⁴² paŋ²¹³

指别人越诅咒，身体、运气反而越好；用以说明丝毫不要在意、不要惧怕别人的诋毁和诅咒。恨：诅咒。前一分句也可以单独用作谚语，意思与整句相同。又作：一恨十年旺，气死老阎王。

一回被蛇咬，十年怕井绳。

i^{24} xuei^{42} pei^{213} ʂʅ^{42} iau^{55} ʂʅ^{42} nian^{42} p'a^{213} tɕiŋ^{55} ʂəŋ^{0}

喻指经历一次挫折，人就会变得胆小怕事。

一家女，百家 ^{Z} 问。

i^{24} tɕia^{24} ny^{55} pɛ^{24} tɕiæu^{24} uən^{213}

指女孩子到了谈婚论嫁的年龄，会有许多人登门提亲。

一家人不说两家话。

i^{24} tɕia^{24} zən^{42} pu^{24} ʂuə^{24} liaŋ^{55} tɕia^{24} xua^{213}

指关系亲近的人，说话不用客气。

一家向一家，笋头向粪叉。

i^{24} tɕia^{24} ɕiaŋ^{213} i^{24} tɕia^{24} luə^{42} tou^{0} ɕiaŋ^{213} fən^{213} tʂ'a^{24}

喻指自己人往往相互偏袒。向：偏袒。笋头：笋筐、粪筐。

一家 ^{Z} 不够，百家 ^{Z} 来凑。

i^{24} tɕiæu^{24} pu$^{24|42}$ kou^{213} pɛ^{24} tɕiæu^{24} lai^{42} ts'ou^{213}

指一家有了困难，大家共同努力、互帮互助，定能战胜困难。又作：一家 ^{Z} 不够，百家 ^{Z} 相凑。

一家 ^{Z} 省一两，万家 ^{Z} 堆满仓。

i^{24} tɕiæu^{24} ʂəŋ^{55} i^{24} liaŋ^{55} uan^{213} tɕiæu^{24} tsuei^{24} man^{55} ts'aŋ^{24}

指节约无小事，只要家家户户都节约，就能积少成多。堆：堆积。

一节三不集。

i^{24} tɕiɛ^{24} san^{24} pu^{24} tɕi^{42}

指过一个节日，家家户户都会囤积许多东西，短时间内不用再买，因此就开不成集市。节：节日。集：集市。

一蹶屁股都知 ^{H} 他屙啥屎嘞。

i^{24} tɕyɛ^{24} p'i^{213} ku^{0} tou^{0} tʂo^{24} t'a^{0} ə^{24} ʂa$^{55|42}$ ʂʅ^{55} lɛ^{0}

喻指对某人十分了解，从其点滴言行中就能猜测到其意图；含贬义。又作：一撅尾巴儿都知 ^{H} 他屙啥屎嘞。

一俊遮百丑。

i$^{24|42}$ tɕyn^{213} tʂʅ^{24} pɛ^{24} tʂ'ou^{55}

喻指一件好事所产生的效果，能掩盖其他许多事所产生的负面影响。

一棵红薯一把灰，红薯结成一大堆。

i^{24} k'uə^{24} xuəŋ^{42} ʂʅ^{0} i^{24} pa^{55} xuei^{24} xuəŋ^{42} ʂʅ^{0} tɕiɛ^{24} tʂ'əŋ^{0} i$^{24|42}$ ta^{213}

tsuei^{24}

指草木灰利于红薯生长。灰：草木灰或旧房子拆下的土，钾含量很高。

一口吃不成胖子。

i^{24} k'ou^{55} tʂ'ʅ^{24} pu^0 tʂ'ən^{42} p'aŋ^{213} tsʅ^0

喻指事情发展都是循序渐进的过程，不可能一蹴而就，不能急于求成。

一粒粮食一滴汗，粒粒都是金不换。

i^{24} li^{55} liaŋ^{42} sʅ^0 i^{24} ti^{24} xan^{213}　li$^{55\,|\,42}$ li^{55} tou$^{24\,|\,42}$ sʅ^{213} tɕin^{24} pu$^{24\,|\,42}$ xuan^{213}

指粮食是人生存之本，来之不易，要珍惜每一粒粮食。

一粒米养百样儿人。

i^{24} li$^{55\,|\,42}$ mi^{55} iaŋ^{55} pɛ^{24} iɚ^{213} zən^{42}

喻指人同样吃饭，但脾气性格、品德修养、能力水平等各不相同。

一聋三分傻。

i^{24} luaŋ^{42} san^{24} fən^{24} ʂa^{55}

指听力对智力会有影响，大多数聋哑人智力也比不上正常人。

一瓶不响，半瓶晃荡。

i^{24} p'iŋ^{42} pu^{24} ɕiaŋ^{55}　pan^{213} p'iŋ^{42} xuaŋ^{213} taŋ^0

同"开水不响，响水不开"。一瓶：整瓶、满瓶。

一气儿饭好吃。

i$^{24\,|\,42}$ tɕ'iɚ^{213} fan^{213} xau^{55} tʂ'ʅ^{24}

本义指不冷不烫的饭菜，温度正合适，可以一口气吃完。喻指做事要一气呵成，如果半途丢下，就不想再做了。一气儿饭：温度适宜的饭菜。

一气十八碗，再急不喝汤。

i$^{24\,|\,42}$ tɕ'i^{213} sʅ^{42} pa^{24} uan^{55}　tsai^{213} tɕi^{42} pu^{24} xə^{24} t'aŋ^{24}

指该生气时偏不生气，反而多吃饭，以转移注意力，化解怒气或怨气。

一人不进庙，二人不瞧井。

i^{24} zən^{42} pu$^{24\,|\,42}$ tɕin^{213} miau^{213}　ər^{213} zən^{42} pu^{24} tɕ'iau^{42} tɕiŋ^{55}

指一人独自进庙，会被各种佛像吓住；两人低头看井，有猝不及防被对方推下去的可能。喻指要时刻防范遭人暗算而陷入危险之中。

一人不要命，十^{H}人也难挡。

i^{24} zən^{42} pu$^{24\,|\,42}$ iau^{213} miŋ^{213}　sʅ^{42} zən^{42} iɛ^{55} nan^{42} taŋ^{55}

指豁出去不要命的人最可怕，也最难对付。十^{H}："十个"的合音。

一人吃饱^{D}，全家不饥。

i^{24} zən^{42} tʂ'ʅ^{24} po^{55}　tɕ'yan^{42} tɕia^{24} pu^{24} tɕi^{24}

喻指无牵无挂，没有任何顾忌。饱^{D}：饱了，形容词变韵表完成义。

一人掘井，众人吃水。

i²⁴ zən⁴² tɕyɛ⁴² tɕiŋ⁵⁵　tʂuəŋ²¹³ zən⁴² tʂʻʅ²⁴ ʂuei⁵⁵

喻指一人行善，能够造福大众。

一人难称百人意。

i²⁴ zən⁴² nan⁴² tʂʻən²¹³ pɛ²⁴ zən⁴² i²¹³

指一个人的想法和做法，很难使所有的人都满意。

一人辛苦，众人幸福。

i²⁴ zən⁴² ɕin²⁴ kʻu⁵⁵　tʂuəŋ²¹³ zən⁴² ɕiŋ²¹³ fu²⁴

同"一人掘井，众人吃水"。

一人修路，万人安步。

i²⁴ zən⁴² ɕiou²⁴ lu²¹³　uan²¹³ zən⁴² an²⁴ pu²¹³

同"一人掘井，众人吃水"。

一人做事一人当。

i²⁴ zən⁴² tsuə²¹³ ʂʅ²¹³ i²⁴ zən⁴² taŋ²⁴

指自己做的事，后果都由自己承担，不会也不应该连累他人。当：承担、担当。又作：好汉做事好汉当。

一日北风三日晴。

i²⁴⁻⁴² ʐʅ²¹³ pei²⁴ fəŋ²⁴ san²⁴⁻⁴² ʐʅ²¹³ tɕʻiŋ⁴²

指盛夏季节刮北风，往往是晴天。

一日夫妻百日恩，百日夫妻似海深。

i²⁴⁻⁴² ʐʅ²¹³ fu²⁴ tɕʻi²⁴ pɛ²⁴ ʐʅ²¹³ ən²⁴　pɛ²⁴ ʐʅ²¹³ fu²⁴ tɕʻi²⁴ sʅ²¹³ xai⁵⁵ tʂən²⁴

喻指夫妻之情是一种缘分，应相互珍惜。

一日南风，三日关门。

i²⁴⁻⁴² ʐʅ²¹³ nan⁴² fəŋ²⁴　san²⁴⁻⁴² ʐʅ²¹³ kuan²⁴ mən⁴²

指农历五月刮南风会带来强降雨。

一日三餐，每念农夫之苦；身披一缕，当思织女之劳。

i²⁴⁻⁴² ʐʅ²¹³ san²⁴ tsʻan²⁴　mei⁵⁵ nan²¹³ nuəŋ⁴² fu²⁴ tʂʅ²⁴ kʻu⁵⁵　ʂən²⁴ pʻei²⁴ i²⁴ ly⁵⁵　taŋ²⁴ sʅ²⁴ tʂʅ²⁴ ny⁵⁵ tʂʅ²⁴ lau⁴²

指每一粒粮食、每一件衣服都来之不易，要节俭、要感恩，不能忘本。

一日为师，终身为父。

i²⁴⁻⁴² ʐʅ²¹³ uei²¹³ ʂʅ²⁴　tʂuəŋ²⁴ ʂən²⁴ uei²¹³ fu²¹³

指对待自己的老师，要像对待父亲一样敬重。

一山不藏二虎。

i²⁴ ʂan²⁴ pu²⁴ tsʻaŋ⁴² ər²¹³ xu⁵⁵

喻指个性强、能力强的人，往往很难和谐相处。

一时儿是一时儿嘞事儿。

i^{24} ʂər^{42} ʂʅ^{213} i^{24} ʂər^{42} lɛ^{0} ʂər^{213}

指一时有一时的情况，即使类似的或同样的事情，也可能会有不同的处理方式，不能拿当前的事情与以前或以后相比。

一时强弱①在于力，长期胜败在于理。

i^{24} ʂʅ^{42} tɕ'ian^{55} zo^{24} tsai^{213} y^{0} li^{24}　tʂ'aŋ^{42} tɕ'i^{24} ʂəŋ^{213} pai^{213} tsai^{213} y^{0} li^{55}

指真理是不可违背的，靠权势或能逞强一时，凭正理才能长久胜利。

一事儿是一事儿。

i$^{24|42}$ ʂər^{213} ʂʅ^{213} i$^{24|42}$ ʂər^{213}

指不同的事情要分开谈，不能相互牵连，不能混为一谈。

一手遮不住天。

i^{24} ʂou^{55} tʂʅə^{24} pu^{0} tʂʅ^{0} t'ian^{24}

指权势再大，手段再高，也不可能蒙蔽、降服所有的人；告诫坏人不要胡作非为。又作：谁也不能一手遮天。

一天吃一两，饿不死事务长；一天吃一钱，饿不死炊事员。

i^{24} t'ian^{24} tʂ'ʅ^{24} i^{24} lian^{55}　ə^{213} pu^{0} sʅ^{55} ʂʅ^{213} u^{0} tʂaŋ^{55}　i^{24} t'ian^{24} tʂ'ʅ^{24} i^{24} tɕ'ian^{42}　ə^{213} pu^{0} sʅ^{55} ts'uei^{24} ʂʅ^{0} yan^{42}

指大跃进、"吃大锅饭"的年代，生活困难、粮食奇缺，但食堂工作人员却能利用工作之便多吃多占。事务长：即司务长，专门负责伙食的人。

一天东风三天雨。

i^{24} t'ian^{24} tuəŋ^{24} fəŋ^{24} san^{24} t'ian^{24} y^{55}

指刮东风会带来接连多日的降雨。

一天没有二晨，时间不会重临。

i^{24} tian^{24} mu^{42} mau^{0} ər^{213} tʂ'ən^{42}　ʂʅ^{42} tɕian^{0} pu$^{24|42}$ xuei^{213} tʂ'uəŋ^{42} lin^{42}

指光阴一去不复返，要珍惜时间。二晨：两个早晨。

一天省一把，十年省匹马。

i^{24} tian^{24} ʂəŋ^{55} i^{24} pa^{55}　ʂʅ^{42} nian^{42} ʂəŋ^{55} p'i^{42} ma^{55}

指节俭日积月累，就能积少成多。

一窝儿狐，不嫌骚。

i^{24} uor^{24} xu^{55}　pu^{24} ɕian$^{42|55}$ sau^{24}

喻指臭味相投的人在一起，不会互相嫌弃。"嫌"无规则变调。

---

① 浚县话口语中没有"弱"，其 zo^{24} 音为受普通话影响的文读音。

一心没二用。
i²⁴ ɕin²⁴ mu⁴² ər²¹³ yŋ²¹³

指人的心思不能同时用在两件事上；泛指做事必须专注。又作：一心不可二用。

一样都没ᴅ穷富了。
i²⁴⁼⁴² iaŋ²¹³ tou²⁴ mæ²⁴ tɕ'yŋ⁴² fu²¹³ lə⁰

指人与人、物与物不可能完全一样，否则就显示不出贫富优劣之差别了。都：就。没ᴅ：没了，动词变韵表完成义。

一拃没四指近。
i²⁴ tʂa⁵⁵ mu⁴² sʅ²¹³ tʂʅ⁵⁵ tɕin²¹³

喻指人际关系或亲属关系，关系远的肯定不如关系近的更亲密；多用于提醒对方在权衡利益的时候，要适当考虑其在利益格局中的位置。一拃：拇指和中指张开的长度。四指：除拇指外的其他四指并拢在一起的宽度。

一针不补，十针难缝。
i²⁴ tʂən²⁴ pu²⁴ pu⁵⁵　ʂʅ⁴² tʂən²⁴ nan⁴² fəŋ⁴²

喻指小过失或小漏洞如不及时纠正，就可能造成大的、甚至无法挽回的损失。

一枝独秀不是春，百花齐放春满园。
i²⁴ tʂʅ²⁴ tu⁴² ɕiou²¹³ pu²⁴⁼⁴² ʂʅ²¹³ tʂ'uən²⁴　pɛ²⁴ xua²⁴ tɕ'i⁴² faŋ²¹³ tʂ'uən²⁴ man⁵⁵ yan⁴²

喻指在家庭或某一个范围内，一个人的成功不算完美，相互扶持，让更多的人取得成功才更完美。

衣不搁寸，鞋不搁分。
i²⁴ pu²⁴ kə²⁴ ts'uən²¹³　ɕiɛ⁴² pu²⁴ kə²⁴ fən²⁴

指衣服的大小胖瘦是否合适，误差不能超过一寸；鞋子的大小是否合脚，误差不能超过一分。搁：相差。

姨娘亲，蔓菁根，没了姨娘再不亲。
i⁴² niaŋ⁴² tɕ'in²⁴　man⁴² tɕiŋ⁰ kən²⁴　mu⁴² lə⁰ i⁴² niaŋ⁴² tsai²¹³ pu²⁴ tɕ'in²⁴

喻指姨表亲血缘关系比较远。蔓菁：芜菁，与萝卜同属十字花科，跟萝卜一样，拔出来根就断了；故有此说。

以理服人心服，以力服人口服。
i²¹³ li⁵⁵ fu⁴² zən⁴² ɕin²⁴ fu⁴²　i²¹³ li²⁴ fu⁴² zən⁴² k'ou⁵⁵ fu⁴²

指以理服人能让人真心服气，以武力压制则只能让人嘴服而心不服。

艺高人胆大，技多不压身。

i²¹³ kau²⁴ zən⁴² tan⁵⁵ ta²¹³　tɕi²¹³ tuə²⁴ pu²⁴ ia²⁴ ʂən²⁴

指技艺高强，胆量就大，就敢付诸实施；学会技艺不仅不会成为身体的负担，反而更有利于谋生。两个分句都可以单独用作谚语。

阴等阳，活不长；阳等阴，等断筋。

in²⁴ təŋ⁵⁵ iaŋ⁴²　xuə⁴² pu²⁴ tʂ'aŋ⁴²　iaŋ⁴² təŋ⁵⁵ in²⁴　təŋ⁵⁵ tuan²¹³ tɕin²⁴

指夫妻如有一方先去世，另一方往往会因悲伤等原因而影响寿命；而在世者等去世者，永远也等不回来了。阴：去世的人。阳：活着的人。

阴间路上没老₁少，黄叶儿不老₂青叶儿老₃。

in²⁴ tɕian⁰ lu²¹³ ʂaŋ⁰ mu⁴² lau⁵⁵ ʂau²¹³　xuaŋ⁴² iɤr²⁴ pu²⁴ lau⁵⁵ tɕ'iŋ²⁴ iɤr²⁴ lau⁵⁵

指人死亡是不论年龄大小的。没老少：不分年老年少。老₂、老₃：死。

阴来阴去要下雨，病来病去要伤人。

in²⁴ lai⁴² in²⁴ tɕ'y²¹³ iau²¹³ ɕia²¹³ y⁵⁵　piŋ²¹³ lai⁴² piŋ²¹³ tɕ'y²¹³ iau²¹³ ʂʅ⁵⁵ zən⁴²

喻指人疾病缠身，病情反反复复，最终会危及生命，就像天阴的时间久了就会下雨一样。伤：死。

鹦鹉舌头画眉嘴，心里ᴴ藏ᴰ个害人鬼。

iŋ²⁴ u⁰ ʂʅə⁴² t'ou⁰ xua²¹³ mei⁰ tsuei⁵⁵　ɕin²⁴ liou⁰ ts'æŋ⁴² kə⁰ xai²¹³ zən⁴² kuei⁵⁵

喻指人嘴甜心毒，凶狠阴险。藏ᴰ：藏着，动词变韵表持续义。

迎客饺子送客面。

iŋ⁴² k'ɛ²⁴ tɕiau⁵⁵ tsʅ⁰ suəŋ²¹³ k'ɛ²⁴ mian²¹³

指迎接客人时要吃饺子，送别客人时要吃面条。

赢精输迷瞪。

zəŋ⁴² ɕiŋ²⁴ zʅ²⁴ mi⁴² təŋ²¹³

指玩扑克、麻将等游戏时，越赢打得越好，越输打得越臭。迷瞪：迷惑、糊涂。

赢嘞钱过道钱，买卖嘞钱顺ᴰ手转，力换嘞钱万万年。

zəŋ⁴² lɛ⁰ tɕ'ian⁴² kuə²¹³ tau²¹³ tɕ'ian⁴²　mai⁵⁵ mai⁰ lɛ⁰ tɕ'ian⁴² ʂuɛ²¹³ sou⁵⁵ tʂuan²¹³　li²⁴ xuan²¹³ nɛ⁰ tɕ'ian⁴² uan²¹³ uan⁰ nian⁴²

指赌博赢的钱靠不住，说不定哪天就输了；做买卖有赚有赔，挣的钱也保不准；只有凭力气挣的钱才是牢牢掌握在自己手里的。过道：过路。

庸医杀人不用刀。

yŋ²⁴ i²⁴ ʂa²⁴ zən⁴² pu²⁴⌐⁴² yŋ²¹³ tau²⁴

指水平低劣的医生会因误判病情、误用药物而害人性命。泛指水平拙劣的人往往会误人害人。

用沙压碱，赛过金板；沙土拌ᴰ泥，好嘞出奇。

yŋ²¹³ ʂa²⁴ ia²⁴ tɕian⁵⁵ sai²¹³ kuə²¹³ tɕin²⁴ pan⁵⁵ ʂa²⁴ tʻu⁰ pæ²¹³ ni⁴² xau⁵⁵ lɛ⁰ tʂʻʅ²⁴ tɕʻi⁴²

指沙土拌泥，治理盐碱效果非常好。拌ᴰ：拌着，动词变韵表状态义。

用着人刻前，用不着人刻后。

yŋ²¹³ tʂuə⁰ zən⁴² kʻɛ²⁴ tɕʻian⁴² yŋ²¹³ pu²⁴ tʂuə⁰ zən⁴² kʻɛ²⁴ xou²¹³

指用到别人的时候讨好巴结，用不着的时候不理不睬。着：用于动词之后表示达到目的或有了结果。刻：靠近、接近。

用着用着，财神就会送着；省着省着，窟窿就会等着。

yŋ²¹³ tʂʅ⁰ yŋ²¹³ tʂʅ⁰ tsʻai⁴² ʂən⁰ tɕiou²¹³ xuei⁰ suəŋ²¹³ tʂʅ⁰ ʂəŋ⁵⁵ tʂʅ⁰ ʂəŋ⁵⁵ tʂʅ⁰ ku²⁴ luəŋ⁰ tɕiou²¹³ xuei⁰ təŋ⁵⁵ tʂʅ⁰

指必要的时候一定不能吝惜钱财；含戏谑意味。

游手好闲，倾家荡产。

iou⁴² ʂou⁵⁵ xau²¹³ ɕian⁴² tɕʻiŋ⁵⁵ tɕia²⁴ taŋ²¹³ tʂʻan⁵⁵

指游荡懒散、好逸恶劳，尽早会败光家产。

有病乱投医。

iou⁵⁵ piŋ²¹³ luan²¹³ tʻou⁴² i²⁴

指有病难治时，就会盲目求医问诊。喻指出了问题，盲目地寻求助力和解决办法。又作：病急乱投医。

有病早治，没病早防。

iou⁵⁵ piŋ²¹³ tsau⁵⁵ tʂʅ²¹³ mu⁴² piŋ²¹³ tsau⁵⁵ faŋ⁴²

指治病、防病都宜早不宜晚，有病要及早治疗，没病要及早预防。

有菜能当粮，没菜饿断肠。

iou⁵⁵ tsʻai²¹³ nəŋ⁴² taŋ²⁴ liaŋ⁴² mu⁴² tsʻai²¹³ ə²¹³ tuan²¹³ tʂʻaŋ⁴²

同"家有一园菜，能顶三分粮"。

有初一都有十五。

iou⁵⁵ tʂʻu²⁴ i²⁴ tou²⁴ iou⁵⁵ ʂʅ⁴² u⁵⁵

同"不是光过初一嘞，肯定有十五"。都：就。

有地不愁苗儿，有苗儿不愁长。

iou⁵⁵ ti²¹³ pu²⁴ tʂʻou⁴² mior⁴² iou⁵⁵ mior⁴² pu²⁴ tʂʻou⁴² tʂaŋ⁵⁵

指只要有土地就不愁种不上庄稼，只要有禾苗就不愁打不了粮食。

有地没牛，黑价白日儿愁。

iou⁵⁵ ti²¹³ mu⁴² niou⁴²　xɛ²⁴ tɕiaº pɛ⁴² iərº tʂ'ou⁴²

旧指对庄稼人来说，牛是非常重要的劳动力。黑价：夜里。白日儿：白天。

有多大嘞荷叶，包多大嘞粽。

iou⁵⁵ tuə²⁴⁺⁵⁵ ta²¹³ lɛº xə⁴² iɛº　pau²⁴ tuə²⁴⁺⁵⁵ ta²¹³ lɛº tɕyŋ²¹³

喻指做事要量力而行，有多大能力就做多大的事情，不能勉强为之。"粽"读音特殊。"包"也作"裹"。

有儿搁不住死，有财搁不住散。

iou⁵⁵ ər⁴² kə⁴² puº tʂʅ²¹³ sʅ⁵⁵　iou⁵⁵ ts'ai⁴² kə⁴² puº tʂʅ²¹³ san²¹³

指孩子再多也经不住一个个死去，再多的财产也经不起无尽的耗费；用作诅咒、骂人之语。搁不住：禁受不住。散：分发、挥霍。

有饭给 ᴰ 饥人，有话给 ᴰ 知人。

iou⁵⁵ fan²¹³ kɛ⁵⁵ tɕi²⁴ zən⁴²　iou⁵⁵ xua²¹³ kɛ⁵⁵ tʂʅ²⁴ zən⁴²

指东西送给需要的人才能物尽其用，话说给能听懂的人才更有意义。喻指做事要看清对象，否则有害而无益。给 ᴰ：给了，动词变韵表完成义。

有福不在忙，没福跑断肠。

iou⁵⁵ fu²⁴ pu²⁴⁺⁴² tsai²¹³ maŋ⁴²　mu⁴² fu²⁴ p'au⁵⁵ tuan²¹³ tʂ'aŋ⁴²

指人有没有福气是命中注定的，有福不用求，无福求不来。

有福人不在忙闲。

iou⁵⁵ fu²⁴ zən⁴² pu²⁴⁺⁴² tsai²¹³ maŋ⁴² ɕianº

指有福之人常常会有好运气。

有福有福，睡到晌 ᴰ 午。

iou⁵⁵ fu²⁴ iou⁵⁵ fu²⁴　ʂei²¹³ tauº ʂæn²¹³ uº

指睡眠多、睡眠质量高的人有福气。晌 ᴰ 午：中午。

有个娃娃，像家 ᶻ 人家。

iou⁵⁵ kəº ua⁴² uaº　ɕiaŋ²¹³ tɕiɛº zən⁴² tɕiaº

指孩子能给家庭带来生机和乐趣，有了孩子，就更有家的气息了。家 ᶻ：一家子①。

有孩儿不愁长。

iou⁵⁵ xor⁴² pu²⁴ tʂ'ou⁴² tsaŋ⁵⁵

---

① 与普通话一样，浚县方言中数词"一"也常常省略；这里"家"的前边省略了数词"一"。

指只要有了孩子，自然而然就会长大。

有好妻没好汉，好妻寻 ᴰ 个王八蛋。

iou⁵⁵ xau⁵⁵ tɕʻi²⁴ mu⁴² xau⁵⁵ xan²¹³　xau⁵⁵ tɕʻi²⁴ ɕiɛ⁴² kə⁰ uaŋ⁴² pa⁰ tan²¹³

指品行、相貌端正的女子，嫁了个品行不端的丈夫，与之不相般配。寻 ᴰ：嫁；动词变韵表完成义，可替换为"寻了"。

有狠心嘞儿女，没狠心嘞爹娘。

iou⁵⁵ xən⁵⁵ ɕin²⁴ nɛ⁰ ər⁴² ny⁵⁵　mu⁴² xən⁵⁵ ɕin²⁴ nɛ⁰ tiɛ²⁴ niaŋ⁴²

指有子女狠心不孝敬父母的，没有父母狠心不养育子女的；用于说明儿女对父母的感情远远不及父母对子女的恩情深厚。

有后娘都有后爹。

iou⁵⁵ xou²¹³ niaŋ⁴² tou²⁴ iou⁵⁵ xou²¹³ tiɛ²⁴

指只要有了继母，亲生父亲也会受其影响，越来越不疼爱自己的孩子。后娘：继母。都：就。

有话说到当面，有理摆到桌 ᶻ 前。

iou⁵⁵ xua²¹³ ʂʅə²⁴ tau⁰ taŋ²⁴ mian²¹³　iou⁵⁵ ⁺ ⁴² li⁵⁵ pai⁵⁵ tau⁰ tʂuau²⁴ tɕʻian⁴²

指有话当面说清，有理当面讲清，不要在背后议论是非。前一个分句也可以单独用作谚语，意思与整句相同。

有话说到明处，有药抹到疼处。

iou⁵⁵ xua²¹³ ʂʅə²⁴ tau⁰ miŋ⁴² tʂʻʅ⁰　iou⁵⁵ yə²⁴ muə⁵⁵ tau⁰ tʻən⁴² tʂʻʅ⁰

同"有话说到当面，有理摆到桌 ᶻ 前"。前一个分句也可单独用作谚语，意思与整句相同。

有几 ᴴ 钱办几 ᴴ 钱嘞事儿。

iou⁵⁵ ⁺ ⁴² tɕiɛ⁵⁵ tɕʻian⁴² pan²¹³ tɕiɛ⁵⁵ tɕʻian⁴² nɛ⁰ ʂər²¹³

同"有多大嘞荷叶，包多大嘞粽"。几 ᴴ："几个"的合音。

有懒人，没懒地。

iou⁵⁵ lan⁵⁵ zən⁴²　mu⁴² lan⁵⁵ ti²¹³

指只要精耕细作，庄稼就一定会有好收成。

有嘞时儿省一口，缺嘞时儿当一斗。

iou⁵⁵ lɛ⁰ ʂər⁴² ʂəŋ⁵⁵ i²⁴ kʻou⁵⁵　tɕʻyɛ²⁴ lɛ⁰ ʂər⁴² taŋ²⁴ i²⁴ tou⁵⁵

指富裕时节省一些，贫困时就能发挥大作用；告诫人们要节约，以备不时之需。有：富有。时儿：时候。

有理摆到桌 ᶻ 面儿上。

iou⁵⁵ ⁺ ⁴² li⁵⁵ pai⁵⁵ tau⁰ tʂuau²⁴ mior²¹³ ʂaŋ⁰

同"有话说到当面，有理摆到桌 ᶻ 前"。

有理不在声儿高，没理空喊徒劳。

iou⁵⁵⁻⁴² li⁵⁵ pu²⁴⁻⁴² tsai²¹³ ʂər²⁴ kau²⁴　mu⁴² li⁵⁵ kʻuəŋ²⁴ xan⁵⁵ tʻu⁴² lau⁴²

指话语有没有道理，不在于说话时的嗓门儿高低、声音大小。前一个分句可以单独用作谚语，意思与整句相同。

有命儿不怕瘦，命儿在骨头里 ᴴ。

iou⁵⁵ miər²¹³ pu²⁴⁻⁴² pʻa²¹³ ʂou²¹³　miər²¹³ kai²¹³ ku⁴² tʻou⁰ liou⁰

指新生儿只要健康，瘦小一些也没关系。

有奶都是娘。

iou⁵⁵⁻⁴² nai⁵⁵ tou⁰ ʂʅ⁰ niaŋ⁴²

喻指人贪利忘义，谁给好处就投靠谁；含讥讽意味。都：就。

有屁股不愁挨打。

iou⁵⁵ pʻi²¹³ ku⁰ pu²⁴ tsʻou⁴² ai⁴² ta⁵⁵

喻指该承担的责任一定躲避不掉。

有千里嘞朋友，没千里嘞威风。

iou⁵⁵ tɕʻian²⁴ li⁵⁵ lɛ⁰ pʻəŋ⁴² iou⁰　mu⁴² tɕʻian²⁴ li⁵⁵ lɛ⁰ uei²⁴ fəŋ⁰

指朋友可以远至千里，但官职再高也不能在管辖以外的地方耍威风。

有千钱还想万钱，当了皇帝还想 ᴰ 成仙。

iou⁵⁵ tɕʻian²⁴ tɕʻian⁴² xai⁴² ɕiaŋ⁵⁵ uan²¹³ tɕʻian⁴²　taŋ²⁴ lə⁰ xuaŋ⁴² ti²¹³ xai⁴² ɕiæn⁵⁵ tʂʻəŋ⁴² ɕian²⁴

指人的欲望无止境，永远无法满足。想 ᴰ：想着，动词变韵表持续义。

有钱摆到桌 ᶻ 面儿上。

iou⁵⁵ tɕʻian⁴² pai⁵⁵ tau⁰ tʂuau²⁴ mior²¹³ ʂaŋ⁰

喻指该支付的钱物必须马上兑现。

有钱不花，等于白搭。

iou⁵⁵ tɕʻian⁴² pu²⁴ xua²⁴　təŋ⁵⁵ y⁰ pɛ⁴² ta²⁴

指钱只要不花出去，跟没有钱是一样的。白搭：白费。

有钱儿过年吃肉，没钱儿过年将就。

iou⁵⁵ tɕʻior⁴² kuə²¹³ nian⁴² tʂʻʅ²⁴ zou²¹³　mu⁴² tɕʻior⁴² kuə²¹³ nian⁴² tɕiaŋ²⁴ tɕiou⁰

指旧时富人过年花天酒地，穷人只能凑合。将就：凑合。

有钱儿话头儿硬，没钱儿话不灵。

iou⁵⁵ tɕʻior⁴² xua²¹³ tʻər⁴² iŋ²¹³　mu⁴² tɕʻior⁴² xua²¹³ pu²⁴ liŋ⁴²

指有钱人说话有底气、盛气凌人，没钱人说话却没人当成一回事。

有钱儿就有理，没钱儿押监里。
iou⁵⁵ tɕʻior⁴² tɕiou²¹³ iou⁵⁵⁻⁴² li⁵⁵　mu⁴² tɕʻior⁴² ia²⁴ tɕian²⁴ li⁰

同"衙门口朝南开，有理没钱儿甭进来"。

有钱儿嘞说话有底气，没钱儿嘞说话不仗依。
iou⁵⁵ tɕʻior⁴² lɛ⁰ ʂʅə²⁴ xua²¹³ iou⁵⁵ ti⁵⁵ tɕʻi²¹³　mu⁴² tɕʻior⁴² lɛ⁰ ʂʅə²⁴ xua²¹³ pu²⁴⁻⁴² tsaŋ²¹³ i⁰

指有钱人说话有底气、盛气凌人，没钱人说话没底气、唯唯诺诺。仗依：有底气、很自信。又作：有钱嘞说话气粗，没钱儿嘞说话气短。

有钱儿买炮仗，没钱儿爷听响。
iou⁵⁵ tɕʻior⁴² mai⁵⁵ pʻau²¹³ tsaŋ⁰　mu⁴² tɕʻior⁴² iɛ⁴² tʻiŋ²⁴ ɕiaŋ⁵⁵

指过年时有钱人能买鞭炮燃放取乐，没钱人也一样能听到鞭炮的响声。炮仗：鞭炮。"爷"与"也"谐音，用以自嘲、骂人。

有钱儿三十嘞爷，没钱儿八十嘞孙儿。
iou⁵⁵ tɕʻior⁴² san²⁴ ʂʅ⁴² lɛ⁰ iɛ⁴²　mu⁴² tɕʻior⁴² pa²⁴ ʂʅ⁴² lɛ⁰ suər²⁴

喻指富人常被奉承，穷人则被轻看。三十：三十岁。八十：八十岁。

有钱嘞王八大三圈儿，没钱嘞君子难傍边儿。
iou⁵⁵ tɕʻian⁴² nɛ⁰ uaŋ⁴² pa⁰ ta²¹³ san²⁴ tɕʻyor²⁴　mu⁴² tɕʻian⁴² nɛ⁰ tɕyn²⁴ tsʅ⁵⁵ nan⁴² paŋ²¹³ pior²⁴

指有钱人即使品行不佳仍会被高看、被奉承，而没钱人即使品行高尚也常常受轻视、不被尊重。

有钱买种儿，没钱买苗儿。
iou⁵⁵ tɕʻian⁴² mai⁵⁵⁻⁴² tsuər⁵⁵　mu⁴² tɕʻian⁴² mai⁵⁵ mior⁴²

指钱可以买来种子，却买不来正在生长的庄稼苗子。

有钱难买后悔药。
iou⁵⁵ tɕʻian⁴² nan⁴² mai⁵⁵ xou²¹³ xuei⁰ yə²⁴

同"没卖后悔药嘞"。

有钱难买老来寿。
iou⁵⁵ tɕʻian⁴² nan⁴² mai⁵⁵ lau⁵⁵ lai⁴² ʂou²¹³

指人的寿命用钱是买不到的。

有钱难买老来瘦。
iou⁵⁵ tɕʻian⁴² nan⁴² mai⁵⁵ lau⁵⁵ lai⁴² ʂou²¹³

指老年人不肥胖更有利于身体健康。

有钱难买黎明觉。
iou⁵⁵ tɕʻian⁴² nan⁴² mai⁵⁵ li⁴² miŋ⁴² tɕiau²¹³

指黎明时的睡眠是最让人享受的。

有钱难买上家碰。

iou⁵⁵ tɕ'ian⁴² nan⁴² mai⁵⁵ ʂaŋ²¹³ tɕia⁰ p'əŋ²¹³

麻将术语。指打麻将时，上家碰牌能使自己比其他两家多抓一张牌，就会增加赢的概率。

有钱难买水颜色。

iou⁵⁵ tɕ'ian⁴² nan⁴² mai⁵⁵ ʂuei⁵⁵ ian⁴² ʂe⁰

指衣物浸泡在水中的颜色格外鲜亮。

有钱能使鬼推磨。

iou⁵⁵ tɕ'ian⁴² nəŋ⁴² ʂʅ⁵⁵ kuei⁵⁵ t'uei²⁴ muə²¹³

指金钱万能，只要有钱，什么事情都可以办成。

有钱钱挡，没钱话挡。

iou⁵⁵ tɕ'ian⁴² tɕ'ian⁴² taŋ⁵⁵　mu⁴² tɕ'ian⁴² xua²¹³ taŋ⁵⁵

指欠了别人的钱财暂时无力偿还，要跟对方多讲好话、作出解释，以求谅解和宽限。

有钱钱挡，没钱人挡。

iou⁵⁵ tɕ'ian⁴² tɕ'ian⁴² taŋ⁵⁵　mu⁴² tɕ'ian⁴² zən⁴² taŋ⁵⁵

指欠了别人的钱财暂时无力偿还，可以以人力抵偿。

有钱洋性，没钱认命。

iou⁵⁵ tɕ'ian⁴² iaŋ⁴² ɕiŋ²¹³　mu⁴² tɕ'ian⁴² zən²¹³ miŋ²¹³

指有钱人很张扬、会得瑟，没钱人却只能看着别人显摆而无可奈何；含讥讽、戏谑意味。洋性：张扬、得意忘形。

有权不使，过期作废。

iou⁵⁵⁻⁴² tɕ'yan⁵⁵ pu²⁴ ʂʅ⁵⁵　kuə²¹³ tɕ'i²⁴ tsuə²¹³⁻²⁴ fei²¹³

指权力在手之时，就要抓住时机为自己或他人谋取利益；一旦失势，就不会再有机会。

有人都有钱。

iou⁵⁵ zən⁴² tou²⁴ iou⁵⁵ tɕ'ian⁴²

指人的生命最重要，只要有人在，就能挣来钱。都：就。

有人儿好办事儿。

iou⁵⁵ zər⁴² xau⁵⁵ pan²¹³ ʂər²¹³

指在相关部门有人际关系，办事就会比较顺利。人儿：熟人儿。

有人啥都有。

iou⁵⁵ zən⁴² ʂa⁵⁵⁻⁴² tou²⁴ iou⁵⁵

指生命最重要,只要有人在,就会有一切;如果人不在了,一切归零。啥:任何东西。

有啥甭有病,没啥甭没钱。

iou⁵⁵⁻⁴² ʂa⁵⁵ piŋ⁴² iou⁵⁵ piŋ²¹³　mu⁴² ʂa⁵⁵ piŋ⁴² mu⁴² tɕ'ian⁴²

指健康和钱财对人来说是最最重要的。啥:任何东西。

有山靠山,没山独担。

iou⁵⁵ ʂan²⁴ k'au²¹³ ʂan²⁴　mu⁴² ʂan²⁴ tu⁴² tan²⁴

喻指如果有可以依靠的人,就会产生依赖心理;如果没有别的指望,自己也完全能够承担。

有收没收在于水。

iou⁵⁵ ʂou²⁴ mu⁴² ʂou²⁴ tsai²¹³ y⁰ ʂuei⁵⁵

指种庄稼浇水很重要。收:收成。

有水没肥一半儿收,有肥没水甭望收。

iou⁵⁵⁻⁴² ʂuei⁵⁵ mu⁴² fei⁴² i²⁴⁻⁴² por²¹³ ʂou²⁴　iou⁵⁵ fei⁴² mu⁴² ʂuei⁵⁵ piŋ⁴² uaŋ²¹³ ʂou²⁴

指庄稼缺少粪肥会大量减产,而缺水比缺肥的危害更大。望:指望。

有说有笑,阎王不要。

iou⁵⁵ ʂʯə²⁴ iou⁵⁵ ɕiau²¹³　ian⁴² uaŋ⁰ pu²⁴⁻⁴² iau²¹³

指性格开朗,有利于健康和长寿。

有向理嘞,没向人嘞。

iou⁵⁵ ɕiaŋ²¹³ li⁵⁵ lɛ⁰　mu⁴² ɕiaŋ²¹³ zən⁴² nɛ⁰

指在处理矛盾纠纷时,要站在公正的立场上合情合理合法地判断是非,不能偏袒自己的亲友。又作:向理不向人。

有向潘①嘞,有向杨②嘞;有向火嘞,有向灯嘞。

iou⁵⁵ ɕiaŋ²¹³ p'an²⁴ nɛ⁰　iou⁵⁵ ɕiaŋ²¹³ iaŋ⁴² lɛ⁰　iou⁵⁵ ɕiaŋ²¹³ xuə⁵⁵ lɛ⁰ iou⁵⁵ ɕiaŋ²¹³ təŋ²⁴ lɛ⁰

喻指对同一件事情,不同的人看法也不一致,是非曲直莫衷一是、众说纷纭。向:偏袒。

有小叔小爷爷,没小哥小大爷。

iou⁵⁵ ɕiau⁵⁵⁻⁴² ʂu⁵⁵ ɕiau⁵⁵ iɛ⁴² iɛ⁰　mu⁴² ɕiau⁵⁵⁻⁴² kə⁵⁵ ɕiau⁵⁵ ta²¹³ iɛ⁰

指可能会有比自己年龄小的叔叔、爷爷,但绝不会有比自己年龄小的

---

① 指传统戏剧、小说中北宋时期的大奸臣潘仁美。

② 指传统戏剧、小说中北宋时期以杨继业、佘太君、杨延昭、穆桂英等为代表的杨家将。

哥哥、伯父。小：(比自己)年龄小。大爷：伯父。

有雨天边儿亮，没雨顶儿上光。

iou$^{55|42}$ y^{55} t'ian^{24} pior^{24} liaŋ^{213} mu^{42} y^{55} tiər^{55} ṣaŋ^{0} kuaŋ^{24}

指阴雨天气，如果地平线上特别光亮，预示阴雨将继续；如果天顶上比较光亮，是转晴的预兆。

有枣没枣括三竿^{z}。

iou$^{55|42}$ tsau^{55} mu^{42} tsau^{55} k'uə^{24} san^{24} kæ^{24}

喻指无论有没有收获，无论能不能成功，都要努力去尝试。括：用棍子敲。

有再一再二，没再三再四。

iou^{55} tsai^{213} i^{24} tsai^{213} ər^{213} mu^{42} tsai^{213} san^{24} tsai^{213} sʅ^{213}

指人犯了错误是可以原谅的，如果屡犯同一种错误就不可原谅了。

有志不在年高，没志空长百岁。

iou^{55} tṣʅ^{213} pu$^{24|42}$ tsai^{213} nian^{42} kau^{24} mu^{42} tṣʅ^{213} k'uəŋ^{24} tṣaŋ^{55} pɛ^{24} suei^{213}

指人无论年龄大小，只要有志向，就能成就一番事业；没有远大志向，即便活到百岁也是虚度光阴。泛指人能否有作为，不在于年龄大小，关键在于有没有志向。

有志之人立长志，没志之人常立志。

iou^{55} tṣʅ^{213} tṣʅ^{24} zən^{42} li^{24} tṣ'aŋ^{42} tṣʅ^{213} mu^{42} tṣʅ^{213} tṣʅ^{24} zən^{42} tṣ'aŋ^{42} li^{24} tṣʅ^{213}

指有志之人不会轻易改变志向，而是朝着既定目标不懈努力；而没有志向的人则常常半途而废。

有智吃智，没智吃力。

iou^{55} tṣʅ^{213} tṣ'ʅ^{24} tṣʅ^{213} mu^{42} tṣʅ^{213} tṣ'ʅ^{24} li^{24}

指有智慧可以凭智慧吃饭，否则只能凭体力生活。泛指人各有自己谋生的本领和手段。

有智谋不在年老少。

iou^{55} tṣʅ^{213} mu^{0} pu$^{24|42}$ tsai^{213} nian^{42} lau^{55} ṣau^{213}

指人有没有智慧和本领，不在年龄大小。

有庄儿赔不了地。

iou^{55} tṣuɐr^{24} p'ei^{42} pu^{0} liau^{0} ti^{213}

指某些行为（如赌博）肯定要赔本儿，有多少就可能赔进去多少。庄儿：宅院。

有状元徒弟，没状元师傅。

iou⁵⁵ tṣuaŋ²¹³ yan⁰ tʻu⁴² ti²¹³   mu⁴² tṣuaŋ²¹³ yan⁰ ʂʅ²⁴ fu⁰

指水平有限的老师也能教出来高水平的学生，徒弟的本领和成就很有可能超过师傅。

鱼怕水浅，人怕护短。

y⁴² pʻa²¹³ ʂuei⁵⁵⁻⁴² tɕʻian⁵⁵   zən⁴² pʻa²¹³ xu²¹³ tuan⁵⁵

喻指袒护自己、家人、亲友的缺点，于人于己都极为不利。护：袒护。短：缺点、过失。

鱼生火，肉生痰，青菜豆腐保平安。

y⁴² ʂəŋ²⁴ xuə⁵⁵ zou²¹³ ʂəŋ²⁴ tʻan⁴² tɕʻiŋ²⁴ tsʻai²¹³ tou²¹³ fu⁰ pau⁵⁵ pʻiŋ⁴² an²⁴

指大鱼大肉无利于身体健康，而蔬菜、豆制品则于健康有利。

鱼找鱼，虾找虾，王八找 ᴅ 个鳖亲家。

y⁴² tṣau⁵⁵ y⁴² ɕia²⁴ tṣau⁵⁵ ɕia²⁴   uaŋ⁴² pa⁰ tṣo⁵⁵ kə⁰ piɛ²⁴ tɕʻin²⁴ tɕia⁰

喻指物以类聚、人以群分，品行不佳的人往往寻找与自己臭味相投的人交往；含贬义。找 ᴅ：找了，动词变韵表完成义。"亲家"读音特殊。又作：鱼找鱼，虾配虾，乌龟王八结亲家。

榆钱 ᶻ 落地，豁花点蜀黍。

y⁴² tɕʻyæ⁰ luə²⁴ ti²¹³   xuə²⁴ xua²⁴ tian⁵⁵ ʂʅ⁴² ʂʅ⁰

指榆钱儿落的时候，适宜种植棉花和玉米。豁：把土地弄成沟状，以适宜种植棉花。点：播种。蜀黍：玉米。

与人方便，与己方便。

y²¹³ zən⁴² faŋ²⁴ pian⁰   y²¹³ tɕi⁵⁵ faŋ²⁴ pian⁰

指为别人着想、给别人提供方便的同时，别人也会给自己带来方便。

雨打墓，辈儿辈儿富；雨打灵，辈儿辈儿穷。

y⁵⁵ ta⁵⁵ mu²¹³ pər²¹³ pər⁰ fu²¹³   y⁵⁵ ta⁵⁵ liŋ⁴² pər²¹³ pər⁰ tɕʻyŋ⁴²

指下葬之时雨打棺材是吉兆，能给子孙后代带来好运气；而出殡之时下雨则是凶兆。

玉蜀黍不怕旱，开花儿缺水要减产。

y²¹³ ʂʅ⁴² ʂʅ⁰ pu²⁴⁻⁴² pʻa²¹³ xan²¹³   kʻai²⁴ xuɐr²⁴ tɕʻyɛ²⁴ ʂuei⁵⁵ iau²¹³ tɕian⁵⁵⁻⁴² tʂʻan⁵⁵

指玉米比较耐旱，但开花期必须水量充足，否则会造成减产。

玉蜀黍地带豆，十年九不漏。

y²¹³ ʂʅ⁴² ʂʅ⁰ ti²¹³ tai²¹³ tou²¹³   ʂʅ⁴² nian⁴² tɕiou⁵⁵ pu²⁴⁻⁴² lou²¹³

指玉米地套种黄豆、绿豆等，多有好收成。又作：蜀黍地带豆，十有九回收。

玉蜀黍见 ᴰ 铁，一夜一个节。

y²¹³ ʂʅ⁴² ʂʅ⁰ tɕiɛ²¹³ tʻiɛ²⁴　i²⁴⁻⁴² iɛ²¹³ i²⁴⁻⁴² kə⁰ tɕiɛ²⁴

指玉米多锄，能促其生长。铁：指锄头。见 ᴰ：动词变韵表终点义，可替换为"见到"。

玉蜀黍去了头，力气大如牛。

y²¹³ ʂʅ⁴² ʂʅ⁰ tɕʻy²¹³ lə⁰ tʻou⁴²　li²⁴ tɕʻi⁰ ta²¹³ zʅ⁴² niou⁴²

指玉米即将成熟的时候，将玉米秆儿顶端的部分打折或去掉，所有的营养就会集中在穗子上，籽粒会更饱满。去：去掉。

玉，碎 ᴰ 也是玉。

y²¹³　suɛ²¹³ iɛ⁰ ʂʅ⁰ y²¹³

喻指有价值的东西，即使损坏了仍然具有价值。也喻指有才能的人，即使暂时被埋没，也终有显本领的时候。碎 ᴰ：碎了，动词变韵表完成义。

遇见个骨璒锅嘞，朝住好几 ᴴ 兴秤嘞。

y²¹³ tɕian⁰ kə⁰ ku⁴² lu⁴² kuə²⁴ lə⁰　tʂʻau⁴² tʂʅ⁰ xau²¹³ tɕiɛ⁵⁵ ɕiŋ²⁴ tʂʻəŋ²¹³ lə⁰

本义指修锅、补锅，比在杆称上镶嵌秤星所用的金属量要多出许多倍。喻指一旦有合适的机遇，就能得到更大的收益。骨璒锅：修锅、补锅。兴秤：当为"修秤"，即在杆秤上镶嵌用以称重计量的金属秤星。朝住：抵上。几 ᴴ："几个"的合音。

冤死 ᴰ 不告状，饿死 ᴰ 不做贼。

yan²⁴ sʅə⁰ pu²⁴⁻⁴² kau²¹³ tʂuaŋ²¹³　ə²¹³ sʅə⁰ pu²⁴⁻⁴² tsuə²¹³ tsei⁴²

指旧时官府黑暗，百姓宁受冤屈也不告状；人要有气节，宁可饿死也不去偷。两个分句都可以单独用作谚语。死 ᴰ：动词变韵表加强肯定语气。

冤有头，债有主。

yan²⁴ iou⁵⁵ tʻou⁴²　tʂai²¹³ iou⁵⁵⁻⁴² tʂʅ⁵⁵

指申冤、讨债要找当事人，不要殃及无辜。

原汤化原食。

yan⁴² tʻaŋ²⁴ xua²¹³ yan⁴² ʂʅ⁴²

指吃过饺子、面条、汤圆儿等食物后，再喝一些煮这些食物剩下的汤汁，更有助于消化。原汤：煮熟食物的原锅汤汁。

远路从近处开始，大事由小事做起。

yan⁵⁵ lu²¹³ tsʻuəŋ⁴² tɕin²¹³ tʂʻʅ²¹³ kʻai²⁴ ʂʅ⁵⁵　ta²¹³ ʂʅ²¹³ iou⁴² ɕiau⁵⁵ ʂʅ²¹³ tsuə²¹³ tɕ'i⁵⁵

喻指做事要脚踏实地、循序渐进，做好小事才能成就大事，做小事是成大事的关键。

远亲不如近邻，近邻不如对门。

yan⁵⁵ tɕ'in²⁴ pu²⁴ ʐʅ⁴² tɕin²¹³ lin⁴²　tɕin²¹³ lin⁴² pu²⁴ ʐʅ⁴² tuei²¹³ mən⁴²

指亲戚再好，由于相距较远，也不如邻居尤其是对门邻居能随时相互照应；告诫人们要处好邻里关系。前一个分句也可以单独用作谚语。

远人不给 ᴅ 近人出智谋。

yan⁵⁵ zən⁴² pu²⁴⁺⁴² kɛ⁰ tɕin²¹³ zən⁴² tʂu²⁴ tʂʅ²¹³ mu⁰

指血缘关系较远的人，不能为血缘关系较近的人谋划相互对付的办法。智谋：办法、计谋。

远水不解近渴。

yan⁵⁵⁺⁴² ʂuei⁵⁵ pu²⁴ tɕiɛ⁵⁵ tɕin²¹³ k'ə²⁴

喻指缓慢的措施或迟来的救援，解不了燃眉之急。

愿赌服输。

yan²¹³ tu⁵⁵ fu⁴² ʐu²⁴

指自愿与别人打赌或赌博，赌输的后果就要接受，不可反悔。

月过十五光明少，人过三十不少年。

yɛ²⁴ kuə²¹³ ʂʅ⁴² u⁵⁵ kuaŋ²⁴ miŋ⁴² ʂau⁵⁵　zən⁴² kuə²¹³ san²⁴ ʂʅ⁴² pu²⁴⁺⁴² ʂau²¹³ nian⁴²

指时光珍贵，人过三十岁，已不再青春年少，应有所作为。

月亮长毛，大雨来到。

yɛ²⁴ liaŋ⁰ tʂaŋ⁵⁵ mau⁴²　ta²¹³ y⁵⁵ lai⁴² tau²¹³

指出现月晕现象，预示会下大雨。又作：月亮生毛毛，大雨水泡泡。/ 月亮生毛，大雨滔滔。

月牙儿立楞，少雨多风；月牙儿圆凹，不久都下。

yɛ²⁴ iɚ⁴² li²⁴ ləŋ⁰　ʂau⁵⁵⁺⁴² y⁵⁵ tuə²⁴ fəŋ²⁴　yɛ²⁴ iɚ⁴² yan⁴² ua²¹³　pu²⁴ tɕiou⁵⁵ tou⁰ ɕia²¹³

指月牙呈竖立状，预示少雨多风；月牙呈横卧状，则预示会有降雨。立楞：物体竖立的状态。圆凹：物体横卧的状态。

月 ᶻ 里 ᴴ 嘚病月 ᶻ 里 ᴴ 治。

yau²⁴ liou⁰ lɛ⁰ piŋ²¹³ yau²⁴ liou⁰ tʂʅ²¹³

指坐月子时落下病，在下一次坐月子时医治，疗效最好。月 ᶻ：月子。

越害怕，鬼来吓。

yɛ²⁴ xai²¹³ p'a²¹³　kuei⁵⁵ lai⁴² ɕia²¹³

指越是怕出事，偏偏越出事。

越渴越给ᴰ你端盐水。

yɛ²⁴ k'ə²⁴ yɛ²⁴ kɛ⁵⁵⁻²¹³ ni⁰ tuan²⁴ ian⁴² ʂuei⁵⁵

喻指现实情况与实际需求恰恰相反，非但不能解决问题，反而使情况更糟糕。

越瘸越使ᴰ棍儿敲。

yɛ²⁴ tɕ'yɛ⁴² yɛ²⁴ ʂn̩⁵⁵ kuər²¹³ tɕ'iau²⁴

同"越渴越给ᴰ你端盐水"。使：介词，用。

越说你脚小，你越扶ᴰ墙走。

yɛ²⁴ ʂuə²⁴ ni⁵⁵ tɕyə²⁴ ɕiau⁵⁵　ni⁵⁵ yɛ²⁴ fuə⁴² tɕ'iaŋ⁴² tsou⁵⁵

喻指人不识趣、不自量，将别人对自己（言不由衷）的评价信以为真，且立刻就从言行上显示出来，洋洋自得；多用作调侃、戏谑之语。扶ᴰ：扶着，动词变韵表持续义。

越说你胖，你还真喘起ᴴ了。

yɛ²⁴ ʂuə²⁴ ni⁵⁵ p'aŋ²¹³　ni⁵⁵ xai⁴² tʂən²⁴ tʂ'uan⁵⁵ tɕ'iai⁰ lə⁰

同"越说你脚小，你越扶ᴰ墙走"。

越有越有，越冇越冇。

yɛ²⁴ iou⁵⁵ yɛ²⁴ iou⁵⁵　yɛ²⁴ mau²⁴ yɛ²⁴ mau²⁴

指人越有钱，越有本金、有条件挣钱；越没钱，越挣不到钱。有：富有。冇：贫困。

云里ᴴ嘞日头，后娘嘞拳头。

yn⁴² liou⁰ lɛ⁰ zn̩²¹³⁻²⁴ t'ou⁰　xou²¹³ niaŋ⁴² lɛ⁰ tɕ'yan⁴² t'ou⁰

指尽管太阳躲在云层中，天气却异常闷热，就像继母打继子女的拳头下手很重一样。

云起ᴰ东南长，有雨不过晌。

yn⁴² tɕ'iɛ⁵⁵ tuən²⁴ nan⁴² tʂaŋ⁵⁵　iou⁵⁵⁻⁴² y⁵⁵ pu²⁴⁻⁴² kuə²¹³ ʂaŋ⁵⁵

指如果乌云出现在东南方向，即使有雨，也不会持续太长时间。起ᴰ：介词，从。晌：中午。

云起ᴰ西北起，必定有风雨。

yn⁴² tɕ'iɛ⁵⁵ ɕi²⁴ pei²⁴ tɕ'i⁵⁵　pi⁵⁵ tiŋ²¹³ iou⁵⁵ fəŋ²⁴ y⁵⁵

指如果乌云出现在西北方向，必定会带来风雨。起ᴰ：从。

云往东，一阵风；云往南，水涟涟；云往西，披蓑衣；云往北，晒谷堆。

yn⁴² uaŋ⁵⁵ tuəŋ²⁴ i²⁴⁻⁴² tʂən²¹³ fəŋ²⁴ yn⁴² uaŋ⁵⁵ nan⁴² ʂuei⁵⁵ lian⁴² lian⁴² yn⁴² uaŋ⁵⁵ ɕi²⁴ pʻei²⁴ suə²⁴ i²⁴ yn⁴² uaŋ⁵⁵ pei²⁴ ʂai²¹³ ku²⁴ tsuei²⁴

指云彩的走向可以预示天气的变化：云向东预示刮风，云向南、向西预示降雨，云往北则预示天气晴朗。又作：云往东，一阵风；云往南，水成潭；云往西，披蓑衣；云往北，一阵灰。／云往东，一场空；云往南，雨潭潭；云往西，关爷骑马披蓑衣；云往北，满天灰。

云往南，雨漂船。

yn⁴² uaŋ⁵⁵ nan⁴² y⁵⁵ pʻiau²⁴ tʂʻuan⁴²

指云彩向南漂移，往往会降大雨。

云下山顶必有雨，云上山顶好晒衣。

yn⁴² ɕia²¹³ ʂan²⁴ tiŋ⁵⁵ pi⁵⁵ iou²⁴⁻⁴² y⁵⁵ yn⁴² ʂaŋ²¹³ ʂan²⁴ tiŋ⁵⁵ xau⁵⁵ ʂai²¹³ i²⁴

指云彩由高降低预示降雨，由低升高预示晴天。

Z

栽竹没时儿，雨后有利儿。

tsai²⁴ tʂu²⁴ mu⁴² ʂər⁴² y⁵⁵ xou²¹³ iou⁵⁵ liər²¹³

指栽种竹子不分季节，但在雨后栽种成活率高。又作：栽竹没时，雨后便宜。

再大嘞老鼠也怕猫。

tsai²¹³ ta²¹³ lɛ⁰ lau⁵⁵⁻⁴² ʂʐ⁰ iɛ⁵⁵ pʻa²¹³ mau⁴²

喻指为非作歹的人，职位再高，也会有所畏惧。

再狡猾嘞狐狸，也斗不过好猎手。

tsai²¹³ tɕiau²⁴ xua⁴² lɛ⁰ xu⁵⁵ li⁰ iɛ⁵⁵ tou²¹³ pu²⁴⁻⁴² kuə²¹³ xau⁵⁵ lɛ²⁴ ʂou⁵⁵

喻指坏人再狡诈，最终也逃脱不了应有的惩罚。

在家不□人，出门儿没人□。

kai²¹³ tɕia²⁴ pu²⁴ tɕʻyə²⁴ zən⁴² tʂʻʅ²⁴ mər⁴² mu⁴² zən⁴² tɕʻyə²⁴

指平时不蒙骗人，出了远门也不会被蒙骗。□：坑蒙拐骗。同类谚语还有："在家不讹人，出门没人讹。""在家不打人，出门没人打。""在家不惹人，出门没人惹。""在家不戗人，出门没人戗。"

在家粪脏，送ᴰ地粪香。

kai²¹³ tɕia²⁴ fən²¹³ tsaŋ²⁴ suo²¹³ ti²¹³ fən²¹³ ɕiaŋ²⁴

指沤积粪肥虽然比较脏，但却是种庄稼必不可少的；劝说人们多积农家肥。粪：农家肥。送ᴰ：送到，动词变韵表终点义。

在家结邻，出门儿结伴儿。

kai²¹³ tɕia²⁴ tɕiɛ²⁴ lin⁴² tʂʻʅ²⁴ mər⁴² tɕiɛ²⁴ por²¹³

指人不要独来独往、独居独处，以防不测。出门儿：外出。

在家靠父母，出门儿靠朋友。

kai²¹³ tɕia²⁴ kʻau²¹³ fu²¹³ mu⁵⁵ tʂʻʅ²⁴ mər⁴² kʻau²¹³ pʻəŋ⁴² iou⁰

指在家时靠父母帮衬，出门在外遇到困难只有靠朋友帮忙了；告诫世人要与人为善，多交朋友。

在家怕鬼，出门儿怕水。

kai²¹³ tɕia²⁴ pʻa²¹³ kuei⁵⁵ tʂʻʅ²⁴ mər⁴² pʻa²¹³ ʂuei⁵⁵

指在家里有时会疑神疑鬼；到了陌生之地，不知水深浅，不敢轻易下水。又作：远怕水，近怕鬼。

在家千日好，出门儿一日难。

kai²¹³ tɕia²⁴ tɕʻian²⁴ ʐʅ²¹³ xau⁵⁵ tʂʻʅ²⁴ mər⁴² i²⁴⁻⁴² ʐʅ²¹³ nan⁴²

指出门在外往往会有许多不便之处，不会像在家里一样事事方便。

咱俩谁跟ᴰ谁呀。

tsan⁴² lia⁵⁵ ʂei⁴² kɛ²⁴ ʂei⁴² ia⁰

指双方关系非常亲密，不分彼此，不用客气；多用于与对方套近乎。

糟蹋珍珠粮，日子过不强。

tsau²⁴ tʻa⁰ tsən⁵⁵ tʂʅ²⁴ liaŋ⁴² ʐʅ²¹³ tsʅ⁰ kuə²¹³ pu²⁴ tɕʻiaŋ⁴²

指不懂节俭、浪费粮食的人，过不上好日子。

早吃好，午吃饱，晚吃少。

tsau⁵⁵ tʂʻʅ²⁴ xau⁵⁵ u⁵⁵ tʂʻʅ²⁴ pau⁵⁵ uan⁵⁵ tʂʻʅ²⁴ ʂau⁵⁵

指早饭注重营养、午饭饭量充足、晚饭适当节制，有益于健康。

早起嘞鸟儿有虫吃。

tsau⁵⁵⁻⁴² tɕʻi⁵⁵ lɛ⁰ nior⁴⁵ iou⁵⁵ tʂʻuəŋ⁴² tʂʻʅ²⁴

喻指勤奋才能有收获、有成就。

早起三光，晚起三慌。

tsau⁵⁵⁻⁴² tɕʻi⁵⁵ san²⁴ kuaŋ²⁴ uau⁵⁵⁻⁴² tɕʻi⁵⁵ san²⁴ xuaŋ²⁴

指起床早时间宽裕，能沉着有序地把事情做好；起床晚则会手忙脚乱。

三：概数，表示多。光：周详。

早起三朝顶一ᴴ工，早起三年顶一冬。

tsau⁵⁵⁻⁴² tɕʻi⁵⁵ san²⁴ tʂau²⁴ tiŋ⁵⁵ yə²⁴ kuaŋ²⁴ tsau⁵⁵⁻⁴² tɕʻi⁵⁵ san²⁴ nian⁴² tiŋ⁵⁵ i²⁴ tuəŋ²⁴

同"三早当一工"。朝：早晨。一 ᴴ："一个"的合音。

早起早睡，精神百倍。
tsau⁵⁵⁻⁴² tɕ'i⁵⁵ tsau⁵⁵ ʂei²¹³　tɕiŋ²⁴ ʂən⁰ pɛ²⁴ pei²¹³

指早起早睡有利于身心健康。

早睡晚起，不惹闲气。
tsau⁵⁵ ʂei²¹³ uau⁵⁵⁻⁴² tɕ'i⁵⁵　pu²⁴ ʐɿə⁵⁵ ɕian⁴² tɕ'i²¹³

喻指少出门，少交往，就能少招或免招是非。

早死早托成。
tsau⁵⁵⁻⁴² sɿ⁵⁵ tsau⁵⁵ t'uə²⁴ tʂ'əŋ⁰

喻指让事情（多指不如意的事）尽早了结，即使事与愿违，也要尽快解脱。托成：托生。

早剃头，早凉快。
tsau⁵⁵ t'i²¹³ t'ou⁴²　tsau⁵⁵ liaŋ⁴² k'uai⁰

喻指该面对的事情，无论结果如何，只要尽早了结，就不用再牵挂了。

早要孩ᶻ早得济，早娶媳妇儿早生气。
tsau⁵⁵ iau²¹³ xɛau⁴² tsau⁵⁵ tɛ²⁴ tɕi²¹³　tsau⁵⁵ tɕ'y⁵⁵ ɕi⁴² fər⁰ tsau⁵⁵ ʂən²⁴ tɕ'i²¹³

指生孩子早可以尽早得到孩子的回报，而早娶儿媳妇儿却可能使家庭早生闲气。要孩ᶻ：生孩子。得济：得到晚辈的赡养和照顾。又作：早有儿早得济，早娶媳妇儿早生气。

早知ᴴ尿床，一夜不睡觉。
tsau⁵⁵ tʂo²⁴ niau²¹³ tʂ'uaŋ⁴²　i²⁴⁻⁴² iɛ²¹³ pu²⁴⁻⁴² ʂei²¹³ tɕiau²¹³

喻指如果知道事情会有如此后果，一定会及早想办法避免。

早种十天不算早，晚种十天不得了。
tsau⁵⁵ tʂuəŋ²¹³ ʂɿ⁴² t'ian²⁴ pu²⁴⁻⁴² suan²¹³ tsau⁵⁵　uan⁵⁵ tʂuəŋ²¹³ ʂɿ⁴² t'ian²⁴ pu²⁴ tɛ²⁴ liau⁵⁵

指种植冬小麦宜早不宜迟。

早种一天多一石，晚种一天少两斗。
tsau⁵⁵ tʂuəŋ²¹³ i²⁴ t'ian²⁴ tuə²⁴ i²⁴⁻⁴² tan²¹³　uan⁵⁵ tʂuəŋ²¹³ i²⁴ t'ian²⁴ ʂau⁵⁵ liaŋ⁵⁵⁻⁴² tou⁵⁵

同"早种十天不算早，晚种十天不得了"。石、斗：古代重量单位，十斗为"一石"。

枣花儿落地馍馍熟。
tsau⁵⁵ xuɐr²⁴ luə²⁴ ti²¹³ muə⁴² muə⁰ ʂu⁴²

指枣花儿落的时候，也是小麦成熟收割的季节。

枣树当年不算死，柳树当年不算活。

tsau⁵⁵ ʂu⁰ taŋ²⁴ nian⁴² pu²⁴⁺⁴² suan²¹³ sɿ⁵⁵ liou⁵⁵ ʂu⁰ taŋ²⁴ nian⁴² pu²⁴⁺⁴² suan²¹³ xuə⁴²

指新栽的枣树好像没有成活，但第二年成活的可能性很大；而新栽的柳树好像成活了，但第二年的死亡率却很高。

枣芽儿发，种棉花。

tsau⁵⁵ iɐr⁴² fa²⁴ tʂuəŋ²¹³ mian⁴² xua⁰

指枣树发芽的时候，正是种棉花的时节。

灶灰湿成块，必有大雨来。

tsau²¹³ xuei²⁴ sɿ²⁴ tʂ'əŋ⁰ k'uai²¹³ pi⁵⁵⁺⁴² iou⁵⁵ ta²¹³ y⁵⁵ lai⁴²

指天气湿潮，预示要降雨。灶灰：柴火灶底的灰。

灶火不出烟，必有连阴天①**。**

tsau²¹³ xuə⁰ pu²⁴ tʂ'u²⁴ ian²⁴ pi⁵⁵⁺⁴² iou⁵⁵ lian⁴² in⁰ t'ian²⁴

指烟囱如果不能顺利出烟，预示连日阴天。灶火：厨房，这里指烟囱。

灶火没柴难做饭，地里ᴴ没肥难增产。

tsau²¹³ xuə⁰ mu⁴² tʂ'ai⁴² nan⁴² tsu²¹³ fan²¹³ ti²¹³ liou⁰ mu⁴² fei⁴² nan⁴² tsəŋ²⁴ tʂ'an⁵⁵

喻指庄稼要高产，必须要施足粪肥。灶火：厨房。

灶膛嘞土，能赛虎。

tsau²¹³ t'aŋ⁴² lɛ⁰ t'u⁵⁵ nəŋ⁴² sai²¹³ xu⁵⁵

指灶膛里的土肥力很大。灶：用土坯、砖等制成的生火做饭的设备。灶膛：灶内燃放柴草的空间，又叫"灶肚子"。又作：灶膛土，地里虎。

灶膛砌嘞小，一ᴴ月省挑ᶻ草。

tsau²¹³ t'aŋ⁴² tɕ'i²¹³ lɛ⁰ ɕiau⁵⁵ yə²⁴ yɛ²⁴ ʂəŋ⁵⁵ t'iæu²⁴ ts'au⁵⁵

指灶膛小能节约柴草。一ᴴ："一个"的合音。挑ᶻ：一挑子。

贼偷一更，防贼一夜。

tsei⁴² t'ou²⁴ i²⁴ kəŋ²⁴ faŋ⁴² tsei⁴² i²⁴⁺⁴² iɛ²¹³

喻指要时刻警惕，不能稍有麻痹，以防万一。

---

① 这是一种物理现象：正常情况下，烟的密度小于空气的密度，烟是向上走的；当阴天时，空气中水分子增加、空气密度大于烟的密度，形成烟囱内与外面的大气压差减小，从而使烟囱的吸力降低，导致烟无法穿过空气，烟囱也不能顺利出烟。

瞻前顾后，吃穿不漏。
tṣan²⁴ tɕ'ian⁴² ku²¹³ xou²¹³　tṣ'ʅ²⁴ tṣ'uan²⁴ pu²⁴⁻⁴² lou²¹³
指过日子要有计划，要精打细算，细水长流。

斩草不除根，留下祸害根。
tṣan⁵⁵⁻⁴² ts'au⁵⁵ pu²⁴ tṣ'ʅ⁴² kən²⁴　liou⁴² ɕia²¹³ xuə²¹³ xai⁰ kən²⁴
喻指除恶务尽，否则就会留下祸患。

占小便宜儿吃大亏。
tṣan²¹³ ɕiau⁵⁵ p'ian⁴² iər⁰ tṣ'ʅ²⁴ ta²¹³ k'uei²⁴
指一时贪图小利，日后必吃大亏。

占着茅缸 ᶻ 不拉屎。
tṣan²¹³ tṣʅ⁰ mau⁴² kæŋ²⁴ pu²⁴ la²⁴ ʂʅ⁵⁵
喻指占着位置或资源，自己不作为，还耽误别人做事；含贬义。茅缸 ᶻ：也作"茅坑"，指厕所。

站嘞高，看嘞远。
tṣan²¹³ nɛ⁰ kau²⁴　kan²¹³ nɛ⁰ yan⁵⁵
喻指多角度、全方位看问题，才有利于从长计议；告诫人们不要拘于一个层面看问题和处理事情。

站 ᴰ 那儿说话不腰疼。
tṣæ²¹³ nɐr⁰ ʂʅə²⁴ xua²¹³ pu²⁴ iau²⁴ t'əŋ⁰
喻指事不关己，说些无关紧要的话是很容易的；有讥讽、戏谑意味。
站 ᴰ：站着，动词变韵表状态义。

张和尚，李和尚，顷刻轮到恁门儿上。
tṣaŋ²⁴ xuə⁴² tṣ'æŋ⁰　li⁵⁵ xuə⁴² tṣ'æŋ⁰　tɕ'yŋ⁵⁵ k'ɛ²⁴ lyn⁴² tau⁰ nən⁵⁵ mər⁴² ʂaŋ⁰
喻指谁都有可能遇到难事、尴尬事，顺境中的人不要讥笑处于困境中的人。顷刻：不久、很快；"顷"读音特殊。

长兄如父，老嫂比母。
tṣaŋ⁵⁵ ɕyŋ²⁴ zʅ⁴² fu²¹³　lau⁵⁵⁻⁴² sau⁵⁵ pi⁵⁵⁻⁴² mu⁵⁵
指长兄长嫂应代替父母，承担抚养教育弟弟妹妹的责任。老嫂：长嫂。

长嘴嘞要吃，长根嘞要肥。
tṣaŋ⁵⁵⁻⁴² tsuei⁵⁵ lɛ⁰ iau²¹³ tṣ'ʅ²⁴　tṣaŋ⁵⁵ kən²⁴ nɛ⁰ iau²¹³ fei⁴²
指动物一定要喂食，植物一定要施肥。

丈母娘见 ᴰ 女婿亲，因为闺女连着心。
tṣaŋ²¹³ mu⁰ niaŋ⁴² tɕiæ²¹³ ny⁵⁵ ɕy⁰ tɕ'in²⁴　in²⁴ uei⁰ kuei²⁴ ny⁰ lian⁴² tṣuə⁰

ɕin²⁴

指岳母爱屋及乌,疼爱女婿为的是自己的女儿。见 ᴅ:介词,对。

丈母娘瞧女婿,咋瞧咋满意。

tʂaŋ²¹³ mu⁰ niaŋ⁴² tɕ'iau⁴² ny⁵⁵ ɕy⁰   tsa⁵⁵ tɕ'iau⁴² tsa⁵⁵ man⁵⁵ i²¹³

指岳母都很疼爱女婿。咋:怎么。又作:丈母娘瞧女婿,越瞧越欢喜。

丈母娘疼女婿,普天下都是一个理。

tʂaŋ²¹³ mu⁰ niaŋ⁴² t'əŋ⁴² ny⁵⁵ ɕy⁰   p'u⁵⁵ t'ian²⁴ ɕia⁰ tou²⁴⁼⁴² sʅ²¹³ i²⁴⁼⁴² kə⁰ li⁵⁵

指天下的岳母都一样,都会(因疼女儿而)疼爱女婿。又作:丈母娘疼女婿,普天下都是一样的。

账要勤算,磨要勤锻。

tʂaŋ²¹³ iau²¹³ tɕ'in⁴² suan²¹³   muə²¹³ iau²¹³ tɕ'in⁴² tuan²¹³

指合伙做生意要经常算账,以免引起不必要的纠纷。锻:用钢钎等工具对石磨的磨合部位进行刻凿,使其更容易磨碎谷物。

账要勤算,书要勤念。

tʂaŋ²¹³ iau²¹³ tɕ'in⁴² suan²¹³   ʂʅ²⁴ iau²¹³ tɕ'in⁴² nian²¹³

指合伙经营要经常算账,读书学习要持之以恒。

照着猫能画虎,比着葫芦画个瓢。

tʂau²¹³ tʂʅ⁰ mau⁴² nəŋ⁴² xua²¹³ xu⁵⁵   pi⁵⁵ tʂʅ⁰ xu⁴² lu⁰ xua²¹³ kə⁰ p'iau⁴²

喻指许多事情、许多时候,可以模仿他人行事。

这才哪儿到 ᴅ 哪儿呀!

tʂɚ⁵⁵ ts'ai⁰ nɚ⁵⁵ to²¹³ nɚ⁵⁵ ia⁰

指事情才刚刚开始,即使出现失误也不必放在心上,来日方长,必有可为。到 ᴅ:到了,动词变韵表完成义。

这山望着那山高。

tʂɚ⁵⁵ ʂan²⁴ uaŋ²¹³ tʂʅ⁰ na²¹³ ʂan²⁴ kau²⁴

喻指人往往认为未得到的一定比已经拥有的好,不知满足,见异思迁。

针鼻儿按,㦎眼散。

tʂən²⁴ piɚ⁴² nan²¹³   tɕyɛ⁴² ian⁰ san²¹³

指治疗㦎眼的一种土办法:用针鼻儿按压数次,㦎眼就会慢慢消失。㦎眼:因用眼过度、上火等原因而在睑板腺或睫毛毛囊中长出的麦粒肿。"按"读音特殊。

针鼻儿大嘞窟窿斗大嘞风。

tʂən²⁴ piɚ⁴² ta²¹³ lɛ⁰ ku²⁴ luəŋ⁰ tou⁵⁵ ta²¹³ lɛ⁰ fəŋ²⁴

喻指小小漏洞就能坏了大事。斗:量粮食的器具。

针尖儿多了，能铸成柱；碎石多了，能垒成屋。
tʂən²⁴ tɕior²⁴ tuə²⁴ lə⁰　nəŋ⁴² tɕy²¹³ tsʻəŋ⁰ tʂʅ²¹³　suei²¹³ ʂʅ⁴² tuə²⁴ lə⁰ nəŋ⁴² luei⁵⁵ tʂʻəŋ⁰ u²⁴

喻指节约一点一滴，就能积少成多。"铸"读音特殊。

真嘞不是假嘞，假嘞也成不了真嘞。
tʂən²⁴ nɛ⁰ pu²⁴⁺⁴² ʂʅ²¹³ tɕia⁵⁵ lɛ⁰　tɕia⁵⁵ lɛ⁰ iɛ⁰ tsʻəŋ⁴² pu⁰ liau⁰ tʂən²⁴ nɛ⁰

指真假不容混淆，即使一时能够以假乱真，最终也会露出本相。又作：真嘞假不了，假嘞真不了。

真人不露相，露相非真人。
tʂən²⁴ zən⁴² pu²⁴⁺⁴² lou²¹³ ɕiaŋ²¹³　lou²¹³ ɕiaŋ²¹³ fei²⁴ tʂən²⁴ zən⁴²

喻指真正有能力、有地位的人往往谦逊低调，而能力不强、水平不高的人反而喜欢炫耀。

正月怕暖，二月怕寒，三月怕霜雪，四月怕雾天，五月就怕大风旋。
tʂəŋ²⁴ yɛ⁰ pʻa²¹³ nuan⁵⁵　ər²¹³ yɛ⁰ pʻa²¹³ xan⁴²　san²⁴ yɛ⁰ pʻa²¹³ ʂuaŋ²⁴ ɕyɛ²⁴ sʅ²¹³ yɛ⁰ pʻa²¹³ u²¹³ tʻian²⁴　u⁵⁵ yɛ⁰ tou²¹³ pʻa²¹³ ta²¹³ fəŋ²⁴ ɕyan⁴²

指正月气温偏高、二月气温偏低、三月有霜雪、四月有雾天、五月刮大风，都是影响小麦生长的不利因素。

正想 ᴰ 瞌睡嘞，送 ᴰ 来个枕头。
tʂəŋ²¹³ ɕiæŋ⁵⁵ kʻə⁴² ʂei⁰ lɛ⁰　suo²¹³ lai⁰ kə⁰ tʂən²¹³ tʻou⁰

喻指他人提供的条件、物品、帮助等，非常适合需要，又十分及时。想 ᴰ：想着，动词变韵表持续义。送 ᴰ：动词变韵仅作为单趋式中一个强制性形式成分，不表实际意义。又作：正想 ᴰ 瞌睡嘞，给 ᴰ 个枕头。

正业不务，吃掉衣裤。
tʂəŋ²¹³ iɛ²⁴ pu²⁴⁺⁴² u²¹³　tsʻʅ²⁴ tiau²¹³ i²⁴ kʻu²¹³

同"游手好闲，倾家荡产"。

芝麻地里 ᴴ 带豇豆，两样儿都管收。
tʂʅ²⁴ ma⁰ ti²¹³ liou²⁴ tai²¹³ tɕiaŋ²⁴ tou⁰　liaŋ⁵⁵ iɚ²¹³ tou²⁴ kuan⁵⁵ ʂou²⁴

指芝麻和豇豆两种作物套种，会有好收成。收：丰收。

知错就改不算错。
tʂʅ²⁴ tsʻuə²¹³ tɕiou²¹³ kai⁵⁵ pu²⁴⁺⁴² suan²¹³ tsʻuə²¹³

指人犯错误，只要改正就可以了，不能揪住不放。

知海知水不知深，知树知叶不知根，知人知面不知心。
tʂʅ²⁴ xai⁵⁵ tʂʅ²⁴ ʂuei⁵⁵ pu²⁴ tʂʅ²⁴ tsʻən²⁴　tʂʅ²⁴ ʂʅ²¹³ tʂʅ²⁴ iɛ²⁴ pu²⁴ tʂʅ²⁴ kən²⁴

tʂʅ²⁴ zən⁴² tʂʅ²⁴ mian²¹³ pu²⁴ tʂʅ²⁴ ɕin²⁴

同"画龙画虎难画骨,知人知面不知心"。

侄女儿似玛,外甥儿似舅。

tʂʅ⁴² nyər⁰ sʅ²¹³ ma⁵⁵　uai²¹³ ʂər⁰ sʅ²¹³ tɕiou²¹³

指女孩子的容貌仿姑姑,男孩子的容貌仿舅舅。似:仿似。玛:姑姑。

只顾低头拉车,不顾抬头看路。

tʂʅ²⁴⁺⁴² ku²¹³ ti²⁴ tʻou⁴² la²⁴ tʂʻə²⁴　pu²⁴⁺⁴² ku²¹³ tʻai⁴² tʻou⁴² kʻan²¹³ lu²¹³

喻指虽踏实勤奋,却不识时务、不善思考,往往会事倍功半,最终也很难有好结果。

只要功夫深,铁梁磨绣针。

tʂʅ²⁴⁺⁴² iau²¹³ kuəŋ²⁴ fu⁰ tʂʻən²⁴　tʻiɛ²⁴ liaŋ⁴² muə⁴² ɕiou²¹³ tʂən²⁴

同"铁梁磨绣针,功到自然成"。

只要肯苦钻,行行出状元。

tʂʅ²⁴⁺⁴² iau²¹³ kʻən⁵⁵ kʻu⁵⁵ tsuan²⁴　xaŋ⁴² xaŋ⁴² tʂʻʅ²⁴ tʂuaŋ²¹³ yan⁰

指只要吃苦耐劳、认真钻研,无论干哪一行,都能做出优异成绩。

只要立嘞正,不怕影影儿歪。

tʂʅ²⁴⁺⁴² iau²¹³ li²⁴ lɛ⁰ tʂən²¹³　pu²⁴⁺⁴² pʻa²¹³ iŋ⁵⁵ iər⁰ uai²⁴

喻指为人坦荡清白、行为端正,就不怕流言蜚语。影影儿:影子。

只要勤干,事儿成一半。

tʂʅ²⁴⁺⁴² iau²¹³ tɕʻin⁴² kan²¹³　ʂər²¹³ tʂʻəŋ⁴² i²⁴⁺⁴² pan²¹³

指只要勤奋肯干,就一定能成功。

只要人勤勤,吃饭有把准。

tʂʅ²⁴⁺⁴² iau²¹³ zən⁴² tɕʻin⁴² tɕʻin⁰　tʂʻʅ²⁴ fan²¹³ iou⁵⁵ pa⁵⁵⁺⁴² tʂuan⁰

指人只要勤快,就会有好日子。勤勤:勤快。

只要思想不滑坡,办法儿总比 ᴅ 困难多。

tʂʅ²⁴⁺⁴² iau²¹³ sʅ²⁴ ɕiaŋ⁰ pu²⁴ xua⁴² pʻuə²⁴　pan²¹³ fɚ⁰ tsuəŋ⁵⁵⁺⁴² piɛ⁵⁵ kʻuən²¹³ nan⁴² tuə²⁴

指只要有信心,就没有战胜不了的困难,没有解决不了的问题。

只要栽 ᴅ 那儿树,都有吃果日儿。

tʂʻʅ²⁴⁺⁴² iau²¹³ tsɛ²⁴ nɚ⁰ ʂʅ²¹³　touʻ⁰ iou⁵⁵ tʂʻʅ²⁴ kuə⁵⁵ zɚ²¹³⁺²⁴

喻指只要有付出,就有了盼头,就一定会有回报。栽 ᴅ:栽到,动词变韵表终点义。都:就。日儿:日子、时候;无规则变调。

只有冻死嘞苍蝇,没冇使死嘞蜜蜂。

tʂʅ²⁴ iou⁵⁵ tuəŋ²¹³ sʅ⁰ lɛ⁰ tsʻaŋ²⁴ iŋ⁰　mu⁴² mau⁰ ʂʅ⁵⁵ sʅ⁰ lɛ⁰ mi²⁴ fəŋ⁰

喻指没有因勤劳而累死的人；告诫世人要勤劳。使：累、疲劳。

只有懒汉不耕，没冇黄土不生。

tṣʅ²⁴ iou⁵⁵ lan⁵⁵ xan²¹³ pu²⁴ kəŋ²⁴　mu⁴² mau⁰ xuaŋ⁴² tʻu⁵⁵ pu²⁴ ṣəŋ²⁴

指只要耕耘，就会有收获。

只有蹚过河，才知ᴴ水深浅。

tṣʅ²⁴ iou⁵⁵ tʻaŋ²⁴ kuə²¹³ xə⁴² tsʻai⁴² tṣo²⁴ ṣuei⁵⁵ tṣʻən²⁴ tɕʻian⁵⁵

喻指只有亲身经历过，才能真正了解实际情况。

纸里ᴴ包不住火，雪里ᴴ埋不住炭。

tṣʅ⁵⁵ liou⁰ pau²⁴ pu⁰ tṣu⁰ xuə⁵⁵　ɕyɛ²⁴ liou⁰ mai⁴² pu⁰ tṣu⁰ tʻan²¹³

喻指真相迟早会有暴露的时候。两个分句都可单独用作谚语，意思与整句相同。又作：纸里ᴴ包不住火，雪里ᴴ埋不住死小孩ᶻ。

治聋嘞，治成哑巴了。

tṣʅ²¹³ luəŋ⁴² lɛ⁰　tṣʅ²¹³ tṣʻəŋ⁰ ia⁵⁵ pa⁰ lə⁰

喻指治好了这个毛病，却因此又造成了另一个更严重的毛病。

治年恶人少，乱世冤案多。

tṣʅ²¹³ nian⁴² ə²⁴ zən⁴² ṣau⁵⁵　luan²¹³ ṣʅ²¹³ yan²⁴ an²¹³ tuə²⁴

指太平年代政治清明、法制健全，胡作非为的人自然而然会减少；而政治黑暗、法制不健全的社会，难免造成大量冤案。治：太平、安定。

置嘞没冇省嘞准。

tṣʅ²¹³ lɛ⁰ mu⁴² mau⁰ ṣəŋ⁵⁵ lɛ⁰ tsuan⁵⁵

指节约很重要，因为能不能挣到钱还不一定，而节约开支是则是稳准的。置：挣。省：节省。又作：多置不如少用。

置气不养家，养家不置气。

tṣʅ²¹³ tɕʻi²¹³ pu²⁴ iaŋ⁵⁵ tɕia²⁴　iaŋ⁵⁵ tɕia²⁴ pu²⁴⁻²⁴ tṣʅ²¹³ tɕʻi²¹³

指遇事要克制、忍让，避免与人斗气，否则会两败俱伤。置气：斗气。

中伏天，耩荞麦。

tṣuəŋ²⁴ fu⁴² tʻian²⁴　tɕiaŋ⁵⁵ tɕʻiau⁴² mɛ⁰

指中伏天适宜播种荞麦。耩：（用耧）播种。

中嘞五八，不中嘞四十。

tṣuəŋ²⁴ lɛ⁰ u⁵⁵ pa²⁴　pu²⁴ tṣuəŋ²⁴ lɛ⁰ sʅ²¹³ sʅ⁴²

指他人的意见无关紧要，一旦作出决定，无论对方允许不允许、答应不答应，都是一样的结果。中：行、可以。

种儿好三分收。

tṣuər⁵⁵⁻⁴² xau⁵⁵ san²⁴ fən²⁴ ṣou²⁴

指品种优良是粮食丰收的关键因素。种儿：种子。

种儿是金，地是银，错过节气没处寻。

tʂuər⁵⁵ ʂʅ⁰ tɕin²⁴　ti²¹³ ʂʅ⁰ in⁴²　tsʻuə²¹³ kuə²¹³ tɕiɛ²⁴ tɕʻi⁰ mu⁴² tʂʻʅ⁰ ɕyn⁴²

指要想庄稼收成好，种子、土质很关键，还必须把握好农时。

众人拧成绳，泰山搬得动。

tʂuəŋ²¹³ zən⁴² niŋ⁴² tʂʻəŋ⁰ ʂən⁴²　tʻai²¹³ ʂan²⁴ pan²⁴ tɛ⁰ tuəŋ²¹³

喻指人多力量大，只要团结一致，就能产生极大的能量。

众人是圣人。

tʂuəŋ²¹³ zən⁴² ʂʅ²¹³ ʂəŋ²¹³ zən⁰

指人多出智慧，只要齐心协力，就能想出最高明的办法。

种地不上粪，瞎子少了棍。

tʂuəŋ²¹³ ti²¹³ pu²⁴⁻⁴² ʂaŋ²¹³ fən²¹³　ɕia²⁴ tsʅ⁰ ʂau⁵⁵ liau⁰ kuən²¹³

喻指种稼庄一定要施肥，否则就像盲人离了拐杖不能走路一样。棍：指拐杖。又作：地里ᴴ不上粪，等于瞎胡混。

种地不养猪，好比秀才不读书。

tʂuəŋ²¹³ ti²¹³ pu²⁴ iaŋ⁵⁵ tʂʅ²⁴　xau⁵⁵⁻⁴² pi⁵⁵ ɕiou²¹³ tsʻai⁰ pu²⁴ tu⁴² ʂʅ²⁴

指种地养猪两不误，野菜可以养猪，猪粪可以养地。

种地得浇水，不浇准捣鬼。

tʂuəŋ²¹³ ti²¹³ tɛ²⁴ tɕiau²⁴ ʂuei⁵⁵　pu²⁴ tɕiau²⁴ tʂuən⁵⁵ tau⁵⁵⁻⁴² kuei⁵⁵

指种庄稼必须适时、适量浇水，否则会影响收成。又作：种地不浇水，庄稼准捣鬼。

种地没宝，三年一倒。

tʂuəŋ²¹³ ti²¹³ mu⁴² pau⁵⁵　san²⁴ nian⁴² i²⁴ tau⁵⁵

指同一块地里不宜连续多年种植同一种庄稼，三年左右换一下种类，有利于增产。倒：倒茬，即更换粮食种类。

种地没冇巧，只要肥料配嘞好。

tʂuəŋ²¹³ ti²¹³ mu⁴² mau⁰ tɕʻiau⁵⁵　tʂʅ²⁴⁻⁴² iau²¹³ fei⁴² liau⁰ pʻei²¹³ lɛ⁰ xau⁵⁵

指种庄稼离不开肥料。巧：窍门。又作：种地没秘诀，就怕肥料缺。/ 种地没巧，只要粪饱。

种麦过立冬，来年收把种。

tʂuəŋ²¹³ mɛ²⁴ kuə²¹³ li²⁴ tuəŋ²⁴　lai⁴² nian⁴² ʂou²⁴ pa⁰ tʂuəŋ⁵⁵

指过了立冬种小麦为时已晚，会大量减产。把：一把。种：种子。

种树种草两件儿宝，农业生产离不了；不种树不种草，人没粮食畜没草。

tṣuəŋ²¹³ ṣʅ²¹³ tṣuəŋ²¹³ ts'au⁵⁵ liaŋ⁵⁵ tɕior²¹³ pau⁵⁵ nuəŋ⁴² iɛ⁰ ṣəŋ²⁴ tṣ'an⁵⁵ li²¹³ pu²⁴ liau⁵⁵ pu²⁴⁻⁴² tṣuəŋ²¹³ ṣʅ²¹³ pu²⁴⁻⁴² tṣuəŋ²¹³ ts'au⁵⁵ zən⁴² mu⁴² liaŋ⁴² ṣʅ⁰ tṣ'ʅ²¹³ mu⁴² ts'au⁵⁵

指植树种草好处多。畜：牲畜。

种田没巧，粪多水饱。

tṣuəŋ²¹³ t'ian⁴² mu⁴² tɕ'iau⁵⁵ fən²¹³ tuə²⁴ ṣuei⁵⁵⁻⁴² pau⁵⁵

指种庄稼除了多施肥多浇水之外，没有其他的诀窍。

种在犁上，收在锄上。

tṣuəŋ²¹³ tsai²¹³ li⁴² ṣaŋ⁰ ṣou²⁴ tsai²¹³ tṣ'u⁴² ṣaŋ⁰

指播种庄稼关键在犁地，要想有好收成关键在锄地。收：好收成。

重雾三天必大雨。

tṣuəŋ²¹³ u²¹³ san²⁴ t'ian²⁴ pi⁵⁵ ta²¹³ y⁵⁵

指连续三天出现浓雾，必定会降大雨。

妯娌和气甜似蜜，寡妇没儿苦黄连。

tṣu⁴² li⁰ xə⁴² tɕ'i²¹³ t'ian⁴² sʅ²¹³ mi²⁴ kua⁵⁵ fu⁰ mu⁴² ər⁴² k'u⁵⁵ xuaŋ⁴² lian⁴²

指妯娌相处融洽，能为家庭带来和睦；寡妇没有子女，生活更加凄凉。

猪吃百样儿草，看你找不找。

tṣʅ²⁴ tṣ'ʅ²⁴ pɛ²⁴ iɐr²¹³ ts'au⁵⁵ k'an²¹³ ni⁰ tṣau⁵⁵ pu⁰ tṣau⁵⁵

指多种野菜都适合喂猪。

猪肥嘴不肥，人懒嘴不懒。

tṣʅ²⁴ fei⁴² tsuei⁵⁵ pu⁰ fei⁴² zən⁴² lan⁵⁵ tsuei⁵⁵ pu⁰ lan⁵⁵

喻指好吃懒做的人，就像猪一样。

猪粪肥羊粪壮，牛马粪跟着逛。

tṣʅ²⁴ fən⁰ fei⁴² iaŋ⁴² fən⁰ tṣuaŋ²¹³ niou⁴² ma⁵⁵ fən⁰ kən²⁴ tṣʅ⁰ kuaŋ²¹³

指猪粪的肥力最好，其次是羊粪；牛粪马粪的肥力不及猪粪羊粪。

主将无能，累死三军。

tṣʅ⁵⁵ tɕiaŋ²¹³ u⁴² nəŋ⁴² luei²¹³ sʅ⁰ san²⁴ tɕyn²⁴

喻指领导缺乏才干，下属就会受牵累。

煮咸蒸甜。

tṣʅ⁵⁵ ɕian⁴² tṣəŋ²⁴ t'ian⁴²

指煮制食品可以适当增加咸度，而蒸制食品则宜适当减少咸度。甜：盐少、味淡。

抓不住奸臣不煞戏。

tṣua²⁴ pu⁰ tṣʅ⁰ tɕian²⁴ tṣʻən⁰ pu²⁴ ṣa²⁴ ɕi²¹³

本义指戏剧到结尾之时，奸人佞臣必被斩杀。喻指丑恶之事终会败露，作恶之人终会受到应有的制裁。煞：结束。

抓住一回当百回。

tṣua²⁴ tṣʅ⁰ i²⁴ xuei⁴² taŋ²⁴ pɛ²⁴ xuei⁴²

指人一次犯错被抓住，就会让人联想、类推以前所有类似的事情都与之有关。

庄稼不收年年儿种。

tṣuaŋ²⁴ tɕia⁰ pu²⁴ ṣou²⁴ nian⁴² nior⁰ tṣuəŋ²¹³

本义指即使庄稼收成不好甚至没有收成也要年年耕种，否则更是颗粒无收。喻指无论事情能否成功，都要坚持做下去，否则就更没有成功的希望了。收：收成。

庄稼活，不用学，人家咋着咱咋着。

tṣuaŋ²⁴ tɕia⁰ xuə⁴²　pu²⁴⁻⁴² yŋ²¹³ ɕyə⁴²　zən⁴² tɕia⁰ tsa⁵⁵ tṣuə⁴² tsan⁴² tsa⁵⁵ tṣuə⁴²

指种庄稼的技术难度不高，模仿别人就可以做好。咋着：怎么做。

庄稼人第一行，出门儿背个大粪筐。

tṣuaŋ²⁴ tɕia⁰ zən⁴² ti²¹³ i²⁴ xaŋ⁴²　tṣʻu²⁴ mər⁴² pei²⁴ kə⁰ ta²¹³ fən²¹³ kʻuaŋ²⁴

指农民时时刻刻不忘积肥。

庄稼人是一窝ᶻ猴，见ᴰ人耩地乱扛耧。

tṣuaŋ²⁴ tɕia⁰ zən⁴² ṣʅ⁰ i²⁴ uau²⁴ xou⁴²　tɕiæ²¹³ zən⁴² tɕiaŋ⁵⁵ ti²¹³ luan²¹³ kʻaŋ⁵⁵ lou⁴²

指庄稼人做农活的步调是一致的。见ᴰ：见到，动词变韵表完成义。

庄稼一枝花，全靠粪当家。

tṣuaŋ²⁴ tɕia⁰ i²⁴ tṣʅ⁴ xua²⁴　tɕʻyan⁴² kʻau²¹³ fən²¹³ taŋ²⁴ tɕia²⁴

指粪肥对庄稼生长具有重要的作用。

□下大人□不下孩ᶻ。

tṣuə²⁴ ɕia²¹³ ta²¹³ zən⁰ tṣuə²⁴ pu⁰ ɕia²¹³ xɛau⁴²

指小孩子没有自控能力、难以约束，会扰乱到他人，不要随意带着孩子去别人家或比较正式的场合。□：容纳，又音 tṣuə²⁴。

捉贼捉赃，捉奸捉双。

tṣuə²⁴ tsei⁴² tṣuə²⁴ tsaŋ²⁴　tṣuə²⁴ tɕian²⁴ tṣuə²⁴ ṣuaŋ²⁴

本义指捉贼要有赃物为证，捉奸要以抓到男女双方为凭。喻指对人进行指责、惩罚，要有足够的证据。

子丑寅卯弟ᴴ们儿多，辰巳午未独子搁，申酉戌亥三两个。

tsʅ⁵⁵⁻⁴² tʂ'ou⁵⁵ in⁴² mau⁵⁵ tiɛ²¹³ mər⁰ tuɤ²⁴　tsʰən⁴² sʅ²¹³ u⁵⁵ uei²¹³ tu⁴² tsʅ⁵⁵ kə²⁴　ʂən²⁴ iou⁴² ɕy²⁴ xai²¹³ san²⁴ liaŋ⁵⁵ kə²¹³

指俗传妇女一生能孕育几个孩子，与其生育第一个孩子的时辰有关：第一个孩子生在子丑寅卯时，一生能孕育孩子的数量较多；第一个孩子出生在辰巳午未时，一生可能只会孕育一个孩子；第一个孩子出生在申酉戌亥时，一生能孕育两三个孩子。弟ᴴ："弟兄"合音。搁：本义待考。

自古忠孝难两全。

tsʅ²¹³ ku⁵⁵ tʂuŋ²⁴ ɕiau²¹³ nan⁴² liaŋ⁵⁵ tɕ'yan⁴²

指从古至今，一个人报效国家和孝敬父母往往很难兼顾。

自夸没人爱，贱花儿没人戴。

tsʅ²¹³ k'ua²⁴ mu⁴² zən⁴² ai²¹³　tɕian²¹³ xuɐr²⁴ mu⁴² zən⁴² tai²¹³

喻指自以为是、自吹自擂的人不讨人喜欢。

自屎不嫌臭，趴上闻不够。

tsʅ²¹³ ʂʅ⁵⁵ pu²⁴ ɕian⁴²⁻⁵⁵ tsʰou²¹³　pʰa²⁴ ʂaŋ⁰ uən⁴² pu²⁴⁻⁴² kou²¹³

喻指人往往都看不到自身的缺点，不会嫌弃自己。自：自己。"嫌"无规则变调。

□₁家嘞土地，胜过□₂家嘞黄金。

tsɤ²¹³ tɕia²⁴ lɛ⁰ tʰu⁵⁵ ti⁰　ʂəŋ²¹³ kuɤ⁰ iæ⁴² tɕia²⁴ lɛ⁰ xuaŋ⁴² tɕin²⁴

喻指无论他乡多么富足，都不如自己的家乡；告诫世人不能忘本，不要贪图他乡富贵。□₁：自己。□₂：别人。

纵有家产万贯，也怕分文不进。

tsuəŋ²¹³ iou⁵⁵ tɕia²⁴ tʂ'an⁵⁵ uan²¹³ kuan²¹³　iɛ⁵⁵ pʰa²¹³ fən²⁴ uən⁴² pu²⁴⁻⁴² tɕin²¹³

指即使家产丰厚，也怕坐吃山空。

走不尽嘞路，读不完嘞书。

tsou⁵⁵ pu²⁴⁻⁴² tɕin²¹³ nɛ⁰ lu²¹³　tu⁴² pu²⁴ uan⁴² nɛ⁰ ʂʅ²⁴

喻指学习永无止境。

走不走得留路，吃不吃得留肚。

tsou⁵⁵ pu⁰ tsou⁵⁵ tɛ²⁴ liou⁴² lu²¹³　tʂʰʅ²⁴ pu⁰ tʂʰʅ²⁴ tɛ²⁴ liou⁴² tu²¹³

指做事要留下回旋的余地，不能把事情做绝了。

走路不用问，大路没冇小路儿近。
tsou⁵⁵ lu²¹³ pu²⁴⁻⁴² yŋ²¹³ uən²¹³ ta²¹³ lu²¹³ mu⁴² mau⁰ ɕiau⁵⁵ luər²¹³ tɕin²¹³

指同一个目的地，走大路的距离往往没有抄小道的距离近。

走你走，拦人不拦狗。
tsou⁵⁵ ni⁰ tsou⁵⁵ lan⁴² ʐən⁴² pu²⁴ lan⁴² kou⁵⁵

指别人要离开，心里虽不乐意，嘴上却不加劝阻；用作戏谑之语。

嘴儿够将冇，不赢是冇手。
tsuər⁵⁵ kou²¹³ tɕiaŋ²¹³ iou⁵⁵ pu²⁴ ʐəŋ⁴² ʂʅ²¹³ mau²⁴ ʂou⁵⁵

麻将术语。指手里的牌有赢牌的架子，但赢与不赢，只有看手气了。没手：手气不好。

嘴上没胡，说话转轴。
tsuei⁵⁵ ʂaŋ⁰ mu⁴² xu⁴² ʂʅə²⁴ xua²¹³ tʂuan²¹³ tʂu⁴²

喻指年轻人阅历浅，说话不着边际。胡：胡子。

嘴上没毛，办事儿不牢。
tsuei⁵⁵ ʂaŋ⁰ mu⁴² mau⁴² pan²¹³ ʂər²¹³ pu²⁴ lau⁴²

喻指年轻人阅历浅、经验不足，做事马虎大意。毛：胡子。

嘴上说人话，心里ᴴ怀鬼胎。
tsuei⁵⁵ ʂaŋ⁰ ʂʅə²⁴ ʐən⁴² xua²¹³ ɕin²⁴ liou⁰ xuai⁴² kuei⁵⁵ tʻai²⁴

同"鹦鹉舌头画眉嘴，心里ᴴ藏ᴰ个害人鬼"。

嘴是豆腐，心是尖刀。
tsuei⁵⁵ ʂʅ²¹³ tou²¹³ fu⁰ ɕin²⁴ ʂʅ²¹³ tɕian²¹³ tau²⁴

同"明是一把火，暗是一把刀"。

嘴是两张皮，反正都有理。
tsuei⁵⁵ ʂʅ²¹³ liaŋ⁵⁵ tʂaŋ²⁴ pʻi⁴² fan²⁴ tʂəŋ²¹³ tou²⁴ iou⁵⁵⁻⁴² li⁵⁵

指对同一事情的看法，前后存在较大差别；且无论怎么说，都能说出一定的道理。反正：反说正说。又作：嘴是两张皮，咋说咋有理。

嘴是越吃越馋，人是越歇越懒。
tsuei⁵⁵ ʂʅ⁰ yɛ²⁴ tʂʻʅ²⁴ yɛ²⁴ tʂʻan⁴² ʐən⁴² ʂʅ⁰ yɛ²⁴ ɕiɛ²⁴ yɛ²⁴ lan⁵⁵

指越享受越贪图享受，越歇越不想干活。又作：越吃越馋，越坐越懒。

嘴甜心苦，见钱眼开。
tsuei⁵⁵ tʻian⁴² ɕin²⁴ kʻu⁵⁵ tɕian²¹³ tɕʻian⁴² ian⁵⁵ kʻai²⁴

前一分句指人嘴上说得好听，却居心不良；后一分句喻指人非常贪财。前后两个分句都可以单独用作谚语。

左眼跳灾，右眼跳财。
tsuə⁵⁵⁻⁴² ian⁵⁵ tʻiau²¹³ tsai²⁴　iou²¹³ ian⁵⁵ tʻiau²¹³ tsʻai⁴²
指迷信认为眼睑痉挛可以预示吉凶。

坐俩板凳当间儿容易摔倒。
tsuə²¹³ lia⁵⁵⁻⁴² pan⁵⁵ təŋ⁰ taŋ²⁴ tɕior²¹³ yŋ⁴² i⁰ ʂuai²⁴ tau⁵⁵
喻指为达目的而跟不同利益关系的几方都进行合作，很可能会适得其反。也喻指感情不专，终究会被识破。当间儿：中间。

条目首字笔画索引

说　明

1. 本索引收录全书全部条目首字，惯用语、歇后语、谚语分类列目。
2. 右边的数字表示该字在条目正文中首次出现的页码。首字本字不明又没有同音字可以替代的，附于索引的最后面。
3. 本索引按条目首字笔画由少到多排列。笔画相同的，按起笔笔形横、竖、撇、点、折的顺序排列。起笔相同的，按第二笔笔形排列。
4. 横、竖、撇、点、折以外的笔形作如下处理：提作横，捺作点，笔形带顺钩的作竖，笔形带逆钩或曲折的作折。

惯用语

一画

一 ………（69）

二画

二 ………（27）
十 ………（57）
七 ………（52）
人 ………（55）
八 ………（9）

三画

干 ………（30）
土 ………（64）
下 ………（66）
大 ………（22）
上 ………（56）
小 ………（67）
山 ………（56）
千 ………（53）
乞 ………（53）
门 ………（47）
马 ………（45）

四画

开 ………（38）
天 ………（63）
木 ………（48）
五 ………（65）
支 ………（75）
不 ………（12）
牙 ………（68）
少 ………（57）
手 ………（58）
气 ………（53）
长 ………（16）
从 ………（20）
风 ………（29）
匀 ………（74）
心 ………（67）
办 ………（10）

五画

打 ………（21）
扒 ………（9）
去 ………（54）
东 ………（26）
占 ………（74）
四 ………（62）
生 ………（57）
仨 ………（56）
闪 ………（56）
半 ………（11）
头 ………（64）
让 ………（54）
记 ………（36）
出 ………（19）
皮 ………（52）
发 ………（28）
对 ………（26）

条目首字笔画索引

六画

托……（64）
老……（40）
扫……（56）
耳……（27）
过……（32）
压……（68）
在……（74）
有……（72）
百……（10）
灰……（35）
死……（62）
成……（17）
夹……（36）
划……（35）
尖……（36）
当……（24）
吃……（18）
肉……（55）
丢……（25）
杀……（56）
旮……（29）
各……（31）
争……（75）
交……（36）
充……（19）
江……（36）
论……（44）
观……（32）
阴……（72）
好……（33）
红……（34）

七画

弄……（50）
麦……（45）
扶……（29）
抠……（39）
找……（75）
走……（76）
抓……（76）
扭……（50）
把……（10）
求……（54）
连……（41）
时……（58）
不……（12）
听……（63）
呛……（53）
吹……（20）
财……（16）
囫……（34）
乱……（44）
坐……（77）
邻……（43）
肝……（30）
肚……（26）
肠……（16）
应……（72）
冷……（41）
这……（75）
闲……（66）
闷……（47）
没……（46）
沉……（17）
怀……（35）

八画

穷……（54）
识……（58）
屁……（52）
尿……（49）
张……（75）
鸡……（35）
驴……（44）

八画

玩……（65）
现……（66）
抹……（48）
坷……（38）
拔……（10）
押……（17）
拐……（32）
拍……（51）
抱……（11）
拉……（39）
拦……（39）
拧……（50）
招……（75）
披……（51）
择……（74）
杵……（19）
板……（10）
枣……（74）
卖……（45）
和……（35）
使……（58）
受……（59）
饿……（53）
狗……（31）
夜……（69）

九画

放……（29）
卷……（38）
炝……（53）
油……（72）
泼……（52）
治……（75）
空……（39）
试……（58）
细……（66）

九画

拱……（31）
挠……（49）
拾……（58）
挤……（36）
带……（23）
胡……（34）
要……（69）
咸……（66）
歪……（65）
面……（48）
耍……（59）
点……（25）
临……（43）
省……（57）
削……（68）
咬……（69）
哄……（34）
哪……（49）
看……（38）
重……（19）
俩……（41）
顺……（59）
盆……（51）

胎……（62）	钻……（76）	猫……（45）	愣……（41）
急……（35）	铁……（63）	添……（63）	窜……（21）
迷……（47）	笑……（67）	混……（35）	窝……（65）
前……（53）	倒……（24）	涮……（59）	裤……（39）
浇……（37）	拿……（48）	谝……（52）	隔……（30）
恼……（49）	胳……（30）	逮……（23）	
穿……（20）	逢……（29）	骑……（52）	十三画
扁……（12）	留……（43）		摸……（48）
神……（57）	高……（30）	十二画	摁……（27）
说……（59）	烧……（57）	趁……（17）	摆……（10）
孩……（33）	酒……（38）	提……（63）	搦……（51）
结……（37）	烫……（63）	揭……（37）	想……（66）
给……（31）	家……（36）	插……（16）	碰……（51）
	冤……（73）	揪……（38）	零……（43）
十画	屙……（27）	搁……（30）	像……（66）
捞……（39）	能……（49）	搅……（37）	解……（37）
栽……（74）		惹……（54）	满……（45）
赶……（30）	十一画	落……（44）	溜……（43）
起……（53）	琉……（43）	棒……（11）	缠……（16）
盐……（68）	掉……（25）	逼……（11）	
捏……（50）	掂……（25）	硬……（72）	十四画
捡……（36）	勒……（41）	翘……（54）	撂……（42）
抒……（44）	睁……（75）	喷……（51）	踅……（68）
换……（35）	眼……（68）	喇……（39）	蝇……（72）
热……（55）	晚……（65）	喝……（33）	蜷……（54）
捣……（24）	唱……（16）	喂……（65）	稳……（65）
捅……（64）	甜……（63）	黑……（33）	管……（32）
桥……（53）	做……（78）	掰……（10）	鼻……（11）
翅……（19）	船……（20）	等……（25）	精……（37）
孬……（49）	领……（43）	腌……（9）	
破……（52）	脚……（37）	装……（76）	十五画
顾……（31）	脸……（42）	就……（38）	撵……（49）
哭……（39）	脱……（64）	道……（24）	撕……（61）
赃……（74）	够……（31）	慌……（35）	撒……（56）

条目首字笔画索引

趟……（63）	糊……（34）	鞭……（12）	露……（43）
撑……（17）	憨……（33）	蹦……（11）	
横……（34）	**十六画以上**	翻……（28）	**本字不明的字**
橡……（67）		戳……（20）	□tʂ'ɛ⁴² ……（20）
瞜……（38）	嘴……（77）	蹲……（27）	□kuai⁴² …（32）
瞎……（66）	燎……（42）	蹬……（24）	□tɕ'yə²⁴ …（54）
踩……（16）	戴……（24）	嚼……（37）	
躺……（63）	擦……（16）	灌……（32）	

歇后语

一画

一……（126）

二画

二……（88）
十……（114）
七……（110）
八……（79）
九……（98）
儿……（88）
刀……（86）

三画

三……（113）
土……（118）
下……（123）
大……（85）
上……（114）
小……（123）
山……（114）
卫……（121）
子……（130）
飞……（89）

马……（106）

四画

王……（120）
井……（98）
开……（99）
木……（108）
五……（121）
不……（82）
屯……（119）
切……（112）
瓦……（119）
水……（116）
见……（98）
长……（83）
反……（88）
公……（91）
六……（104）
心……（124）
孔……（99）

五画

玉……（128）
打……（85）

巧……（111）
正……（129）
石……（115）
布……（82）
龙……（104）
东……（86）
电……（86）
叫……（98）
生……（114）
仨……（113）
白……（80）
瓜……（92）
包……（81）
半……（80）
对……（87）
母……（108）

六画

寺……（117）
老……（100）
扫……（113）
过……（93）
西……（121）
死……（116）

光……（93）
当……（86）
吊……（86）
肉……（112）
竹……（129）
后……（95）
杀……（113）
刘……（104）
产……（83）
羊……（125）
关……（93）

七画

麦……（106）
走……（130）
坑……（99）
把……（80）
花……（96）
李……（103）
杨……（126）
豆……（87）
医……（127）
旱……（94）
围……（120）

吹………（84）	瓮………（121）	秋………（112）	屙………（87）
囫………（96）	肥………（89）	俩………（103）	扇………（114）
针………（129）	周………（129）	皇………（97）	**十一画**
忙………（107）	鱼………（128）	独………（87）	排………（109）
秃………（118）	狗………（91）	弯………（119）	推………（118）
坐………（131）	庙………（108）	将………（98）	掀………（123）
谷………（92）	放………（89）	疤………（80）	掏………（117）
床………（84）	炒………（84）	烂………（100）	黄………（96）
灶………（128）	河………（95）	剃………（117）	菜………（83）
沙………（114）	油………（127）	洗………（122）	雪………（125）
没………（107）	线………（123）	染………（112）	聋………（104）
屁………（110）	**九画**	神………（114）	睁………（129）
尿………（109）	垭………（125）	说………（116）	唾………（119）
张………（128）	赵………（129）	屎………（115）	唱………（84）
鸡………（97）	拾………（115）	**十画**	崔………（85）
纳………（109）	挖………（119）	赶………（90）	笡………（110）
驴………（105）	按………（79）	热………（112）	做………（131）
八画	草………（83）	恶………（88）	兜………（86）
玩………（120）	荞………（111）	破………（110）	得………（86）
武………（121）	茶………（83）	柴………（83）	脚………（98）
坷………（99）	南………（109）	桌………（130）	脱………（119）
拉………（100）	要………（126）	蚊………（121）	猪………（129）
抱………（81）	歪………（119）	贼………（128）	麻………（105）
抬………（117）	砖………（130）	赃………（128）	阎………（125）
板………（80）	砒………（110）	胳………（90）	盖………（89）
画………（96）	砍………（99）	铁………（118）	淇………（110）
枣………（128）	背………（81）	秤………（84）	骑………（111）
雨………（128）	哑………（125）	笔………（82）	**十二画**
卖………（106）	蚂………（106）	拿………（108）	提………（117）
罗………（105）	哈………（93）	高………（90）	彭………（110）
刮………（92）	骨………（92）	唐………（117）	煮………（130）
和………（94）	钝………（87）	涩………（113）	裁………（83）
赃………（128）	钢………（90）	害………（94）	

搓………（85）	**十三画**	**十四—十五画**	躺………（117）
搂………（104）		墙………（111）	熟………（116）
棉………（108）	摸……（108）	碟………（86）	憨………（94）
厨………（84）	搬………（80）	箅………（82）	**十六画以上**
喇………（100）	靳………（98）	鼻………（81）	
蛤………（94）	蒙………（108）	裹………（93）	嘴………（130）
喝………（94）	嗑………（99）	辣………（100）	螃………（109）
赔………（109）	歇………（124）	漫………（107）	镜………（98）
稀………（122）	蜍………（84）	漏………（104）	鲶………（109）
鲁………（105）	跷………（111）	骡………（105）	瘸………（112）
猴………（95）	锥………（130）	撑………（109）	擦………（82）
粪………（89）	傻………（114）	撅………（99）	霜………（116）
割………（90）	腰………（126）	鞋………（124）	魏………（121）
裤………（99）	腿………（118）	磕………（99）	鳌………（79）
属………（116）	新………（124）	瞎………（122）	鳖………（82）
隔………（90）			罐………（93）

谚　语

一画	**三画**	久………（218）	云………（366）
一………（344）	三………（290）	凡………（178）	艺………（354）
二画	干………（182）	门………（244）	木………（247）
	工………（185）	卫………（322）	五………（324）
二………（177）	下………（325）	子………（379）	不………（139）
十………（301）	寸………（160）	女………（258）	太………（312）
七………（262）	丈………（371）	马………（237）	车………（148）
人………（277）	大………（162）	**四画**	牙………（338）
八………（133）	与………（363）	丰………（180）	瓦………（319）
九………（218）	万………（321）	王………（321）	少………（296）
儿………（177）	上………（295）	井………（217）	日………（288）
刀………（167）	小………（329）	开………（220）	中………（375）
力………（230）	口………（222）	天………（313）	水………（307）
	山………（294）	夫………（180）	见………（212）
	千………（265）	无………（323）	手………（305）
			牛………（258）

毛……（242）	东……（171）	**六画**	仰……（341）
气……（265）	北……（136）		自……（379）
长……（147）	占……（371）	动……（173）	行……（336）
从……（159）	旧……（219）	老……（225）	会……（206）
父……（181）	叮……（170）	地……（169）	杀……（294）
今……（215）	只……（374）	场……（147）	众……（376）
公……（185）	兄……（336）	芒……（242）	各……（185）
月……（365）	叫……（214）	芝……（373）	多……（175）
风……（180）	四……（310）	过……（193）	冰……（138）
乌……（323）	生……（299）	再……（367）	庄……（378）
六……（233）	仨……（289）	西……（324）	衣……（353）
文……（222）	白……（133）	在……（367）	问……（322）
火……（207）	他……（311）	有……（355）	羊……（341）
为……（322）	瓜……（189）	百……（134）	关……（189）
心……（334）	用……（355）	死……（310）	灯……（168）
丑……（153）	卯……（242）	成……（149）	许……（336）
以……（353）	犯……（178）	划……（203）	论……（236）
劝……（276）	处……（156）	此……（159）	孙……（311）
双……（307）	外……（320）	师……（301）	阳……（341）
五画	冬……（172）	光……（191）	收……（305）
	鸟……（255）	当……（166）	阴……（354）
玉……（363）	包……（135）	早……（368）	好……（196）
未……（322）	饥……（208）	吐……（318）	买……（238）
打……（160）	主……（377）	同……（316）	红……（202）
正……（373）	立……（230）	吃……（149）	**七画**
扒……（133）	半……（135）	回……（206）	
扔……（288）	头……（317）	肉……（289）	弄……（258）
甘……（183）	宁……（256）	年……（254）	麦……（239）
世……（303）	礼……（229）	先……（326）	远……（365）
节……（214）	出……（154）	丢……（171）	坏……（204）
可……（222）	奶……（248）	舌……（296）	走……（379）
左……（381）	圣……（300）	伏……（180）	抓……（378）
龙……（234）	母……（247）	任……（288）	报……（136）
平……（262）		伤……（295）	花……（203）

条目首字笔画索引

芥	(215)	刨	(260)	事	(303)	河	(201)
苍	(146)	迎	(354)	枣	(369)	治	(375)
村	(160)	饭	(179)	雨	(363)	性	(336)
杨	(341)	冻	(173)	卖	(241)	怕	(259)
求	(276)	床	(157)	妻	(264)	学	(337)
豆	(174)	冷	(228)	斩	(371)	官	(190)
两	(232)	这	(372)	软	(289)	空	(222)
还	(194)	闲	(328)	非	(179)	肩	(211)
来	(223)	灶	(370)	明	(246)	房	(179)
连	(232)	弟	(169)	账	(372)	话	(204)
秃	(318)	沤	(259)	图	(318)	该	(181)
步	(146)	沙	(294)	钓	(170)	孤	(187)
卤	(234)	没	(242)	知	(373)	姑	(187)
旱	(196)	沉	(148)	季	(209)	妯	(377)
县	(328)	穷	(274)	侄	(374)	妮	(253)
里	(229)	初	(155)	货	(207)	虱	(301)
男	(248)	识	(302)	金	(216)	细	(325)
听	(316)	君	(220)	命	(246)	经	(217)
吹	(157)	张	(371)	籴	(169)		
囤	(175)	忍	(288)	受	(305)	**九画**	
财	(146)	鸡	(208)	贪	(312)	春	(157)
囫	(202)	纵	(379)	贫	(261)	帮	(135)
针	(372)	纸	(375)	肥	(179)	拾	(303)
我	(322)	驴	(235)	鱼	(363)	挑	(315)
乱	(235)			兔	(318)	挪	(259)
秀	(336)	**八画**		狐	(202)	草	(146)
私	(310)	青	(272)	狗	(186)	荞	(268)
低	(168)	玩	(320)	饱	(136)	胡	(202)
你	(254)	拔	(133)	店	(169)	南	(250)
身	(299)	拣	(212)	夜	(344)	药	(342)
近	(217)	押	(148)	庙	(246)	枯	(223)
坐	(381)	拍	(259)	放	(179)	相	(328)
谷	(188)	林	(233)	刻	(222)	柳	(233)
鸠	(217)	画	(203)	炊	(157)	树	(306)

要 ……（342）	食 ……（303）	姨 ……（353）	借 ……（215）
歪 ……（319）	胆 ……（166）	娇 ……（214）	倒 ……（168）
甭 ……（138）	胖 ……（260）	给 ……（185）	恁 ……（256）
砘 ……（175）	独 ……（174）		爹 ……（170）
面 ……（246）	急 ……（209）	十画	胳 ……（184）
牵 ……（266）	饺 ……（214）	秦 ……（271）	胶 ……（214）
背 ……（137）	饼 ……（138）	蚕 ……（146）	脑 ……（251）
点 ……（169）	将 ……（213）	栽 ……（367）	狼 ……（224）
临 ……（233）	亮 ……（232）	赶 ……（183）	饿 ……（176）
是 ……（304）	疥 ……（215）	起 ……（264）	高 ……（184）
星 ……（335）	疮 ……（156）	盐 ……（339）	病 ……（138）
贵 ……（192）	亲 ……（273）	捉 ……（378）	离 ……（229）
虾 ……（325）	闺 ……（192）	捆 ……（223）	站 ……（371）
蚂 ……（237）	养 ……（341）	都 ……（173）	粉 ……（179）
咣 ……（192）	姜 ……（213）	捡 ……（212）	烟 ……（338）
咱 ……（368）	前 ……（266）	热 ……（277）	酒 ……（218）
响 ……（328）	烂 ……（224）	恶 ……（176）	海 ……（195）
咬 ……（342）	洼 ……（319）	真 ……（373）	浚 ……（337）
哪 ……（247）	浇 ……（213）	桃 ……（312）	害 ……（195）
贱 ……（213）	活 ……（207）	根 ……（185）	家 ……（209）
骨 ……（189）	染 ……（277）	孬 ……（251）	宴 ……（340）
钢 ……（183）	穿 ……（156）	夏 ……（326）	剜 ……（320）
看 ……（221）	客 ……（222）	破 ……（262）	读 ……（174）
牲 ……（300）	扁 ……（138）	原 ……（364）	谁 ……（296）
选 ……（337）	神 ……（299）	套 ……（312）	冤 ……（364）
秕 ……（138）	说 ……（308）	紧 ……（216）	屙 ……（176）
种 ……（375）	既 ……（209）	哭 ……（223）	娘 ……（255）
秋 ……（275）	屋 ……（323）	恩 ……（177）	能 ……（251）
重 ……（377）	屎 ……（303）	贼 ……（370）	难 ……（251）
便 ……（261）	眉 ……（244）	钱 ……（267）	扇 ……（295）
俩 ……（231）	孩 ……（194）	铁 ……（316）	十一画
信 ……（335）	除 ……（155）	缺 ……（277）	理 ……（229）
皇 ……（205）	娃 ……（319）	秤 ……（149）	琉 ……（233）
鬼 ……（192）	姥 ……（228）	笑 ……（334）	

捧……（261）	添……（315）	牌……（259）	锛……（137）
推……（319）	淹……（338）	街……（214）	锯……（220）
娶……（276）	深……（299）	腊……（223）	矮……（132）
黄……（205）	婆……（262）	湿……（301）	稠……（153）
萝……（236）	惊……（217）	渴……（222）	愁……（153）
菜……（146）	逮……（165）	滑……（203）	催……（160）
梦……（245）	婶……（299）	游……（355）	躲……（176）
梢……（296）	骑……（264）	割……（184）	新……（335）
救……（220）		寒……（196）	数……（306）
常……（147）	十二画	富……（181）	煤……（244）
眼……（339）	斑……（135）	谦……（266）	满……（241）
晚……（321）	越……（366）	强……（268）	窟……（223）
唱……（147）	趁……（148）	隔……（184）	媳……（325）
患……（204）	彭……（260）	媒……（244）	嫁……（211）
唾……（319）	煮……（377）		
啥……（294）	惹……（277）	十三画	十四画
甜……（315）	敬……（217）	勤……（271）	熬……（132）
犁……（229）	葱……（159）	椿……（158）	墙……（268）
偏……（261）	落……（237）	想……（328）	酸……（311）
假……（211）	棍……（193）	槐……（204）	愿……（365）
得……（168）	棉……（245）	榆……（363）	嘞……（228）
船……（156）	厨……（155）	楼……（234）	算……（311）
斜……（334）	雁……（340）	感……（183）	管……（190）
领……（233）	量……（232）	碰……（261）	鼻……（138）
脖……（139）	遇……（364）	雷……（228）	敲……（268）
脸……（232）	喊……（196）	零……（233）	瘦……（306）
够……（187）	跑……（260）	输……（306）	端……（174）
猪……（377）	喂……（322）	睡……（308）	精……（217）
猫……（242）	赌……（273）	歇……（334）	慢……（241）
痒……（342）	黑……（201）	照……（372）	寡……（189）
庸……（355）	锄……（155）	跳……（315）	蜜……（245）
望……（322）	锅……（193）	路……（234）	骡……（236）
阎……（339）	短……（175）	跟……（185）	
清……（272）	稀……（324）	置……（375）	

十五画	糊……（202）	霜………（307）	本字不明的字
撑………（148）	憨……（196）	瞧………（269）	□tɕ'iæŋ²⁴
鞋………（334）	劈……（261）	巧………（270）	………（273）
瞌………（222）	十六画以上	赢………（354）	□zou²⁴
瞒………（241）		糟………（368）	………（288）
瞎………（325）	耩……（213）	瞻………（371）	□iæ⁴²
靠………（222）	燕……（340）	翻………（178）	………（338）
黎………（229）	嘴……（380）	蠓………（245）	□tʂuə²⁴
鲤………（230）	鹦……（354）	露………（235）	………（378）
熟………（306）	镜……（217）		□tsɿ²¹³
褒………（135）	磨……（247）		………（379）
	懒……（224）		

主要参考文献

李行健：《现代汉语规范词典》，外语教学与研究出版社、语文出版社2004年版。

李学军：《河南内黄民谚汇释》，中国社会科学出版社2018年版。

马建东、温端政：《谚语辞海》，上海辞书出版社2017年版。

马金章：《浚县文萃》，中州古籍出版社2010年3月第一版。

马金章：《流经浚县的大运河》，中州古籍出版社2012年6月第一版。

温端政、张书祥：《忻州俗语志》，语文出版社1986年版。

温端政：《谚语10000条》，上海辞书出版社2012年版。

温端政：《新华语典》，商务印书馆2014年版。

温清祥：《清祥文稿》，浚县文物旅游局2015年编印。

辛永芬：《浚县方言语法研究》，中华书局2006年12月第一版。

浚县地方史志编纂委员会：《浚县志》，中州古籍出版社1990年12月第一版。

浚县民间文学集成编委会：《中国歌谣谚语集成·河南浚县卷》，1989年10月。

浚县民间文学集成编委会：《中国民间故事集成·河南浚县卷》，1989年10月。

浚县人民文化馆志编纂委员会：《浚县人民文化馆志》，2019年稿。

浚县文学艺术界联合会：《浚县谚语》，中国文化出版社2012年10月第一版。

中国社会科学院语言研究所：《方言调查字表》（修订本），商务印书馆1999年版。

中国社会科学院语言研究所词典编辑室：《现代汉语词典》（第6版），商务印书馆2012年版。

后　记

　　能写成拙作，缘于我和我父母的家乡情结。

　　我的父母都是土生土长的浚县人，读大学时，一个学的汉语专业，一个学的英语专业，毕业后他们都选择了当教师（父亲后来从政）。我生在浚县，长在安阳，是个名副其实的"浚二代"。由于祖辈都居住在老家浚县，我从小便经常随父母回家看望老人。特别是有那么多的堂兄堂弟、表姐表弟可以作为玩伴，回老家便是我童年的一大乐事，而且久住不厌，常常乐而忘返。这样的成长经历，使我从小就会讲三种"语言"：跟父母讲的是地地道道的浚县话，跟邻居小伙伴讲的是有滋有味儿的安阳话，跟老师、同学讲的是比较标准的普通话。

　　也许是胎教的缘故，也许是自幼的耳濡目染，我从小便向往教师职业，并对语言表现出浓厚的兴趣。浚县话生动有趣，"放不住个滴滴鸡ᶻ""慌嘞小辫儿朝前""驴尾巴绑棒槌""老奶大店门嘞石板儿——出律滑儿""蚂蚁炮蹶儿——不是小耍儿嘞"等等，时而让我苦思冥想，时而让我捧腹大笑。妈妈见我有兴趣，便鼓励我用笔记录下来。有些字不会写，用汉语拼音也写不出来，我只好用自己的方式记述。就这样日积月累，十多年来，竟记录了满满几大本子。

　　许多人为填报大学志愿伤透脑筋，而我填报志愿却非常简单：一是非师范院校不选，二是非汉语/英语专业不报。天遂人愿，我顺利进入山东师范大学对外汉语专业读本科，毕业后又顺利考入苏州大学攻读硕士学位，师从高永奇先生。

　　2013年硕士毕业后，我应聘到河南安阳师范学院文学院任教。此时才有时间认真翻看、梳理所记录的浚县方言语料，才有了更多的时间和精力去做实地调查，也有了比以前更专业的注音和释义能力。几年间，我先后进行过数次实地调查。调查过程中，浚县方言俗语数量之多、形式之多样、内容之丰富是我们始料未及的。另外，《浚县谚语》《流经浚县的大运河》《浚县文萃》《清祥文稿》等，其中不少语料可以直接使用或稍作改动便可使用，让我省去了许多调查的时间和精力。

后 记

2017年，我远赴英国读书，此事又暂时搁置，而且一拖就是三年之久。如今终于将其整理成册，算是对自己多年来方言调查、研究的总结，也是对培养、关心和支持我的人作一个交代。

语料搜集和成书过程中，标注读音相对而言比较容易，而对每一条目进行解释却颇费周折，因为许多俗语都只可"意会"，而要"言传"却并非易事。为了使读音标注最大限度地反映方言语音面貌，为了使释义更准确、更符合原意，我曾多次实地求证，并再三斟酌。其间，得到了许多亲朋的支持。浚县石油销售协会会长、长城加油站站长王玉振先生，虽与我素昧平生，却热情相助，将珍藏的《浚县谚语》借予我。浚县文化馆李兰芳女士不厌其烦地为我查阅资料提供方便。杨爱英、周国娥、冯有法、赵冠杰、赵风玲、耿永兰、冯文玲、熊自凤等诸多前辈反复为我示范发音、解释语义。尤其是我的外祖母赵兰英，85岁高龄仍思维敏捷，耳聪目明，口齿清晰，虽"斗大的字不识一升"，但俗语民谣却能信手拈来，"出口成串"、"出口成曲"，让我真正体会到了"高手在民间"。

初稿完成之后，承蒙恩师蒋严先生、高永奇先生悉心指点，承蒙中国语言资源保护工程核心专家组专家、河南省首席专家、河南大学辛永芬教授欣然作序，承蒙安阳师范学院周国瑞教授多次补正，承蒙安阳师范学院李学军教授、辽宁师范大学原新梅教授提出了宝贵的修改意见，承蒙安阳师范学院王太阁教授、南开大学朱彦民教授、泉州师范学院秦太明教授、广州市五中宋延杰老师四位浚县籍前辈的审阅斧正，在此，一并表示最诚挚的谢意！

最后，感谢河南省汉语国际推广汉字文化基地领导和文学院领导的鼎力支持。感谢文学院全体同仁的关心和鼓励。感谢2019级研究生李梦月承担了全书条目排序、目录及条目首字笔画索引的编排任务。感谢父母多次陪我实地调查、核对读音、辨识意义，并支持我出版成册。

本书从语料搜集到定稿成书，前后历时数载。但由于个人水平所限，粗浅疏漏之处在所难免，恳请方家批评指正。

李 琳 敬识
2020年7月6日于安阳师范学院 园鼎苑